第七届全国中小学实验教学

说课活动优秀作品集

（上册）

中国教育装备行业协会 编

知识产权出版社
全国百佳图书出版单位
—北京—

图书在版编目（CIP）数据

第七届全国中小学实验教学说课活动优秀作品集/中国教育装备行业协会编. —北京：知识产权出版社，2020.10（2021.3重印）
ISBN 978-7-5130-7128-4

Ⅰ.①第… Ⅱ.①中… Ⅲ.①说课—课堂教学—教学研究—中小学 Ⅳ.①G632.421

中国版本图书馆 CIP 数据核字（2020）第 157122 号

责任编辑：石陇辉　　　　　　　　责任校对：谷　洋
封面设计：智兴设计室·任册　　　　责任印制：刘译文

第七届全国中小学实验教学说课活动优秀作品集（上册）
中国教育装备行业协会　编

出版发行：知识产权出版社有限责任公司	网　　址：http://www.ipph.cn
社　　址：北京市海淀区气象路50号院	邮　　编：100081
责编电话：010-82000860 转 8175	责编邮箱：shilonghui@cnipr.com
发行电话：010-82000860 转 8101/8102	发行传真：010-82000893/82005070/82000270
印　　刷：三河市国英印务有限公司	经　　销：各大网上书店、新华书店及相关专业书店
开　　本：720mm×1000mm　1/16	印　　张：54.75
版　　次：2020年10月第1版	印　　次：2021年3月第2次印刷
字　　数：920 千字	定　　价：199.00 元（上、下册）
ISBN 978-7-5130-7128-4	

出版权专有　侵权必究
如有印装质量问题，本社负责调换。

《第七届全国中小学实验教学说课活动优秀作品集》编委会

主 编 夏国明

副主编 朱俊英 李梦莹

编 委 (按姓氏笔画排序)
　　　　王　艳　王　瀛　王东亮
　　　　崔　峣　鲍亚培

前　言

《国家教育事业发展"十三五"规划》提出:"强化学生实践动手能力""推进优质教育资源共建共享"。《教育部关于全面深化课程改革　落实立德树人根本任务的意见》要求:"强化教学的实践育人功能""整合和利用优质教育教学资源"。《教育部关于加强和改进中小学实验教学的意见》要求:"不断将科技前沿知识和最新技术成果融入实验教学,丰富内容,改进方式""着力提升学生的观察能力、动手实践能力、创造性思维能力和团队合作能力"。全国中小学实验教学说课活动很好地践行了上述文件精神。

自2013年至今,全国中小学实验教学说课活动已成功举办七届,累计吸引了全国各地六万多名中小学教师参与。该活动以实验教学说课为载体,推进育人模式转变;教师通过基于核心素养的教学,培养学生的必备品格和关键能力。该活动搭建了一个全国中小学教师交流学习的平台,有力地促进了全国实验教学的均衡发展,取得了良好的社会效益,获得了广泛的关注和好评,已发展成为全国中小学实验教学领域的品牌活动。

依据教育部基础教育司《关于举办第七届全国中小学实验教学说课活动的通知》(教基司函〔2019〕13号),第七届全国中小学实验教学说课活动由教育部基础教育司主办,教育部教育装备研究与发展中心、中国教育装备行业协会提供专业支持。活动于2019年3~10月在全国范围内举行。第七届说课活动延续了第五届、第六届说课活动的活动方式,设立综合、小学科学、中学物理、中学化学、中学生物五个组,其中综合组涵盖了地理、创客、通用技术、综合实践等学科和课程。本届说课活动依然包括两个环节,一是各地遴选推荐实验教学说课案例,二是现场说课展示。在第一个环节中,各省、自治区、直辖市和新疆生产建设兵团教育部门举办活动遴选本地区的实验教学说课案例,共推荐463个案例,经过综合评议、集中公示等环节,产生151个案例进入现场说课展示环节。现场说课展示环节于2019年10月在青岛举行,为期两天,并进行了线上直播。进行现场展示的教师们,在实验设计、教具、演示文稿、教态、语言等方面普遍展现出优良的水平,现场评审专家给出了较高的评价。

连续七届说课活动已形成一批可共享的优质中小学实验教学资源，涵盖小学、初中、高中三个学段众多学科的实验课程，受到广大中小学师生的热烈欢迎。截至 2020 年 5 月底，"全国中小学实验在线平台"（网址：www.cee-ia.cn"实验在线"栏目）及微信小程序注册人数已达 52 万人，平台上的 2470 节优质实验教学课程视频资源以免费公开的形式供全国师生观看，视频点击总量已达 200 万次。中国教育装备行业协会负责组织编撰了自第二届说课活动以来每届说课活动的优秀作品集及光盘，这些作品集及光盘的相继出版，也对促进这些优质教学资源的推广应用发挥了重要作用。此外，部分省、自治区、直辖市在历年说课活动积累资源的基础上，开发了本地区的实验教学培训教材，用以指导本地区的实验教学培训规范化发展。

《第七届全国中小学实验教学说课活动优秀作品集》内容充实，分为上下两册，收录了本届说课活动进入现场说课展示环节的优秀作品 150 个，其中综合 11 个、小学科学 32 个、中学物理 36 个、中学化学 37 个、中学生物 34 个，较为全面地反映了国内中小学各个学科实验教学的新理念和新成果，可为广大中小学教师提供借鉴和指导。

在此，向第七届全国中小学实验教学说课活动的主办方教育部基础教育司，向给予活动热情支持的各地基教、教研、教育装备等部门，向本届活动评审委员会的各位专家，向参与和协助组织活动的广大教师和工作人员表示衷心的感谢！希望全国中小学实验教学说课活动获得全社会更多的关注，为促进我国中小学实验教学工作水平的提升作出更大的贡献。

中国教育装备行业协会会长
2020 年 7 月

目 录

第一部分 综 合

制作简易地震预警系统 …………………………………… 裴晓丽／3

我来做灯泡 ………………………………………………… 殷素红／11

绿化真的能降温吗 ………………………………………… 高鹰／22

改变物体内能的两种途径 ………………………………… 吕淑君／27

电生磁

　　——电磁铁的趣味实验 ……………………………… 石丁伟／32

不同截面形状构件的强度测试实验 ……………………… 张俊杰／36

太阳能超级电容小车 ……………………………………… 于旭珩／42

血压高低成因研究及调节 ………………………………… 崔欣／46

热力环流探究实验 ………………………………………… 李磊／52

基于数字继电器模块的智能家居设计

　　——番茄时钟台灯 …………………………………… 刘颖／61

简单结构的设计与制作

　　——逆风车项目 ……………………………………… 李欣／66

第二部分 小学科学

光和影
　　——童趣光影仪的设计与应用 ············· 杨晓娟 / 77
光和影 ·· 郭薇 / 82
探究太阳光包含有不同颜色的光 ············· 赵茜 / 88
光的强弱与温度 ································ 章俐鑫 / 92
光的反射现象 ··································· 张剑杰 / 96
声音的传播 ······································ 李亭亭 / 105
声音的传播 ······················· 李铁　徐彦杰 / 109
观察比较声音的强弱变化 ····················· 颜涵瑜 / 113
能量的控制 ······································ 吕婉明 / 115
传热比赛
　　——热传导实验模型创新 ················· 王珅 / 120
探究热在水中的传递 ··························· 纪建明 / 125
探究减小摩擦力的方法 ························ 王珊珊 / 129
浮力 ··· 徐莉莎 / 132
浮力与沉浮 ······································ 刘郑辰 / 139
"小磁针"的奥秘 ······························· 张晓文 / 142
电磁铁的磁力 ··································· 林凯 / 146
常见的发电方式 ································ 鲁兵 / 150
电磁铁 ·· 袁皓 / 152
风力的利用 ······································ 张晶 / 156
蚕茧缫丝
　　——蚕变了新模样实验改进 ············· 马洁盈 / 160
骨骼、关节和肌肉 ······························ 范俊弟 / 165
池塘
　　——一个特殊的栖息地 ··················· 陈琳悦 / 171
观察水中的微生物 ······························ 朱珠 / 177

玩转小水轮	王煜 /	180
玩转小水轮	许亚椿 /	184
小苏打和白醋的变化	张文娅 /	189
雨水对土地的侵蚀	鲍佳音 /	195
四季变化	王建交 /	198
证明地球在自转	马莹 /	203
地球在公转吗	彭祯雅 /	207
日食和月食	刘奕君 /	211
月相变化	江成辉 赵玉娟 /	215

第三部分 中学物理

▶初中物理

探究光的反射规律	迟鸿贞 /	221
看得见的规律		
——光的反射	郑亮亮 /	226
光的折射	白杨 /	233
探究水的凝固和冰的熔化特点	殷德丽 /	243
大气压强	张洛宁 /	248
液体压强实验改进		
——实践性课堂初探	秦锦荣 王赟 /	263
流体压强与流速的关系	刘俊彪 /	266
探究杠杆的平衡条件	陈约虎 /	273
动能和势能	王五一 /	278
比热容	王世锋 /	284
焦耳定律	江耀基 /	288
科学探究：电流的热效应	高桂长 /	293
电能的输送	王亚 /	297

▶ 高中物理

利用自制手机APP改进探究加速度与力、质量的关系实验 ………… 何剑 / 300

利用自制教具多功能持续性抛体运动实验仪研究平抛运动

………………………………………………… 余登炯　田松松　林亚萍 / 305

摩擦力 ……………………………………………………… 彭小珊 / 313

外力作用下的振动 ………………………………………… 张潆尹 / 319

油膜法估测油酸分子直径 ………………………… 周生海　谭斌 / 328

探究双缝干涉实验相邻亮（或暗）条纹中心间距的表达式 ………… 李晓彤 / 333

光的衍射 …………………………………………… 王涛　李坤 / 341

热力学第一定律 …………………………………………… 李艳 / 346

机械能守恒定律 …………………………… 赵日峰　东梅　邵明 / 352

验证机械能守恒定律 ……………………………………… 霍启刚 / 358

验证动量守恒定律 ………………………………………… 柳燕 / 362

用智能手机测声速 ………………………………………… 朱兆升 / 369

探究静电力 ………………………………………………… 林育波 / 372

用DIS描绘电场的等势线 ………………………………… 茅艳婷 / 377

电容器的电容 ……………………………………………… 张学华 / 381

电容电感实验组合教具的开发及应用 ………… 沈维权　李彬　涂丽萍 / 386

探究影响平行板电容器电容的因素 ……………………… 何艳君 / 396

磁感应强度表达式的实验探究 …………………………… 武进科 / 401

通电导线所受安培力与磁场和导线夹角的关系 ………… 王洋 / 405

楞次定律实验 ……………………………………… 罗许绎　肖燕 / 411

通电导线在磁场中受到的力 ……………………………… 余梦瑶 / 417

涡流、电磁阻尼和电磁驱动 ……………………………… 淳敬松 / 422

光电效应的实验规律 ……………………………………… 汤可嵌 / 426

第一部分

综　合

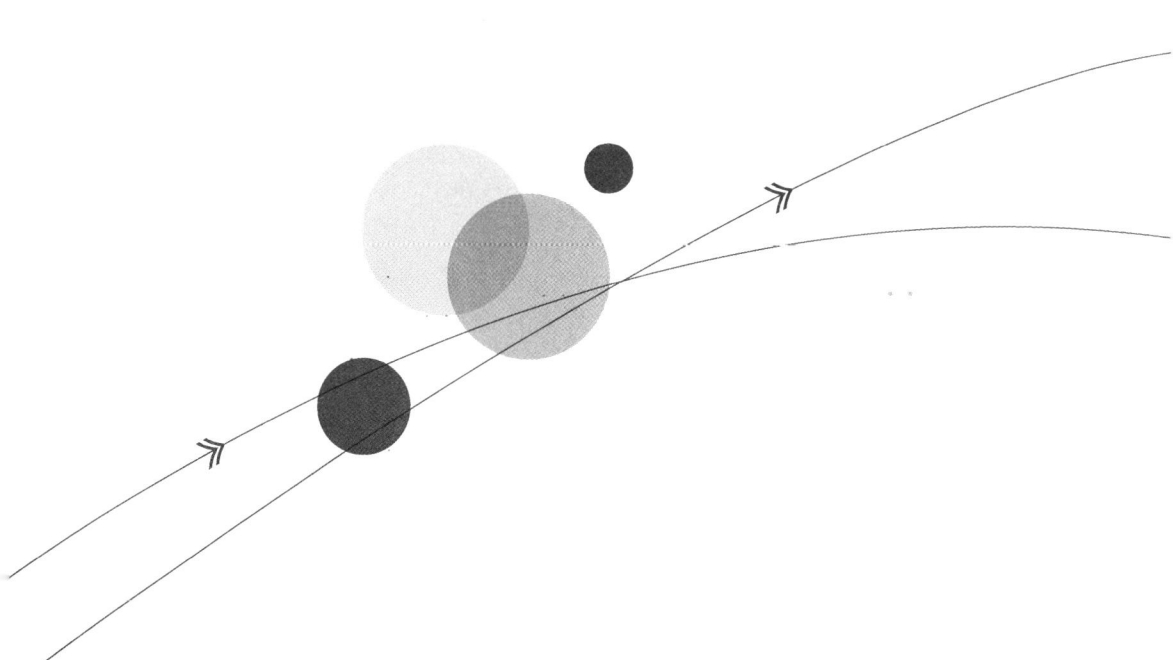

制作简易地震预警系统

石家庄高新区想象国际小学　裴晓丽

一、使用教材

河北教育出版社《综合实践活动》六年级上册：制作简易地震预警系统。

二、实验器材

乐高EV3套件、激光切割雕刻机。

三、实验创新要点

（1）带领学生创新设计简易地震预警系统，培养科学精神。

（2）通过搭建地震波演示仪和预警系统，培养学生使用新材料解决问题的能力；通过设计和制作地震预警器，训练学生的发散思维和工程思维能力。

（3）通过本次综合实践活动，培养学生的爱国主义情感。

四、实验设计思路

利用乐高EV3套件创造性地搭建地震波演示仪和预警系统，利用激光切割和雕刻技术制作地震预警器。

五、实验教学目标

（1）通过研究地震活动，让学生获得有积极意义的价值体验。

（2）培养学生热爱生活、勇于探究的科学精神。

（3）引导学生在活动中发现问题、分析问题、解决问题。

（4）初步掌握手工设计与制作的基本技能；设计并制作简易地震预警系统和地震预警器。

六、实验教学过程

（一）确立主题，制定方案

本环节主要涉及以下四个活动：

（1）视频引入，收集问题。初始阶段，我带学生观看了一段与地震相关的视频引出话题，学生提出了许多与地震相关的问题。通过讨论，我们梳理出一些有价值的问题展开研究。

（2）查阅资料。各小组带着问题开始查阅资料，他们调查采访、上网阅读，了解了许多地震的相关知识（见图1）。

图1 查阅资料

（3）参观地震展馆。为了让学生对地震有更形象的感知，我带学生到地震展馆体验。学生们兴致高昂，他们通过实地考察，对自己从书本、老师和家长那里了解到的知识有了更实际的认知，也有了自己的思考（见图2）。

图2 参观地震展馆

（4）班级交流，制定方案。学生在班级内展开了交流，并自由组合成为若干小组，对地震这一自然现象由浅入深地展开了研究，各小组制定了方案。要研究地震，还得从地震波开始，学生了解到：地震波主要有纵波和横波，纵波破坏力小，横波破坏力大。真是这样吗？孩子们开始了探索。

（二）制作简易地震预警系统

（1）地震波破坏力研究。为了研究横波和纵波的强度和破坏性，同学们进行了创意设计，制作了一款地震波演示仪。起初他们曾尝试用冰糕棍、超轻黏土、纸盒子进行搭建，但考虑到可固定、稳定性和美观问题，经过多次分析，最后选择乐高EV3套件进行搭建。学生创造性的设计几经尝试和修改，终于制作了地震波演示仪（见图3）。

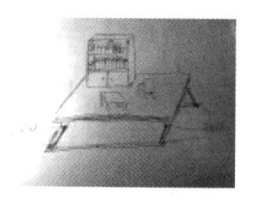

| 设计地震波演示仪 | 搭建积木演示 | 纸盒子演示 | 弹簧演示 |

图3 学生制作的地震波演示仪

同学们在演示仪上摆放了一些小手工和积木来测试横波和纵波的强度，以及它们的破坏力，并记录了不同强度等级下物体倒下的个数，进行了对比。通过多次实验发现：地震强度越高，破坏性越大，横波的破坏力比纵波大（见图4~图7）。

图4 用乐高EV3套件搭建地震波演示仪　　图5 研究地震波的强度和破坏力

图6 地震波演示仪　　图7 实验结果记录单

这次活动使学生对横波和纵波有了初步认知，利用乐高套件搭建体现了综合实践课跨学科、跨领域的特点，提高了学生的技术意识和操作能力。

（2）地表震动情况研究（见图8、图9）。这时，有同学提出：地震波引起的地表震动情况又是怎样的呢？针对课堂上这一生成性问题，同学们又一次开始了研究。在震中，纵波的震动方向和传播方向是一致的，速度约为6km/s，横波的速度约为4km/s，所以纵波比横波快，纵波一旦发生，横波即将来临，并向远处传播。学生尝试通过程序控制，模拟地震波的传播方向，对作品进行了改进，使之能够清楚地显示出地震波从震源向外传播时的地表震动情况。

图8 地表震动情况演示台　　图9 学生研究地震波的传播

地震预警又是怎么回事呢？这是一个世界性难题。我国不仅成功研发地震预警系统且已投入使用。同学们又一次开始了探索，当震源的第一轮纵波到达地面的时候，如果预警系统马上发出警报并以无线电波的形式传递出去，就可以减少

· 5 ·

损失。对于较远的地方，电波甚至可以赶在第一轮地震波来临之前发出预警。科学家正是利用了纵波和横波的时间差及电波的传播速度更快来实现预警的。于是，学生对作品进行了第三次改进（见图10~图12），辅以单片机的触碰按钮检测震动，并安装了传感器和语音播报装置作为预警系统的一部分，提醒人们紧急避难。

图10 触碰按钮检测震动　　图11 安装传感器　　图12 语音播报

这款简易地震预警系统模拟监测的是真实情况下距震中130km处的情况，正好是宜宾到成都距离的一半。地震记录笔可以清晰地记录下地震的波形。这一次次的改进不仅是学生解决问题的过程，更是学生思维进阶和优化的过程。

（3）设计地震预警器。《中小学综合实践活动课程指导纲要》指出，教师要引导学生运用各种工具进行设计并动手操作，将自己的创意付诸现实。因此，我引导学生以工程技术为主线，进行思维发散，展开了设计制作地震预警器的探究活动。

如何设计地震预警器呢？我们从失火报警器中得到了启示，见图13、图14。

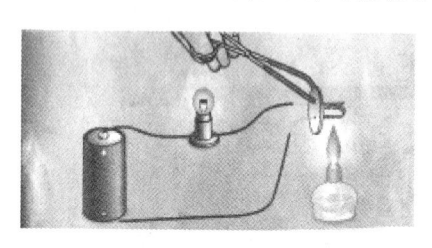

图13 失火报警器　　图14 简单电路

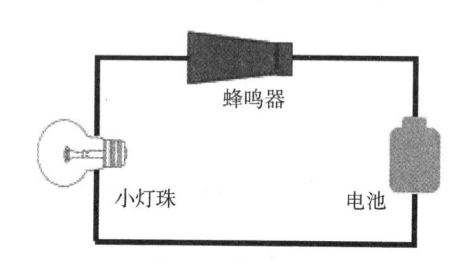

同学们选取了电池、小灯珠，加上蜂鸣器，实现了灯光和声音同时报警。然后，我们把目光聚焦到控制部分。地震预警器是由于大地的震动引起物体的运动触发报警的，物体的运动有平动、振动、转动。我引导学生在这三种形式上展开研究，设计一个触发装置。

如何设计触发装置呢？如图15、图16所示，学生参考六年级《科学》"能量的控制"这部分内容进行设计。我为学生提供了大量的材料，或许一个金属球和金属环就能碰撞出智慧的火花。

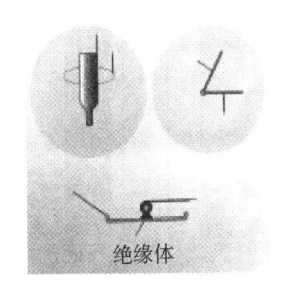

图 15 《科学》书上的提示

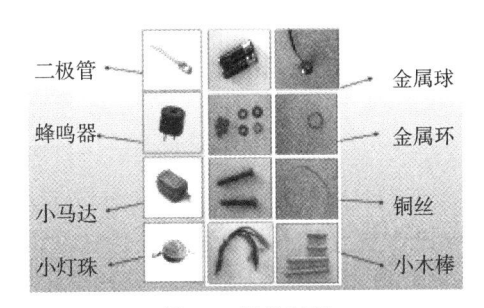

图 16 提供材料

同学们利用材料结合提示，生成了许多设计思路。他们利用课余时间对木板进行了切割，搭建了平台和框架（见图 17）。

电脑设计图纸 　　　　　　　激光打印 　　　　　　　搭建平台

图 17 学生搭建平台和框架

图 18 是学生设计的部分草图，梳理后主要有三种思路，其设计灵感均来源于《科学》书上的提示，然后学生根据各小组的设计开始制作地震预警器。

合页式预警器 　　　　　　小球晃动式预警器 　　　　　　滑动式预警器

图 18 学生设计的部分草图

（4）制作地震预警器。图 19 是学生制作地震预警器的过程。

图 19 学生制作地震预警器

1）合页式预警器。如图20所示，触发装置就像合页开关一样，中间有小棍支撑，电路处于断开状态。当地震来临时，小棍由于震动倒下，合页开关上下的铜丝接触使电路闭合，引发蜂鸣器响起、二极管发亮，实现报警。这个模型经历了四次修改。刚开始，学生的设计上下都是由铁钉衔接导线，但由于接触不良，报警不灵敏。于是学生对下面的铁钉进行了改进，第二次用两枚铁钉固定一些铜丝织成网状来增大受力面积，提高成功率。又有些同学提出质疑，认为浪费铜丝，于是第三次，同学们把下面的铁钉改成了一根竖着放的铜丝。第四次，学生们又把上面的铁钉换成铜丝，并尝试了各种造型，最终确定上面用一根铜丝横着放，下面用一根铜丝竖着放，支撑的小棍儿也被削得又细又尖，终于实现了灵敏的报警。

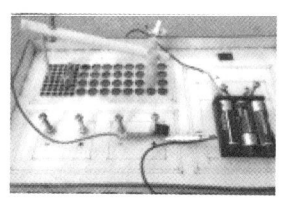

图20 合页式预警器

2）小球晃动式预警器。如图21所示，当地震来临时，中间的小球晃动接触周围的金属圈，使电路闭合引发报警。如果悬挂小球的铜丝太粗，小球摆动困难；铜丝太细，小球又容易掉落。大家在它的粗细、长短及固定方式上展开讨论，然后再测试改进。

3）滑动式预警器。如图22所示，当地震来临，金属圈会从凹槽弹出，沿着斜面滑落下来，接触下面的铁钉，使电路闭合成为回路，引起蜂鸣器发出响声、二极管发亮，实现报警。

图21 小球晃动式预警器　　　　图22 滑动式预警器

4）钢珠平衡式预警器。如图23所示，学生根据书上的提示，在制作以上三种预警器的过程中有了新的思考，结合以前学过的导体和电路的知识，设计了一款钢珠平衡式预警器。两个大钢珠分别放置在"跷跷板"的两侧，下面是盛有

盐水的两个小杯，由于水位较低，不能接触到两侧的金属，因此处于断路状态。地震时，大钢珠会失去平衡掉落在水杯中，使水位上升，接触两侧的金属触点使电路闭合引发报警。学生把它放置在模拟地震演示台上进行测试，然后继续改进优化。

5）激光式预警器。如图 24 所示，在检测钢珠平衡式预警器的过程中，有些小组觉得钢珠的稳定性不够，操作不太方便，于是又进行创新，制作了激光式预警器。刚开始的时候，激光由于中间小球的阻隔不能照到对面的光敏模块上，电路处于断开状态。当地震来临时，小球晃动使激光照到对面的光敏模块上，从而引发报警。

图 23　钢珠平衡式预警器　　　　图 24　激光式预警器

在一次次思想交流碰撞的过程中，学生手脑并用，不仅形成了跨学科的综合视野，学生的分析能力、操作能力、技术意识和工程思维能力均有所提高。

（5）拓展应用。鼓励学生制作手抄报，总结自己在本次综合实践活动中的收获与思考。学生手抄报示例如图 25 所示。对于地震，学生从开始的陌生恐惧，到掌握自救方法，再到向人们普及相关知识，能够正确对待地震，进而宣传地震预警系统。在这一系列过程中，安全意识得到了加强，地震防护能力得到了提高。

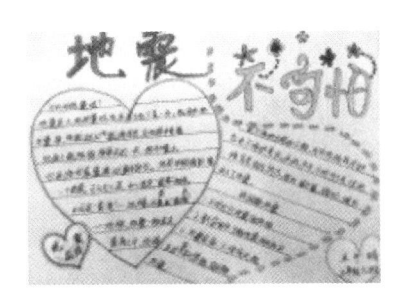

图 25　地震手抄报

我通过自评表和导学单相结合的方式进行过程性评价，挖掘其背后蕴藏的思想、创意和体验。我们评选了"最佳设计""最佳建造""最佳美工"和"最佳演示小组"。

七、反思与评价

（1）我国研发的地震预警系统在世界上处于领先水平。本次综合实践活动带领学生创新设计简易地震预警系统，培养了科学精神。

（2）通过搭建地震波演示仪和预警系统，培养了学生使用新材料解决问题的能力；通过设计和制作地震预警器，训练了学生的发散思维和工程思维能力。

（3）2019年6月17日，在宜宾长宁县地震时，地震预警系统为成都争取到61s的时间，极大程度地降低了地震造成的生命和财产损失，是一项造福人类的工程。学生在活动中不但充满了探索的欲望，更伴随有极大的民族自豪感。本次活动就是要为学生播下这颗责任和担当的种子。在课堂上，当使用同学们自制的预警系统实现报警时，学生的爱国主义情感油然而生。我也被他们感染，为自己是一个中国人而感到骄傲。这不仅是一次综合实践活动，更是一次爱国主义教育。

其实，地震波还有复杂的面波，同时地震预警是个世界性难题。本次综合实践只是研究了其中的一个方面，但思者无域、行者无疆，相信只要我们铭责于心、成志于行，就一定能取得丰硕的成果。

我来做灯泡

高阳县西街小学　殷素红

一、选题背景

学校附近有一家大型照明科技有限公司，学生看到许多关于灯的产品，对灯泡的制作有着浓厚的兴趣。结合河北省自编教材小学五年级《综合实践与创新活动》上册第9课"流光溢彩话说灯"这一课，根据2017版《中小学综合实践活动课程指导纲要》精神开展了这次活动。

二、活动目标

（1）价值体会：通过亲历灯泡的制作过程，体会设计和发明离不开创新的勇气、坚强的毅力和持续的努力。

（2）责任担当：能克服困难，完成预定的任务；能从不同的角度思考问题，追求创新。

（3）问题解决：了解白炽灯的结构及工作原理；设计制作灯泡的方案，并不断优化。

（4）创意物化：通过动手操作，选取不同材料，运用各种技术将设计方案付诸实施。

三、使用器材

实验过程中所使用的器材见表1。

四、活动过程

（一）收集资料

为了解灯的发展历程，学生查阅了相关资料，知道了古代的长信宫灯、省油灯以及现代灯具；为进一步了解灯丝的知识，我给学生讲述了爱迪生发明电灯的故事；为明确灯泡的结构及制作和检测的全部过程，我带学生参观了河北蓝瑞照明科技有限公司。

（二）创意设计

学生有感而发，设计了各种各样的灯泡。选材之广着实令我震惊。仅灯丝的选材，不但涉及我们常见的金属丝，还用到了特殊材料，如铅笔芯、纯棉线、纯竹纤维线、棉花、竹签等。

表1 "我来做灯泡"使用器材明细表

活动阶段	实验名称	主要器材 灯丝材料	主要器材 其他材料	辅助器材及工具
点亮灯泡，产生猜想	钢丝纤维组制作和点亮灯泡实验	钢丝球	锥形瓶、平底烧瓶、试管、细金属丝（铜丝、铁丝、铝丝）、各种型号胶塞若干、电池盒若干、1号干电池若干、开关、导线2根（带夹子的导线容易操作）	护目镜、隔热手套、尖嘴钳、剪刀、锥子、直尺、千分尺、湿毛巾
点亮灯泡，产生猜想	细铜丝组制作和点亮灯泡实验	极细的导线（提取细铜丝）	锥形瓶、平底烧瓶、试管、细金属丝（铜丝、铁丝、铝丝）、各种型号胶塞若干、电池盒若干、1号干电池若干、开关、导线2根（带夹子的导线容易操作）	护目镜、隔热手套、尖嘴钳、剪刀、锥子、直尺、千分尺、湿毛巾
点亮灯泡，产生猜想	锡箔纸组制作和点亮灯泡实验	锡纸	锥形瓶、平底烧瓶、试管、细金属丝（铜丝、铁丝、铝丝）、各种型号胶塞若干、电池盒若干、1号干电池若干、开关、导线2根（带夹子的导线容易操作）	护目镜、隔热手套、尖嘴钳、剪刀、锥子、直尺、千分尺、湿毛巾
点亮灯泡，产生猜想	铅笔芯组制作和点亮灯泡实验	0.7mm铅笔芯、0.5mm铅笔芯、其他能找到的铅笔芯	500mL烧杯、细铜丝、电池盒8个、固定金属丝的塑料底座（瓶盖等）、1号干电池8节、开关、导线2根	护目镜、隔热手套、尖嘴钳、剪刀、锥子、直尺、千分尺、湿毛巾
点亮灯泡，产生猜想	棉竹纤维组制作和点亮灯泡实验	纯棉线、纯竹纤维线、竹签、棉花	锥形瓶、细铜丝、胶塞、电池盒若干、1号干电池若干、开关、导线2根、酒精灯、酒精喷灯、易拉罐底、玻璃管、火柴、酒精	护目镜、隔热手套、尖嘴钳、剪刀、锥子、直尺、千分尺、湿毛巾
探究影响灯泡亮度的因素	探究灯丝的长度对灯泡亮度的影响实验	钢丝球	500mL烧杯、细铜丝、220V电源、可调电源、照度计、固定金属丝的塑料底座（瓶盖等）、开关、导线2根	护目镜、尖嘴钳、剪刀、直尺
探究影响灯泡亮度的因素	探究灯丝的股数对灯泡亮度的影响实验	钢丝球	500mL烧杯、细铜丝、220V电源、可调电源、照度计、固定金属丝的塑料底座（瓶盖等）、开关、导线2根	护目镜、尖嘴钳、剪刀、直尺
探究影响灯泡亮度的因素	探究电压对灯泡亮度的影响实验	钢丝球	500mL烧杯、细铜丝、220V电源、可调电源、照度计、固定金属丝的塑料底座（瓶盖等）、开关、导线2根	护目镜、尖嘴钳、剪刀、直尺

续表

活动阶段	实验名称	主要器材 灯丝材料	主要器材 其他材料	辅助器材及工具
探究延长灯泡发光时间的方法	常规条件下的实验	钢丝球	制作好的灯泡、220V电源、可调电源、秒表、导线、开关	护目镜、隔热手套、尖嘴钳、电钻、剪刀、直尺、湿毛巾
	燃烧小木条消耗部分氧气的实验		小木条、酒精灯、火柴、金属丝	
	充入二氧化碳排出部分空气的实验		二氧化碳、2根带阀门的管	
	用手摇抽气机抽出全部空气的实验		手摇抽气机、1根带阀门的管	
	用带压力表的电动真空泵抽出全部空气的实验		带压力表的电动真空泵、1根带阀门的管	
成果展示	制作并展示各种各样的灯泡	各种金属丝、各种型号铅笔芯、LED专用灯芯	之前制作好的灯泡及相关材料、电路板、玻璃管、镜面、酒精喷灯	护目镜、隔热手套、尖嘴钳、剪刀、直尺、湿毛巾
拓展探究	白炽灯、荧光灯和节能灯亮度相同时的功率情况	带功率的插座1个、照度计1个、白炽灯泡若干、荧光灯泡若干、LED灯泡若干、直尺、220V电源		护目镜、隔热手套

我们重点讨论了这个作品（见图1）：灯泡发光时温度很高，用矿泉水瓶、生活中的玻璃瓶做灯罩不够安全，可以换成实验室里的耐高温器材（锥形瓶、烧瓶、试管等）。用各种金属丝做灯丝和金属架比较合适，在我的引导下，他们还想到了用生活中的金属材料（钢丝纤维、易拉罐片、电炉丝、保险管、焊锡丝、锡箔纸）做灯丝。最后我提醒他们要注意安全防护（戴隔热手套和护目镜）。

有学生受爱迪生发明灯泡的启发想到了用0.5mm的铅笔芯做灯丝（见图2）。我不但肯定了他的设想，还引导他扩大范围，选用其他型号的铅笔芯。

有学生因为家里是开棉纱厂的，有很多纯棉线、纯竹纤维线，想到用这些做灯丝（见图3）。还有学生提出用棉花搓成棉线做灯丝、从竹签上剥下竹纤维做灯丝。

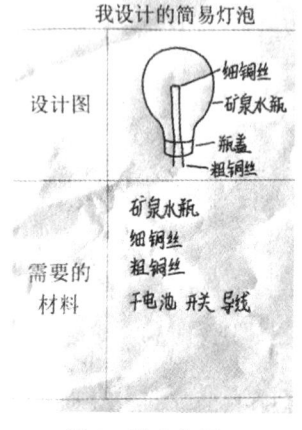

图1 学生作品1 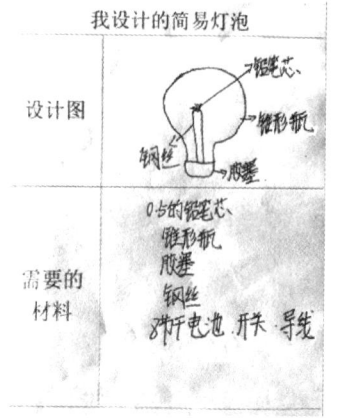　　　　图2 学生作品2 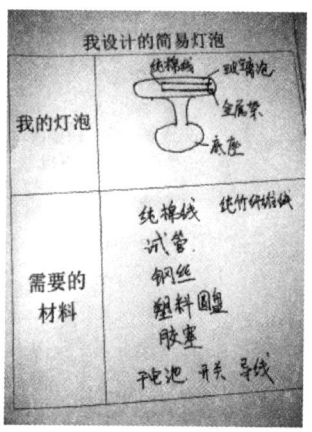　　　　图3 学生作品3

学生们根据自己的设计方案自由组合，成立了钢丝纤维组、细铜丝组、锡箔纸组、铅笔芯组、棉竹纤维组，开始制作并点亮灯泡。在这个过程中学生对影响灯泡是否能够点亮的因素产生了猜想。

（三）点亮灯泡，产生猜想

（1）（播放视频）以钢丝纤维组为例展示同学们的制作、点亮过程（见图4）。

（2）细铜丝组经历了改变灯丝长度、粗细，从4节干电池逐渐增加到8节干电池的探究过程（见图5），终于点亮了灯泡。同时得出猜想：灯泡是否发亮与灯丝的长度、粗细和电压有关（实验记录单见表2）。

图4 钢丝纤维组的作品 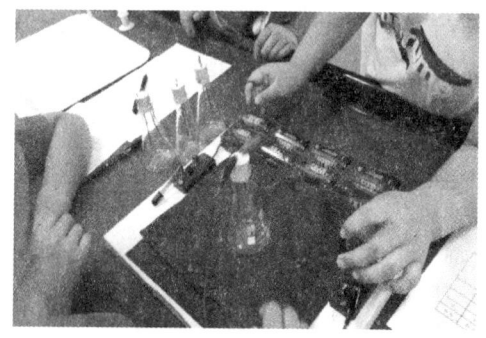　　　　图5 细铜丝组的点亮过程

表2 细铜丝组实验记录单

灯丝	直径/mm	0.12	0.12	0.10	0.10
	长度/mm	25	15	15	25
电池/节		8	8	4	5
现象		不亮	不亮	亮	亮
我的猜想		灯泡是否能够点亮与灯丝的长度、粗细以及电压有关			

（3）锡箔纸组得到了同样的猜想（实验记录单见表3）。

表3 锡箔纸组实验记录单

灯丝	长度/mm	10	10	10	15	20
	宽/mm	1	0.5	0.5	0.5	0.5
电池/节		4	4	3	4	4
现象		不亮	刚通电就断了	光芒耀眼亮了30s	光芒耀眼亮了35s	不亮
我的猜想		灯泡是否能够点亮与灯丝的长度、横截面积及电压有关				

（4）铅笔芯组自制了专用装置（见图6、图7），铅笔芯粗细均可固定，烧杯取放自由。他们不但得到了同上猜想，还有不同的发现（见图8）：用可调电源，接通电源后缓慢加大电压，冒出一股白烟，灯丝亮了，越来越亮，慢慢变暗，最后烧断。

图6 铅笔芯组自制装置1　　图7 铅笔芯组自制装置2　　图8 铅笔芯组点亮的灯泡

（5）棉竹纤维组把所选材料放在金属片上用酒精喷灯缓慢碳化（见图9），或放进玻璃管内用酒精灯缓慢碳化（见图10），但都没有点亮灯泡。虽然没有成功，但是学生经历了这样的探究活动，锻炼了其探究精神。

图9 用酒精喷灯碳化棉线 　　　　图10 用酒精灯碳化竹纤维

（6）汇总所有小组的实验结果，大家一致认为，灯泡是否能够点亮，不但与灯丝的材料有关，而且与灯丝的长度、粗细和电压有关。在此基础上，我们对影响灯泡亮度的因素进行了再探究。

（四）探究影响灯泡亮度的因素

（1）首先固定灯丝材料，学生选定了最容易点亮的钢丝纤维。为排除其他因素的干扰，方便、快捷地调换灯丝，自制了如图11所示的装置。为对比亮度、控制电压，还用上了照度计（见图12）和可调电源（见图13）。

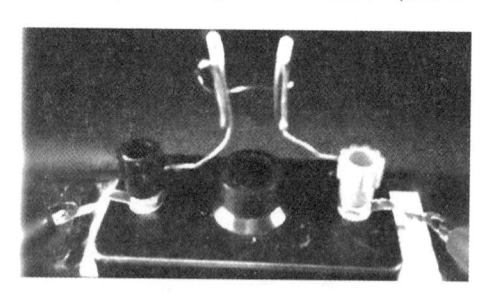

图11 探究影响灯泡亮度因素的装置

图12 照度计 　　　　图13 可调电源

（2）当学生提出改变灯丝长度时，我引导他们思考：要想明确灯丝长度对亮度的影响，其他因素该怎样调整？学生提出需要保持电压恒定。实验中他们截取的灯丝长度依次分别为15mm、20mm、25mm，发现灯泡的亮度减弱（实验记录单见表4）。

表4 探究灯丝的长度对灯泡亮度的影响实验记录单

长度/mm	15	20	25
股数/股	1	1	1
电压/V	3.67	3.67	3.67
亮度/lx	9	2	0
我的发现	电压和股数相同时，灯丝越长，亮度越低		

（3）为了使灯丝变粗，我引导学生把2股、3股的灯丝拧在一起，保持灯丝的长度相同、电压恒定，依次分别用1股、2股、3股的灯丝进行实验，发现灯泡的亮度增加（实验记录单见表5）。

表5 探究灯丝的股数对灯泡亮度的影响实验记录单

长度/mm	50	50	50
股数/股	1	2	3
电压/V	6.91	6.91	6.91
亮度/lx	2	10	17
我的发现	电压和长度相同时，股数越多，亮度越高		

（4）学生自行设计了保持灯丝的长度、股数都相同，只改变电压的实验，发现电压越高，亮度越高（实验记录单见表6）。

表6 探究电压对灯泡亮度的影响实验记录单

长度/mm	50	50	50
股数/股	2	2	2
电压/V	3.70	6.04	9.47
亮度/lx	0	2	60
我的发现	灯丝的长度、股数相同，电压越高，亮度越高		

通过这个环节，学生对控制变量的方法有了初步认识。活动进入探究延长灯泡发光时间方法的环节。

（五）探究延长灯泡发光时间的方法

铅笔芯组和钢丝纤维组都提出，实验开始时冒出了一股白烟，想一探究竟。通过我给他们推送的资料，他们发现是灯丝氧化的缘故，这时有学生说到减少氧气可以延长灯泡发光时间。在活动中学生不断发现问题并解决问题，使活动内容不断深化，体现了综合实践活动的生成性。

用什么方法可以减少氧气呢？我们先后想到了这样四种方法：燃烧小木条消耗部分氧气；充入二氧化碳排出部分空气；用手摇抽气机抽出全部空气；用电动真空泵抽出全部空气。

学生首先想到的是燃烧小木条消耗部分氧气。当我引导设计实验过程的时候，学生很快就说出可以与在常规环境下对比，保证灯泡完全相同、电压恒定，用秒表记录灯泡的发光时间。常规环境下灯丝亮了16s，消耗氧气后灯丝亮了35s。这个实验学生重复做了几次，结果相似。面对这个结果，学生分析得出，这种方法的确能够延长灯泡的发光时间，但是因为燃烧时氧气消耗的不彻底，效果不够明显。

学生接着想出充入二氧化碳排出空气的方法。实验结果发现灯丝亮了81s，经过多次实验验证，的确比前一种方法效果好一些（见图14）。

教师追问：还有更加有效的方法吗？通过引导学生回忆制作灯泡的流程，学生想到了用手摇抽气机抽出全部空气的方法。经过实验，这个方法果然效果更好，灯丝亮了211s（见图15）。

图14 充入二氧化碳排出空气的实验

图15 用手摇抽气机抽出全部空气的实验

为了确保抽出全部空气，我提出了用带压力表的电动真空泵抽空的方法。实验显示，灯丝最长亮了248s。

通过比较，孩子们得出了结论：减少氧气，可以延长灯泡的发光时间，并且抽出全部空气的方法最好（见表7）。在这个过程中，学生经历了像科学家一样逐步探究的过程。

表7 探究延长灯泡发光时间的方法实验记录单

状态	常规条件	燃烧小木条，消耗部分氧气	充入二氧化碳，排出部分空气	用手摇抽气机，抽出全部空气	用电动真空泵，抽出全部空气
灯丝材料	钢丝纤维	钢丝纤维	钢丝纤维	钢丝纤维	钢丝纤维

续表

长度/mm	25	25	25	25	25
股数/股	1	1	1	1	1
电压/V	6.5	6.5	6.5	6.5	6.5
发光时间/s	16	35	81	211	248
我的结论	减少氧气，可以延长灯泡的发光时间，抽出全部空气的方法最好					

（六）成果展示

在成果展示环节，我们召开了"我的灯泡"展示会。这是学生们的部分作品：带镜面的灯泡、玻璃管做的灯泡、双灯丝的灯泡、抽真空的灯泡等（见图16）。当属于自己的灯泡点亮的那一瞬间，孩子们发出了"我能行，我成功了"的欢呼声。

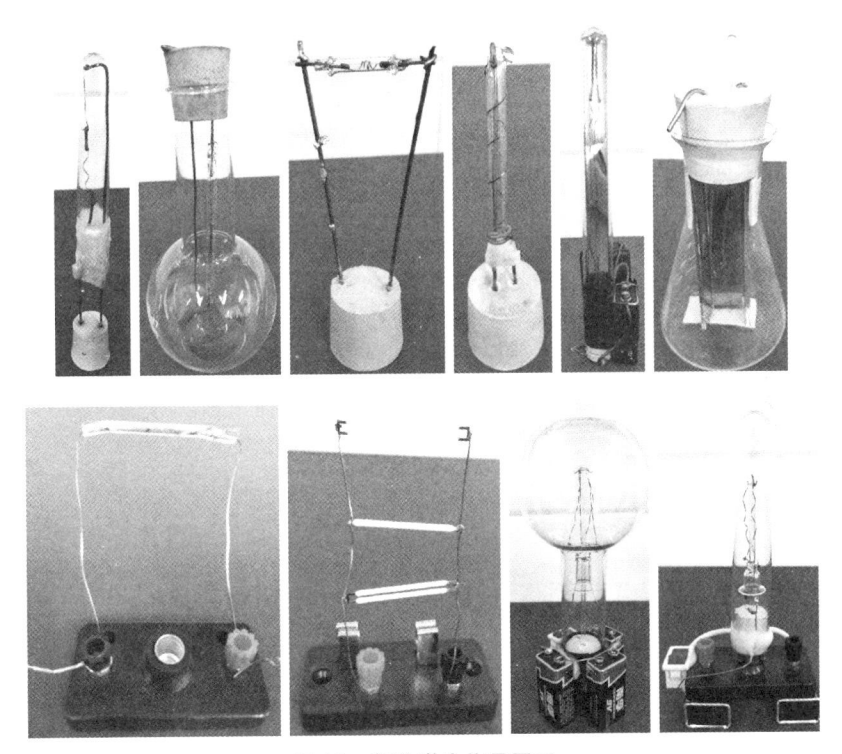

图16 部分学生作品展示

图16 部分学生作品展示（续）

（七）拓展探究

面对这些灯泡，一个问题引发了我们的拓展探究：这些白炽灯在生活中用的越来越少了，现在用的都是荧光灯和 LED 灯，因为它们相对白炽灯更加节能、环保。是这样吗？通过对比，学生发现当这几种灯发光亮度相近时，LED 灯的功率最小（见图17）。在此他们明白了节能环保的意义所在。

图17 白炽灯、荧光灯、LED 灯亮度相同时，功率对比情况

（八）反思评价

反思评价环节，学生们先进行了小组交流，分享本次综合实践活动的收获与感悟，总结经验；再集体交流，提出了改进意见；最后撰写了活动报告。参照活动过程中的评价表，学生们作出综合评价（见表8），并填写了学习评价参考表（见表9）。

五、效果评价

（1）学生初步了解了控制变量的实验方法，同时多种材料、多种技术的运用拓展了学生的思路，锻炼了其发散思维。

（2）学生亲历了爱迪生发明灯泡的过程，领略了科学家坚持不懈的精神，体验了科学探究的历程。

表8 学生综合实践活动表现评价表（__组）

课题：__我来做灯泡__
学生姓名_____   班级_____   综合评价_____

实验阶段	自我评价			小组评价			教师评价		
	优秀	良好	合格	优秀	良好	合格	优秀	良好	合格
活动一：收集资料									
活动二：创意设计									
活动三：点亮灯泡，产生猜想									
活动四：探究影响灯泡亮度的因素									
活动五：探究延长灯泡发光时间的方法									
活动六：成果展示									
活动七：拓展探究									
活动八：反思与评价									

表9 学习评价参考表

课题：__我来做灯泡__
学生姓名_____   班级_____

评价指标	评价内容	○	△
价值体会	通过亲历灯泡的制作过程，体会设计和发明离不开创新的勇气、坚强的毅力和持之以恒的努力		
责任担当	能克服困难，完成预定的任务；能从不同的角度思考问题，追求创新		
问题解决	了解白炽灯的结构及工作原理；设计制作灯泡的方案，并不断优化		
创意物化	通过动手操作，选取不同材料，运用各种技术将设计方案付诸实施		

○：完全符合要求   △：基本符合要求

绿化真的能降温吗

齐齐哈尔市龙沙区新明小学校　高鹰

一、使用教材

上海科技教育出版社《小学综合实践活动》六年级第二学期第三主题活动："小小护绿队"之"绿化真的能降温吗"。

二、实验器材

（1）对比实验一：温度传感器（见图1）。

（2）对比实验二：温度传感器、锥形瓶、长颈漏斗、导气管、双孔胶塞一个、单孔胶塞两个、大细口瓶两个。实验装置如图2所示。

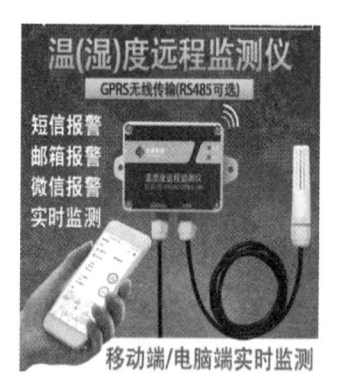

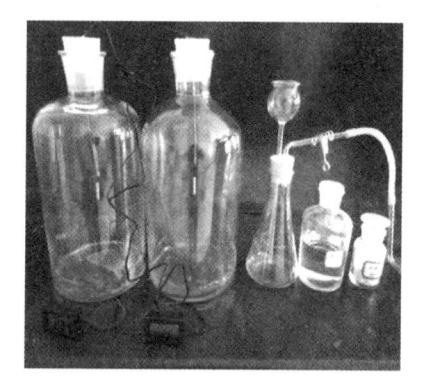

图1　温度传感器　　　　图2　对比实验二的实验装置

三、实验创新要点/改进要点

教材建议学生进行实地测量温度的实验，但实验教学中受地域和时间的限制测量起来耗时费力，而且普通温度计误差大、示数不够精确，不利于学生对比观察，不便于记录实验现象、绘制温度曲线图，实验过程缺乏科学的严谨性。针对这些问题，我从两个方面加以创新、改进。

（1）对比实验一：运用温度传感器，在相同时间测试不同地点的温度变化。

在此我改进了实验用具，采用温度传感器。它的信号是通过GPRS进行传输的，在手机、电脑端可以通过短信、微信、邮箱实时报警，并记录温度数据、进行可视化图形输出和数据分析等。它具有防水外壳，在粉尘、雨雪天气下都可以正常、稳定地工作（见图3~图5）。

图 3　手机和电脑端实时监测　　　图 4　防水外壳　　　图 5　应用场景

（2）对比实验二：探究二氧化碳是温室气体吗？

我利用气体发生装置制取二氧化碳，将二氧化碳与空气在阳光下照射进行对比，从而证明二氧化碳是造成温室效应的根源之一（见图6）。

图 6　对比空气和二氧化碳在阳光下的温度变化

四、实验原理/实验设计思路

（1）温度传感器采集的数据，可通过 RS 485 或 GPRS 等方式传输至电脑或手机，解决了过去的实验受地域、时间限制的弊端，提高教学效率。

（2）对比二氧化碳和空气在控制变量的情况下，受阳光照射后温度的升高情况，得出二氧化碳是温室气体，从而利用绿色植物的光合作用吸收二氧化碳来达到降温的目的，证明绿色植物的光合作用能够降温，简洁明晰。

五、实验教学目标

（1）知识与技能：学习使用温度传感器提高学习效率，通过实验验证二氧化碳是温室气体，了解气温测量的基本常识。在研究绿化与温度的关系，合理的绿化形式、分布、数量以及在组建护绿队并实施护绿任务的过程中，训练严谨的思维能力，逐步形成科学的探究方法。

（2）过程与方法：小组合作，明确实验方法，尝试制定实验方案，提高设计实验方案的能力。能够通过实验的方法验证假设，得出结论。

（3）情感态度与价值观：了解绿化与温度之间有密不可分的关系。初步感受绿化对人们的重要性。培养学生尊重事实的科学精神和严谨认真的工作态度。

六、实验教学重难点

教学重点：使用温度传感器设计对比实验，验证假设。

教学难点：绿化与温度之间的关系及温度传感器的使用。在设计实验方案和实施过程中，发展独立思考的能力。

七、实验教学内容

（一）对比实验一：运用温度传感器，在相同时间测试不同地点的温度变化

（1）设计实验方案。通过控制温度、时间点、传感器探头与地面的距离等变量，对比测试同一时间树荫、草地、裸露土地和水泥地在太阳照射下温度有什么不同。

（2）探究温度传感器的使用。通过扫描二维码，在手机或平板电脑上添加"物联云控"的小程序，在小程序中安装实验设备代码。完成以上操作后，把温度传感器放置于指定位置，接通电源。在此的注意事项是：测量不同地点的温度时，传感器的探头与地面的距离均为1m。传感器开始工作，同学们在手机或平板电脑上定时远程监控，记录相同时间、不同地点温度的变化。部分实验过程如图7和图8所示。

图7 扫描二维码添加小程序　　　　图8 将温度传感器放置在指定位置

（3）分析实验数据，得出结论：绿化真的能降温。树荫、草地、裸露土地和水泥地在阳光照射下的温度差异对比如图9所示。由此得出结论：绿化面积越大，温度越低，在阳光充足的中午、下午测量效果最佳。

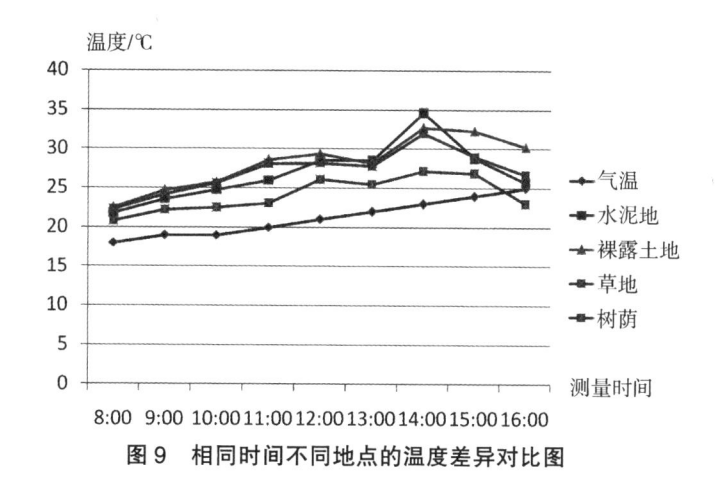

图9 相同时间不同地点的温度差异对比图

（二）对比实验二：探究二氧化碳是温室气体吗

准备两个细口瓶，其中一个细口瓶内充满二氧化碳，在此通过大理石与稀盐酸反应后生成二氧化碳；另一个收集空气。将两个细口瓶分别放在阳光下照射，有二氧化碳的被阳光照射之后，温度明显升高了。由此证明二氧化碳是温室气体。对比实验二的实验装置和实验过程见图2、图6。

八、实验教学过程

（一）激发兴趣，导入新课

（1）教师活动。

1）提供录像：①街道边的绿化带；②河道旁的树木和植被。

2）说说绿化与人类生活的关系。

3）揭示探究内容：绿化真的能降温吗？

（2）学生活动。观看绿化作用录像，呈现案例现象，提出质疑。

（3）设计意图。引发探究兴趣；通过对资料的收集交流，初步了解绿化的作用。

（二）新知探究，传感比对

（1）教师活动。组织学生汇报收集到的关于温度传感器的知识。

（2）学生活动。小组交流、汇报展示收集到的关于温度传感器的资料。

（3）设计意图。让学生有初步认知，培养学生收集整理资料的能力，锻炼其语言表达能力。

（三）整理汇报，制定方案

（1）教师活动。

1）要知道绿化是否能帮助降温，有什么方法吗？

2）介绍实验方案或案例，介绍设计内容和要求。

3）组建护绿队：指导组建护绿队，合理分工，落实测量、记录、统计等工作。

（2）学生活动。

小组讨论如何探究绿化是否能降温，尝试设计实验方案。预想实验过程中可能碰到的困难。根据实验方案的样例，抓住关键内容：实验目的、方法、用具、过程、地点。补充完善学生实验方案，确保实验过程的可行性和科学性。

（3）设计意图。了解制定实验方案的方法，培养问题预设能力。

（四）人工智能，学科整合

（1）教师活动。

1）定时观察记录。

2）记录相同时间树荫、草地、裸露土地、水泥地的温度数据，指导学生正确填写测量记录表。从数据中你获得什么信息？

（2）学生活动。

1）小组讨论如何监测和记录温度。设计测量记录表，并作好记录。

2）小组讨论交流实验过程和数据分析，揭示数据说明的问题。

3）各小组派代表交流实验过程，并进行分析，揭示实验结果。

（3）设计意图。了解如何准确测量温度，进一步感受绿化的作用，锻炼学生表达能力。

（五）反思评价、拓展延伸

（1）教师活动。

提问：花草树木对人类还有什么影响？调查绿化与人们生活的关系资料。

（2）学生活动。说说花草树木与人们生活的关系，填写学习单。

（3）设计意图。拓展视野，保持继续探究兴趣。

九、实验效果评价

温度传感器在教学中还没有被广泛地应用。它的测量精度高，不受地域和时间的限制，提高了课堂效率。使用温度传感器是适应时代发展的需要，活动中学生们对高科技电子产品产生了浓厚的兴趣、激发了学生的科学求知欲。通过创新实验培养了学生的创新精神，提高了学生的科学素养，使学生更加喜爱综合实践活动学科。

活动中，学生参与了对比实验，掌握了对比实验的设计模式，明确了对比实验中控制变量的必要性。了解了绿化的作用，同时对"损绿""毁绿"行为也有所认识，提高了学生的"护绿"意识。活动锻炼了学生的观察能力、动手能力、分析能力、总结概括的能力及与他人沟通获取信息的能力。

改变物体内能的两种途径

宁波市海曙区段塘学校　吕淑君

一、使用教材

华师大版《科学》九年级上册第七章第一节"物体的内能"第二课时。

二、实验器材

实验装置如图1所示。

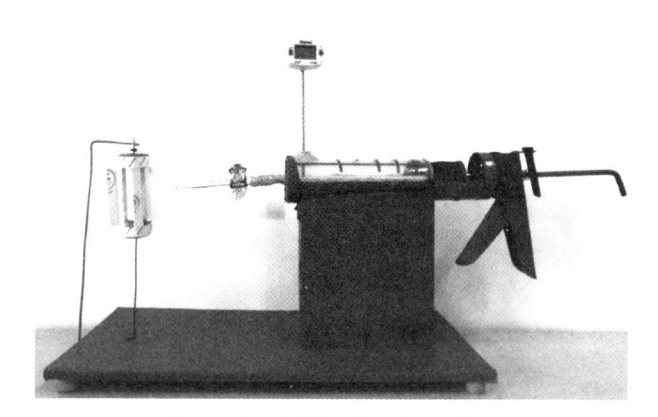

图1　做功改变物体内能演示仪

三、实验创新要点/改进要点

（一）整合实验，资源利用

把教材中的压缩空气发热实验和蒸汽对外做功实验整合在一套装置中，通过一个实验的两个步骤完成，第一个步骤产生的高压气体能被第二个步骤所用，不但充分利用了实验资源，减少了实验器材，而且节约了时间，提高了课堂效率。

（二）安全可靠，成功率高

教材压缩空气发热实验使用的材料乙醚是一种极易挥发的有毒麻醉剂，储存时易引发火灾，且实验成功率不高。教材蒸汽对外做功实验中高温的蒸汽和弹出的木塞也容易伤人。经过改进的实验十分安全，而且成功率高。

（三）形象直观，现象明显

利用探针温度计的示数一目了然地反映出瓶内气体的内能变化，直观明显；冲出的气体做功使小叶轮转动，形象生动。

（四）便捷操作，简单实用

改进后的实验操作非常简单，只需轻轻按压玻璃胶枪以及关闭、打开阀门，实验现象就十分明显，且可以多次重复实验，实用性很强。

四、实验原理/实验设计思路

关闭阀门，按压玻璃胶枪，推动针筒活塞，压缩针筒内的空气对空气做功，使空气内能增加、温度上升；打开阀门，高压气体冲出对小叶轮做功，使小叶轮转动，同时气体内能减小、温度降低。

五、实验教学目标

（一）知识与技能

（1）知道做功和热传递可以改变物体的内能。
（2）知道做功和热传递改变物体内能的实质。

（二）过程与方法

（1）经历做功改变物体内能实验的探究过程，发展科学探究能力。
（2）经历实验改进与创新的过程，增加实验创新能力。

（三）情感态度与价值观

（1）培养交流合作能力以及良好的科学态度和求实精神。
（2）乐于参与设计、观察、实验的科学实践，具有科学探索、科学创新的精神。

六、实验教学内容

（1）设计做功改变物体内能的实验，利用自制教具观察、分析、建构做功可以改变物体的内能这一科学知识。

（2）利用生活经验与实例分析，归纳热传递改变物体内能的三种方法：热传导、对流与热辐射，并通过学生活动了解对流的成因。

七、实验教学过程

根据建构主义理论和课程改革要求，本课采用"探究创新"教学，通过以下六个教学环节展开教学。

（一）提出问题，建立假设

创设情境：冬天手冷时，我们只要搓一搓手就能让手暖和起来。你知道这里蕴含着的科学道理吗？

设计意图：生活化的问题启动了学生的思维。

建立假设：学生猜想，双手摩擦时手对手做功可能会增大手的内能。

提出问题：外界对物体做功，是否能增大物体的内能？物体对外做功，物体的内能又如何改变呢？

建立假设：学生在生活经验或原有的知识基础上完成猜想。

（二）自主合作，设计实验

实验设计是科学探究的重要环节，是培养科学探究能力的关键。为降低难度，教师先规定实验对象为空气，并从研究的问题出发，把大问题分解成若干个小问题：

(1) 设计外界对空气做功实验时，通过什么方式对其做功？
(2) 设计空气对外做功实验时，通过什么方式使其对外做功？
(3) 如何体现空气对外做了功？
(4) 如何检测物体内能的变化？
(5) 装置是否需要密封？

设计意图：在问题链的引导下，教师为学生搭建梯子，学生跳一跳摘到果子，保持学生积极的思维。

设计实验：小组合作，自主设计实验方案，要求：

(1) 实验简单易行，具有可操作性。
(2) 以简图和文字形式绘制在实验活动单上。

汇报方案：学生上台展示并汇报设计方案，引导学生评价并完善实验方案。

（三）质疑反思，创新实验

展示如图2、图3所示的教材实验，并评价教材实验的不足：实验器材多，实验准备及操作费时，以及安全性低、操作技巧高等。

图2 压缩空气发热实验　　　　图3 蒸汽对外做功实验

质疑反思：能否利用一套装置就能检测外界对空气做功和空气对外做功这两种情况下的空气内能变化？

设计意图：对教材的挑战和质疑瞬间点燃了学生探究的热情。

在学生讨论基础上，教师呈现图1的创新实验装置：做功改变物体内能演示仪。

设计意图：实验装置并不是突兀地呈现在眼前，而是学生感受到是自己设计的成果，有喜悦和惊奇。

（四）观察实验，建构新知

（1）观察演示实验：做功改变物体内能演示仪。

1）关闭阀门，往里推动针筒的活塞，对空气做功，温度计示数升高。

2）打开阀门，高压气体冲出，推动小叶轮转动，温度计示数降低。

（2）建构新知：做功可以改变物体的内能。

1）外界对物体做功，物体内能增加：机械能转化为内能。

2）物体对外做功，物体内能减少：内能转化为机械能。

3）做功改变物体内能的实质：机械能与内能之间的转化。

（五）分析比较，深化知识

提出问题：生活中除了通过做功让手暖和起来，还有什么方法也能增加手的内能？

比较分析：学生在生活经验和原有的知识基础上，提出通过热传递的方式改变内能，如用热水袋捂手、吹空调、使用取暖机、把手泡在热水中、晒太阳等。教师引导学生对它们进行分类，重点从发生热传递的物质种类以及物质是否直接接触等方面进行思考，在不断的分析中，引出热传导、对流和热辐射这三种方式，以及它们的区别。随后，在差异中寻找共性，归纳总结出热传递改变内能的实质是能量的转移，热量都是从高温物体传到低温物体，或者从物体的高温部分传到低温部分。

设计意图：通过比较、分析、归纳等方法学习热传递的三种方式，巩固、深化小学知识，进一步实现知识建构。

学生活动：水的对流。

图 4 水的对流实验

相比热传导和热辐射而言，对流的成因学生理解起来有一定的难度，为了突破这一难点，学生利用图 4 的实验装置，进行分组活动。

实验步骤：

（1）在玻璃管中装满水，并在上方滴一滴蓝墨水。

（2）用酒精灯加热玻璃管右下方，一段时间后观察蓝墨水的移动方向。

（3）将酒精灯移到玻璃管左下方加热，一段时间后发现蓝墨水沿反方向移动。

通过上述的分组实验，学生认识到对流是下部气体或液体受热向上升，而上部气体或液体由于温度较低向下降，通过冷热气体或液体的循环流动实现能量的转移。

（六）学以致用，感悟收获

学以致用：通过对以下几个问题的思考，用所学的知识解决生活中的问题，让学生认识到科学来源于生活、应用于生活。

（1）卖鱼的人把冰块放在鱼的_____（"上方"还是"下方"）。

（2）暖气片安装在_____（"靠近地面的位置"还是"远离地面的位置"）。

（3）用打气筒打气时筒壁会热起来，这是为什么？

感悟收获：让学生回顾、总结本节课的收获，并提出自己的疑惑。

八、实验效果评价

（一）实验创新

以"做功改变物体内能的实验探究"为载体，在教材实验的基础上运用组合的创新技法对实验进行改进与创新，创新实验取材简单、操作方便、现象明显、安全性高。

（二）教法创新

打破传统的学生被动接受的教学方法，让学生主动发现与探索，自主设计、积极创新，体验技术发明的过程，充分体现了STEM教学理念。

电生磁

——电磁铁的趣味实验

诸暨市大唐镇初级中学　石丁伟

一、使用教材

本实验选自浙教版《科学》八年级下册第一章第二节"电生磁"。

二、实验教学目标

（1）通过对电磁铁结构的分析，能自己制作电磁铁，提高动手能力。

（2）能猜测影响电磁铁磁性强弱的因素，用控制变量法设计并实施方案。

（3）能根据实验结果定性地得出影响电磁铁磁性强弱的因素。

（4）通过探究学习、合作学习，体会探究乐趣。

（5）通过认识电与磁之间的相互联系，学生能乐于探索自然界的奥秘。

三、实验教学内容分析

课本中安排了三个实验活动：活动一用来感知通电螺线管存在磁场，插入铁芯后磁性变强；活动二用来研究电流越大，电磁铁磁性越强；活动三用来研究匝数越多，电磁铁磁性越强。

四、教材实验的不足

教材实验都是利用吸引大头针的数量来判定电磁铁磁性的强弱，但在实际操作中存在一定的不足：

（1）磁性较弱时，吸取大头针数量没有明显改变。

（2）磁性较强时，吸引的大头针往往太多，数起来费时。

（3）实验操作步骤零散，不太方便。

（4）实验缺乏趣味性，学生参与度低，无法激发学生学习兴趣。

五、实验器材

缝纫机塑料锁芯、缝纫机铁质锁芯、漆包线、玻璃管、细铁丝、粗铁丝、学生电源、导线、开关、雪碧瓶支架。

六、实验教学过程

（1）实验一：动手制作通电螺线管。

如图1所示，用漆包线绕在缝纫机的塑料锁芯上，制作好不同匝数的螺线管。

图1 螺线管

(2) 实验二：探究铁芯的有无、铁芯的粗细与电磁铁磁力大小的关系。

两个雪碧瓶里面装好水用做实验支架。把绕好的螺线管套在玻璃管上，第一步做没有铁芯的实验，此时电磁铁之间排开的距离比较短（见图2）。第二步，往玻璃管中插入细铁丝，此时电磁铁之间排开的距离增加了（见图3）。第三步，换用粗铁丝，此时电磁铁之间排开的距离再次增加（见图4）。

图2 没铁芯 　　　　　图3 有细铁芯 　　　　　图4 有粗铁芯

因此，我们得到结论：在电流和线圈匝数一定时，带铁芯的电磁铁的磁性比不带铁芯的通电螺线管的磁性要强得多；铁芯越粗，电磁铁的磁性越强。

(3) 实验三：探究电流大小与电磁铁磁力大小的关系。

通过学生电源，增大电流，电磁铁之间排开的距离变大；减小电流，电磁铁之间排开的距离变小。

因此，我们得到结论：在线圈匝数一定时，通过线圈的电流越大，电磁铁的磁性越强。

(4) 实验四：探究电流方向与电磁铁磁场方向的关系。

将其中一个电磁铁反置，电磁铁之间不再排开，相反，能从远处相互吸引。

因此，我们得到结论：在线圈匝数和电流大小一定时，改变线圈电流方向，电磁铁的磁场方向会改变。

(5) 实验五：探究电磁铁线圈匝数与磁力大小的关系。

换用四个铁质锁芯的电磁铁，其中两个匝数多，两个匝数少，套在玻璃管上，串联在一起。合上开关，发现匝数多的电磁铁之间排开的距离大于匝数少的电磁铁之间排开的距离（见图5）。

图5 磁力与线圈匝数的关系

因此，我们得到结论：在电流一定时，线圈匝数越多，电磁铁的磁性越强。

（6）实验六：魔术表演。激发学生主动思考——电磁铁磁场的有无与电流的关系。

将两个铁质锁芯的电磁铁竖直放置，合上开关，上面的那个电磁铁会自动上下跳动（见图6）。

因此，我们得到结论：电磁铁磁场的有无可以用通断电流来控制。

实验总结：归纳影响电磁铁磁力大小的因素，概括这些因素与磁力大小的关系。锻炼学生的归纳、表达和交流能力。

图6 磁场的有无与电流的关系

七、实验创新优点

（1）利用自制的趣味实验装置，把多个实验整合在一个实验装置上完成，省时省力。

（2）增加了对铁芯的粗细与电磁铁磁性强弱关系的探究，巧妙地将不同粗细的铁丝插入通电螺线管中。

（3）改变了判断磁性强弱的方案。教材中采用数大头针的数量（误差较大）判断磁性强弱，本实验改为电磁铁间的相互平移距离，使实验效果更直观。

（4）最后增加一个魔术实验，大大提升了学生的学习兴趣、求知欲。

（5）利用了学生电源，可以根据需要选择不同大小的电流。

（6）实验器材取材容易，变废为宝，易于推广。

八、实验效果评价

（1）本节课最大的亮点是对实验教具进行了创新，这样的教具在实验教学中更加具备直观性、可操作性。

（2）通过动手实验，让学生的知识建构和实验同步，使学习变得更简单、更有趣，激发学生的求知欲、创造力。

不同截面形状构件的强度测试实验

天津市海河中学　张俊杰

一、使用教材

"测试不同截面形状构件的悬梁强度"是江苏教育出版社出版的普通高中课程标准实验教科书-通用技术-必修2《技术与设计2》第一单元"结构与设计"第二节"稳固结构探析"中"结构强度"内容中的一个实验。在前一节学生对结构已经有了一定的认识，这一节重点探究影响结构强度的因素，通过实验，加深学生对于结构强度与构件的截面形状有密切关系的认识。

二、实验器材

测试支架、待测构件、反射镜、带有激光笔的可移动的反射镜、砝码、带有移动标尺的白屏。实验装置如图1所示。

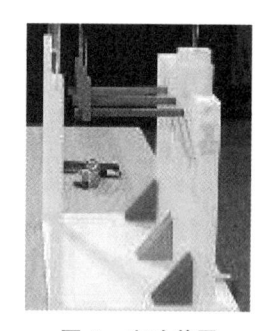

图1　实验装置

三、教材实验内容

教材中安排的"测试不同截面形状构件的悬梁强度"小实验，悬梁使用纸筒制作，一端用来挂重物，另一端用来固定。实验的步骤主要有两步：第一步是剪贴周长相同，截面分别为三角形、圆形、正方形纸筒各一个，分别将不同形状的纸筒的一端固定在桌子上；第二步是在三个纸

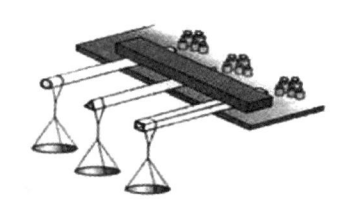

图2　教材实验演示

筒的顶端分别悬挂相同质量的重物，并依次不断增加相同质量的重物，观察三个纸筒的形变，对比其强度。教材实验如图2所示。

四、实验改进及创新

我对原实验在两个方面进行了改进：一是用 3D 打印技术设计并制作悬梁，减少误差；二是利用光杠杆的原理将实验结果放大，将形变量化，使实验结果更加科学和清晰。

（一）使用 3D 打印技术解决悬梁误差问题

在原实验使用纸质材料的折叠过程中，很容易出现不均匀、不标准的问题；在使用胶水或者胶棒粘接的过程中，又会出现强度不一致的情况。解决悬梁误差问题，我想到了 3D 打印技术，它可以提前在电脑中利用三维设计软件，以精确尺寸设计出需要的截面形状（见图 3）并且打印出来，这样既可以保证周长完全相等，又保证了

图 3　3D 打印的三个悬梁

材料的均匀和一致，比折叠要容易得多，并且误差小，做到了保证实验结论准确的第一步。利用 3D 打印技术设计并制作不同形状的悬梁，相对于课本上的纸筒构件，更加可行和标准。

（二）利用光杠杆原理，放大实验现象

在教材实验中，学生是通过肉眼来直接观察构件的形变量，判断其强度。为了使实验现象更加明显，我想到了物理上光杠杆原理（见图 4），将微小形变进行放大。利用激光束，通过反射镜的两次反射，将激光束的位置变化放大（见图 5），所以将这样一个原理迁移到本实验中，在不破坏悬梁的情况下，将实验现象放大。利用光杠杆原理，借助于平面镜的反射，将悬梁的微小形变放大，使学生很容易观察到变化，并且采用数据说明，学生可以更准确地判断出哪种形状的悬梁强度更好。

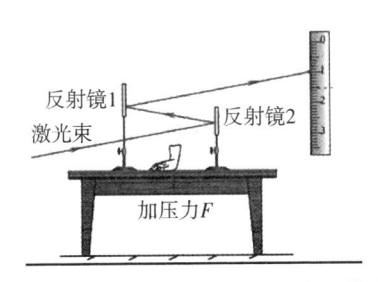

图 4　利用光杠杆原理进行桌面的微小形状放大示意

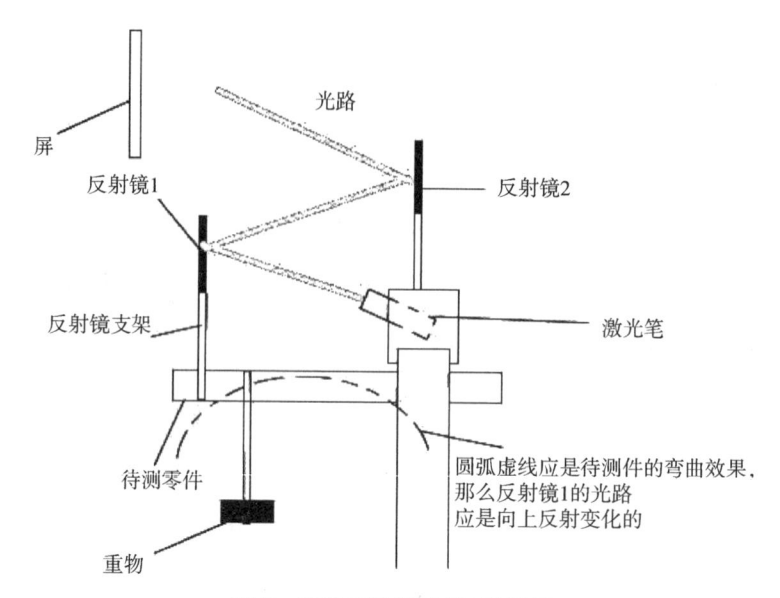

图5 利用光杠杆原理实验装置

在支撑架上安装激光笔，在三个悬梁及支撑架上安装镜子，进行两次反射。首先在大屏上记录三个激光束的位置；然后分别在三个悬梁上挂上相同的重物，移动激光笔，记录挂重物之后激光束的位置，比较前后两次激光束位置的变化，判断哪个悬梁的形变量最小，从而判断哪种截面形状悬梁的强度最好（见图6）。

通过这样两个设计使实验的现象更加明显，实验结论更加准确，实验过程可重复操作。基于以上两点，设计制作了"构件强度测试仪"。

图6 本实验原理示意

五、实验教学目标

（1）通过实验，加深学生对于结构的强度与材料的形状有密切关系的认识。

（2）测试用不同截面形状的构件做成的悬梁的强度，帮助学生更直观地了解截面形状是结构强度的影响因素。

六、实验教学内容

通过教具演示，分析不同截面形状构件做成的悬梁的强度，探究截面形状对于结构强度的影响。

七、实验教学过程

（1）将测试仪的底座用两个金属夹固定在桌面上。

（2）如图7所示，将周长相同的截面形状不同的构件（三角形、圆形和正方形）制成的三个待测构件安装到测试架上。

（3）如图8所示，在三个待测构件上分别安装反射镜，反射镜底座距构件固定端为13.5cm，此位置也是后面三个构件测试时挂重物的位置。

图7　安装待测构件

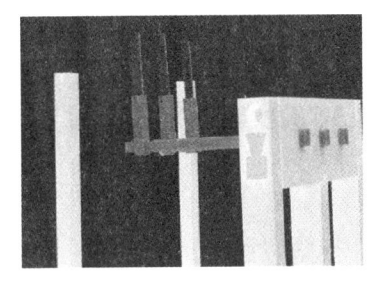

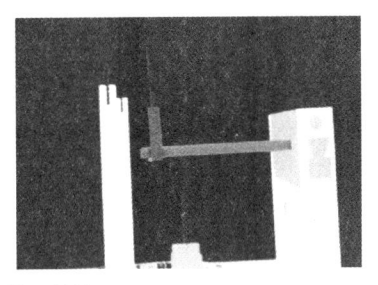

图8　安装反射镜

（4）如图9所示，将带激光笔的可移动反射镜安装在测试架上。

（5）如图10所示，将带有移动标尺的白屏安装在屏幕支架上。

图9　安装带有激光笔的可移动反射镜

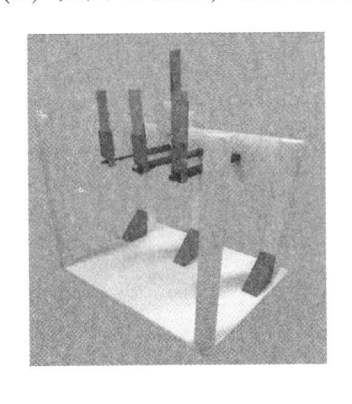

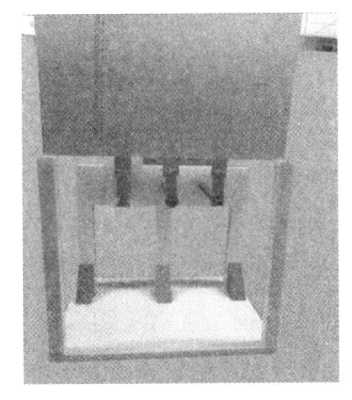

图10　安装白屏

（6）如图11所示，分别对截面形状为三角形、圆形和正方形的三个构件进行强度测试。

图 11　对构件进行强度测试

首先，打开激光笔，使其照射到截面为三角形构件的反射镜上，经此反射镜再反射到带激光笔的移动反射镜上，然后反射到白屏上。此时，在白屏上我们看到一个激光点，这个点是三角形构件未挂重物测试时的初始位置。运用移动标尺测出其初始位置，读数为13.5cm。接下来，我们将450g的砝码悬挂到我们先前标定的13.5cm处，此时我们看到光点发生了移动，读数为11.2cm。此时光点和刚才光点位置的差值为2.3cm，这就是该构件形变后将光杠杆放大后显示出来的形变距离。

同理，可以分别完成截面为圆形和正方形构件的实验。

（7）填写实验数据（见表1~表3），总结实验结论。

表 1　实验数据 1

构件截面形状	三角形	圆形	正方形
放砝码前激光束位置	13.5cm	13.1cm	10.9cm
放砝码后激光束位置	11.2cm	11.5cm	9cm
激光束移动数值比较	2.3cm	1.6cm	1.9cm

改变砝码的重量，重复步骤（6），得到如下两组数据。

表 2　实验数据 2

构件截面形状	三角形	圆形	正方形
放砝码前激光束位置	11cm	10.0cm	12.5cm
放砝码后激光束位置	9.5cm	8.5cm	10.5cm
激光束移动数值比较	1.5cm	1.5cm	2cm

表3 实验数据3

构件截面形状	三角形	圆形	正方形
放砝码前激光束位置	11.7cm	7.2cm	8.7cm
放砝码后激光束位置	6.7cm	5.4cm	6.4cm
激光束移动数值比较	5cm	1.8cm	2.3cm

结论：通过几次反复测量，比较可知，在同等重物拉力强度、周长相等的情况下，构件的截面形状不同，其强度不同。就三角形、圆形和正方形而言，圆形的强度要优于三角形和正方形。

八、实验效果评价

（1）通用技术是一门立足实践、注重创造的学科，技术实验对于培养学生的技术素养、创新精神和实践能力有着不可替代的作用。通过本次实验活动，不仅帮助学生了解了几种截面形状对于结构强度的影响，同时培养了学生的创新精神，提高了其探究能力。

（2）该实验与教材原实验相比，测试结果更准确，实验现象更加明显。

（3）该实验仪器可突破材料和形状的限制性，无论是纸筒、3D打印的构件还是铁质等其他材料的构件，都可以直接安装到测试架中直接进行实验，实验的探究效率得到有效的提高；从形状上来看，教材中提到的U形、工字形等截面的构件也可以利用同样的原理来进行测试。另外利用3D打印的优势，可以对测试支架进一步修改，还可以测试相同的材料、相同的截面积、不同截面形状构件的强度，来帮助学生更好地理解构件的截面形状不同，其强度不同。

（4）利用3D打印技术优化实验装置、拓展实验内容，激发学生进一步探究的意识，对于结构截面形状对结构强度的影响有更深的理解。

（5）学生亲身体验不同构件的实验过程，有利于加深对结构与功能关系的了解，同时聚焦学科素养，提高学生的创新设计和物化能力。

太阳能超级电容小车

北京师范大学天津附属中学　于旭珩

一、使用教材

使用新能源和智能化是未来汽车的发展方向。太阳能是太阳光的辐射能量，是一种新兴的可再生资源，早已成为人们生活中重要的能量来源。本节课源于北京师范大学天津附属中学基于 STEM 教育模式开发的一个综合实践活动课程的案例——太阳能小车，以太阳能作为动力驱动系统设计制作小车，同时在小车供电系统上添加智能充放电的控制机制，培养学生高效利用能源的意识。本节课属于第三模块太阳能小车能源与驱动的部分，这部分内容是这个项目的核心，同时也是后面智能充放电控制的学科知识基础。

二、实验器材

本节课在无自然太阳光的教室内进行，每组实验台上安装一个 50W 的太阳能灯。实验材料包括以下几种类型。

（1）第一类是学生自制的太阳能小车整体结构，在小车上已经安装一个 50mA 启动电流的太阳能电动机。

（2）第二类是不同的充放电控制模块，包括两部分：第一部分是手动控制开关，第二部分是自动控制开关。

（3）第三类是电能部件，包括不同尺寸的太阳能板和不同容量的超级电容。除此之外，还有一些安装固定的部件、用于测量的工具盒和仪器仪表。

三、实验创新要点/改进要点

理解科学实验的本质对于当今的教育是非常重要的，但在实际中学生往往容易倾向使用工程实验活动。太阳能小车项目活动涉及高中物理力学、电学等知识，教师需要按"最邻近发展区"的要求，为学生建立起最基本的概念框架，并有意识地设计一些可以反映科学本质的实验活动，帮助学生从对实验结果的感性认识上升到对科学知识的理性理解，并将理解的科学知识再应用到实际的工程项目中去，真正做到教学走在发展前面。

本实验设计多个开放性的问题让学生利用实验的材料去探究不同启动太阳能小车的解决方案。学生在探究完成任务所需要信息的过程中，不断与同伴沟通自己开展实验的想法、实验过程中出现的问题和观察，寻找最佳的实验方案，最终动手实践完成太阳能超级电容小车的动力系统。整个实验活动的实施，让学生不仅可以获得物理、电子、信息技术等知识，而且通过动手实验活动培养学生的创新意识和解决问题的能力。

四、实验原理/实验设计思路

本节课的主要实验原理是电容充放电原理。电容充电过程即是电容存储电荷的过程，当电容与直流电源接通后，带电量逐渐增加，两金属极板间电压逐渐增大，当其增大至与电源电压相等时充电完毕，电流减小为零。电容放电过程即是电容释放存储电荷的过程，当充电完毕的电容位于一个无电源的闭合通路中时，电容带电量在放电过程开始时最大，之后逐渐减少，当带电量减小为零时放电完毕，电流减小为零。

实验过程中学生利用教师自制的控制模块提高可视化的效果，其中包括手动控制模块和自动控制模块。手动控制模块由教师利用面包板和一个六角开关制作完成，自动控制模块中包括了开源模块、驱动模块和一块面包板。学生借助面包板来串并联不同的太阳能板、电容及控制电路。这两个模块能够帮助学生快速完成串并联电路的连接，实验不同的电容、太阳能板组合的方式。

五、实验教学目标

学习本节课的是高一年级的学生，他们有一定的逻辑思维能力、自主学习能力；他们喜欢合作，乐于探究，愿意参与动手实践的活动。从学生的知识角度出发，高一年级的学生已经认识了一部分电子元器件，了解电容的性质；他们了解串并联电路，知道使用万用表测试电流电压的方法；但是他们还不熟悉充放电电路原理以及开关电路搭建的方法。基于对实验内容的理解和对学生实际情况的分析，将本节课的实验活动目标设计如下：

（1）结合物理电学知识探究利用超级电容实现太阳能小车储电的方法。

（2）运用提供的电子元器件及模块，完成太阳能小车充放电路的搭建与效果测试。

六、实验教学内容

学生在本节课之前已经完成了太阳能小车基本结构的搭建，并利用光线较强的 200W 太阳能灯，成功完成了使用太阳能板直接驱动太阳能小车运动。本节课是从太阳能的实际应用角度出发，探究如何利用超级电容实现太阳能小车的充放电功能，提高原有太阳能小车的供电能力。教师会提供给学生不同尺寸的太阳能板、不同容量的超级电容，让学生通过实验探究某几个变量之间的因果关系，从而探索电量、电流、电压等物理知识。一旦学生能够正确地理解变量对实验环境的重要影响，教师就可以开始安排学生进行工程实验活动，让学生可以在工程实验活动中应用自己前一阶段了解到的科学知识。学生可以在教师的指导下运用开关模块完成充放电电路的搭建,并验证效果。在结束实验之前,教师会引导学生讨论探究过程中的一些重要问题,包括太阳能板的尺寸、电容的容量、电池的电压对充放电时间的影响等内容。

七、实验教学过程

(一)发现问题,讨论方案

"发现问题"这个环节,学生要在太阳能灯下实际测试太阳能小车的运动情况。使用万用表来测量太阳能板在 50W 太阳能灯下输出的电流和电压。结合学生测量的结果,引导学生分析如何在光线较弱的情况下提高太阳能小车的供电能力。

(二)动手实验,理解原理

"动手实验"这个环节,教师充分考虑学生已有的背景知识,给学生提供必要的知识教授。在基于 STEM 的课堂中学生的知识背景是不一样的,需要教师对学生提供丰富的学习资源。在这里教师为学生提供多种不同的实验材料,学生可以从中选择自认为恰当的电容、太阳能板连接到电路中,探究如何实现具有储电功能的太阳能小车,在任务解决的过程中理解电容充电原理及过程。

学生实验的方案是多种多样的:第一类方案是只在控制电路中添加不同容量的电容;第二类方案除了在控制电路中串并联电容之外,还有的同学会在原有太阳能板的基础上扩展新的太阳能板,来提高太阳能板的充电能力。

(三)修改完善,分析比较

"修改完善"这个环节,教师会安排学生结合前一阶段的实验结果进行全班范围的讨论,在不断的沟通交流中发现提高电路工作电流的多个方案。在学生讨论的过程中,教师引导学生在不同的方案之间进行分析和比较,了解成功的方案成功在哪里,不成功的方案哪里需要改进。这个过程也是学生不断完善自己方案的过程。

(四)竞赛验证,加深理解

"竞赛验证"这个环节是对学生前一阶段学习的检验。教师提出了"在两分钟内累计小车在太阳能灯下行驶的距离"的竞赛题目。这个题目是为了检测学生设计制作的太阳能超级电容小车是不是可以在规定时间内行驶较长的距离,提升太阳能小车行驶的能力。学生在实际竞赛过程中会出现不同的情况,教师选择获胜的小组来进行经验分析,这是学生知识提升的一个重要环节。

(五)经验分享,知识提升

"经验分享"这个环节中,获胜的小组把他们的获胜经验、学习经历和体会分享给全班的同学。在分享的过程中，教师帮助学生从多个不同电容、太阳能板组合产生的不同实验结果中分析提高控制电路电量的方法，理解实验过程中运用的物理知识，如有电压才能产生电流，电荷的定向移动产生电流，电量是指物体带电荷的多少，电流、电量、时间的关系等，逐步将感性的实验结果转化为理性的科学知识。

（六）总结回顾，反思收获

在这个环节中，教师提出一系列的问题，如认识了哪些蓄能装置，了解了哪些物理公式，学会了哪些控制电路的方法等。学生通过回答这些问题来反思本节课做了哪些实验、是如何做的、实验的结果又是怎样。这样的一个过程，实际上是学生自我认知、自我管理和自我提升的过程。

八、实验效果评价

（1）分析能力的提升：通过学生在完成充放电实验过程中对不同方案的分析比较，培养学生发现问题、分析问题的能力。

（2）操作能力的提升：在完成充放电电路连接的过程中，需要学生具备动手搭建电路的能力、识别电路的能力。实验用到的设备越多，连接步骤就越多，创新空间也越大。

（3）思维方式的提升：在总结分享的过程中，教师会引导学生归纳出在本节课设计与制作过程中所使用的一些物理公式，在这个过程中引导学生去思考，将学科知识应用到设计与制作过程中。这是学生运用多学科知识解决问题的一个非常重要的方面，也是学生多学科融合的过程。

为了找到最佳的解决方案，每组学生在结束每次实验时要对自己提出这样的疑问："我们的解决方案是最佳的吗？是否还可以串联两个超级电容，再节省一些充电时间？这个方案又会带来什么新的问题？原有的并联电路如何调整？"学生可以选择一个新的问题再次寻找答案，而下一次实验可能还会引出第三次探究："何种型号的太阳能板充电效率最高？"经过多次的反复实验之后，学生极可能会研发具有独创性的解决方案。这样的循环模式可以使学生满怀热情并积极自主地投入到学习当中，进而应用所获得的知识找出解决实际问题的方案。

同时在本节课的教学过程中，教师发现学生的基础是参差不齐的。要适应这种教学的环境，教师要把握知识的入手点，采用随机接入的方式，在一定程度上提高课堂教学的有效性。

血压高低成因研究及调节

复旦大学附属中学　崔欣

一、使用教材

本节实验课题来自于上海市中小学拓展型课程——"创课程"。"创课程"是一门具有上海地域特色的中小学应用型创新实践课程，是中小学传统学科课程的有益补充。"创课程"围绕生活情境，以任务为单位，引领学生围绕真实问题需求，通过研究、设计、制作、体验等实践过程，培养学生利用跨学科知识解决实际问题的能力和团队协作能力。

"血压高低成因研究及调节"是高中"创课程"（第一期）校本化实践"人工心脏"项目的第四个任务。前一个任务是搭建一个人工心脏模型，为本节课任务中通过心脏模型研究调节血压的方法提供了基础。

二、实验器材

TI 图形计算器、"创新者系统"、手持式压力传感器、蠕动水泵、电池组、200mL 烧杯、500mL 烧杯、硅胶水壶、细软管、粗软管、粗硬管、三通装置、甘油、甘油与水混合液（1：2）、清水。

三、实验创新要点

（一）实验系统的创新

人工心脏模型（见图1）实现从"输出"到"输入+控制+输出"的信息化的改变。"创新者系统"提供了这个实验信息化输入的可能（通过 TI 图形计算器输入"100"或"200"，模拟心脏的跳动频率），将计算机信息系统（输入+控制+输出）与探究实验进行了有效的整合，改变了以往科学实验往往只是通过传感器记录输出信息的模式，为能够模拟从外界控制心脏走出了重要的创新步伐。

（二）输出信号测量方式的创新

本实验采用普通压力传感器替代传统血压计，降低了实验成本、学习难度，突出了教学核心内容。此外，本案例完全使用手持设备，不需要电脑，能够使本案例在普通教室内完成。

（三）实验器材的创新

本实验采用不同材质和管径的水管，如细软管、粗软管模拟血管的粗细，粗软管和粗硬管模拟血管的弹性大小；选取大小不同的烧杯模拟血浆容量的差异；

使用甘油与水混合液以及纯甘油模拟不同黏稠度的血液（见图2），使模型中的"血压"高低可以调节，为血压高低的成因研究创设条件。

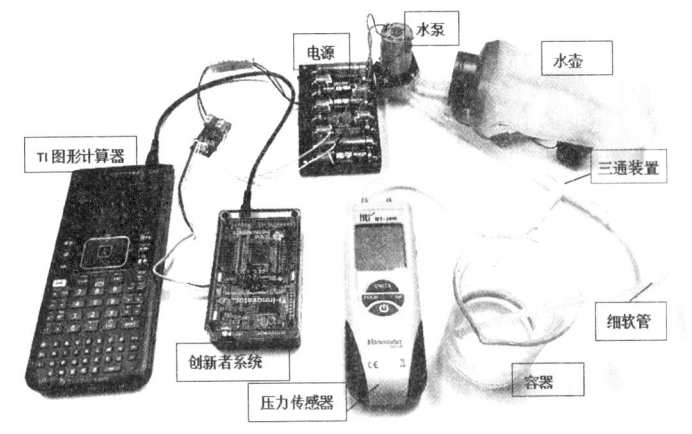

图1 人工心脏模型

图2 探究影响"血压"变化因素的实验装置

（四）教学内容和方式的创新

本节实验课通过跨学科知识链接解决实际问题。课题源于上海科学技术出版社高中《生命科学》拓展型课程第二章"人体内环境和自稳态"中第六节"血压及其调节"，该内容为理论课，不含实验。考虑到该内容较为抽象不易理解，若能基于生物学血压调节的知识，运用物理学中的压力传感器、压力和弹力的相关知识，以及化学试剂甘油的性质、溶液浓度和体积等相关知识，通过实验探究的教学方式，使学生从间接经验获得为主的接受式认知方式转变为以直接经验获得为主的体验式认知方式，夯实理论知识、提高跨学科综合运用能力，解决现实生活中的实际问题。

四、实验原理及实验设计思路

（一）实验原理

（1）血压形成的原理。在脊椎动物体内，血液循环是在封闭的心血管系统中进行的。这个系统包括一套输血的管道（血管）和一个推动血液流动的泵（心脏）。血液在血管里的流动对血管壁产生一定的侧压力就是血压。动脉血压的形成主要是心室射血和外周阻力相互作用的结果。心排血量、外周阻力（血管管径、血液黏稠度）以及血管弹性都会影响血压。

（2）模型搭建和测量"血压"的原理。人工心脏模型中容器代表心脏，水管代表血管，水泵和电池为"心脏"提供动力，TI图形计算器和"创新者系统控"制水泵转速，手持式压力传感器测量"血压"的大小（见图3）。启动电源、TI图形计算器和压力传感器。TI图形计算器设定速度为100（50~250的任意数值），开启后10s内，水泵持续将水从代表心脏的容器中泵出，并流入代表血管的水管。同时，压力传感器测量并显示出"血液"流经"血管"时对"血管"壁产生的侧压力的数值，即"血压"。

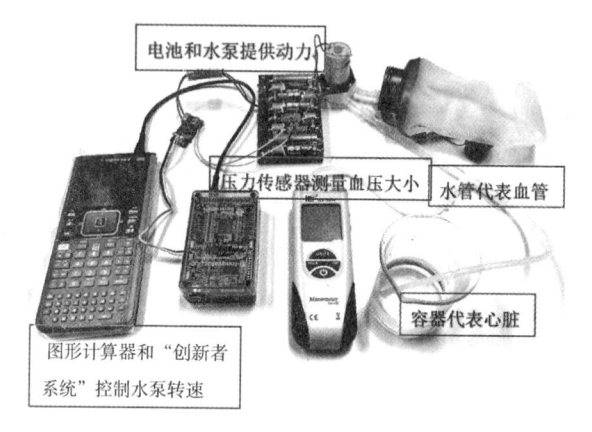

图3　模型搭建的原理

（二）实验设计思路

（1）从生活情境引入，明确核心任务。

（2）基于任务解决疑问，学会基于模型测量"血压"的方法。

（3）利用人工心脏模型、压力传感器以及其他实验装置设计实验方案，探究影响血压的因素并实施。

（4）通过交流反思得出结论，提出降低高血压的具体可行建议。

五、实验教学目标

（一）知识与技能

（1）知道血压的概念以及模型中测量"血压"的方法。

（2）初步学会"创新者系统"的使用。

（二）过程与方法

（1）通过人工心脏模型的搭建及完善，初步学会建模的基本方法，体会精益求精的工匠精神，形成互相尊重、互相包容、既分工又合作的团队协作模式。

（2）通过血压调节的实验探究，提出降低高血压的建议，科学使用控制变量的方法，形成综合运用各种知识解决问题的能力。

（三）情感态度与价值观

（1）通过探索血压高低的成因和调节方式，初步感受人体内稳态与平衡的生命观念。

（2）通过为患者提出降低高血压的可行性建议，学会关注和宣传防治高血压的活动，提高社会责任。

六、实验教学内容

（一）提出核心任务

本节课是"搭建人工心脏模型"任务之后的拓展探究，由于高血压严重损害人们的身体健康，以此现象引出本节实验课的核心任务，即探究引起血压变化的因素，提出降低高血压的可行性建议。

（二）探索解决问题

（1）利用上一节课搭建的人工心脏模型，通过物理学中压力的概念以及血液循环系统的知识归纳血压概念，引出压力传感器实现血压的测量。

（2）通过学生讲解和演示，知道人工心脏模型的搭建原理和操作方法。

（3）通过TI图形计算器和"创新者系统"、压力传感器以及自主选择若干实验器材使"血压"高低可以调节和测量，便于开展影响血压变化的因素探究。

学生完成探究后，通过对实验结果的思考、交流和反思，综合运用已学的知识技能，提出降低高血压的具体可行性建议。

七、实验教学过程

（一）实验课前

完成上节课的任务，即搭建能够进行"血液"流动的人工心脏模型。

（二）实验课中

（1）任务布置：从高血压的危害引入本节课的核心任务，即利用人工心脏模型探究引起血压变化的因素，提出降低高血压的可行性建议。

（2）任务分析：引导学生基于模型分析任务，提出疑问并解答。

（3）新知新技：归纳和概括血压的概念以及测量方法、人工心脏模型的原理和操作方法。

（4）设计实施：学生运用科学思维，即物理学、化学的规律和原理对模型中可能影响压力的因素作出预测，利用 TI 技术、压力传感器，并从教师提供的实验器材中自主选择，开展包括水泵的转速、水管的粗细、水管的弹性大小、溶液的体积、溶液的黏稠度等对压力影响的探究，设计实验方案并通过实践得出结论。

（5）交流反思：每组派出一位同学交流分享设计方案并分析实验数据，得出结论并反思改进方案，综合运用已学知识技能，提出降低高血压的具体可行性建议。

（三）实验课后

继续改进或创新人工心脏模型，探究降低高血压的方式，给出更多具体可行的建议；查找权威科学研究资料，开展宣传防治高血压的志愿者活动。

八、实验效果评价

（一）方案设计能力

本节实验课以问题解决为特征，通过自主探究形成对问题的解释，并通过交流讨论不断完善解释。方案的设计是解决问题的重要环节，多数学生的实验设计思路为先探究两种水泵的转速对血压的影响，然后在固定一种转速的情况下，继续探究改变水管管径和弹性、溶液浓度等因素对"血压"的影响。而有些小组的设计方案更加细致严谨，例如一组同学分别在水泵转速为 100 和 200 两种条件下探究水管管径和弹性、溶液浓度和体积与"血压"的关系；另一组同学分别在清水、甘油清水混合液、甘油原液三种条件以及两种水泵转速下进行多组变量的探究实验，记录的数据更加复杂和翔实。

（二）方案流程优化能力

多数小组会在没有教师提示的情况下做到每次在更换新类型的水管后先开启水泵若干次，把管中剩余空气排净再开始实验，以免影响实验数据的准确性。多数小组能做到在每一组条件下至少重复测量三次取平均值，减小误差，使实验数据更加可靠。

在进行小组代表发言时，一组学生建议先进行清水实验，然后再用甘油清水混合液探究，最后用甘油原液探究，以防止甘油残留阻塞橡胶管，导致实验数据不够准确。我认为学生的建议很有道理，虽然甘油既能溶于水又能溶于脂类，比较容易清除，但是在水管和水泵内残留的甘油未必能立即冲刷干净。

（三）突发问题解决能力

实验过程中操作员非常注意压力传感器的接口不能接触水，且每次实验前先对压力传感器数值调零，但实验过程中出现了负值，学生分析可能由于压力传感器的连接接口接错了，是有一定的可能性。但是通过查阅资料，我认为压力传感器本身是带有一定误差的，如果显示的负数数值比较小可能是正常现象，未必就是操作本身造成的。

在实验探究过程中，学生对实验器材提出改进和创新的方法。课前教师为学生提供了三种长度相同的粗硬管、粗软管和细软管，在实验过程中，学生提出可否探究同一种水管不同长度对血压的影响，我当即为学生提供了长管和剪刀，由学生自行操作并进行影响压力大小的因素探究。在探究不同溶液浓度对血压大小影响的时候，学生提出将清水改为生理盐水，更接近人体血液的电解质的浓度，减小实验误差。

实验台上，教师提供了大小两种烧杯模拟心脏，故有的小组想到探究不同大小烧杯同一体积溶液或者同一大小烧杯不同体积溶液对于血管中血压的影响，但是实验数据并无明显差异。由学生分析原因可能是心脏与血管组成一个封闭的循环系统，而上述探究实验是在开放环境下模拟完成，故可能受到气压等外界因素影响，实验结果不能说明问题，故提出模拟心脏的容器应该进行改进，烧杯不能很好体现心脏能够收缩和舒张运动，并且心室和心房未分开，更没有形成闭合的回路，故还有很大的改进空间。我认为，若能够形成闭合的回路，并且通过编程输入 TI 图形计算器，通过"创新者系统"的控制使水泵持续工作的时间更长，再在溶液中添加易清洗的红色染料，就能够看到更加逼真的"血液"循环流动的过程，并能够持续观察和测量"血压"的变化规律了。

（四）团队协作能力

本节课，学生以小组为单位，明确操作、观察和记录等任务分工，通过进行科学思维，体验科学探究的过程，得出了防治高血压的具体措施，锻炼了合作学习的能力。由于本课题与生活健康密切相关，能够激发学生继续深入探究的兴趣，也对学生今后是否从事科学研究具有一定的指导借鉴的现实意义。

（五）生命观念和社会责任

学生通过理解血压概念、血压高低成因研究和调节，理解血压的维持与调节机制的关系，初步感受人体内稳态与平衡的生命观念。学生根据实验探究结论，通过交流和讨论解决现实问题，提出降低高血压的具体可行性建议，指导健康的生活方式，并继续关注和宣传防治高血压的活动，提高社会责任感。

热力环流探究实验

蚌埠第二中学 李磊

一、使用教材

人教版高中《地理必修1》第二章第一节"冷热不均引起大气运动"。

二、实验器材

玻璃箱、有机玻璃箱、铝铸电加热器、低功率散热器、电子温度计、探针电子温度计、碳纤维杆、蚊香、发烟片、冰块等（见图1）。

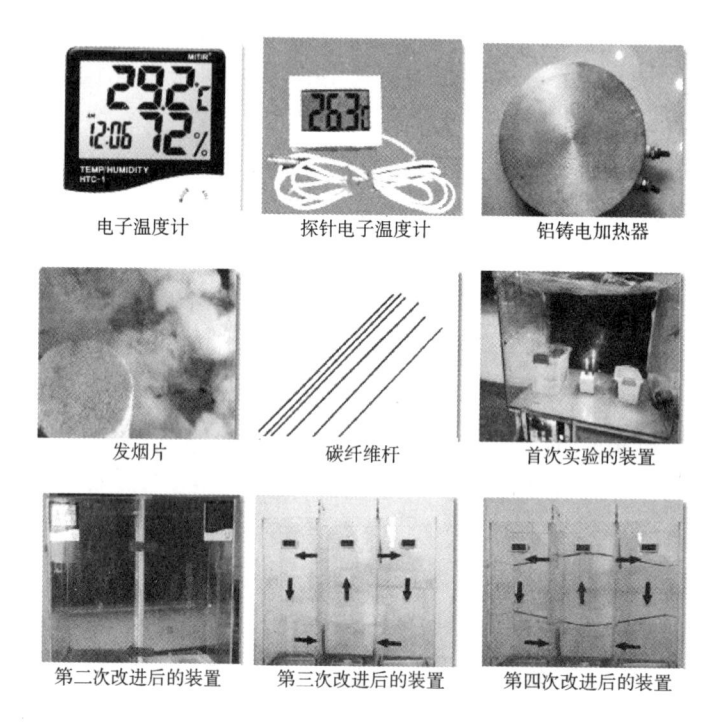

图1 部分实验器材

三、实验改进要点

（一）实验装置的自主设计与改进

实验装置的自主设计与改进使得实验装置便于操作，提高了实验的直观性和实验效率。

热力环流原理中气流运动与等压面的空间耦合分布比较抽象，学生难以建立正确的知识空间模型，而实验教学法可以帮助学生使抽象概念具象化。

本套实验装置和方案为学生和老师共同自主设计。课前，地理兴趣小组进行了地面是近地面大气主要、直接的热源以及热力环流原理的内容学习。基于实验操作过程中产生的问题，经师生讨论后，对实验装置进行了四次改进与创新。

（1）第一次实验与改进：为保证课堂演示效果，地理小组先在实验室中按照教材给出的方案（见图2）进行实验验证。

实验过程：在玻璃缸上部盖塑料薄膜，内部一侧放开水一侧放冰块，且将点燃的蚊香放入其中。开水的雾气弥漫了整个箱体，于是同学们把开水改为温水，同时增加冰块的量以加大温差。但是烟雾浓度低，实验现象能观测，但不太明显。有学生又想到在中间放置燃烧的蜡烛，观察火苗的飘动方向以求更加直观的观测（见图3）。改进措施如表1所示。

活动

请采用小组合作方式做一个实验。
材料：长方形的玻璃缸(长100厘米左右,宽30厘米左右,高40厘米左右)、胶合板或塑料薄膜、一盆热水、一盆冰块、一束香、火柴等。
实验步骤
(1)将一盆热水和一盆冰块分别放置在玻璃缸的两端；
(2)用平整的胶合板或塑料薄膜将玻璃缸上部开口处盖严；
(3)在胶合板或塑料薄膜的一侧(装冰块的盆上方)开一个小洞；
(4)将一束香点燃，放进小洞内。
观察烟雾在玻璃缸内是如何飘动的。你们发现了什么现象？由实验可以得出什么样的结论？

图2　教材中的实验方案

表1　首次实验过程中的问题与改进

发现的问题	改进措施
开水产生的雾气弥漫了整个玻璃箱	采用温水，减少雾气
温差小，难以观测	增加冰块，加大两侧温差
烟雾易消散	用火苗代替烟雾

实验结果：实验过程中出现了水雾弥漫、烟雾太淡、火苗摆动幅度小等迹象，而且火苗一会就把顶部的塑料薄膜给烤化了，实验现象不太明显，实验效率不高。

图3　第一次实验与改进过程

（2）第二次实验与改进：当我们把第一次的复杂实验过程展示给大家时，引发了班级同学的课堂大讨论，学生的探究兴趣一下就被激发了。有学生设想能否创新一套实验方案与装置，在课堂教学中方便地应用呢？为了学生这个设想，我们进行了相关探究，产生了一个新的方案。

改进方案：针对前期探究中的箱体大、温差小、烟雾不明显等问题提出改进措施，如表2所示。采用轻便的有机玻璃箱；底部用镀锌铁皮造型固定，内置电发热板，中间增加带气孔的隔板，以增大温差和气流；底部有专门的放烟通道，一侧放烟、加热，另一侧放冰、不放烟；打开可调节气孔，观察烟雾流动的方向（见图4）。

表2 第二次实验过程中的问题与改进

发现的问题	改进措施
玻璃箱体积大、易碎、搬运难	采用有机玻璃箱，尺寸缩小为60cm×40cm×50cm
温差小，难以观测	箱体底部用镀锌板造型固定，内置电发热器，中间使用隔板，隔板上下部各有一个可同步调节大小的气孔，使得气流更加集中
烟雾少，易消散	用影视专业的发烟片代替蚊香，增大烟雾量；底部有内置的放烟通道，减少烟雾逃逸
温差不直观	加装液晶温度显示器

实验结果：等两侧温差大于5℃后，打开可调节的上下部气孔。烟雾在打开水平通风口的一瞬间水平相向运动非常明显，使得实验过程缩短。操作便捷，同时顶部增加照明设备，增强观测效果，实验取得成功。

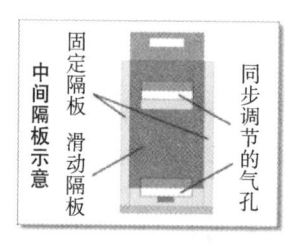

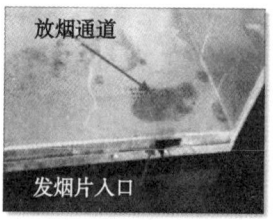

图4 第二次实验与改进过程

（3）第三次实验与改进：把新成果带到班级演示时，烟雾在半分钟内充分扩散到箱体两侧后，水平相向运动就不太容易观测了，以至于有的同学还没看清楚，实验演示就结束了。同时，放烟、加热、加冰占用大量课堂时间，实验效率仍待提高，实际应用困难。

改进方案：经小组充分讨论后，决定放弃使用传统烟雾，采用在隔板的上下部开孔处挂上红色飘带，以便直观、持续的观察。改进措施如表3所示。

表3 第三次实验过程中的问题与改进

发现的问题	改进措施
有机玻璃箱体积大、较重，搬运较难	尺寸继续缩小为50cm×20cm×50cm
烟雾充分扩散后难以观察	用红色飘带代替烟雾，经多次实验，下部开孔在距离底部12cm处最合适，高了则效果不明显，低了则飘带易被加热器烤变形
模型演示不贴合教材	使用两道隔板，分成三个独立空间，和教材原理模型一致，便于同学对照学习
温度显示器有干扰项，温度感应不灵敏	加装探针式液晶温度显示器（实时温度精确到0.1℃）
铝铸电加热器高温易坏	改为150W低功率电箱除湿器
用电安全性不高	增加漏电保护开关
冰块不易保存	冰块可选择性使用或者不用

实验结果：通电3min后，使两侧箱体间温差大于5℃即可观测到飘带飘动的明显效果，实现了持续、清晰、便捷的观测。冰块可选择性使用或者不用，使得实验的局限性进一步减小。装置尺寸缩小为50cm×20cm×50cm，携带方便，操作简单，插电即用，极大地缩短了实验时间，提高了实验效率，更能适应高中地理教学实际，实验取得成功（见图5）。

（4）第四次实验与改进：通过前面的改进过程，同学们进行科学探究的积极性被充分激发，又有同学提出能不能把等压面变化与气流运动状况进行融合演示。于是，通过深挖教材、集思广益，我和同学们一起设计了结构简单、易于操作的"等压面演示系统"（见图6）。

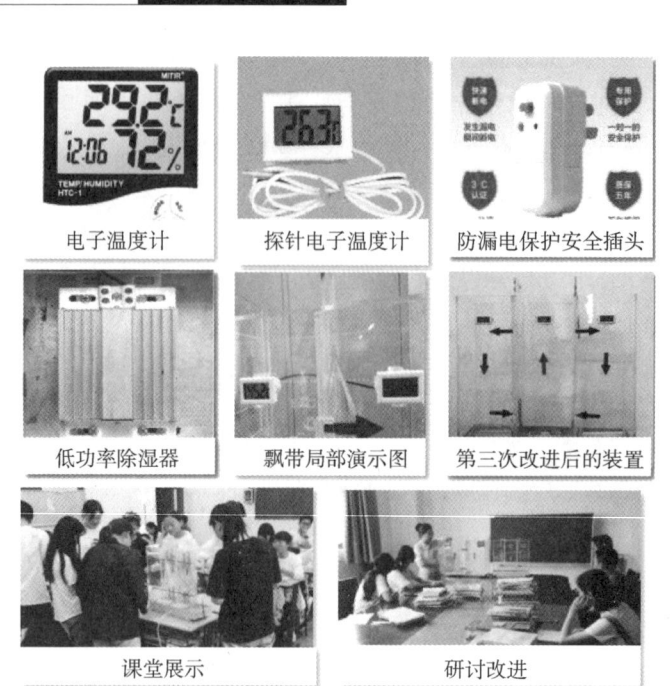

电子温度计　　　探针电子温度计　　　防漏电保护安全插头

低功率除湿器　　　飘带局部演示图　　　第三次改进后的装置

课堂展示　　　研讨改进

图5　第三次实验与改进过程

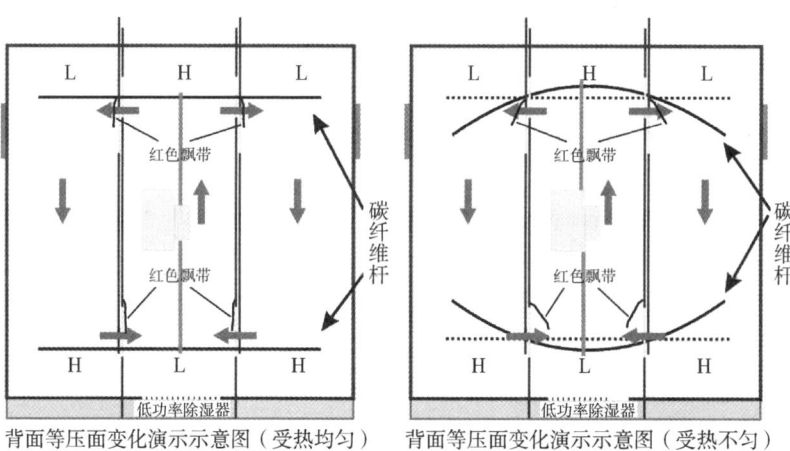

背面等压面变化演示示意图（受热均匀）　　　背面等压面变化演示示意图（受热不匀）

图6　第四次实验与改进过程

· 56 ·

实验结果：经过四次改进后，实验装置体积变小，质量变轻，演示的知识更加全面，既提高了学生的课堂参与度与学习兴趣，又有利于学生知识空间模型的建立，操作简单，使用方便，更能适应高中地理教学的高强度与高效率。

（二）新装置、新材料、新工艺的应用

新装置、新材料、新工艺的应用提高了实验的操作效率和可视化水平。

本实验采取创新实验的教学方法：

（1）装置尺寸较小，携带方便，操作简单，插电即用，极大地缩短了实验时间，提高了实验效率，适应高中地理的教学实际，使学生能更直观地建构热力环流中气流、气压及其分布与变化的空间知识模型。

（2）有机玻璃、镀锌板易于切割、折弯加工。

（3）飘带、探针式温度器的使用提高了可视性。

（4）低功率散热器与漏电保护开关的使用优化了电路与热源，增强了安全性。

（5）碳纤维杆的弹性、韧性好，适合反复操作。

（6）冰块等实验耗材价格低廉，易于获得。

（三）相关知识的整合促进学生知识体系的建构和学科融合

整个实验过程与高中物理（气压理论）等学科知识（见图7）进行融合渗透，增强了地理实验的知识性、趣味性，既丰富了知识内涵，又能培养学生综合分析事物的能力。

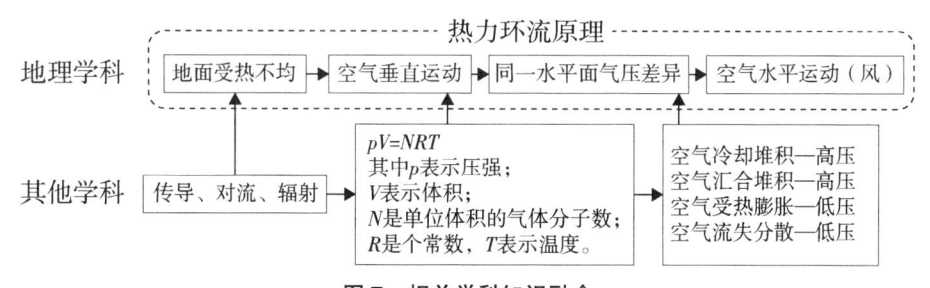

图7 相关学科知识融合

四、实验原理

（1）热力环流原理（见图8）：冷热不均引起空气的垂直运动，导致同一水平面上的气压差异，进而引起空气水平运动（风）。

（2）大气中能量的传播方式：传导、对流与辐射。

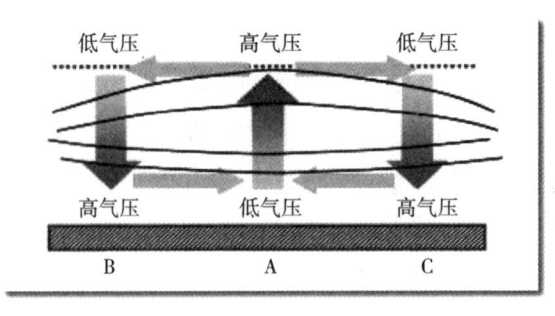

图8 热力环流原理

五、实验教学目标

（1）学生通过实验探究，明确大气运动是由于冷热不均造成的，并深刻理解热力环流的形成过程与原理。

（2）通过实验过程中的设计、观察与改进，培养学生的科学探究意识和综合思维能力。

（3）通过热力环流实验探究，让学生学会描述和解释特定区域的地理现象，如热岛环流、海陆风等，并说明其对人类活动的影响（区域认知、人地协调观）。

六、实验教学内容（基于微课的翻转课堂）

（一）热力环流原理及过程

（1）太阳辐射能的纬度分布不均，造成近地面高低纬度间的热量差异，这是引起大气运动的根本原因。

（2）由于地面冷热不均，导致空气垂直运动。近地面气温高的地方，空气受热膨胀上升形成低压，其对应的高空形成高气压；近地面气温低的地方，空气冷却收缩下沉形成高压，其对应的高空形成低气压。此时同一水平面上存在气压差异，使得气流从高压区流向低压区引发了空气的水平运动，从而形成热力环流。

（二）气压分布规律

同一水平面上，气压高处等压面向上凸出，气压低处等压面向下凹陷。高空气压分布状况和近地面气压分布状况相反。

（三）热力环流的应用

海陆风、山谷风、城市热岛环流。

七、实验教学过程

（1）课前（发现问题，改进装置）：了解大气的受热过程以及热力环流的含义及原理，由不同班级学生组成的地理兴趣小组对热力环流进行验证性实验设计和操作。

（2）课中（集体讨论，完善方案）：学生分组在不同班级进行展示性实验观察与讲解，探究热力环流的过程与原理。进行课堂实验探究并不断提出改进措施（见表4），完善实验方案，完成探究主题。引导学生自主设计模拟实验，使学生经历相对完整、规范的科学研究过程，从实验方案设计到实验过程的观察、记录、操作实施，数据处理分析，最后撰写实验报告和汇报交流，培养学生的动手实践能力和求真求实的科学态度。

表4 地理兴趣小组探究实验过程中的主要问题及对应的改进措施

过程中的问题	改进措施
温差小，难以观测	箱体底部用镀锌板造型固定，内置电发热器；中间使用隔板，隔板上下部各有一个可同步调节大小的气孔，使得气流更加集中
有机玻璃箱体积大、较重、搬运较难	尺寸缩小为 50cm×20cm×50cm
烟雾充分扩散后难以观察	用红色飘带代替烟雾，经多次试验，下部开孔在距离底部 10cm 处最合适
模型演示不形象	使用两道隔板，分成三个独立空间，和教材原理模型一致，便于同学对照学习
温度显示器有干扰项，温度感应不灵敏	加装探针式液晶温度显示器
铝铸电加热器高温易坏	改为 150W 低功率电箱除湿器
用电安全性不高	增加漏电保护开关
冰块不易保存	冰块可选择性使用或者不用
演示探究不透彻	背面增加等压面演示系统

实验教学过程中，首先演示受热均匀时气流与气压分布情况，然后通电加大两侧温差，通过对隔板上、下部气孔处红色飘带飘动方向的观察，标出气流运动方向。学生通过观察获取直观的认识，进一步理解热力环流原理，明确热力环流形成过程：冷热不均→空气的垂直运动→导致同一水平面上的气压差异→空气水平运动（风）。并结合"等压面演示系统"分析气流运动、气压分布与等压面变化之间的关系，使学生更好地建立知识的空间模型。

（3）课后（知识迁移，探索新知）：学生通过实验探究理解热力环流原理，并学以致用，分组探究海陆风、山谷风、城市热岛环流的形成原理。

八、实验效果评价与反思

（1）实验涉及高中地理核心的重点、难点知识，设计、制作难度较大，在多次的合作探究、改进过程中，提高了学生分析、解决问题的能力，培养了学生的合作探究意识和严谨的科学态度，实验教学效果良好。

（2）通过不断改进实验要素（材料、工艺、装置），提高学生的地理实践力和综合思维能力。并通过对城市热岛环流等案例的探究，了解人类活动对地理环境的影响，帮助学生树立正确的人地协调观。

（3）实验是一个不断深入探究的过程，学生们对此实验还有要改进的想法。比如，有同学提出能不能在两侧箱体内加装制冷片，以摆脱冰块的限制；有同学提出能否寻找一种非常灵敏的气压传感器，实时观测两侧气压变化；等等。这些问题留给我们无限的探索空间。

基于数字继电器模块的智能家居设计

——番茄时钟台灯

南昌市第二十三中学　刘颖

一、使用教材

教材：我校创客团队与广东教育出版社联合出版的系列丛书之一《智能系统设计与制作》。

学段：高中。

年级：高一。

章节：第五课综合活动"智能家居"。

二、实验器材

micro:bit 开发板和光环扩展板；数字继电器模块；防呆口 3Pin 线，杜邦线若干；LaserMaker 建模；Mind+编程软件；台灯。

三、实验创新要点/改进要点

（一）数字继电器的应用，智能化控制板与传统电路的结合

目前我们在制作作品时所采用的开发板、传感器等，一般都使用 3.3V 或 5V 的电源，多利用电池、充电宝供电，不同于我们日常使用的家用电环境（220V 交流电）。这在很大程度上限制了作品的应用和推广。即便是以"智能家居"为主题的创客作品，也大都是模拟家用环境，并不能实现真正应用于现实生活的智能家居。要解决这个问题，我们尝试引入"数字继电器模块"。它的内部是电磁继电器，通过继电器可以用一个电流信号或者脉冲来接通（或断开）另一组分离的电流，从而实现用低电压、弱电流的控制电路来控制高电压、强电流的工作电路。再结合数字电路设计，通过编程来控制继电器，实现产品的智能化、网络化。

（二）面向现实环境的 STEAM 学习

整个项目以探究协作小组的方式进行，每个小组提出了数字继电器的不同应用场景方案，并结合学生实际生活需要，设计一个可应用于现实生活的智能家居作品。这个过程综合运用各个学科知识，前期需要以物理和科学方面的知识为基础，在连接组建和编程的过程运用电路和程序方面的知识，外形设计需要艺术性，测试用到理性分析，整个项目贯穿工程思想。因此，STEAM 学习将知识融

合，极大地培养学生面对现实生活、解决实际问题的能力。

四、实验原理/实验设计思路

基于数字继电器模块，围绕"智能家居"主题，采用项目化学习的形式，以小组为单位，设计并制作番茄时钟台灯。

五、实验教学目标

（1）知识与技能：理解数字继电器的概念，了解数字继电器的工作方式并能设计相应作品，实现利用micro:bit板在家用电环境下操控家居。

（2）过程与方法：让学生经历观察、分析、抽象、判断、推理的过程，熟悉项目式学习流程；面对实际情境，通过STEAM探究方式培养学生综合运用各学科知识解决问题的能力。

（3）情感态度与价值观：鼓励学生主动发现现实中的问题，探究解决方案；体会团队分工协作的氛围，体验分享交流的喜悦；以技术联系现实，普及智能化家居的应用，提高学生的时间管理意识和学习效率。

六、实验教学内容

学生分工分组，在3个课时内协作完成番茄时钟台灯的设计、制作、测试、发布的完整项目流程。

重点：数字继电器在智能家居中的应用。

难点：智能化控制板和传统电路结合，实现在家用电环境下的有效操控。

七、实验教学过程

（一）创意阶段

在第一课时之前，我已经布置学生查阅"智能家居"的相关资料，对"智能家居"的概念有了初步了解。随后我展示了一些以"智能家居"为主题的创客作品，引导学生观察，发现这些作品基本都是模拟家居环境，从而提出核心问题：如何实现用开发板来控制真实的家用电器呢？组织学生学习数字继电器模块的工作方式，并通过一个简单的案例——利用micro:bit板控制台灯开关——使学生了解数字继电器的简单使用。在学习过简单案例后，提出本次项目主题：如何将数字继电器应用于智能家居，制作出实用产品？学生分组展开头脑风暴。在本课时的最后，学生通过交流讨论确定作品方向：番茄时钟台灯。在智能化台灯的基础上，结合时下流行的"番茄工作法"，赋予时间管理的功能，有效地帮助学生提高学习效率。

（二）作品设计和制作

学生按照自己的创意形成设计方案，并进行作品制作（见图1~图4）。小组成员合理分工，一般有设计者（制定方案，画出设计图）、程序员（主要承担编程工作）、工程师（元器件组装和外形制作）、后期制作人员（负责文档撰写、视频制作、作品展示），组长负责整个项目的进度、协调成员的工作以及和老师的沟通。整个制作过程中，教师一直在场，协助学生完善思路，鼓励他们尝试创新，不断试错，而不是直接给予解决办法。

图1 Mind+编程　　图2 LaserMaker建模

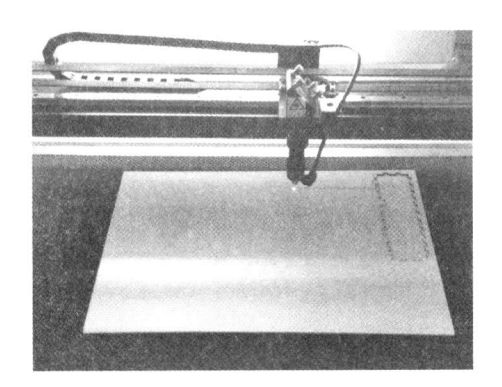

图3 激光切割外形　　图4 元器件组装

（三）测试与改进

按"主要功能模块—次要功能模块—附加功能模块"的优先级进行各个模块的独立测试，各个模块测试成功后组装整个作品，然后进行实地测试、反馈测试结果、进行改进和优化，通过若干次的迭代来完成最终作品（见图5）。

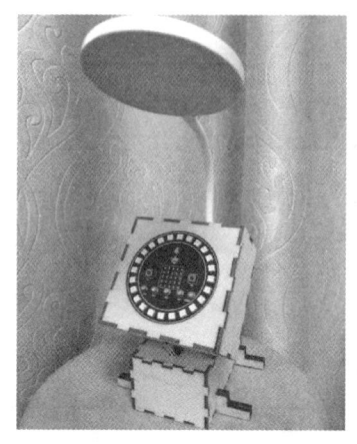

图 5　测试功能

（四）撰写项目文档

从项目流程的开始到结束要有全过程的日志性记录（包括文字、照片、视频）、各个版本的程序备份以及最后的总结和汇报。

（五）展示与分享

学生讲解和演示作品，每个团队的用时控制在 5~10min。作品资料包括设计方案、源代码、设计图，都形成数字化文件并在班级内部共享。发布者和成果使用者都必须了解并遵守开源协议，即开放产品设计和源代码、使用者修改或衍生的成果也必须无偿开放。

八、实验效果评价

实验效果评价如表 1 所示。

表 1　项目式学习评价表

作品成绩		团队成绩	
创意	40 分	项目计划	20 分
功能	30 分	过程协作	50 分
外形	30 分	展示设计	30 分
整个项目式学习过程的评价分为作品成绩和团队成绩两部分，各 100 分，其中作品成绩由老师评审（70%）和学生投票（30%）共同产生，团队成绩由老师按照项目进行的全过程中的团队表现来打分，属于过程性评价			

九、教学反思

通过本次实验课，学生制作出了符合"智能家居"主题的创客作品，基于数字继电器模块，解决了智能化控制板和传统电路结合的问题，实现了在家用电环境下的有效操控，后续可以拓展出更多的智能家居产品，如利用开发板控制家用空调、电视等。

当然，比作品更重要的是，利用数字继电器可以真正实现在家用电环境下的操控，拓宽了作品的实际应用层面，使学生从模拟智能家居，到在实际生活中实现智能家居的控制，也是学生从实验室学习到实践应用、产品化的提升。通过造物创客的体验，获得面向现实世界解决现实问题的能力，这与 STEAM 教育里所强调的最终目的是吻合的。

同时，整个实验项目过程以学生自主探究为主要学习方式，多个学生组成团队针对实际问题进行项目式学习，这种模式能很好地激发他们的兴趣，提升他们的动手能力、协作能力和团队精神。学习过程中始终以学生活动为主体，老师不是直接给出问题的解决方案，而是协助学生完善思路，鼓励他们去尝试创新，在一次次的试错过程中积累属于自己的经验。在整个项目实施过程中，从团队到个人都在不断地完善和提高，最终每个团队交出的作品都与众不同、各有特色，这种成就感也是传统教育中很难体会的。

简单结构的设计与制作
——逆风车项目

西安交通大学附属中学　李欣

一、使用教材

本实验选自江苏教育出版社高中通用技术《技术与设计 2》第一单元"结构与设计"第三节"简单结构的设计"。

二、实验教学内容

本实验的内容是简单结构的设计与制作——逆风车项目，用到的实验技术方法是模拟实验法。

三、实验器材

（1）主材：A4 纸、海报纸、瓦楞纸、KT 板、塑料扇叶、蜗杆、各类齿轮、各类塑料条、板梁、车轮、车轴等 50 余种材料，以及学生自主携带的易得类材料等。

（2）辅材：面巾纸、细线、螺钉、圆孔轴套、薄轴套、润滑油、热熔胶、502 胶、透明胶带、双面胶等 10 余种。

（3）工具：尖嘴钳、老虎钳、十字改锥、锉刀、直尺、铅笔、三角板、量角器、手持电磨机、手锯等。

四、实验创新要点/改进要点

（一）创新点 1：从零散理论分析向完整项目实践转变

课本上的案例为简易相片架的设计，内容简单、理论性强，只设计、不制作，学生缺乏兴趣。本实验将其改为逆风车的设计与制作，以项目式学习的方式进行，让学生经历整个项目规划、方案制定、图纸绘制、模型制作、测试评估优化的全过程。

（二）创新点 2：从望梅止渴向自主竞赛转变

课本上提供了三个设计方案让学生比较，他人的方案不仅限制了学生的思维，也难以调动学生分析的兴趣。本实验让学生从望梅止渴的"看方案"，走向自主分组竞赛。学生可自主组队、自由选材，自主设计与制作逆风车，完成后开展竞赛，激发了学生的强烈兴趣，提升了学生的活动专注度。然后根据竞赛的结果，引导学生反推设计上的差异。遵循从理论到实践再到升华理论的过程，有助于学生增强技术意识、开展创新设计、拓展工程思维、提升物化能力。

（三）创新点 3：从简单模仿到创新设计转变

项目为学生提供了丰富的器材库，包括 50 余种主材和 10 余种辅材，供其进行创新设计。同时允许学生自主携带各种易得类器材，既给了学生充分的自由，也对学生的方案设计能力和器材选择能力提出了较高要求。

五、实验原理/实验设计思路

原理：当车逆风行驶时，扇叶在风力推动下转动，将风能转化为机械能，通过传动装置将机械能传递给车轮。只要扇叶传给车轮的驱动力大于风直接作用于小车的阻力，小车即可逆风前行。

思路：以"结构"的大概念引导逆风车项目，让学生经历简单结构的设计与制作全过程，增强学生的技术意识，综合提升创新设计能力、图样表达能力、物化能力和工程思维水平。

六、教学目标

依据 2017 版课标，考虑学生学情、学业质量水平与核心素养提升，综合知识与技能、过程与方法、情感态度与价值观（见表1），本项目的教学目标如下：

（1）能通过课堂活动与合作学习，在分析设计要求的基础上制订解决逆风车问题的一个或多个方案，形成初步的技术创新设计能力，培养团队协作的意识与能力，体会技术过程的艰巨性和复杂性，形成亲近技术的情感与理性。

（2）能应用结构类型、强度、稳定性等相关知识，进行逆风车项目的设计与制作，初步进行设计方案的多因素分析，掌握简单结构设计的一般过程与方法；能用较详细的草图表达设计构想，利用设计文件、日志等记录项目设计的创意、过程和结果。

（3）在项目实施中，能根据设计方案要求，综合选择合适的材料与工具，具有一定的材料规划意识和工具思维；能合作完成模型的制作，进行较规范的技术测试和方案实验，并能根据实验结果对设计方案进行评价与优化。

表1 实验活动、目标素养与学业质量评价对应表

实验活动内容	核心素养	观测指标	水平层次	目标层次
自主合作进行逆风车方案设计	创新设计	方案设计	水平1：体验技术设计的一般过程	过程与方法
			水平2：能描述结构的一般分类，进行简单的受力分析；能在对需求与问题确认的基础上进行简单的结构设计，并绘制设计图纸，做出模型	知识与技能

续表

实验活动内容	核心素养	观测指标	水平层次	目标层次
自主合作进行逆风车方案设计	创新设计	方案设计	水平3：能尝试运用创造思维和创造技术设计多个方案	知识与技能
			水平4：能创新性地设计多个方案并进行综合比较，形成一定的设计创新能力	知识与技能
	图纸表达	绘制设计图	水平1：会用手工方式绘制简单的草图表达设计构想	过程与方法
			水平2：能运用手工绘图工具绘制结构图，表达简单的设计方案	
			水平3：能用较详细的草图表达设计构想，利用设计文件记录创意、过程和结果	
			水平4：能将设计方案用图纸表现出来，并不断进行优化和改进	
	工程思维	整体规划	水平1：初步尝试对结构设计进行多因素分析，初步形成技道合一、创新设计的技术思想	
			水平2：通过对简单结构设计的分析，初步掌握简单结构设计的基本方法，增强运用工程思维解决实际问题的能力	
自主选择材料与工具，加工制作逆风车模型	物化能力	材料与工具的选择	水平1：了解常用材料的属性加工工艺及连接方法	知识与技能
			水平2：能根据方案设计要求选择材料和工具	过程与方法
			水平3：具有初步的材料规划意识和工具思维，能确定方案实现的时序和工序	
		模型制作	水平1：学会模型的成型制作和装配	知识与技能
			水平2：能完成模型的成型制作和装配	过程与方法、情感态度与价值观
			水平3：能严谨细致地完成模型的成型制作和装配	
			水平4：具有初步的工具思维和工匠精神，完成模型的制作	
		技术实验	水平1：能进行简单的技术实验设计并加以实施	过程与方法
			水平2：能通过技术实验分析结构的强度、稳定性等现象	知识与技能
			水平3：能对模型进行多方面的技术实验和基本的技术指标测量	过程与方法
课堂展示与反思	技术意识	交流表达	水平1：体会技术过程的艰巨性和复杂性，形成亲近技术的情感与理性	情感态度与价值观
			水平2：体会工匠精神，养成细致、严谨的态度；学会合作，提升团队协作的意识与能力	

简单结构的设计与制作

七、实验教学过程

（一）谈话导入

在之前的学习中我们已经知道了设计的一般过程，掌握了常见的工艺，但是还没有自己进行过系统的结构设计与模型制作。接下来，我们计划用4节课，利用项目学习的方式，分组合作完成逆风车项目。注意：器材需要大家以虚拟币的形式购买，最终完成作品后，我们通过时间和成本比较来进行成绩排序。

设计意图：简明扼要，交代实验背景，概述实验要求，激发竞争意识与动手兴趣（课前在教室张贴物料报价单、可选工具清单、材料实物对应图，营造项目氛围，第1次突破难点）。

（二）知识铺垫

（1）学生自主、合作学习结构与设计相关知识。

（2）师生共同小结项目所需知识。

1）结构的受力：拉力、压力、剪切力、扭转力、弯曲力。

2）结构的类型：实体结构、框架结构、壳体结构。

3）影响结构稳定性的主要因素：重心位置的高低、支撑面的大小、结构的形状。

4）影响结构强度的主要因素：结构的形状、使用的材料、构件间的连接方式。

5）设计的一般过程：发现与明确问题、制订设计方案、制作模型或原型、测试评估优化。

6）结构设计应考虑的主要因素：功能、稳定性、强度、成本、美观、安全、个性化需要。

设计意图：打好知识基础，指向教学目标1，为逆风车竞赛预热，为项目顺利进行作好铺垫。

（三）实验准备

（1）设计项目：逆风车。

（2）实验原理：当车逆风行驶时，扇叶在风力推动下转动，将风能转化为机械能，通过传动装置将机械能传递给车轮。只要扇叶传给车轮的驱动力大于风直接作用于小车的阻力，小车即可逆风前行。

（3）设计要求：①能逆风行驶。②具有一定的稳定性与强度：小车不易变形；支架之间连接牢固；传动系统稳固且顺畅。③具有一定的美观性，控制成本。④小车整体尺寸（长、宽、高）不超过200mm×200mm×200mm。

（4）总体要求：①最终成绩＝时间得分＋成本得分。②时间得分：第一名100分，往后依次递减5分。③成本得分：成本最低者100分，往后依次递减5分。④实验提供丰富的材料供选择，各类物品数量有限、按需购买，实现功能，控制成本。可自行携带材料，自己估价后由老师进行审核。⑤实验提供必要的工具，可按需要登记领用。

（5）竞赛须知：①风能来自固定风源的风扇。参数：功率55W，转速1450r/min，扇叶直径400mm。②具体风能利用方式不做要求，但除去风源提供的风能外，不能使用或携带其他能源。③赛道长度为80cm，宽度为60cm，风源距赛道终点40cm，风源风向与赛道平行。

设计意图：系统地告知学生实验的详细要求，使学生明确目标，便于有的放矢。

（四）制定方案

（1）教师介绍可选材料与工具，介绍项目跟踪书的填写（见图1）。

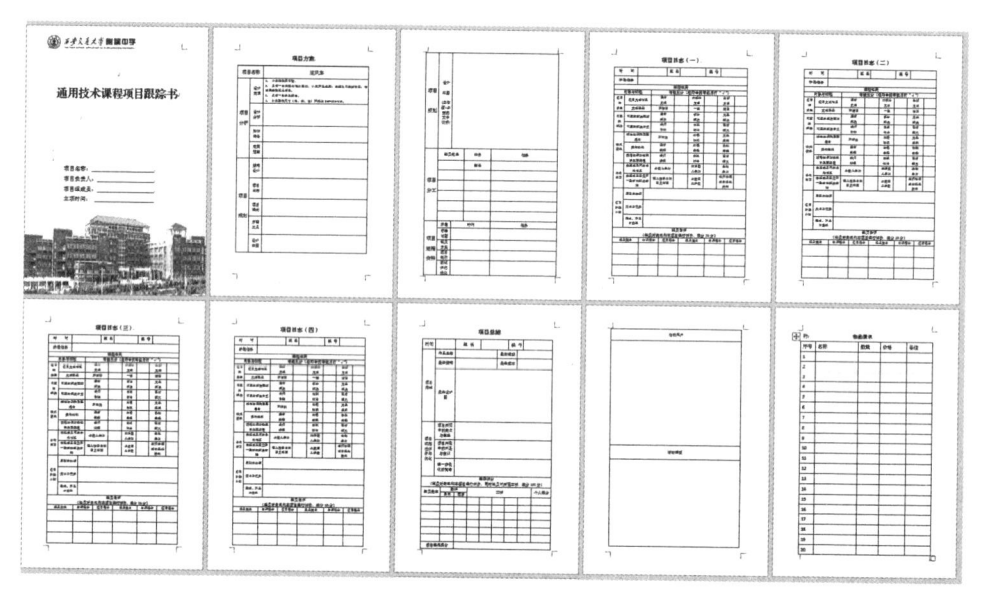

图1 项目跟踪书

（2）学生自主组队，4~6人一个小组，分组进行项目设计。

1）讨论分工。

2）解读设计要求。

3）商量设计方案，了解可选材料。

4）绘制设计图纸。

5）填写项目方案书、项目日志。

设计意图：经历简单结构设计的过程，填写项目方案书和项目日志，对方案形成的过程和结果进行记录，培养学生的创新设计能力与图样表达能力，指向教学目标1、教学目标2，突出教学重点；教师介绍材料，第2次突破难点。

（五）制作模型

（1）学生依据设计方案，选购材料，选取工具。

（2）学生依据设计图合作完成模型制作。

（3）教师巡回指导。

设计意图：帮助学生建立初步的材料规划意识和工具思维，引导学生合作完成模型的制作，提升学生的物化能力，指向教学目标3；学生选购材料，第3次突破难点；合作完成模型制作，第4次突破难点。

（六）测试及优化

（1）学生自主测试模型，分析存在的问题。

（2）学生合作进行方案优化。

（3）教师及时向需要帮助的小组提供指导。

（4）学生再次修改、完善小车，进行测试。

设计意图：巩固简单结构设计的过程与方法，尝试进行方案设计的多因素分析，尝试依据实验结果对设计方案进行评价与优化，综合提升创新设计能力、物化能力和工程思维水平，突出教学重点，第5次突破难点。

（七）课堂展示

（1）进行班级逆风车竞速赛，核算最终成本（竞速赛共三轮，错过第一轮比赛的小组，可参加第二轮；三轮比赛结束后，小车依然无法抵达终点的小组无时间成绩）。

（2）汇总竞赛结果，为前三名颁奖（具体成绩见表2）。

设计意图：完成项目竞赛，激发学生的技术成就感、集体荣誉感和竞争意识，提升团队协作的意识与能力；增强技术意识。

（八）项目总结

（1）依据竞速赛结果，结合各组的材料成本及设计图纸，分析、评价逆风车的结构设计，总结其在工艺、结构稳定性、强度、传动顺畅度等方面的特点。学生逆风车项目作品成绩及结构与设计特点见表2。

（2）师生进行项目总结，学生谈项目活动感受。

表2 学生逆风车项目作品成绩及结构与设计特点汇总

编号	作品名称	时间/s	时间得分	成本/点	成本得分	主要材料	设计特点	总分	排名
1	北极星	2.15	100	29.5	90	卡纸、细竹签、黄色车轮、细线	用卡纸精细地折车架，自制扇叶	190	1
2	杜王町	8.44	75	26	95	齿轮、蜗杆、铁轴、薄瓦楞纸、塑料扇叶、黑色车轮	构件位置精确，结构稳定性非常好	170	3
3	原谅	/	0	35.5	75	海报纸、皮带轮、轴、梁、齿轮、蜗杆	连接稳定，强度大	75	8
4	苏辙	2.51	90	45	65	细竹签、黄色车轮、斜面齿轮、海报纸、KT板	三角形框架结构、热熔胶做轴套、透明胶带反面卷隔离套	155	6
5	公主号	2.41	95	31.5	85	KT板、海报纸、细竹签、黄色车轮、细线	削竹签插接、橡皮做配重、三角形支架	180	2
6	橘丽汽	16.25	70	20.5	100	塑料梁、塑料扇叶、修正带齿轮、铁轴	用角度梁做车架，稳定性好，强度大	170	3
7	弯道超车	6.16	80	32.5	80	海报纸、瓦楞纸、皮带轮、筷子、黄色车轮、细线	筷子与瓦楞纸插接做支架	160	5
8	以你的名字呼唤车	3.66	85	39.5	70	KT板、细竹签、海报纸、银色车轮、细线	扇叶完全用海报纸做、透明胶带做轴套	155	6

设计意图：将实验中得到的经验上升为理论，构建完整的知识框架，回顾项目，体会技术过程的艰辛和复杂，形成亲近技术的情感，增强学生的技术意识。

（九）实验评价

本实验采用过程性评价与结果性评价相结合的方式，评价量规采用与教学目标对应的学业质量评价表（见教学目标部分），以期能对学生的项目活动进行全方位、立体式的评价，促进学生更进一步的发展。评价方式如表3所示。

表3 逆风车项目评价方式

项目	评价主体	评价载体	评价对象/维度	评价方式
过程性评价	学生	项目跟踪书	本人表现、项目进展	自评打分
	教师	语言、表情、动作	合作意识、学习能力、动手能力、探究精神、知识迁移	他评
结果性评价	学生	项目跟踪书	本人表现、同伴表现、项目成果	自评、互评打分
		小组项目展示评价表	明确问题、方案设计、结构设计、功能实现、成本控制、测试效果	互评打分
	教师	小组项目成果	竞速赛时间、最终作品成本	他评、核算成绩

八、实验效果评价

（1）完成了预期的教学目标，提升了学生的核心素养。学生经历了结构设计与制作的完整过程，通过自主设计逆风车、绘制设计图，提升了创新设计与图样表达能力，通过制作逆风车提升了物化能力，通过技术实验的开展提升了技术意识。而且，小车的设计与制作是一项系统工程，对学生培养工程思维也是大有裨益的。

（2）"大概念引导大项目"，充分调动了学生的积极性。学生能迅速投入到逆风车的设计与制作之中，会在实验成功后欢呼雀跃，也能在实验失败后重整旗鼓，重新调试。最终，有七组学生的小车实现了逆风行驶，80cm跑道，学生作品的最快时长是2.15s，成本也控制在了29.5点。学生好胜心强，纷纷表示还要在课后对本组小车的结构再进一步优化，也想尝试其他的设计方案。说明活动给学生未来的发展与进步留下了丰富的空间，激发并保持了学生对技术活动的兴趣。

（3）从理论到实践再到升华理论的螺旋上升，实现了理论碎片向知识体系的转变。以"做中学"为核心，先进行理论铺垫，再由学生分组进行设计与制作的实践，最后依据竞速赛结果，结合各组的材料成本及设计图纸，分析、评价逆风车的结构设计，总结、反推其在工艺、结构稳定性、强度、传动顺畅度等方面的特点。从理论到实践再升华理论，有助于学生在实践中完成知识建构，对工艺和结构都有了更加深刻的认识。

第二部分

小学科学

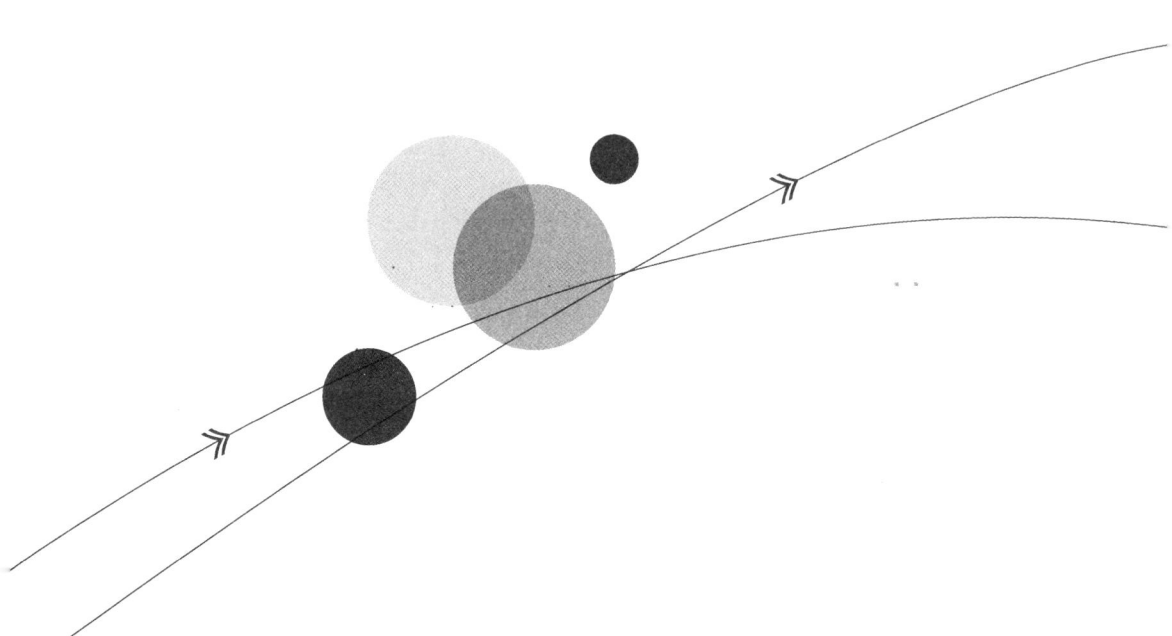

光和影
——童趣光影仪的设计与应用

中国人民大学附属中学实验小学　杨晓娟

一、使用教材
教科版《科学》五年级上册第二单元第一课"光和影"。

二、实验器材
椴木板、LED手电筒、透明亚克力板、格纹纸、中国风水墨画、猪八戒和牛魔王人偶、小磁扣、iPad。

三、实验创新要点/改进要点
童趣光影仪整体使用CAD软件建模设计并利用激光切割机加工后组装完成。

（一）光源的改进

以往教学中，光源远近和角度的改变始终都需要学生手持手电筒进行控制。改进后，我将手电筒安装在操作台上，既解放了学生的双手，又将感性操作转变为定量研究。

（二）遮挡物的改进

用猪八戒和牛魔王人偶代替教材中的小木块，大大增加了实验的趣味性。

（三）屏的改进

将以往教学中以墙面为屏改为双面纸屏，并用透明亚克力板固定。格纹纸屏用于实验观察，更利于将影子变化的现象转化为数据，为寻找影子的变化规律提供更可靠的依据。中国风水墨画屏用于皮影戏的表演，我们对水墨画也进行了精心的设计：在四角亭和山水之间留白，目的在于给学生皮影戏脚本的创编留有发挥的空间；将四角亭的一根柱子隐藏，目的在于让学生通过改变遮挡物被照射的面来改变影子的形状。这样的设计寓教于乐，将传统文化与科学教育巧妙融合，将零散的实验材料改为一体式皮影戏舞台，提升了实验装置的完整性和可操作性。

（四）定性操作改为定量研究

对于影子变化规律的研究，由于涉及多因素变量，因此需要通过控制变量实验进行定量分析。然而以往教学设计都很难让学生实现变量的控制，影响现象的观察和实验数据的分析，不利于结论的形成。

实验一：改变光源远近时，学生很难控制手电筒照射木块的角度保持不变。因此我设计了从光源到遮挡物的直线滑道并在滑道上分别标注 5cm、10cm、15cm 三个均匀变化的距离量，帮助学生排除光源远近和角度同时变化的干扰，也使影子大小的变化更为清晰。

实验二：改变光源照射角度时，学生很难做到光源远近保持不变。因此我设计了以遮挡物为圆心、半径保持不变的圆弧滑道以控制光源远近不变，并在圆弧滑道上分别标注 90°、60°、30° 三个均匀变化的角度量，以此帮助学生排除光源远近和角度同时变化的干扰，确保影子长短、方向的变化呈现最佳效果。

以上两个实验中，影子的变化都通过格纹纸呈现，将影子大小量化。

（五）实验数据分析

关于实验数据的统计与分析，我使用 iPad 中安装的石墨文档软件通过局域网实时共享全班实验数据，并生成折线图，用图形表示规律。

四、实验原理/实验设计思路

（一）实验原理

（1）影子的大小与遮挡物和光源之间的距离有关，物体离光源越远，被照射物体的影子越小。

（2）影子的方向、长短与光源照射角度有关，影子总是在背光一面。光源直射时，影子短；光源斜射时，影子长。

（3）影子的形状和光源所照射的物体侧面的形状有关。

（二）实验设计思路

实验整体设计思路采用控制变量法，如表 1 所示。实验一和实验二的具体设计思路如表 2、表 3 所示。

表 1　整体思路：控制变量实验

因变量	控制变量	自变量
影子大小	屏、遮挡物	光源远近
影子方向	屏、遮挡物	光源角度
影子长短	屏、遮挡物	光源角度
影子形状	屏、光源	遮挡物侧面

表2 实验一：光源远近与影子的关系

距离/cm	方向			格数
15	□左侧	□中间	□右侧	
10	□左侧	□中间	□右侧	
5	□左侧	□中间	□右侧	
我们发现：				

表3 实验二：光源角度与影子的关系

角度	方向			格数
左侧30°	□左侧	□中间	□右侧	
左侧60°	□左侧	□中间	□右侧	
90°	□左侧	□中间	□右侧	
右侧60°	□左侧	□中间	□右侧	
右侧30°	□左侧	□中间	□右侧	
我们发现：				

五、实验教学目标及重难点

（1）科学知识目标：说出影子产生的条件及光源的定义，识别来自光源的光和来自反射物体的光；列出影响影子长短、方向、大小、形状的因素，说明影子的变化是有规律的。

（2）科学探究目标：观察影子，形成影子；设法改变影子的形状、大小、长短、方向，基于实验数据分析影子变化的规律；应用影子原理表演皮影戏。

（3）科学态度目标：认真观察，如实记录实验现象和数据。

（4）科学、技术、社会与环境目标：了解传统文化中科学原理和技术的应用。

（5）教学重点：设法改变影子的大小、方向、长短、形状，基于实验数据分析影子变化规律。

（6）教学难点：应用影子原理表演皮影戏。

六、实验教学内容

本节课的实验教学内容主要是从生活现象出发，通过实验活动探究在光的照射下影子的变化规律，用规律解释现象，最终用皮影戏的创编和表演深化对规律的理解和掌握。

七、实验教学过程

（一）聚焦话题

师生对话：同学们看过皮影戏吗？请欣赏皮影戏表演，看看男主角猪八戒的影子都发生了哪些变化？（播放教师皮影戏作品）

（二）实验探究

（1）皮影戏第一幕排练。

1）教师提问：在刚才的皮影戏中我们发现猪八戒的影子可以变大、变小，老师这里有一个皮影戏舞台，你们能演出这样的效果吗？

2）交流实验方案（改变什么条件，不改变什么条件）。

3）第一幕分组表演并记录影子的变化。

4）汇报交流。

（2）皮影戏第二幕设计。

1）教师提问：猪八戒的影子除了改变大小，还可以来回奔跑，我们能用同样方法演出这样的效果吗？

2）交流实验方案（改变什么条件，不改变什么条件）。

3）第二幕分组表演并记录影子的变化。

4）汇报交流。

（三）实验探究

（1）师生交流：回顾皮影戏的排练过程，如果剧本要求改变影子的方向，怎么演？

（2）师生交流：如果剧本要求改变影子的大小，要怎么演？

（四）拓展延伸

（1）教师提出任务：自编一部关于猪八戒和牛魔王的皮影戏，用 iPad 录制视频并配音。

（2）小组活动：自编自演皮影戏（演绎推理）。

（3）学生皮影戏作品交流展示。

八、实验效果评价

（1）学习目标进阶，如图 1 所示。

知识进阶　　　　　　　　　　　　　　　能力进阶

方法论

定性知识 ← 观察实验　逻辑加工 → 特征描述

定量知识　　　　　　　　　　　　　　　因果关联

图 1　学习目标进阶

（2）科学思维的提升，如图 2 所示。

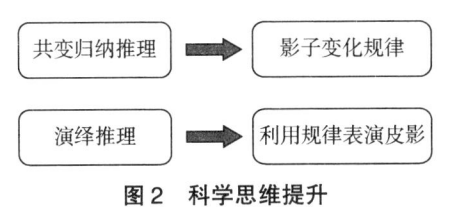

共变归纳推理 → 影子变化规律

演绎推理 → 利用规律表演皮影

图 2　科学思维提升

光和影

辽源市龙山区谦宁街小学校　郭薇

一、使用教材

说课内容选自教科版《科学》五年级上册"光"单元的第一课"光和影"。"光"单元一共8课，第1~4课引导学生认识光的传播特点，第5~8课引导学生探究光与热之间的关系。"光和影"是光单元的起始课，学生通过对比实验，探究影子与光之间的关系：光照的角度不同、光源与遮挡物之间的距离不同，影子的变化情况。为下一课"阳光下的影子"打基础。

二、实验器材

手电筒、长方形小木块、白卡纸、铅笔、尺子。

三、实验创新要点

将手电筒固定在半圆板的滑道上（滑道可以让手电筒在半圆板上以0°~180°调节位置），中间带有以厘米为单位的刻度和滑道，将小木块固定在上边。这样将小木块放在指定位置，滑动手电筒，分别以30°、60°、90°、120°等角度照射小木块，就会在格板上出现影子。根据格板上的小方格画出对应影子的大小，还可以使手电筒垂直照射小木块，上下滑动小木块改变遮挡物与光源间的距离。实验装置如图1所示。

图1　光影仪

四、实验设计思路

教材中的这个对比实验有三个：

（1）将木块放在桌面上，保持手电筒与木块之间的距离不变，用手电筒从不同的位置照射，在桌面上分别画出木块的影子。

（2）用手电筒照射与墙面不同距离的三个木块，在墙面上分别画出它们的影子。

（3）用手电筒从上面和侧面照射一个长方体，分别画出它们在墙面或桌面上的影子。

最初在讲这节课的时候，都是带领学生按照教材进行实验。学生手持手电筒进行实验时，时间一长会手抖，无法保证光源与小木块间的距离不变。在改变光源照射角度时都是随意改变，没有具体的角度。另外，学生在桌面和墙上画影子也不够方便。

因此，需要有一个装置可以固定手电筒和小木块，并且在不改变小木块与光源距离的同时任意改变光源的照射角度，当光源照射角度固定时，还可以任意改变小木块与光源间的距离。于是，将手电筒固定在一个带有刻度的半圆板上，底座是一个带有方格的格板。这样就可以准确地控制光源的照射角度并且不改变光源与遮挡物之间的距离，同时准确地画出影子的形状、大小。

五、实验教学目标

五年级的学生有了一定的抽象思维能力和设计对比实验的能力，能够通过对比实验探究光与影子的关系。根据课标对本单元的要求及学生特点，我把本课的教学目标确认为：

（1）知道什么是光源及影子产生的条件。

（2）知道影子的形状、大小、方向等与光照的角度、光与遮挡物之间的距离有关。

（3）提高学生设计对比实验、动手操作的能力。

（4）培养学生在实验观察中养成严谨、细致、实事求是的态度。

重难点是设计对比实验，探究光与影之间的关系。

六、实验教学内容

教材中实验如图2所示。

在光的照射下，物体有了影子。影子都有什么特点呢?让我们分别画出物体的影子，然后用一句话说出我们的看法。

将木块放在桌面上，用手电筒从不同的位置照射。在桌面上分别画出木块的影子。

用手电筒照射距离墙面不同远近的三个木块。在墙面分别画出它们的影子。

用手电筒从上面和侧面照射一个长方体，分别画出长方体在墙上或桌面上的影子。

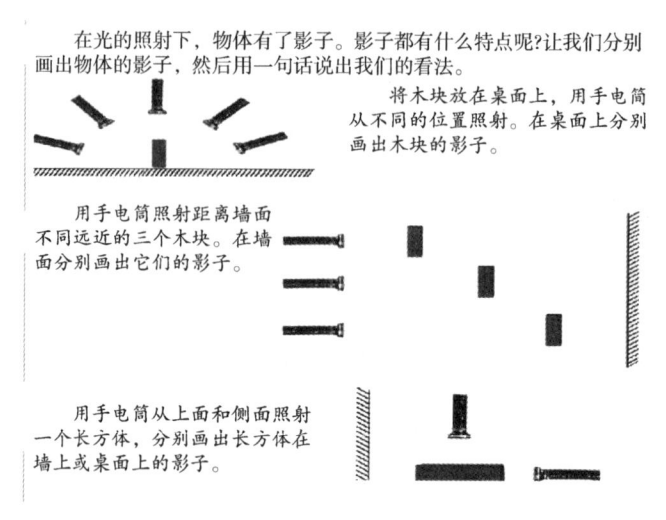

图 2　教材实验

学生按教材实验操作如图 3 所示。学生在实验过程中手持手电筒时间过长，无法保证手电筒与小木块之间的距离不变，在白纸上画出小木块的影子也不够方便。

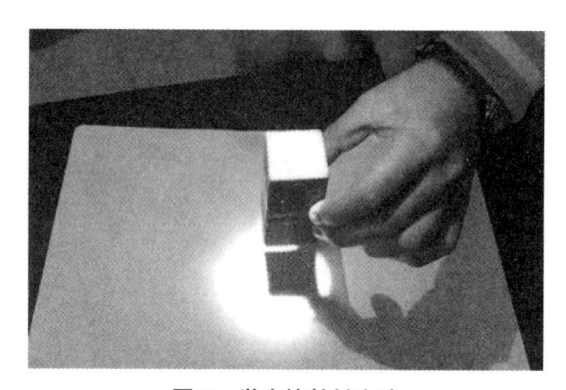

图 3　学生按教材实验

改进实验一如图 4~图 7 所示。由图可见，光源斜射角度越大，影子越长。光源和影子始终在小木块的两侧。

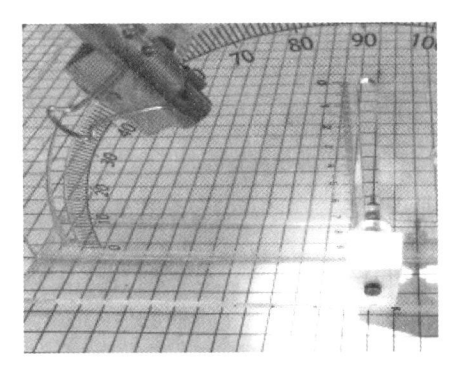

图4 手电筒60°照射小木块 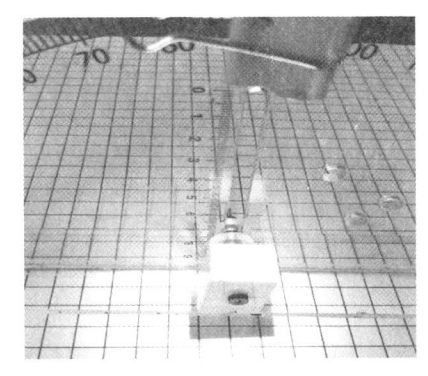　　　　图5 手电筒90°照射小木块

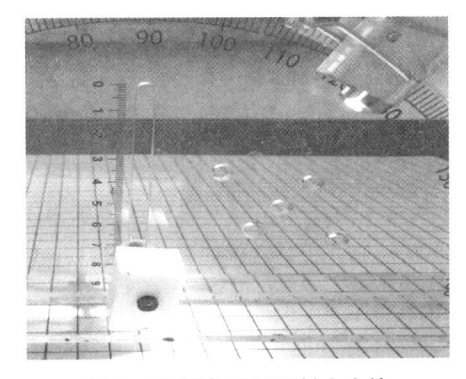

图6 手电筒120°照射小木块 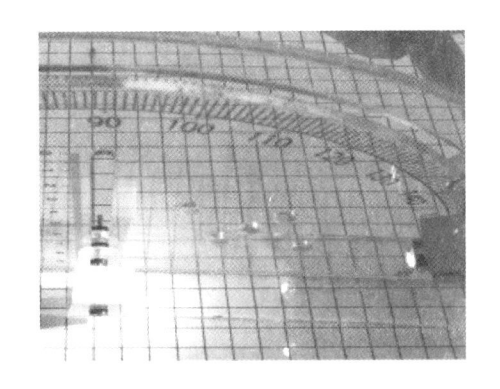　　　图7 手电筒150°照射小木块

改进实验二如图8所示。小木块距光源越近，影子越大。

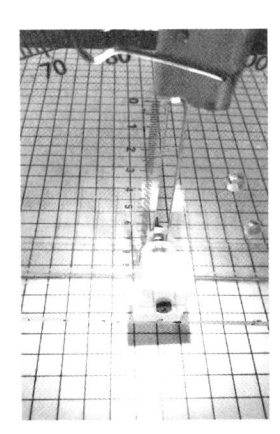

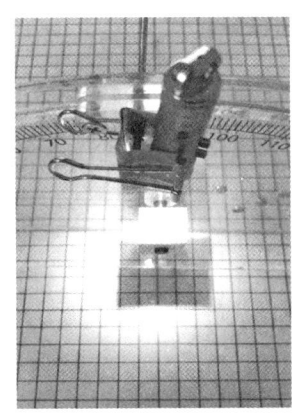

图8 小木块距手电筒不同距离时小木块影子的大小

改进实验三如图9所示。手电筒照射小木块的不同侧面，侧面形状不同，影子形状不同。

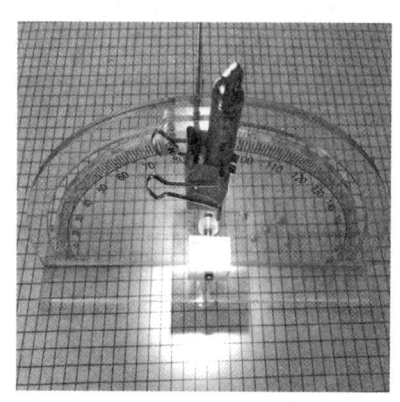

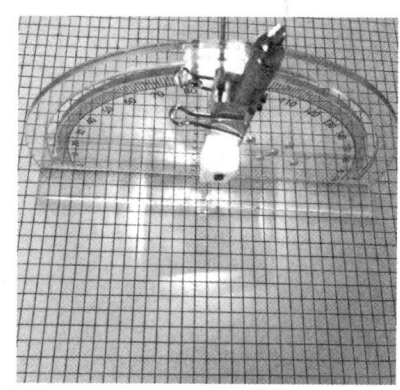

图9 手电筒照射小木块不同侧面的影子形状

七、实验教学过程

根据本节课的教学目标，这节课我采用了小组合作及探究的教学方法，引领学生设计对比实验，通过小组合作，探究光和影之间的关系。

本节课我围绕科学探究的环节，从问题出发，引领学生对问题提出自己的猜想与假设，小组合作制订计划、设计对比实验验证假设。具体教学环节如下：

（1）创设情景，提出问题。通过谜语引出要探究的问题。"同学们，老师这有个谜语。'有个好朋友，天天跟我走，有时走在前，有时走在后，我和她说话，就是不开口。'谁知道是什么？"学生说出是影子。这时我会继续追问："你们知道影子是怎样形成的吗？"引出探究问题。通过课件演示和学生一起探究影子形成需要的条件——光源、遮挡物、光屏。

（2）猜想与假设。我会引导学生以小组为单位，猜测"影子的大小和长短与光源有怎样的关系"，并记录下猜测结果。学生基本都认为"影子的大小与光源的距离有关，影子的长短、影子的方向与光源的位置有关"。

（3）制订计划。在这个环节我会进一步质疑："这只是你们的猜测，准不准确呢？让我们来设计一个实验验证你们的猜想吧！"

（4）收集数据。根据学生们制订的实验计划进行实验，并记录和整理实验数据。

（5）处理信息。

（6）得出结论：光源直射时影子最短，斜射的角度越大，影子越长；遮挡物距光源越近，影子越大。

（7）表达与交流。

（8）反思与评价，让学生经历一个完整的实验探究过程。

八、实验效果评价

这个实验装置有两个优点。一是可以准确地控制光源与遮挡物之间的距离，还可以在不改变光源与遮挡物距离的同时随意改变光源的照射角度。二是利用格板，既可以准确地画出影子，同时也可以观测到影子大小的数据，用数据说话也更具有说服力，更利于用数据获得结论。改进后，我发现学生实验操作更加方便，数据更加准确，实验效果更明显。

这个实验装置不仅在本节课上可以使用，在探究"光"单元的一系列实验中都可以得到应用。

探究太阳光包含有不同颜色的光

北京市和平里第一小学　赵茜

一、使用教材

首都师范大学出版社《科学》第六册五年级第二学期"光与生活"单元中第一课"光与色"。

二、实验器材

实验箱材质为亚克力板，箱内壁为白色。

实验箱由三组实验器材构成（见图1）：

（1）三棱镜、强光手电筒、盛水的烧杯：可调整角度的三棱镜，结合强光手电筒可以在箱内观察到色散后的彩色光带，配合盛水的烧杯还可以对色散后的光完成混合。

（2）三组七色彩灯：每个灯可以单独控制亮灭，不同彩灯亮灭组合，观察不同色光混合后的效果。

（3）两组红、绿、蓝光的三原色，彩色迷你家具：每个灯可以调整照射角度并遥控亮灭，配合彩色家具观察现象。

图1　实验箱

三、实验创新要点/改进要点

（1）围绕实验箱情景问题，完成三棱镜的色散和多种色光混合的探究学习和验证性体验，更好地体现了课标理念。

（2）暗箱内观察效果明显突出。

（3）学生可以自由控制不同颜色灯光的亮灭，在动手体验的过程中逐步转变认知、发展科学思维。

四、实验原理/实验设计思路

实验原理：太阳光为复色光。由于各种颜色的光具有不同的折射率，在三棱镜下色光会以不同角度分散开，形成七色光带。强光手电筒也为复色光，具有类似的效果，可用来模拟太阳光。复色光可以被分散，也可以被三棱镜或柱面镜合成。

实验设计思路：从实验箱情境导入课题，借助三棱镜在实验箱内对光进行色散，推理验证多种色光混合效果与太阳光相似，结合实证得出"太阳光包含有不同颜色的光"这一结论，并拓展对光、色的延续性研究。

五、实验教学目标

（1）通过调整实验箱内三棱镜的角度，观察色散后形成的彩色光带，初步认识太阳光包含有不同颜色的光。

（2）能够自主探究体验，验证七种色光混合后与看到的太阳光效果相似，进一步了解太阳光是由多种色光组成的。

（3）发现颜色不同的光混合后效果不同，对光的颜色产生浓厚的研究兴趣。

六、实验教学内容

实验箱情景导入课题；顺应学生思维，探究强光手电筒色散观察；类比推理验证色光混合效果；实证色光混合形成准确科学概念。

七、实验教学过程

（一）实验箱情境导入，暴露学生认知

展示实验箱，在自然光下可以看到白色的墙壁。提出问题：如果打开的是红色灯，看到的会是什么效果？蓝色灯呢？学生会发现在色光的照射下，墙壁颜色改变了，借此追问：如果同时把所有彩灯都打开，又会是什么效果呢？多数学生会利用美术学习过的颜料混合知识作为自己判断的依据，少部分学生会依据自己在课外获取的知识进行解释，认为会和自然光下看到的一样。

从学生对现象的认知冲突可以看出，实验箱暴露出他们对太阳光包含有多种颜色的光并不确定，内心很难接受多种颜色的光混合起来与太阳光是相似的。少部分学生提出可以用太阳光与彩虹作为依据解释，彩虹就是七种颜色，太阳光就是七色光组成的。这部分学生已经有了类比迁移的思维意识，但他们的知识来源只是简单的经验获取，无论是从网络、科普书籍，还是以老师处获取的知识，都没有经历过探究活动的验证。所以顺应学生的思维，实验箱的探究学习由此展开。

（二）三棱镜分散色光，形成初步认识

学生提到生活中的彩虹现象，教师提出：既然太阳光与彩虹就是如此，在课堂上如何制造出彩虹呢？由此借助实验箱内的三棱镜与强光手电筒进行模拟操作，调整三棱镜角度，会发现实验暗箱内有彩色光带出现。通过模拟实验，学生初步认识到，强光手电筒发出的白光在三棱镜的作用下可以呈现彩色光带，与生活

图2 强光手电筒模拟太阳光

中看到的彩虹十分类似，强光手电筒的白光与太阳光也是相似的（见图2）。

（三）验证色光混合，建立科学认识

由于小学阶段的学生还没有学习过光的折射相关知识，使用三棱镜时学生发现，透过三棱镜观察物体时都会有彩色的光线，对这一实验工具的使用学生产生了质疑。有学生提出：到底是因为光是由多种颜色组成，还是三棱镜中的彩色光线照射出来被我们看到的呢？当提出这个问题后，无论是支持方还是质疑方，都拿不出有力的证据解释。质疑思维的发展，促使学生需要开展相应的探究活动来证明自己的观点。交流后学生提出假设，如果多种色光混合起来的效果与太阳光看起来相同，就说明光本身就是彩色的，并不是产生了新的颜色。所以验证多种色光混合的效果就成了实验的焦点。

如何得到多种色光呢？学生依据彩虹的颜色，主要想出三种方法：第一种用手电筒照射三棱镜出现七种色光，第二种用水彩笔涂出七种颜色（牛顿盘），第三种是寻找七种颜色的彩灯。对比前两种方法，学生意识到直接利用实验箱就可以完成对色光的混合，既方便又快捷。

学生根据设想控制彩灯的亮灭，发现色灯在任意混合时出现的效果是不同的，七种色光混合看起来非常接近太阳光的效果，进一步证明太阳光是由七种色光组成，七种色光混合后还是我们看到的太阳光效果。学生也发现实验与真实的阳光还存在略微差异，对比观察彩虹色带的宽度，学生自主探究选择不同数量的色灯组合观察（见图3）。

基于学生水平的不同，实验箱还能进行光的三原色混合效果的验证。使用遥控器打开红、绿、蓝三种色灯，调整色灯的角度使它们混合照射在一起（见图4），箱内呈现白光。通过两组色光混合的验证实验，学生认识到太阳光是包含多种颜色的光。

图3 利用实验箱完成对色光的混合　　图4 光的三原色混合效果验证

（四）实证色散后的混合效果

经过了类比的验证实验，学生已经建构起太阳光与色光的关系，但科学研究更追求实证作为有力的证据，形成完整的科学概念认知。所以教师创造条件，用装水的烧杯对色散后的彩色光带混合，用推理实验与验证实验共同证明太阳光包含有不同颜色的光。

（五）拓展光色的后续认识

实验最后的拓展部分，学生还可以选择一些彩色家具摆放在实验箱内，打开不同颜色灯光再次观察，家具的颜色会发生改变；使用红、绿、蓝三色灯共同照射白色粉笔，可以看到粉笔呈现白色，同时还可以观察到粉笔的影子是彩色的。这些发现会再次激发起学生的研究兴趣，促使学生在今后向着更广阔的科学概念探索。

八、实验效果评价

（1）推理类比到验证实验的整个过程体现了探究活动的逐层深入，从而最终得出结论。学生意识到自己在课上进行的所有研究都与真实情况相吻合，像科学家一样进行研究并不困难，提升学生对科学研究的兴趣和动力。

（2）模拟实验箱的合理利用，帮助学生从权威论的思维模式到质疑实证的思维转变，自主完成对科学知识的建构，不仅体现了科学探究的实证，也发展了学生的科学思维。

任何科学结论都应经得起反复推敲和实验验证，学生也应当具有客观理性的思维意识和批判质疑的精神。正如牛顿在发现三棱镜把阳光分散为彩色光带后，用科学的实验方法进行反向论证，才最终得出结论一样，小学科学教学也应该鼓励学生不迷信权威、敢于质疑、勇于探究，顺应学生的思维发展并且为学生开展探究活动创造条件。

光的强弱与温度

绍兴市上虞区道墟街道中心小学　章俐鑫

一、使用教材

本实验来自教科版《科学》五年级上册第二单元的第五课"光与热"。该课在教材上共安排两个活动。

第一个活动是"光的强弱与温度"（见图1、图2）：要求学生用镜子投射阳光到温度计液泡处，比较用一面镜子和多面镜子时温度计显示温度的不同。

图1　光的强弱与温度

图2　光的强弱与温度实验

第二个活动是"凹面镜和凸透镜"（见图3）：了解凹面镜和凸透镜能会聚光线，形成强光和高温，以及它们的一些应用。

图3　凹面镜和凸透镜

二、实验器材

改进后的实验用到的器材有：5面镜子、暖光灯、温度计、支架、秒表、记录单等（见图4）。

图 4　改进后的实验器材

三、实验创新要点

改进后的实验有以下几方面的创新点。

（1）更换光源，有备无患。我准备了一个暖光灯在顶部，用来代替太阳，这样解决了天气受限的问题。浙江有时候连绵阴雨，导致该实验一直无法顺利进行，有了暖光灯在室内就可以很好地完成实验。同时，如果天气正好，室外阳光下也可以完成实验。另外，我还制作了一个挡光板，可以让温度计处于阴暗处，解决了场地受限的问题。

（2）调整镜架，精准反射。由于拿镜子的同学经常不能将光斑固定在同一个位置，导致实验操作困难。我根据暖光灯的位置设计了调整好角度后的镜子架，这样摆放好镜子就可以长时间将光反射到温度计液泡处。

（3）支架固定，便于观测。利用支架可以将温度计、光源和镜子有效组合在一起，解放了双手，每个学生都可以观察和记录温度的变化，也使得实验数据更加精准。这里仍选用课本中的普通温度计而不采用电子温度计，是因为普通温度计可以提高学生的读数能力，而使用电子温度计时，学生的这一能力就得不到锻炼。

四、实验设计思路

光的强弱与温度是本节课的核心探究活动，也是本节课的重难点所在。那么怎样来操作这个实验？课本上给出的方法是这样的：用镜子将阳光投射到纸上，观察、比较用一面镜子和多面镜子，反射光的强弱有什么不同；用温度计测量纸上光斑处的温度，比较一下用一面镜子和多面镜子，温度计显示的温度有什么不同。

我认为课本中所示的实验操作存在如下不足之处。

（1）天气场地限制。课本上要求将温度计放置在阴凉处，然后用镜子将太阳光反射到温度计液泡处，从而观察温度的变化。该实验对天气和场地的要求较高，且实验过程中太阳不能被云朵遮挡，不然会影响温度。

（2）操作比较困难。5面镜子至少需要3个学生手持，还需要保持1min左右的时间让光斑照射到温度计液泡处。这在操作时对学生要求太高了，很多学生左右手分别拿一面镜子，光斑往往会移动。一旦有一面镜子移开了，又要重来。

（3）数据不够精确。由于操作困难，实验时有部分光斑并不在液泡处，学生就匆忙记录了，从而出现实验数据不精确等现象。

由于上述的不足，我对课本中的实验进行了一些改进。

五、实验教学目标

（一）科学概念

（1）许多光源在发光的时候也在发热。

（2）太阳给我们带来光的同时也给我们带来了温暖。太阳是地球最大的光源和热源。

（3）光强，温度就高；光弱，温度就低。

（二）过程与方法

（1）对光和热的关系作出推测。

（2）通过用多面镜子和一面镜子照射探究光与热的关系。

（三）情感态度与价值观

（1）认识到自然事物之间是有联系的，自然事物的变化是有规律的。

（2）人们掌握了自然规律就能更好地生产和生活。

六、实验教学内容和过程

那么，我们如何操作这个实验呢？

（1）将支架水平放置在桌面上，接通电源，打开开关。2min后记录下0面镜子处的温度（见表1）。

表1 光的强弱与温度记录表

记录人：_____

镜子数	0	1	3	5
光的强弱				
温度				

我的发现：_____。

（2）调整 1 号镜子的角度将光反射到温度计液泡处，2min 后记录温度。

（3）用同样的方法增加到 3 面镜子和 5 面镜子，分别记录下 2min 后的温度。

（4）分析实验数据，思考并写出"我的发现"。

七、实验效果评价

通过改进后的器材进行实验，可以达到以下效果：

（1）降低实验难度，保护学生的求知欲。五年级学生经过两年多的科学学习，持续保持着高昂的探究热情，尤其是对光与热等方面的探究，不仅有平时的生活经验，更希望通过实验的方式来进行科学的探究。通过对教材实验的改进，使学生在天气、场地等受限的情况下也能开展课堂探究，在操作上降低实验难度，很容易让学生获得实验的成功，从而保护了他们的探究欲望，使他们对以后的实验操作充满期待，有利于学生对科学课的学习。

（2）实验数据更加精确，提高实验的有效性。实验利用支架和暖光灯解放了学生的双手，让每个学生都能更好地观察温度的变化，从而提高了实验的有效性。

光的反射现象

中山市三乡镇新圩小学 张剑杰

一、使用教材

粤教科技版《科学》六年级上册第四单元"光"的第三十课"光的反射现象"。

二、实验器材

（1）Arduino 的 Nano 主板、光强度传感器、LCD 显示屏、触摸传感器、RGB 灯、激光模块等材料，以及手电筒使用的 LED 光源、亚克力板等（见图 1~图 6）。

图 1　Nano 主板

图 2　光强度传感器

图 3　LCD 显示屏

图 4　触摸传感器

图 5　RGB 灯

图 6　激光模块

（2）不同的反射材料：镜子、木板、卡纸和塑料片（见图 7）。

图 7　不同的反射材料

(3) 不同光滑程度的反射物：光滑的锡箔纸、揉皱的锡箔纸、光滑的白纸、揉皱的白纸（见图8）。

图8 不同光滑程度的反射物

(4) 不同颜色的反射物：红、橙、黄、绿、青、蓝、紫、黑和白九种颜色的卡纸。

(5) 使用自制排序板，给不同颜色的卡纸排序（见图9）。

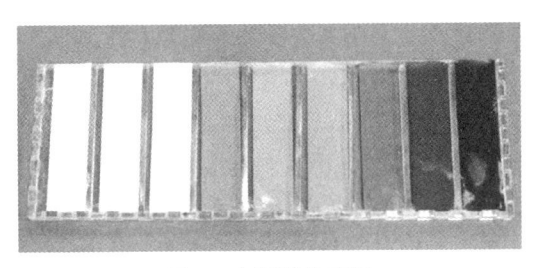

图9 自制的排序板

三、实验创新要点

（一）教材活动安排

(1) 使用不同的材料探究什么物体能够反光（见图10）。

(2) 探究不同光滑程度的物体对反射光线的影响（见图11）。

图10 教材的探究活动1

图11 教材的探究活动2

（二）存在的不足

（1）知识内容及目标。教材希望学生通过探究知道，影响物体反射光线能力的因素有物体本身的材质和表面的光滑程度。但是除了这两者外，还有一个很重要的因素就是物体的颜色，而教材回避了对这一因素的探究。

（2）探究实验。教材安排的探究活动让学生通过照度计测量不同材料的反射光的强弱来得出实验结论，其中存在几个值得思考的地方。

1）两个活动的实验容易受到外部光线的干扰，要求尽可能在暗室进行，然而白天的课堂难以满足这个条件。

2）实验过程中学生手持手电筒和照度计并不能保证照射位置和接收位置始终不变，位置的变化会影响实验数据，难以确保实验的科学性。

3）实验使用的照度计价格较贵，难以满足多个小组的实验探究。

（三）创新要点

基于以上思考并根据新课标"教师不是教教材的，而是用教材教的"教学理念，我主要作了两个方面的创新。

（1）创新探究活动内容：增加测量光经过不同颜色的卡纸反射后的光强度大小，探究物体反射光线的能力是否与颜色有关，完善探究内容。

（2）创新实验器材和方法：对于小学生而言，一个好的实验器材应该是操作简单、现象直观明显，而同时又具备很好的探究性的。鉴于这些思考，我做了这样一个教具：利用木板制作一个接近于暗室的通道，并且固定光源、反射物的位置；并利用 Arduino 的 Nano 主板、光强度传感器和 LCD 显示屏通过编程自制一个检测光强度的装置，取代价格较贵的照度仪。

四、实验原理

（1）通过编程制作检测光强度的装置，光强数据直接显示在显示屏上。如图 12 所示，当光源的光线经过卡槽中的物体反射后，尾部的光强度传感器就能够检测光强大小，并直接在 LCD 显示屏上显示光强数据。整个装置可以用于定量探究影响物体反射光线能力的因素。

（2）丁达尔效应。如图 13 所示，根据丁达尔效应，在通道内充满烟雾后，学生可以直接观察到光线被反射了。直观现象加数据的探究能够使学生更好地掌握本节课的内容。

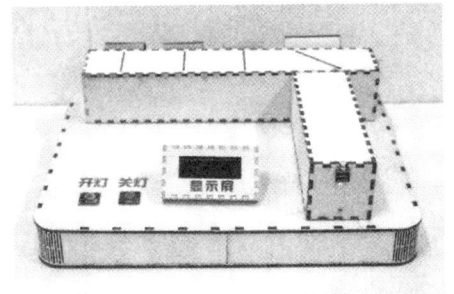

图 12　自制的创新教具（定量探究装置）　　图 13　自制的创新教具（现象观察装置）

五、实验教学目标

根据新课标理念，我突破了原教材的教学目标。

（一）知识与技能

（1）知道大部分物体能够反射光线，不同物体反射光线的能力不同。

（2）知道相同物体表面越光滑，其反射光线的能力越强。

（3）知道相同物体颜色越浅，反射光线的能力越强。

（二）过程与方法

（1）能够猜测并探究影响物体反射光线的能力的因素。

（2）学会收集和整理数据，分析归纳实验结论。

（三）情感态度与价值观

（1）意识到一些科学原理仅凭肉眼观察难以得出准确结论，还需要数据探究来验证。

（2）用科学知识解释生活现象，体会科学知识的应用价值。

（四）教学重难点

（1）教学重点：通过实验探究影响物体反射光线的能力的因素。

（2）教学难点：从现象观察过渡到数据探究，发现大部分物体能够反射光线，不同物体反射光线的能力不同。

六、实验教学内容

（1）使用镜子、木板、卡纸、塑料片探究哪些物体可以反光。得出结论：大部分物体都能反射光线，不同物体反射光线的能力不同。

（2）探究物体反射光线的能力与表面光滑程度的关系。得出结论：相同物体表面越光滑，其反射光线的能力越强。

（3）探究物体反射光线的能力与颜色的关系。得出结论：相同物体，颜色越浅，反射光线的能力越强。

七、实验教学过程

（一）游戏引入，创设情境

首先我请学生玩了一个光传递的小游戏，如图14~图16所示。这套实验装置直通道的前方正中间安装了光源，尾部正中间安装了光强度传感器。当有足够的光照射时，就能点亮尾部的 LED 灯。直通道中还有三个卡槽，每个卡槽有三种卡纸供学生选择，但三种卡纸中圆环的位置不同，分别在中间、左边和右边，学生需要选取一张卡纸替代卡槽中没有圆环的卡纸，尝试点亮 LED 灯。学生能够容易发现：只有三个卡槽都插入圆环在中间的卡纸才能点亮 LED 灯。进一步巩固了学生对光是沿直线传播的认识。

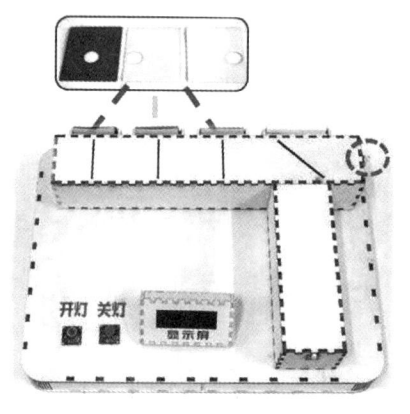

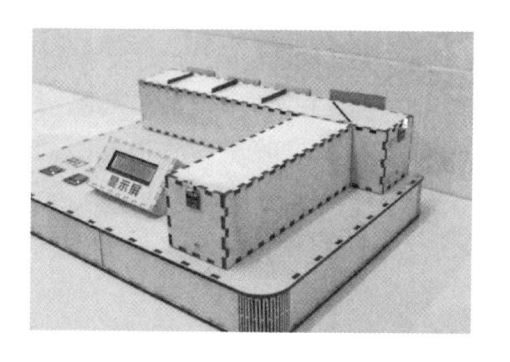

图14　圆环不同的卡纸　　　　图15　都插入圆环在中间的卡纸，灯亮了

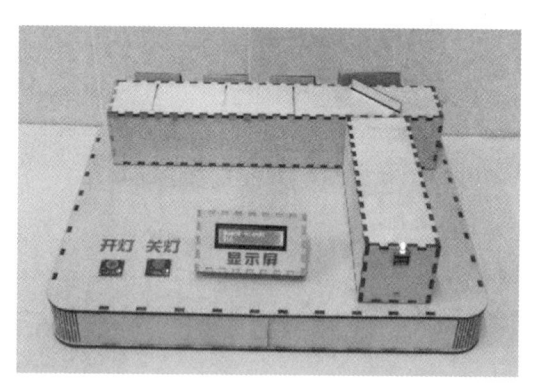

图16　在反射槽中插入镜子点亮了不在同一直线的 LED 灯

在此基础上抛出问题：如何点亮和光源不在一条通道上的另一个 LED 灯？学生尝试之后会发现，只需要在转角处的卡槽插入镜子就可以点亮 LED 灯。从

而引入：光能够被反射。

（二）引导学生发现问题，聚焦猜想

（1）利用自制的透明通道让学生直观地观察反射现象。如图17所示，学生可以清楚地观察到光线照射到镜子后转变了方向。

（2）提出问题：如果将透明通道的反射槽中的镜子换成木板、卡纸、塑料片，还能反射光吗？引导学生猜想并尝试。之后发现：反射光线消失了（见图18）。

图17 光线被镜子反射　　图18 插入木板等物体后反射光线消失

（3）引导学生使用自制的数字化探究装置探究木板、卡纸、塑料片等物体能否反光。插入反射物后发现光强度数值比没有插反射物的时候大，所以得出：大部分物体都能反光，不同物体反射光线的能力不同（见图19和表1）。

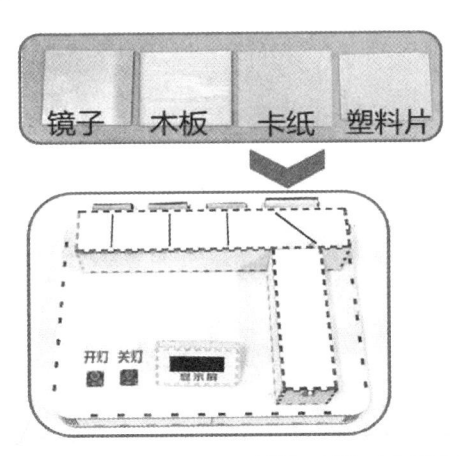

图19 将反射物插入反射槽，读取光强数据

表1　不同反射物的反射光光强度数值

材料	光强度数值		
	第1次实验	第2次实验	第3次实验
没有反射物	308	299	299
镜子	829	828	819
木板	540	539	539
卡纸	473	473	469
塑料板	552	560	550

（4）提出问题：是什么因素影响了物体反射光线的能力？

学生：可能与物体表面的光滑程度和颜色有关。

得出猜想："物体表面的光滑程度和颜色影响反射光线的能力"。

（三）实验探究影响物体反射光线的能力的因素

（1）学生分组实验一：探究物体反射光线的能力与其表面光滑程度的关系。

1）准备好创新实验教具，打开光源。

2）在反射槽插入光滑的锡箔纸、揉皱的锡箔纸、光滑的白纸和揉皱的白纸进行对比实验。

3）记录显示屏上的光强度数值（见表2）。重复三次实验。

4）分析表数据可以得出"相同物体表面越光滑，其反射光线的能力越强"的结论。

表2　不同光滑程度的物体反射光光强度数值

材料	光强度数值		
	第1次实验	第2次实验	第3次实验
光滑的锡箔纸	725	731	727
揉皱的锡箔纸	669	663	664
光滑的白纸	556	550	549
揉皱的白纸	518	521	516

（2）学生分组实验二：探究物体反射光线的能力与颜色的关系。

1）准备好创新实验教具，打开光源。

2）依次在反射槽中放入红、橙、黄、绿、青、蓝、紫、黑和白九种颜色的卡纸，记录显示屏上的光强度数值（见表3）。

3) 根据数据从大到小的顺序将卡纸在自制的数据板上进行排序。

4) 分析表3数据，可以得出"相同物体，颜色越浅，反射光线的能力越强"的结论（见表4）。

表3　不同颜色的物体反射光光强度数值

材料	光强度数值
红色卡纸	386
橙色卡纸	491
黄色卡纸	514
绿色卡纸	463
青色卡纸	528
蓝色卡纸	442
紫色卡纸	400
黑色卡纸	367
白色卡纸	550

表4　不同颜色卡纸反射光光强排序

卡纸颜色	排序
白色	1
青色	2
黄色	3
橙色	4
绿色	5
蓝色	6
紫色	7
红色	8
黑色	9

（四）联系生活，学以致用

我给同学们展示行人夜晚穿黑色衣服出行导致交通意外的视频，引导学生分析原因，让学生重视安全问题，夜晚出行时不穿深颜色的衣服。同时，以图片形式引导学生联系生活，让学生自行分析家中的墙和摄影用的反光板表面颜色的根据（见图20）。如此，既巩固了课堂知识也充分体现了从课堂走向生活的新课程理念。

家中的白墙　　摄影用的反光板

图20　生活中光的发射应用

八、实验效果评价

本次实验教学，主要存在以下两个亮点：

（1）创新实验器材，提高实验教学效率。我对实验器材进行了一系列改进与创新，实现了操作简单、实验现象明显、数据一目了然的实验效果，有效提高了实验教学的效率，并且确保了实验数据和结论的科学性。

（2）创新实验教学内容，激活学生思维。本次实验教学根据学生的实际情况完善了整个科学探究的过程。一方面激活了学生探究的欲望，另一方面培养了学生用数据来说明问题的科学思维，以及将知识和真实情景结合在一起的应用能力，提高了学生的探究能力及科学素养。

声音的传播

合肥市育新小学 李亭亭

一、使用教材

教科版《科学》四年级上册"声音"单元第五课。

二、实验器材

自制教具：声源装置（音叉、小锤、量角器、亚克力抽屉式轨道）；亚克力实验台；手机支架。

使用材料：拉绳扣，直径为2mm、长1.5m的铝丝、竹丝、棉线、尼龙绳，锥形筒。

使用工具：手机（声音测试软件及同屏软件）。

三、实验创新要点

（一）现用教材情况分析

教材中的设计思路如下：教材中采用的实验材料是不同规格的木尺、铝箔、棉线和尼龙绳；实验方法是用手拿实验材料，将振动的音叉接触材料的一端，另一端用耳朵和手去感觉声音的不同（见图1、图2）。

图1 教材截图1 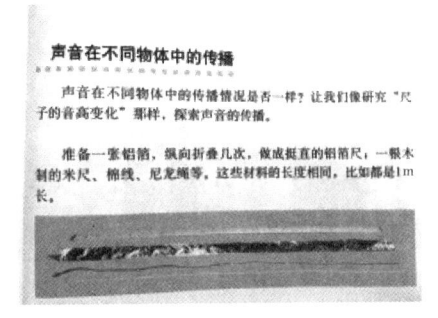　　　　　　图2 教材截图2

实际教学中我发现：约30%的同学认为振动的音叉接触木尺后在另一端听到的声音响度大，50%的同学持相反意见，还有20%的同学不能区别它们传播声音情况的不同（见图3）。同样，学生对声音在棉线和尼龙绳的传播后的响度大小比较也存在争议。由此可以看出绝大多数学生对于"声音在不同物体中的传播"效果比较并不清晰，实验可重复性差，不易得到科学严谨的实验结论。

· 105 ·

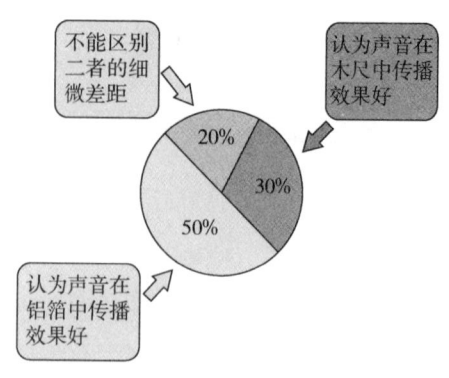

图3 学生情况调查

（二）创新策略

为了让学生体验更科学、严谨的实验过程，获得更直观、有效的实验效果，在原有教材实验基础上进行改进、创新，设计并制作了组装式亚克力实验台（见图4)，帮助学生在定性研究的同时进行定量分析。通过这样的实验教学的改进、创新，也为学生升入中学后研究声音的速度等知识奠定科学、准确的认识基础。

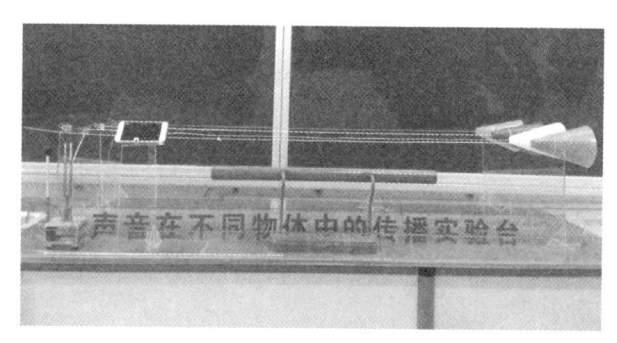

图4 组装式亚克力实验台

（1）利用拉绳扣可以将实验材料固定拉直，用相同规格的锥形筒进行收音，增强实验效果。锥形筒旁的手机支架能够保证手机的高度和位置，进一步提高实验的稳定性。

（2）因在学生实验时发现，只是简单用手敲击音叉，力度并不好控制。通过固定量角器和弹簧，使拉小锤的角度固定，从而控制声源处的最大响度。另外设计了抽屉式轨道，既能使声源得到了更好的控制，又便于学生操作。

（3）选用直径均为2mm的铝丝、竹丝、尼龙绳和棉线这四种不同材质的物体作为实验材料，尽可能地控制实验变量，减少实验误差。

（4）使用手机上的声音测试软件记录数据。打开平时教学过程中经常使用的同屏软件,这样大家能看到更直观的实验效果。多次实验发现,学生统一取音量最大值用于数据分析能更清楚地得到实验结论。

四、实验原理/实验设计思路

(1)实验原理。该实验原理是声音以波的形式传播。声音在传播过程中会引起介质中的质点进行相同的振动。传播介质不同,声音的衰减情况不同,声音接收处的响度大小就不同,即传播声音的效果不同。

(2)实验设计思路。学生在前概念的基础上,通过控制实验变量和利用数据分析来设计实验。学生利用该实验台探究不同材质的物体的传播声音的效果,还可以探究物体的长度、粗细和方向等因素对声音传播的影响,进一步培养学生的科学探究精神。

五、实验教学目标

基于教材、学情及课程标准的要求,我确定了如下的教学目标:

(1)尝试设计对比实验,探究声音在不同物体中的传播。

(2)实事求是记录数据,基于数据描述声音在不同物体中的传播情况。

(3)形成勇于探究、敢于质疑的科学精神。

六、实验教学内容

(1)实验方法。将要测试的实验材料通过拉绳扣和锥形筒固定在实验台上,每次拉开小锤的角度控制在20°,从而控制声源的振动幅度。选择直径长短都相同的材料进行测试,每种材料测试三次,手机软件测试声音接收处响度值,记录音量最大值用于数据分析。可以安排一位同学控制声源,另一位同学操作手机软件,第三位同学记录数据。学生们分工合作、操作简单,实事求是地记录实验数据,填写实验记录单,最后进行实验现象及数据分析。

(2)实验现象及结论。相同振动幅度的声源经过直径均为2mm的铝丝、竹丝、尼龙绳和棉线这四种材料后,经过铝丝的声源接收处响度平均值最大,竹丝次之,接下来是尼龙绳和棉线。因此得到这样的实验结论:这四种实验材料中,同样振幅的声源在铝丝中传播后响度最大,也就是传播效果最好,而通过棉线后响度最小,传播效果最差。

七、实验教学过程

(1)提出问题。当铃声响起时,学生们回到了教室,我顺势问学生们:你们刚刚是听到什么声音才来到教室上课的呢?观察音叉的振动和体验"土电话"。在体验"土电话"这个活动中,我给学生们提供了用棉线和尼龙绳制作的两种"土电话",这时有的学生就想到:声音在不同物体中传播会有什么不同呢？利用情境提问激发学生探究学习兴趣，利用观察实验和体验活动让学生认识到声音传播的原理。

（2）设计实验。学生根据学习目标设计对比实验，进行探究性学习。为学生提供自制的亚克力实验台和直径均为2mm、长1.5m的不同材质的实验材料。学生利用所提供的实验材料和实验台，通过控制变量设计声音在铝丝、竹丝、尼龙绳、棉线这四种材料中传播效果比较的对比实验。

（3）进行实验。学生分工合作，测试声音在不同材料中传播后声音接受处的响度值，每种材料测试3次，尽可能减少实验误差。根据实验现象，进行描述和记录。学生操作简便，将定性分析与定量分析相结合。学生亲身体验科学实验过程，获得了明显的实验效果，形成清晰明确的科学知识。

（4）总结交流。学生根据实验现象和实验记录单上的数据进行总结分析，得出结论：在铝丝、竹丝、尼龙绳和棉线这四种实验材料中，同样振幅的声源在铝丝中传播后响度最大，也就是声音的传播效果最好，而通过棉线后响度最小，声音的传播效果最差。

（5）拓展延伸。引导学生利用该实验装置继续进行实验探究：声音在不同金属中的传播效果的差异。激发学生继续科学探究，推动学生大胆质疑及理性思维的培养。

八、实验效果评价

（1）通过对实验材料、技术与方法的不断改进，提高了实验的直观性、可重复性和科学性。

（2）学生获得了更严谨、高效的科学实验探究体验。

（3）该实验不仅仅进行了定性研究，还进行了基于数据分析的定量研究。

总之，该实验装置极大地提高了课堂的实验效果。我将在实际教学中继续对实验装备进行改进与创新，不断提升学生的科学素养。

声音的传播

鹤岗市红军小学　李铁　徐彦杰

一、使用教材

教科版《科学》四年级上册"声音"单元第五课"声音的传播"。

二、教材分析与学情分析

（一）教材分析

本课是上一课的延续。教材呈现了两个部分的活动内容：引导学生认识振动物体与声波；研究声音在不同物体中的传播。其中引导学生认识振动物体与声波是实验教学说课的主要内容。

（二）学情分析

通过科学课的学习，学生对科学课的认识得到了一定提高，具备了初步的探究能力。学生小组内的合作交流也有了基础。要想突破教学重难点，应设计趣味性强、直观效果好的实验让学生体验到科学探究的快乐。

三、实验教学目标

（1）科学概念（知识目标）：声音是通过物体以波的形式从一个地方传到另一个地方的。

（2）过程与方法（能力目标）：借助实验和想象，对声音传播的方式进行描述，对声音在不同物体中的传播情况进行比较。

（3）情感态度与价值观（情感目标）：意识到从实验中获取事实是认识世界的基本方法。

四、教学重点、难点

知道声音的传播需要介质是这节课的重点。对声音的探索，明白声音在不同的物质中传播效果不同，需要深层次的理论证明，所以这是本节课的难点。

五、实验器材

（1）基本器材：音叉、装满水的烧杯、"土电话"、1m长的铝箔条、木质米尺、棉线、尼龙绳等。

（2）创新器材：制作声波筒的材料，纸筒或PVC管、激光笔、气球、橡皮泥、窄胶带、宽胶带、木条或塑料条（做支撑架）、双面胶、剪刀、小镜片或废旧光盘、美工刀、热熔胶（见图1）。

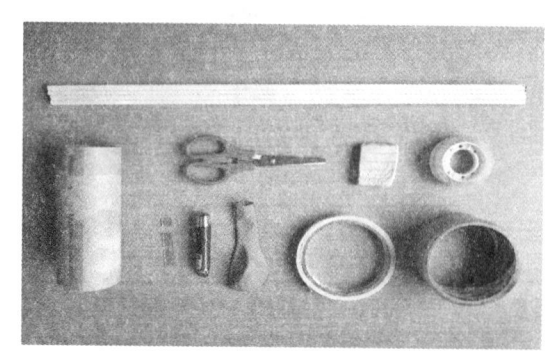

图1 实验创新器材

六、实验教学方法

课堂上运用直观演示、小组合作、实验探究等方法，引导学生自主、合作、探究，从而培养学生动口、动手、动脑的好习惯，进而提高学生的科学素养，使科学学科的核心素养落到实处。

七、实验设计思路

教材上关于声音在空气和固体中的传播，学生想观察到声波有局限性，不直观。根据四年级学生的年龄特点和心理特点，补充声波筒的实验，可以更直观明了，学生记忆更深刻。让学生最后懂得声音是以波的形式进行传播的，起到一个化难为易的作用。

八、实验教学过程

（一）教材实验设计

简述教材中对引导学生认识振动物体与声波设计的两个实验活动。

（二）创新实验教学过程

针对第一部分进行的补充改进实验，分三个步骤完成：

（1）讲述制作声波筒的材料及过程。

（2）通过声波筒说话发出声音，感受声音通过纸筒、空气和气球进行的传播。

（3）通过声波筒说话发出声音，感受一下我们自己声音的波纹是什么样的。

（三）演示制作声波筒过程及创新实验过程

（1）讲述"制作声波筒过程"（见图2）。

图 2　声波筒

(2) 利用自制的声波筒设计了两个有趣的实验：

一是通过声波筒说话发出声音。通过纸筒和气球的传播，都可以听到说话的声音，知道声音能通过这两种物体进行传播。

二是通过声波筒说话发出声音，通过筒内空气的传播使纸筒另一侧的气球产生振动，并将振动传递给粘在气球上的小镜片，用激光笔把光照射在小镜片上，通过光的反射，把声音的波纹显示在空白的墙面或屏幕上，感受一下我们自己声音的波纹是什么样的。

（四）实验注意事项

(1) 学生发出声音时，可强可弱、可高可低，可以唱歌、可以吟诗，也可以发出奇怪的声音，不给学生限制。

(2) 间接观察自己声音的波纹时要用到激光笔，激光不要射向其他同学的眼睛；活动时也不要去观察其他人的声波筒，避免可能的激光照射；大家都去观察空白屏幕上的波纹，寻找规律和乐趣。

（五）小结

一是通过声波筒说话发出声音，我们知道了声音通过纸筒、空气和气球三种物体都能进行传播。二是通过声波筒说话发出声音，我们观察到了自己声音的波纹是什么样的。其实这种方法是把气球的振动进行了放大，声音用激光的反射在屏幕上"画图"，不同的声音有不同的图案。

（六）实验改进效果

通过这两个小实验的改进和创新，使得学生易于理解、易于完成，效果也非常好。曾经在两个班级进行对比，用声波筒实验的班级对这部分知识理解得更好，学生有较强的探究欲望，寓教于乐，使学生在轻松的氛围中享受科学探究的乐趣，对突破教学重难点起到了很重要的作用。

（七）课后实践

本节课后，让学生在课余时间继续实践，把声波筒制作材料及过程发送给他们，有兴趣的学生和家长一起做一做、玩一玩，再上课的时候交流更多的发现。

九、实验效果评价

引导学生认识振动物体与声波的这一部分内容是创意实验的体现,通过学生的活动过程和效果,有以下教学评价和反思:

(1)对学习效果的反思评价。从学生学习过程来看,学生的探究兴趣非常浓,全班学生都参与到实验探究活动中,参与度高。

(2)对实现教学目标的反思评价。学生能亲身感受到声音是以声波的形式传播的。教学效果明显,趣味性强,学生易于完成。

(3)对实验教学设计和教学过程的反思评价。实验的补充与重新设计,比较适合学生,贴近学生的生活,在有限的时间内高效地完成了教学任务。

观察比较声音的强弱变化

乌鲁木齐市第八十二中学　颜涵瑜

一、教材分析

实验内容来自教科版《科学》四年级上册第三单元"声音"中的第三课"声音的变化"。

本单元共七课，是随着学生用不同装置做实验并发现他们听到的声音和他们能观察到的现象之间的关系，持续加强他们对于声音的理解。

"声音的变化"这一课探讨了声音的两个基本属性——音量、音高的产生和变化，为学生提供了观察振动产生声音的机会。

二、实验教学目标

（1）认知目标：知道音量是由物体振动幅度决定的。振动幅度越大，声音就越强；振动幅度越小，声音就越弱。

（2）技能目标：对听到的不同声音进行描述，对物体在发出不同声音时的状态进行描述，把物体的振动状态和发出的不同声音联系起来。

（3）情感目标：形成善于观察，并把事物的特点和性质相联系的习惯。

三、实验教学内容

教材中"观察比较声音的强弱变化"这一活动主要是让学生用不同的力度来拨动尺子，听听尺子发出的声音有什么不同，看看尺子的振动状态有什么不同，让学生将听到的声音和观察到的尺子振动幅度描述出来。在反复的观察和描述中，将声音的强弱和尺子振动幅度大小联系起来。

四、实验方法创新

教材中的实验方法（见图1）是将钢尺或塑料尺伸出桌面10~12cm，用一只手按住尺子的一端，另一只手拨动尺子，力度由轻到重，观察尺子的振动幅度大小和发出的声音强弱。

图1　教材中的实验方法

但在实际操作中发现实验现象并不明显，用不同力度拨动尺子发出的声音变化没有达到预期效果。实验现象不明显、不清晰是实验教学中最头痛的事情。精心准备的实验，不仅没达到预期效果，反而引起学生的疑惑。

分析原因，我认为是由于实验器材使用不当造成的。因此改进了实验方法及装置，希望以恰当的实验器材帮助学生建立正确的科学概念。通过改装旧收音机，取消了调频和调幅功能，保留了音量控制器、扬声器和电源，制成了新的实验装置（见图2）。

五、实验器材

改造后的旧收音机、细沙、小鼓。

图2　改造后的实验装置

六、实验教学过程

（1）引入概念：敲击小鼓，使小鼓发出不同强弱的声音。明确声音的强弱可以用音量来描述。

（2）打开实验装置开关，让学生用手触摸扬声器，感受并记录不同音量时的振动。

（3）在扬声器上撒适量细沙，调节音量大小，用图画的方式记录下不同音量时细沙的状态。

（4）完成实验记录单（见表1）。

表1　实验记录单

观察到的现象	音量小 声音＿＿（"强"或"弱"）	音量大 声音＿＿（"强"或"弱"）
用手触摸扬声器		
在扬声器上放适量细沙		

（5）师生交流并总结实验结论：声音越强，振动幅度越大；声音越弱，振动幅度越小。

七、反思与评价

（1）化模糊为清晰。通过自身教学及观察教学中存在的弊端，改进了实验方法和实验装置，在解决了实验现象不明显这一问题的基础上，有利于学生直观、动态地观察和掌握声音强弱和振动幅度的关系。

（2）化平凡为新奇。教材中的实验使用的是学生最常见的文具，过于平凡的材料往往不能激发学生的兴趣。改进后的实验装置和实验现象对学生来说更有吸引力。

能量的控制

石家庄外国语小学　吕婉明

一、使用教材

河北人民出版社《科学》六年级上册第十三课"能量的控制"。

二、实验器材

（一）实物模型教具

安装温度传感器的温控窗户教具、安装超声波传感器的自动门教具和安装光敏电阻和偏振光片的感光变色玻璃教具。

（二）模块组合教具

（1）控制模块：人体红外感应控制、电容式触控和无线遥控。

（2）输出模块：LED 灯、普通黄光灯泡、电扇、蜂鸣器。

（3）能源模块：由 4 节五号电池组成的安全电源。

（三）学生自制教具

安装了超声波传感器的"智能垃圾桶"和将触控开关和灯组装到帽子上的"触控帽子灯"。

三、实验创新要点

在近几年教学中发现，学生在学习本课时除了完成课本中的实验探究，对智能设备中的能量控制也很感兴趣。新课标中指出要让学生了解人类的好奇和社会的需求是科学技术发展的动力，所以我自制了一系列智能控制教具，帮助学生对智能设备中的能量控制展开探究，并通过本节课的实验渗透了人类对产品不断改进使生活更加便捷这一理念。

四、实验设计思路

新课标中指出，科学技术的快速发展对每一位公民的科学素养提出了新的要求，科学课堂也要与时俱进。所以我在本课教学中关注学生对智能设备探究的诉求，制作了三种实物模型教具和一系列模块组合教具。本课实验设计符合课标要求及六年级学生认知特点，在课堂教学中模块化分解智能控制设备，不讨论传感器的复杂结构原理，只了解其基本功能，进而帮助学生掌握能量控制装置的工作方式。

五、实验教学目标

（1）科学知识目标：能分析出某些能量控制装置的作用和工作原理。

（2）科学探究目标：能根据问题进行实验探究，能组装实验装置并观察现象。

（3）科学态度目标：能对生活中的能量控制装置有探究兴趣，愿意与同学交流想法。

（4）STSE 目标：能将课堂实验同生活实际联系起来，并根据生活需要设计一个能量控制装置。

六、实验教学内容

分三部分进行实验，循序渐进引导学生展开探究：认识能量控制装置、组装能量控制装置和设计能量控制装置。

七、实验教学过程

（一）课程引入

出示生活中智能控制装置动图，激发学生好奇心，引出本课核心问题：这些能量控制装置是怎样工作的？

（二）实验探究

（1）认识能量控制装置。

从生活中常见的自动感应门提出问题：它如何实现自动控制？学生经过思考能够分析出需要感应装置来实现能量控制。结合在三年级"声音与生活"一课中学过超声波测距原理，学生能够分析出"超声波传感器"即为其感应装置。观察自动门教具内部结构（见图1、图2），学生能够找到能源部分和机械传动部分。在实验探究中，将手靠近超声波传感器时，门打开；手离开，门关闭。最后总结出自动感应门的工作原理为超声波传感器作为距离感应控制开关控制电路接通，进而将电能转化为机械能，实现门的开关。

图1 自动门教具　　　　　　图2 自动门教具内部

有了前面的探究基础，设置情景向学生提问：在炎炎夏日，清晨开窗通风，上午气温升高后想让窗户自动关闭，可以用什么方法实现呢？学生能够想到声控开关、温控开关、光控开关等，这些设想体现了他们良好的逻辑思维。之后让学生观察教具，介绍导线前端的温度传感器，即此教具使用的是温控开关。实验操作时用热水、冷水模拟温度的变化（见图3）。学生实验时，将温度传感器放入热水中，窗户关闭；放入冷水中，窗户打开。进而总结出它的工作原理为温控开关控制电路接通，电能转化为机械能，实现窗户的开关（见图4）。

图3 温控窗户教具

图4 温控窗户教具内部

最后向学生出示一个具有窗帘功能的窗户，天黑时窗户变得不透光，外面看不到室内，天亮后窗户能够变透明。让学生猜测它是怎样实现能量控制的。学生根据透光这一线索想到有可能是光控开关，于是教师出示光敏电阻并介绍其作用。学生通过观察能够找到教具上的光敏电阻（见图5），还能够发现能源模块和内部的机械传动模块（见图6）。实验时，用手遮挡光敏电阻，机械传动模块内部的偏振光片转动，玻璃颜色变深；光敏电阻受光，玻璃颜色变透明。通过实验能够总结出能量控制为光控开关控制电能，进而转化成机械能，实现玻璃颜色的变化，即控制了玻璃透光的强弱。

图5 感光变色玻璃教具

图6 感光变色玻璃教具内部

完成了以上三组实验探究后，学生进行阶段性小结，进一步明确了这些能量控制装置的工作原理为自控开关控制电能再转化成机械能，实现能量通断控制，为后续探究打下基础。

（2）组装能量控制装置。

在学生探究兴趣正浓时给他们提供模块组合教具，分别是人体红外感应控制模块（见图7）、电容式触控模块（见图8）和无线遥控模块（见图9）。四种输出模块分别是LED灯（见图10）、灯泡（见图11）、电扇（见图12）和蜂鸣器（见图13）。结合能源模块，学生可以运用多种方式自由组合，探究不同装置通断控制原理，并完成实验记录。例如，可以组装成人体感应报警器、无线遥控电风扇或触控灯等。以触控灯为例：将触控开关和灯用导线连接在一起，通过触控开关实现对灯的控制，学生能够总结出触控开关控制电能转化成光能，进而实现能量控制。

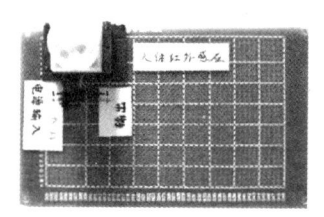

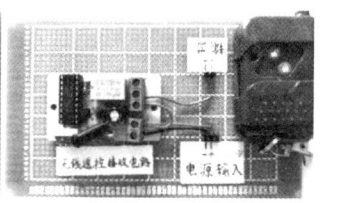

图7　人体红外感应控制模块　　图8　电容式触控模块　　图9　无线遥控模块

图10　LED灯　　图11　灯泡　　图12　电扇　　图13　蜂鸣器

在实验过程中，学生又产生了新的疑问：那些能够改变亮度的灯和控制时长的灯是怎样工作的？根据他们的问题向学生提供最后两个模块，分别是时长控制模块（见图14）和能量大小控制模块（见图15）。在时长控制实验中，学生将时长控制模块和灯组装到了一起，转动旋钮就能改变灯亮的时间长短，通过实验了解到延时电路可以控制通电时长。在能量大小控制模块实验探究中，改变接入电路中的线圈长度可以改变灯的亮度。如果连上其他输出模块，比如电扇，就可以控制风量大小。

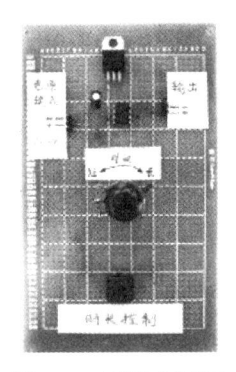

图 14　时长控制模块　　　　　图 15　能量大小控制模块

　　实验结束后学生又有了新的想法：能否将不同能量控制装置进行叠加组合呢？当然可以！这种组合就是类似于市面上出售的触控调光灯。通过此实验让学生了解到不同的能量控制装置可以叠加组合，能够更有效地解决生活中的问题。

　　最后学生学以致用，设计了能量控制装置。举"智能垃圾桶"和"触控帽子灯"两例。"智能垃圾桶"安装有超声波传感器，使用方便，更智能。"触控帽子灯"将组装好的触控开关和灯缝在帽子前端，轻碰帽檐实现开关。这些设计展现了学生解决生活中问题的能力。

八、实验效果评价

　　本节课内容来自于学生的好奇与疑问，我们教师的职责就是尽可能地创造条件，保护学生的好奇心，帮助他们解决疑问。所以我在课余时间补充相关知识，寻找合适的材料，进行设计、开发与制作，帮助学生进行扩展探究。

　　从教学效果来看，实验装置原件裸露，便于学生观察实验现象，操作简单，实验原理简便易懂，实验中采用层层递进的教学方式，使学生保持好奇心和探究热情，不同形式的实验教具让学生多角度进行探究，与生活实际的紧密联系也符合新课标的要求。

传热比赛
——热传导实验模型创新

石家庄市中山西路小学　王珅

一、教材分析

"传热比赛"这一课位于冀人版《科学》五年级上册第四单元"冷和热"。五年级上册整本书都是围绕着"作用与平衡"这个概念相互整合的。"冷和热"这一单元主要讲解的是物质科学领域能量中热能的传递。第十四课"传热比赛"位于本单元的第二课。

本课设计了三个活动：活动1"勺柄的冷热变化"帮助学生通过实验认识热可以沿着物体传递，从温度高的部分传向温度低的部分；活动2"传热比赛"引导学生认识热在不同的物体中传递速度是不一样的；活动3"科学在线和拓展活动"指导学生认识热传导的原理在人们生产和生活中的运用。

本次主要讲解的是活动1"勺柄的冷热变化"。

本课的事实性知识为"热能从温度高的部分传向温度低的部分"。

思维的建构过程：

（1）凭借实验模型进行有目的的观察（观察）；

（2）分析比较实验现象，获取实验事实（分析比较）；

（3）综合多个实验事实，归纳出实验结论（归纳）。

五年级学生由形象思维慢慢过渡到逻辑思维，他们的抽象概括能力有了明显发展。学生通过上节课的学习，已经知道了什么是热，那么"热在物体中是怎样传递的"是本节课所要研究的问题。

二、教学目标

（1）科学知识目标：能认识热可以沿着物体传递，热能从温度高的部分传向温度低的部分。

（2）科学探究目标：能对自己的猜想设计方案，观察实验并得出实验结论。

（3）科学态度目标：能与其他同学合作交流，追求创新，一起探究热传导的现象。

（4）科学、技术、社会与环境目标：能举出生活中更多的加速热传递的例子。

教学重点：通过传热装置，认识热传递的特点。

教学难点：设计热传递实验，并通过实验得出结论。

三、实验器材

（1）简易气体温度计模型：自制简易气体温度计、铜棒、酒精灯、火柴、铁架台。

（2）半导体冷热实验仪：半导体制冷片、液冷装置、金属片、自制感温变色橡皮泥，12V电源。

（3）感温金属瓶：感温贴纸、金属瓶、热水。

（4）蜡盘：蜡、金属盘、酒精灯、火柴、铁架台。

（5）散热对比实验台：金属瓶、感温贴纸、电子温度计、散热片、液冷装置、风扇、石墨烯贴纸、搅拌器、12V电源。

四、实验创新

教材中使用的是凡士林加火柴、豆子模型，在实际教学中发现由于凡士林用量不均，实验中火柴、豆子掉落的顺序杂乱无章，常常达不到预想的实验效果。

因此我对模型作了如下改进：

（1）模型一：使用自制简易气体温度计替代凡士林、火柴和豆子，观察金属棒各点的温度变化情况（见图1）。

（2）模型二：把自制感温变色橡皮泥贴在金属片上放入冰水和热水，观察橡皮泥变色方向。因为准备冰水时间长，比较烦琐。所以我使用半导体一面制冷一面制热，替代冰水、热水，观察金属片在冷热两种情况下热传递的方向（见图2）。

图1 简易气体温度计模型　　图2 半导体冷热实验仪

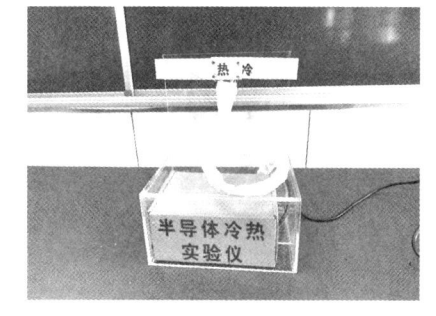

（3）模型三：利用感温贴纸可以附着在任意形状的物体上的特性，探究热在金属瓶中的传递方向（见图3）。

（4）模型四：把蜡固定在圆盘中，探究热在金属盘中的传递方向（见图4）。

图3 感温金属瓶　　　　　图4 蜡盘

（5）模型五：出示散热对比实验台，用散热片、水冷、石墨烯贴纸、风冷和搅拌五种不同散热方式进行散热"比赛"，让学生观察判断哪些方式是加快热传导速度进行散热的（见图5）。

图5 散热对比实验台

五、教学过程

本节课是一节科学实验课，经历了一个完整的科学探究活动过程。教学过程中体现出以学生为主体的探究学习模式，我的设计思路如下：提出问题—猜想假设—设计方案—掌握方法—观察现象—分析交流—得出结论—实践运用。由此我设计了以下四个教学环节：创设情境，导入新课；观察实验，合作探究；分析现象，形成知识；实践应用，深化理解。

（一）创设情境，导入新课

上课伊始准备了两杯水，让学生在不触碰杯子的情况下分辨出哪杯是冷水、哪杯是热水。学生摸到金属片后，感受到了金属片温度的变化，鉴别出冷热水。

设计意图：通过这个小游戏，既激发了学生的学习兴趣，又形成本节课的核心问题：热在同一物体中是怎样传递的。（提出问题）

（二）观察实验，合作探究

学生对问题进行猜想（猜想假设），明确实验目的。

（1）实验一：向学生介绍简易气体温度计使用原理，把它插在金属棒中并使用酒精灯加热，观察各点的温度变化情况。（掌握方法）

小组合作开始实验，记录并分析实验现象。他们发现在金属棒中，热能从温度高的部分传向温度低的部分。

但有的学生提出来：热在其他形状的物体中又是怎样传递的？为了解决学生的疑惑，出示了三种不同形状的物体（金属瓶、金属圆盘、金属条），并介绍其他感温实验材料。学生对上述实验材料进行多种组合，小组交流讨论，设计实验方案。（设计实验）

经过交流改进，我们选取最优组合进行实验。（观察实验）

（2）实验二：把自制感温变色橡皮泥贴在金属片上放入热水，观察热在金属片的传递方向。

（3）实验三：将感温贴纸贴在金属瓶上放入热水中，观察并记录感温贴纸的变色顺序。

（4）实验四：把蜡固定在圆盘中，点燃酒精灯观察蜡融化的方向。

设计意图：在这一环节，学生们通过操作多种模型，很快观察到明显的实验现象，掌握了初步的科学事实，为进一步形成科学知识奠定了基础。

（三）分析现象，形成知识

接下来引领学生进行分析、比较、归纳，使学生发现实验现象都指向了热从物体温度高的部分传向温度低的部分。

以往的实验模型中都是在酒精灯或者热水等加热环境下研究热传递方向。在遇冷的情况下热又是怎样传递的？为了解决这个问题，把遇冷时由蓝色变为紫色的橡皮泥贴到金属片上放入冰水中。但准备冰水时间长，比较烦琐。我设计了半导体冷热实验仪替代冷热水。它利用半导体制冷片一面制冷一面制热的原理，分别加热和制冷金属片的一端；再贴上感温变色橡皮泥，探究热在冷热不同环境下传递的方向。

开启半导体冷热实验仪，很快我们就观察到了现象。在加热端的金属片，感温变色橡皮泥由中心向外开始变色，在制冷情况下，感温变色橡皮泥也是由中心向外变色。接着引领学生进一步分析，他们发现离冷端最近的橡皮泥温度降低最先变色，最先把热能传递给冷端。外部的橡皮泥温度降低变色，再慢慢地把热量传递给冷端。因此，在制冷条件下，热还是由高温部分传递到低温部分。通过这一装置，充分利用了逆向思维的方式，拓展和丰富了热传递的概念内涵，为学生进一步学习热奠定了基础。（分析交流）

综上所述得出结论：在冷热不同的环境下，不同形状的同一物体中，热都是由高温部分传向低温部分。（得出结论）

（四）实践应用，深化理解

（1）拓展一：出示一个漏勺，让学生根据本节课所学知识验证热在异形物体中的传递方向。他们把感温变色橡皮泥贴在了漏勺上，点燃酒精灯，加热漏勺的不同部分。热还是由高温部分传向了低温部分。

（2）拓展二：让学生列举出了生活中常见散热的方式，它们是：①增加散热面积；②冷水；③风扇；④搅拌。我又增加了新材料石墨烯，把这些散热方式组合在一起进行对比实验，验证这些方式是否可以加快热的传递。把等温等量的水倒入瓶中，开启装置。学生记录电子温度计数值和观察感温贴纸变色顺序。通过数据分析，这些散热方式都可以加快热传递的速度。

科学来源于生活，又服务于生活。电脑中的CPU又是通过什么方式散热呢？学生根据本节课所学的知识结合电脑机箱实际环境，选出了散热片、风扇、水冷等方式对CPU进行散热。有的学生也提出了采用多种方式组合进行散热。实际生活中也是采用多种方式组合对电脑进行散热的。

六、实验教学反思与评价

（1）效果明显：使用自制简易气体温度计替代凡士林、火柴和豆子，可以快速地定量观察到热传递的方向。

（2）探究性、趣味性、创新性：新型感温实验材料与不同形状物体自由组合成新的实验模型，既激发了学生的研究兴趣，又拓展了科学探究的深度与广度。

（3）逻辑思维：通过分析冷热环境热传递的现象，培养了学生科学辨析的能力。

（4）科学与生活：通过散热对比实验，将科学与生活紧密结合在一起，深化了学生的内知。

探究热在水中的传递

上海市杨浦区杭州路第一小学　纪建明

一、使用教材

上海教育出版社《科学与技术》四年级第七册第七单元"加热与保温"第五课时"热对流"。

二、实验器材

新型"水对流"实验装置（自制教具）、电子温度计、水、感温变色粉。

三、实验创新要点/改进要点

（1）传统实验：教师演示，用酒精灯在对流仪一角加热，再往装满水的管中滴入红墨水等，管内颜色迅速变化，用于观察水的流动（见图1）。

（2）发现问题：

1）学生能通过红墨水的变化看到管中水的流动，但感受不到其中温度的变化。

2）加热点基本定位在底部，无法呈现其他部位加热时，热在水中传递的情况。

（3）改进措施：

1）借助感温变色粉随温度改变颜色的特性，让着色的水具有动态变化的效果，呈现"热"的传递过程（现象直观）。

2）用亚克力管制作方形水管，管内设置电热片；将水管固定在背后装有转盘的底板上，转盘的另一面固定在支架上。利用转盘转动水管，改变加热点的位置，如图2所示（操作简便）。

3）设置卡扣，限制转盘在360°内旋转，防止内部电线缠绕；同时，采用24V电热片和微电脑数字温控器，使用安全。

图1　传统实验演示

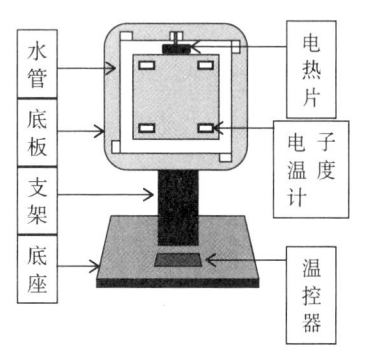

图2　改进实验装置

四、实验原理/实验设计思路

（一）实验原理

（1）对流原理：受热的流体会膨胀变轻上升，周围温度相对较低的部分就会下沉。这样，温度较高的部分和温度较低的部分之间产生循环流动，使流体温度趋于均匀。

（2）变色原理：感温变色粉内含反复变色的微胶囊，在特定温度下因电子转移使微胶囊有机物的分子结构发生变化，实现颜色转变。

（二）实验设计思路

（1）教师演示实验。教师先在方形水管上部加热，借助感温变色粉在水管中的变化，引导学生观察分析，交流发现"上面的水温高，下面的水温没有变"；再利用转盘转动水管，引导学生观察讨论，发现热水总是在上面，知道"水受热会变轻"。变抽象为直观，突出教学重点，为学生创设学习的阶梯。

（2）学生探究实验。引导学生预测不同位置加热时"热在水中传递"的情形，用箭头在学习单上画出水流的方向并交流；再操作装置实验验证，通过观察水受热后管内颜色的变化，观察图3中A、B、C三个位置的电子温度计示数。交流总结：虽然各组装置的角度不同，都能看到热水往上升、冷水往下沉，这种传递热的方式称为对流。从感性认识到理性认识，从具体到抽象，落实教学难点。

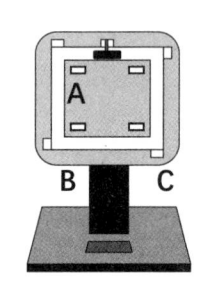

图3 观察电子温度计示数

五、实验教学目标

基于课程标准的要求，根据单元内容的整体分析，依据学生的年龄特点、认知水平以及新装置的应用，制定目标如下：

（1）通过观察感温变色粉在水中颜色的变化，知道水受热会变轻、上升，体验新材料对科学研究的作用。

（2）通过探究热在水中传递的过程，知道水主要以对流的方式传递热，提高观察、比较、分析等能力。

教学重点：探究热在水中的传递方式。

教学难点：了解热在水中传递的过程。

六、实验教学内容

（1）实验视频："热水养鱼"。

（2）教师演示：水受热会变轻。

（3）学生实验：探究热在水中传递的过程。

七、实验教学过程

（一）第一环节：情境引入

（1）播放视频"热水养鱼"，设疑："小鱼为什么不怕热呢？"

（2）引入新装置和新材料：简要介绍新型"水对流"实验装置；介绍新材料：感温变色粉在常温下呈粉红色，当温度升高到30℃以上时颜色就会变白，低于30℃时颜色又会恢复。有了它，我们不仅能看清水的流动，还能看到水温的变化（强调：水无色无味透明，添加物有助于观察）。

（二）第二环节：探究分析1

（1）演示操作。教师加热方形管中的水，学生观察方形管中水颜色的变化（见图4）。

交流分析：上部分水的温度明显升高，下部分水的温度没有明显变化。

（2）模拟演示。教师慢慢转动转盘，学生借助颜色观察方形管中水的流动。

交流分析：知道水受热会变轻。

教师利用"水对流"实验装置进行演示，为学生提供感知材料，引导学生观察水管内颜色的变化，交流揭示"热水养鱼"的秘密。再结合转盘转动，学生观察交流，

图4 观察方形管中水颜色的变化

知道"水受热会变轻"。教师的演示也为学生的后续探究作铺垫，引导学生在科学探究的道路上边思边行。

（三）第二环节：探究分析2

（1）问题引导：在方形管的不同位置加热（见图5），热是如何传递的？

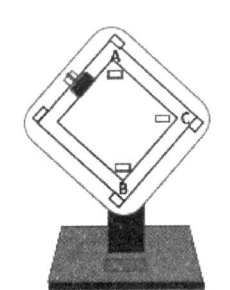

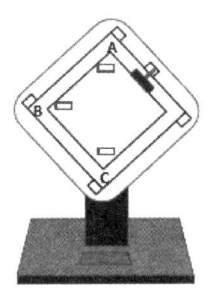

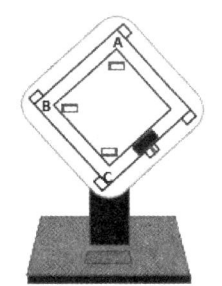

| 左上角加热 | 左下角加热 | 右上角加热 | 右下角加热 |

图5 在方形管的不同位置加热

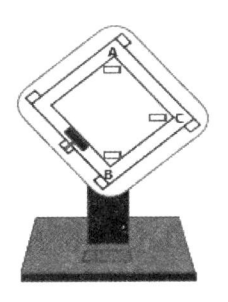

（2）学生预测：根据自己小组的实验装置，预测在不同位置上加热时热的传递方向（用箭头在学习单上画出热的传递方向）。

（3）小组交流各自的预测。

（4）实验验证：分组探究不同部位受热时水传热的情形。

实验要求：观察感温变色粉在水中颜色的变化，想一想热在水中的传递有什么特点？观察图中 A、B、C 三处温度计示数的变化，看哪个点的温度变化最快，哪个点的温度变化最慢。

（5）学生交流，教师出示板书：热水上升，冷水下沉。

（6）归纳总结：虽然各组装置放置的角度不同，却都能看到热水会上升，冷水会下沉。这种传递热的方式，我们称作对流。

通过探究不同部位受热后水传热的情形，有助于学生对"热在水中的传递"有全面清晰、深刻的认识。活动营造以学生为主体的课堂氛围，学生学习兴趣浓厚。

（四）第三环节：理解应用

回顾"热水养鱼"的视频，思考：如果用底部加热的方式养鱼会怎样？为什么？

水既是流体，又是热的不良导体，通过比较两种传热方式的不同，突出水主要以对流的方式传热。引导学生学会用科学解释生活中的问题。

八、实验效果评价

教学中新装置的使用与传统的实验器材相比较，具有以下优势：

（1）运用感知材料，支持验证推理。科学探究强调验证。水的对流是一种相对抽象的现象，利用感温变色粉将水温的变化可视化，有助于学生构建"热对流"的概念，提高教学效果。

（2）变单例为多例，在观察和讨论归纳中提升素养。在教学中，将原先从单一实例中得出结论的教学方式，变为学生在多个实例中观察、分析、归纳，有助于学生对"热在水中的传递"有更全面清晰的认识。这样的教学方式更符合科学教育的本质。

探究减小摩擦力的方法

大连经济技术开发区金湾小学　王珊珊

一、使用教材

江苏教育出版社《科学》四年级下册第四单元"无处不在的力"中的第四课"摩擦力的秘密"。

二、实验器材

弹簧测力计、力传感器、数据采集器、无线发射模块、数据显示模块、侧面积相同但表面材料不同的空心三棱柱物块、侧面积不同但表面材料相同的空心三棱柱物块、可控制是否滚动的圆柱物块、细绳、可变速传送带、铁架台。

三、实验创新要点/改进要点

（1）将"在桌面上拉动物块运动"改为"物块静止，物块下面的传送带运动"，读数更稳定。

（2）将"桌面较短的相对运动距离"改为"传送带的近似于无限长的相对运动距离"，大大增加读取数据的时间。

（3）传送带设计为可变速，方便学生探究改变运动速度能否改变摩擦力的大小。

（4）将"物块与接触面粗糙程度不同的多个材料"改成"侧面积相同但表面材料不同的空心三棱柱物块"，在转动的传送带上面翻一下物块就可立即读取改变接触面粗糙程度后的读数，不用更换接触面，操作更方便且节省时间，数据变化的对比更强烈；而且可以在测量过程中向空心中加重物，立即读取改变物体重量后的读数，操作方便。

（5）用"可控制是否滚动的圆柱物块"代替"在物块下面垫铅笔"，现象更明显，操作更方便。同时保证了学生们认为会影响摩擦力的大小的接触面面积、整个物体的重量、接触面粗糙程度等因素相同。

（6）用"力传感器"代替"弹簧测力计"，更易读取数据，且可以通过图像更直观地看出变化。

（7）利用3D打印技术制作实验中的物块，有助于鼓励学生创新，提高学生动手、动脑能力。

四、实验原理/实验设计思路

实验原理是物体匀速运动时拉力与摩擦力二力平衡。将力传感器的一端固定在铁架台上，另一端系一根弹性不大的细线，细线的另一端系于物块，物块放在可调速的传送带上，接通电源，传送带匀速转动，即可与物体之间产生匀速的相对滑动，传感器显示的读数即表示摩擦力的大小。通过特定的物块可实现改变接触面的粗糙程度、改变接触面的面积、改变物体的重量、变滑动为滚动等情况对摩擦力是否有影响的研究；通过调节传送带速度可实现改变运动速度是否影响摩擦力的研究。

五、实验教学目标

（一）知识与技能目标

（1）发展采集数据、运用数据进行分析得出结论、对研究问题作出合理解释的探究技能。

（2）知道减小物体重量、使接触面变光滑、变滑动为滚动的方法可以减小摩擦力。

（二）过程与方法目标

（1）能够使用控制变量法设计"探究减小摩擦力的方法"的实验。

（2）能够通过控制装置完成小组设计的探究实验。

（三）情感态度与价值观目标

培养敢于提问、严谨实验、根据数据得出结论的科学精神。

六、实验教学内容

（1）学生用弹簧测力计初步测量物体运动时的摩擦力。

（2）学生用新装置探究减小摩擦力的方法。

七、实验教学过程

（1）学生按照教材方法初次测量摩擦力的大小。

（2）学生总结实验过程中的操作困难，并尝试想出解决困难的方法。

（3）学生以小组为单位设计"探究减小摩擦力的方法"的实验。

（4）学生使用新装置完成探究实验。

（5）学生分享本组的探究方案、实验过程、实验数据以及探究结果。

（6）学生应用探究结果解决实际生活中的问题。

八、实验效果评价

（1）创新实验是基于实验困难进行的有效改进。新的实验装置有效解决了实验操作困难、数据误差大、操作时间长等实验困难。

（2）创新实验也是以学生为本进行的有效改进。将实验数据转换成曲线，为学生经历与实验过程相关联的思维过程、自己判断和选取数据提供了条件。针对学生问卷调查进行改进的装置，为学生的实验设计提供了更多的探究条件，为学生真正地实现自主探究实验奠定了基础。

（3）在这个实验中力传感器替代传统弹簧测力计，提升了测量的灵敏度、提高了学生操作的安全性。在读数方面，一是解决了小学生读测力计示数的困难，二是数字化收集到的数据既直观又准确，分析数据得出结论更有说服力。数字化实验可以自动采集数据，可以通过互联网传输，进行数据共享。

（4）3D打印技术有助于鼓励孩子创新，提高孩子动手、动脑能力。

浮力

湖州市吴兴区太湖小学　徐莉莎

一、选题背景与教材分析

"浮力"一课是教科版《科学》五年级下册"沉与浮"单元的第五课时，是学生在学习了"沉浮现象""沉浮与什么因素有关""改变橡皮泥在水中的沉浮"等知识后，继续研究"浮力产生的原因""浮力的方向""通过测量方法计算出浮力大小"的实验探究课。

本课采用实验教学法，是让学生在测量物体受到的重力和拉力大小的基础上（见图1）计算出物体受到的浮力，即浮力=重力+拉力（见图2），引导学生初步认识浮力与排开水量的关系（见表1）。本课的学习能为学生今后学习阿基米德定律建立良好的感性认识和理性基础。

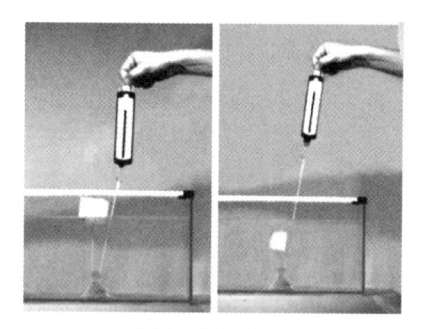

图1　教材实验 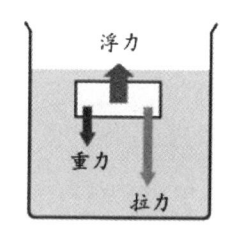　　　　　　　　图2　计算公式

表1　泡沫块在水中受到的浮力记录表（自重＿＿＿＿N）

	小部分浸入水中	大部分浸入水中	全部浸入水中
拉力大小			
浮力大小			
排开的水量			

二、实验教学目标

（一）科学知识目标

（1）物体在水中都受到浮力的作用。我们可以感受到浮力的存在，可以用测力计测出浮力的大小。

(2) 物体浸入水中的体积越大，受到的浮力也越大。

(3) 当物体在水中受到的浮力大于重力时就上浮。漂浮在水面或悬浮于水中的物体，浮力等于重力。

(二) 科学探究目标

(1) 学会用弹簧测力计测量泡沫块在水中受到的浮力。

(2) 运用浮力和重力的概念解释物体在水中的沉浮。

(三) 科学态度目标

(1) 懂得方法的改进有利于研究的顺利进行。

(2) 懂得数据在分析解释现象过程中的重要性。

(四) 科学、技术、社会与环境目标

激发学生运用科学知识设计并制作创新教具的兴趣。

三、学情分析

(1) 学生前概念：对物体的沉浮现象有所了解，也知道"浮力"这个词语，知道物体的沉浮与什么因素有关，具备一定的实验操作能力，掌握对比实验的方法，有一定的分析与推理能力。

(2) 改进的方向：学生对浮力的方向、产生的原因、测量的方法知道的不多；学生思维还缺乏严谨性，知识迁移的水平也有较大的差距。因此，在设计中我着重强化了对学生实验操作方法的培养和提升科学思维的发展水平。

四、实验操作流程

(1) 将本教具组装后放置在平稳的桌面上。

(2) 打开电子秤并调零，将泡沫柱放入空水槽中，此时电子秤上显示的数值就是泡沫柱的重力（G），如图 3 所示。

图 3 测量泡沫柱重力

(3) 打开一个溢水孔，往水槽里加水（可添加少量洗洁精）至溢水孔处，将多余的水排出。封闭溢水孔，把水倒空，量筒放回原位，将电子秤显示屏数值再次调零，如图4所示。

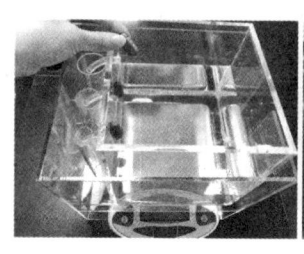

图4 测量压力前的准备

（4）根据泡沫柱的大小进行预测，选择一个溢水孔打开，将泡沫柱放入水中压至a处，此时量筒中水的体积就是泡沫柱少部分浸入水中时排开的水量（V_a），电子秤上显示的数值就是泡沫柱少部分浸入水中时受到的压力（F_a）；将泡沫柱继续往下压至b处，读出大部分浸入时排开的水量（V_b），记录此时受到的压力（F_b）；最后将泡沫柱压至c处，读出全部浸入水中时排开的水量（V_c），记录此时的压力（F_c），如图5和图6所示。

图5 测量排开的水量

图6 测量压力

（5）实验结束后，整理教具。关闭电子秤，打开排水阀，将水槽中的水排出。

（6）将实验数据记录在表中（见表2），并运用公式"浮力=重力+压力"计算出浮力大小。引导学生将浮力单位由 kgf 换算成 N。最终找出浮力与排开的水量之间的关系。

表2 泡沫柱在水中受到的浮力记录表（自重：_____ kgf）

	小部分浸入水中 （a处）	大部分浸入水中 （b处）	全部浸入水中 （c处）
压力大小/kgf			
浮力大小/kgf			
浮力大小/N			
排开的水量/mL			

五、实验亮点与特色

（一）原本实验存在的问题

（1）弹簧测力计。

1）拉力方向：测量泡沫块浸入水中的拉力时，拉的角度倾斜会影响实验数据。

2）自身特点：使用弹簧测力计时的调零和读数，以及弹簧的自身老化都会影响实验数据。

（2）泡沫块。

1）重量太轻：用弹簧测力计不容易测出它的重力。

2）体积太小：小部分、大部分和全部浸入水中难于确定。

3）绑绳不便：用绳子绑泡沫块的操作费时费力，且绳子在干与湿前后重量会发生变化，影响实验数据。

（3）操作规范性。

1）吸盘问题：置于水槽底部的吸盘很容易脱落，影响学生实验操作。

2）滑轮问题：拉的绳子在滑轮上容易滑落且有摩擦力，会对实验数据造成干扰。

3）水槽特点：实验操作相对简单，但排开的水量不易测量。

4）烧杯特点：排开的水量可以从烧杯刻度上读数，但会遇到泡沫块没有全部浸入水中就已经触到底部滑轮的情况，影响实验操作；同时烧杯刻度比较粗略，无法精确测量。

（二）创新实验体现的优势

针对以上问题，我在不偏离教材的基础上进行了实验改进，通过三次绘图设计、器材选择（见表3）、动手制作、下水测试和改进优化等一系列过程，最终制作出这款创新教具（见图7）。

表3 创新实验使用的器材

材料名称	规格/尺寸		数量
亚克力板	厚0.8cm	19cm×19cm	4
		25cm×20cm	1
	厚0.6cm	27cm×26cm	1
		26cm×22cm	2
		27cm×22cm	1
亚克力管	厚0.2cm	高13cm 内径2cm	1
		高13cm 内径3cm	1
		高13cm 内径4cm	1
塑料透明管	厚0.2cm	长3cm 外径1cm	3
软管阀门	最大宽度4cm	外径1cm	1
硅胶塞	长2cm	外径0.6cm	3
电子秤	称重30kg	26.5cm×20cm×7cm	1
高密泡沫柱	高9cm	5cm×5cm	1
其他	洗洁精、注射器、强力胶		1

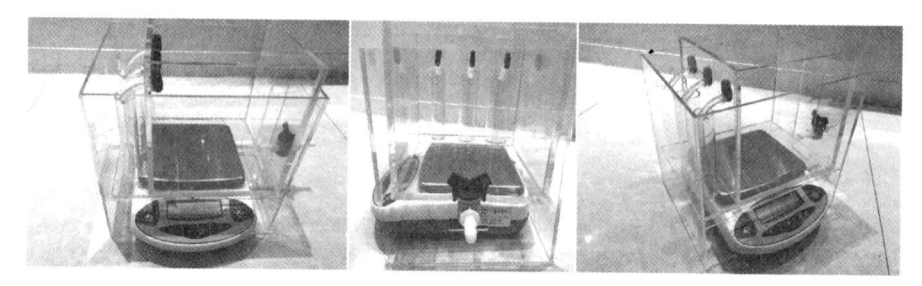

图7 创新教具成品

具体的优势如下：

(1) 将弹簧测力计改成电子秤。用电子秤测泡沫柱的重量，将教材中的测量重力变成了测量重量，只需要在实验结束后用"1N≈0.1kgf"公式换算即可。它的优势在于：

1) 可避免由于泡沫块太轻读不出数的情况。

2) 可避免操作时拉力角度影响实验数据的问题。

3) 可避免学生在操作时调零和读数误差问题。

4) 可避免弹簧测力计时间久老化问题。

5）电子秤调零方便，只需按一个键；电子秤读数也方便，无须估算。

6）方便测量泡沫柱浸入水中体积不同时的压力。

（2）将泡沫块改成泡沫柱。将泡沫柱压入水中时，电子秤上显示的数值可以换算成泡沫柱此时受到的压力，因为手压泡沫柱时，泡沫柱对水向下的力正好传递到电子秤上，这是力的传递。它的优势在于：

1）泡沫柱的重量能直接在电子秤上显示，不会出现弹簧测力计读不出数据的情况。

2）泡沫柱选择高密泡沫，同时在泡沫柱上标记 a、b、c 三个位置，不同位置表示实验中少部分、大部分和全部浸入水中。

3）泡沫柱自带手持瓶盖，直接按压瓶盖，可以避免用手按压时触及水面而影响实验数据。

（3）水槽、烧杯改成溢水槽量筒一体装置（见图8）。水槽上有溢水孔，将泡沫柱压入水中后，上升的水会从溢水孔溢出，溢出后直接流入有刻度的容器中，此时的水量就是排开的水量。它的优势在于可直接读出排开的水量，操作方便，节约时间。

（4）改进装置的小小细节（见图9）。

1）量筒。使用三只不同容量的量筒，可以让学生在面对不同体积的泡沫柱时学会选择，使排开的水量数值变化明显，便于读数。

2）排水孔：便于实验结束后清空水槽。

3）洗洁精：水中加入少量洗洁精，可以减少水表面张力而影响溢水，同时也便于排水时尽可能排干净。

图8 溢水槽量筒一体装置　　　图9 细节图

六、教学效果与反思评价

（一）教学效果

（1）实验器材：创新教具一体化，既能节约教师准备实验器材的时间，又能为教师开展教学活动带来便利。

（2）实验操作：实验设计未脱离教材本身，是在原有基础上进行改进与创新。实验操作便捷，实验成功率高，还能提高学生的积极性。

（3）实验数据：不管是测泡沫柱的重力，还是测泡沫柱浸入水中的压力，都能直接在电子秤上读出数据；还能在量筒上直接读出泡沫柱浸入水中时排开的水量。便于学生收集数据、分析数据和得出结论。

（4）额外收获：能激发学生运用科学知识设计并制作创新教具的兴趣。

（二）反思评价

（1）实验流程：实验步骤需要教师多花费时间讲述清晰，且需要一步步详细说明和指导。

（2）实验原理：此教具的实验原理对小学生来说可能较复杂，比如作用力与反作用力、力的传递等。让学生能理解透彻还是比较有难度的。

（3）教具自身：是否能在此教具的基础上进一步优化和改进，使学生在操作时更加便利、教师在讲解原理时更加轻松。

浮力与沉浮

怀宁县实验小学　刘郑辰

一、使用教材

本实验基于教科版《科学》五年级下册第一单元"沉和浮"第六课"下沉的物体会受到浮力吗"。

二、实验教学目标

在课堂教学中，教科书中"我们能用重力和浮力的关系来解释物体沉浮的原因吗"这一问题大部分学生难以回答解释，这说明教学目标没有达到。教材对应的教学目标如下：

科学概念：物体在水中受到的浮力大于重力时上浮，浮力小于重力时下沉，漂浮在水面上或悬浮于水中静止时浮力等于重力。

过程与方法：运用浮力和重力的原理，解释物体在水中的沉浮。

情感态度与价值观：懂得受力分析对解释实验现象的重要性，感受实验带来的乐趣。

三、实验设计思路

教材中设计了两个实验：泡沫块受到浮力的实验中，由于重力可以忽略不计，学生很快观察到浮力的现象，大脑形成表象和图式；水中下沉的石块受到浮力的实验中，呈现的现象是下沉，学生要通过抽象思维，把重力从合力中抽象分离，再加工形成浮力的表征。

小学高年级学生处于以具体形象思维为主、向抽象思维过渡发展的时期。对于抽象问题，学生理解会有困难。

在2017版的小学科学课程标准中，对沉浮的要求主要集中在浮力上。结合课程标准，我将实现教学目标的关键点确立为更直观、具体地认知浮力。

四、实验创新、改进要点

根据实验思路，我设计了通过将重力与浮力分开呈现的解决方案。具体方法是在定滑轮另一端悬挂等重物体对重物块施加一个与其重力大小相等方向相反的力，使其与重力的合力为零，这样重物块在水中受到的总合力就与浮力基本相同，这样学生便可以更具体、直观地观察浮力。

沉入水底的物体可能受到浮力，也可能没有受到浮力。结合教材设计，本课不考虑没有受到浮力的情况，所以选用的物块底部不能平滑。石头不容易系住，两块等重的石头难找，综合考虑，我把石块换成了金属钩码。

五、实验教具

根据实验思路，我设计并完成了由定滑轮、绳子、测力计、水槽、支架、沉浮物块等制作的实验教具。

六、实验教学内容

本教具可以实现"直观感知浮力""便捷测量浮力""拔河模拟沉浮"三部分实验内容："直观感知浮力"是通过一系列活动对浮力进行感知，形成"下沉的物体有浮力"的认知；"便捷测量浮力"是测量浮力大小的活动；"'拔河'比赛"借助教具的具体形象解释沉浮的原因。

七、实验教学过程

（一）直观感知浮力

针对学生"下沉的物体没有受到浮力"的前概念，设计感知实验：如图1所示，先让两个重物块沉入两个不同杯子的水中，接着让一侧的水位下降，可以观察到另一侧的重物块上浮，说明有浮力。进一步感知浮力：如图2所示，向一侧空杯中加水，可以观察到钩码在水中浮起来了。

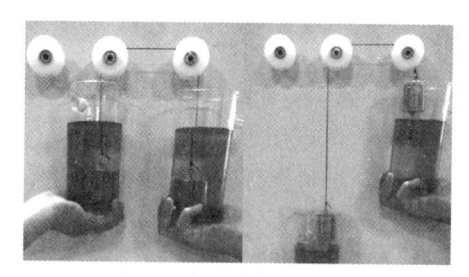

图1 感知下沉的物体受到的浮力

图2 浮起来的钩码

如图3所示，用手托起杯子，钩码被水托起。把钩码按入水中，感受浮力，如图4所示。相比分辨物体在空气中和水中的重量差，这种感觉更明显。

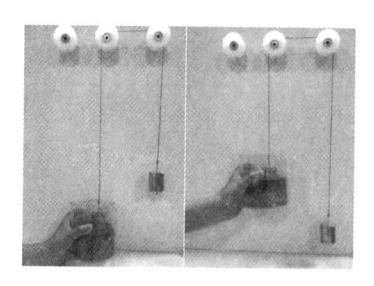

图3 被水托起的钩码

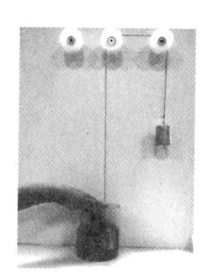

图4 按压感知浮力

改进前：直接观察水对泡沫块的浮力效果。
改进后：更直接地感知在水中下沉的物体受到的浮力。

（二）便捷测量浮力

如图 5 所示，通过滑轮传导浮力到测力计，可以直接读出物体在水中受到浮力的大小。

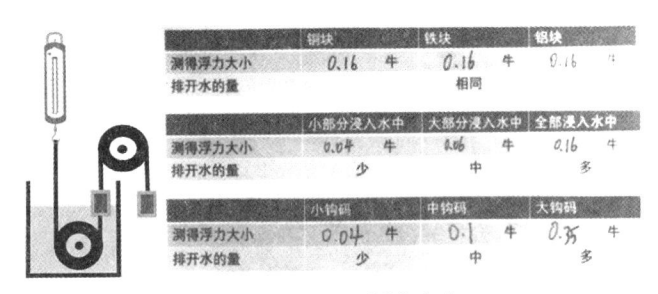

图 5　测量记录浮力大小

改进前：数据多，要计算，要抽象思维，学生难理解。
改进后：直接读数，适合具体形象思维，更直观。

（三）重力和浮力的"拔河"比赛

通过重力和浮力的"拔河"比赛模拟沉浮（见图 6）。

图 6　"拔河"模拟沉浮解释物体沉浮原因

改进前：无实验，要靠抽象描述。
改进后：模拟实验，便于理解。

八、实验效果评价

本实验改进取得了良好的效果，把握学生从形象思维过渡到抽象思维的关键期，通过具体直观的现象帮助学生建构浮力的概念，为学生进入中学学习打下良好的基础。

"小磁针"的奥秘

上海市闵行区实验小学 张晓文

一、使用教材

本节课的学习内容为沪科教版《自然》三年级第二学期第五单元"磁极与指向"第二课时的内容。

二、实验器材

(一) 学生实验器材

iPad（磁学专用软件）、条形磁铁、回形针、磁感应强度传感器、铁架台、水槽、指南针、塑料盒等。

(二) 演示实验器材

iPad（无线数据采集软件、数据显示及交互软件）、自制PPT课件、活动任务单（含评价单）、自制"鱼竿"等。

三、实验创新要点/改进要点

本节课借助多种资源为学生的自主实验与探究提供了充足的时间与空间，并对部分学生实验进行了如下改进。

(一) 借助DIS数字化实验系统，探究自制"小磁针"的性质

在过往的教学中，用磁化方法自制的"小磁针"磁性弱，无法采用探究条形磁铁磁性强弱时悬挂回形针并比较数量的方法去探究自制"小磁针"的磁性，对自制"小磁针"性质的探究仅仅是对它的指南北特性的探索。学生借助DIS数字化实验系统中的磁感应强度传感器可以比较自制"小磁针"上不同点磁性的强弱，并利用数字（见图1）、条形图（见图2）等直观形象的方式体现不同点磁性的强弱，更加精确、全面地认识了自制"小磁针"的性质。

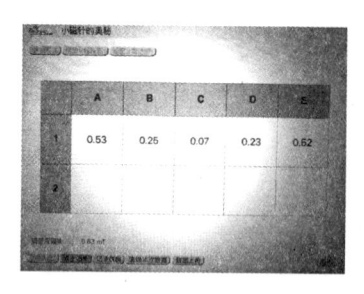

图1 实验数据

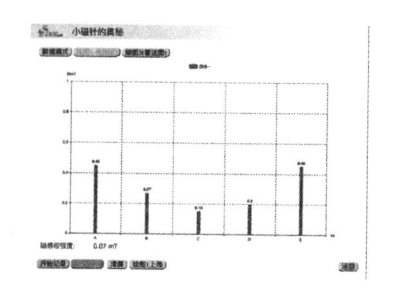

图2 条形图

在"小磁针"去磁活动中，利用磁感应强度传感器灵敏度高、操作便利等特点，学生能第一时间得到振荡之后"小磁针"磁性强弱变化的数据，将数据与磁化时记录的实验数据进行比较，借助数字化实验系统自动绘制而成的雷达图（见图3），可以快速发现两次实验自制"小磁针"磁性强弱的变化，从而验证用振荡的方法可以去磁。

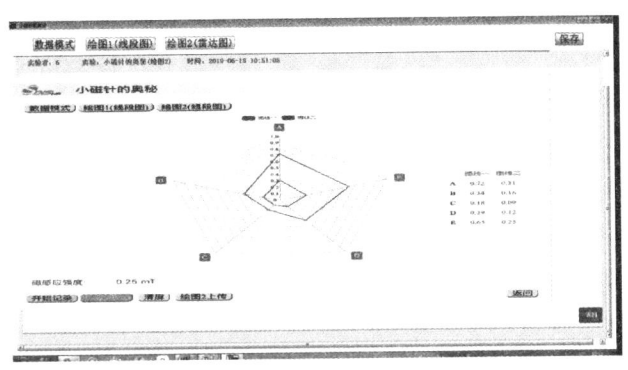

图3 雷达图

（二）借助 iPad 构建数字化资源库，为学生自主学习提供适切的资源

在用磁化方法自制"小磁针"和了解生活中去磁现象应用时，学生通过 iPad 阅读教师课前为学生制作的数字化资源库，以小组为单位自主观看学习。可以看到学生采用快进、放大、暂停或重播等多种方式观看数字化学习资源，学生自主学习、个性化学习有了施展的空间。

（三）优化传统实验器材，进一步提升学生实验的效率

在使用悬浮法测量自制"小磁针"是否具有指南北的性质时，通过在绳子末端粘上一块超轻彩泥，学生在实验过程中只需要将"小磁针"插入其中等待即可，避免了悬挂时在"小磁针"上打结的麻烦，既节约了实验时间，且实验效果也更为显著。

四、实验原理/实验设计思路

（一）实验原理

（1）通过磁化的方式可以使由钢制回形针拉直制成的"小磁针"具有磁性。

（2）磁化后的自制"小磁针"具有与条形磁铁相同的性质。

（3）有磁性的物体在被剧烈振荡后，磁性会减弱或消失。

（二）实验设计思路

（1）借助磁感应强度传感器，学生可以较为精确地比较"小磁针"磁性的强弱。

(2) 利用数字、条形图和雷达图等多样的数据呈现方式，学生可以更为科学、全面地分析并归纳得出"小磁针"的性质。

五、实验教学目标

（一）实验教学目标

(1) 通过磁化自制"小磁针"的活动，知道磁化现象，提高动手能力。

(2) 通过"探究小磁针的性质"活动，知道自制"小磁针"有与条形磁铁相同的性质，提高设计实验和动手操作能力，感悟合作学习的重要性，养成严谨认真、实事求是的科学态度。

(3) 通过"如何让'小磁针'的磁性消失"活动，知道去磁的方法，体会科学与生活的紧密联系。

（二）教学重点和难点

(1) 教学重点：探究自制"小磁针"的性质。
(2) 教学难点：设计实验、分析归纳得到"小磁针"的性质。

六、实验教学内容

本节课的教学内容主要包括三个方面：一是知道磁化现象，并自制"小磁针"；二是探究"小磁针"的性质，知道其具有与条形磁铁相同的性质；三是知道去磁的方法及在生活中的应用。

本节课的基本思路是：首先，从自制"小磁针"与回形针之间互相吸引的现象入手，引起学生兴趣，知道磁化现象及使物体磁化的方法，并自制"小磁针"；接着，鼓励学生猜测自制"小磁针"可能具有的性质，并设计实验进行验证；随后，通过收集证据、数据分析，归纳得出"小磁针"有与条形磁铁相同性质的结论；然后，通过实验操作、数据分析，发现振荡能使自制"小磁针"的磁性减弱；最后，观看视频并讨论交流，了解去磁和磁化在生活中的应用，体会科学与生活的密切关系。

七、实验教学过程

(1) 创设情景，引发兴趣。演示自制"小磁针""钓鱼"的现象，引导学生思考：为什么两者会相互吸引？通过交流导入本节课的主题，知道磁化现象。通过观看磁化的视频，自制"小磁针"。

(2) 自主实验，探究新知。学生思考自制的"小磁针"可能具有哪些性质，并设计实验进行验证。首先，验证自制"小磁针"两端磁性强、中间磁性弱的特点，接着验证自制"小磁针"也可以指南北的性质。在两次验证后，归纳得到自制"小磁针"有与条形磁铁相同的性质。

（3）深入学习，知识拓展。通过实验操作、数据分析，发现用振荡的方法能使"小磁针"磁性减弱。通过视频观看、讨论交流，知道去磁和磁化在生活中的应用，体会科学与生活的密切关系。

八、实验效果评价

本节课借助 DIS 数字化实验系统为学生自主探究自制"小磁针"的性质提供了条件。借助磁感应强度传感器、无线数据采集软件和数据显示及交互软件，将自制"小磁针"磁性强弱的变化"可视化"，结合数字、条形图和雷达图三种数据呈现方式，为探究问题的解决提供了多样的手段和充分的证据，使整堂课的教学内容得到充实。此外，分享实验数据时，WiFi 环境和数据交互软件使所有小组数据都清晰地展现在大屏幕上，学生可以从所有小组的数据中横向比较，有助于规律的发现和归纳。通过上述活动，学生对于"小磁针"性质的探究更加全面，分析数据和图形等方面的能力也得到了加强。

本节课借助 iPad 构建数字化资源库，改变了学生的学习方式。学生通过 iPad 阅读教师课前为学生制作的视频资源，以画面、字幕和声音展现有关内容的具体操作流程和细节，有效增强学生科学学习的积极性和自主性，也进一步丰富了科学课堂的教学手段。

电磁铁的磁力

南宁市民族大道中段小学　林凯

一、使用教材

"电磁铁的磁力"实验出自教科版《科学》六年级上册第三单元第四课"电磁铁的磁力（二）"。本课教材安排了两个探究活动：一是验证电磁铁的磁力大小与哪些因素有关；二是设计制作强磁力电磁铁。分析教材可知，第一个探究活动是本节课的重点，这一活动的有效开展有助于学生建构对电磁铁全面、深入的认知。

二、实验器材

电磁铁磁力实验盒如图1所示，包括电池、粗细相同长度不同的铁芯3根、长度相同粗细不同的铁芯3根。

图1　电磁铁磁力实验盒

三、实验创新要点

利用传感器采集磁力数据，通过软件生成学生在数学课上已经学习过的柱状图，帮助学生将"磁力"可视化，让探究活动更为高效，更有利于学生分析比较，发现规律。

四、实验设计思路

为了让探究活动更为高效，使现象和数据更为明显和直观，本实验仪器电磁铁磁力实验盒借鉴教材实验原理，遵循控制变量法，以创新的测量方式和直观的呈现形式助推高效课堂。本实验盒将电池、铁芯等多个实验材料集成到一起，巧妙布局电路，仅需连接对应开关便可完成不同电池数量下电磁铁的磁力大小测量，换入不同粗细长短的铁芯即可开展电磁铁的磁力大小与铁芯粗细长短关系的实验，省去了反复缠绕导线的麻烦。利用传感器采集磁力数据，通过计算机软件生成柱状图，以更直观的方式呈现多组数据，更利于学生比较和分析。

五、实验教学目标

（1）科学概念目标：电磁铁的磁力大小与使用的电池数量有关，电池少则磁力小，电池多则磁力大；电磁铁的磁力大小还与线圈和铁芯的粗细、长短等因素有一定关系。

（2）科学探究目标：开展深入、高效的科学探究活动，从数据中发现规律。

（3）科学态度目标：乐于交流，培养严谨的科学态度。

（4）科学、技术、社会与环境目标：认识到通过改进物品构造提升功能可以在生产生活中发挥更大作用。

六、实验教学内容

（1）使用自制教具电磁铁磁力实验盒分别测量不同电池数量、不同粗细长短铁芯的电磁铁磁力大小。

（2）对软件生成的数据柱状图进行分析，发现它们之间的关系。

七、实验教学过程

（一）使用电磁铁磁力实验盒探究电磁铁磁力大小与电池个数的关系

学生依次连接一颗电池、两颗电池、三颗电池，观察软件生成的磁力柱状图（见图2），根据柱状图填写记录表（见图3）。分析记录表很容易发现：电池数量越多，电磁铁磁力越大。与教学实验相比，简化的数据采集方式和直观的数据呈现形式，极大地提升了探究活动的时效性。

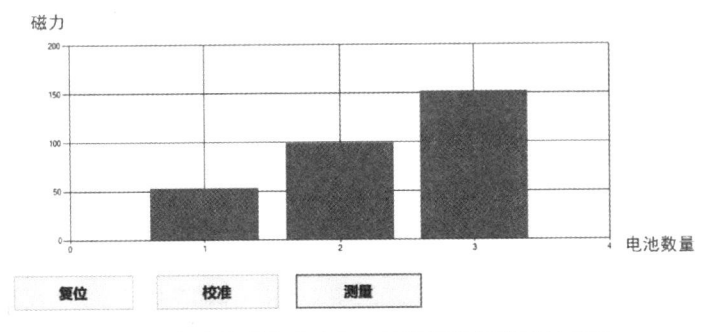

图2 电磁铁磁力大小与电池数量数值关系柱状图

| 电磁铁磁力大小与 电池数量 关系的实验记录表 |

电池数量（颗）	1	2	3
电磁铁磁力大小	小	中	大

我们的发现：电磁铁磁力大小与 电池数量有关 ，电池越多磁力越大

图3　电磁铁磁力大小与电池数量数值关系记录表

（二）使用电磁铁磁力实验盒探究电磁铁磁力大小与铁芯粗细、长短的关系

有了电磁铁磁力实验盒的使用经验，学生便可以借助该实验盒自主设计实验探究电磁铁磁力大小与铁芯粗细、长短的关系。在这一实验中，学生可将铁芯拔出，依次换入长度相同、粗细不同的铁芯和粗细相同、长度不同的铁芯分别测试磁力。通过柱状图和记录表发现：在一定条件下，铁芯粗则磁力大（见图4、图5）；而铁芯长短对电磁铁的磁力有一定的影响（见图6、图7），但没有明显的规律。使用可更换铁芯的电磁铁省去了反复拆绕导线的烦琐操作，使学生能在课堂中对更多影响电磁铁磁力大小的因素展开验证。与教材实验只能选择验证一两种假设相比，学生的课堂体验大幅提升。亲手验证带来的成就感和直观感受也是之前无法比拟的。

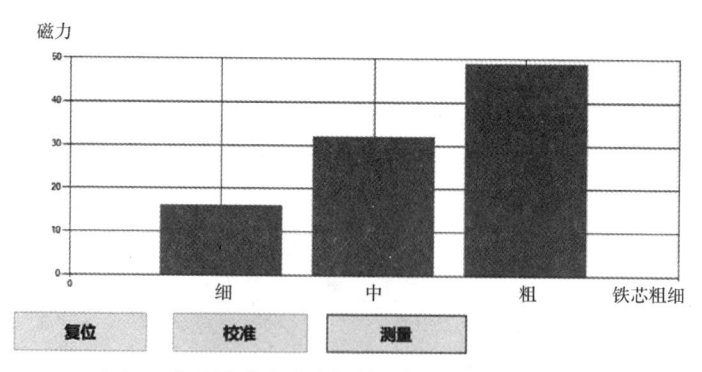

图4　电磁铁磁力大小与铁芯粗细数值关系柱状图

电磁铁磁力大小与 __铁芯粗细__ 关系的实验记录表

铁芯粗细	细	中	粗
电磁铁磁力大小	小	中	大

我们的发现：电磁铁磁力大小与 __铁芯粗细有关__，__铁芯粗磁力大__。

图5 电磁铁磁力大小与铁芯粗细数值关系实验记录表

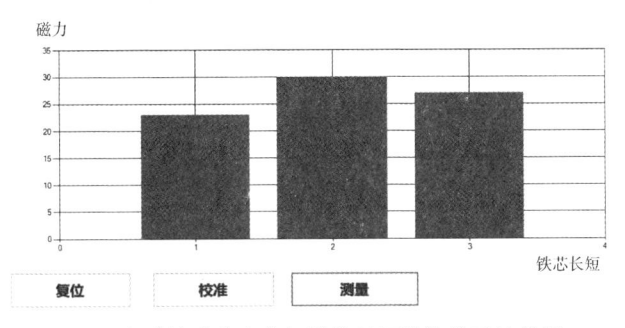

图6 电磁铁磁力大小与铁芯长短数值关系柱状图

电磁铁磁力大小与 __铁芯长短__ 关系的实验记录表

铁芯长短	短	中	长
电磁铁磁力大小	小	大	中

我们的发现：电磁铁磁力大小与 __铁芯长短有关__，__但没有规律__。

图7 电磁铁磁力大小与铁芯长短数值关系实验记录表

八、实验效果评价

新课标指出，小学科学课堂要为学生提供充分的探究式学习机会，强调在做中学、学中思，培养学生的科学素养和创新精神。

本着提高探究活动时效性、为学生提供充分探究机会的初衷，本作品从改进实验器材入手，整合材料，巧妙布局电路，减少不必要的操作，让学生有充足的机会去验证更多的假设。用传感器采集数据，以柱状图的形式呈现，让实验现象变得直观且明显。本实验盒还可以用在更多需要比较磁力大小的实验中。构成本实验盒的开关、导线、电池盒等材料多为小学现有配套仪器，简便易得。教师将它们整合起来使用，也是在课堂中与学生一起创新求变，发展科学素养。

常见的发电方式

贞丰县长田镇长田中心小学　鲁兵

一、使用教材

本节内容选自大象版《科学》五年级下册第三单元"玩具总动员"第四节的最后一个内容。

二、实验器材

0~50mA 的数显电流表 10 个；导线若干；LED 灯 10 个；水果电池 10 套；小型微型风力发电套装 10 套；微型热能发电套装 10 套；微型电动机套装 10 套；微型光能套装 10 套。

三、实验创新要点

（1）重组教材：教材只要求图片资料的了解，将其改为学生实验。

（2）利用信息技术：为了做到数据精准，使用了 0~50mA 的数显电流表。这样为我们的假设和猜想提供有力的证据。

（3）把常见的发电方式整合在一起：更直观、更方便地完成本节内容，能满足不同学生的探究欲望。

（4）利用 STEAM 的设计理念：采用了跨学科、工程与技术等项目式学习设计理念，每一种发电方式自己去设计制作。

（5）外加检测电流装置：每一种发电方式都有两颗接线柱，可以对自己制作的发电方式进行检测。

四、实验原理

热能、光能、机械能、风能、化学能转化成电能的原理。

五、实验教学目标

（1）通过本节实验，引导学生了解新能源的继续开发和使用。

（2）注意安全用电和节约用电。

（3）引导学生建立保护环境意识。

（4）培养学生的创新思维能力和实际操作能力。

六、教学过程

（1）导入：举出常见的发电例子（提出问题：你喜欢哪一种？想不想自己组装一组完整的发电装置？）。

（2）实验：学生小组合作，选一种喜欢的发电方式进行组装。学生先要设计方案，这里是一个 STEAM 的设计。

（3）学生成果展示：每组向大家介绍组装的过程和注意事项，能简单讲解原理。老师提出每种装置发电的大小与哪些因素有关，学生探究，并作为实验拓展部分在课余完成。

（4）研讨五种能源的利与弊，进而聚焦新能源的开发和利用。

七、实验效果

（1）探究性强：学生会结合身边实际，比如热能转化为电能，把家里的炉灶设计成能转化电能的炉灶。

（2）趣味性强：数据明显，整个实验过程新颖，吸引了学生的眼球，抓住了学生的心理。

（3）知识性强：让学生明确了解不同形式的能量可以转化为电能。

（4）可操作性强：实验器材简单，可以满足物理、化学、生物等学科的教学。实验过程易于操作。

八、自我评价

这堂课对实验器材和实验方法进行了创新，整个实验过程中学生的兴趣很高，实验效果良好，让学生感受到科学其实是一门很有趣味的学科。

电磁铁

楚雄师范学院附属小学　袁皓

一、使用教材

本节知识选自苏教版《科学》五年级上册第三单元第五课"电磁铁"的内容，是在学生学习了电和磁铁的基础上来认识电磁铁，并引导学生探究电与磁的关系。

学情分析：本节课的授课对象是五年级的学生，该阶段的学生比较活跃，从心理特点来看他们好奇心强，求知欲也强；从知识层面上来看，他们已经对电和磁的知识有一定了解。从认知水平看，已经具备一定的观察能力、分析能力以及归纳总结的能力，但探究并设计实验的能力较为薄弱。因此，加强学生的实验能力是本节课的一个重要目标之一。

二、实验器材

直读式电磁力实验仪器、磁感应强度传感器、学生电源、电磁铁组装材料（见图1）。

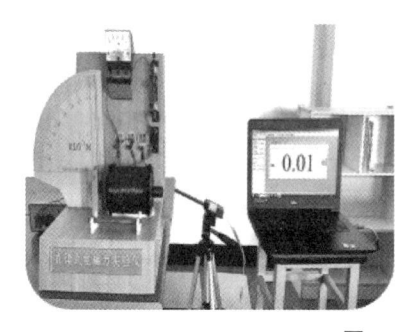

图1　实验器材

三、实验创新要点/改进要点

（1）本课教材中第一个实验内容为让学生制作一个电磁铁，并比较电磁铁的磁力大小（吸引大头针数量）；第二个实验是在第一个实验的基础上引导学生探究电磁铁磁力的大小与哪些因素有关。在以往的实验中会出现以下几个问题：

1）在相同条件下，每次吸引的大头针数量不一，计数过程较为烦琐耗时。

2）利用电池作为电源，电流不恒定；电池使用时间越长，电流越小，影响了实验效果的准确性。

3）实验不能直观地显示磁力的大小，数据支持不够。

（2）为了更有效、直观地研究电磁铁磁力的大小与哪些因素有关，利用直读式电磁力实验仪器和磁感应强度传感器相结合进行实验。实验的创新要点、改进要点如下：

1）把不便测量、观察的磁力大小直观地显示出来；

2）利用磁感应强度传感器将周围的磁场强度数据化地显示出来；

3）保持稳定的电流，利用滑动变阻器精确控制电流，电流可视化地显示出来。

四、实验原理

（1）通电导线周围存在磁场，利用磁感应强度传感器将周围的磁场数据化地显示出来。

（2）通过杠杆放大原理，将电磁铁磁力大小转化为指针偏转的角度大小。闭合开关，电磁铁产生磁性吸引小铁块带动指针发生偏转，通过观察指针偏转的角度可以判断磁力的大小。

五、实验教学目标

（1）科学知识目标：认识电磁铁的基本性质，探究影响电磁铁磁力大小的因素。

（2）科学探究目标：让学生经历一个完整的科学探究过程，会运用控制变量法进行实验探究。

（3）科学态度目标：培养学生的数据意识和严谨的科学态度，体验科学探究的乐趣。

（4）科学、技术、社会与环境目标：了解技术的发展和应用影响着社会发展。

六、实验教学方法

情景引导法与控制变量法相结合的教学模式，通过情景启发引导学生进行有目的的观察，在观察分析后找出影响因素，并利用控制变量法进行探究，验证电磁铁磁力大小的影响因素，从而得出结论。

七、实验教学过程

（一）启发思维，引入新课

通过问题"如何将散落在课桌上的大头针既方便又快速地收回盒子中"来引出电磁铁的神奇作用。此时带领学生观察电磁铁是如何构成的，建立起电磁铁的概念。让同学自己制作一个简易的电磁铁，比一比谁的大头针吸引得多，并引发思考：为什么会出现这样的现象呢？

（二）顺势而导，引发思考

向同学们展示自制的小型电磁起重机，与工业用的电磁起重机形成鲜明的对比。它们同样是电磁起重机，为何磁力大小会有如此大的悬殊？引发学生思考：电磁铁磁力大小的影响因素会有哪些？

（三）提出假设，合作探究

根据电磁铁的构造来引导学生提出假设：线圈的匝数多少、通过的电流大小、有无铁芯会是电磁铁磁力大小的影响因素吗？利用控制变量法设计实验表格，分组进行探究活动。在活动中，收集同学们遇到的问题和困难。

（四）演示实验，强化数据

通过直读式电磁力实验仪器，运用控制变量的方法来进行实验演示。根据实验表格的内容依次来进行实验。

（1）做线圈匝数不同的两组实验，对比指针偏转的角度情况可以得知：线圈的匝数多少是电磁铁磁力大小的影响因素（见图2）。

图2 线圈匝数不同对电磁铁磁力大小的影响实验

（2）做电流大小不同的两组实验，对比指针偏转的角度情况可以得知：电流大小是电磁铁磁力大小的另一个影响因素（见图3）。

图3 电流大小对电磁铁磁力大小的影响实验

（3）做有无铁芯的两组实验，对比指针偏转的角度情况可以得知：有无铁芯也是电磁铁磁力大小的影响因素（见图4）。

图4 有无铁芯对电磁铁磁力大小的影响实验

综合上述探究实验得到电磁铁磁力大小的影响因素有：①线圈的匝数多少；②通过的电流大小；③有无铁芯。因此，控制其中两个因素不变时，增大另一个影响因素，那么电磁铁的磁力也会随之增强。

（五）联系实际，学以致用

联系生活与实际，加深学生对电磁铁知识的理解，并学会利用电磁铁的知识来解释生活与生产中的相关现象，感受物理学科与日常生活的紧密联系。

八、板书设计

板书设计运用思维导图，简洁明了，思维可视化，让学生巩固电磁铁相关知识的认知（见图5）。

九、实验效果评价

操作严谨，数据直观，效果明显。磁力大小和磁感应数据大小的显示，让实验效果更加有效、快速，更深入学生的头脑，同时数据意识的强化能更好地培养学生严谨的科学态度。

图5 板书设计

风力的利用

襄阳市襄州区双沟镇中心小学　张晶

一、使用教材

鄂教版《科学》五年级下册第三单元"能源与矿产"第十三课"风力的利用"。

二、实验器材

自制风力发电演示器，如图1所示。

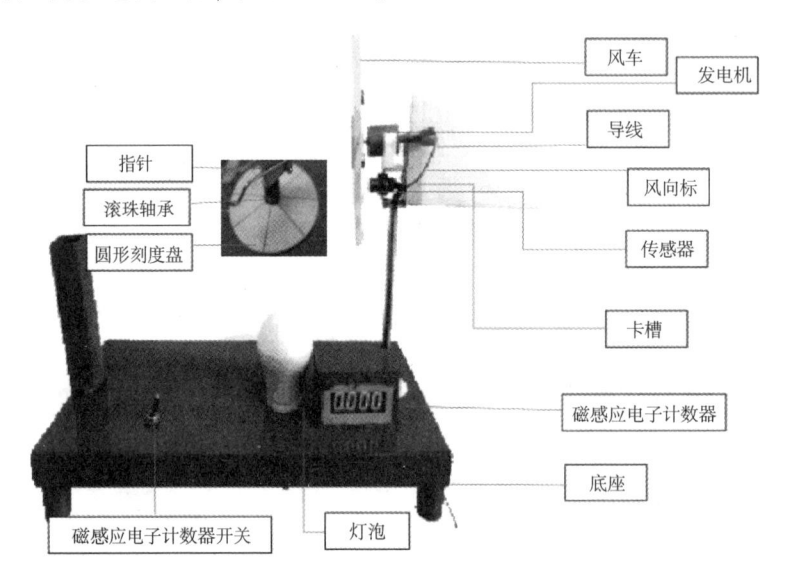

图1　自制风力发电演示器

三、实验创新要点/改进要点

（一）对传统实验的思考

（1）风车转动后能不能发电，学生会有疑虑。怎么能让风车转动后直接发电，并能用肉眼直观看到，是我们需要进一步改进的。

（2）风车在转动时转速较快，用肉眼难以辨别。如果能把风车的转速用数字显示出来，更直观地进行比较，效果会更好。

（3）传统实验装置过于简单，功能仅限于探究风力的大小对风车转动快慢的影响，无法满足深层次的探究需要。

（二）实验创新点

（1）风力发电可视化。风车转动能不能发电是学生最大的疑问。于是我设计了模块化的风力发电演示器，如图2、图3所示。学生动手操作将风车固定在发电机上，发电机再连接灯泡，吹风机做风源，风车转动就带动发电机工作，并发出电，同时点亮灯泡，把风力发电变成可见的现实。

图2　模块化教具　　　　　　　图3　风力发电演示器

（2）风车转速数字化。风车转动快慢不便于直观感知，于是我选用磁感应电子计数器记录风车的转速，如图4所示。数据稳定后，四舍五入保留整数，用数据说话，更直观、更严谨，说服力更强。

（3）风车朝向自动化。自然界的风来自四面八方，这要求演示器上的风车也能360°自由旋转，怎样做到这一点？我在风车的轴下方安装了一个滚珠轴承，使风车可随轴360°旋转。为了更精细化地探究，又在轴承上方安装了圆形刻度盘和指针以精确控制旋转角度。

（4）卡槽安装简便化。怎样使风车的转动能按风向的变化而自动调整方向呢？学生提出可以安装风向标。那么如何能方便地装卸风向标？我在风车的后方安装一个卡槽，用一块KT板充当风向标，如图5所示，教学时可以根据需要方便装卸。

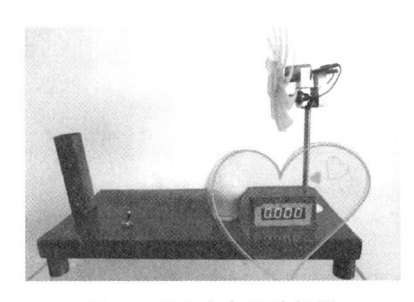

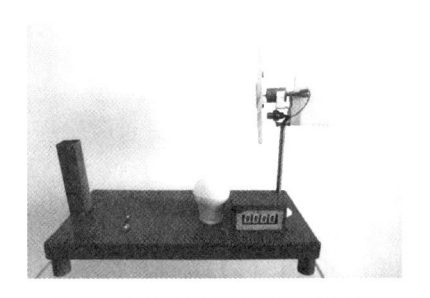

图4　磁感应电子计数器　　　　图5　改进后的风力发电演示器

四、实验教学目标

（1）了解日常生活中人们是怎样利用风力的。

（2）能说出影响风车转速的主要因素。

（3）能自主设计对比实验，探究影响风车转速的主要因素（重点）。

（4）能设计方案，使风车按风向的变化而自动调整方向（难点）。

五、教学过程

针对自制教学仪器，我设计了如下教学过程。

（一）视频导入，激发兴趣

开课伊始，播放一段风的视频，说明风有力量。再引导学生思考日常生活中人们是怎样利用风力的。学生说出"风力发电"后，由"风力发电"展开讨论——风力是怎样使发电机转动起来发电的？

（二）组装模型，设计方案

（1）组装模型，体验风力发电的过程。讨论完成后，教师出示图2所示的风车、发电机、导线、灯泡以及底座，学生分组讨论并动手组装，学生组装时教师作必要的技术指导。组装完成后，再以吹风机作为风源，观察能否点亮灯泡，体验风力发电的过程。

（2）猜想影响因素，设计探究方案。接下来探究影响风车转速的主要因素，学生作出猜想：可能跟风力的大小、风吹的方向有关。教师提问："设计怎样的实验完成探究呢？"学生回答出："设计对比实验"。师生共同制定出实验方案。

（三）实验操作，分析数据

学生进行分组实验并记录数据，每个实验做两次以上，如表1、表2所示。

（1）探究风力的大小对风车转速的影响。风力小（慢挡），记下此时电子计数器的读数，观察灯泡的亮度；风力大（快挡），记下此时电子计数器的读数，观察灯泡的亮度。学生观察到：风力由小到大的过程中，电子计数器读数也由小变大，灯泡亮度由暗变亮。得出结论：风力越大，风车转得越快，发出的电量越多。

（2）探究风吹的方向对风车转动快慢的影响。依次将风车正对风向（与风向呈90°）、侧对风向（与风向呈45°）、与风向平行（与风向呈0°），记下电子计数器的读数，观察灯泡的亮度。学生观察到：在变化的过程中，电子计数器的读数依次减小，灯泡亮度依次减弱。得出结论：风车正对着风向时，风车转得最快，发出的电量最多。

表1　探究风力的大小对风车转速的影响

	风力小	风力大
1	18r/s	26r/s
2	17r/s	25r/s
…	…	…
灯泡亮度变化	由暗到亮	
结论	风力越大，风车转得越快	

表2　探究风吹的方向对风车转速的影响

	正对风向（90°）	侧对风向（45°）	与风向平行（0°）
1	25r/s	12r/s	3r/s
2	26r/s	13r/s	3r/s
…	…	…	…
灯泡亮度变化	由亮到暗		
结论	风车正对风向时，转得最快		

（四）应用结论，改进风车

当学生得出结论后，我再引出新的问题：风车正对风向时转得最快，但自然界的风向不是固定不变的，东南西北风都有可能，人工调整风车朝向太麻烦。能不能把风车改进一下，使风车不用人工调整方向，就能自动使风车的正面始终对着风向？通过探讨，学生提出了增加风向标的办法（见图4）。

接下来小组合作验证猜想，先安装风向标，再移动吹风机的位置，观察风车是否能随风向的变化自动调整方向。学生实验后理解，增加方向标后就使得不管风向怎样变化，风车总是迎着风吹来的方向，最大效率利用风力。在思考与实践中理解了改进风车的作用

六、实验效果评价

纵观本实验，通过改进，有以下优点：

（1）模块化的教具操作感强，以电子计数器读数和灯泡亮度变化为依据，实验现象明显，有利于学生得出结论，使学生体验成功的快乐。

（2）学生亲自动手操作，领悟改进风车的作用，突破难点。

（3）实验内容丰富，契合风力发电应用前景，具有科普和研究价值。

蚕茧缫丝

——蚕变了新模样实验改进

广州市黄埔区萝峰小学　马洁盈

一、使用教材

教科版《科学》三年级下册第二单元第三课"蚕变了新模样"。

二、学情分析

三年级学生在知识上：知道蚕的生长过程；了解蚕在不同阶段时身体具有不同的外形特征。在能力上：初步有持续观察的能力，能通过科学的观察发现蚕的身体外部特征；具有一定的动手能力，但缺乏细致性和耐性。在态度上：对蚕的身体变化具有好奇心和求知欲；对蚕茧抽丝的过程充满动手尝试的兴趣。

三、实验器材

自制教具：迷你缫丝机（由可替换的10cm绕线板、自动计数器、按压式开关、装蚕茧用的塑料量杯组成）。

常规材料：蚕茧、10cm绕线板、小苏打、木棍。

四、实验改进要点

本实验课主要针对教材中的活动二"蚕茧缫丝"内容进行改进。教材内容是测量蚕茧的长度，估计一条蚕吐的丝有多长，然后用纸卷来进行抽丝。按照这样的设计进行教学会出现以下问题：①抽丝的力度不好掌握，容易拉断或拉不出丝；②数错或数漏蚕丝缠绕圈数；③耗时，学生不易保持长久的关注和兴趣。这导致了教师安排分组活动不好操作，疲于应付学生出现的问题。而学生也会在抽出断丝和抽丝困难中产生质疑："这能做成一匹丝绸吗？""这就是抽丝技术吗？"学生进而会将这种错误的认知带离课堂，这不是我们想看到的。

2017版课标中新增了技术与工程领域，其中提到："对科学加以巧妙利用以适应环境、改善生活而产生技术，技术的核心是发明；人类为满足自己的需要，对已有的物质材料和生活环境加以系统性的开发、生产、加工、建造等，这便是工程。"养蚕、蚕的变化是生命科学领域的内容，抽丝是一种技术，是制丝成线这项工程中的重要环节，那么他们的核心发明是抽丝机。

（1）改进实验方法。改进教材中的"把蚕茧放在热水中浸泡一下""用竹签把丝头挑出来，将丝一圈一圈地绕在纸板上，就可以知道丝有多长了"的实验步骤，便于学生操作，提高实验教学效率（见图1）。

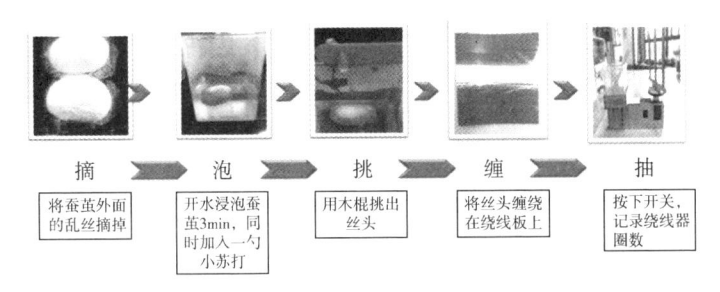

图 1 实验步骤

摘 —— 将蚕茧外面的乱丝摘掉
泡 —— 开水浸泡蚕茧3min，同时加入一勺小苏打
挑 —— 用木棍挑出丝头
缠 —— 将丝头缠绕在绕线板上
抽 —— 按下开关，记录绕线器圈数

（2）自制的迷你缫丝机解决了缫丝时出现的耗时和不方便计算蚕丝长度的问题，能够有效增加实验的探究性，提高学生实验探究兴趣（见图2）。

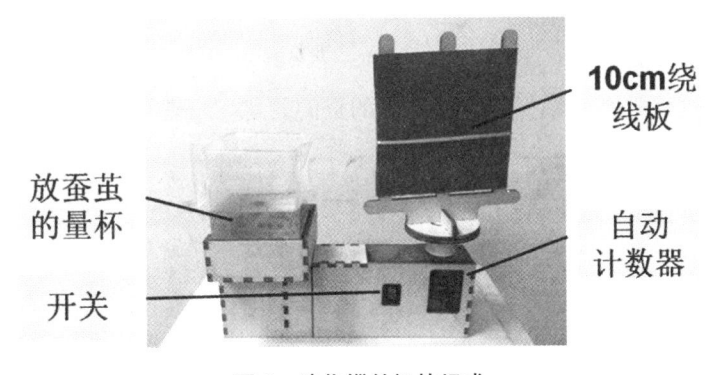

图 2 迷你缫丝机的组成

五、实验原理

从观察蚕宝宝吐丝结茧的视频和学生自己养的蚕宝宝的变化引入，进而观察蚕蛹并发现蛹的身体外部特征。蚕蛹的外面包裹着的是什么呢？人们可以利用蚕丝来做什么？利用自制的迷你缫丝机，抽出一根相对完整的蚕丝并计算出它的长度，感受古代劳动人民智慧的同时增强民族自豪感。在课后，学生可以利用家中乐高玩具做出家庭版迷你缫丝机，继续探究蚕丝的长度与彩蚕、喂养不同食物、在不同季节养蚕等有没有变化。

六、实验教学目标

（1）科学知识目标：①知道蚕能够变成蚕蛹；②知道蚕茧可以抽出蚕丝。

（2）科学探究目标：①通过观察知道蚕的变化；②蚕茧是人们可利用的

材料。

(3) 科学态度目标：①体验抽丝成功的乐趣；②了解中国传统科技成果，增强民族自豪感。

(4) 科学、技术、社会与环境目标：技术的发展和应用影响着社会的发展。

(5) 本课的重点是观察蚕的变化和蚕丝，难点是抽丝的过程和测量蚕丝的长度。

七、实验教学内容

本课一共包括两个活动。

活动一：观察蚕蛹。知道蚕的第三个生长阶段就是蛹，并通过观察发现蚕蛹的身体特征。

活动二：蚕茧缫丝。通过缫丝活动，了解蚕丝有多长；体会抽蚕丝织成丝绸是我国伟大发明之一。

八、实验教学过程

(一) 视频导入

学生通过观察蚕吐丝视频和自己养的蚕的变化，发现蚕宝宝变样了。变成什么样子呢？

(二) 活动一：观察蚕蛹

学生观察蚕茧，知道蚕的第三个生长阶段就是蛹，通过观察并发现蚕蛹的身体特征。

(三) 活动二：蚕茧缫丝

(1) 提问：蚕蛹外面包裹着的是什么？人们可以利用它做些什么呢？

(2) 实验：请你用手抽抽看。(学生亲自感受蚕丝)

(3) 讨论交流：你有什么发现？你遇到什么困难？(引导学生发现问题) 你有没有好办法来改进？(推动学生的思维不断向前发展，培养学生创新意识)

(4) 向学生介绍迷你缫丝机。

(5) 使用迷你缫丝机的抽丝步骤：

1) 摘：将蚕茧外面的乱丝摘掉。

2) 泡：开水浸泡蚕茧 3min，同时加入一勺小苏打。

3) 挑：用木棍挑出丝头。

4) 缠：将丝头缠绕在绕线板上。

5) 抽：按下开关，记下绕线器圈数，由组长汇报抽丝圈数。

(6) 实验：使用迷你缫丝机进行抽丝。

(7) 计算蚕丝长度。完成实验记录表（见表1）。

表1　实验记录表：计算蚕丝长度

组别	绕线板转一圈长度/cm	圈数	蚕丝长度/cm
第1组	20	3982	79640
第2组	20	3906	78120
第3组	20	3936	78720
第4组	20	3917	78340
第5组	20	4009	80180
第6组	20	3980	79600
第7组	20	3816	76320
第8组	20	3789	75780
平均值			78337.5

（四）联系生活、拓展研究

我们有些同学养了彩蚕，彩蚕吐出的蚕丝跟普通蚕丝长度有没有区别？也有一部分同学因为找不到桑叶而给蚕宝宝喂养了生菜叶、莴笋叶，蚕宝宝活下来了并且吐丝结茧了。那吃不同食物的蚕宝宝吐的丝长度会一样吗？还有，在春天和秋天养蚕，蚕宝宝吐丝长度会变化吗？老师知道很多同学家中都有乐高玩具，那大家能不能利用家里的乐高玩具做一个家庭版的迷你缫丝机（见图3），继续去探究呢？

图3　家庭版迷你缫丝机

（五）板书设计（见图4）

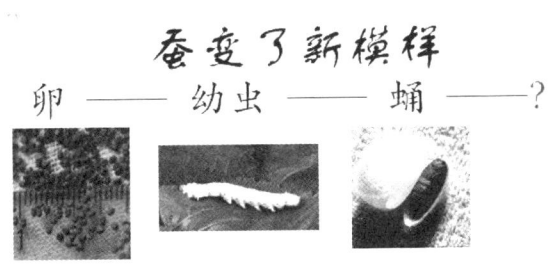

图4　板书设计

九、实验效果评价

通过改进实验器材和实验方法,让学生体验抽丝,并且是短时间内成功地抽出一根相对完整的蚕丝,在感受古代劳动人民智慧的同时大大增强了民族自豪感。然后计算蚕丝长度,引发探究的新思路。体现了 2017 版《小学科学课程标准》中提倡的面向全体学生、倡导探究式学习、保护学生的好奇心和求知欲、突出学生主体地位的教学课程理念。

实验创新点有以下几点:

(1) 改进后的实验器材不受地域和经济条件的限制,具有很强的可推广性。

(2) 实验操作简便,实验成功率高。

(3) 自动计数器的使用,量化实验数据,培养科学习惯。

(4) 自制的迷你缫丝机,材料易得,价格低廉,操作方便。

总体来说,我认为这节实验教学的课堂立足学情,关注学生的实验操作、数据记录和比较分析能力的培养,学生的创造性思维得到了发展,学生的科学素养得到了提高。抽蚕丝只是织成丝绸的第一步,接下来还需进一步探究如何将僵硬的、纤细的蚕丝做成丝绸。

骨骼、关节和肌肉

天津市河西区天津小学 范俊弟

一、使用教材

教科版《科学》四年级上册"我们的身体"单元中的第二课,属于生命科学的范畴。

二、实验器材

上臂骨骼肌肉组装模型(见图1),由气球、木板、挂钩、合页、线、螺钉等材料制成。

图1 上臂骨骼肌肉组装模型

三、实验创新要点

本节课的教学重点是要学生们认识到身体在做不同运动的过程中骨骼、关节和肌肉发挥的作用以及它们是如何相互配合完成动作的。为了帮助学生建构这一个科学概念,教材中设计了"观察上肢的运动"和"记录我们的观察"两个主要活动(见图2)。学生首先要反复做上臂屈伸运动,摸一摸手臂的不同部位,感受骨骼、关节和肌肉的运动和变化。然后根据感受画一画,交流观察结果,与相关资料进行对比。

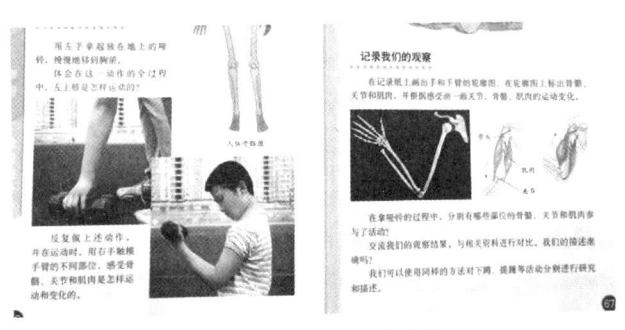

图2 教材中设计的活动

根据教材的设计，学生对骨骼、关节、肌肉的认识完全靠"感觉"，而验证靠"看资料"，大大削弱了学生的探究兴趣，缺乏主动探究的过程，学生的学习是被动的。教学的核心是思维，学生的学习需要思考。对于学生来说，用实验得到的结论比理论分析得到的结论更具有说服力。如何让学生在做中学、学中思呢？经过反复的研究与尝试，我在教材活动的基础上设计并制作了这套"上臂骨骼肌肉组装模型"，作为对教材活动的补充，帮助学生建构概念。结合教学实践我把这套模型的创新点归纳如下。

（一）化抽象为具体

学生觉得学习本课有困难，是因为骨骼、关节和肌肉在手臂内部，不能直接观察到。模型具有表征自然现象的作用，可以帮助我们模拟未知事物的样子。这也是本节课中加入模型的出发点。这套模型成功地模拟了人体手臂的部分结构和功能，将看不到的骨骼、关节和肌肉，形象地呈现在学生面前，把抽象的知识演变成具体的、可操作的对象。学生操作模型，可以清晰地观察到在完成屈伸运动时骨骼、关节和肌肉的变化，便于学生理解三者是如何相互配合的。

（二）基于实证建构解释

以往的教学中学生只能通过观察到的外部变化进行内部结构的推测，到底是不是这样，缺乏进一步的证据来证明。换句话说，学生不能拿出真实的证据来支持自己的观点，形成对"屈臂和伸臂运动"的合理解释。使用这套模型，学生能直观地观察到完成屈伸运动时肌肉的收缩变鼓、舒张变平的现象，从而进一步理解肌肉是如何通过收缩带动骨骼完成运动的，为科学概念的建立提供了证据支撑，培养了学生的实证意识。最后学生基于在模型中找到的证据进行论证，形成对"屈臂和伸臂运动"的完整的、科学的解释。

一个小小的模型，将学生从"学习者"转化为"研究者"，学生不再是简单摸一摸、画一画，而是根据头脑中建立的假设有目的地组装、操作模型。课堂不再是缺乏探究的"科普"活动，学生也不再是被动接受，而是像科学家那样对未知现象进行真实的探究与发现，这样建构的科学概念才会对学生产生意义。

四、实验原理

我们知道人体的结构很复杂，所以我采取了简单一点的处理方法。这套模型由气球、木板、挂钩、合页等材料组成。用两个气球分别模拟肱二头肌和肱三头肌，用两块木板分别模拟上臂骨骼和前臂骨骼，合页模拟肘关节，挂钩模拟肌腱（见图3）。

骨骼、关节和肌肉

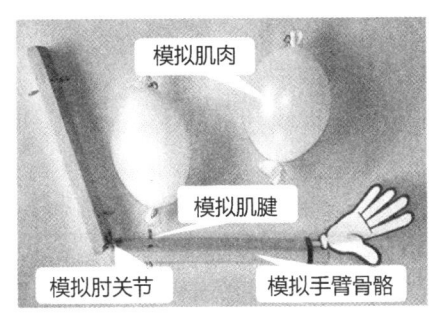

图 3　模型各部分介绍

在实验过程中，学生通过捏动 1 号气球来模拟肱二头肌收缩带动前臂骨骼弯曲，捏动 2 号气球模拟肱三头肌收缩带动前臂骨骼伸直（见图 4），帮助学生直观地理解肌肉是如何带动骨骼围绕关节运动的，从而达成本课的教学目标。

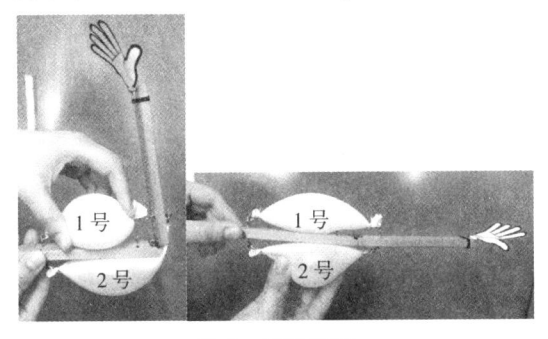

图 4　实验原理

五、实验教学目标

（1）科学知识：认识身体的肢体活动由骨骼、关节和肌肉共同完成，运动形式不同，骨骼、关节和肌肉的组合结构也会有不同。

（2）科学探究：在教师指导下，能借助手臂模型用比较科学的词汇解释骨骼、关节和肌肉是如何相互配合完成运动的。

（3）科学态度：在科学探究活动中主动与他人合作，积极参与交流讨论，能够正确对待观察、研究中不完善的结果，善于在反复观察、研究中完善认识。

（4）科学、技术、社会与环境：让学生感受人体构造的精密与和谐之美，懂得珍爱生命，健康生活。

六、实验教学内容

（1）采取复习导入的方式，让学生回忆骨骼的作用，再由一张骨骼的动画创设情境，引出新的研究问题，将学生的思维带入新的学习情境中来，聚焦问题，引发学生思考。

（2）学生以小组为单位，一边做屈伸运动，一边用"摸"的方法来观察和体验骨骼、关节和肌肉是怎样运动和变化的，然后用观察到的现象进行推测，最后通过"画"的方式将自己的推测表达出来。

（3）教师出示手臂模型，学生根据自己的推测组装模型，然后操作模型模拟屈臂、伸臂的动作，最后借助模型对人体如何完成屈伸运动进行解释。

（4）师生共同观看一段视频资料。通过视频的形式对前面的研究做一个小结，同时也肯定这种研究方法的正确性。

七、实验教学过程

（一）创设情境，聚焦问题

（1）复习骨骼的作用。

上节课我们学习了身体的结构，了解了骨骼的作用，还记得骨骼有什么作用吗？

学生复习骨骼的作用。

（2）出示骨骼动画。

出示骨骼独立运动的动画。像这样可能吗？科学吗？骨骼能独立运动吗？还需要哪些组织与骨骼配合完成运动？

学生根据上一节课的经验会说到大脑、神经、关节、肌肉等。

（3）揭示课题。

完成一个动作需要身体多个组织的共同参与，但是能够与骨骼直接配合的是哪些组织？是关节和肌肉。它们是如何相互配合完成各种运动的呢？今天我们就来研究这个问题。

（二）研究手臂屈伸运动

（1）聚焦问题。

人体能完成的运动很多，有的也很复杂，我们得选取一个简单的、便于观察的运动来研究，比如说手臂的屈伸运动。你们会做吗？

师生共同做手臂的屈伸运动。

（2）认识参与运动的骨骼、关节和肌肉名称。

摸摸手臂的各部分，感受一下在完成这个运动的时候手臂上哪些骨骼、关节和肌肉参与了。

认识上臂骨骼和前臂骨骼。认识肘关节，明确运动时前臂骨骼围绕肘关节活动。

肌肉呢？手臂上这么多肌肉，是所有的肌肉都参与了吗？哪块肌肉参与了？你怎么知道的？

学生通过摸和观看屈伸运动的视频，认识肱二头肌和肱三头肌并确定它们的位置。

（3）观察、记录肱二头肌和肱三头肌的变化。

肌肉是负责提供动力的，也就是说是肌肉带动骨骼运动起来的。那么肱二头肌和肱三头肌是如何带动前臂骨骼围绕关节完成运动的呢？

重复做动作，一边做一边摸。观察体验肌肉的变化。然后分析、推测肱二头肌和肱三头肌是如何带动骨骼运动的，并把观察到的现象用画图的形式简单地记录下来。

小组活动，教师巡视指导。小组汇报观察到的现象和小组的推测（见图5）。

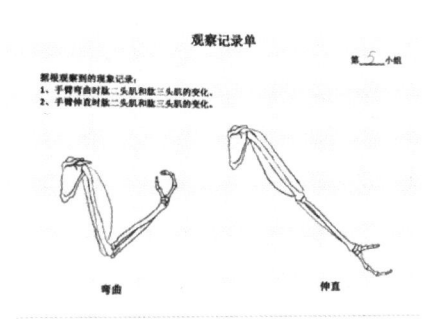

图5 学生记录单

（三）搭建模型，借助模型进行解释

（1）出示手臂模型。

虽然我们观察到的现象是一致的，但是猜想出现了分歧。到底谁说得对呢？看来光凭我们观察到的外部现象并不能帮助我们判断谁说得对。我们还需要进一步进行研究。但是骨骼、关节和肌肉在我们的手臂内部，不能拿出来研究。那怎么办呢？

出示手臂模型，说一说各部分分别模拟的是什么。PPT演示挂钩的连接方法（见图6）。

（2）搭建手臂模型。

先组装手臂模型，然后借助模型模拟出手臂弯曲、伸直的动作，仔细观察肱二头肌和肱三头肌是如何变化的。

图6 演示挂钩的连接方式

学生搭建模型，教师巡视指导。

（3）汇报交流，尝试解释。

集体汇报：各组学生一起演示捏动气球带动前臂弯曲伸直。

在做模型的过程中遇到什么问题？是怎么样解决的？在挂肱二头肌时，学生有3个不同的位置可以选择：1-2、2-3、1-3（见图7）。学生要根据自己在手臂上观察到的现象和自己的推测选择一个合适的位置。如果选择1-2位置，捏动气球时是没办法带动骨骼运动的。如果选择2-3位置，则和我们在手臂上摸到的肌肉位置不符，不符合客观事实。只有1-3位置既符合我们在手臂上观察到的现象，又能顺利完成动作。通过这样一个设计，学生认识到肌肉只有附着在两块骨骼上才能带动骨骼运动。

图7 手臂模型上3个可以选择的位置

分组汇报：说说骨骼、关节和肌肉是如何相互配合完成运动的。

学生汇报，尝试解释。

小结：我们把肌肉变短、变鼓、变硬叫作收缩，肌肉变软、变长叫作舒张。肌肉在收缩的时候能够产生力量，牵动前臂骨骼围绕关节转动，手臂就弯曲了。

学生借助模型再次解释手臂弯曲、伸直时是怎么配合的。

（四）视频资料，完善认识

我们借助模型进一步认识了骨骼、关节和肌肉是如何相互配合的，那实际情况是不是像我们今天研究的这样？老师给大家准备了一段视频资料。

师生共同观看视频。

布置作业：借助今天学到的研究方法对身体的其他部位的运动展开研究。

八、实验效果评价

"上臂骨骼肌肉组装模型"紧贴本课的核心概念，将学生的学习置于真实的研究情境中，学生经历了"通过推测形成观点→运用证据验证观点→最终形成对概念的理解"的过程，培养了学生的动手能力和实证意识，同时提升了他们的语言表达能力和团队协作能力，促进了学生对概念的理解。

池塘

——一个特殊的栖息地

上海市静安区闸北实验小学　陈琳悦

一、使用教材

本节课的学习内容为上海远东出版社、牛津大学出版社《自然》三年级第二学期第三单元"池塘"第一课时的内容。

二、实验器材

（一）学生实验器材

四人一组，每组有：自制支架 1 个、带标签的 100ml 烧杯两个、水（室温）、长臂折叠式台灯（带 100W 白炽灯泡）、带标签的 DIS 温度传感器两套（包括无线发射模块、温度传感器及探针）、iPad 两台（安装 "iTunes U" "尚学趣" "塞灵格移动式数字化科学实验及探究系统" 等软件）等。

（二）教学支持资源

本节课的支持环境和资源主要为：学校新建综合实验室的"讨论区"（含触控移动 seewo）和"操作区"（配悬挂设备供给舱、移动水车、教师投影）；两个区域由弧形工作台分隔而成；区域内无线 WiFi 全覆盖，配有教师平板（安装"尚学趣"教师端、easinote 电脑端等软件）等。

三、实验创新要点

（一）借助综合实验室硬件资源，由"讲授"向"实验"转型

在以往的教学中，受限于玻璃温度计的精度，无法精确测量模拟实验中水和空气温度的变化，导致在课堂上无法实验验证"池塘的水温变化比陆地气温变化小"。学生只能根据生活经验，通过对比夏、冬两季的图片，在教师的"讲授"下推断得到结论。

DIS 数字化实验系统中的温度传感器能灵敏地测量温度，帮助学生在课堂上准确还原待验证的"池塘"场景，实现"池塘水温变化"与"陆地气温变化"的横向比较，为原本无法利用实验突破的教学难点开辟了"实验"这一新途径。

在实验中，使用的热源为带有 100W 白炽灯泡的普通台灯，用白炽灯泡模拟

太阳；利用悬挂式设备供给舱供电、移动水车供水，既符合实验安全规范，又灵活方便，课桌椅也能根据教学的需要调整与组合。

（二）借助教学软硬件资源结合，变革实验教学方式

小学中年段的学生通常对于繁杂的实验步骤较难接受，极易造成实验参与率低、交流有效性差的课堂现象。

为进一步发挥综合实验室资源配置组合的优势，提供给学生更好开展实验的途径，本节课以 iTunes U 软件为载体搭建学习支架，链接综合实验室硬件资源，分享任务要求和基本流程、讲解操作要点和注意事项、提示任务分工并明确活动方向，引导学生以自主、合作、探究方式展开解决问题的过程，教师只以指导和倾听的身份参与学生活动，教学方式变革有了真实的体现。

要向以问题解决为特征的课堂教学转变，不但要改变课堂人员的组织方式（采用"双人互助""四人互动"学习模式），更要改变课堂教学资源的组织方式，为学生解决问题提供丰富而又适切的资源与环境。另外，周到的学习支架细节设计，能为学生提供更好的方法、流程及细节，可以减少教师集中讲授，扩展学生自主、合作、探究与实践的时空。

学校综合实验室全面覆盖的无线 WiFi 能支持传感器与移动终端（iPad）互连，将实时数据以图像的方式呈现，并实现数据同步。本节课，课堂管理平台呈现的共同数据趋势，可以帮助学生顺利地完成从特殊到一般的思维过程，并由数据的组间对比生成新的问题。教学软硬件资源组合，为自然学科关键能力中的"能尝试对事物的显著特征、变化过程等作简单的描述"落实创造了机会，也促进了学科实验教学方式的变革。

（三）借助乐高积木优化装置，遵循实验规范提升科学性

在本节课的 1.0 版模拟实验装置中（见图 1），学生使用装满水的水槽模拟池塘环境，用两支温度传感器分别插入长尾夹，以"一上一下"的方式固定。"上"位传感器探头暴露在空气中，模拟测量"池塘"上方空气的温度；"下"位传感器浸没在水中，模拟测量"池塘"中水的温度。在交流中，有学生提出测量气温的传感器探头离热源更近，不符合对比实验"控制变量"的原则。

乐高联轴器中间的小孔大小与传感器探头粗细相吻合，能固定探头，可将探头悬空，有利于保持两探头到热源距离大致相同。因此，在改进后的装置中（见图 2），使用乐高积木搭建的支架弥补了 1.0 版装置科学性不足的问题。

图1　模拟实验装置1.0版

图2　模拟实验装置2.0版

四、实验原理/实验设计思路

（一）实验原理

水的比热容比较大。

（二）实验设计思路

本节课的实验教学包括两部分：一是"池塘是怎样的生态环境"问题的解决；二是"如何验证池塘的水温变化比周围陆地的气温变化小"问题的解决。

（1）在实验室"讨论区"以"双人互助"学习模式开展，组合了移动终端及APP、WiFi环境、校区共享资源3个资源模块；学生通过阅读和分析，形成对池塘的初步认识。

（2）在实验室"操作区"以"四人互动"学习模式开展，组合了移动终端、WiFi环境、实验室水电气设备、数字化实验（DIS）、数据显示及交互5个资源模块；学生通过阅读和实验，探究"白炽灯照射下水和空气温度变化的差异"，验证池塘的水温变化比周围陆地的气温变化小。

五、实验教学目标

（1）通过"认识池塘的特点"的活动，知道池塘是又小又浅的淡水环境，提高阅读、分析和归纳能力，激发进一步探究池塘特点的兴趣。

（2）通过实验验证"池塘的水温变化比周围陆地的气温变化小"的活动，知道池塘的水温变化比周围陆地的气温变化小，知道池塘与周围陆地相比是一个特殊的栖息地，感受从特殊到一般的科学思维，感悟合作学习的重要性，养成严谨认真、实事求是的科学态度。

六、实验教学内容

本节课的学习内容主要包括两个方面：一是池塘是又小又浅的淡水环境；二是池塘的水温变化比周围陆地的气温变化小。

本节课的基本思路是：首先，展示课前调查结果，围绕"池塘周长""池塘深度"以及"池塘动植物"三方面的数据汇总，辅以教师提供的"校区池塘、滴水湖、东海"数据对比表，以"双人互助"学习模式开展数据分析，并归纳得出"池塘是又小又浅的淡水环境"；然后，通过阅读课本，推理得到结论；最后，借助教师设计的 iTunes U 学习支架，以"四人互动"学习模式，用实验验证"池塘的水温变化比周围陆地的气温变化小"。

七、实验教学过程

本节课的学习在 iTunes U 数字化学习包的引导下展开，所有结论来自对数据的分析和表达，而非仅来自生活经验。本节课的教学流程如图 3 所示。

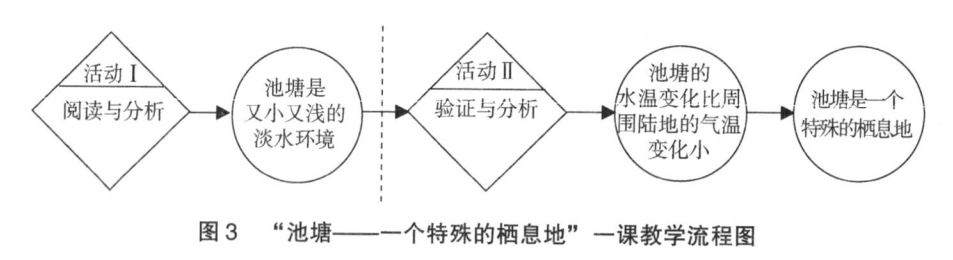

图 3 "池塘——一个特殊的栖息地"一课教学流程图

（一）阅读与分析，解决问题"池塘是怎样的生态环境"

课前，学生已经通过调查将能将收集到的资料和数据进行简单的整理，由"问卷星"平台汇总，在 iTunes U "数据汇总"章节以饼状图、条状图、数据表等形式呈现（见图 4）。

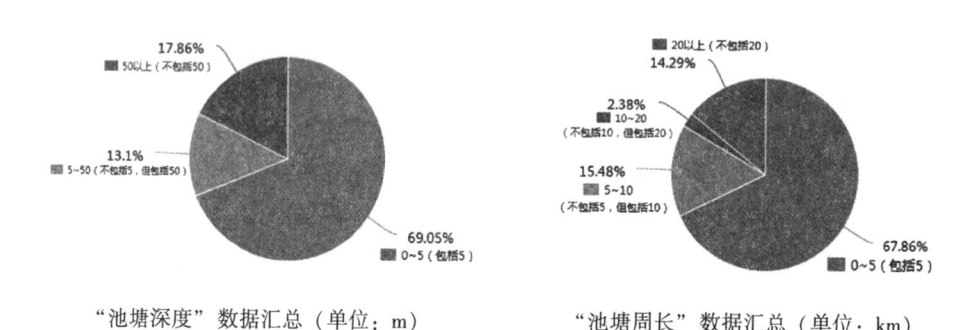

"池塘深度"数据汇总（单位：m）　　　"池塘周长"数据汇总（单位：km）

图 4　iTunes U "数据汇总"章节截图

课堂上，学生以"双人互助"模式阅读数据图表，围绕"池塘是怎样的生态环境"开展数据分析，得出"池塘是又小又浅的淡水环境"的结论。

（二）验证与分析，解决问题"如何验证池塘的水温变化比周围陆地的气温变化小"

（1）明确待验证的问题。学生通过阅读采集信息，明确待验证的问题是

"池塘的水温变化比周围陆地的气温变化小"。

（2）自主完成实验准备。活动Ⅱ所用的资源模块对三年级学生而言较为复杂，一次性集中讲授的接受率低。使用 iTunes U 搭建详细学习支架（见图5），引导学生以自主、合作、探究方式展开解决问题的过程。

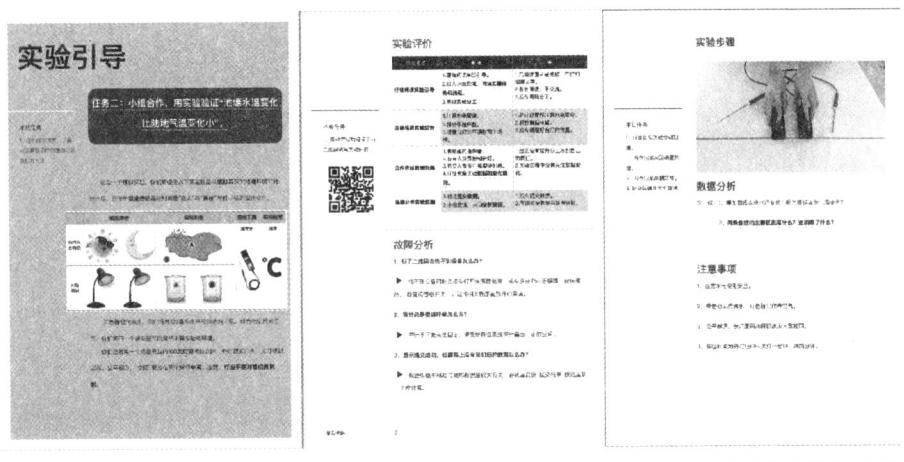

图5　iTunes U 课程"池塘的水温变化比周围陆地的气温变化小"实验引导章节缩略图

（3）合作完成验证实验。学生在操作区以"四人互动"模式，根据分工合作完成模拟实验（见图6），连续测试开灯 1min 加热及关灯 1min 冷却的数据变化。观察数据图像（见图7）可以发现，在整个实验的过程中，气温曲线的波动大，水温曲线趋于平缓；开灯加热时，气温曲线上升较快，幅度较大；关灯冷却时，水温曲线下降较迟缓。

图6　学生小组合作开展验证实验　　图7　模拟实验数据汇总截图

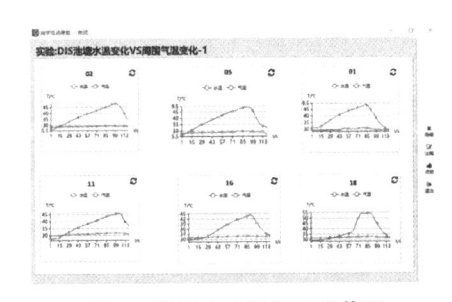

在小组汇报中，学生围绕"数据分析"中的引导问题，以较为规范的语言尝试对事物的显著特征、变化过程等作简单的描述。共同的数据趋势，使学生顺利地完成了从特殊到一般的思维过程。

八、实验效果评价

本节课的实验教学，借助综合实验室及其配套资源，实现"经验获得型"阅读过程向"数据采集型"实验过程的转型，学生通过自主、合作、探究与实践的方式发现并解决问题。整个实验过程无中断，学生思维更连贯，表达与表现更流畅。

本节课借助综合实验室的空间格局，从人员、内容、资源组织方式的变革引发实验教学方式的变革，以生生交流、师生交流锻炼学生思维的深度和广度，培养严谨认真、实事求是的科学态度及解决问题的能力。为检验人员、内容、资源组织方式的变革是否能与教学相融，我们监控了本节课的学生表现。综合课堂实录、学生访谈、评价单等可以看到：在问题的解决过程中，学生参与度和交流有效性比以往有了明显提升，在活动Ⅱ过程中的部分指标提升更加明显。

数据还显示，在本节课的两个活动中，教师任务布置后，学生自主、合作探究时间分别为4min、16min。上海市小学每课时为35min，本节课有57%的时间，学生通过自主、合作探究的方式在发现并解决问题。这20min的时间内，教师以指导和倾听的身份参与学生的活动。

在设计与实施本节实验教学课的过程中，作为执教老师的我最为深刻的感受是：只有学生相信自己、相信老师，才更有勇气去探索真理。

观察水中的微生物

重庆市合川巴蜀小学　朱珠

一、使用教材

（一）教材

观察微生物在各种版本的科学教材中都有涉及，其实验器材都是显微镜。显微镜虽然是一种比较专业的观察类仪器，但目前很多农村学校还没有配备齐全，很多孩子没有条件进行实验。而且，就本实验条件来讲，受一些不稳定因素的影响，用显微镜在课堂上直接观察的效果并不明显。那么，有没有可能借助生活中常见的物件，用一种既充满趣味又简单直观的方法让所有孩子都可以进行观察呢？带着这样的思考我将实验器材创新地改为易于购买的激光笔，加上辅助器材注射器。实践证明，这种改良后的方法实验现象清晰，观察效果明显，而且操作简单，不受实验场地限制。

本方法适用于小学科学各版本教材：人教版《科学》四年级上册第二单元第四课"肉眼看不见的生物"、教科版《科学》六年级下册第一单元"微小世界"、湘教版《科学》五年级下册第三单元"显微镜下的世界"、苏教版《科学》六年级上册第一单元第一课"水滴中的生物"等。

（二）学情分析

小学中高年级的孩子已经具备一定的动手操作能力，有了一些生活经验，对事物的现象也可以进行描述分析，对科学充满了好奇心和求知欲。

二、实验器材

每小组准备四支激光笔（出光口有一小孔）、四支未开封的一次性注射器、四个铁架台。

三、实验教学目标

（一）知识目标

了解微生物是个体微小、分布极广的生命体。

（二）技能目标

通过正确使用激光笔改进实验观察方法，对微生物进行观察，并尝试借助这样的创新实验方法学会同步对比观察。

（三）拓展目标

（1）不仅要让孩子们简单观察、了解微生物，还要对放大镜功能进行拓展应用，将前课中的放大镜的成像特点、光的折射和本课微观世界三者结合起来，既跳出教材又紧密联系生活。

（2）树立环保意识。

（四）实验重难点

（1）让孩子们观察到不同水质中微生物的分布特点。

（2）克服图像不稳定、画面不清晰、感受不直接、难以达到理想的观察效果的问题。

（3）了解激光与水滴之间是如何作用的，达成对微生物的观察。

事实上，通过我的实验改良，本实验的重难点完全得到了解决，我将在后面说课内容中详细叙述。

四、实验内容设计

实验设计共四步：一采、二滴、三固、四观。第一步：采集样品水。第二步：将样品水滴在激光笔的出光口。第三步：将激光笔固定在铁架台上，固定点为激光笔的电源开关，使激光笔处于发光状态。第四步：同步对比观察四种样品水投影出的微生物特点。

五、实验方法设计

利用在激光笔的出光口形成的类似凸透镜的小水滴，将激光笔的光束分散，对小水滴中的微生物进行放大投影。

本实验采用了观察实验法，遵循老师作引导、学生是主体、探究为主线的教学原则，让孩子在做中学、学中思、思中悟、悟中用。

六、实验教学过程设计

实验看似简单，但是却包含了很多的科学原理和知识。下面我将对实验过程进行详细介绍。

（1）活动一："采"——取样。组织孩子们去采集四种样品水（蒸馏水、凉开水、池塘水、自来水）。

（2）活动二："滴"——滴样品水。用四支注射器分别吸取四种样品水，然后将四支注射器分别在四支激光笔的出光口上滴出一个小水滴。由于水的张力作用，小水滴会附在激光笔出光口的小孔上，并在重力的作用下形成一个凸起，形成类似凸透镜的效果。

（3）活动三："固"——投影。分别将四支激光笔固定在四个铁架台上，用铁夹夹住激光笔的开关，让四支激光笔全部处于打开状态。

（4）活动四："观"——对比观察记录。将四个铁架台并排放置，同时组织学生同步观察、比较记录。接下来，让孩子们观察比较微生物的外形和运动特点，发现池塘水中微生物最多。

（5）活动五："析"——分析形成原因。

学生讨论：为什么激光和水滴以这种方法组合在一起，会出现这样的观察效果？

讲解实验形成原因：小水滴在激光笔头上凸起，就形成了一个具有放大作用的放大镜，而激光笔的光束相对比较集中，集中的光束经过水滴"透镜"折射出去时分散开来，直径约 2mm 的水滴可以实现 100 倍左右的放大效果。在铁架台固定的状态下，观察到的图像才稳定、持续、清晰。

（6）活动六："展"——拓展到生活。微生物越多的水越不卫生，在课后去对比不同水域的水质，了解当地水污染情况。

（7）注意事项：

1）采集水样和使用注射器时注意安全。

2）观察微生物的投影时不要超过 5min，以免激光对眼睛造成灼伤。

3）激光笔的笔头要保持清洁。

实验报告记录单如表 1 所示。

表 1　观察水中的微生物

水样	微生物数量	杂质数量
蒸馏水	无	较少
凉开水	少	少
自来水	少	较多
池塘水	很多	很多

七、教学反思与自我评价

（1）用铁架台固定激光笔和电源开关，使得投射出的画面清晰稳定，观察水样定位准确。

（2）在小学科学很多观察实验课的设计中，对不同观察物体基本都是逐个观察比较记录，像这样能够同时呈现四种观察样本的并不多见。这样的课堂效果更加直观、更有实效，深得孩子们的喜欢，引发孩子们的持续观察。

（3）可以推广到各类学校，实验器材生活中常见、易寻找。一人操作，全班都可以进行观察，方便简单，面向全体。

玩转小水轮

铜陵市开源小学　王煜

一、使用教材

苏教版《科学》一年级下册第二单元"水"第二课"玩转小水轮"。

二、实验器材

自制水轮车、水轮、磁感应计数器、可调节水管、潜水泵、水轮发电装置（见图1、图2）。

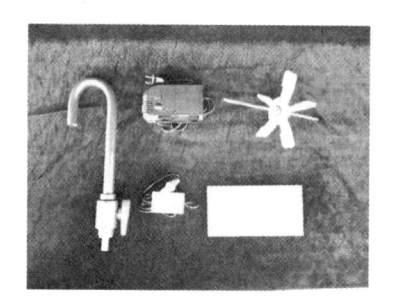

图1　实验器材

图2　实验装置盒

三、实验创新要点

（1）潜水泵组成自动水循环装置，容易操作（见图3）。

（2）通过水管可控制出水量大小。

（3）叠加亚克力板可调节出水位置高低，并且可以保证水位差一致。

（4）磁感应计数器精准记录水轮转动圈数，培养学生数据意识。

（5）对照组实验对比效果更明显，减小误差（见图4、图5）。

（6）利用自制创新教具吸引学生注意并激发学生思考与想象。

图3　自制创新教具　　　图4　出水量不同　　　图5　出水位置不同

四、实验原理

通过简单操作可以完成课本中实验要求，通过精准的数据可以发现水流量越大、出水位置越高，水轮转动得越快。

五、实验教学目标

（一）科学知识

（1）知道流动的水有力量并能举例说明。

（2）初步了解人类科学利用流水的历史。

（二）科学探究

（1）能在老师的指导下，按照教材图示，小组同学分工合作制作小水轮模型。

（2）能对如何使小水轮转得更快作出设想，并用实验证明。

（三）科学态度

（1）积极思考、大胆设想；注重实践，尊重事实。

（2）能意识到事物的两面性，初步学会用辩证的观点看待事物。

（四）科学、技术、社会与环境

认识到人类利用小水轮帮助工作，给我们的生产生活带来便捷。

六、实验教学内容

（1）组装小水轮并尝试用不同的方法让小水轮转起来。

（2）探究用水让水轮转起来并研究让小水轮转得更快的方法。

七、实验教学过程

（一）自制教具，激趣导入

（1）出示铜陵民俗文化村水轮车照片，吸引学生的兴趣（见图6）。

（2）利用自制水轮车教具将学生注意力集中，同时抛出课题——玩转小水轮（见图7）。

图6　安徽省铜陵民俗文化村水轮车　　　　图7　自制教具——水轮车

（二）认识结构，组装小水轮

（1）首先介绍水轮的各组成结构（见图8），然后利用微课视频演示并讲解组装小水轮的过程（见图9），既可以吸引学生的注意又可以让学生更注意实验操作细节。

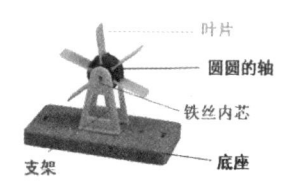

图 8　小水轮的结构　　　　　　图 9　小水轮的组装

（2）引导学生用多种多样的方法让小水轮转起来，如用嘴吹、用手拨、用水流击打等。描述实验中观察到的现象，初步建立对水的力量的认识。

（三）探究实验，得出结论

（1）通过上述实验，学生会发现小水轮的转动有快有慢。师生选择探究如何让小水轮转动得更快，小组讨论并在实验记录纸上写下实验猜想（见表1）。

表 1　玩转小水轮实验记录单

组别	第一组		第二组	
状态	初始状态	水开大一点	初始状态	水管位置垫高一点
猜想（快/慢）				
转动圈数				

（2）实验前出示图片提醒学生水流应击打在水轮叶片的什么位置，并且出示实验步骤以及注意事项。

（3）学生在教师统一的计时下进行分工操作、观察、记录，通过数据对比可知水流量越大，出水位置越高，小水轮转动得越快。

（四）知识应用，拓展延伸

（1）播放图片和视频（见图10），展示人类对水力资源的利用。了解人类对水力资源的利用及生活中常见的水力方面科技产品给人类生活带来的便利，这种形式对于一年级的学生更容易学习和理解。

（2）科学知识的学习需要联系实际、运用于实际。这里利用我设计的水轮发电机教具（见图11），水轮的转动可以带动发电机工作从而使小灯泡亮起来，既给学生视觉上的感触，也激发了学生继续探究的兴趣，为今后更深层次的学习提供内动力。

图10 对水力资源的利用　　　　图11 自制水轮发电机

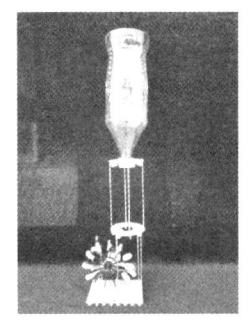

（3）鼓励学生课后自制小水轮，并鼓励学生创新思考并写下小水轮的其他作用。

八、实验效果评价

（1）打破传统的教具限制，操作简单且准确。
（2）开展探究式学习，激发了学生的探究动力。
（3）利用对比实验法，增强实验准确性，提高学生科学素养。
（4）利用自制创新教具让学生体验科学的运用。
（5）教具使用率高，可延伸至其他知识，使用于其他实验探究。

我也感受到：要想让学生在科学课上主动探究、积极思考，不仅要精心设计教学环节，把握教学细节，还要耐心地给予学生指导，更要适时创新，激趣制作。以学生为本，把课堂还给学生。

玩转小水轮

厦门市前埔北区小学　许亚椿

一、使用教材

"玩转小水轮"选自苏教版《科学》一年级下册第二单元第二课。

二、学生情况分析

本课的教学对象是一年级儿童，根据儿童认知发展理论的研究，他们以自我为中心，注意力持续时间短；思维不可逆，事物感知缓慢。但同时他们天性好奇，求知欲旺盛；活泼好动，热衷于动手操作。因此，一年级儿童年龄虽小，却具有无限可能。

三、教材实验分析

教材在学生自制小水轮的基础上，通过"观察水轮转动"及"怎样转得更快"两个活动，探究水的力量的奥秘。但在实际教学中，学生的操作往往存在几个问题：

（1）自制水轮耗时长。一年级学生在课堂上自制水轮耗费时间长，无法充分地体验和感受水的作用。

（2）能力限制难兼顾。实际操作中，既要控制漏斗位置高低，同时还要对准水轮扇叶，学生难以兼顾。

（3）现象短暂易判错。小水轮转速很快，一年级儿童难以分辨，多数凭借感觉随意猜测。

综上，站在儿童的角度，受限于儿童的认知水平和能力特点，采用教材实验开展教学，较难取得良好的教学效果，学生探究时间少，缺乏自主思考，弱化了科学素养的培养。

四、课标理念分析

新课标理念注重学习内容与已有经验的结合、动手与动脑的结合等，着力提高学生的综合能力。一年级教学更要以培养学生的兴趣、能力和习惯为主。因此，为学生提供喜闻乐见的科学主题、创设愉快的教学氛围，才能保护学生的好奇心和求知欲，激发学生学习科学的兴趣。培养学生的创新思维，更要有意识地从一年级的科学启蒙开始。

五、实验器材及设计思路

基于以上分析，本人设计制作了创新学具"水动力小车"（见图1），它由加水瓶、水阀开关、小水轮、小车大轮、支架，以及配套使用的长方形小车轨道水槽组成。

学具基于转换法的原理，将教材中独立的小水轮整合进一辆框架小车中，用竖直方向的流水冲击力作为小车的动力。因此，本实验内容即演化为，借助水动力小车让学生探究水流量的大小和水位的高低对小车运动快慢的影响，本质上还是探究流水的力量对水轮转动快慢的影响。

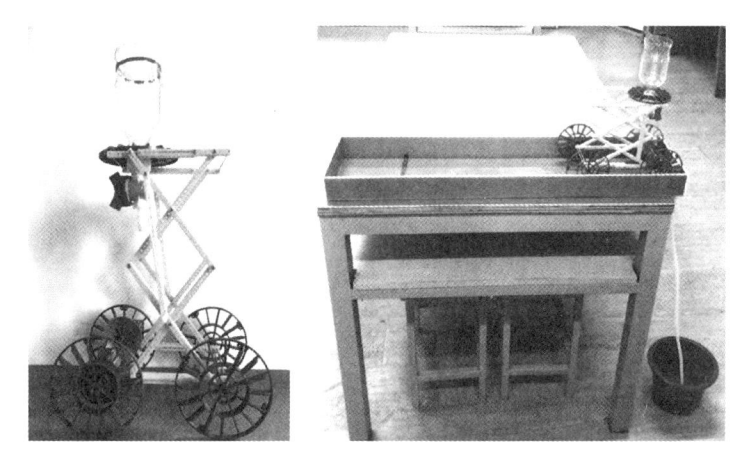

图1 创新学具——水动力小车

六、实验创新优势

（1）装置创新好玩，激发学生兴趣。本装置外形鲜艳亮丽，色彩丰富；又以小车样式化静为动，学生可调节可控制，充分体现了新课标理念的要求——利用学生喜闻乐见的科学主题，引导学生探究。

（2）条件控制简单，利于学生操作。水阀开关可以调节水流量大小，支架升降可以改变水阀位置高低，学生操作简便，且易于理解。

（3）小车快慢有别，便于学生区分。水量大小和水位高低不同，水轮转动的快慢不同，引起小车运动速度不同，既便于学生区分，又增加实验乐趣。

（4）实验重于探究，发展学生能力。学生对水动力小车的探究并不止步于课堂，在此基础上可以继续发挥想象，思考如何改进小车让它运动得更快。

七、实验教学目标

依据课程标准，本课的科学知识学段目标是"知道常见的力"。依据一年级的科学探究的学段目标，结合本课创新学具，制定本实验的教学目标和教学重难点如下：

（一）教学目标

（1）知识与技能。

1）知道流动的水有力量，水流量的大小和水位的高低会影响小水轮转动的速度。

2）会观察描述实验对象和实验过程，锻炼观察和描述能力。

（2）过程与方法。

1）能在水动力小车比赛中有意识地公平对比。

2）能通过玩水动力小车思考进一步改进小车的方法。

（3）情感态度与价值观目标。

1）积极参与实验过程，愿意与他人合作。

2）善于观察，乐于表达，勇于创新。

（二）教学重难点

（1）教学重点：知道流水有力量，水流量的大小和水位的高低会影响水力量的大小。

（2）教学难点：在探究水动力小车的过程中，初步树立公平意识，积极思考改进小车的方法。

八、实验教学过程

结合对教材实验的分析，我摒弃了在课堂上自制水轮的环节，以激发学生兴趣为出发点，引导学生初步学习科学方法、培育创新思维，重要的是萌发对科学的热爱之情，为今后的科学学习奠定基础。基于此，借助有趣的水动力小车，将它贯穿于整节课堂，我重构了本课的教学设计。

（一）直观引入，展示小车

本课伊始，直接演示让小车在流水的作用下运动起来，学生热情被调动，踊跃发言。此环节既帮助学生初步感知水的力量，又引发他们讨论：小车是怎么运动起来的？小车运动流程如图2所示。

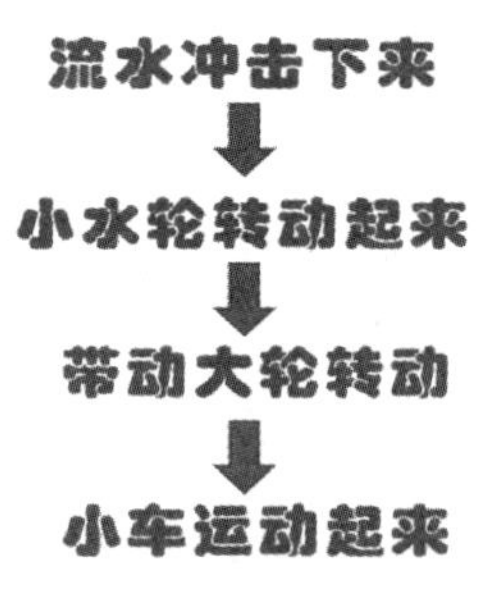

（二）动手尝试，体验装置

接着播放微课视频，简单介绍水动力小车及其操作方法。然后就可以放手让学生玩小车了。在玩的过程中，学生自然而然产生思考：如何使小车走得更快呢？有的学生会发现：通过水阀控制水流，小车快慢

流水冲击下来
↓
小水轮转动起来
↓
带动大轮转动
↓
小车运动起来

图2　小车运动流程示意

好像有所不同；可以调节的支架似乎也藏着秘密。由此教学顺势进入下个环节。

（三）组间比赛，实验探究

让学生用水动力小车开展比赛，两组间将轨道水槽平行并放在一处，组内合作操作小车，组间比比谁的小车更快。在比赛过程中，学生联想到运动场上的百米赛跑，会自然地关注到：两辆车要加一样多的水、要同时出发、小裁判要看谁先到达终点等。

（四）赛后交流，解释分析

在赛后交流中，经过多次比赛，学生会发现水阀全开和支架调高都会使小车运动得快（见表1），从而认识到水流量的大小和水位置的高低都会影响水力量的大小。

表1 数据分析

水阀	水量	水轮	小车	水的力量
开大	大	转得快	走得快	大
开小	小	转得慢	走得慢	小
支架	水位	水轮	小车	水的力量
调高	高	转得快	走得快	大
调低	低	转得慢	走得慢	小

（五）深入理解，拓展应用

最后，让学生畅想改进小车的方法。在实际教学中，他们提出了不少脑洞大开的方法。比如初级版的：换大号的水阀，使水量变大，或者再调高支架，使水的位置变高。还有高级版的：换个大水轮使水轮面积增大，或调整水阀的位置使流水能正对着水轮冲击等。这些都充分说明了学生已经沉浸在情境中，思维也随着探究活跃起来了，契合了我们所倡导的培育创新思维、注重科学探究的教育教学观。

九、实验教学评价

利用创新学具水动力小车，采用探究发现教学法，本实验教学达到预期效果，甚至超出预期：

(1) 寓教于乐，达成教学目标。

(2) 对比观察，锻炼学生能力。

(3) 头脑风暴，发展学生思维。

(4) 创新学具，体现学生主体。

十、创新学具，创新教学

事实上，由于水动力小车结构的特殊性，它不仅可以在"玩转小水轮"一课中用于探究水的力量，还能在其他小学科学课中得到应用，比如高年级的探究能量的转换、探究齿轮的传动等。

下面以能量转换为例简要说明。水动力小车本身蕴含了这样一个能量转换的例子：水能可以转换为水轮的机械能，借机出示任务"请学生利用小水轮让一个小灯泡亮起来"，表面上看起来不可能完成的任务立马勾起学生的兴趣和探究欲望，进而提供电机材料——一个可以实现机械能和电能自由转换的"神器"。然后放手让学生组装材料，完成任务。最后学生在交流讨论和思维碰撞中就可以自己分析能量转换的过程。

相信继续研究下去，水动力小车在小学科学课堂中还有更多应用的可能。

小苏打和白醋的变化

武汉市光谷第一小学　张文娅

一、使用教材

教科版《科学》六年级下册第二单元"物质的变化"第四课"小苏打和白醋的变化"。

二、实验器材

(1) 改进前（见图1）：敞口玻璃杯一个、玻璃片、蜡烛、细木条。

(2) 改进后（见图2）：多功能集放气装置（包含：多功能气球1个，导气管1根，滤片1个、调速开关1个）、温度传感器、分层蜡烛台、锥形瓶。

图1　改进前的实验器材

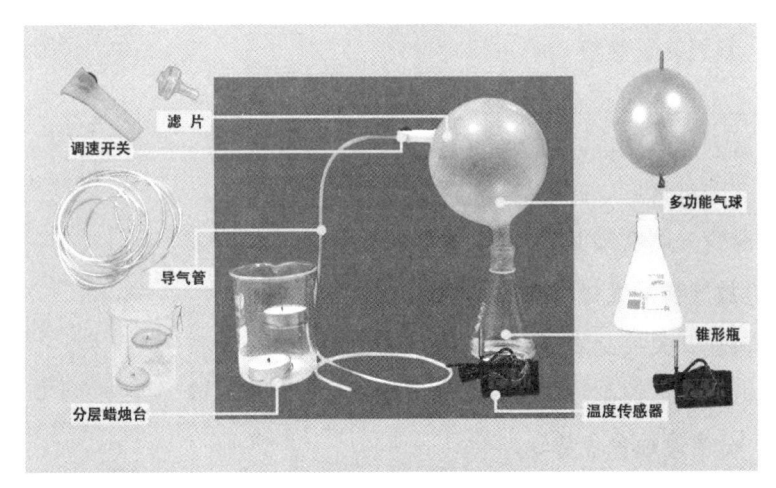

图2　改进后的实验器材

三、实验原理/实验设计思路

(一) 实验原理

(1) 小苏打和白醋混合发生化学反应，产生大量二氧化碳，液体温度降低。

(2) 二氧化碳不支持燃烧，二氧化碳比空气重。

(二) 实验设计思路

本课主要对产生气体这一化学现象进行探究学习，所以本课实验要抓住产生气体的关键，但使用教材中的装置时学生出现了一些问题（见表1）。

表1 使用教材中的装置时学生出现的问题

学习环节	出现的问题	原因分析
观察小苏打和白醋混合后的变化	(1) 不容易将产生的气泡与气体联系起来；(2) 用手触摸玻璃杯，后触摸的学生不容易感受到温度变化	(1) 产生气体的现象不明显，学生不容易发现；(2) 多次用手触摸，手的温度容易影响实验温度
产生了什么气体	(1) 检验时，细木条和蜡烛都不容易熄灭；(2) 倾倒气体时，杯中剩余液体容易溢出	(1) 装置的密闭性不好，玻璃杯所容纳的气体较少；(2) 倾倒的过程中，气体容易分散，影响检测效果

四、实验创新改进要点

使用学生熟悉的物品（气球和输液装置），通过精心设计，让实验现象更加具体、可视、可控，让集气、放气更加方便。创新点体现在以下几方面。

(一) 集气装置优势

(1) 产生气体的现象更明显，气体可视化。

(2) 剧烈反应，锥形瓶内气泡不会外溢。

(3) 气球可将反应产生的大量气体全部贮存。

(4) 避免外部空气混入。

(二) 放气装置优势

(1) 调速开关控制集气装置的开、关，提升整个装置的密闭性。

(2) 调速旋钮控制每次检验时的气体用量，随用随取。

(三) 分层蜡烛台优势

(1) 烛台外部烧杯使检验时的二氧化碳气体更加集中，提升实验效率。

(2) 蜡烛从下往上依次熄灭，产生的气体比空气重的现象更明显。

（四）温度传感器优势

数字化监测温度，数据和实际结合更有说服力。

五、实验教学目标

（一）科学知识

（1）小苏打和白醋会发生化学反应，产生新的物质。

（2）二氧化碳是一种具有特殊性质的气体。

（二）科学探究

（1）能用感官全面观察小苏打和白醋。

（2）能使用改进后的装置进行实验，并记录实验现象。

（三）科学态度

（1）懂得只有足够的证据才能作出正确的判断。

（2）知道得出科学结论需要严密的逻辑推理。

（四）科学、技术、社会与环境

通过使用创新实验装置认识到变化是有规律的，规律是可以被我们认识的。

教学重点：观察实验过程中发生的变化。

教学难点：判断产生的气体。

六、实验教学内容

（1）小苏打和白醋混合：在认识和了解创新装置的基础上，使用多功能集放气装置收集小苏打和白醋混合产生的气体，借助温度传感器观察温度变化。

（2）检验气体：使用新装置来检验反应产生的气体，得出该气体不支持燃烧、比空气重的特性。

（3）拓展对比：多功能集放气装置支持多种检验方式，该装置可套在可乐瓶口，将可乐中的气体与本实验产生的气体进行对比。

七、实验教学过程

实验装置改进后，教学过程也必须进行相应调整，否则改进后的实验装置在一开始就限制了学生的思路，学生只会注意到气球膨胀，而忽略了伴随的其他变化。改进后实验教学过程设计如下。

（一）实验导入，聚焦气泡

（1）小苏打和白醋的混合初体验。教师演示实验：用玻璃杯将大量小苏打和白醋（学生不知）混合，反应剧烈，大量泡沫（气泡）溢出，激发学生认识这两种物质的兴趣和初步的证据意识。

（2）引出小苏打和白醋。

（二）观察小苏打和白醋

（1）学生观察小苏打和白醋，记录它们各自的特点（见表2）。

表2　观察小苏打和白醋

小苏打的特点	白醋的特点

（2）学生汇报，描述特点。

（3）教师提问：将小苏打和白醋混合会出现什么变化？

（三）小苏打和白醋混合

（1）提问：除了气泡，还有其他变化吗？

1）教师介绍利用"特制"的实验器材来混合小苏打和白醋，将会有更多的发现。

2）教师微课介绍实验器材及实验步骤。

①实验器材：锥形瓶、温度传感器、多功能集放气装置。

②实验步骤：关闭调速器开关；把装有小苏打的气球套在锥形瓶上；将小苏打倒入锥形瓶。

（2）学生实验，观察记录（见表3）。

表3　小苏打和白醋混合后的变化

观察到的变化

（3）学生汇报。

1）教师提问：气球鼓起来说明什么？

2）聚焦问题：产生了什么气体？

（四）判断产生的气体

学生针对问题，提出猜想，结合教师提供的气体性质表（见表4），自行讨论实验方案。

表4 常见气体性质表

名称	颜色	气味	是否支持燃烧	轻重
空气	无色	无味	支持燃烧	——
氧气	无色	无味	支持燃烧	比空气重
二氧化碳	无色	无味	不支持燃烧	比空气重
二氧化硫	无色	刺激性气味	不支持燃烧	比空气重
氢气	无色	无味	支持燃烧	比空气轻
氮气	无色	无味	不支持燃烧	比空气轻

（1）学生交流汇报实验方案。

（2）教师微课展示实验器材及操作步骤。

1）验证产生的气体是否支持燃烧：往集气瓶里插入正在燃烧的细木条，与空集气瓶对比（见图3）。

图3 验证产生的气体是否支持燃烧

2）验证该气体的轻重：点燃蜡烛，将导管口伸入分层蜡烛台口内，导管口不要对着烛焰，打开调速开关（见图4）。

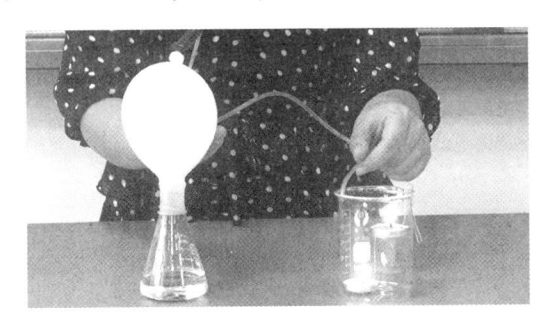

图4 验证气体的轻重

（3）学生实验。

（4）交流汇报。

（5）小结：以上两个实验说明这种气体不同于空气，它不支持燃烧，比空气重。

（五）归纳总结，拓展提升

（1）总结：科学家经过大量的研究，已经确定小苏打和白醋混合后产生的气体就是二氧化碳。小苏打和白醋混合后产生了新物质，这样的变化属于化学变化。

（2）趣味拓展：摇晃可乐产生的是什么气体？（见图5）

图5 课外拓展

八、实验效果评价

（1）实验效率提升：教科书提供的实验材料简单，学生操作安全。但是教学预设和实际生成之间总有一些差距，实际操作遇到的问题很容易打乱学生的探究思路，影响实验效率。改进后的装置整体优化，学生可以全身心地参与到实验过程中，大大提升实验效率。

（2）思维方式提升：本课第三部分"判断产生了什么气体"是一个很重要的验证活动，也是培养学生思维发展的极好时机。改进后的装置可以给学生的多种探究方式提供支持，极大地训练了学生的实证思维。

改进的实验器材还在继续探索，继续优化提升，量"生"定制的器材，助力更加高效的课堂。

雨水对土地的侵蚀

天津市南开区川府里小学 鲍佳音

一、使用教材

教科版《科学》五年级上册第三单元第五课。

二、实验器材

自制教具：铁架台（带铁圈）、漏斗、塑料量杯、乳胶管、Y形管、流速控制器、一次性饭盒、棉线、笔杆、沙土（带石子）、水。

三、实验创新要点/改进要点

自制教具主要是在教材的基础上进行了优化。教材是利用喷壶模仿下雨，学生手持喷壶进行喷洒，学生在实验过程中很容易将注意力分散到玩喷壶上，而忽视了观察地表形态的改变。喷壶喷洒的过程中极易弄湿桌面，破坏课堂环境。传统的实验方式很难保证所有的同学都能很清晰地看到径流的形成，在作对比实验时操作较复杂。因此我将实验装置进行了改进，学生操作起来更加简单，可以保证所有的学生都能够清晰地看到雨水冲刷泥土形成径流的过程，更有利于学生将注意力集中到观察地表形态变化上，有利于学生记录实验现象。同一装置可完成三个对比实验，同时可以保证实验环境的整洁。

四、实验原理/实验设计思路

本节课的学习重点是要让学生体会雨水对土地的侵蚀作用，模仿下雨的同时要让学生清晰地看到径流是如何形成的。因此，将带眼儿的笔杆进行固定来模仿下雨；在一次性饭盒中放入沙土，制造出斜坡来模仿土地；打出流水孔，使水流入下面的一次性饭盒中，便于学生将下雨前后的水进行对比。在三个对比实验中，控制降雨量是在学生研讨过程中比较突出的问题，要求实验组和对照组的降雨量保持一致。为了解决这一问题，加入了Y形管，使水分别流到两个模拟实验盒中，确保了降雨量的一致。在探讨怎样使两个模拟实验盒中的降雨量不一样时，学生提出可以通过改变笔杆上小孔的数量或者小孔的大小，或是在胶管上安装控制流速的装置。通过全班的研讨分析，我们最终选用了输液器上的流速控制器，将其套在橡胶管上，学生通过上下拨动滑轮，实现了改变降雨量的目的。

五、实验教学目标

（1）科学知识：明确雨水和径流会把地表的泥土带走，使土地受到侵蚀。知道侵蚀使地表的地形地貌发生改变。知道坡度、降雨量、植被覆盖都会影响雨水对土地的侵蚀程度。

（2）科学探究：通过模拟实验来探究雨水对土地的侵蚀。记录实验结果，描述实验中的现象。对实验结果作出自己的解释。设计模拟实验，探究影响土地被侵蚀程度的因素。

（3）科学态度：培养学生严谨的科学精神。

（4）科学、技术、社会与环境：认识到人类和环境相互影响和相互依存的关系。

六、实验教学内容

本课内容分为两部分。第一部分是"雨如何影响土地"，第二部分是"影响侵蚀的因素"。对侵蚀现象的认识，一是联系学生的日常生活经验，二是通过模拟实验有目的地进行观察。通过这两部分活动，要帮助学生逐步形成"问题—假设—实验验证—应用—提出新的问题—假设—设计验证方案"的科学探究方法与过程，培养学生对实验结果作出解释的能力。同时，在探究活动中对学生渗透关注大自然的教育。

七、实验教学过程

（一）导入环节

利用黄土高原的图片引发学生的思考：这样的地表形态是如何形成的？雨水是怎样对土地产生了这样的影响？为后面设计模拟实验打下基础。

（二）新知识教授环节

（1）在设计模拟实验时，注重引导学生说出"需要准备什么？为什么？观察过程中你需要观察些什么？"根据学生的研讨，出示自制教具，利用自制教具进行模拟实验。学生实验过程中利用iPad录制学生的实验过程，同屏到大屏幕，供学生汇报使用。学生汇报过程中结合自己的实验视频，可以达到重现实验现象的目的。在此基础上学生研讨分析这样的侵蚀现象是如何形成的，会对自然界带来哪些影响。

（2）在探索影响雨水对土地侵蚀的因素时，学生会结合前一部分的模拟实验及前面学过的对比实验方法进行设计，并不断完善设计方案。在模拟实验的教具基础上进行改进，设计出能够完成三个对比实验的教具（见图1）。

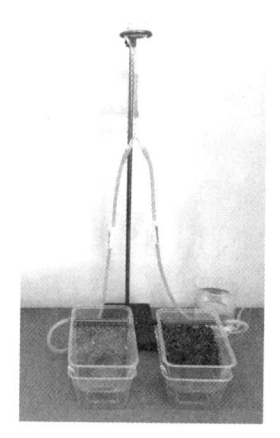

图1　实验装置图

八、实验效果评价

（1）通过对实验教具的优化，更好地完成实验要求，实现实验目标，呈现出操作方便、现象明显的优点。实验教具的材料简单易取得，实用性强。

（2）iPad同屏解决了实验现象难重现的问题。

（3）这节课的设计始终坚持以学生为主体，将学生从引导性学习向自主性学习转变，以任务驱动学生进行科学探究，实现了科学概念与科学探究双螺旋结构共生发展，注重学生思维能力、交流合作能力以及创新能力的培养。

四季变化

北京第二实验小学平谷分校 王建交

一、使用教材

"四季变化"一课选自首师大版《科学》第四册"共有的家园"单元第七课。课标对这一课的要求是：知道正午时物体影子在不同季节的有规律的变化；知道四季的形成与地球围绕太阳公转有关。基于课标要求设计了这次创新实验。

二、实验器材

"四季变化"一课的实验器材为"地球公转模型"组件，包括：有三条引导轨的轨道面（见图1）；改造的地球仪之一：底部装有三根立柱、球面贴有刻度线、地轴倾斜的地球仪（见图2）；改造的地球仪之二：地轴直立的地球仪（见图3）。

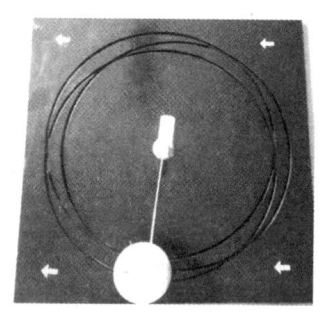

图1 轨道面

图2 改造的地球仪之一

图3 改造的地球仪之二

认识四季变化的实验，关键点是保证地轴倾斜并指向北极星。为了达到这一要求，在设计时主要经历了以下改进过程。

（一）1.0 版本：挖槽的地球公转轨道模型

1.0 版本模型如图 4 所示。在 KT 板上挖一个槽，地球仪在槽中运动。为了保证地轴指向北极星，在地球仪上贴有箭头，在轨道内也画有箭头，学生在操作时只要把箭头方向对齐即可。但既要保证公转时地球仪地轴指北，又要同时转动手电筒，地球仪还要自转，需要小组内成员密切配合才能完成，学生操作太烦琐，因此改进势在必行。

图 4　挖槽的地球公转轨道模型

（二）2.0 版本：两条引导轨的地球公转轨道模型

2.0 版本模型如图 5 所示，使用模型希望达到的目的是学生能在操作时很轻松地就能让地轴指向北。经过思考，在设计时想到了轨道。一条轨道不能保证地轴始终指北，那两条呢？于是，在设计时试着在地球仪的底座上安装了两根笔头，在 1.0 版本的槽里试着画出线来，之后发现原来是两个交叉在一起的圆。后来决定的方案是挖槽，在地球仪底部装上引导柱，让地球仪利用引导槽保证地轴指北。经过反复测量与计算，既要考虑两圆之间的距离，又要考虑槽的宽度。画好图后交给广告公司进行制作。出来成品之后，学生在模拟地球公转时，因为有轨道的引导，这时地轴就能更准确地指北了。

图 5　两条引导轨的地球公转轨道模型

但是在使用过程中又发现，当运行到两个轨迹的交叉点时会出现串道的情况，地球仪地轴指向也会发生偏转。如何让地球仪运行起来时地轴指向更精确呢？因此又对 2.0 版本模型进行了改进。

（三）3.0 版本：三条引导轨的地球公转轨道模型

3.0 版本模型如图 6 所示。设计时，在两条轨道的基础上又增加了一条，这一条轨道主要是在交叉点处起导航作用，使地轴的指向更精确。相应的，在底座上安装了三根立柱，让每一根立柱在自己的轨道内运行，以保证地轴指北。

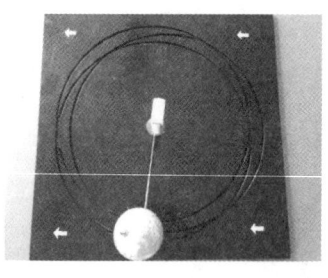

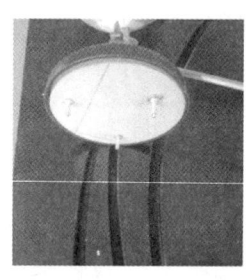

图 6　三条引导轨的地球公转轨道模型

至此，确定的版本是利用三条轨道保证地球仪在运行过程中地轴指北。

三、实验创新要点/改进要点

（1）学生在模拟地球公转操作时，沿轨道线能够保证地轴始终指北，使接下来的观察更准确。

（2）在公转轨道中间加了一个旋转支架。地球仪转动时，手电筒的光自动追随地球仪，使学生操作更简便。

（3）为了让学生更快地找到正午时物体的影子，在地球仪北半球北回归线以北贴上了刻度线，在零点处插上一根大头针。当影子位于刻度线正中时，就是正午时物体的影子。

四、实验原理/实验设计思路

（1）轨道引领，保证地轴指北，学生的观察更准确。

（2）连接杆与地球仪相连，旋转支架上的手电筒光自动追随，学生的操作更简便。

（3）地球仪上印有刻度线，观察每天正午时物体影长的变化，学生观察更有目的性。

五、实验教学目标

（1）知识与技能。通过模拟实验建立概念：地球公转（地轴倾斜）形成四季。地球在公转过程中，太阳直射程度和昼长发生变化，出现冷热不同的四季变化。

（2）过程和方法。能够将模拟实验观察到的现象与已学的科学概念建立联系，通过比较、分析等思维活动形成对冷热不同四季的解释。

（3）情感态度与价值观。保持对四季变化交替循环现象探索的积极性，并能够与同伴协调合作，积极参与讨论交流。

六、实验教学内容

在实验过程中，学生要模拟地球公转，观察地球仪上标志物（大头针）影长的变化。教师要引导学生转变观测的视角，将"竿高影长"的现象与太阳照射的情况以及获得热量的变化联系起来，从而认识到四季的形成与地球围绕太阳公转有关，与地轴倾斜有关。

七、实验教学过程

在实际教学过程中利用的是类比的方法。课前，学生知道了影子短—直射程度高—获得热量多—气温高，相应的，影子长—直射程度低—获得热量少—气温低。有了这样的认识之后，引导学生类比四季变化的原因，大多数同学认为可能是与太阳的直射程度有关。太阳的直射程度不容易观察到，所以要借助物体的影子来观测。因此引入了第一个模拟实验：观察公转过程中，一年四季每天正午时标志物影长是否发生变化？

具体操作就是学生沿轨道进行公转，然后，停在某一位置地球仪自转，当影子处于刻度线之间时进行观察和比较。学生很快会发现地球在公转过程中影长是有变化的。那么究竟影子是如何变化的呢？因此又进行了第二次观察：观察公转过程中，影子的变化规律。

在实验过程中，学生要找到地球仪上标志物影子最长与最短的位置进行标注，分别代表冬至和夏至点，然后再找出春分和秋分点。通过观察影子有规律的变化后进行分析，学生就可以大致区分春夏秋冬时太阳的位置了。

在地球公转过程中，除了直射程度会发生变化外，还有哪些变化呢？接下来引导学生进行第三次模拟实验：观察公转过程中，地球仪上标志物影子最长与最短处阳光照射时间的变化。

引导学生观察地球仪上标志物影子最长与最短处阳光照射时间的变化，然后再引导学生通过数据的分析对比（见表1）。基于日常的生活经验，学生通过比较之后发现夏天光照时间长，冬天光照时间短。然后引导学生进行分析：通过以上的观察，你认为北京夏天为什么这么热？学生通过以上的学习明确了：因为太阳直射程度高和照射时间长，所以北京夏天才会这么热。

表1　2017年北京每月平均昼长

月份	1	2	3	4	5	6	7	8	9	10	11	12
平均昼长/h	9.7	10.7	12.0	13.3	14.4	14.9	14.7	13.7	12.6	11.1	10.0	9.4

地球公转过程中是什么原因让地球上产生了直射程度与光照时间的变化呢？接下来引入了直立的地球模拟实验：观察公转过程中，直立的地球是否会有影长的变化？

最后学生分析梳理四季变化的原因：地球在公转过程中，因为地轴倾斜引起了直射程度与光照时间的变化，从而引起了四季的变化。

八、实验效果评价

（1）观察能力的提升。通过模拟地球公转，观察地球仪上标志物（大头针）影长的变化，引导学生转变观测的视角，将"竿高影长"的现象与太阳照射的情况以及获得热量的变化联系起来，从而认识到四季的形成与地球围绕太阳公转有关。将实验操作不当的影响降到最低，学生观察更准确，观察更具目的性，提高了学生的观察能力。

（2）思维能力的提升。本节课学生要在类比的基础上对实验进行有目的的观察，搜集证据。然后在证据的基础上，运用分析、比较等方法分析结果，得出结论，提升了学生的思维能力。

证明地球在自转

长春市双阳区齐家镇中心小学 马莹

实验教学是小学科学教学中必不可缺的一部分，它肩负着提升学生观察能力、动手实践能力、创造思维能力和团队合作能力的使命，也承担着培育学生的兴趣爱好、创新精神、科学素养和意志品质的重任。一节好课离不开科学严谨、丰富多彩的实验，对学生来说，好的实验教学设计，更能为他们接受和理解知识带来事半功倍的效果。作为农村乡镇级学校的小学科学教师，我深深认识到实验教学在整个教学活动中所起的巨大作用，深知实验装置和实验教学过程改进与创新的重要意义。在教学"证明地球在自转"一课时，面对教材没有配套的实验装置、实验室的装置又不能满足教学需求这一现实状况，我对实验教学进行了大胆的改进和创新。

一、使用教材

"证明地球在自转"是教科版《科学》五年级下册第四单元第三课的学习内容，学生在第三单元已经初步进行了"摆的研究"，知道"摆具有等时性，摆的快慢与摆绳的长短有关"等特点。本课设计"摆"的实验，目的是让学生体验"摆"具有保持运动方向不变的惯性，从而为理解"傅科摆"原理、推理和分析论证"地球在自转"奠定良好的基础。摆在生活中比较常见，所以学生有一定的生活经验和认知基础，且五年级学生的科学探究意识清晰、探究欲望强烈，并具备一定的探究能力。因此，在本课的实验教学中，我主要采用自主探究、合作交流的方法指导学生学习。同时，创设一定的教学情境与民主和谐的氛围，激发学生兴趣，培养学生的科学素养，争取实现每个学生都得到发展的目标。

二、实验器材

改进的实验器材为底座能360°转动的摆，摆由木板、空心万向转盘、金属杆（长、短各一根）、金属球、八字环、渔线、刻度盘、彩色圆形卡纸等组装而成。

三、实验改进要点

（一）教材中的实验材料

由于没有配套实验装置，因此在教学过程中教师通常用铁架台做摆架，用普通棉线做摆绳，用钩码做摆锤，用圆盘做可以转动的底座。但是，这样的器材不但使用起来不稳定、不直观，而且在实验探究过程中也缺乏科学性和严谨性。

（二）实验室配备的实验器材

目前，我校实验室所配备的实验装置相比于教材中的器材已略有改进，摆架和底座的稳定性更强，但是仍然没有相匹配的可以转动的底座。加之实验器材较小、颜色对比鲜明，两边摆架对学生的观察探究也会产生影响。所以实验时容易造成视觉偏差，导致实验数据不准确。

（三）改进的实验器材制作过程说明

（1）底座的制作。将一块切割好的25cm×15cm的木板作为底座，上部加装彩色圆形卡纸将木板完全覆盖，下部用泡沫胶连接空心万向转盘，使底座可以任意方向旋转。

（2）摆架的制作。木板的一端打孔，长金属杆插入孔中，短金属杆横向安装在其顶端，用螺钉固定。

（3）摆锤和摆绳的制作。将金属球作为摆锤系在渔线上，八字环一端固定在摆架的横杆上，另一端与渔线连接，悬挂摆锤。

这样，底座能转动的摆就制作完成了。模拟实验时将刻度盘放在彩色圆形卡纸上即可。

（四）改进要点

（1）底座的改进。教材和实验室中的铁架台底座都是金属板，二者都需要再用圆盘做转盘。改进后的底座是直接连接空心万向转盘的木板。这样，材料更具有整体感和稳定性，操作起来也更加灵活、方便。

（2）摆架的改进。教材中的摆架为铁架台的支架，具有随意性，虽然取材容易，但却不够科学和严谨。实验室中的器材，摆架尺寸小、颜色鲜艳，并具有一定的宽度，实验时学生视线容易受到影响。我选用银色金属杆作为摆架，使实验操作既清晰直观，又便于学生观察探究。

（3）摆绳的改进。教材和实验室配备的器材中都选用普通棉线作为摆绳，而我选用的是渔线。相比而言，渔线无色透明、柔软耐磨、有弹性、拉力更强，更适合做本次实验中的摆绳。

（4）摆锤的改进。教材和实验室配备的器材中都是用钩码来做摆锤。钩码悬挂于摆绳上时，由于重心不稳定，所以会影响到摆的摆动方向，造成实验误差，金属球则很好地避免了这个问题的出现。

（5）连接处的改进。实验中，摆绳通常都直接系在摆架的横杆上，而我选用八字环连接摆绳和横杆。因为八字环转动顺滑，能减少线与杆之间的摩擦，同时释放扭力，防止摆绳缠绕打结，以减小实验误差，使实验更加科学严谨。

（五）改进后的实验器材特点及优势

实验器材的制作方法简单易行，科学严谨，操作方便，利于观察探究，经济实用且节约成本：30元的一块胶合板，可以制作25cm×15cm的底座约15个，空心万向转盘网上订购价10元一个，八字环、金属杆、金属球、渔线、圆形卡纸等也都非常容易买到。

四、实验原理

摆具有保持摆动方向不变的特点。

五、实验教学目标

根据教育部2017年《小学科学课程标准》及本课教学内容，结合学生实际，我拟定了以下四个维度的实验教学目标：

（1）科学知识：摆具有保持摆动方向不变的特点，"傅科摆"证明地球在自转。

（2）科学探究：亲身经历摆的实验，体验摆具有摆动方向不变的特点，并借此理解"傅科摆"的原理。

（3）科学态度：培养学生的实证意识，在探究过程中主动与同学交流合作，积极参与实验。

（4）科学、技术、环境与社会：感受科学知识对于人类认识地球及其运动的作用，意识到技术的发展和应用影响着社会发展。

本实验预设的教学重点是通过探究，发现摆具有摆动方向不变的特点。其中，发现摆的摆动方向不变的特点也是本课的教学难点。

六、实验教学过程

（一）复习导入，引出课题

上课伊始，我先让学生回顾哥白尼提出的地球在自转的假说，问：大家是否赞同这个观点，以及是通过怎样的途径相信的？有证据证明么？强调科学的质疑态度和实证精神，引出如何寻找证据证明地球在自转，使学生形成认知期望，从而有效地激发学生的探究欲望。

（二）聚焦问题，锁定目标

找证据证明就需要做实验，实验要有工具，引出本课的实验器材——摆。简单介绍摆的组成以及"摆具有等时性"和"摆动快慢与摆绳长短有关"两个特点。引导学生思考：这两个特征并不足以证明地球在自转，我们还需要进一步研究摆的其他特性，将问题锁定在研究摆的其他特性上。通过回顾、认同、质疑、聚焦这样一个过程，培养学生的问题意识和科学思维方式。

（三）观察描述，合作探究

（1）让摆摆动起来，教师指导学生观察并描述摆的摆动方向。

（2）学生自主实验，感知底座不动时摆的摆动方向有什么变化。

（3）教师演示可以转动的底座，利用改进后的实验装置，学生小组合作探究：当底座转动 90°、180°、360°时，摆的摆动方向有什么变化？

（四）研讨交流，得出结论

通过两次实验，学生们会发现，无论底座转不转动，摆的摆动方向都不改变。也就是说，摆具有摆动方向不变的特点。

（五）推理论证，加深认识

既然摆的摆动方向不变，那么，若地球表面竖立一个巨大的摆，如果地球不动，摆的摆动方向不会改变，摆动轨迹应为一条线；如果摆动轨迹是许多条不同方向的线，则说明地球动了——地球在自转。让学生将刻度盘对准中心放到圆形卡纸上，使摆摆动起来，仔细观察。一段时间以后，他们便会发现摆的摆动方向及轨迹发生变化。受时间和条件的限制以及外力的影响，我们的实验可能存在误差，学生在课堂上也不能完整地经历实验过程。但是，通过这一活动，学生已然能够理解"傅科摆"的原理，认识到"傅科摆"作为证明地球在自转的有力证据，已经被世界所公认。

七、实验效果评价

改进后的实验器材在教学中能为学生创设更丰富、更科学的实验情境，呈现更直观、更清晰的实验现象，增加学生对科学知识的感性认知和探究性体验，提高学生分析问题与解决问题的能力，还将提升教师的实验教学水平和育人效果，促进实验教学优质教育资源的开发与共享，推进教育装备与实验教学的深度融合。此实验装置不仅在本课中可以使用，在探究摆的一系列实验活动中也都可以使用。

小学科学课程的基本理念是面向全体同学，倡导探究式学习，保护学生的好奇心和求知欲，突出学生的主体地位。引导学生自己设计实验，自己动手验证，发挥了学生的主体作用，体现了探究性、直观性、多样性的原则；同时，给予学生开放式的探究空间，建立科学的思维框架，认识正确的科学方法，实现了学生"从感性到理性，从理性到实践"的两次飞跃。

地球在公转吗

泉州市晋光小学　彭祯雅

一、使用教材

教科版《科学》五年级下册第四单元"地球的运动"第六课"地球在公转吗"。

二、实验教学目标

教材通过模拟实验来寻找地球围绕太阳公转的证据，以及认识恒星的周年视差及其规律。五年级的学生，大多数已经知道地球在自转并且围绕太阳在公转这一科学事实，但能说出其证据的就太少了。让学生重演人类对地球运动的探究过程，学生可以认识到：复杂而不可直接观察的地球运动是可以被理解和认识的。

因此我制定了以下教学目标：

（1）模拟地球围绕太阳公转，知道地球公转会出现恒星周年视差，知道恒星距离地日系远近不同，其周年视差也不同。

（2）通过模拟地球绕太阳公转，绘制记录单，找出视差规律。

（3）意识到科学的解释需要得到证据的支持和从已知出发进行推理，发展实证意识。

（4）认识到科学家在获得证据过程中需付出艰辛的努力，科学技术的进步能帮助我们认识世界。

教学重点：知道恒星周年视差能证明地球在围绕太阳公转。

教学难点：认识恒星的周年视差及其规律。

三、实验内容设计

（1）在具体教学中我发现教科书中的两个模拟实验有四个问题：

1）易受环境因素影响。实验需要很大的场地才能有效观测，所以只能安排在室外，如操场。观测时易受恶劣天气影响，易受其他课程及场地冲突干扰等。

2）耗时长，组织教学困难。教师要在各小组间来回指导，疲于奔命。

3）读数误差大。由于观察时采取的是目测方式测量数据，读数误差较大。

4）容易误导。地球公转轨道用圆代替，这容易误导学生认为地球公转轨道是圆的。

（2）为解决这些问题，我大胆创新，设计制作出恒星周年视差演示仪。它主要包含以下几个部分：

1) 底座：直径为30cm的磁性圆盘，带有刻度和标线，方便对齐和找位置，并用红、黄泡沫球代表两颗星星，蓝泡沫球代表地球，乒乓球模拟太阳。泡沫球下方带有磁贴，可以吸附在圆盘上自由移动。使场地移到了室内，省时省力。

2) 地球公转轨道：用椭圆卡纸片代替，上有标线，可以与底座标线对齐。轨道可拆卸，方便安装透明网格记录单。上有凹槽，地球既可沿此轨道公转，又保证观察平面能在同一高度，减小误差。

3) 标尺：中间用数字标出距离方便读数。相对于目测提高了精度。

4) 激光笔：模拟观察者的视线，把看不见的视线显现出来，方便学生的观察和记录。

5) 透明网格记录单：既不会挡住底座的坐标，方便实验和记录；又可以重叠，在实验中对比鲜明，一目了然，有效突破本课的难点。塑料制品还可以多次重复利用，节省材料。

(3) 使用方法。在底座上依次安装上透明网格记录单、地球公转轨道、太阳，再在90°方向安装上黄、红两颗星星（带标尺的星星靠外）。接着在公转轨道上移动地球，使地日连线与星日连线垂直。然后在轨道上逆时针移动地球，模拟地球公转，除用眼睛直接观察外，学生可借助激光笔观察，即在地球位置打开激光笔对准黄色星星，从标尺上的光斑可确定黄色星星相对红色星星的位置，并用笔在透明网格记录单上描下这个位置。

(4) 利用创新的教具，我对书本中的实验进行了改进：

1) 用恒星周年视差演示仪模拟地球围绕太阳公转，观察恒星周年视差。

2) 探究恒星与太阳距离改变时，恒星周年视差的变化。

四、教学过程设计

（一）情境导入，生成问题

播放地球公转动图，激起学生的探究欲望。然后顺势提问：人们是怎么知道地球在公转的呢？接着展示恒星周年视差演示仪，介绍实验器材。

（二）引导猜测，明确方向

引导学生猜想，假设地球在公转，我们站在地球上观察远处这两颗星星，会看到怎样的现象？

（三）模拟实验，搜集证据

(1) 观察恒星周年视差。

1) 微课教学。播放微课介绍器材的结构和使用方法。

2) 明确观察重点。注意：观测时不得让激光直射眼睛。

3）开展实验观测。学生动手实验，模拟人在地球上观察恒星的情况，用记号笔在透明网格记录单上记录地球在公转轨道上逆时针运动时黄色星星相对红色星星的视觉位置。

4）交流发现。引导学生通过分析数据发现：在模拟地球公转实验中，标尺上光标的移动代表了地球上人的视线变化。地球从轨道 A 位置运动到 B 位置，地球上的人就会观察到黄色星星从红色星星的左边移到右边。像这样，我们在地球上观察远近不同的星星时产生的视觉上的相对位置差异称为恒星周年视差。提问：有没有人已经在宇宙中观察到了恒星周年视差了？引导学生认识，我们的结果仅是基于模拟实验的推测，还不能作为证明地球公转的证据。想证明，还要从真实的天体观察中得到同样的结果。早在 1838 年，德国天文学家贝赛尔通过实际观测发现了恒星周年视差，从而为公转提供了真实的证据。这也印证了本次实验假设的正确性。

（2）探究恒星与太阳距离改变时，恒星周年视差的变化。

1）设疑导入：学生将记录单取下，把 A、B 两点和代表恒星周年视差的两个点的距离用线连接起来。展示各小组的纪录单，叠加对比，引导学生思考：为什么各组的记录单不同？

2）教师取出两张典型记录单添加辅助线，请同学再次观察。思考：恒星周年视差与星日距离之间又有什么联系呢？

通过比较，发现规律：星日距离远，星星的视觉位置差异范围小；星日距离近，星星的视觉位置差异范围大。测出恒星周年视差，可以进一步推断出恒星的远近。

（四）课堂总结，拓展延伸

（1）学生回顾，畅谈所得。

（2）教师总结：再次以贝赛尔观察恒星周年视差的事迹，引导学生认识科学探索的重要性和科学发现来之不易，进一步对学生科学精神和科学品格教育。接着，教师可以提出：除了观察恒星周年视差，我们还能通过观察什么来证明地球在公转？引导学生进一步探索证明地球公转的途径和方法。

再次播放动图，提问：地球自转会产生昼夜交替，那地球公转又会产生怎样的现象呢？你们想研究吗？激发学生继续探究的欲望。

五、实验效果评价

实验创新后呈现以下亮点：

（1）创新仪器呈现以下三个优点。

1）易制作：制作材料简单、易获取。

2）易操作：使用激光笔和标尺，现象明显，便于读数，证据有力，有效地突破了本课的难点。实验室内可以操作，不会受天气和场地的限制，显著地提高实验效率。

3）易推广：器材轻便体积小，造价便宜可以批量生产，便于学生分组实验。

（2）变更轨道，更接近实际。将模拟实验中地球的圆形公转轨道改为椭圆形，更接近实际。

（3）数据处理方面有以下两个优点：改进记录方式、精准处理数据。创新性地使用透明网格记录单，结合激光笔，再利用数学中绘图方法，有效融合科学和数学。不仅大大提高数据精确度，而且相对于实际观测更加容易观察到实验现象。

当然，本实验器材还有提升的空间，假如能在地球上安装一个微型激光笔，并能在水平方向上自由转动，就更加准确和方便了。

日食和月食

南宁市秀田小学 刘奕君

一、使用教材

本课内容选自教科版《科学》六年级下册第三单元"宇宙"的第四课，由"日食"和"月食"两部分组成，是学生们在学习了"地球的运动"以后认识发展的必然方向，也是学生们认识了月球和月相变化后的再学习。教材还设计了一个模拟日食的实验，让学生模拟日食的发生过程，探究日食的形成原因。

二、学情分析

小学六年级的学生经过三年科学课的学习，已经积累了一些基本的探究学习的方法，有了初步的科学探究技能。而且他们已经知道了许多有关地球、太阳、月亮、星球的知识，甚至还可以讲出黑洞、超新星爆炸、类星体等科学词汇来。日食和月食是学生已经听说过或观察过的天文现象，但仅仅停留在学生已有的认知层面是不够的，他们对日食和月食的成因也表达不到位。

三、实验教学目标

（1）科学知识目标：日食和月食是太阳、地球、月球三个天体运动形成的天文现象，以及日食和月食的成因。

（2）科学探究目标：运用模拟实验的方法研究日食和月食的成因，对模拟实验中的现象进行细致的观察和逻辑推理，推测出日食和月食的成因。

（3）科学态度目标：体验到科学实验的严谨、客观和乐趣，意识到设计科学研究方案的重要性，能够大胆地想象，表达自己的想法，激发学生更深入探究日食和月食的兴趣。

（4）科学、技术、社会与环境目标：体会到借助科技的力量，深化学生对日食和月食的认识，意识到天文现象是可以被人们认识的。

根据以上这些目标及课程标准中的建议，我把本节课的教学重点制定为让学生认识到日食和月食是太阳、地球、月球三个天体运动形成的天文现象。而根据模拟实验中的现象进行逻辑推理，推测日食和月食的成因，依据学生现有的知识理解起来具有一定的难度，因此我将这作为本节课的难度。

四、实验方法设计

为了突出重点、突破难点，最终发展学生的能力，同时为了让学生在老师的教学中经历科学发现和科学探究的过程，我采用合作探究法、实验观察法来完成实验教学。

五、实验内容创新要点

在实际教学中我发现以下几个问题和不足：

课本设计了一个模拟日食的实验，用手电筒、乒乓球和玻璃球分别代表太阳、地球和月球。实验看似简单，但是不易操作，效果也不明显。探究内容单一，而且不贴近实际情况：让学生处在宇宙的角度认识日食，而不是处在地球的角度来认识。同时课本上解释日食成因和类型中引用了本影和半影，学生很难透彻地理解这两个概念。

图1 三球仪

实验教具三球仪（见图1）生动刻画了日、地、月之间相对运动规律，克服了抽象教学，但它也是让学生站在日、地、月外的宇宙角度来认识日食和月食，与实际情况不符合。

为解决以上问题，我参考了课本内容和三球仪的结构设计，自制了一个组装式日月食模拟装置（见图2）。

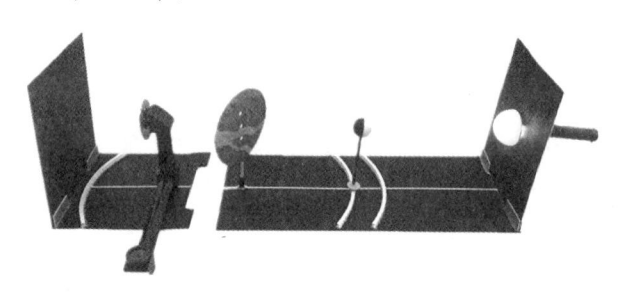

图2 组装式日月食模拟装置

（1）用途：能模拟太阳、地球、月球三者在宇宙中的相对位置，可以从地球上观测到模拟的某一次日食和月食现象，是加深学生理解日食和月食的直观教学辅助工具。

（2）结构：光源代表太阳；蓝色圆板代表地球的某个区域，上面的三个孔代表某一次日食时地球上的三个观测点；黑白小球代表月球。在靠近太阳处有两条月球绕地轨道，模拟近地点和远地点，用于观测日食（见图3）。月食拼接板上有一条月球绕地轨道，用于观测月食，利用光的反射原理做的观测筒用来观测月食（见图4）。

· 212 ·

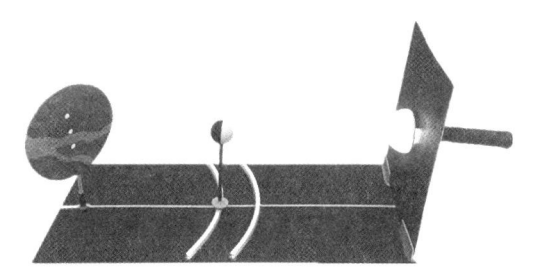

图 3　组装式日月食模拟装置——日食部分

图 4　组装式日月食模拟装置——月食部分

（3）演示内容：日全食、日偏食、日环食、月食（投屏和微课展示观测效果）。

（4）优点及创新点：

1）便携装置。这个装置是组装式的，使用时拼接起来，使用完可以拆除，便于收纳和携带。

2）制作简单。使用的材料常见易得，有木板、亚克力板、手电筒等，制作也简单，难度不大，可以实现"一组一台装置"进行实验。

3）现象明显直观。经过实际操作，该装置演示的日食和月食现象很直观、很明显，接近现实情况。学生平时很难看到日食和月食，但是在课堂上可以通过这个装置亲眼观测到这两种现象，大大激发了学生的兴趣。

4）探究多元化。通过该装置可以观测到日全食、日环食、日偏食、月食这些现象。和课本设计的实验相比较，该装置拓宽了探究范围，同时也激发学生的积极性，也更符合学生的认知水平。

5）贴近事实。该装置让学生站在地球上观测日食和月食，贴近实际情况，更有效地把抽象的想象转化成直观的感受，利于学生进行自主探究。

6）有效地将信息技术与实验教学相融合。通过这台装置老师可以将信息技术融入实验教学中。课堂上利用微课教学，将白板、授课助手、手机三者相结合，让实验现象直观、可视化，方便学生的展示与交流。

六、实验教学过程

（1）故事导入，设疑推想。由"天狗食日"和"天狗食月"的传说引出日食和月食，激发学生的兴趣。让学生打开课本第 53 页，仔细观察日食发生的过程图，并且提问日食发生过程有什么特点，从这些特点中推测日食的成因。

（2）模拟日食，自主探究。根据学生的猜想列出探究活动内容，探究日食的成因和日食的类型，利用微课引导学生正确使用这个装置进行模拟实验。

（3）组间交流，分析成因。小组代表根据模拟实验结果，分享本小组的结论。利用授课助手展示实验结果，学生再来总结日食的成因和类型。

（4）模拟月食，延伸拓展。请同学们推测一下月食发生的原因。月食发生时，三个天体的位置又是如何的，尝试画出月食成因示意图。学生小组再通过这套装置进行模拟实验加以证实，分享并总结月食的成因。

（5）总结反馈，思维深化。提问学生：通过这节课的学习，你们有什么收获？让学生思考：为什么有日环食现象而没有月环食现象？课后自己去寻找答案。

（6）板书设计。好的板书是一节课的点睛之笔，我的板书力求简洁明了，重点突出。

七、实验效果评价

（1）实验器材和方法的创新，不仅利于学生把抽象的现象具体化，而且让探究范围扩大，激发学生的兴趣，提高学生的探究意识。

（2）实验操作简单，现象明显，充分调动了学生的主观能动性，让学生更能自主进行探究，深化认知。

（3）将信息技术融入实验教学中，方便学生的展示与交流，让教学更加直观、生动、具体，提升实验效果。

月相变化

成都市站东小学校　江成辉　赵玉娟

一、使用教材

教科版《科学》六年级下册第三单元第二课"月相变化"。

二、实验器材

自制教具"月相演示仪"。

三、实验创新要点

（一）背景

（1）原有实验为模拟实验，在教室或一块空地的一端墙面上贴一个太阳，在场地中间画上两个圆圈。几个同学站在小圆上，代表地球的观察者；一名同学举着一个一半被涂亮的皮球代表月球，沿大圆转动一圈，表示月球围绕地球转动一周。实验时，让"月球"亮面始终朝着"太阳"，表示月球只有一半被太阳照亮。当"月球"分别运行到不同的位置时，画下我们观察到的"月相"。

（2）观察白天的月相。持续一个月观察白天的月相，利用清晨和傍晚时分观察月相，并进行记录。

（二）存在的问题

（1）在室外进行，需要的场地较大。

（2）组织教学和实验本身所花时间太长，无法在一节课内完成。

（3）手持的"月亮"很难保证始终亮面朝着太阳，难度太大。

（4）无法具体演示某一天的月相。

（5）四川盆地云层较厚，以阴天为主，很难在白天完成观测。

（三）改进措施

使用自制教具月相演示仪后，可做到以下几个方面：

（1）可以在实验桌上分小组完成实验，需要场地小。

（2）10min内能够完成一个月的月相观测，节约时间。

（3）月亮的亮面自动对准太阳，提高实验精度且操作简单。

（4）能演示一个月任何一天的月相。

（5）虽然模拟实验不能代替实际观测，但是它可以作为一个很有效的补充。

四、实验原理

（一）月相演示仪结构

（1）底板是边长 50cm 的正方形。右侧规定为太阳光的照射方向（见图1），使用时朝着南方。中心由两个同心圆组成（见图2）。外圆为农历 1 个月的 30 天。因月球逆时针围绕地球公转，所以日期是逆时针方向排列。内圆为 1 天的 24 小时，中午 12 时影子最短，正对太阳光。地球是逆时针方向自转，时间也应逆时针方向排列。

（2）地球由两部分组成。第一部分是地球仪的 1/4，是以中国为中心的北半球（见图3）。以中国作为观测点，正对月球。地球外侧标有"东""南""西"三个方位，表示月相出现在天空的位置。第二部分是手机自拍杆，处于"中国"的后方，放置手机（见图4）。

（3）月球由一半黑一半白的泡沫球组成（见图5），内置了两块磁铁。白色面表示正对太阳，被太阳照亮的一面；黑色面表示背对太阳的一面。磁铁的南极朝向白色面，这样就可以保证无论月球怎样转动，白色面始终朝向南方。为了便于学生观测，我在后面增加了一块背景板。

（4）月球底座对准地球的观测位置并固定，且地球能自转，月球能围绕地球公转（见图6）。

图 1　底座 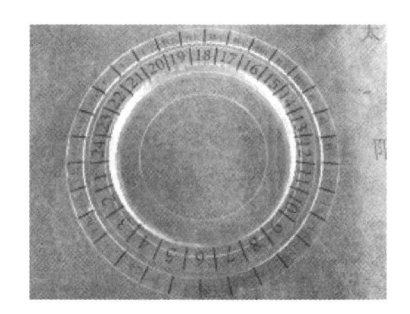　　　　　　　　　　图 2　底座中心

图 3　地球 　　　　　　　　　　图 4　地球内部

图5 月球和背景板　　　图6 实验装置全景图

（二）使用方法

（1）调整底座。月球实际上是一个指南针，调整底座位置，使月球白色面正对"太阳光"，也就是南方。

（2）转动月球到所需观测位置：月球基座上的透明窗口对准地球底座的时间（底座上标有日期）。

（3）肉眼对准地球上观测位置（在地球仪的后方观测），使月球、地球、肉眼在一条直线上，这时看到的即为当天月相。底座内圆从右到左是该月相出现的时间。地球外侧方向就是月相在该时间点出现在天空的位置。例如，初一的月相出现时间为6时至18时，白天出现，且背光面朝向地球，所以我们看不见月亮。

（4）可以把手机插入自拍杆拍照记录。

五、实验教学目标

（一）科学知识

（1）理解月相在一个月不同时期有不同形状。
（2）知道月相变化是月球公转形成的。

（二）科学探究

（1）探索月相的变化规律。
（2）利用模型来解释月相的变化成因。

（三）科学态度

（1）初步形成观察月相的兴趣。
（2）培养自主性和合作意识。

（四）科学技术与社会的关系

（1）初步意识到宇宙是一个变化的系统。

(2) 初步意识到模拟实验可以帮助我们解决实际问题。

六、实验教学内容

(一) 认识月相演示仪

(1) 介绍月相演示仪的构造。

(2) 出示月相演示仪的使用方法。

(二) 利用月相演示仪观察月相

(1) 用肉眼观察月相并记录（见表1）。

(2) 用手机拍照观察记录。

(三) 连续观察一个月的月相

阴雨天不能看到月相时，用月相演示仪观察记录。能看到月相时，用月相演示仪辅助观察。月相观察记录表如表1所示。

表1　月相观察记录表

日期	初一	初五	初十	十五	二十	二十五	三十
出现时间							
观察记录	○	○	○	○	○	○	○
我的发现							

七、实验效果评价

(1) 在实验桌上分小组就能完成实验，需要场地小。

(2) 10min 内能够完成一个月的月相观测，节约时间。

(3) 月亮的亮面自动对准太阳，提高实验精度且操作简单。

(4) 能演示一个月任何一天的月相。

(5) 能观察到月球围绕地球公转。

(6) 能意识到我们能够看见月球，是因为太阳光的照射。

(7) 能观测到月球在天空中位置不同，我们看到的月相也不相同，且月相的变化是有规律的。

(8) 虽然模拟实验不能代替实际观测，但是它可以作为一个很有效的补充。

第三部分

中学物理

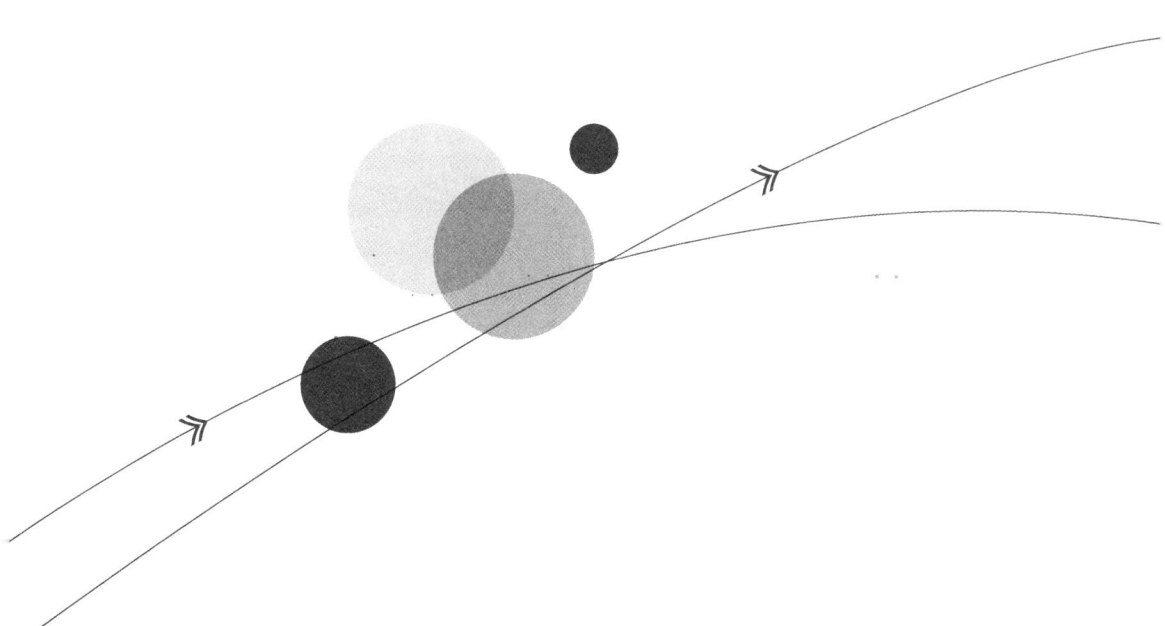

▶ 初中物理

探究光的反射规律

北京市三帆中学 迟鸿贞

一、使用教材

人教版《物理》八年级上册第四章第二节"光的反射"。

二、实验器材

自制演示教具：自制透明圆筒、转台、平面镜、激光笔、檀香、贴有彩条的透明板、长手柄厚三角板、刻有量角器的塑料板、长毛衣针。

学生活动教具：泡沫板、三根竹签、立体小三角、半圆量角器。

学生实验教具：激光笔、小平面镜、手电筒。

三、实验创新及改进要点

探究光的反射规律传统实验是通过扩束器将点状激光光源变为直线光束，法线直接给出，实验过程更像是验证而非探究。

本教具创新点：

（1）采用激光笔的点状光源，通过烟室呈现清晰的光路。

（2）烟室可旋转，便于学生多角度观察反射光路，可直接观察到反射光线、入射光线在同一平面内。

（3）烟室做成圆筒形，可通过旋转筒盖改变入射光的方向，便于学生观察多种入射情况下的反射光路。

（4）改变镜面放置的倾斜角度，便于学生观察反射面变化时的反射光路。

（5）变无形为有形：将两条光线所在的平面以实物形式标记出来，便于进一步观察和研究该面与镜面的位置关系。

（6）改变传统教学中直接给出法线的做法，通过观察引入对称轴，用量角器测量角度，然后保证入射点不变，改变入射的角度，通过观察量角器的读数，发现对称轴不变，从而意识到对称轴的重要性，引入法线的概念。

（7）可将学生的竹签光路模型放入烟室进行检验。

四、实验设计思路

（1）让学生利用手电筒和平面镜体验反射现象，利用竹签和泡沫板初步建立一个反射光路模型。

（2）利用旋转烟室展示反射光路：①同一束入射光，多角度观察；②入射光的方向改变，再次观察；③镜面倾斜，再次观察。发现各种情况下，反射光线和入射光线都在一个平面内。

（3）在立体空间中标记出两条光线所在的平面，并利用三角板检测这个面与镜面的垂直关系。

（4）在平面中标记出对称轴，利用量角器测量角度。

（5）保证入射点不变，多次改变入射角度，通过量角器的读数，发现对称轴不变，体会对称轴的重要性。

（6）观察总结对称轴与镜面的位置关系，引入法线概念，同时介绍入射角和反射角。

（7）学生根据反射光路的特点，修正竹签光路模型，体会法线的作用，并利用烟室进行光路检验。

（8）通过学生表述竹签光路模型的修正过程，总结出反射定律。

五、实验教学目标

（1）观察多种情况下的反射光路，让学生知道反射光线和入射光线所在的平面是垂直于镜面的，知道法线过入射点且垂直于镜面，反射光线和入射光线关于法线对称，从而培养学生发现问题、提出猜想、实验探究、获取证据、准确表述的实验探究能力。

（2）在模型的建立与修正过程中，让学生体会法线在确定反射光线所在平面的过程中有重要作用，发展学生模型建构的科学思维，培养学生严谨的科学态度，从而体现对学生物理学科核心素养的培养。

（3）通过模型修正，培养学生与他人合作的科学态度，通过模型验证使学生获得成功的体验。

六、实验教学内容

学生活动1：利用竹签在泡沫板上初步建立反射光路模型（反映前认知）。

演示实验1：全方位演示多种反射光路：①同一束入射光，多角度观察；②入射光的方向改变，再次观察；③镜面倾斜，再次观察。

演示实验2：变无形为有形，将面呈现出来；证明该平面垂直于反射面。

演示实验3：轴对称关系的演示与证明，凸显法线的作用。

学生活动2：根据反射特点，修正竹签反射光路模型（反映新认知）。

学生活动3：验证反射模型是否正确。

七、实验教学过程

（一）设置情境，引发猜想

设置情境：播放塔式太阳能电站视频，发现定日镜要随时根据太阳光的方向调整角度,使得反射光始终照到塔顶的接收装置上。

让学生利用手电筒和平面镜模拟定日镜的调节,体验反射现象,并介绍入射光线、反射光线、入射点、镜面的概念。

引发猜想:反射光线与入射光线和镜面的关系是怎样的?

(二) 建立模型,体现学情

学生活动1:利用竹签在泡沫板上初步建立一个反射光路模型,反映学生的前认知。

(三) 实验探究,观察表述

(1) 演示实验1:利用旋转烟室展示反射光路。

1) 同一束入射光,多角度观察,如图1、图2所示;

2) 改变入射光的方向,再次观察图1、图2所示光路;

图1 正前方观察反射光路 　　　　　图2 侧面观察反射光路

3) 倾斜镜面,再次观察,如图3、图4所示。

图3 正前方观察镜面倾斜时的反射光路 　　图4 侧面观察镜面倾斜时的反射光路

现象:反射光线和入射光线都在一个平面内。

(2) 演示实验2:变无形为有形,在立体空间中标记出两条光线所在的平面,并利用三角板检测这个面与镜面的垂直关系,如图5所示。

(3) 演示实验3:轴对称关系的演

图5 用三角板检测两条光线所在平面是否与镜面垂直

223

示与证明，凸显法线的作用。

1）在平面中标记出对称轴，利用量角器测量角度，如图 6 所示。

2）保证入射点不变，多次改变入射角度，通过测量发现对称轴不变，体会对称轴的重要性，如图 7 所示。

3）引导学生观察并总结对称轴与镜面的位置关系，引入法线概念，再介绍入射角和反射角。

图 6　对称轴及量角器　　　图 7　多次改变入射角，对称性不变

（四）模型修正，实验验证

学生活动 2：根据反射光路的特点，借助器材盒中的工具修正竹签光路模型，体会法线的作用，如图 8、图 9 所示；模型建立完毕，利用烟室检验光路模型是否正确，如图 10 所示。

图 8　学生修正竹签模型 1　　图 9　学生修正竹签模型 2　　图 10　真实光路验证

学生表述竹签光路模型的修正过程，并总结出反射定律的三条内容。修正过程：先过入射点竖立一条垂直于镜面的对称轴（见图 11），再在入射光线和对称轴所确定的面上，根据对称性插入反射光线（见图 12），从侧面用一只眼睛观察三线是否共面（见图 13）。

图 11　插入法线　　　　图 12　插入反射光线　　　　图 13　检查是否共面

（五）总结规律，提炼升华

根据学生的表述，总结反射定律的内容：反射光线、入射光线和法线在同一个平面内；反射光线、入射光线分居法线两侧；反射角等于入射角。

这三条内容不仅肯定了法线的作用，也指出了如何在空间确定反射光线的位置。通过分析反射定律的这三条内容，提升学生对法线作用的认识，从科学表述上升华学生对反射定律的理解。

八、实验效果评价

实验教具的改进弥补了传统教具的不足，使得探究光的反射规律在空间中更加灵活便捷。利用可旋转烟室清晰地呈现出光路，学生能够全方位、多角度地观察，有助于发展学生发现问题、提出猜想、实验探究、获取证据、准确表述实验探究的能力。在立体空间中将平面和法线呈现出来，学生更容易观察面与面、线与面的垂直关系并能测量验证，有助于发展学生模型建构和推理论证的科学思维，更好地体现新课程的教育理念，有助于发展学生的物理学科核心素养。

通过合理设计本节课的物理实验教学过程，充分体现知识的形成过程，尊重学生的认知规律。利用竹签建立光路模型，不仅能把学生前认知和学习之后的认知直观形象地呈现出来，更能使学生在建模的过程中体会法线的特点和作用，培养严谨的科学态度。

看得见的规律
——光的反射

上海市向明初级中学 郑亮亮

一、使用教材

上海教育出版社《物理》八年级第一学期（试用本）第二章"光"的第一节"光的反射"。

二、实验器材

演示实验：自制三维光路演示器；玻璃板、白纸、量角器、激光灯、激光夹、三根铁丝、砖形泡沫。

学生实验：有马眼睛的磁性贴纸、平面镜、激光灯、激光夹、光具盘、量角器。

三、实验创新要点（备注：*号为后继光学教学所用到的创新点）

三维光路演示器的创新要点：在光的传播知识的教学中，光路一般情况下不可见，所以设计了这个教具。它具有直观、多功能、易操作的特点，有利于提高教学效率。

实验说明：强激光能使光路更加明亮，便于观察。但强激光有危险，严禁照射人，严禁长时间照射可燃物。强激光的使用只适合做演示实验，教师在仔细观察镜面、确定光的传播路径范围、确保安全的情况下再操作。如果换成学生实验，必须换成小激光灯，强调不能对着人，让学生从特定范围观察，确保安全。

具体实验创新点：

（1）光路可见：便于描述光的反射现象，理解入射光线、反射光线和入射点的概念。

之前在开放式的空气中的光路用喷雾器来显示，空气的流动使光路不稳定、断断续续、时强时弱，且镜面易落上小水滴，使反射光线发散，影响实验效果。又或者用蚊香来补充烟雾到密闭空间，产生烟雾太慢，达到较好的效果时间太久，同时镜面易落满微粒，影响反射效果。使用明火也易点燃可燃物，燃烧后的灰尘也要清理。至于用细棉线来显示光路，太难于调节。

我用电子烟搭配洗耳球可随时补充烟雾，烟雾密闭在固定空间内能迅速扩散并均匀分布，由于微粒在微米级大小，悬浮在空气中可达6h，光线稳定持久安全，镜面长久光洁，反射效果好（见图1）。在固体中采用亚克力条，其中掺杂的均匀颗粒能反射光，使光路可见，在可见那面之外的其他面，用黑色阻燃胶布包裹，既安全也使光路更加清晰。在液体中用自来水时，光路太淡，不易观察。用淀粉溶液显示光路，因颗粒大小不同，看上去亮度不均匀、不够细腻，甚至随着可见的颗粒浮沉，能够看到光线好像在动。加入了"宝矿力水特"饮料和自来水，以体积比1∶10进行混合，颗粒细小而均匀，光路清晰明亮稳定。

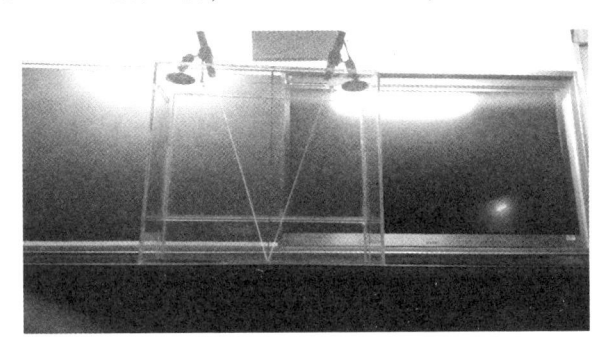

图1　光路可见

（2）三线共面（见图2、图3）：可旋转，多角度观察，还加入了法线实现三线共面的直观展示。

把教具放在玻璃板上，便于旋转，能多角度观察。下一步准备在底部安装转盘，转动更方便。法线这里采用铁丝，可沿横向凹槽移动，用两颗螺钉加弹簧使其稳定。用一块强力磁铁焊接铁丝，用另一块强力磁铁将其吸在教具顶部的面板上作为法线，移动一块强力磁铁就能移动铁丝的位置。既增加了密闭性使烟雾更稳定持久，也增加了法线的可调节范围，还能在转动时使铁丝不易晃动。

图2　正面观察反射光线、入射光线和法线

图3　侧面只能观察到一条光线

（3）镜面反射与漫反射的放大立体呈现。教材上的介绍没有立体感，这里用多块平面镜多角度搭在橡皮泥上，模拟粗糙面反射（见图4），两区域紧连在一起，可动态展示（见图5、图6）并进行对比，有空间感。强激光对人体有害，能点燃可燃物，所以对镜面摆放和入射的角度有要求，使反射光对着屋顶、墙面，绝不能照射到人或者长时间照射可燃物。平行光激光夹的使用（见图7）可轻易地实现单手发出平行光。

图4 粗糙面 　　　　　　　图5 镜面反射

图6 漫反射 　　　　　　　图7 平行光激光夹

（4）精准的光路可逆：光路可逆能多角度观察，加深对光路可逆的理解。手持激光灯模拟光路可逆，易晃动光线，不可能实现精准的光路可逆。激光夹（见图8）能随意调整角度、不晃动，易实现稳定精准的光路可逆（见图9）。

图8 激光夹 　　　　　　　图9 光路可逆

* （5）多角度呈现光在固、液、气中的直线传播。

* （6）光在不均匀介质中改变光路。

*（7）多角度呈现折射现象。

*（8）多角度呈现折射现象中光路可逆。

*（9）用其他光学实验呈现光路。

四、实验原理

（1）光的反射。

原理：光的反射现象。光在两种介质的界面上改变传播方向，并返回原有介质中的现象叫光的反射现象。

利用密闭的空间中悬浮微米级颗粒，光在颗粒物表面反射，使光线可见稳定持久。

（2）三线共面。

原理：反射光线、入射光线、法线在同一平面内。

在转动教具时用单眼观察，发现三线慢慢地重合了，推理得出三线共面。

（3）漫反射与镜面反射。

原理：因为反射面粗糙，所以用平行光线入射，产生非平行的反射光线。因为反射面光滑，所以用平行光线入射，产生平行的反射光线。

（4）光路可逆。

原理：在光的反射中光路是可逆的。

五、实验教学目标

（一）知识与技能

（1）知道光的反射现象，理解光的反射定律。

（2）知道在光的反射现象中光路是可逆的。

（3）认识漫反射与镜面反射，并能解释生活中的简单现象。

（二）过程与方法

经历探究光的反射定律，感受"问题、猜想、设计、实验、结论"的科学方法。

（三）情感态度与价值观

经过探究实验，培养学生对自然和科学技术的兴趣，形成合作交流、实事求是的科学态度。通过观察光的反射和光路可逆，体会物理中的对称美。联系生活，知道事物具有两面性。

六、实验教学内容

（1）光的反射。目标：便于描述光的反射现象，理解入射光线、反射光线和入射点的概念。

（2）三线共面。目标：直接观察反射光线、入射光线、法线在同一平面内。

（3）漫反射与镜面反射。目标：观察立体空间中的漫反射与镜面反射现象，并观察两种反射面的区别。

（4）光路可逆。目标：多角度观察精准的光路可逆。

七、实验教学过程

（一）新课引入

观看电影《赤壁》中的"回光阵"片段，引出光的反射现象。

（二）新课教学

（1）光的反射现象。

1）学生活动1：模拟情境"回光阵"。

器材：激光笔、平面镜、有马眼睛的磁性贴纸。

每组两人，一人用激光笔，另一人用镜面，调整镜面与入射光的角度后照射到马的眼睛。体会光可以在两种介质的界面上改变传播方向并有一定的规律，描述光的传播路径的变化，但描述不精准。

2）演示实验1：光的反射。

器材：三维光路演示器。

用自制教具呈现光的反射现象，精确描述，总结定义"光的反射现象"和相关光路图的概念。并引发猜想：反射角等于入射角。

引出学生所需器材：反射需要平面镜，光源需要激光笔，光线呈现需要平面，量角需要量角器。介绍光具盘、激光夹具有以上功能。

（2）探究光的反射定律。

1）学生实验1：反射角等于入射角。

器材：激光灯、激光夹、光具盘。

实验步骤：确定入射点在零刻度线与镜面的交点。再取任意角度的入射角照射，观察并记录反射角（见表1）。重复上述步骤，多次测量。

表1 反射角与入射角

入射角							
反射角							

结论：反射角等于入射角。

2）演示实验2：反射光线、法线和反射光线模型。

器材：三根铁丝、砖形泡沫。

步骤：呈现反射角等于入射角的反射光线可能有无数条。

结论：反射光线唯一，所以还存在位置方面的规律。

3）演示实验3：三线共面。

器材：三维光路演示器。

步骤：教师旋转三维光路演示器，单眼观察，在特定角度看上去三线重合了，推导出三线在同一平面。

结论：反射光线、入射光线和法线在同一平面内。

4）演示实验4：模型展示两条光线在法线同侧但共面。

器材：三根铁丝、砖形泡沫。

步骤：模型展示两条光线在法线同侧但共面，发现和多组实验现象矛盾。

结论：反射光线、入射光线分别位于法线两侧。

总结：光的反射定律：光发生反射时，反射光线、入射光线与法线在同一平面内；反射光线和入射光线分别位于法线两侧；反射角等于入射角。

(3) 漫反射与镜面反射。

1）学生活动2：完成学习单，利用光的反射定律画出反射光线（见图10）。

图10 画出反射光线

教师板书演示一个反射光线，学生完成其他的。发现入射光线都是平行的，但是反射光线射向四面八方、不平行，定义这就是漫反射。

2）演示实验5：漫反射与镜面反射。

器材：三维光路演示器。

步骤：用平行光分别照射粗糙反射面与镜面，观察反射光线的位置变化。

结论：粗糙反射面上产生漫反射，平滑反射面上产生镜面反射，都遵循光的反射定律。

(4) 光路可逆。

1）学生活动3：通过镜面看对方的眼睛。

步骤：同时都能看到对方眼睛，或者同时看不到对方眼睛。

结论：可能光路是可逆的。

2）演示实验6：光路可逆。

器材：三维光路演示器。

步骤：多角度观察沿红色的反射光线发出一条绿色的入射光线，绿色的反射光线沿红色的入射光线射出。

结论：在光的反射中，光路可逆。

（三）应用

光的反射在我们的生活中有哪些例子？

（1）高楼上玻璃幕墙的光污染。

（2）交警的反光服。

总结：光的反射在生活中有利有弊，我们要利用所学，趋利避害。

（四）小结

今天我们学习了哪些内容：光的反射现象、光的反射定律、漫反射与镜面反射、光路可逆。

八、反思与评价

本节课的四个演示实验都由"三维光路演示器"一个器材完成，操作简单、视觉效果明显，便于通过观察实验现象，自主归纳得出相应结论，从而落实本节课的实验教学目标。

本节课物理学科的核心素养体现：

（1）物理观念：光的反射现象中光路是可逆的。

（2）实验探究：经历探究光的反射定律，感受"问题、猜想、设计、实验、结论"的科学方法。

（3）科学思维：在探究光的反射定律教学中，经历了模型建构、科学推理和科学论证，发展了学生的科学思维。

（4）科学态度与责任：在光的反射现象中，理解科学、技术、社会、环境（STSE）的关系，并逐渐形成对科学和技术应有的正确态度以及责任感。

光的折射

石家庄市桥西区第十九中学　白杨

一、使用教材

人教版《物理》八年级上册第四章第四节"光的折射"。

二、使用器材

自制暗室（模拟帐篷）、水瓶、射灯、激光笔、亚克力箱、肥皂、烟雾、平行玻璃砖、白纸、不同颜色的彩笔、刻度尺、量角器、自制光的折射演示器、等高的两个玩偶、两部手机、水、小杯子、挡板（模拟天空星星）、支架、浓盐水、直角弯管。

三、实验创新要点

（1）折射规律探究实验：传统实验采用半圆形玻璃砖，如图1所示。当光从玻璃射入空气时，有可能发生全反射。细心的同学会发现，当光沿半径入射时，传播方向不变，无形中增加了学生的认知障碍。改进后，加装平面镜，利用反射沿圆心入射，但操作困难。我采用平行玻璃砖，可以进行光从空气射入玻璃、光从玻璃射入空气、光路可逆三个层次的探究，层层递进，得出折射规律水到渠成。

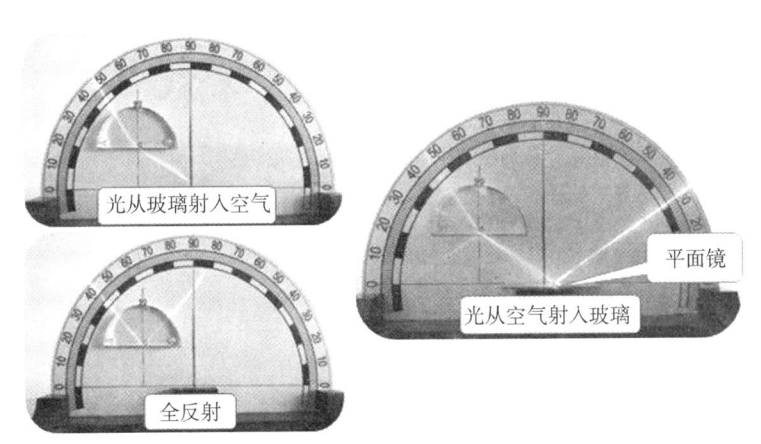

图1　传统实验

（2）以故事为明线，以问题为暗线。

（3）用三个实验将孤立的应用有机串联，层层递进，课堂效果佳。

四、实验教学内容与过程

(一) 教学目标

科学思维：在设计实验过程中培养学生严谨的科学思维。

物理观念：总结归纳光的折射规律，形成正确的物理观念。

态度责任：激发学生研究物理的好奇心与求知欲，培养实事求是的科学态度。

(二) 教材分析

(1) 理论知识：①承上：光的直线传播、光的反射。②启下：光的色散、透镜。

(2) 教学重点：光的折射规律。

(3) 教学难点：设计实验探究光的折射规律。

(三) 学情分析

学生对光的折射感性认识较少，实验设计与操作能力较差。

(四) 设计亮点

(1) 以故事为明线，以问题为暗线（见图2）：以"我的旅行故事"引入新课并贯穿始终，使学生整节课都沉浸在同一个有趣的情景中；利用问题内在的逻辑关系使学生由浅入深地进行阶梯式学习。

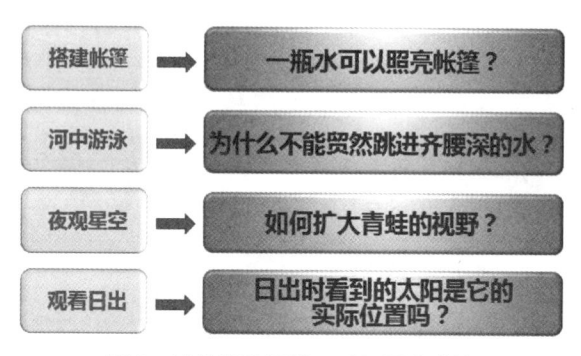

搭建帐篷	→	一瓶水可以照亮帐篷？
河中游泳	→	为什么不能贸然跳进齐腰深的水？
夜观星空	→	如何扩大青蛙的视野？
观看日出	→	日出时看到的太阳是它的实际位置吗？

图2 以故事为明线，以问题为暗线

(2) 小仪器，大威力：本节课重点实验采用底部贴有不透明胶带的平行玻璃砖进行。仪器虽然简单，但是通过巧妙的设计，可以进行光从空气射入玻璃、光从玻璃射入空气、光路可逆三个层次的探究（见图3），得出折射规律水到渠成。

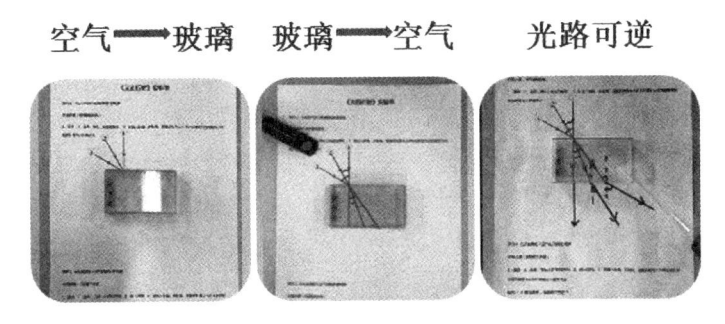

图 3　三个层次探究

（3）用三个实验将孤立的应用有机串联，层层递进，课堂效果佳（见图4）。

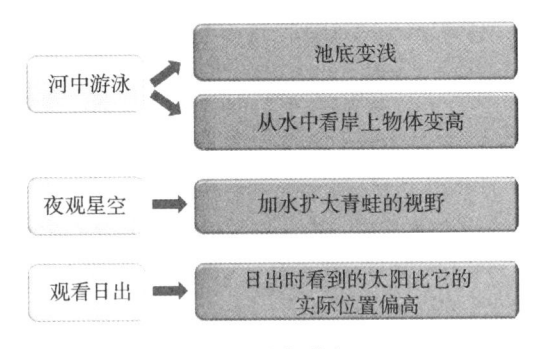

图 4　实验串联应用

（五）教学过程

（1）水瓶灯照亮帐篷，如图 5 所示，创设情境，提出问题，从生活走向物理。

放入水瓶前　　　　　　　放入水瓶后

图 5　模拟实验：一瓶水照亮房间

在旅行中搭建帐篷，内部昏暗、无法阅读，由此提出问题：一瓶水能照亮帐篷吗？自制暗室，顶部开孔，放入水瓶，学生在内部体验放入水瓶前后的变化。对比效果明显，激发学生强烈学习兴趣。提出问题：光在不同种介质中如何传播？

（2）演示实验（见图6）：光从空气射入水和玻璃时的现象。

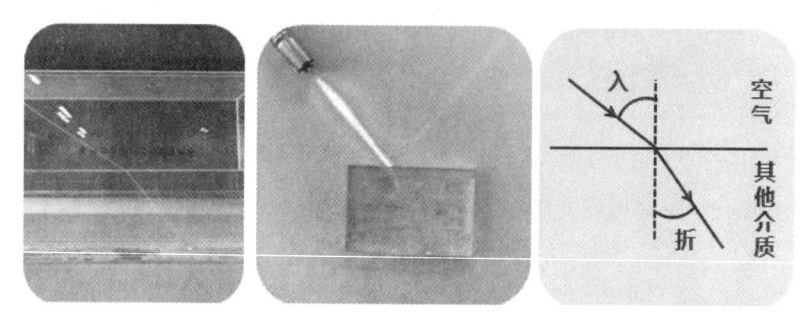

图6　光从空气射入玻璃

学生通过观察，发现光从空气射入其他介质时发生了偏折。利用这个实验使学生初步了解光的折射现象，并给出其中线和角的定义。再提出问题：光的折射遵循什么规律？

（3）实验探究光的折射规律。

1) 设计实验。传统实验采用半圆形玻璃砖（见图1），而我采用底部贴有不透明胶带的平行玻璃砖来完成探究，如图7所示。设计不同的问题来引导学生主动思考设计，完成实验，提高学生自主探究能力。

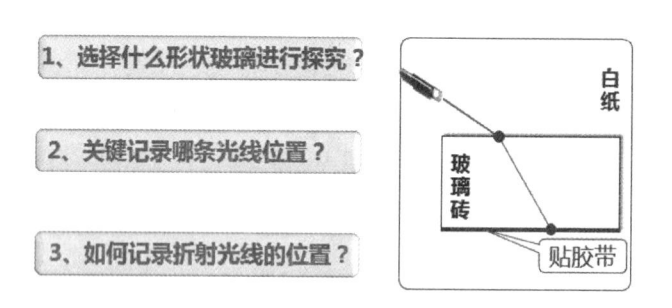

图7　问题引导学生设计实验

关键记录哪条光线的位置？折射光线。如何记录折射光线的位置？小组讨论得出描点连线的方法。

2) 探究一：光从空气射入玻璃。如图8所示，学生使光线沿着不同方向入射，找到折射光线，描点连线，找到并测量对应入射角和折射角的大小填入表

1，通过比较大小关系得出以下结论：①折射光线靠近法线；②折射角小于入射角；③垂直入射方向不变。

3）探究二：光从玻璃射入空气。如图9所示，撕去底部的胶带，使光从玻璃射出，在表2中记录数据。利用同样的方法进行探究，很容易得出光从玻璃射入空气的规律：①折射光线远离法线；②折射角大于入射角；③垂直入射方向不变。

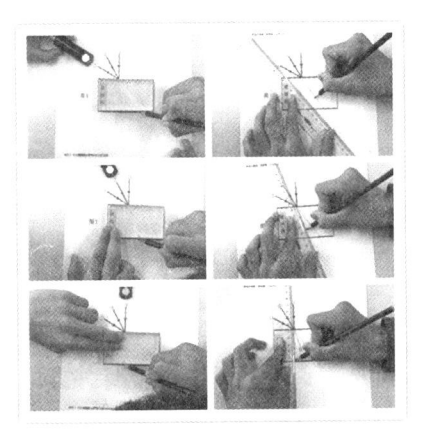

图8　光从空气射入玻璃　　　　　　　图9　光从玻璃射入空气

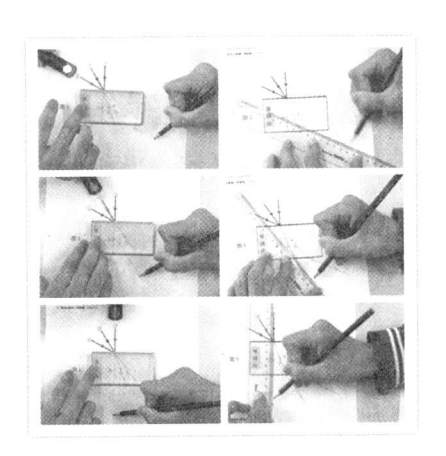

表1　光从空气射入玻璃数据记录

次数	1	2	3	4	5	6	7	8	9
入射角/°	0	10	20	30	40	50	60	70	80
折射角/°	0	7	13	19	25	30	35	39	41

表2　光从玻璃射入空气数据记录

次数	1	2	3	4	5	6	7	8	9
入射角/°	0	8	13	18	25	30	36	38	41
折射角/°	0	10	20	29	40	50	61	69	80

将两组实验数据对比分析，如图10所示，误差在允许范围之内，第一次的入射角和第二次的折射角相等，第一次的折射角和第二次的入射角相等。利用数学知识可以证明最初的入射光线和最终的折射光线平行。

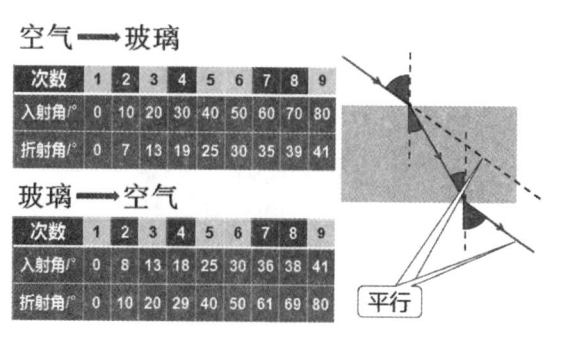

图10 光从空气射入玻璃和从玻璃射入空气实验数据对比

4）探究三：折射现象中，光路是否可逆？将实验单翻转，再进行实验，测量并和第一次的实验数据对比，如图11所示。在误差允许范围内，对应的角大小相等，可以得出：在光的折射现象中光路可逆。

图11 反向实验数据对比

5）探究四：光从空气射入水。那么光从空气射入水是这样的规律吗？课本上的实验如图12所示。

图12 课本实验图片

我将课本实验微型化，如图 13 所示。将水装入薄的亚克力箱，可旋转的圆盘方便改变入射角的大小，加装几个量角器，将定性分析变为定量研究。利用本装置不但可以探究光从空气射入水时的折射规律，撕去底部的胶带还可以探究光从水射入空气时的折射规律，既能演示光路的可逆性，又能呈现动态规律。

通过本装置进行实验，得出数据如图 14 所示。通过分析得出和光从空气射入玻璃相似的结论。

图 13　自制光的折射演示器

空气 ⟶ 水

次数	1	2	3	4	5	6	7	8	9
入射角/°	0	10	20	30	40	50	60	70	80
折射角/°	0	8	15	22	29	35	41	45	48

水 ⟶ 空气

次数	1	2	3	4	5	6	7	8	9
入射角/°	0	7	15	23	29	35	41	45	48
折射角/°	0	10	20	31	40	50	60	69	80

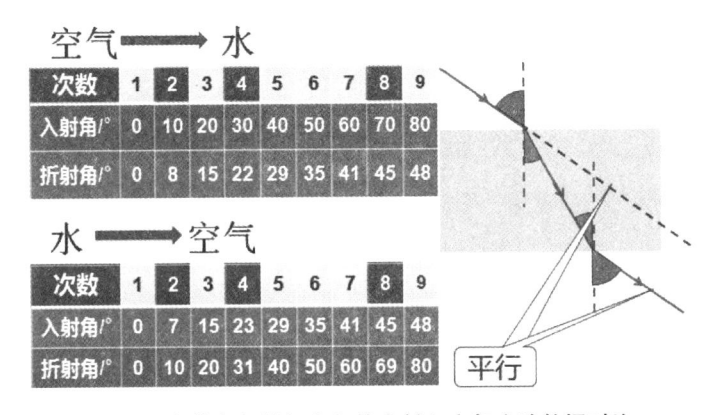

图 14　光从空气射入水和从水射入空气实验数据对比

6）拓展探究。将光从空气射入玻璃和水两组实验数据进行对比，如图 15 所示。当入射角相同时，折射角不同，于是得出结论：不同介质对光的折射能力不同。

空气 ⟶ 其他介质

次数	1	2	3	4	5	6	7	8	9
入射角/°	0	10	20	30	40	50	60	70	80
玻璃中折射角/°	0	7	13	19	25	30	35	39	41
水中折射角/°	0	8	15	22	29	35	41	45	48

图 15　光从空气射入不同介质中数据对比

通过两组实验，得出光的折射规律：法线居中，空气角大，同增同减，垂直不变，光路可逆。

· 239 ·

（4）利用折射规律解释现象。

1）由游泳引入问题：为什么不能贸然跳入齐腰深的水？如图 16 所示，通过摄像头同时拍摄有水和无水两种情况下的等高玩偶，得出从岸上看水中的物体变矮或者水变浅了，再通过光路作图解释原理。

图 16　池水变浅

再逆向思考，从水中看岸上的物体如何变化？如图 17 所示，利用两部手机同时拍摄等高的玩偶，一侧加入水，逐渐没过摄像头。对比现象，明显观察到从水中看岸上的物体变高，视野也变大了。再利用光路作图解释原理。

图 17　水中看岸上物体变高

2）通过旅行故事中听到蛙鸣，引入坐井观天的故事，并提出问题：如何扩大青蛙的视野？通过模拟实验再现青蛙眼睛看到的现象。如图 18 所示，手机摄像头模拟青蛙的眼睛，小杯子模拟竖井，挡板模拟天空，比较加水前后视野的变化，说明青蛙视野确实变大了，再利用光路作图解释原理。

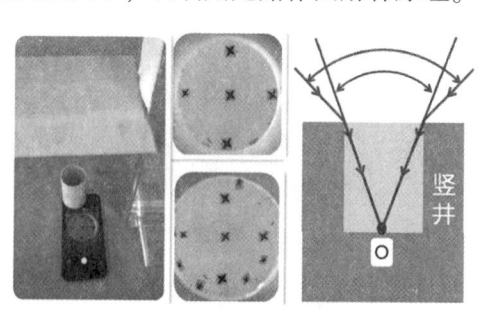

图 18　扩大青蛙视野

再回归实际，坦克观察窗应用了同样的折射原理。自制教具，如图19所示，使学生体验坦克观察窗视野的变化，深刻体会学以致用。

图19 模拟坦克观察窗

（5）将光的传播介质由不同介质转移到同种不均匀介质。如图20所示，用底部带孔的直角弯管将浓盐水注入清水底部，在浓盐水和清水的交界面处水不再均匀。当光在不均匀的水中传播时，不再沿直线传播，同样发生了折射。

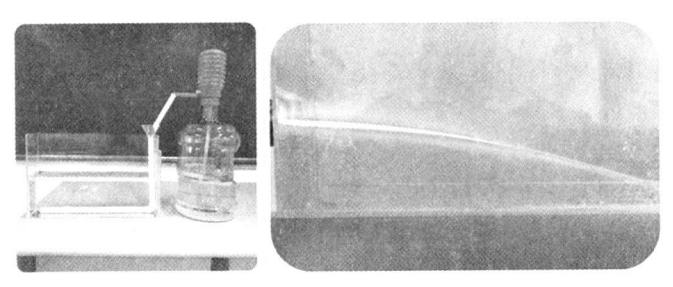

图20 光在不均匀水中传播

透过水观察岸上的物体变高，发散思维，日出时透过大气看到的太阳是它的实际位置吗？再利用激光笔模拟太阳，如图21所示。处在地平线以下，发出的光经过不均匀的大气折射后进入人眼，人眼逆着看过去，看到的太阳比它的实际位置偏高。

（6）回扣水瓶灯：最后利用视频"摩瑟灯回扣水瓶灯"，从物理回归社会。

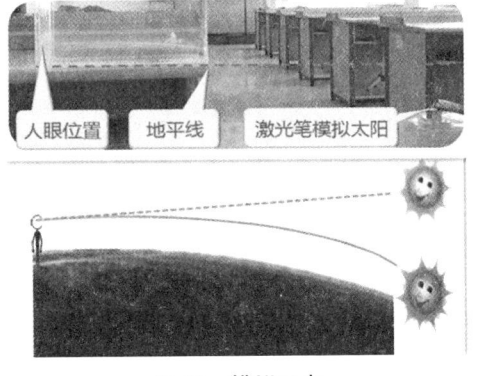

图21 模拟日出

五、实验教学效果与反思

（1）本节课让学生亲历从生活走向物理再从物理回归社会，使光的传播介

241

质从同种均匀介质变为不同介质再变为同种不均匀介质，体现了从实际到模型再还原到实际的思想。

（2）利用手机摄像头模拟眼睛，大大提高了实验的直观性，增强了学生的感性认识。

（3）以问题为引领，以实验为基础，通过自制教具、实验探究揭示了光的折射规律，突破了重难点，旨在培养学生的物理观念、科学思维等学科核心素养。

探究水的凝固和冰的熔化特点

自贡市蜀光绿盛实验学校　殷德丽

一、使用教材

2012年人教版《物理》八年级上册第三章第二节"熔化和凝固"。

二、实验器材

温度传感器、数据采集器、带相应程序的电脑、双层隔热玻璃杯、冰块、盐、水、自制螺旋状铜丝、电子温度计、暖风机、铁架台、打孔试管塞、烧杯、纸巾、水槽、搅拌棒。

三、实验创新要点

（1）将教材中分开进行的熔化和凝固实验融合，改为水连续经历凝固成冰又熔化成水的实验过程，直观对比分析晶体的熔点和凝固点。

（2）自制制冷剂：使用冰和盐制成冰盐水，将冰盐水装入双层隔热玻璃杯中能达到−19℃的低温环境，并能保持较长时间的低温，作为实验中的制冷剂。

（3）使用螺旋状的铜丝替代搅拌棒，避免实验中难以搅拌的问题；使用薄壁塑料管代替试管，避免水凝固后试管碎裂。

（4）简化原实验中繁杂的实验器材，改进成便于组装易于操作的实验装置。

（5）利用温度传感器采集实验数据，直观观察凝固和熔化中的温度变化特点。

四、实验设计思路

学生一开始设计的实验是将碎冰先熔化后凝固，但发现碎冰熔化速度快，难以收集实验数据。于是想到利用水作为实验物质，将先熔化后凝固的实验顺序更换为让水先在低温下凝固成冰，然后在常温下熔化成水。

除了想到使用冰箱开展实验，还有学生想到利用液态制冷剂采用水浴法使水降温凝固。从教材中课后介绍的水和酒精混合后凝固点降低的现象，教师引导学生思考冰中加入盐后冰的熔点也会降低。那能降低至多少呢？学生动手操作，制作了制冷剂冰盐水，利用身边物质自创了实验中的低温环境，解决了实验中的关键问题。

五、实验教学目标

（1）物理观念：认识熔化和凝固过程中物质形态的变化，了解晶体和非晶体的特点。

（2）科学思维：通过实验，学习用描点画线与图像分析实验数据，总结晶体熔化和凝固规律。

（3）科学探究：学习反思实验，动脑、动手改进实验方法和实验器材，探究物理规律，体验科学探究过程。

（4）科学态度与责任：在实验观察和数据分析中培养实事求是、尊重自然的科学态度和敢于探索的科学精神。

六、实验教学过程

（一）组织学生开展"探究固体熔化时温度变化规律"分组实验

实验结束后，学生绘制出如图1所示海波、石蜡熔化时的温度变化曲线，发现了它们的不同特征。交流评估中，学生提出这样的思考：

（1）教材中实验器材繁多、组装复杂，如何改进实验装置和实验药品？

（2）只通过一次海波的熔化就总结出晶体熔化规律，不符合多次实验的科学研究方法，其他晶体在熔化时温度也是保持不变的吗？

（3）课堂中只完成了熔化实验，但晶体的熔点和凝固点真的相同吗？

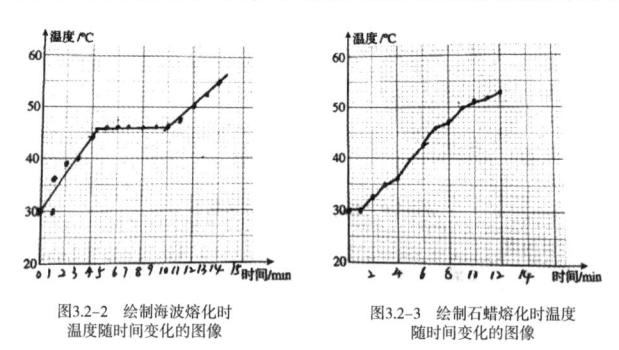

图3.2-2 绘制海波熔化时温度随时间变化的图像

图3.2-3 绘制石蜡熔化时温度随时间变化的图像

图1 学生绘制曲线

（二）师生共同确定探究活动课题——探究水的凝固和冰的熔化特点

经过对教材实验的反思，我和学生决定选用其他晶体再次开展探究活动，让晶体连续经历熔化和凝固两次物态变化。从教材中学生了解到，常见晶体中除了冰以外其余熔点均偏高。但由于冰从冰箱中取出后会快速熔化，难以收集数据，学生思考后决定改用水作为实验物质，并将先熔化后凝固的实验顺序改为让水先在低温下凝固成冰，然后在常温下熔化成水。于是确定了本次活动的课题"探究水的凝固和冰的熔化特点"。提出课题后，学生开始设计实验方案。

（三）学生设计并完成实验：用冰箱探究水的凝固和冰的熔化特点

（1）学生选用的实验器材有：塑料盒、电子温度计（见图2、图3）。

图2　塑料盒 　　　　　　　　图3　电子温度计

（2）实验步骤：

1）在塑料盒中装入适量水，放入电子温度计。

2）每隔2min观察一次水的状态变化并记录温度。

（3）实验反思：

1）实验时间太长。

2）冰箱中不易观察水的状态变化过程。

（四）教师指导学生设计并完成实验：用冰盐水做制冷剂探究水的凝固和冰的熔化特点

（1）学生制作冰盐水（见图4）：准备适量冰块，在冰块上撒上盐；搅拌冰块，冰在熔化过程中吸热形成冰盐水；将冰盐水装在隔热装置中，可以保持较长时间的低温；为了便于观察，学生选用了双层隔热玻璃杯装取冰盐水。

冰块　　　　加入盐　　　　搅拌冰块　　　　倒入隔热杯　　　　冰盐水

图4　制作冰盐水

（2）将装有水的塑料管放入冰盐水中，在水中放入电子温度计，观察电子温度计示数变化和水的凝固过程。

1）温度下降至-2.7℃时，水并未凝固，如图5所示。轻轻抖动塑料管时，塑料管表面部分水快速结冰。学生收集相关资料了解到过冷水的凝固需要凝结核，抖动塑料管时上面过冷水以空气中杂质作为凝结核快速凝固结冰，如图6所示。

· 245 ·

图5　未凝固的水　　　　　　图6　部分水快速凝固成冰

2）在上面部分过冷水快速凝固的过程中，温度计示数突然快速上升。学生对该现象作出解释：水凝固要放出热量，快速放出的热量不能从试管及时散出，使得温度计示数快速上升。

3）在剩余水逐渐凝固的过程中，温度计示数保持在0.1℃，即水的凝固点为0.1℃，凝固完后冰温度开始下降。

（3）将凝固好的冰从冰盐水中取出，放入常温水中，观察电子温度计示数变化和冰的熔化过程，如图7所示。

实验发现：冰在逐渐熔化过程中温度保持在0.1℃，即冰熔点为0.1℃，熔化完后温度开始升高。

（4）学生将实验数据描点画线，交流得到如图8所示的凝固和熔化曲线，总结出晶体的熔点和凝固点相同。

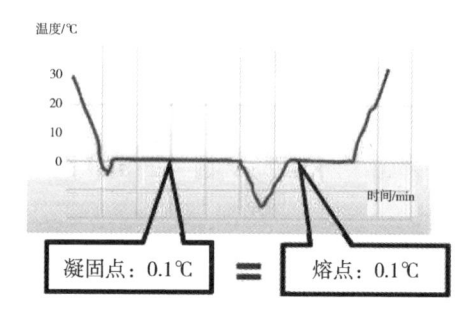

图7　冰熔化　　　　　　图8　冰的熔点和凝固点图像

（五）使用温度传感器探究水的凝固和冰的熔化，直观观察凝固和熔化中的温度变化特点

学生还使用温度传感器收集实验数据，直观观察水在凝固和冰在熔化过程中的温度变化（见图9）。实验中学生还发现了水在4℃以上和4℃以下的温度变化快慢不相同。

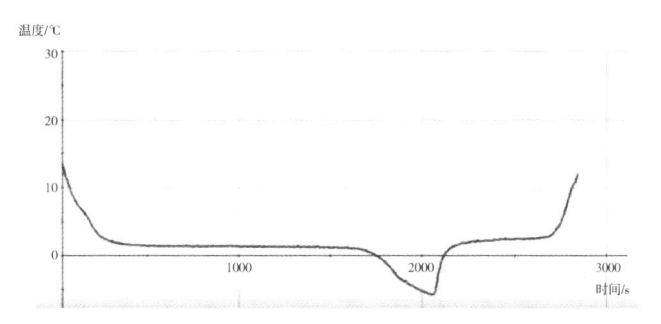

图 9　水凝固和冰熔化过程中的温度变化

七、实验教学效果评价

这次探究之旅是学生从问题出发，自主设计实验解答疑惑的过程，这个过程培养了他们实事求是的科学态度。我们从实验物质、器材、环境多维度进行探索，最终形成的装置还可用于家庭实验，实现课堂的翻转。在设计中使用了温度传感器，在尊重传统实验的基础上发挥了现代教育技术在教学中的重要作用。

当然它还存在诸多不足，例如实验的可视性有待进一步提高，同时实验干扰因素较多，水中的杂质、温度计的灵敏度都会对实验产生影响。不过也正是因为实验的不稳定性，才有了许多意想不到的发现。

大气压强

北京市东直门中学　张洛宁

一、使用教材

人教版《物理》八年级下册第九章第三节"大气压强"。

二、实验器材

（一）易拉罐形变系列实验

（1）手捏形变：空易拉罐、橡皮膜。

（2）打气形变：将开口密封的空易拉罐放入密封罐，上方压有硅胶片保证气密性良好，打气筒通过气门向密封罐中打气。实验装置如图1所示。

（3）不打气也形变：空易拉罐1个、适量清水、酒精灯、石棉网、支架、蒸发皿、橡皮泥、镊子。空易拉罐中倒入适量清水，在酒精灯上加热。一段时间后利用橡皮泥密封开口，用镊子拿起，浇水。

图1　打气形变实验装置

（二）"有气压不发生形变"实验和"有气压差发生形变"实验

（1）有气压不发生形变实验：两个圆柱形空管一端绷有橡皮膜、另一端开口。利用胶带将两个圆柱形空管绷有橡皮膜的一端连接在一起。开口一端都通过橡胶管与同一个吹气嘴相连（见图2）。

（2）有气压差发生形变实验：两个圆柱形空管一端绷有橡皮膜、另一端开口。利用胶带将两个圆柱形空管绷有橡皮膜的一端连接在一起。开口一端通过橡胶管分别与两个吹气嘴相连（见图3）。

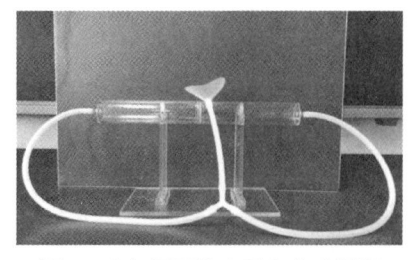

图2　有气压不发生形变实验装置 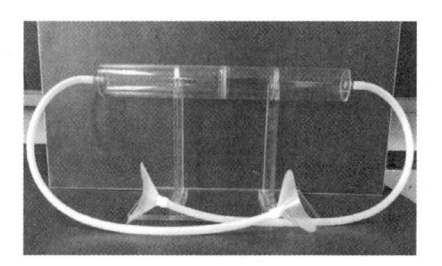　　图3　有气压差发生形变实验装置

（三）粗测大气压改进实验

本实验装置由真空罩、压力计、负压表、橡皮膜、进气阀、抽气阀、气泵组装而成（见图4）。

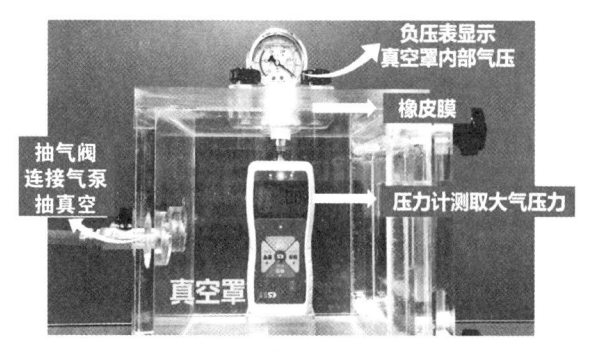

图4 粗测大气压改进实验装置

压力计测量范围是 0~500N，测量精度为 0.1N。使用该压力计可以直接读取压力和拉力大小（见图5）。

图5 压力计使用方法

如图6所示，真空罩左侧装有两个气阀，一个与气泵相连抽气，另一个与大气相连进气。真空罩右侧设有取物口，取物口盖子边缘装有橡胶圈，拧上螺栓保证真空罩内部气密性良好。

图6 气阀和取物口

所使用的气泵和负压表如图7所示，气泵打开抽气，负压表指针显示真空罩内部气压大小。

图7 气泵和负压表

橡皮膜固定在直径为2.8cm圆形模具上，真空罩上方有橡皮膜卡槽，将圆形模具放入，保证真空罩内部气密性良好（见图8）。

如图9所示，橡皮膜上方处于大气环境，下方在真空罩内。压力计固定在真空罩内部，压力计上方托盘与橡皮膜接触无挤压。抽气内部气压减小，内外气压差增大，橡皮膜受到向下的压力增大，压力计直接测取其大小。当下方为真空环境时，压力计可以直接测取大气压力（见图10）。

固定好的橡皮膜

橡皮膜卡槽　　将橡皮膜固定在真空罩上方　　保证气密性良好

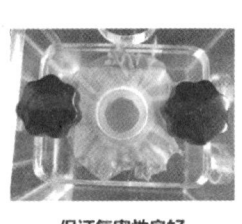

图8 橡皮膜固定方法

橡皮膜上方与大气相连　　橡皮膜下方在真空罩内

图9 橡皮膜上下分别处于大气和真空罩环境

大气压强

压力计固定在真空罩内　　压力计上方托盘与橡皮膜接触无挤压

图 10　压力计测取大气压力的方法

（四）气压差和液体压强平衡实验

实验装置有可拆卸 U 形弯管、带有胶塞的抽气装置、水槽（见图 11、图 12）。

图 11　可拆卸 U 形管

图 12　抽气装置和水槽

三、实验创新要点/改进要点

（一）易拉罐形变系列实验

通过易拉罐形变系列实验，从用手施加压力使易拉罐形变到打气使易拉罐形变再到不打气易拉罐也形变（见图 13），在探索物理现象内在联系过程中认识到气压、大气压的存在，注重物理观念的形成过程，充分利用学生的前概念。

· 251 ·

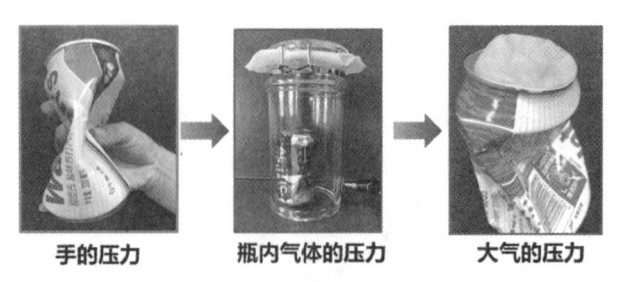

图 13　易拉罐系列形变实验创新要点

（二）"有气压不发生形变"实验和"有气压差发生形变"实验

如图 14、15 所示，通过有气压不发生形变和有气压差发生形变实验，理解气压差产生压力差使物体形变（见图 16）。正确认知气压与形变的关系，在证伪与证实实验中培养学生的科学思维能力。

图 14　有气压不发生形变实验——学生无论如何使力橡皮膜无形变

图 15　有气压差发生形变实验——学生吹气发现橡皮膜形变

图 16　橡皮膜形变对比

（三）粗测大气压改进实验

利用压力计直接测取大气压力，应用学生所学的固体压强、受力分析等知识计算得到大气压的大小，符合学生认知水平，提高学生科学思维能力。

(1) 传统"吸盘实验"存在的不足：

1) 如图 17 所示，弹簧测力计对应的拉力和大气压力平衡，属于间接测量，学生难以理解。

2) 用测力计测量拉力，橡皮碗半径约为 0.4cm，实际操作中难度大。

3) 橡皮碗脱离玻璃瞬间使用测力计读数误差极大。

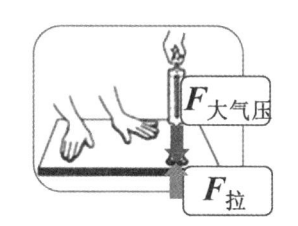

图 17 教材测量大气压力方法

4) 橡皮碗紧贴玻璃内部无空间感，学生不认可真空环境。

(2) 粗测大气压实验改进要点：

1) 直接测量大气压力，符合学生认知（见图18）。如图19所示，将压力计放入真空罩内，压力计上方装有橡皮膜，橡皮膜上方处于大气环境，下方处于真空罩内。打开气阀抽气，真空罩内部气压减小，橡皮膜上下气压差增大，橡皮膜受到向下的压力增大，压力计可以测取其大小。当内部接近真空时，压力计直接测取大气压力。

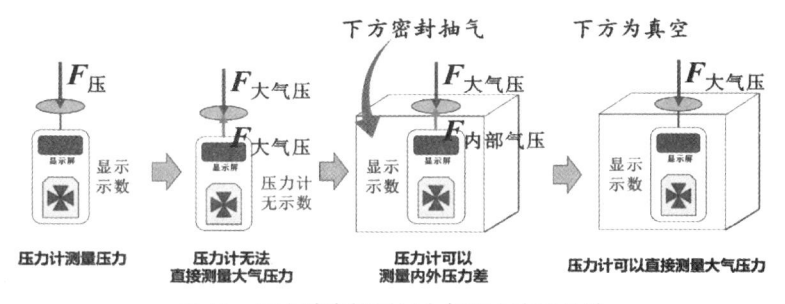

图 18 压力计直接测量大气压力方法设计

2) 利用气泵抽取真空罩内气体，创造内部真空环境。

3) 压力计峰值保持功能直接记录大气压力大小。

4) 负压表显示内部气压大小，学生认可真空环境。

(3) 改进实验测量数据与传统吸盘实验测量数据对比。如图 20 所示，利用压力计进行传统吸盘实验测得的大气压值为 $0.35×10^5$Pa，改进实验测得的大气压值则为 $1.02×10^5$Pa。通过改进实验极大地减小了实验误差，提高了粗测大气压的准确程度，学生顺利认识到大气压的数量级为 $1\times10^5 Pa$。

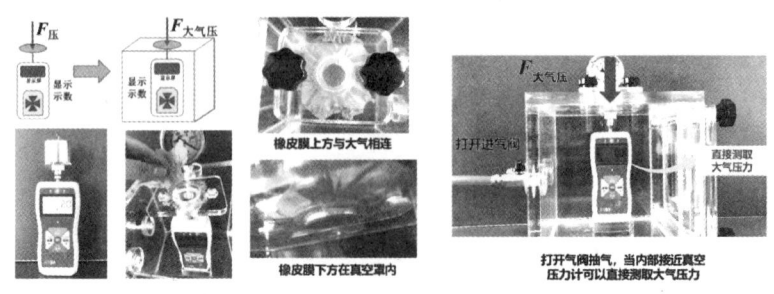

图 19 实验装置制作实现设计

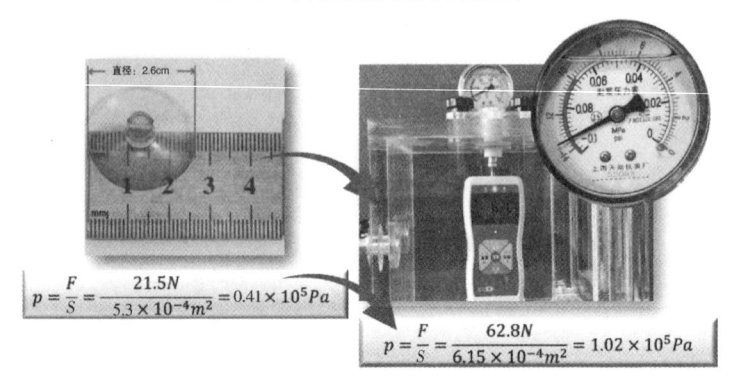

$$p=\frac{F}{S}=\frac{21.5N}{5.3\times10^{-4}m^2}=0.41\times10^5 Pa$$

$$p=\frac{F}{S}=\frac{62.8N}{6.15\times10^{-4}m^2}=1.02\times10^5 Pa$$

图 20 改进实验与吸盘实验大气压数据对比

（四）气压差与液体压强平衡实验

如图 21 所示，通过学生熟悉的气压差与液体压强平衡现象理解托里拆利实验测量原理，突破精确测量大气压教学难点。

设计各部分均可拆卸的 U 形空管，一端开口，另一端绷有橡皮膜，放入一定量液体后橡皮膜向上突起，反映液体压强的存在。抽气后橡皮膜恢复形变说明气压差与液体压强平衡。将 U 形管放入液面与橡皮膜相平的水槽中，依次撕去橡皮膜、拆解实验装置，发现 U 形管左侧液面高度基本保持不变。

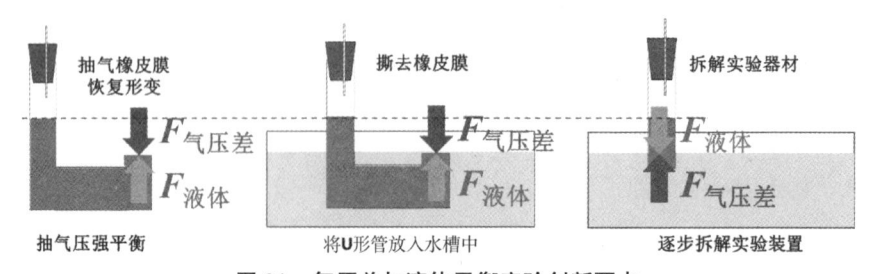

图 21 气压差与液体平衡实验创新要点

四、实验原理/实验设计思路

(一) 易拉罐形变系列实验

(1) 实验原理：力使物体发生形变。

(2) 实验设计思路：从手施加的压力到气体的压力再到大气的压力使易拉罐形变，将新概念自然地转入学生的已有知识中。学生分组实验和教师演示实验相结合，帮助学生顺利认识看不见的气压、大气压，形成物理观念。

(二) "有气压不发生形变"实验和"有气压差发生形变"实验

(1) 实验原理：气压差使橡皮膜发生形变。

(2) 实验设计思路：

1) "有气压不发生形变"实验。吹气时橡皮膜两端气压相等，不存在气压差，橡皮膜不发生形变。证伪"有气压一定使物体发生形变"的思维错误。

2) "有气压差发生形变"实验。吹气时橡皮膜两端气压不等，产生压力差，橡皮膜发生形变。证实"有气压差使物体发生形变"的正确猜想。

及时发现学生错误认知并通过证伪实验和证实实验予以纠正，培养学生的科学思维能力。

(三) 粗测大气压实验

(1) 实验原理：$p=F/S$。

(2) 实验设计思路：通过粗测改进实验装置，直接测量大气压力，利用公式计算出大气压的粗略值。

(四) 大气压与液体压强平衡实验

(1) 实验原理：$\Delta p_气 = p_液$。

(2) 实验设计思路：如图22所示，以学生熟悉的气压差与液体压强平衡引入，在逐步拆解实验器材过程中理解气压差与液体压强平衡体现为压起一定高度的液体。在实验探究基础上科学推理得出大气压压起水柱高度为10m。

图22 实验设计思路

五、实验教学目标

（一）核心素养目标

义务教育阶段初中物理学业标准中的科学内容标准及对应的核心素养目标见表1。

表1　实验教学物理核心素养目标

国家核心素养一级指标	国家核心素养二级指标	国家核心素养三级指标	学科核心素养指标	课程对应的目标
文化基础	科学精神	理性思维	物理观念	知道气压、大气压的存在，认识到存在气压差才有压力差使物体发生形变
				知道大气压的数量级，知道标准大气压数值以及对应液柱高度
			科学思维	通过易拉罐系列形变实验，在探索物理现象内在联系过程中，承认气压、大气压的存在
		勇于探究	科学探究	大气压与液体压强平衡实验
			科学推理	在大气压与液体压强平衡实验基础上，推理出大气压对应液柱高度
社会参与	责任担当	社会责任	科学态度与责任	通过对大气压粗测量数据的分析，学生养成对待实验实事求是的科学态度和严谨的科学作风
				通过解释生活中大气压的利用实例，学生形成应用所学知识解决实际问题的意识

（二）制定目标

依据课标、义务教育阶段初中物理学业标准的要求，结合学生的年龄特点和认知水平，制定了如下的三维目标。

（1）知识与技能：

1）知道气压、大气压的存在，认识到存在气压差才有压力差使物体发生形变。

2）知道大气压的数量级，知道标准大气压数值以及对应液柱高度。

3）知道大气压在生产、生活中的应用，会用气压差解释现象背后的物理原理。

（2）过程与方法：

1）通过"易拉罐系列形变实验"，在探索物理现象内在联系过程中承认气压、大气压的存在。

2）通过"有气压不发生形变证伪实验""有气压差发生形变证实实验"，理解存在的气压差产生压力差使物体发生形变。

3）通过"气压差与液体压强平衡实验"，认识到气压差与液体压强平衡能够压起一定高度的液体，纠正学生的错误前概念。

（3）情感态度与价值观：

1）通过实验感知气压、大气压的存在，同时培养分组协作的精神。

2）分析"粗测大气压改进实验"中所得数据，学生养成实事求是的科学态度。

3）通过本课实验的学习，解释生活中的大气压强实例与应用，学生形成学以致用的意识。

（4）教学重难点：

1）重点：①知道气压、大气压的存在；②通过"粗测大气压改进实验"大致测量出大气压强值（精确到真实数量级范围）。

2）难点：气压差与液体压强平衡能够压起一定高度的液体。

六、实验教学内容

（一）文字描述

（1）"易拉罐系列形变实验"充分利用学生的前概念，在探索物理现象内在联系的过程中，承认气压、大气压的存在。

（2）在认识气压的过程中，学生会有"有气压一定使物体发生形变"的思维错误，通过"有气压不发生形变""有气压差发生形变"实验，及时纠正学生错误认知。在此基础上播放震撼的大气压实验视频，学生再次感知大气压的存在，并且引发对大气压大小的好奇。

（3）通过"粗测大气压改进实验"测得大气压的粗略值，知道大气压的数量级，并且对实验数据进行有效分析，学生养成注重实事求是的科学态度。

（4）通过"气压差和液体压强平衡"实验为学生思维搭设台阶，顺利理解大气压精确测量方法——托里拆利实验测量原理。

（二）教学流程图

教学流程图如图 23 所示。

图 23　教学流程图

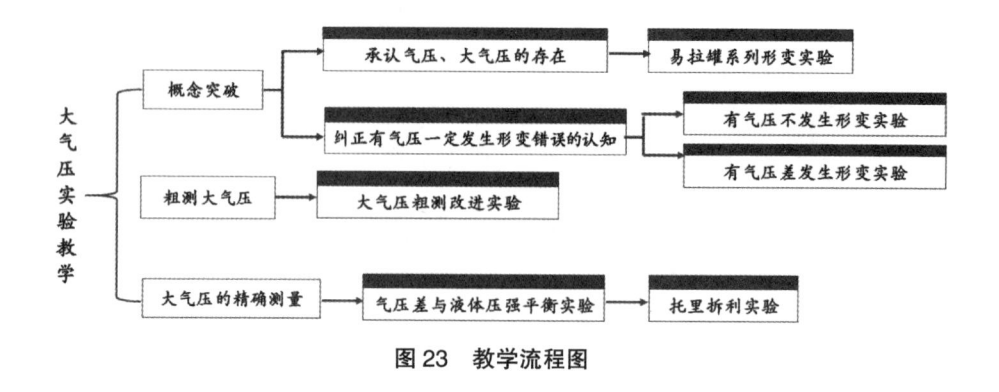

七、实验教学过程

（一）认识气压、大气压

教师：组织学生体验手施加的压力使物体形变。

学生：体验，感受。

教师：通过易拉罐"打气形变"实验引导学生认识气压。

学生：操作，体验，认识到气压的存在。

教师：通过"不打气也形变"实验引导学生认识大气压。

学生：观看，思考，认识到大气压的存在。

设计意图：充分利用学生正确的概念和前概念，在探索物理现象内在联系过程中，承认气压、大气压的存在。

（二）有气压一定发生形变吗

教师：引导学生思考"有气压一定发生形变吗"。

学生：思考，讨论，无法达成一致。

教师：通过"有气压不发生形变"实验证伪错误认知。

学生：认识到有气压不一定发生形变；猜想气体使物体形变原因。

教师：通过"有气压差发生形变"实验证实正确猜想。

学生：认识到气压差使物体发生形变原因。

设计意图：纠正认识气压过程中形成的"有气压一定使物体发生形变"的思维错误；两实验对比，证伪思维错误，证实正确猜想，培养科学思维能力。

（三）粗测大气压改进实验

教师：通过播放大气压实验视频引发学生对于大气压大小的好奇。

学生：观看，引发好奇。

教师：引导学生思考测量大气压的方法。

258

学生：思考，提出利用 $p=F/S$，测量大气压力和受力面积得到大气压值。

教师：提供压力计，引导学生设计粗测大气压实验方案。

学生：思考，交流。

教师：通过"粗测大气压改进实验"得到大气压的粗略测量值。

学生：设计实验，记录数据，得出大气压。

教师：引导学生分析实验数据，知道大气压的数量级。

学生：分析数据。

设计意图：充分利用学生有益的前概念；学生参与设计、实验，测得大气压的粗略值，知道大气压的数量级；学生注重实事求是的科学态度。

（四）气压差与液体压强的平衡

教师：通过实验引导学生理解气压差与液体压强平衡体现为压起一定高度的液体。

学生：利用抽气装置使橡皮膜恢复形变。

教师：U形管两侧有液体压强，引导学生思考使橡皮膜恢复形变方法。

学生：气压差与液体压强的平衡。

教师：将U形管放入水槽中，依次拆解装置各部分，引导学生观察自由液面高度变化，思考原因。引导学生科学推理得出大气压压起水柱高度。

学生：推理得出大气压压起水柱高度。

教师：提供液体密度表，引导学生分析减小液柱高度的方法。

学生：思考，分析，选择水银。

教师：播放视频。

学生：观看视频。

设计意图：以学生熟悉的液体压强引入，符合学生认知；逐步拆解实验装置，充分发扬学生正确前概念，突破教学难点；实验探究结合科学推理，学生理解压起的液柱高度对应的液体压强就是大气压。

（五）大气压的应用

教师：展示大气压应用。

学生：应用大气压知识解释。

设计意图：评价实验教学成果，学生形成学以致用的意识。

八、实验效果评价

（一）学生学习评价

（1）教学指导评价（见表2）。

表2 教学指导评价表

评价类型	科学内容标准	国家核心素养	学科核心素养	学科内容领域				学科能力领域		
				科学探究	物质	运动和相互作用	能量	了解	理解	应用
教学指导与表现性评价1	知道大气压强及其与人类生活的关系	理性思维	科学思维	√		√			√	
教学指导与表现性评价2	知道大气压强及其与人类生活的关系	理性思维	物理观念			√				√
教学指导与表现性评价3	知道大气压强及其与人类生活的关系	社会责任	科学态度与责任	√		√				√

（2）实验教学效果达成的评价。

1）教学过程中的评价。

①通过易拉罐形变系列实验，根据学生对于教师问题"谁施加压力使易拉罐形变"的反馈，了解学生对于概念的理解程度。

②通过"有气压不发生形变"实验结合"有气压差发生形变"实验，根据学生对于实验现象的分析与解释，了解学生是否扭转思维错误。

③粗测大气压改进实验中学生是否快速理解老师的改进装置实验原理，了解学生对于压强知识的掌握情况。

④"气压差与液体压强平衡"实验，学生能否解释喝饮料和活塞式抽水器原理，了解学生对于压强平衡关系的理解。

2）以作业形式检测学生对知识、方法的掌握情况。

①下列现象中不属于应用大气压的是（　　）。

A. 塑料挂衣钩能贴在墙上挂衣服　　B. 纸片能托住倒过来的一满杯水而不洒

C. 用吸管吸起汽水瓶中的饮料　　D. 用注射器能把药液注进肌肉里

②在托里拆利实验中，下面哪种情况能使玻璃管内外水银面的高度差发生变化？（　　）

A. 向水银槽里加少量水银　　B. 将管倾斜

C. 将玻璃管变粗　　D. 外界大气压发生变化

③在标准大气压下，利用足够长的细管来吸水，最高能够把水吸到____m 高。

④自来水笔吸墨水时，只要把笔尖浸没在墨水中，再把笔上的弹簧片按几下，橡皮管里就会吸进墨水，这是为什么？

（二）教师课堂教学效果评价

（1）从学情出发，有的放矢。大气压强实验教学从学生的实际出发，切实关注学生思维进程，准确分析学情，了解学生的前概念与漏洞，制定详尽、有针对性的实验教学策略。

（2）注重核心素养的落实。从一系列压力形变过程启发学生认识看不见的气压、大气压，形成物理概念。及时关注学生思维错误，通过证伪、证实实验纠正学生错误前概念，培养学生科学思维能力。问题驱动学生参与设计并进行粗测大气压改进实验，知道大气压的数量级。实验探究结合科学推理得到大气压对应液柱高度，掌握精确测量大气压实验原理。最后应用所学知识解释现象，升华本节实验教学。

（3）注重知识的形成过程。传统实验教学直接给出大气压的概念，死板地让学生记住大气压的数量级和对应水银柱高度。本实验通过设置易拉罐系列形变实验、气压形变证伪与证实实验、符合学生认知的粗测大气压改进实验、气压差与液体压强平衡实验，学生充分体验知识的形成过程，体现物理学科的本质。

九、技术规范（重点实验）

（1）粗测大气压改进实验装置。

如图 24 所示，尺寸为 20cm×20cm×20cm、厚度 1.5cm 的真空罩，左侧装有进气阀门和抽气阀门，右侧为取物口。上方中央开直径为 3cm 的圆孔放置橡皮膜。使用时注意增加橡胶垫圈并涂抹凡士林，保证橡皮膜上下气密性良好。

图 24 粗测大气压改进装置上方开口设计

压力计固定在真空罩内部，上方托盘与橡皮膜接触无挤压（见图 25）。密封好真空罩后，打开抽气阀抽气，负压表显示内部气压。当内部接近真空压力计时，直接测取大气压力。

（2）气压差和液体压强平衡实验。

外径均为 4cm，长度分别为 22.5cm、12cm、7.5cm 的透明有机玻璃管 3 根；内径为 4cm 的直角弯头 2 个；7.5cm 的透明有机玻璃管用防水胶带绷上橡皮膜。拼接成一端开口另一端绷有橡皮膜的 U 形管，拼接过程中注意保证气密性良好。

图 25　压力计托盘与橡皮膜接触无挤压

选择 7 号橡胶塞连接抽气装置对 U 形管进行抽气，抽气后内部气压基本不变。使用剪刀撕去橡皮膜，操作简单、现象明显。

液体压强实验改进
——实践性课堂初探

克拉玛依市第三中学　秦锦荣　王赟

初中物理"实践性课堂"以教材为载体，将实践贯穿于课堂教学，让学生在实践中感受知识的产生与提炼过程，提升应用知识解决实际问题的能力。本实验是在人教版《物理》八年级下册第九章第二节"液体的压强"基础上，将"探究影响液体压强的因素"这一探究型实验拓展至开放型实验"帕斯卡裂桶实验"。本次实验共一课时，课前学生在教材"液体压强"中对定性的结论已初步掌握，对液体压强和深度的关系也有一定的认识，但对"帕斯卡裂桶实验"的经典故事缺乏了解，对科学家创新性实验的思路及过程也比较陌生。为了让学生在情感态度与价值观中感受创新性思维、体验实验的改进过程，从而感悟研究物理的过程和方法，整堂课以学生观察实验现象、参与实验改进过程，教师引导学生分析实验数据为主线，来培养学生的观察能力及科学素养。

一、实验创新要点及目标

（1）利用传感器及数据采集器将液体内部压强直观呈现在屏幕上，实现了由定性了解到定量研究的过程，使学生具有评估科学数据的能力。

（2）模拟"帕斯卡裂桶实验"，使学生学会选择合适的材料进行实验，提高学生解决实际问题的能力。

（3）鼓励学生对教材内实验进行拓展与改进，培养学生的实验创新意识。

二、实验器材

电脑，数字化实验仪器（压强传感器、数据采集器），气球，2m、10m长软管各一根，矿泉水瓶，塑料桶，方形玻璃容器，保鲜袋，橡皮塞，铁架台，细绳，注水漏斗，着色红墨水。

三、实验思路

（1）以自制气球实验作为引课内容，在原教材实验基础上进一步演示液体深度对液体压强的影响（见图1），帮助学生理解液体压强大小与液体质量等因素无关，更进一步认识同种液体深度对液体压强的直观影响。

（2）在自制气球对比实验的基础上，利用生活中常见的气球、塑料桶、玻璃容器、保鲜袋代替木桶模拟"帕斯卡裂桶实验"，同时利用数字化实验系统记录实验过程中不同材料在相对密闭环境中能承受液体压强的极限值。

（3）分析实验数据，确定最优实验方案来模拟帕斯卡裂桶实验。改进帕斯卡裂桶实验，并利用传感器和数据采集器量化液体深度对液体压强的影响。

图1　液体深度对液体压强的影响演示　　　图2　利用气球模拟帕斯卡裂桶实验

四、实验改进过程

（一）利用气球模拟帕斯卡裂桶实验（见图2）

优点：气球容易形变，与传感器连接的探头容易放入气球并能观察到气球在强大水压作用下爆裂的现象，学生全程处于紧张、期待的状态，注意力高度集中。

不足：整个实验中随着注水量不断增大，传感器采集的数据虽有整体增大趋势但不够稳定。不能从数据直接得出液体压强随深度增加而增大的结论，给学生理解带来困扰。

原因分析：气球在不断注水的过程中，其内部液体压强从气球弹性形变到非弹性形变经历了比较复杂的变化过程，所以数据忽大忽小不够稳定。数据虽具有整体增大的趋势但不够稳定，直至气球破裂瞬间传感器数据迅速减小。

（二）利用塑料桶模拟帕斯卡裂桶实验（见图3）

优点：相对气球实验来说，塑料桶不容易发生形变，传感器采集到的数据比较稳定，能够很好地说明液体压强随深度增加而增大的结论。

不足：用橡皮塞密封塑料桶，随着注水深度的增加密封用的橡皮塞容易被强大的水压顶开。由于橡皮塞的密封问题，导致容器在强大水压的作用下不能产生裂开的视觉效果。

原因分析：塑料桶是非刚性物质，它具有一定的弹性和韧性。此外，橡皮塞密封的问题不能实现"裂桶"的效果。

图3 利用塑料桶模拟帕斯卡裂桶实验　　图4 利用钢化玻璃容器模拟帕斯卡裂桶实验

（三）利用钢化玻璃容器模拟帕斯卡裂桶实验（见图4）

优点：传感器采集到的数据比较稳定，能够很好地说明液体压强随深度增大而增加的结论。

缺陷：由于橡皮塞的密封问题很难产生容器破裂的视觉效果且造价相对较高。即便能做到橡胶塞完全密封，玻璃被压碎后危险性非常大，需要在特殊的环境中完成该实验。

（四）利用保鲜袋模拟帕斯卡裂桶实验

优点：保鲜袋弹性较小，注满水后形变较小，容易密封，效果明显。既可以观察到保鲜袋在水压作用下瞬间裂开的直观现象，又可以看到传感器数值随水深度增加而增大的过程，在保鲜袋裂开的瞬间压强数值迅速减小，便于学生对数据变化进行理论分析。保鲜袋取材于生活用品，成本低廉，方便学生在家进行实践性实验。

五、实验效果与评价

（1）探头与传感器的结合将微小的深度量化为数据，在数据的支撑下使实验结果更具有科学性、严谨性。

（2）模拟帕斯卡裂桶实验的过程中，不论是效果较好的保鲜袋还是气球，都带给学生较大的视觉冲击力，能够增强学生的学习兴趣。

（3）从最初的自制气球实验到用不同材料模拟帕斯卡裂桶实验，提高学生对实验数据分析的能力，使学生学会从不同角度思考问题，追求实验创新，促进校外实验活动开展。

（4）自制教具取材于日常生活用品，给学生一种亲切感，拉近物理与生活的距离，让学生感受到科学的真实性。同时，实验现象直观有趣，对比明显，能够进一步引起学生的求知欲和探索欲。还可以引导学生利用身边一些常见物品在课后完成拓展实验，锻炼学生的动手能力，实现课堂教学到课后实践活动的延伸。从而真正落实物理课程理念：从生活走向物理，从物理走向生活。

流体压强与流速的关系

根河市金河中学　刘俊彪

一、使用教材

2012年人教版《物理》八年级上册第九章第四节"流体压强与流速的关系"。

二、实验器材

自制教具：①气顶球实验装置；②空气炮；③气体压强与流速演示仪；④漏斗、乒乓球；⑤液体压强与流速演示仪；⑥飞机升力演示仪。

学生实验器材：蜡烛两支、打火机、吸管、纸张若干、漏斗、乒乓球、微小压强计。

其他器材：吹风机、风速仪。

三、实验创新要点/改进要点

（1）用"气顶球"和"空气炮"实验导入新课，实验简单有趣，效果明显，激发了学生的学习兴趣和求知欲望。

（2）自制液体压强与流速演示仪：两竖直玻璃管内有稳定的液面高度差，实验现象持续明显。

（3）气体压强与流速演示仪：将流体压强与流速演示仪和微小压强计相结合，装置改进后，实验现象明显持久，便于观察。

（4）自制飞机升力演示仪：通过液面的高度差读出机翼上下表面的压强差，机翼上升现象明显。

（5）利用风速仪测出数据，变定性为定量，可以绘制出图像，使结果更加形象直观。

四、实验原理/实验设计思路

（1）实验原理：流体流速大的地方压强小。

（2）设计思路：为了启发学生的创新思维、使学生相信"流体流速大，压强小"这一结论，补充分组实验，增加演示实验，使学生养成科学探究的习惯，培养学生的科学素养。通过引入实验、分组实验、演示实验层层递进，逻辑缜密，现象明显，使学生在快乐的实验探究中完成本节内容的学习。

五、实验教学目标

（1）掌握流体压强与流速的关系，知道飞机的升力是如何产生的。

（2）深入思考，巧妙设计实验，在多次实验探究中得出结论，体会探索科学的过程和魅力。

（3）培养学生热爱科学的精神，鼓励学生善于发现、动手操作，增长学习物理的兴趣。

六、实验教学内容

通过"气顶球"和"空气炮"两个趣味实验引入教学，利用分组实验和演示实验得出流体压强与流速的关系。利用风速仪测量机翼上下表面的风速，从而得出产生飞机升力的原因。下面着重介绍演示实验，演示实验均使用自制教具。

（一）气顶球

（1）教具设计：在吹风机上安装三根吸管，用吹风机吹球。

（2）实验现象：三球共舞、双球共舞（见图1、图2）。

（3）实验原理：吸管吹出的空气流速大、压强小，外侧空气压强大，从而把乒乓球罩在一个无形的通道中，向上吹球的力与重力相平衡，使球不能掉下。

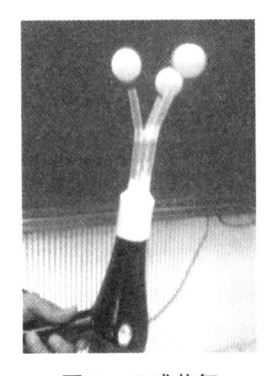

图1　三球共舞 　　　　　图2　双球共舞

（二）空气炮

（1）教具设计：将PVC管制成T字形，从下方放入乒乓球（见图3）。

（2）实验现象：用吹风机从管口一端送风，乒乓球由T字筒下端进入水平筒，从水平筒飞出。

（3）实验原理：水平筒内的气体流速大、压强小，竖直筒内有一个向上的压强差。

图3 空气炮

（三）气体压强与流速关系演示

（1）教具设计：粗细不同的玻璃管下端分别用软胶管连接微小压强计上端。

（2）实验现象：用吹风机从左端吹气，形成管内左侧液面高于右侧液面的现象（见图4）。

（3）实验原理：水平玻璃管内气体流速不同，通过液面的高度差来判断压强大小。

（四）用水冲漏斗下方的乒乓球来演示液体压强与流速的关系

向漏斗中注水，由于乒乓球上下方液体的流速不同，形成了一个向上的压强差和压力差，乒乓球在压力差的作用下没有掉下来（见图5）。

图4 气体压强与流速演示仪　　　图5 水冲漏斗下方的乒乓球

（五）自制液体压强与流速演示仪，演示压强与液体流速的关系

如图6所示，接通电源，小水泵将烧杯中的水抽出再流回烧杯，形成一个自循环系统。由于水泵对水有一个向上的扬力，两竖直管内的液面高度应该相同，可为什么会出现高度差呢？仔细观察，会发现左侧三通管较细，右侧三通管较粗；细三通管处的液体流速快，上方液面高度低，说明流速快的地方压强小；而右侧粗三通管处的液体流速小，压强大。

· 268 ·

如图 7 所示，将水直接泵到上方的盐水瓶中，打开止水夹后盐水瓶中的水会流回烧杯，形成一个自循环系统。水循环起来以后依然会发现流速快的细管上方液面高度低，再次说明了液体流速大的地方压强小。

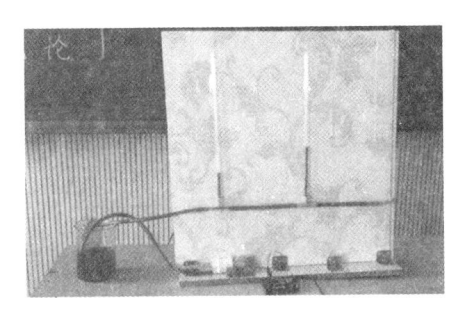

图 6 液体压强与流速演示仪

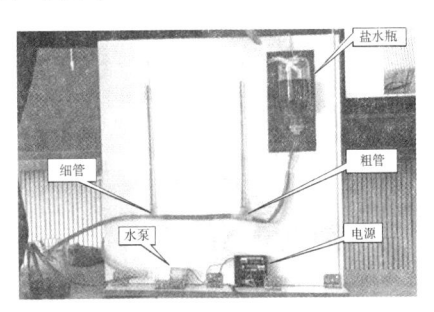

图 7 改进后的液体压强与流速演示仪

该装置体积较大，易于观察，管中水流形成自循环系统，实验具有可持续性，学生有充足的时间观察思考。该装置也可以让学生知道，连通器上方液面相平是有条件的。

(六) 探究飞机升力

（1）用吹风机吹右侧机翼，可以观察到微小压强计两侧的液面出现高度差（见图 8），利用 $p=\rho gh$ 可以计算出压强差的大小，甚至可以利用 $F=pS$，估算出压力差的大小。

（2）用吹风机吹左侧机翼，可以观察到机翼会竖直升起（见图 9）。

（3）将机翼固定，用风速仪分别测量机翼上下方的气体流速，明显比较出气体流速不同。

（4）可将数据输入 Excel 表格，绘制出图像来比较气体流速的不同。

实验原理：机翼上凸下平的形状使上方气体通过的路程长，由 $v=s/t$ 可知，上方气体流速大，气体流速大的地方压强小，从而产生了向上的升力。

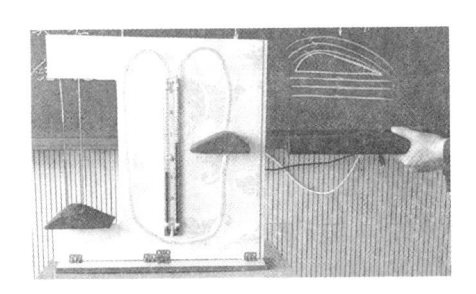

图 8 两侧液面出现高度差

图 9 左侧机翼竖直升起

七、实验教学过程

（一）趣味实验，引入新课

（1）"气顶球"实验，"三球共舞"实验。

（2）"空气炮"实验。教师演示：将乒乓球放入 T 形 PVC 管下端，在上端打开吹风机吹气，观察到小乒乓球逐个飞出（见图 10）。

图 10　空气炮实验

（二）分组实验，建立概念

提供趣味小实验的器材，学生分为五个小组开展小实验，小组讨论，探讨从实验现象中得到的结论（见图 11、图 12）。

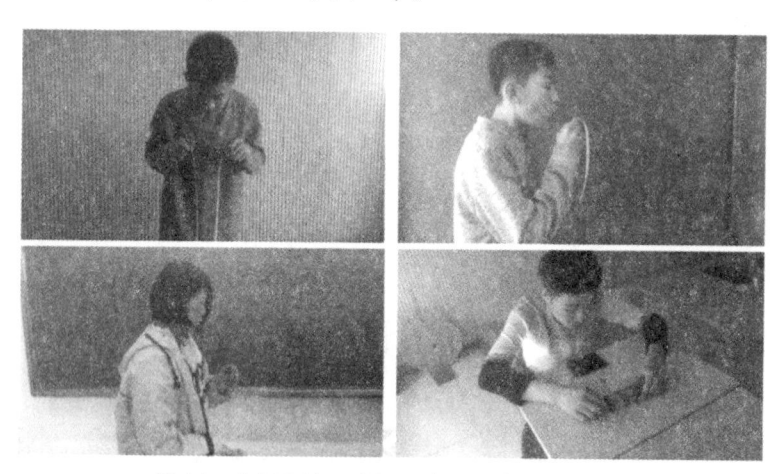

图 11　分组实验（吹纸、吹乒乓球、吹硬币）

流体压强与流速的关系

图12 分组实验（吹燃蜡烛、吹气使球靠近）

(三) 演示实验，突出重点

(1) 自制气体压强与流速演示仪，探究气体压强与流速的关系。

演示：吹气前 U 形管两侧液面相平，吹气时液面出现高度差（见图4）。

学生思考得出结论：气体中，流速越大的位置压强越小。

(2) 用水冲双漏斗下方的乒乓球，演示液体压强与流速的关系。

演示：向漏斗中注水，乒乓球不掉落（见图5）。

学生思考得出结论：液体中，流速越大的位置压强可能越小。

(四) 创新实验，突破难点

(1) 自制液体压强与流速演示仪，探究液体压强与流速的关系。

演示：接通电源，水泵吸水，观察两液面的高度差（见图6）。

学生思考：为什么细管处的液面低？

学生得出结论：液体中，流速越大的位置压强越小。

归纳总结，得出结论：在气体和液体中，流速越大的位置压强越小。

(2) 自制飞机升力演示仪，探究产生飞机升力的原因。

请学生思考：飞机为什么能腾空而起在空中飞行呢？展示机翼模型。

引导学生找出飞机机翼的形状特点：上凸下平。结合 $v=s/t$，从理论上分析机翼上凸下平引起流速不同。展示飞机升力演示仪，机翼模型在气流通过时会渐渐上升，展示风速仪并分别测量机翼上下方的气体流速（见图13）。

物理兴趣小组的同学，可以改变吹风机风力大小，多测几组数据并作出图像（见图14）。教师和学生共同分析，解释产生升力的原因。

图13 用风速仪测机翼风速

271

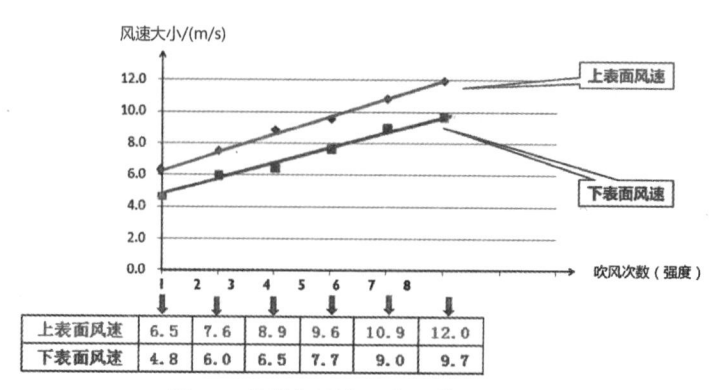

图 14 比较机翼上下表面的风速大小

上表面风速	6.5	7.6	8.9	9.6	10.9	12.0
下表面风速	4.8	6.0	6.5	7.7	9.0	9.7

八、实验效果评价

本节课包括六个自制教具演示实验，思维严谨、逻辑缜密，引导学生深入思考，重视学生科学素养的养成，增加实验的可见度和趣味性。在认识到"流体压强与流速的关系"的同时，还能体会到物理实验探究的快乐。

（1）学生参与度高，兴趣深厚，在探究新知识的同时，发现科学就在身边。

（2）"气顶球""空气炮"实验充分激发了学生的学习兴趣与探究欲望。

（3）自制液体流速演示仪，现象明显持久，学生有充足的时间观察思考，让学生领会了连通器液体液面相平是有条件的，带给学生思考和启迪。

（4）模拟机翼升力实验，吹风机产生持续气流通过机翼模型产生气压差，现象持久。

（5）本节多数实验材料取材于生活，培养了学生热爱科学的精神，鼓励学生善于发现、动手操作。

总之，本节分组实验简单、有趣，让学生在快乐中探究新知识；演示实验现象明显、持久，给学生留出了充足的观察思考时间；利用现代信息技术，由定性分析到定量分析；自制教具美观、独特、廉价、耐用。

当然，本节实验也有不足之处，主要是实验较多，准备起来比较耗时。但实验虽然多，却都是小实验，不会占用过多的时间，因此，授课时也比较从容。而且，这些实验器材都很耐用，自制一次精美实用的教具，可以为教学服务多年，何乐而不为呢？

探究杠杆的平衡条件

十堰市郧阳区城关镇第一初级中学　陈约虎

一、使用教材

人教版《物理》八年级下册第十二章第一节"杠杆"。

二、教材分析

（一）教材内容

本节课既是第一部分"力"内容的延伸，又是后续内容"其他简单机械"的基础，有着承上启下的作用。本节的学习任务主要分三个部分：第一部分是认识杠杆，知道杠杆的五个要素，会画杠杆的力臂；第二部分是探究杠杆的平衡条件；第三部分是杠杆平衡条件的应用。

（二）学情分析

八年级学生虽然已经具备相关的物理知识和科学探究素养，但对杠杆的认识还很感性，比较肤浅、片面。因此，在教学中要鼓励学生积极观察、讨论、猜想、探究，由感性认识上升到理性认识，从中归纳出杠杆的特征及平衡条件。

（三）实验教学目标

（1）知识与技能：通过实验探究能得出杠杆的平衡条件。

（2）过程与方法：通过对杠杆的研究，培养学生的观察能力和用科学的方法解决问题的能力。

（3）情感态度与价值观：学生使用改进的实验仪器，渗透创新精神，培养学生的科学态度。

（4）教学重点：理解杠杆的平衡条件。

（5）教学难点：理解力臂的概念。

三、教法与学法

为了突出教学重点、突破教学难点，采用以下的教法和学法。

教法：主要采用演示实验法、引导启发法。

学法：自主学习法、实验探究法、小组合作法。

四、实验器材

自制的杠杆、铁架台、钩码、弹簧测力计、圆形刻度盘、重垂线、细线。

五、实验创新要点/改进要点

在实际操作中，学生很难判断杠杆是否在水平位置平衡，实验得出的仅仅是特殊情形下杠杆在水平位置平衡时的一个结论。实验结论不具有普遍性，不利于学生理解力臂的概念。

（1）利用重垂线判断杠杆是否在水平位置平衡。

（2）便于测量力臂的长度。采用可转动的圆形刻度盘测出各种情形下杠杆平衡时力臂的长度。

六、实验设计思路

（1）在改进实验装置中，为了让学生能准确地判断杠杆是否处于水平位置，在杠杆的支点处安装了一个简易的重垂线。使零刻度线与重垂线重合，此时中间的轴线处于水平位置。实验时，若杠杆与中间的轴线重合，杠杆就处于水平位置。

（2）探究各种情形下的杠杆平衡实验。先将杠杆调平，在杠杆的两侧挂上数量不同的钩码，移动悬挂点的位置，杠杆处于平衡状态。实验的关键在于测量力臂，此时悬挂点的细线可以作为力的作用线。通过转动圆形刻度盘，使力的作用线与圆形刻度盘中的某条刻度线重合，此时该条刻度线所对应数值就为力臂的长度（见图1）。

实验装置改进如下：用质量较轻的铝合金作为杠杆，利用侧面的滑槽安装两个线卡作为悬挂点。左端安装平衡螺母，右端弯曲，设计成曲臂杠杆（见图2）。为了让学生明白力臂不一定在杠杆上，制作了可以转动的圆形刻度盘，零刻度在圆心上。刻度向两侧逐渐增大，每条刻度线与中间的轴线相互垂直。实验时将杠杆的支点置于零刻度处，调节平衡螺母使杠杆在水平位置平衡，实验过程中可以通过转动圆形刻度盘测出各种情形下杠杆平衡时力臂的长度。

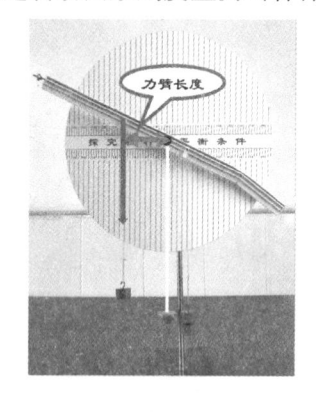

图1 测量力臂的原理

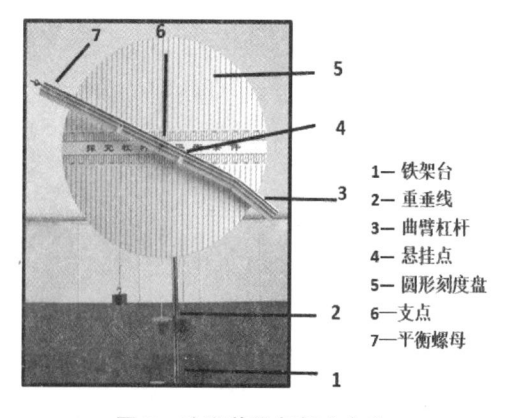

图2 改进装置各部分名称

1— 铁架台
2— 重垂线
3— 曲臂杠杆
4— 悬挂点
5— 圆形刻度盘
6— 支点
7— 平衡螺母

七、实验教学过程

(一) 提出问题

创设跷跷板情景，让学生想一想影响杠杆平衡的可能是哪些因素。

教师提出问题：当动力、动力臂、阻力、阻力臂之间满足什么关系时，杠杆才能平衡？

(二) 猜想与假设

学生讨论后得出影响杠杆平衡的因素可能与力、力臂有关（见图3、图4）。

图3 可能与力的大小有关

图4 可能与力臂的长度有关

(三) 实验方案设计

教师引导学生讨论并展示设计方案，然后完善实验方案，并介绍改进实验装置的作用及使用方法。

(四) 进行实验与收集数据

根据设计的实验，学生亲自动手实际操作，探究杠杆的平衡条件。教师指导学生完成分组实验，各小组探究过程如下：

(1) 探究杠杆在水平和非水平位置的平衡（见图5）。

(2) 探究杠杆在竖直和非竖直方向的平衡（见图6）。

图5 探究杠杆在非水平位置平衡

图6 探究杠杆在非竖直方向平衡

(3) 探究曲臂杠杆的平衡（见图7）。

图 7　探究曲臂杠杆的平衡

（4）探究各种情形下杠杆的平衡。各小组进行实验并记录数据（见表1）。改变力和力臂的数值，多次进行实验。请各小组学生展示实验过程。数据测量完毕，教师引导学生展开讨论：当动力、动力臂、阻力、阻力臂之间满足什么条件时，杠杆才能平衡？

表 1　实验数据记录表

实验次数	左边			右边		
	动力 F_1/N	动力臂 L_1/cm	动力×动力臂/(N·cm)	阻力 F_2/N	阻力臂 L_2/cm	阻力×阻力臂/(N·cm)
1						
2						
3						

（五）分析与论证

教师引导学生对测量数据进行分析，学生交流、发言，得出杠杆的平衡条件是：动力×动力臂＝阻力×阻力臂。

公式表示为：$F_1 \cdot L_1 = F_2 \cdot L_2$。

设计意图：采用科学探究式教学，通过讨论交流引导学生理解实验方案与测量方法；通过学生分组实验，提升学生的合作探究与动手实验能力、数据收集与处理能力；通过讨论、分析、论证等探究活动，提升学生的科学思维与实验探究的物理学科素养。

八、实验效果评价

（一）改进创新点

（1）杠杆在水平位置有了判断依据，有利于培养学生严谨的科学态度。改进装置中，利用重垂线让学生准确地判断杠杆是否处于水平位置。

（2）研究了多种情形下的杠杆平衡，有利于发展学生科学思维的能力。利用改进后的实验装置，学生探究了杠杆在（非）水平位置平衡、曲臂杠杆的平衡以及各种情形下杠杆的平衡实验，从而使得出的结论更具有普遍性。

（3）突破了力臂测量的难点，有利于学生理解掌握力臂的概念。改进实验强调学生分析非水平位置平衡的杠杆，特别是将杠杆设计成曲臂，主要目的就是将力臂和支点到力作用点的距离分开，有利于学生区分这两个概念，进一步认识力臂的本质。实验过程中，利用可转动的圆形刻度盘测出各种情形杠杆平衡时力臂的长度。

（二）教学方式改变

在整个教学过程中，学生积极主动地参与科学探究过程，达成了知识目标，提高了实验探究能力，培养了创新精神，提高了学生的核心素养。

（三）反思及改进

下一步考虑对圆形刻度盘再进行改进，使实验仪器精确度更高，直观性更强，测量更加方便。

动能和势能

焦作市第十七中学　王五一

一、使用教材

2012年人教版《物理》八年级下册第十一章第三节"动能和势能"。

二、实验器材

教材中相关实验较少，而能量概念比较抽象，学生不易理解。为了更好地完成本节课的教学目标，我自制了多套教具辅助教学，如多功能动能演示教具（见图1）、重力势能演示器（见图2）、弹性势能演示器（见图3），并改进了探究物体的动能跟哪些因素有关的实验装置（见图4）。

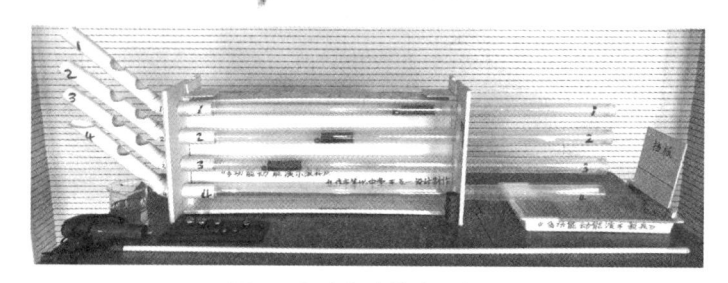

图1　多功能动能演示教具

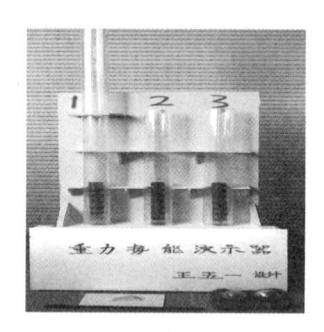

图2　重力势能演示器

图3　弹性势能演示器

图4　改进实验装置

三、实验创新和改进要点

（1）变废为宝，反复使用：实验教具用废旧材料手工组装，性能稳定，方便搬运，可反复使用。

（2）工艺简单，一物多用：手工裁剪 PVC 板，热熔胶粘接工艺简单，利用同一器材可以完成多项实验。

（3）操作方便，现象直观：通过红色被撞物体被推动距离显示物体动能大小；通过钢管陷入面粉的深度显示物体重力势能大小；通过木块被弹出距离显示物体弹性势能大小。

四、实验器材原理

通过转换法将抽象概念直观化。

五、实验教学目标与教材分析

（一）教材内容

本节内容由动能和势能两部分组成。它既是功的知识延伸，又是后面学习其他能量以及能量转化和守恒定律的基础，具有承上启下的作用。

（二）学情分析

八年级学生虽然已经具备相关物理知识和科学探究的素养，但能量概念抽象，学生不易理解。

（三）实验教学目标

根据以上分析，我制定教学目标如下。

知识与技能：知道能量的概念，记住能的单位，了解能量与做功的关系，掌握动能、势能的概念。

过程与方法：通过实验探究理解影响动能、势能大小的因素。

情感态度与价值观：会从能量的角度分析生活中的问题。

（四）重点与难点

重点：影响动能、势能大小的因素。

难点：能量、动能、势能的概念，能量与做功的关系。

（五）教法与学法

为了突出重点，突破难点，我主要采用了以下教法、学法。

教法：探究式教学法、启发式教学法。

学法：实验法、阅读法、观察法、讨论法。

六、实验教学内容

（1）能量概念教学。

（2）探究理解影响动能、势能大小的因素。

（3）会从能量的角度分析生活中的问题。

七、实验教学过程

实验教学过程分为三个环节。

（一）创设情境，导入新知

课堂伊始用视频引入能量概念，体现从生活走向物理的教学理念。

（二）合作学习，探究新知

本节课我们将要研究动能、重力势能、弹性势能的概念及影响它们大小的因素。

（1）研究动能。动能是本节课的重点。通过多功能动能演示教具，可以轻松完成以下三个教学目标：①将抽象的动能概念直观化；②说明一切运动的物体都具有动能；③引导学生探究物体的动能跟哪些因素有关。

请看，本教具由支撑架、胶片卷制成的水平管、弯头、斜管、红色被撞物体等组成（见图1）。

1）实验展示，构建概念。将钢球从2号斜管较高处静止释放，可以看到运动的钢球能推动红色物体对其做功。运动的钢球具有能量，我们把物体由于运动而具有的能量叫作动能。将水从4号斜管顶端倒入，流水也能对物体做功，具有动能。运动的空气也具有动能。

在实验的基础上得出结论：一切运动的物体都具有动能。

2）教师引导，引出猜想。将钢球从2号斜管较低处静止释放。与从2号斜管较高处释放的钢球相比，红色物体被推动的距离不同，说明钢球的动能大小不同。

那么物体动能的大小与哪些因素有关呢？引导学生根据实验现象进行思考、讨论并作出猜想：动能的大小可能与物体的质量和速度有关。

3）根据器材，设计实验。如何利用这套教具探究动能的大小与物体的质量和速度的关系呢？引导学生设计实验，从而培养学生设计实验的能力。

4）预演实验，规范操作。

用磁吸式辅助管取出物体并安装至相同位置。将质量较大的1号钢球放到斜管较高处，将质量相等的2号钢球、3号钢球，分别放到斜管的较高处、较低处。1号、2号钢球相对水平管高度相同，但质量不同。2号、3号钢球质量相同，但相对水平管高度不同。

将钢球从静止释放，红色物体被撞移动距离不同。通过比较 1 号、2 号钢球将物体撞出的距离，研究动能大小与质量的关系（见图5）。通过比较 2 号、3 号钢球将物体撞出的距离，研究动能大小与速度的关系（见图6）。

图 5　动能大小与质量的关系 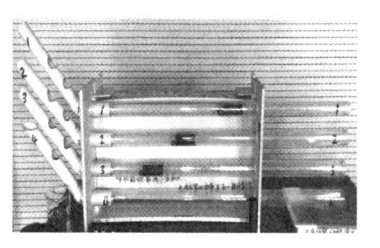　　　　图 6　动能大小与速度的关系

通过演示实验加深学生对控制变量法、转换法的理解，为分组实验打下坚实的基础。

5）分组实验，强化新知。

为了顺利完成分组实验，我改进了教材的实验。如图 7 所示。改进前，用钢球撞击木块，木块很难沿直线运动，不便测量；改进后，用小车撞击木块，木块稳定沿直线运动，方便操作；在小车中放金属块可以方便改变研究对象的质量，进行探究。

改进前 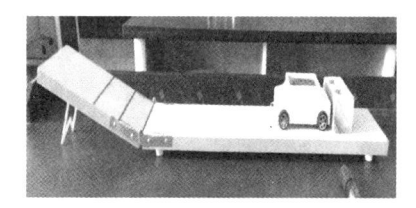　　　　　　　　　　　　　　改进后

图 7　教材实验改进

请看课堂实录：通过分组实验，不但培养了学生的动手能力，而且让学生体会到探究的快乐，收获了成功的喜悦（见图8）。

图 8　学生分组实验

（2）研究重力势能。关于重力势能的概念及影响它大小的因素，教材中没有相关实验，我用两套自制教具辅助教学。

1）教师演示，引出重力势能。请看课堂实录片段，我设计的演示实验从视觉、听觉同时刺激学生感官，加深印象，顺利引出重力势能概念（见图9）。

2）学生动手，探究重力势能。利用重力势能演示器探究重力势能的大小与哪些因素有关。

演示器下方是装有面粉的箱子，将三根相同的钢管插入面粉，上端各连接粗细相同的自制胶管，其中1号管较高，2、3号管高度相同且低于1号管高度。两个质量不同的球，实验时将球从胶管顶端静止释放即可。学生通过比较三根钢管陷入面粉的深度，得出结论：物体质量越大、高度越高，重力势能越大（见图10）。

图9　重力势能演示　　　　图10　重力势能大小实验

（3）研究弹性势能。最后用两套自制教具来完成弹性势能的教学。

1）教师演示，引出弹性势能。这是超大弹弓。拉动橡皮筋使其发生弹性形变，松手后橡皮筋能将子弹弹射出去，对物体做功说明它具有弹性势能（见图11）。

2）教师演示，探究弹性势能（见图12）。利用弹性势能演示器，探究弹性势能的大小与哪些因素有关：拉动橡皮筋使其发生较小弹性形变，木块被弹出一定距离；拉动橡皮筋使其发生较大弹性形变，木块被弹出距离较远。

说明：物体的弹性形变越大，弹性势能越大。

图11　弹性势能演示　　　　图12　弹性势能探究

（三）学以致用，巩固新知

为了体现从生活走向物理，再从物理走向社会的教学理念，我设计了两个课外实践作业：

（1）观察生活中有哪些利用和防止动能、势能的实例。

（2）利用生活中的物品设计探究影响动能、势能大小的实验。

图13是学生设计的部分作品。利用这些器材可以探究重力势能、探究弹性势能、模拟打桩。创作不仅加深了学生对知识的理解，还提高了学生的实践能力。

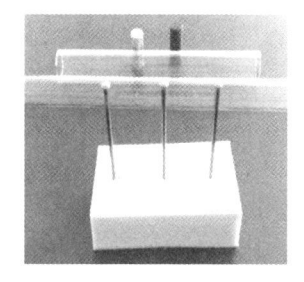

图13　学生设计作品

八、实验效果评价

通过改进与创新教具辅助教学，达到了良好的教学效果。

（1）教具优点：实验可见度高，节能环保；教具性能稳定，可以反复使用。

（2）课堂气氛：学生参与度高，兴趣盎然；课堂气氛活泼，学生印象深刻。

（3）困惑：美中不足的是，没有更合适的材料替代面粉进行实验。在使用面粉之前，我用木板、沙子做过实验，但效果都不明显。为了节约粮食，我只能找一些过期面粉来完成了本实验。

比热容

孟津县麻屯镇第一初级中学　王世锋

一、使用教材

人教版《物理》九年级第十三章第三节"比热容"第一课时"探究物质的吸热能力"。

二、实验器材

（一）自制海边沙滩模型实验器

如图1所示，该装置用家用浴霸里的长条形石英加热管作为热源来模拟太阳辐射，采用交流220V的家庭电路供电，以实现对两侧物质进行均匀加热。上部盖反光铝箔板减少热损失，下部用瓷砖隔开分成两个正方形的槽，分别放入水（加入少许蓝墨水以显示颜色）和沙子，用两个数字温度计实时测温。两个温度传感器分别埋入水和沙子并且与二者充分接触，两个数字式发光LED温度显示屏安装在对应的水和沙子下面。当沙子温度达到60℃时停止加热，然后打开两个散热风扇，模拟海风加快海水和沙子的降温（见图2）。每隔半分钟记录各自的温度并填入表格，再绘制出温度变化曲线。

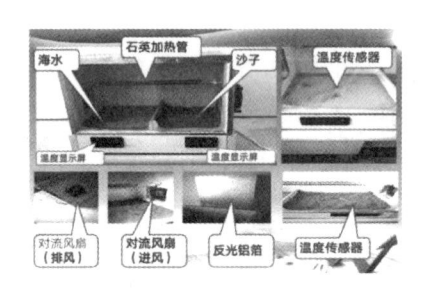

图1　海边沙滩模型　　　　图2　海边沙滩模型构造图

（二）自制探究物质吸热能力实验器

自制探究物质吸热能力实验装置如图3所示。用两只功率均为300W的电加热器（热得快）作为热源，同样采用交流220V的家庭电路供电，分别对烧杯（250mL）内的质量和初温相同的水和食用油加热，底座中央是加热指示灯，显示加热器的工作状态。用两只带有发光二极管显示屏的数字温度计对水和沙子实时测温，两个温度传感器与发热体离开一定距离防止对测量结果造成影响。利用废旧显微镜镜筒的升降装置配合一个垫高，可以保证两种液体在相同时间内吸收相同热量（见图4）。每隔半分钟记录各自的温度，并填到表格中。

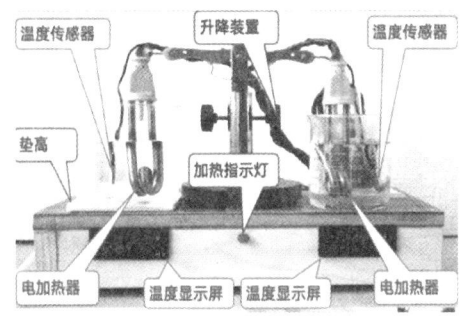

图3 探究物质吸热能力实验器

图4 物质吸热能力实验器构造图

三、实验创新要点

（一）预习实验创新

因为物体吸热、放热现象与日常生活密切相关，所以教材刚开始就提出生活中常见的现象：夏季同样的日照条件，白天沙子热得烫脚，但海水却非常凉爽；傍晚沙子很快凉了下来，但海水却仍然温暖。这是为什么呢？针对这个问题，我设计了一个课前预习实验：烈日下空旷的操场上放同样质量的水和沙子，让太阳暴晒加热，用温度计每隔5min记录一下各自的温度变化，根据二者的升温曲线发现，沙子确实升温快于水，从而引出比热容知识的学习兴趣。该探究持续时间较长，并且容易受天气的影响，因此我制作了一个海边沙滩模型把探究从操场搬到了教室。

（二）探究物质吸热能力创新要点

要深刻地认识比热容，必须做好不同的物质在质量相同、吸收热量相同时温度变化不同的探究实验。教材对这一探究实验的建议是用两个完全一样的烧杯、功率完全一样的电加热器，分别来加热质量和初温相同的水和食用油，通过记录相同加热时间下液体的温度变化量来比较不同物质的吸热能力。该探究用的是两套装置先后加热，每隔一定的时间用液体温度计测量并记录液体的温度，并对数据进行分析，从而比较不同物质的吸热能力。

（1）教材中的探究设计的不足之处。该探究实验设计科学，对实验数据的分析符合学生的认知规律，让学生从分析物理事实中抽象出比热容的概念，效果很好。但我认为该装置是也存在如下的不足：

1）常用的液体温度计灵敏度低，读数比较麻烦，使读数时间延长、读出的数据有滞后现象，错误率提高，会使实验结论出现偏差。

2）如果采取两种液体先后加热的方式，会导致实验耗时过长。

3）如果采用课本的拓展性实验中给出的红外加热器加热，再用温度传感器采集温度数据，通过数据采集线与计算机相连进行数据分析，会增加该探究实验的复杂程度。

4）实验现象对比性较差，不能直观比较出不同物质的吸热能力。

（2）针对以上不足，我设计制作了探究物质吸热能力实验器。该装置具有以下效果：

1）两套装置同时加热，使探究时间大大缩短。

2）数字温度计示数直观，使读数时间缩短，降低了探究的复杂程度，提高了趣味性。

3）实验现象可视性强，便于演示。

4）温度变化对比性强，现象直观。

（三）用海边沙滩模型探究海水和沙子的升温情况

该实验可以达到以下效果：

（1）结合曲线形象直观地显示水和沙子的吸热升温和放热降温情况。

（2）大大缩短了实验时间。

（3）克服了实验场地的限制。

（4）不受阴雨天气的影响。

四、实验教学目标

本节课安排在分子热运动和内能两节内容之后，我们已经有热传递和吸热放热的基础知识，是对内能知识的进一步拓展和应用。本节教学内容虽然相对抽象，但是和生产、生活密切相关。根据学生的兴趣特点、知识储备和认知情况，确定了本节课的教学目标。

（一）知识与技能

（1）了解比热容的概念。

（2）知道比热容是物质的一种特性。

（二）过程与方法

（1）通过物体吸热能力的探究，体会控制变量法在实验中的应用。

（2）能用比热容知识分析验证生活中的相关现象。

（三）情感态度与价值观

（1）感受物理的实用性，提高学习兴趣。

（2）增强科学探究精神。

（3）体验信息技术在物理学科中的应用。

五、实验教学过程

本节内容要求通过实验探究认识物体温度变化时吸收或放出热量的能力——比热容。我制作了一个海边沙滩模型把探究从操场搬到了教室。然后通过我自制的探究物质吸热能力实验器，来探究相同质量的不同物质吸热相同时升高温度不同这个实验，从而进入比热容知识的学习，经历从分析物理事实到抽象出物理概念的过程，从而使学生能更好地理解比热容的内涵。

接着利用我自制的海边沙滩模型进一步验证生活中与比热容相关的物理现象——为什么白天海水冰凉而沙子烫脚，但是晚上沙子很快凉了下来但海水却是暖暖的，并利用本节的知识进行解释。

教材最后留下的是拓展性问题：如何利用本节的比热容知识来解释海风在白天和晚上的方向不同，从而实现从生活走向物理再从物理走向社会。

六、实验效果评价

（一）本节探究实验预期达到的效果

以上几个实验从感性到理性、从定性到定量，将数字传感器技术与物理课堂教学完美结合，真正实现从生活走向物理、从物理走向社会，我认为可以达到以下效果。

（1）课堂导入新颖：用人在海滩白天和晚上的不同感受来引发学生强烈的认知冲突，从而进入新课的学习。

（2）自制教具简单实用：实验现象明显，实验效果直观，实验结果对比性强。

（3）课内探究与室外探究相结合，演示实验和学生动手实验相结合，联系实际分析论证，激发学生的学习兴趣。

（4）从生活走向物理、从物理走向社会，体现了物理学科的物理观念、科学思维、科学探究、科学态度与责任四个教学目标和核心素养。

（二）本节探究值得改进的地方

（1）探究物质吸热能力装置中，在加热时由于二者的导热率不同，会导致刚开始加热时温度升高较慢，影响探究效果；

（2）海边沙滩模型中由于水的密度不同，导致在控制受热条件一定时无法保证二者质量一定，无法控制变量；

（3）用海边沙滩模型演示夜晚散热降温时，由于海水蒸发吸热，导致对探究结论产生影响，但是加上盖板后又不能模拟自然界的开放环境。

焦耳定律

安福中学　江耀基

一、使用教材

本节内容选自人教版《物理》九年级第十八章第四节"焦耳定律"。

二、实验器材

实验一：南孚电池一节、铅笔芯一根、火柴一盒。

实验二：学生电源、自制电热锯、导线、开关。

实验三：学生电源、自制瓶灯、导线、滑动变阻器（20Ω，1A）。

实验四：自制电热与电阻关系演示板、导线、干电池（三节）。

实验五：自制电热与电流关系演示板、导线、干电池（三节）。

三、实验创新要点/改进要点

通过自制创新实验教具来完成本节课的教学目标，如通过实验一激发学生兴趣，并提出问题；通过实验二和实验三帮助学生进行科学、合理的猜想；通过实验四和实验五，让学生定量探究出电热与电阻和电流的关系，最终总结得出焦耳定律。

四、实验原理/实验思路

"电池点燃火柴"实验让学生知道电流的热效应；"电热锯""瓶灯"实验利用电流的热效应来工作，通过前后两次实验对比，让学生了解电流的热效应可能与电阻、电流和通电时间的关系；"探究电热与电阻的关系"和"探究电热与电流的关系"实验是将定量研究替代定性研究。

五、实验教学目标

依据课程标准、教材内容和学情特点，我确定了以下的教学目标。

（一）知识与技能

（1）知道电流的热效应。

（2）理解焦耳定律的内容、公式、单位及其应用。

（3）知道电热的利用和防止。

（二）过程与方法

（1）通过探究"电流通过导体产生的热量与哪些因素有关"初步培养学生

发现、研究、解决问题的能力。

（2）通过教学培养学生运用焦耳定律解决一些简单实际问题的能力。

（3）通过实验，培养学生对科学研究方法（控制变量法）的应用。

（三）情感态度与价值观

（1）通过经历科学探究过程，使学生认识到实验对人们获取科学理论的重要价值。

（2）通过对所学知识的应用，体会物理来源于生活、服务于社会的理念。

（3）通过对英国物理学家焦耳的了解，使学生感受其刻苦钻研的精神和严谨的科学态度。

六、实验教学过程

（一）提出问题

（1）电池点燃火柴实验。

1）将一根火柴与电池的正、负极的任何一个极接触，观察到电池不能点燃火柴。

2）用一个铅笔芯将电池的正负极连接起来（短路），再把火柴与铅笔芯接触一小会，观察到火柴能被迅速点燃，如图1所示。

3）用手触摸铅笔芯发现此时的铅笔芯很烫手。

图1 电池点燃火柴

（2）由此提出问题：

1）铅笔芯的作用是什么？

2）铅笔芯为什么发烫？

3）电流通过导体产生的热量与哪些因素有关呢？

（二）猜测与假设

（1）电热锯实验。

1）自制电热锯是由一段铜丝和一段电阻丝串联而成，用导线将自制电热锯两端分别与教学电源的正负极连接起来。

2）检查无误后接通电源，调节电源的电压为10~12V。通电一小会，先用电阻丝去切割塑料泡沫，发现电阻丝很快把塑料泡沫切割掉；再用铜丝去切割塑料泡沫，发现铜丝不能切割塑料泡沫，如图2所示。

由此猜想电流产生的热量与电阻有关。

图 2　电热锯实验

(2) 瓶灯实验。

1) 将一段电阻丝围着中性笔芯紧密绕 10 圈后, 再把绕好的电阻丝夹在两个铜鳄鱼夹之间, 自制成一个瓶灯。

2) 把自制好的瓶灯与滑动变阻器串联后接到教学电源的两极, 并将滑片移到阻值最大值的位置, 检查无误后接通电源, 调节电源为 12V。观察到瓶灯不亮, 接着移动滑片到某一位置时, 瓶灯亮了, 如图 3 所示。

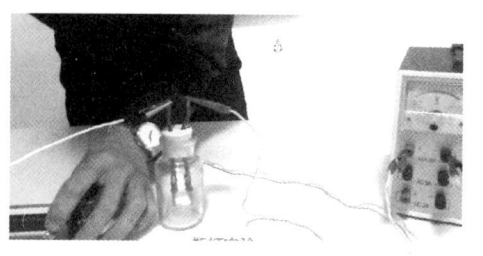

图 3　瓶灯实验

3) 让瓶灯通电一段时间后, 就会发现瓶灯的"灯丝"会烧断。
由此猜想电流产生的热量与电流和通电时间都有关。

(三) 设计实验与进行实验

(1) 在探究电流产生的热量与电阻和电流的关系时, 教材上采用了如图 4 和图 5 所示的实验装置。但上述实验存在一些不足:

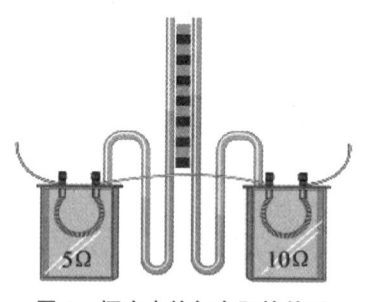

图 4　探究电热与电阻的关系　　　　图 5　探究电热与电流的关系

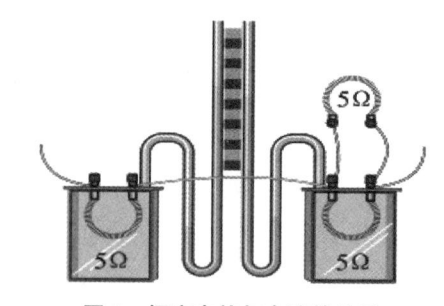

1) 对装置盒的密封性要求较高, 不适合重复实验, 效果并不理想。
2) 电流产生的热量需要经过两次转换, 对学生的认知理解存在一定的思维

障碍。

  3）这个装置只能定性研究电热与电阻、电流的关系，不能定量研究。

  （2）探究电热与电阻的关系。

  1）按照如图6所示的电路图，用导线将图7所示的自制"探究电热与电阻关系"的实验板连接起来。

  2）检查无误后，将 $R_1=5\Omega$ 和 $R_2=10\Omega$ 两个电阻的初始温度 t_0 记录在表1中。

  3）闭合开关S后，当 5Ω 的电阻升高 $1℃$ 时，分别记录两个电阻的末温 t。

  4）分别计算出 5Ω 和 10Ω 两个电阻升高的温度 Δt，如表2所示，比较 Δt_1 和 Δt_2 的大小关系，发现 $\Delta t_2 = 2\Delta t_1$。

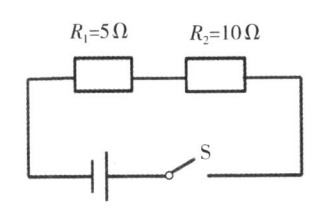

图6　探究中热与电阻关系电路图　　　图7　探究电热与电阻关系实物

表1　探究电热与电阻的关系1

实验条件	通电30s，$R_2=2R_1$	
	$R_1=5\Omega$	$R_2=10\Omega$
初温 $t_0/℃$		
末温 $t/℃$		
升高的温度 $\Delta t/℃$		
升高温度倍数	$\Delta t_2 = $ ____ Δt_1	

表2　探究电热与电阻的关系2

实验条件	通电30s，$R_2=2R_1$	
	$R_1=5\Omega$	$R_2=10\Omega$
初温 $t_0/℃$	22.2	22.6
末温 $t/℃$	23.2	24.6
升高的温度 $\Delta t/℃$	1	2
升高温度倍数	$\Delta t_2 = $ _2_ Δt_1	

  分析表2中的实验数据可知：在电流一定时，电流产生的热量与电阻成正比。

  （3）探究电热与电流的关系。

  1）按照如图8所示的电路图，用导线将图9所示的自制"探究电热与电流关系"的实验板连接起来。

  2）检查无误后，将 $R_1=5\Omega$ 和 $R_2=5\Omega$ 的两个电阻的初始温度 t_0 记录在表3中。

  3）闭合开关S后，R_2 升高 $1℃$ 时，分别记录 R_1、R_2 两个电阻的末温 t。

  4）分别计算出 R_1 和 R_2 升高的温度 Δt，如表4所示，比较 Δt_1 和 Δt_2 的大

小关系，发现 $\Delta t_1 = 4\Delta t_2$。

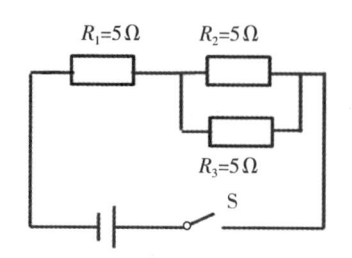

图8 探究电热与电流关系电路图

图9 探究电热与电流关系实物

表3 探究电热与电流的关系1

实验条件	通电30s，$I_1 = 2I_2$	
	$R_1 = 5\Omega$	$R_2 = 5\Omega$
初温 t_0/℃		
末温 t/℃		
升高的温度 Δt/℃		
升高温度倍数	$\Delta t_1 =$ ___ Δt_2	

表4 探究电热与电流的关系2

实验条件	通电30s，$I_1 = 2I_2$	
	$R_1 = 5\Omega$	$R_2 = 5\Omega$
初温 t_0/℃	22.8	22.9
末温 t/℃	26.8	23.9
升高的温度 Δt/℃	4	1
升高温度倍数	$\Delta t_1 =$ _4_ Δt_2	

分析表4中的实验数据可知：在电阻一定时，电流产生的热量与电流的二次方成正比。

总结归纳焦耳定律：电流通过导体产生的热量跟电流的二次方成正比，跟导体的电阻成正比，跟通电时间成正比，公式：$Q = I^2Rt$。

七、实验效果评价

（1）通过创设实验一、二、三的情境，既激发了学生的学习兴趣，帮助学生建构电流的热效应的物理概念，同时又为学生作出科学、合理的猜想提供依据，体现了从生活走向物理的新理念。

（2）通过改进创新实验四、五，使电流产生的热量直接通过电子温度计显示，相当于给学生搭建了一个思维台阶，降低了学生的理解难度，也把定性研究改为定量研究，为焦耳定律的得出作好铺垫。改进后的实验，现象快速、明显、可视性好，同时也便于将演示实验变为学生分组实验，有利于提高学生的科学探究能力和创新能力。该实验器材可以重复使用，操作方便，取材方便，大大提高了实验教学效率。

（3）实验器材受技术支持和散热温差的影响，只能作半定量研究，不能作精确的定量研究。

科学探究：电流的热效应

南平剑津中学　高桂长

一、使用教材
上海科技出版社《物理》九年级第十六章第四节"科学探究：电流的热效应"。

二、实验器材
电炉、自制焦耳定律演示器、秒表。

三、实验创新要点
（1）装置整体采用一体化设计，简化实验器材，方便教师与学生使用。

（2）装置选用电炉丝作为加热电阻，并改传统实验加热煤油为加热空气，缩短加热时间。

（3）装置的储气盒采用活动式后盖板，加热结束后取下盖板，将热空气排出，达到快速散热的目的。

（4）装置采用大屏幕的电子温度计，提高了温度的可视性，可作为演示教具使用。

（5）装置在储气盒内部加装了隔热材料，有效减少了热损失，能够用于初步探究 Q 与 I、R、t 的定量关系。

四、实验原理
由于电流产生的热量无法直接测量，因此本实验采用转换法和控制变量法。在控制变量的前提下，通过观察温度计示数的变化来间接地反映盒内电流产生的热量大小，即将研究电流产生热量大小的问题，转换为研究盒内空气温度变化大小的问题。

五、实验教学目标
（1）物理观念：知道电流的热效应；知道焦耳定律的内容。

（2）科学思维：能用焦耳定律说明生产、生活中的一些现象。

（3）实验探究：通过实验探究，知道电流的热效应与哪些因素有关，体验控制变量法和转换法的应用；通过自主学习焦耳定律的内容，培养学生自主学习和独立思考的能力。

（4）科学态度与责任：通过经历科学探究的过程，使学生认识实验对人们获取科学理论的重要价值，养成实事求是的科学态度。

六、实验教学内容

（1）探究在通电时间、电流大小相同的情况下，电流产生的热量与电阻的关系。在两容器内分别放入10Ω和5Ω（两个10Ω的电阻丝并联）电热丝，两电热丝串联（$I_1=I_2$），电路图见图1。接通电路一段时间，比较两储气盒内空气温度，哪个盒内空气温度变化大，说明该盒内电阻产生的热量多。

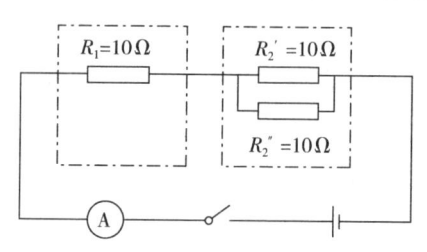

图1 电热丝串联电路

（2）探究在通电时间、电阻相同的情况下，电流产生的热量与电流大小的关系。在两容器内分别放入R_1、R_2，两电阻阻值均为10Ω，其中R_2与容器外的另一个电阻R_3（阻值10Ω）并联（见图2）。接通电路一段时间，比较两容器中空气温度，哪个盒内空气温度变化大，说明该盒内电阻产生的热量多。

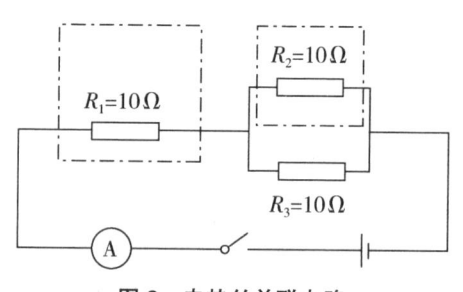

图2 电热丝并联电路

（3）探究在电流、电阻相同的情况下，电流产生的热量与通电时间的关系。为节约时间，本步实验可不必单独做，分析第1或第2步的实验数据，就可直接得出结论。

七、实验教学过程

（一）创设情境，概念教学

首先向学生展示生活中的电热器，请学生亲自体验。学生通过体验得出结论：电能转化为了内能。

教师提问：生活中还有其他电器，比如洗衣机、电风扇，它们内部都有电动机，它们是将电能转化成什么能呢？学生容易得出电能转化为机械能。

教师设疑：它们在工作时，是否有电能转化为内能？从而得到：电流通过导体时电能转化为内能是一个普遍的物理现象，物理学中把它叫作电流的热效应。

设计意图：通过生活中的体验和观察，很好地完成电流的热效应这一概念教学。

（二）激发思维，实验探究

回顾电炉通电的实验，引导学生发现问题：既然电流经过导体都会发热，为什么电炉丝热得发红，导线却几乎不热呢？从而引出探究内容：电流通过导体产生热量究竟与哪些因素有关？

接着引导学生结合生活经验作出合理猜想，得到电流通过导体产生的热量可能与电流、电阻和通电时间有关。猜想的正误，需要通过实验来验证。学生通过讨论提出本实验设计的两个关键问题：

（1）探究内容同时存在多个变量，我们应该用哪种方法呢？

（2）怎样来显示通电导体产生的热量？

对于第一个问题，教师鼓励学生充分地交流讨论，巩固控制变量法的使用。

针对第二个问题，学生根据小风扇的实验以及课本实验，容易得出可以将通电导体产生热量的多少转化为加热物体温度升高的多少。教师肯定学生的回答并渗透转换法在实验中的运用。

接着教师展示为学生准备的实验器材，并介绍焦耳定律实验仪的使用方法，给出任务一：请各小组同学选用桌上的实验器材，设计实验探究电热与电阻关系，并画出实验电路图。

在学生充分的交流讨论后，展示学生设计的电路图，引导学生分析电路是否合理、如何优化，从而确定实验电路，并制定实验步骤与数据表格。学生根据实验方案进行实验。

接着分别给出任务二：探究电热与电流关系；任务三：探究电热与通电时间关系。重复任务一的教学过程，要求学生完成任务二、任务三。

学生通过分析实验数据，得出电热与电流、电阻、通电时间的定性关系。

设计意图：考虑到学生的实验设计能力和实验操作能力有限，所以把探究过程分解为三个任务，运用任务驱动教学法，给学生探究活动制订一个目标，明确探究目的，用一个个小任务驱动学生完成实验探究，从而激发学生学习积极性。同时在教师引导下，学生合作完成探究活动，让学生体会合作交流的重要性。

（三）自主学习，规律应用

教师抛出问题：通过实验得到了电热与电流、电阻、通电时间的定性关系。那它们之间有没有具体的定量联系呢？

教师引导学生利用图像法处理任务一的数据，得到 Δt 与 t 的图像，可以看出温度变化量与时间接近正比。分析图像，发现在其他条件相同时，电热与时间接近正比。

引导学生通过理论分析，得出在理想化的情况下可认为电流产生的热量完全被空气吸收，$Q=cm\Delta t$，因此，Q 正比于 Δt，由代数关系可知，Q 与 t 成正比。

接着对同一时刻两盒内温度变化量求比，可以得到温度变化量的平均比值为1.87，与电阻比接近。

探究电热与电流关系实验中，对采集的数据进行分析，可以看到当 I_1 为 $2I_2$ 时，温度变化量比的平均值为 3.3；当 I_1 为 $3I_2$ 时，温度变化量比的平均值为 8.7。学生通过对数据分析可以得到电流对电热的影响比较大，即温度变化量的平均比值与电流平方比比较接近。

教师引导学生讨论分析：虽然仪器采用了保温措施，但电流产生的热量还是无法完全被空气吸收，存在比较大的实验误差。因此，对数据进行处理，也只能得到它们大致的关系。

教师肯定学生的分析，并请学生阅读课本中焦耳定律的内容，找出他们之间的定量关系。

设计意图：让学生体会科学探究的过程往往都是从定性慢慢过渡到定量，体会科学探索的艰辛，培养学生自主学习和独立思考的能力。

（四）知识迁移，拓展延伸

学生通过自学总结归纳焦耳定律的内容后，回顾讨论"炉丝和导线"的问题，以加深学生对焦耳定律的理解，也让学生体会到将物理知识应用到生活的成就感。

八、实验效果评价

（1）本节课以探究性实验为基础，以学生为主体，符合新课程理念，在内容和实验设计上均有创新。经历了完整的科学实验探究过程，满足了学生实验设计和操作能力培养的需要，体现了学科的特色。

（2）在实验效果上，自制教具直观性强，实验效果明显，提高了课堂效率，有效帮助学生突破学习难点，提高学习的积极性。

（3）演示器制作简单，成本低，一体化设计便于使用，具有较高的推广价值。

电能的输送

重庆市徐悲鸿中学　王亚

一、使用教材
沪科版《物理》九年级第十八章第三节"电能的输送"。

二、实验器材
（1）自制教具：温变导线，远距离输电模拟演示器，自制跨步电压演示器。
（2）电源、导线、开关、灯泡、铁架台、数字电压表、直流高压发生装置。

三、实验创新要点
（1）创新实验1——变色导线。创新点：用温变导线直观展示输电时电能的损失。
（2）创新实验2——高压电弧演示。创新点：用低压直流电产生高压电弧，让电弧直观可见。
（3）创新实验3——跨步电压演示。创新点：可以用真人取代模型展示跨步电压。
（4）改进实验——模拟远距离高压输电。配备的远距离输电演示器电路复杂，电学元器件多，单刀双掷开关操作复杂。而改进后的演示器电路简单，操作容易。

四、实验原理
（1）变色导线：根据 $Q=I^2Rt$，输电时导线会消耗电能。因此，输电时，温变导线温度升高，导线颜色会发生变化；停止输电时，温变导线温度降低，恢复原色。
（2）高压电弧演示：低压直流电通过振荡器产生高压电，高压电电离空气产生电弧。
（3）跨步电压演示：跨步步幅越大，分得电压越大，灯带越亮。
（4）模拟远距离高压输电：当输出功率相同时，输电电压越高，输电电流越小，输电线电能损失越小。

五、实验教学目标
（一）温变导线
（1）认识目标：让学生理解输电时导线会消耗电能。

(2)情感目标：警示学生不要靠近高压带电体。

（二）高压电弧演示

(1) 认识目标：让学生知道高压带电体会产生高压电弧。
(2) 情感目标：警示学生不要靠近高压带电体。

（三）跨步电压演示

(1) 认识目标：让学生知道高压带电体会产生跨步电压。
(2) 情感目标：警示学生不要靠近高压带电体。

（四）模拟远距离高压输电

(1) 认识目标：掌握高压输电的原理。
(2) 操作领域目标：能独立按照组装好的器材进行操作。

六、实验教学内容

(1) 观察输电时温变导线颜色的变化。
(2) 模拟高压电弧触电。
(3) 模拟跨步电压触电。
(4) 模拟远距离高压输电。

七、教学实验过程

（一）温变导线

(1) 观察：输电时输电线颜色的变化。
(2) 分析：输电时输电线消耗电能。

（二）高压电弧演示

(1) 观察：导体与高压带电体不需要接触也会产生电弧。
(2) 分析：高压安全用电原则是不靠近高压带电体。

（三）跨步电压演示

(1) 观察：心形灯带发光的条件和发光的变化。
(2) 分析：跨步电压的原理和高压安全用电原则是不靠近高压带电体。

（四）模拟远距离高压输电

(1) 观察：用户电流与输电电流。
(2) 操作：用万能表测量发电电压、输电电压、用户电压。
(3) 记录：记录测量的电压和读出的电流。
(4) 分析：当功率相等时，电压越高，电流越小。
(5) 整理器材。

八、实验效果评价

(1) 实验效果好：科学真实，生动形象，明显直观。

(2) 教学方法好：降低了教学难度，提高了学生兴趣。

(3) 教具创意好：制作简单，材料易得，费用低廉。

▶高中物理

利用自制手机APP
改进探究加速度与力、质量的关系实验

昆明市第十中学 何剑

一、使用教材
人教版《物理必修1》高一第四章第二节实验"探究加速度与力、质量的关系"。

二、实验器材
带支架的导轨、小车、小桶、细线、砝码、电脑、手机、自制APP。

三、实验创新要点
(1) 用手机可以直观平衡摩擦力，省时、省力、效果好。
(2) 用自制APP可以迅速、准确地得到加速度值。
(3) 让学生经历通过图像处理实验数据的过程，可以直观得出加速度与力和质量的关系。
(4) 基本不需要耗材，也不需要另外采购传感器，绿色环保。

四、实验原理
本实验是在学生掌握了打点计时器的使用技能后，准备开始学习牛顿第二定律前的内容，在整章教材及整个高中力学内容中具有承上启下的重要作用。为了帮助学生探究出真实有效的结论，课本上提供了两个参考案例（见图1），它们具有实验器材易得、仪器成本低廉、学生熟悉实验操作方法、实验原理简单等优点。但其中的参考案例一不能定量测量出加速度的值，不能让学生经历通过图像处理实验数据的过程，实验结论缺乏充分的证据，整个探究过程缺乏一定的严谨性。参考案例二利用打点计时器和纸带平衡摩擦力费时，效果不明显；计算加速度费时、费力，挤占有限的课堂教学时间。

针对教材上实验方案的不足，我计划用手机内置加速度传感器对参考案例二进行改进。首先进行的是可行性验证，即

$$a_{理论} = \frac{(m_{小桶内砝码} + m_{小桶})g}{m_{手机} + m_{小车}} = \frac{(0.0206 + 0.0046) \times 9.8}{0.1928 + 0.1254} \text{m/s}^2 \approx 0.776 \text{m/s}^2$$

经过理论计算，小车、手机加速度的理论值应该在 0.776m/s² 左右，但实际用打点计时器进行实验时，在花费了 3.5min 的情况下测量值为 0.774m/s²。用自制 APP 用时 1min 总共测量了 7 组加速度，算得加速度的平均值为 0.73m/s²，相对误差约为 5.19%，实验效果良好，证明改进方案可行。

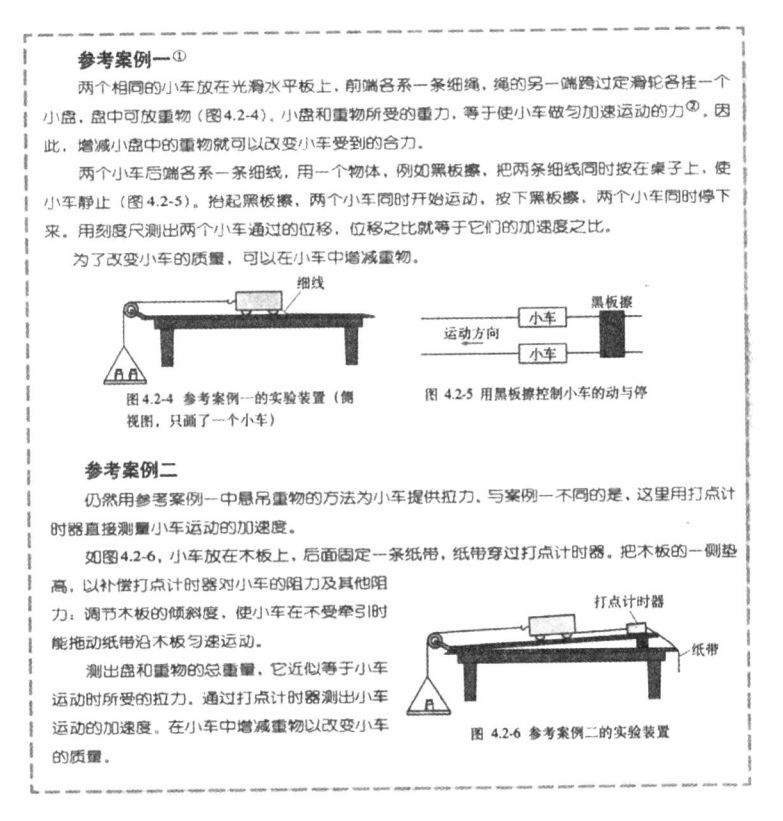

图 1　课本中的参考案例

五、教学目标

（一）物理观念

（1）明确小车是本实验的研究对象。

（2）会描述小车的运动，有探求加速度与力、质量之间关系的意识。

（3）会观察分析小车、砝码之间的相互影响。

（二）科学思维

（1）会根据小车运动情况平衡摩擦力。

（2）能运用控制变量的方法推断加速度与力、质量的关系。

(3) 会根据定性分析完成定量实验, 探究加速度与力、质量的关系。

(三) 实验探究

(1) 选择小车、砝码、细线、导轨等实验仪器并进行组装。

(2) 制订实验方案、确定实验步骤与仪器操作规范。

(3) 对实验数据初步定性判断, 能够用图像归纳分析实验结果。

(四) 科学态度与责任

(1) 能根据数据和图像发表自己的观点, 激发求知欲和创新精神。

(2) 能理性分析实验误差, 尊重客观规律, 培养实事求是的科学态度。

六、实验教学过程

(1) 调节手机姿态。

1) 将手机固定在小车上。

2) 打开手机自带的指南针软件。

3) 调节手机轴线与小车轴线平行。

(2) 用天平测出小车、手机、小桶的质量, 把结果记录下来。

(3) 按图把实验器材安装好, 不把细绳系在车上。

(4) 平衡摩擦力: 将导轨不带滑轮的一端升高, 反复调节, 直至自制 APP 测量的加速度接近零, 固定导轨位置。此时小车在斜面上保持匀速直线运动状态, 摩擦力已经平衡。

(5) 保持小车的质量不变, 研究 a 与 F 的关系。

1) 把细绳系在小车上并绕过定滑轮悬挂小桶, 在释放小车的同时手机开始测量加速度值。

2) 保持小车和手机的质量不变, 在小桶里放入适量的砝码, 把小桶和砝码的质量记录下来。重复步骤1) 四次, 得到五组数据, 并记录在表1内。

3) 将数据导入 Excel 表格, 生成 a-F 图像。

4) 利用 a-F 图像, 得到加速度与合外力之间的关系（见图2）。

(6) 保持拉力不变, 研究 a 与 m 的关系:

1) 把细绳系在小车上并绕过定滑轮悬挂小桶, 在释放小车的同时手机开始测量加速度值。

表1 实验数据记录

序号	小桶质量/ (×10⁻³kg)	小桶内 砝码质量/ (×10⁻³kg)	小桶和 砝码 总质量/ (×10⁻³kg)	拉力/ N	小车 质量/ (×10⁻³kg)	手机 质量/ (×10⁻³kg)	小车内 砝码 质量/ (×10⁻³kg)	小车、 手机、 砝码 总质量/ (×10⁻³kg)	APP 测量的 加速度/ (m/s²)
1	4.6	0.0	4.6	0.045	192.8	125.4	0.0	318.2	0.15
2	4.6	5.0	9.6	0.094	192.8	125.4	0.0	318.2	0.28
3	4.6	10.2	14.8	0.145	192.8	125.4	0.0	318.2	0.44
4	4.6	15.2	19.8	0.194	192.8	125.4	0.0	318.2	0.56
5	4.6	20.6	25.2	0.247	192.8	125.4	0.0	318.2	0.73

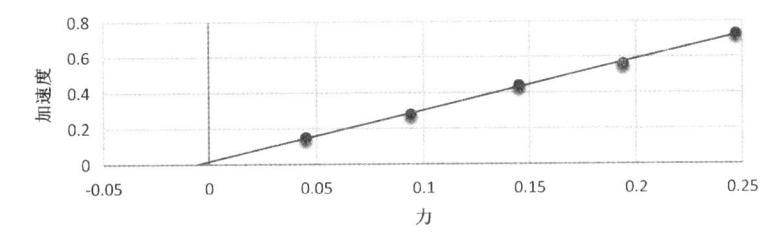

图2 加速度与力的数值关系

2) 在小桶里放入适量的砝码，保持小桶和砝码的总质量不变，在小车里放入适量的砝码，重复步骤1) 四次，得到五组数据，并记录在表2内。

3) 将数据导入Excel表格，生成a-m图像及a-$1/m$图像。

4) 利用a-m及a-$1/m$图像，得到加速度与质量之间的关系（见图3）。

表2 实验数据记录

序号	小桶质量/ (×10⁻³kg)	小桶内 砝码质量/ (×10⁻³kg)	小桶和 砝码 总质量/ (×10⁻³kg)	拉力/ N	小车 质量/ (×10⁻³kg)	手机 质量/ (×10⁻³kg)	小车内 砝码 质量/ (×10⁻³kg)	小车、 手机、 砝码 总质量/ (×10⁻³kg)	APP 测量的 加速度/ (m/s²)
1	4.6	20.6	25.2	0.247	192.8	125.4	0.0	318.2	0.73
2	4.6	20.6	25.2	0.247	192.8	125.4	100.0	418.2	0.55
3	4.6	20.6	25.2	0.247	192.8	125.4	200.0	518.2	0.44
4	4.6	20.6	25.2	0.247	192.8	125.4	300.0	618.2	0.36
5	4.6	20.6	25.2	0.247	192.8	125.4	400.0	718.2	0.31

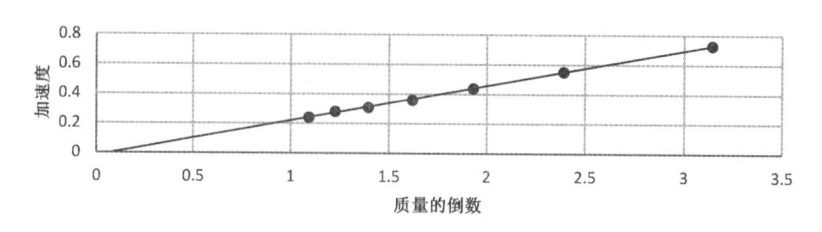

图 3　加速度与质量的数值关系

七、实验效果评价

（1）利用自制 APP 可以直观平衡摩擦力，所需时间大为缩短，效果显著提高（见图 4）。

图 4　平衡摩擦力

（2）利用自制 APP 可以迅速、准确地得到加速度值（见图 5），节约出处理实验数据的大量时间。

（3）由于测量迅速，可以在有限的时间测量出更多的数据，得出更加科学的实验结论。

图 5　手机 APP 得到加速度值

（4）探究过程所采用的智能手机非常普及，不需要另外采购传感器，具有很强的可重复性，极具推广价值。

（5）实验改进将课堂教学和学生生活有机结合在一起，在引导学生合理使用手机方面有积极意义。

利用自制教具多功能持续性抛体运动实验仪研究平抛运动

贵阳市第八中学　余登炯　田松松　林亚萍

一、使用教材

人教版《物理必修2》高一第五章第三节实验"研究平抛运动"。

二、实验器材

（一）制作自制教具所需材料

3D打印部件、储水盒、水泵、亚克力玻璃板、尼龙线、铁架台、螺纹杆、激光手电筒、玻璃管、磁铁、铁片、定滑轮、白板笔、自来水。

软管：20软管、16软管和14软管。

PVC管：75管、50管、32管、20管、16管。

（二）自制教具功能介绍

如图1所示，多功能持续性抛体运动实验仪包括出水管固定块、轨迹标记板、恒流装置和底座储水盒。出水管固定块设置在轨迹标记板上，且可以被随意移动；轨迹标记板放置在底座储水盒中的底座支撑架上；恒流装置设置在轨迹标记板的背面。

（1）出水管固定块。出水管固定块中设有强磁铁，与轨迹标记板上的铁片相对应，通过磁力的作用，将出水管固定块吸附在轨迹标记板上，且出水管固定块可以自由移动，改变其位置。

如图2所示，出水管固定块包括出水管、连接管、水平仪和刻度校准线。连接管将恒流装置和出水管固定块连接在一起，即从恒流装置中流出的水体经连接管流入到出水管中，形成恒定的水流轨迹。水平仪设置在出水管固定块的顶端，

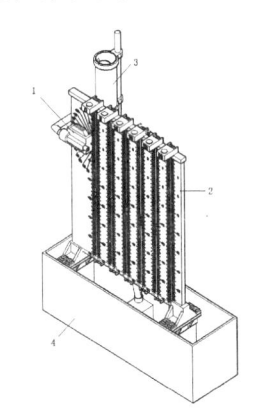

1—出水管固定块，2—轨迹标记板，
3—恒流装置，4—底座储水盒

图1　多功能持续性抛体运动实验仪

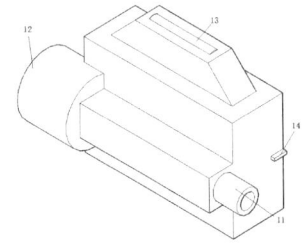

11—出水管，12—连接管，
13—水平仪，14—刻度校准线

图2　出水管固定块

演示平抛运动时，结合刻度校准线，用于判断出水管的出射方向是否处于水平状态，满足水流做平抛运动的条件。刻度校准线与轨迹标记板上的角度仪结合使用，用于确定出水管的出射方向与水平方向的夹角，用来演示一般抛体运动轨迹。

（2）轨迹标记板。轨迹标记板用于记录水流轨迹和读取数据。

如图 3 所示，轨迹标记板包括角度仪、铁片、标记片、标记片滑动槽、传动绳、纵坐标刻度和底座。

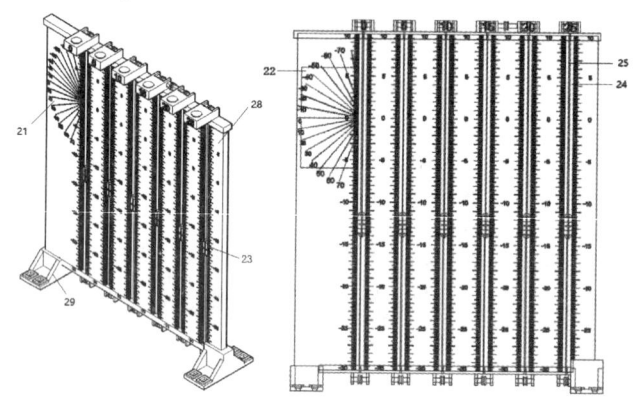

21—角度仪，22—铁片，23—标记片，24—标记片滑动槽，
25—传动绳，28—纵坐标刻度，29—底座

图 3　轨迹标记板

当水体从出水管中水平射出时，水流的运动轨迹为平抛运动轨迹。可用标记片记录水流的位置，如图 4 所示。

依次上下移动轨迹标记片上的 6 个等间距设置的标记片，使其十字叉心位置与水流轨迹的中间位置相对齐，即可将水流轨迹上的 6 个点记录下来。然后关闭水泵，再用白板笔在轨迹标记板上用光滑的曲线将 6 个点连接起来，即可得到水流做平抛运动的轨迹，如图 5 所示。

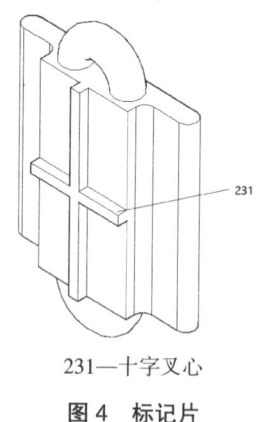

231—十字叉心

图 4　标记片　　　　　　　　**图 5　平抛运动轨迹**

（3）恒流装置。恒流装置实现了水体以几乎恒定的流速从出水管中射出。

恒流装置实现恒流的原理图如图6所示。水泵将水体经进水管抽送到恒流装置中，一部分水体从液位差管的出水口流出，而多余的水体从进水管的管口溢出流入到收集固定管，再流回到下方的底座储水盒中。出水口与进水口间的高度差恒定，即液位差恒定，在出水口处产生的压强几乎恒定不变，则流出的水体的流速也接近恒定，这样就可以将水流处理为恒流。利用水泵将水体不断抽送循环，即可得到长时间持续稳定的水流轨迹。

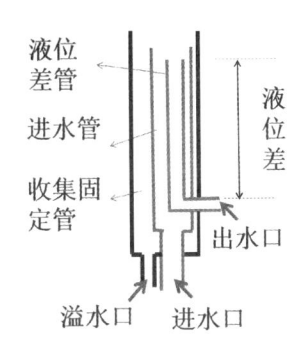

图 6　恒流装置原理

42—底座支撑架

图 7　底座储水盒

（4）底座储水盒。底座储水盒用于放置水泵和储存水体，实现水体的长时间循环。

在底座储水盒上，设置了液位最低线用于确定底座储水盒中的水体，确保水泵能够正常工作，实现水流的长时间循环。底座储水盒中设置了底座支撑架（见图7），用于放置轨迹标记板。

三、使用方法

（1）将轨迹标记板放置在底座支撑架上，利用水平调节螺杆将轨迹标记板固定，且结合重垂线调节轨迹标记板，使其处于竖直状态。

（2）将出水管固定块吸附在轨迹标记板的铁片区域。

（3）将功率为15W的水泵与进水管相连，利用软管将恒流出水管和连接管相连，且将溢水口放置在底座储水盒中。

（4）在底座储水盒中注水，直到水量达到最低水位线以上，且低于最高水位线。注意：必须达到最低水位线上，否则容易出现水无法淹没水泵的情况，长时间运转会使水泵被烧坏。

（5）调节出水管固定块的位置，使刻度校准线与角度仪上的零刻度对齐，同时借助水平仪将其调至水平状态；此外，还要调节出水管固定块的出水管管口，使其与轨迹标记板的坐标原点对齐。

（6）打开显示灯和水泵电源，观察实验现象。

（7）依次调节6个标记片的位置，让标记片上的十字叉心的交点置于水流轨迹的中间位置。

（8）关闭水泵的电源。

（9）记录下6个标记片的坐标位置。

（10）关闭显示灯。

（11）进行数据处理分析。

（12）将水倒出底座储水盒，整理实验仪器。

四、实验创新要点/改进要点

（一）实验装置创新点

（1）利用水流将运动轨迹长时间持续呈现出来。手电筒照射在水流的轨迹上，通过光的反射，让不同位置的学生均看到水流的轨迹。

（2）采用恒压法构建稳定水流，获取恒定的初速度。

（3）用轨迹标记板标记水流轨迹，记录数据快速、准确，操作简易，提高了实验效率，为学生建立直观形象的平面直角坐标系。

（4）功能集成化，可用于演示只在重力作用下的曲线运动：平抛、斜上抛和斜下抛运动。

（二）实验装置与教学过程结合的创新点

（1）结合教材案例二，充分挖掘教材，将实验转为更快、更准的定量实验，且实验装置与教材契合度高。

（2）将初中物理的液体压强、数学的抛物线知识和高中教材现有知识有机结合，符合学生的认知规律。

（3）通过物理学研究对象运动轨迹，数形结合，直接感知抛物线中系数 a 的物理意义。

（4）为研究抛体运动的轨迹，本实验构建竖直平面内的坐标系的思路清晰、直观；且能起到承上启下的作用，一方面有助于学生巩固、加深对运动的合成与分解的理解，另一方面为后面学习带电粒子在匀强电场中做类平抛运动打下基础。

（5）实现了物理知识与实验操作的转化，让课本知识服务于实践。

（6）激发学生产生质疑，探究新的问题，培养学生的学科探究素养。

五、实验原理/实验设计思路

（1）启发来源：根据教材案例二，并结合学生已有的认知规律，深度挖掘教材，构建可定量分析的多功能持续性抛体运动实验仪器。

（2）突破难点一：水流的持续性。利用水泵将水体抽送到恒流装置的进水管中，经液位差管的出水口流出，从出水管中射出，调整出水管使水沿水平方向发射，形成平抛运动。水体流回到下方的储水盒中，再被水泵抽送到上方的恒流装置，实现了水体的封闭循环，将水体的平抛运动轨迹持续呈现出来。

（3）突破难点二：水流的恒流。根据学生已有的认知规律，即初中物理液体压强的知识，利用水体的恒定液位高度差保证出水口的压强不变，实现了水体恒流。

（4）突破难点三：水流易分叉。在流动过程中，受重力、液体表面张力、黏滞力、液体内外压差、空气阻力、出水口材质和管径等因素的影响，水流容易分叉。经过大量实验发现，本装置中水流下落40cm，所需的出水管选用玻璃材质且出水管口内径为6mm时，效果最理想。

（5）突破难点四：实验现象易观察，轨迹清晰可见。由于自来水无色透明，本装置采取将光线照射到水流上的方式，利用光的反射使每位同学都能看到较清晰的水流平抛运动的轨迹。

（6）突破难点五：数据记录。采用有坐标刻度的轨迹标记板和标记片相结合的方式，通过调节阻尼片带动标记片在滑动槽中上下自由移动，使标记片的十字叉心位置与水流轨迹的中间位置对齐，即可快速、准确地记录水流轨迹上多个点的坐标值。

（7）突破难点六：图像处理。轨迹标记板采用亚克力玻璃板制成，可以利用白板笔在上面进行涂写，易擦除。用6个标记片记录轨迹上的6个点，然后再用白板笔以光滑的曲线依次连接6个点，便可以直接得出水流做平抛运动的轨迹图像。

（8）拓展突破：探究一般抛体运动的规律。利用强磁铁将出水管固定块吸附在轨迹标记板上，调节出水管固定块可以改变出水管的出射方向，可实现水流的斜上抛运动和斜下抛运动。结合轨迹标记板，便可对一般抛体运动的相关规律进行探究。

六、实验教学目标

（一）物理观念

（1）能通过实验的方法获得平抛运动的运动轨迹。

（2）能判断平抛运动的轨迹是否为抛物线，能基于图像理解平抛运动的规律。

（3）能够计算平抛运动的初速度。

（4）体会将复杂运动分解为简单运动的物理思想。

（5）能分析生产生活中的抛体运动。

（二）科学思维

（1）根据平抛运动的条件构建平抛运动的实验模型，设计实验方案，体验实验设计过程。

（2）通过分析平抛运动轨迹，学会利用函数图像进行数据分析和处理的方法。

（3）会用二次函数分析平抛运动的抛物线轨迹。

（三）科学探究

（1）利用已知的直线运动规律来研究复杂的曲线运动，领会物理学中"化曲为直""化繁为简"的思想。

（2）通过设计实验研究过程，提升实验素养，体验科学探究的乐趣。

（3）通过观察、猜想、理论分析和实验探究论证发现抛体运动规律。

（四）科学态度与责任

（1）在学习过程中感受物理知识，通过理论分析和实验探究的有机结合探索自然现象所隐含的科学奥秘。

（2）在实验中提升严肃认真、实事求是的科学态度，培养合作意识。

七、实验教学内容

（1）判断平抛运动的轨迹是不是抛物线。

（2）计算平抛运动的初速度。

（3）拓展实验：

1）一般的抛体运动的轨迹是不是抛物线。

2）初速度的其他计算方法。

八、实验教学过程

（一）创设情景，发掘情景

（1）学生陈述生活中的平抛运动（或教师以PPT形式呈现生活中的平抛运动）。

（2）学生总结平抛运动的特点。

（二）性质探究

（1）自制教具及实验原理介绍（见图8）。

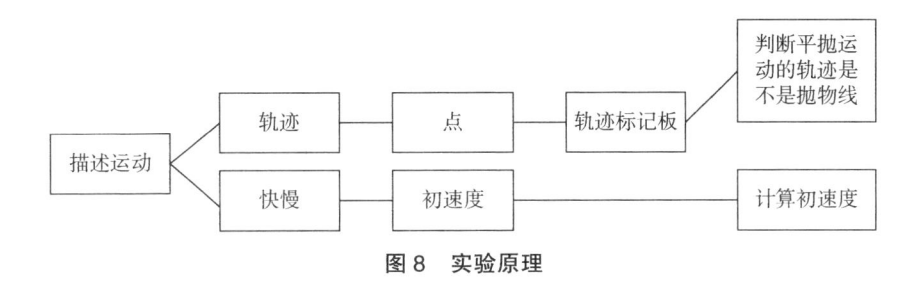

```
                                    ┌─判断平抛运动的轨迹是
                    ┌─轨迹──点──轨迹标记板─┤  不是抛物线
            描述运动──┤
                    └─快慢──初速度────────计算初速度
```

图 8 实验原理

如何描述运动？引导学生从轨迹和快慢来描述物体的运动状态。

1）判断平抛运动的轨迹是不是抛物线。

①结合教材所给的案例，思考怎样将平抛运动的轨迹持续地展现出来。引导学生阅读教材及相关资料，在限定的范围内思考，易得出利用水流的持续性展示平抛运动的轨迹，明确自制教具采用水流来做实验的目的。

②是不是任意水流沿水平方向射出，均可处理为平抛运动？结合平抛运动的条件引导学生思考，并得出结论：演示平抛运动，需要只受重力作用且水流是恒流，初速度不变。

③如何才能实现恒流？引导学生思考并回顾初中所学的压强相关的知识，确定恒流的方法。讲解自制教具中的恒流装置，学生易理解、易掌握。

④轨迹如何构成？引导学生思考轨迹的本质，从具体、形象的水流轨迹过渡到抽象的轨迹上的某个位置或某个点，让学生从感性认识升华到理性认识，帮助学生构建模型，并理解模型的本质。

⑤如何表达轨迹上的某个点的位置？引导学生利用数学工具解决物理问题，将知识融会贯通。讲解自制教具，让学生能够快速接受设置轨迹标记板的目的。

⑥如何选取参考位置？引导学生得出二维坐标系，理解坐标原点的物理含义，加深理解已知初位置和未知初位置的相关知识点。也让学生能够理解出水管固定块的目的和意图，以及所处的位置要求。

⑦怎样进行数据处理？引导学生进行理论分析，用理论来指导对数据的处理，帮助学生更好地理解平抛运动的相关知识点。

2）计算平抛物体的初速度。

①运动的快慢用速度 v 来描述。引导学生发现能直观地看到什么。引导学生注意方向的变化，由于轨迹是曲线，不利于研究，所以借助化曲为直的思想，将复杂运动转化为更简单的运动，帮助学生理解运动的分解的物理意义。

②如何化曲为直？引导学生将速度分解到水平和竖直方向上，通过两个方向上的分运动确定初速度，加深对初速度的理解。

（2）进行实验。学生分组进行实验，记录实验数据，并进行处理。

（3）实验结论。学生根据实验数据处理进行误差来源分析，得出实验结论。

（4）拓展实验。学生利用自制多功能持续性抛体运动实验仪，可以研究一般的抛体运动的相关性质。深度挖掘器材，思考求初速度的其他方法。

九、实验效果评价

结合教材中实验案例进一步思考，根据平抛运动的特点设计新的实验仪，将平抛运动的轨迹持续地展现出来，有利于学生快速、准确地构建平抛运动的模型，对学生有一定启发，既强化了学生对平抛运动产生条件的理解，内化物理基础知识，同时又大大提升了学生的创新能力并培养了团队合作意识。利用多功能抛体运动实验仪，能快速、准确地得出抛体运动轨迹上的点，课堂效率得到优化和提高。实验装置能演示平抛、斜上抛、斜下抛运动，功能集成化，更具有拓展性。将物理知识与数学知识相融合，贯彻落实新高考改革的教育理念，着力培养能自主思考、自主创新、自主研发的复合型人才。

摩擦力

南充高级中学　彭小珊

一、使用教材

教科版普通高中《物理必修1》第二章第四节。

二、实验器材

主要实验器材如图1所示。另外还需电压传感器、数据采集器、台灯。电压传感器用于测量二极管两端电压；数据采集器用于将力传感器、电压传感器实时采集的数据输入电脑；台灯用于增大光敏电阻所在位置挡光和不挡光时的光照强弱对比。

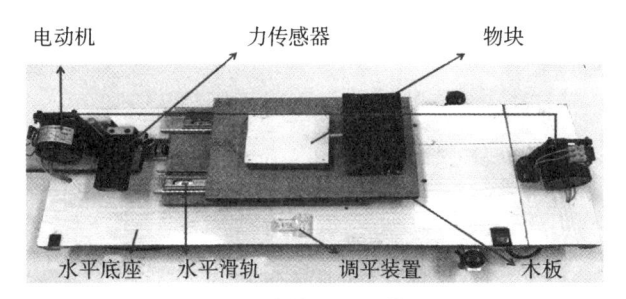

图1　摩擦力演示装置

三、实验改进与创新要点

（一）改进

（1）教材实验采用弹簧测力计，其测量精度不高，误差大。本装置改成精度为0.01N的力传感器。

（2）教材实验采用手动抽动底板，不匀速，干扰因素大，不易控制。本装置改用电动机匀速拉动。

（二）创新

（1）教材实验通过逐个增加砝码改变正压力，数据单一且数量不够多，不具有说服力。本装置通过力传感器，手动施压，并引入平移修正法，在一次实验中直接、直观地定量得出 f-N 的正比关系。测量数据多且随机，结论更客观；而且避免了多组分开独立实验，省时又省事。

（2）教材实验通过弹簧测力计拉物块，让学生观察其示数变化，从而找到最大静摩擦力，虽然操作简单，但在实验过程中因操作上的缺陷和器材的局限性，实验效果不理想。本装置设计了一个光敏电阻盒，当物块移动时光敏电阻所在位置的光照条件发生突变，由光敏电阻控制的二极管发光，其两端开始有电压，通过电压传感器在屏幕上实时显示出 U–t 关系，从而记录下最大静摩擦力的时刻。

四、实验设计原理

（1）力传感器测量静摩擦力或滑动摩擦力的原理：二力平衡。

（2）光敏电阻盒记录最大静摩擦力的时刻的原理：开始时，物块与光敏电阻接触，挡光；物块开始移动时不再挡光，二极管开始发光，其两端电压从零增大为某一定值，如图 6 所示，电压突变的瞬间即最大静摩擦力出现的时刻。

（3）定量得出 f–N 的正比关系的原理：当木板相对物块滑动时，通过力传感器，在物块上方手动施压，此时将测量拉力传感器的示数设为纵坐标，测量压力传感器的示数设为横坐标，再引入平移修正法（详见实验方法说明）修正正压力，这样就可以在一次实验中直接、直观地定量得出 f–N 的正比关系。

五、实验教学目标

（1）物理观念：通过实验探究过程，让学生逐步学习、系统反思和迁移应用，形成准确的摩擦力的概念；能正确计算滑动摩擦力的大小；能判断静摩擦力的大小变化规律。

（2）科学思维：让学生经历了"比较—概括—抽象"的过程，培养学生从物理学视角对客观事物的本质属性、内在规律及相互关系的认识方式提出创造性见解的能力与品格。

（3）科学探究：通过实验提出物理问题，形成猜想和假设，设计实验与制订方案，获取和处理信息，基于证据得出结论并作出解释，培养学生对科学探究过程和结果进行交流、评估、反思的能力。

（4）科学态度与责任：在认识摩擦力的基础上，形成探索自然的内在动力，培养严谨认真、实事求是和持之以恒的科学态度，逐步树立推动可持续发展的责任感。

六、实验教学内容

实验教学内容如图 2 所示。

图 2　教学流程

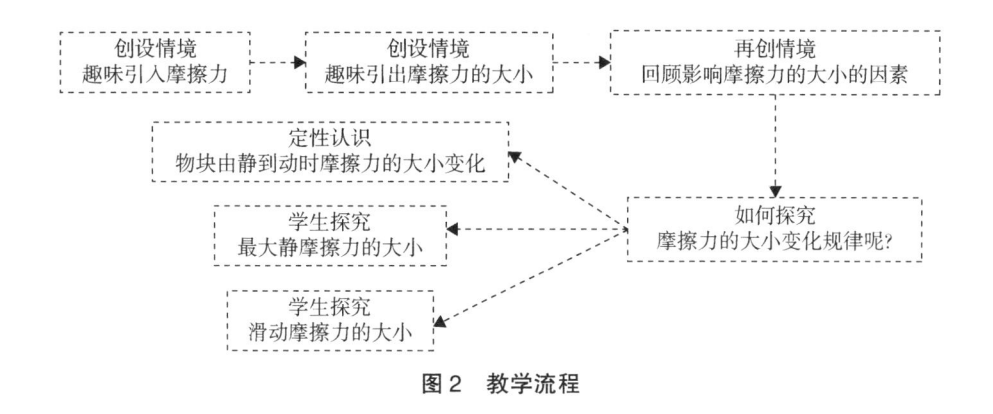

七、实验教学过程

(一) 兴趣引导，引人入胜

教师活动：创设情境 1——组织学生操作"筷子提米"实验（见图 3）。

问 1：筷子怎么能提起瓶中的米呢？

学生活动：操作并思考筷子为什么能提起瓶中的米。通过阅读教材找到摩擦力的概念。

设计意图：通过兴趣实验引出抽象概念，并感受摩擦力的存在。

教师活动：创设情境 2——组织学生操作"书本拔河"实验（见图 4）。

问 2：要用多大的力才能将这两本相互咬合的书拉开呢？

学生活动：操作并思考要用多大的力才能将这两本相互咬合的书拉开。

设计意图：感受摩擦力的大小，引出摩擦力大小的概念。

图 3　"筷子提米"实验　　　　图 4　"书本拔河"实验

教师活动：创设情境 3——引导学生回顾影响摩擦力大小的因素（见图 5）。

问 3：摩擦力大小与哪些因素有关呢？

问 4：摩擦力大小与这些因素又有什么关系呢？

图5　体操运动员利用镁粉增大摩擦力

学生活动：思考回答教师提出的问题，回顾初中关于摩擦力的知识。

设计意图：回顾影响摩擦力大小的因素，引出探究性实验。

（二）演示实验：定性认识物块由静到动的过程中摩擦力的变化情况

教师活动：利用教师设计的实验装置向学生演示物块由静到动的过程中摩擦力的变化情况，同时说明实验操作的规范性和科学性，如图6所示。

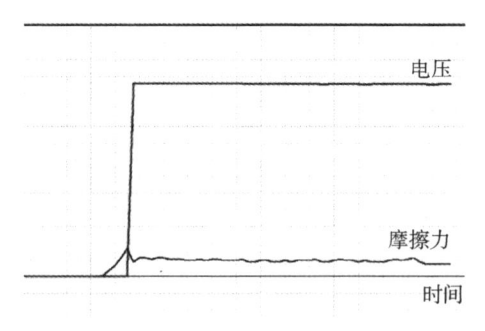

图6　$f\text{-}t$ 图和 $U\text{-}t$ 图

学生活动：总结得出实验结论，在电压突变时，物块恰好开始滑动。发生滑动前，静摩擦力随外力的增大而增大，在刚好发生相对滑动时静摩擦力达到最大值。滑动后则为滑动摩擦力，最大静摩擦力略比滑动摩擦力大。

设计意图：让学生从定性的角度对摩擦力有一个完整、具体的认识。

（三）学生分组定性探究最大静摩擦力与正压力和接触面材料的关系

教师活动：组织学生定性探究最大静摩擦力与正压力和接触面材料的关系，引导学生实验操作的规范性和科学性。

学生活动：接触面材料相同时，最大静摩擦力与正压力的关系如图7所示。当正压力相同时，最大静摩擦力与接触面材料的关系如图8所示。

学生实验结论：接触面材料相同时，正压力越大，最大静摩擦力越大；正压力相同时，最大静摩擦力与接触面材料有关。

设计意图：通过学生自己动手探究，定性认识最大静摩擦力的大小与正压力以及接触面材料的关系。同时培养其科学探究的能力。

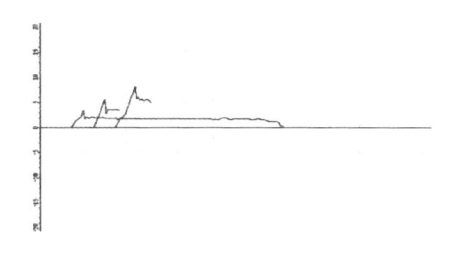

图7 接触面材料相同时，不同正压力对应的 f-t 图

图8 正压力相同时，不同接触面材料对应的 f-t 图

（四）学生分组定量探究滑动摩擦力与正压力和接触面材料的关系

教师活动：组织学生定量探究滑动摩擦力与正压力和接触面材料的关系，引导学生实验操作的规范性和科学性。

学生活动：黑色面与木板接触时，滑动摩擦力与正压力的关系如图9所示（比例系数 $k=0.3744$）。白色面与木板接触时，滑动摩擦力与正压力的关系如图10所示（比例系数 $k=0.4299$）。

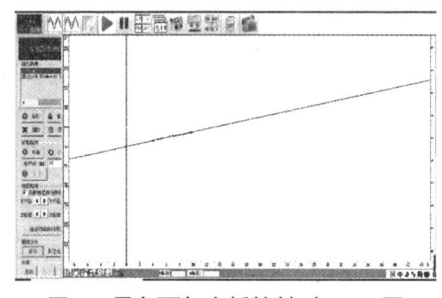

图9 黑色面与木板接触时 $f_动$-N 图

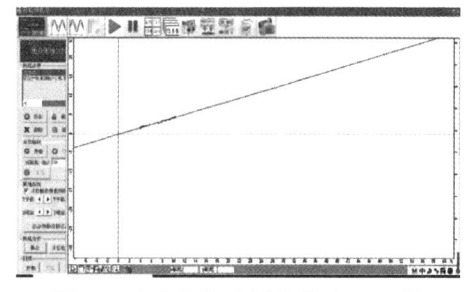

图10 白色面与木板接触时 $f_动$-N 图

实验结论：在误差范围内，$f_动$ 与 N 成正比。接触面材料不同时，其比例系数 k 值不同，我们把 k 叫作动摩擦因数 μ，因此 $f_动 = \mu N$。

设计意图：通过学生自己动手探究，定量认识滑动摩擦力的大小与正压力以及接触面材料的定量关系，同时培养其科学探究的能力。

八、实验效果评价

（一）实验结论

（1）$f_静$ 随外力的增大而增大，取值范围：$0 \leqslant f_静 \leqslant f_{静\max}$，$f_{静\max}$ 比 $f_动$ 略大。

（2）$f_{静max}$ 与正压力和接触面材料有关。

（3）$f_动 = \mu N$。

（二）实验方法

（1）控制变量法：保持正压力相同，探究摩擦力与接触面材料的关系；保持接触面材料相同，探究摩擦力与正压力的关系。

（2）图像法：利用朗威传感设备将数据输入 DIS 系统，直观地得出 f-t、f-N 图像，得出结论。

（3）平移修正法：通过平移，在压力传感器的示数加上物块本身的重力，得到木板和接触面间的真实的正压力，从而修正正压力。

（三）实验设备

实验设备简单新颖，有效激发学生的学习兴趣和探究欲望。

（四）实验操作

实验操作简便省时，学生学习快，更加容易上手。

（五）实验结果

实验结果直接、直观，效果明显。

九、实验教学反思

本次改进实验既保留了传统，又引入了新技术，直接直观的实验结果更便于学生认识和理解摩擦力。在实验探究的过程中，既让学生接触了新的实验仪器、开阔了视野，又有效地激发了学生的学习兴趣，培养了学生的科学探究能力。

虽然本实验效果已经比较理想，但我认为本实验还有待改进之处：在利用光敏电阻盒记录最大静摩擦力出现的时刻这一演示实验时，为让电压突变瞬间与物块刚要移动的时刻恰好对应，调节灯光和光敏电阻的位置花费时间略长。可尝试更换线性更好的激光作为光源，并考虑将灯光和光敏电阻盒的相对位置固定，已达到方便调节的效果。

外力作用下的振动

宁波市效实中学　张濛尹

一、使用教材
人教版《物理选修3-4》第十一章第五节"外力作用下的振动"。

二、实验装置

(一) 认识阻尼振动

(1) 演示实验。实验装置如图1所示，在气垫导轨上用双弹簧牵引滑块，在滑块上装上扇子提供阻尼，利用无线位移传感器直接测 x-t 图像。

(2) 学生自主创新实验。实验装置如图2所示，包括智能手机（每组一部，学生自带）、弹簧、巴克球、钩码（作为振子）、透明袋子（用于保护手机）、容器、水、油、蜂蜜等。

扇叶不展开　　扇叶部分展开　　扇叶全部展开

图1　阻尼振动演示实验装置　　图2　阻尼振动学生实验装置

(二) 研究受迫振动的周期

(1) 演示实验。实验装置如图3所示，在支架上安装频率可连续调节的大扭矩电动机来提供驱动力，其频率可在数字屏上显示，用螺钉将一块强磁铁固定在振子上，并将弹簧振子没入水中，增加振动的稳定性。

(2) 学生自主创新实验。实验装置如图4所示，在传统的手摇装置基础上进行改进。将巴克球（磁力小球）吸在振子下方，振子浸入水中。

图3 受迫振动演示实验装置　　图4 受迫振动学生实验装置

（三）受迫振动的振幅和共振现象

（1）演示实验。利用图3的装置，在装水的容器上标注刻度（红线为振子静止时下端所在的位置，即平衡位置），如图5所示。

（2）学生自主创新实验的实验装置如图6所示。

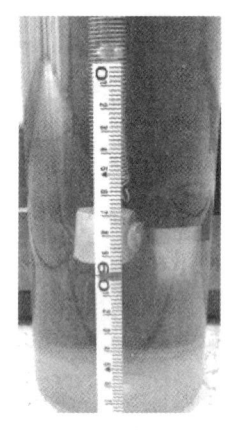

图5 容器上标注刻度 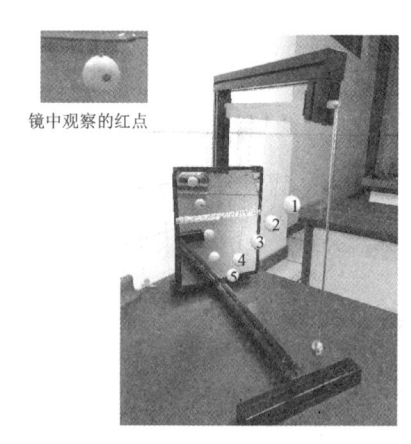　　图6 改进后的共振摆装置

1）截去共振摆一侧支架，便于从侧面观察球的摆动。

2）安装可伸缩天线悬挂驱动球（较重），便于连续改变其摆长。

3）将摆长逐渐增大的5个从动球（较轻）依次标记为1~5号小球。

4）在3号小球的内侧（面向未截去的一侧支架）粘贴红点作为读数标记。

5）在未截去的一侧支架上安装镜子（垂直于摆动平面）和刻度尺用于读取振幅（零刻度处为3号小球静止时红点在镜中的位置）。

（四）共振之美（克拉尼盘）

实验装置如图7所示，包括家用小音箱、振荡器、正方形金属板、沙子、手机。

图7 共振可视化实验装置

三、实验设计思路

随着现代科技的迅速发展,智能手机的普及率很高,很有潜力成为一个微型但功能强大的科学实验室。除了常用的扬声器、麦克风、相机外,智能手机还内置了种类丰富、灵敏度很高的传感器,如压力、加速度、光、声、重力、磁力、温度等。Phyphox(physical phone experiments)软件(见图8)是德国亚琛工业

图8 手机APP Phyphox界面

大学开发的一款免费的物理实验软件,该软件可以直接测量加速度、角速度、光照强度、磁感应强度、压力等物理量,也提供了一些模块式的实验方案,如转动、弹性碰撞、单摆、超失重、声速的测量等。我受此软件启发,进行了"外力作用下的振动"一课的创新教学设计。

（一）认识阻尼振动

传统课堂中采用观察法定性认识阻尼振动中振幅随时间减小的规律,与书中给出的图像间联系牵强。我利用无线位移传感器直接采集阻尼振动的图像作为演示实验,利用投屏技术显示振动图像,帮助学生将阻尼振动与其图像顺畅联系起来。为使每位同学都获得探索各种阻尼振动的机会,可将智能手机作为振子的一部分,打开"Phyphox"软件中的"spring"(弹簧)功能直接读取振动周期,亦可产生即时图像。

（二）阻尼振动的周期

传统的偏心轮带动弹簧振子做受迫振动的装置存在以下问题:手摇法提供的驱动力频率不够稳定,振子振动也很不稳定,通过数周期数来确定驱动力和受迫振动的周期是较为粗略的。将装置放入水中,可以有效增加振动的稳定性。演示实验可采用频率可调可显的电动机提供驱动力,在弹簧振子上装上磁铁,利用"magnetometer"(磁传感器)采集手机所在处因磁铁运动而导致的磁场变化规律。由于磁铁运动情况与振子相同,B-t图中的周期即为振子受迫振动的周期。

学生演示实验的方案在原有的手摇装置上进行改进，在振子下方吸上几颗巴克球，就可用"磁传感器"测量受迫振动的周期。利用手机软件"节拍器"，根据节拍摇动手柄，就能确定驱动力周期。

（三）共振现象与共振曲线的描绘

共振摆是一个经典实验，但从不同球的共振定性推理出一个球的共振曲线造成了认知困难，导致共振曲线成为该课难点。在上个实验中装水的量筒上划上刻度线即可测量振幅。由于振子的振动较快，很难直接用肉眼来观察，于是利用手机软件"帧播放器"逐帧播放振动视频，采集准确的振幅，描绘可信度较高的共振曲线。我还改进了共振摆装置，设计了定量描绘共振曲线的学生创新实验。贴上标度尺，利用"帧播放器"软件测量从动球的振幅。由于粘贴标度尺的位置与人眼间隔着球，球的尺寸会引起读数误差，于是利用了镜面反射，通过观察球背面上某一小点来避免读数误差。利用该装置，学生能定量测量并描绘共振曲线，如此即可顺畅地认识共振现象。

（四）共振之美

克拉尼图形是指板面振动时，由于板的边缘存在波的反射，板上不同位置形成不振动的"波节"和振动较为剧烈的"波腹"。在板上撒上沙子，"波节"处的沙子基本不振动，"波腹"处的沙子作受迫振动。调节板的振动频率至某一个共振频率，"波腹"处振动剧烈，沙子无法聚集，板上形成富有对称美的图形。不同的共振频率形成不同的图形。克拉尼盘效果震撼，能带来科学美的享受，激发学习物理的热情。

四、实验教学过程与结果

（一）认识阻尼振动

（1）演示实验。

1) 打开气泵，调节导轨水平。

2) 打开位移传感器数据采集软件，分别采集扇叶不展开、部分展开和全部展开三种情况下阻尼振动的图像（见图9）。每次由静止释放振子的位置相同。

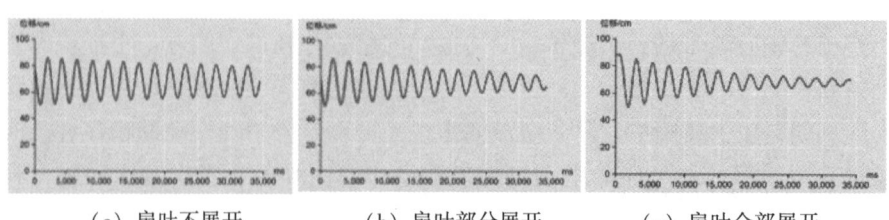

（a）扇叶不展开　　　（b）扇叶部分展开　　　（c）扇叶全部展开

图9　不同阻尼情况下的阻尼振动位移时间图像

数据分析：图 9a 中振幅减弱得较慢，可近似看成固有振动；图 9b 中随时间变化振幅减弱，但周期保持不变；对比图 9b 和图 9c 可以发现，阻尼越大，振幅减弱得越快，即能量耗散得越快。

（2）学生自主创新实验。

1）以小组为单位，下载"Phyphox"软件，浏览功能，了解操作。

2）将手机挂在竖直悬挂的弹簧和振子间，振子浸入不同的介质（空气、水、油、蜂蜜等），使弹簧振子作阻尼振动。

3）打开"Phyphox"中的"弹簧"功能，在界面中读取振动周期，观察振动图像（见图 10）。

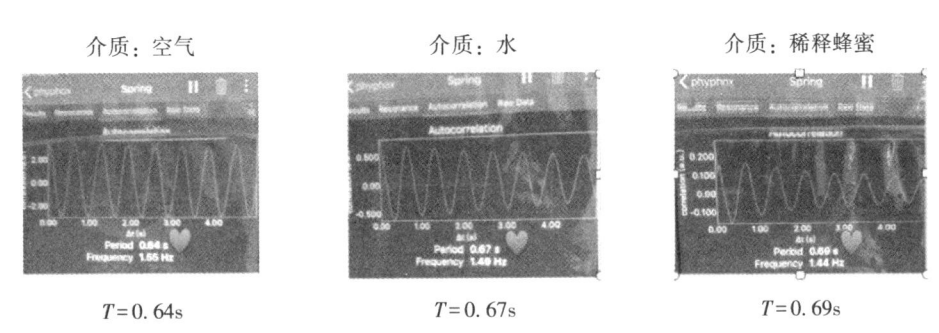

介质：空气　　　　　介质：水　　　　　介质：稀释蜂蜜

$T=0.64\text{s}$　　　　$T=0.67\text{s}$　　　　$T=0.69\text{s}$

图 10　用"Phyphox"研究弹簧振子在不同介质中作受迫振动的周期和图像

数据分析：比对弹簧振子在不同介质中做阻尼振动的周期，发现介质越黏稠，阻尼振动的周期越长。采用未稀释蜂蜜作为介质时，学生观察到阻尼过大，系统不能发生振动的现象。

（二）研究受迫振动的周期

（1）演示实验。

1）将手机静置于桌面上，大致对准振子的下方。

2）在不开电动机的情况下，使振子在水中做阻尼振动。

3）待振子振动稳定后，打开软件"Phyphox"中的"磁传感器"，选择其中的"Absolute"（磁感应强度的绝对大小），生成 $B\text{-}t$ 图像（见图 11），手机截屏并保存。

4）打开电动机，转动频率调节旋钮，带动弹簧振子做受迫振动。

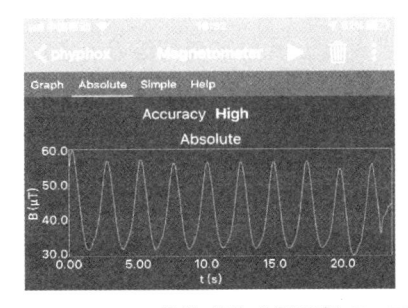

5）待振子振动稳定后，采集 $B\text{-}t$

图 11　Phyphox 软件磁传感器测得 $B\text{-}t$ 图像

图像，保存图像。

6）改变电动机频率，重复实验数次。

数据分析：由于磁铁和振子振动情况相同，B-t 图像的周期即振子做受迫振动的周期。如图所示，在 B-t 图像中数出一段时间内的周期数，计算得出振动频率的平均值，记录在表 1 中（注意：选择的时间太短则相对误差较大，选择的时间过长则图像过于密集，一般选择 10s 或 20s），同时记录此时电动机的频率（驱动力频率）。通过表格中数据的对比，得出结论：受迫振动的频率与驱动力频率相同。

回答：无电机驱动时振动频率为 ___0.94___ Hz；电机驱动时振动频率为 _____ 。

表 1 受迫振动频率与驱动力频率对比

次数	1	2	3	4	5	6
受迫振动频率/Hz	0.40	0.65	0.95	1.12	1.20	1.35
驱动力频率/Hz	0.420	0.656	0.943	1.116	1.216	1.399

（2）学生自主创新实验。

1）打开手机软件"metronome"（节拍器），设定节拍，如 60 拍/min。

2）根据节拍摇动手柄，每一拍摇一圈，尽量保持力度均匀，匀速转动。

3）振子振动稳定后，打开"Phyphox"中的"磁传感器"，生成 B-t 图像并保存。

数据分析：节拍器设定的每一拍时长与摇动手柄的周期一致，即驱动力周期。对比多次实验的数据（数据略），得出结论。

（三）受迫振动的振幅和共振现象

（1）演示实验。

1）打开电动机，带动弹簧振子做受迫振动，记录驱动力频率。

2）待振子振动稳定后，用手机拍摄振子振动的视频。注意：拍摄角度要正对容器刻度，且要平视红线处，拍摄时间以两个振动周期为宜。

3）打开手机软件"帧播放器"，调取视频，点击向右箭头，逐帧播放视频，寻找振子位移最大处，记录受迫振动的振幅。

4）改变驱动力频率，重复实验，记录多组数据（见图 12）。

数据分析：观察数据，了解受迫振动的振幅随驱动力频率变化的规律，结合受迫振动周期实验中所得数据，可发现振幅最大时对应的驱动力频率恰为无驱动力时振子的振动频率。如图 13 所示，利用 Excel 描绘图像，观察图像特征，认识有阻尼情况下的共振现象。

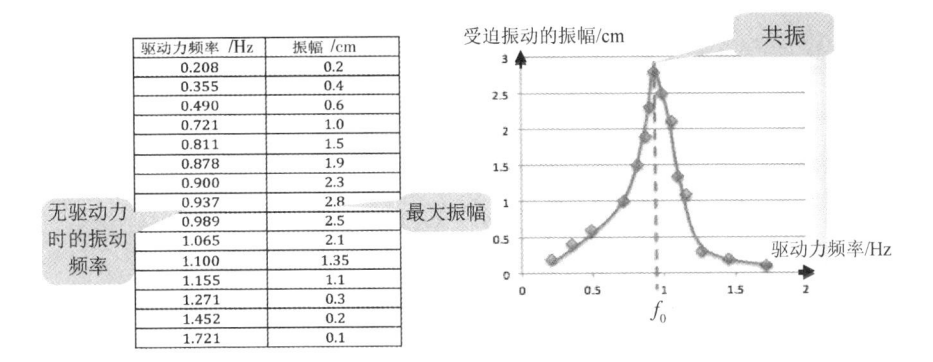

驱动力频率 /Hz	振幅 /cm
0.208	0.2
0.355	0.4
0.490	0.6
0.721	1.0
0.811	1.5
0.878	1.9
0.900	2.3
0.937	2.8
0.989	2.5
1.065	2.1
1.100	1.35
1.155	1.1
1.271	0.3
1.452	0.2
1.721	0.1

图 12　驱动力频率与受迫振动的振幅数据记录表　　图 13　利用 Excel 描绘共振曲线

(2) 学生自主创新实验。

1) 测量并记录各小球的摆长。

2) 调节驱动球摆长与 1 号从动球摆长相等，使驱动球摆动起来，观察 1 号从动球的共振现象。

3) 拍摄此时红点小球摆动的视频。注意：拍摄视角应调整至红点静止时恰在零刻度处。

4) 打开软件"帧播放器"，找到小球振幅，记录下来。

5) 改变驱动球的摆长，依次与 2~5 号从动球摆长相等。重复以上步骤。

数据分析：如图 14 所示，根据记录的 5 次驱动球摆长，利用摆球周期公式 $T = 2\pi\sqrt{l/g}$，计算驱动力频率，与相应的红点小球摆动的振幅进行比对，寻找振幅与驱动力频率的关系。发现当驱动球与红点小球摆长相同，即驱动力频率与固有频率相同时，红点小球的振幅最大。描绘红点小球的共振曲线，认识共振现象。

受迫振动的振幅与驱动力频率的关系

3 号球摆长 23.0 cm

驱动球摆长 (cm)	驱动力频率 (hz)	3 号球振幅 (cm)
14.0	1.35	1.0
19.0	1.15	3.6
23.0	1.05	6.2 (共振)
30.0	0.92	5.2
36.0	0.84	3.0

图 14　学生所记数据表格和所绘共振曲线

（四）共振之美（克拉尼盘）

（1）在正方形金属板的中心钻孔，穿过振荡器上的金属圆柱，用螺母固定。

（2）打开软件"sound generator"（音频发生器）产生一定频率的声音信号，通过音箱放大后，输入到振荡器中，使振荡器以同频率带动金属板振荡起来。

（3）连续调节音频发生器的输出频率，寻找金属板的共振频率（随频率不断增大，金属板因振荡而发出的声音会经历大小的交替变化。每次声音达到最大时沙子振荡最剧烈，即发生共振，此时可形成清晰图样），观察对应的图形（见图15）。

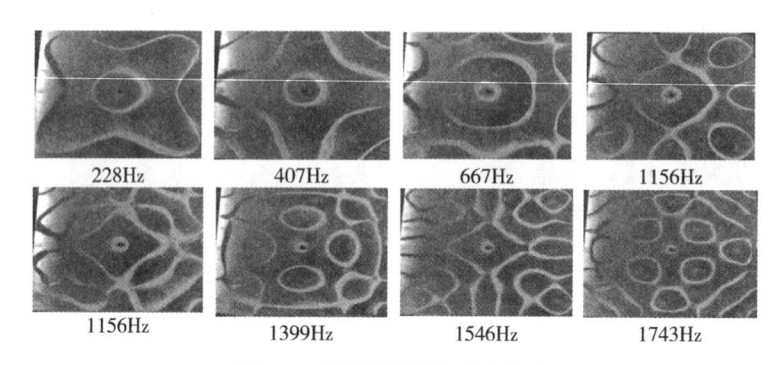

228Hz　407Hz　667Hz　1156Hz
1156Hz　1399Hz　1546Hz　1743Hz

图15　克拉尼图形与对应频率

五、实验教学目标

（1）在真实情境的探究中建立阻尼振动、受迫振动的概念，建立受迫振动的频率特点、振幅特点、共振曲线等概念。

（2）通过教师演示实验和学生自主创新实验，在不同精度上进行探究，建立受迫振动模型，收集证据并进行推理论证，完整连贯地发现规律，在真实情景中提出问题，利用手机和随手可取的物品尝试自行设计研究方案，在小组合作中交流与反思。

（3）感受物理与生活的紧密联系，对自己的探究能力产生信心，对物理研究充满兴趣，在各种不同运动形式的特殊性中发现规律的普遍性。

六、实验效果评价

（一）智能化的课堂

本课让智能手机进入物理课堂，成为实验器材的一部分，利用Phyphox、sound generator（音频发生器）、节拍器、逐帧播放等软件，对外力作用下的振动的三个传统实验进行了改进。智能手机参与物理实验教学，带来了研究方法和测量精度上的变革,提高了师生开展定量物理研究的能力。

(二) 人人参与的课堂

本课将演示实验与学生自主创新实验融合起来,在不同精度和角度上展开研究,两者相辅相成,充分发挥了实验教学的优势,有效突破了教学难点。学生发挥创造力,参与实验开发,实验方案新颖有趣。学生在真实情景中愉快探究,发现超越课本的科学奥秘,课堂成为每一位学生的探索乐园。

结语:智能手机如随身携带的微型实验室,拓展了人的能力,使人成为"智能化的人"(augmented human)。我们已经看到智能手机在改变实验教学模式上的巨大潜能。智能时代,让我们拥抱开放,拥抱创新!

油膜法估测油酸分子直径

海北州第二高级中学　周生海　谭斌

一、教学分析

（1）教学分析。本节内容属于人教版《物理选修3-3》高中第一章"分子动理论"的一节实验课，帮助学生了解微观领域、掌握微观领域的研究方法而增加感性认识。如果按照传统的授课模式教条式地逐步操作，丧失了实验的创新性和启发性，学生无法理解具体的实验原理，也不能达到实验的预期目的。现采用小组合作进行探究，利用身边的资源改进实验仪器和方法，使得实验形象直观、操作简单，充分体现了物理核心素养。

（2）学情分析。初中物理中已讲过分子动理论的基本内容，学生对分子的大小没有很清晰的数量级上的概念，也不知道如何测量一个分子的大小。

二、实验器材

酒精、油酸、量筒、浅盘、注射器、坐标玻璃板、爽身粉、撒粉器、刻度尺、油菜籽、手机等，如图1所示。

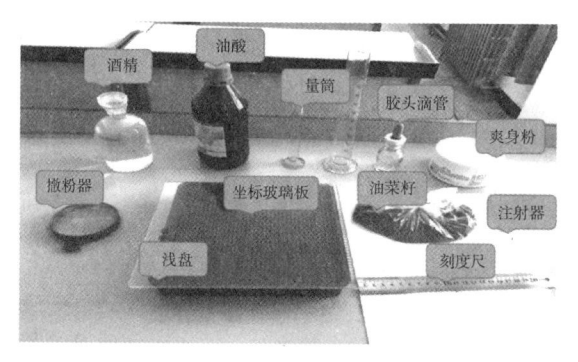

图1　实验器材

三、实验创新及改进

(一) 思路创新要点

（1）利用油菜籽建立微观分子模型，通过测量其直径，实现用宏观量类比微观量的测量，就地取材，易于操作，形象直观，便于理解。

（2）小组合作探究为实验设想了多种测量方案，规避了传统实验按部就班的操作，参与度高，省时省力，实验容易成功，体现物理核心素养。

（二）方法改进

（1）如图 2 所示，油菜籽呈球形，容易发生滚动，不易排成一列，将白纸进行对折，方便将油菜籽排成一列。

（2）如图 3 所示，在形状规则的容器底部平铺满油菜籽，并测出这些油菜籽的面积。优点是便于测量其面积。

（3）差量法：用一定的溶液体积减小量来代替溶液体积的测量，避免了由于少量油滴附着在注射器或量筒上导致实验出现误差，如图 4 所示。

（4）如图 5 所示，利用手机拍出油酸薄膜轮廓图片并进行打印，方便快捷易操作，还减小了测量误差。

（三）仪器改进

如图 6 所示，传统撒粉器的纱布粗糙，撒粉不均匀使得实验不理想甚至失败。用"干果袋"进行改造后，撒粉器撒粉细致、均匀，避免了上述情况的发生。

图 2　测量油菜籽直径　　图 3　测量油菜籽面积　　图 4　差量法测油酸体积

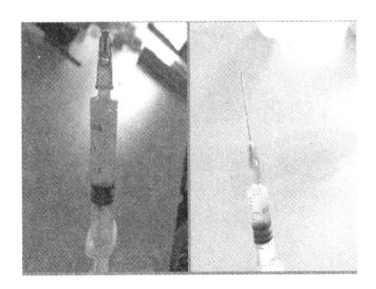

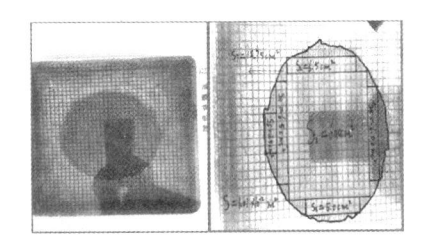

图 5　油酸薄膜轮廓面积计算　　图 6　撒粉器改造前后效果对比

四、实验思路

在教材中，本实验的目的是用油膜法来估测分子直径，但由于油酸分子看不见摸不着，无法进行直接测量。针对传统实验所给的实验器材，学生会显得无从下手、不知所措。为此，在实验开始之前首先要做的就是引导学生了解微观分子的大小及数量级，并让学生知道可以将分子理想化成球形。再进一步启发学生探究如何测量微小物体的直径。具体的设计思路是通过问题引入，利用油菜籽建立分子模型，类比启发引导学生测量油酸分子直径，小组合作进行具体实验操作及数据处理，如图7所示。

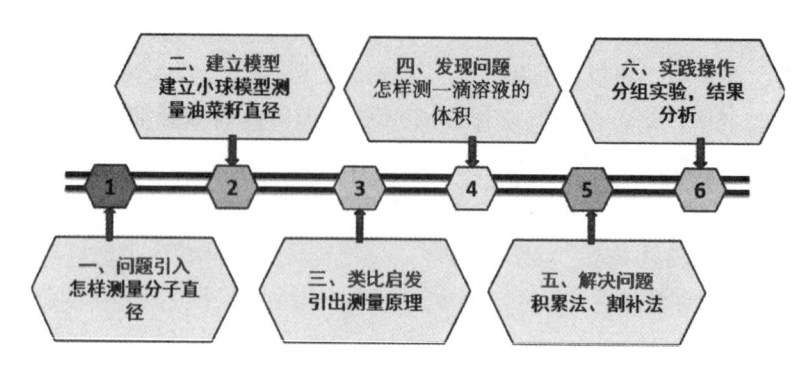

图7 实验设计思路

五、核心素养

（一）物理观念

初步认识微观分子的尺寸及数量级。

（二）科学思维

（1）微小量放大法，利用油菜籽建立微观分子模型。

（2）积累法、差量法、割补法等科学思维的培养。

（三）实验探究

（1）用手机拍照等科技手段和方法收集信息。

（2）设计多种方案和方法测量微小物体的直径。

（3）差量法测量油酸溶液体积。

（四）科学态度与责任

（1）微观世界多奇多妙，宏观建模形象生动。

（2）小组合作省时省力，实验探究方法多样。

（3）实验材料易取易得，身边资源充分利用。

六、实验教学内容

（一）实验目的

（1）测量油菜籽的直径。

（2）估测油酸分子的大小。

(3) 学会间接测量微观量的原理和方法。

（二）实验原理

(1) 油菜籽直径测量。

教师引导：根据所给的辅助器材，小组探究思考能否测量油菜籽直径。尝试用多种方法进行具体测量。

学生思考：由于油菜籽是能看得见的微小实物，经过讨论研究后觉得测量方法很多。

方案1：测量 N 粒油菜籽的总长 L，则一粒油菜籽直径 $D=L/N$。

方案2：测量 N 粒油菜籽总体积 V，则一粒油菜籽的体积 $v=V/N$，再根据球体体积公式计算油菜籽直径。

方案3：将一定量的油菜籽紧密铺成一层，测出面积 S，然后将其装入量筒测出体积 V，则油菜籽直径 $D=V/S$。

(2) 油酸分子直径测量。

依照3种测量方法，教师引导学生进行分组实验，根据各小组实验结果最终确定方案3简单方便、效果最佳。

教师引导学生研究方向：通过油菜籽直径的测量，同学们思考一下，这对于我们将要进行的油酸分子直径测量是否有所启发？经学生思考，通过小组探究，最终确定第3种方案可以用来测量油酸分子直径，即将一定量的油酸与酒精按比例混合，得到酒精油酸溶液，并测出一滴酒精油酸溶液的体积，通过计算油膜轮廓面积，最后得出油酸分子直径。

七、实验过程

(1) 根据探究方案测量油菜籽直径。

方案一：将100粒油菜籽紧密排成一列，测出总长 L。

方案二：将600粒油菜籽倒入量筒测出总体积 V。

方案三：在圆形容器底部平布一层油菜籽，测出面积 S，倒入量筒测出总体积 V。

(2) 测量油酸分子直径。

1) 配制酒精油酸溶液。

2) 测量一滴酒精油酸溶液的体积。

3) 撒爽身粉，并滴入一滴酒精油酸溶液。

4) 利用手机进行拍照并用打印机打印照片，计算油膜轮廓面积。

(3) 数据处理，如图8、图9所示。

图8 油菜籽直径测量数据　　　　　图9 油酸分子直径测量数据

八、实验效果评价

形象直观的分子模型和身边资源的充分利用极大地调动了学生的学习热情和兴趣，实验过程不仅培养了学生的动手能力、表达能力、创新能力、团体协作能力，还让学生从探究中学到了微小量放大法、积累法、割补法等科学实验方法。做好这个实验可以加深学生对微观世界的认识，打开学生探索微观世界的思路，锻炼学生的动手能力，培养学生严谨认真、实事求是的科学态度。

探究双缝干涉实验相邻亮（或暗）条纹中心间距的表达式

北京市第十三中学　李晓彤

一、使用教材

人教版《物理选修 3-4》高二第十三章第四节 "实验：用双缝干涉测量光的波长"。

二、实验器材

激光笔、自制光源座、双缝、自制双缝转换器、自制光屏、光具座、自制测量尺。

三、实验创新要点

（一）教学设计上

将 $\Delta x = \dfrac{l}{d}\lambda$ 的得出过程由难度较大的理论推导改为实验探究，并实现定量研究。这符合学生的认知过程和认知能力水平，同时突破教学难点。

（二）实验装置上

设计并创新实验装置，利用 3D 打印和激光切割技术，设计并制作了激光笔的光源座和双缝转换器，实现了操作上的简单便捷，并很好地保证了光学实验的稳定性。

改装 10 分度游标卡尺，自制分划板固定于游标卡尺上，构成自制测量尺。将测量尺固定在光屏上，实现了快速测量并保证了测量精度。

（三）实验效果上

实验数据误差较小，通过对数据分析可直接得到表达式 $\Delta x = \dfrac{l}{d}\lambda$。

（四）推广性上

本实验使用的核心器材，如激光笔、双缝、光具座、游标卡尺等，都是高中物理教学中常用的教具和仪器，具有普遍的推广性。

四、实验原理

（1）利用激光照射双缝进行干涉实验。

（2）通过控制变量法，研究相邻亮纹（或暗纹）中心间距的表达式。

五、实验教学目标

（1）能利用控制变量法设计并提出探究方案。

（2）掌握利用图像处理数据的科学方法，能通过对数据处理和分析得出相邻亮（或暗）条纹中心间距表达式。

（3）经历实验探究的全过程，体会探究过程的科学严谨和合理性，增强合作意识。

六、实验教学内容

（1）引导学生，提出猜想：哪些因素会影响干涉条纹间距？

（2）定性实验探究：观察实验现象，直观感受 Δx 随 d、l、λ 变化的关系。

（3）定量实验探究：经历实验操作、数据处理及分析的全过程，得到相邻亮（或暗）条纹中心间距的表达式。

（4）理论与实验相结合，引导学生尝试进一步用理论推导得出表达式。

七、实验教学过程

（一）提出问题

（1）对比观察图片（见图1），提出猜想：哪些因素会影响干涉条纹间距？

图1　激光通过双缝产生的干涉条纹图样

（2）引导学生从双缝干涉装置入手寻找影响因素。

（二）定性实验探究

选用两种波长的激光笔和两种不同间距的双缝进行定性研究。为了保证实验的稳定性，将双缝直接固定在激光笔上，实验装置如图2所示。

（1）定性实验一：打开1号、2号激光笔，对比观察干涉条纹。

提出问题：你看到什么实验现象？能得到什么结论？

（2）定性实验二：打开3号激光笔，对比观察2号、3号激光笔呈现的干涉条纹。

提出问题：你看到什么实验现象？能得到什么结论？

探究双缝干涉实验相邻亮（或暗）条纹中心间距的表达式

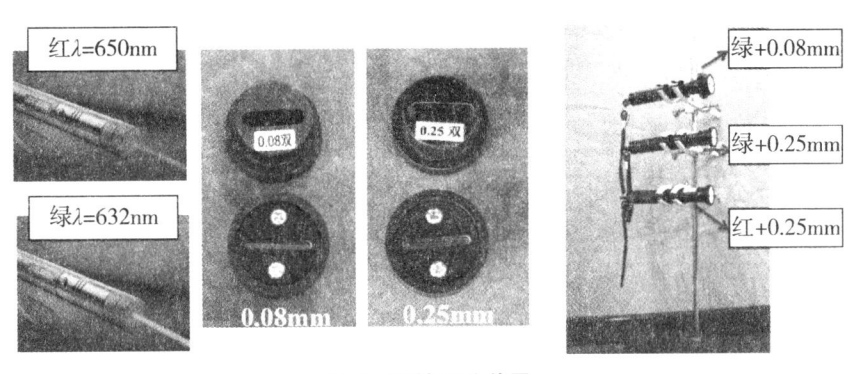

图2 定性实验装置

（3）定性实验三：移动光屏位置，改变双缝到屏的距离。

提出问题：你看到什么实验现象？能得到什么结论？

通过三组定性研究，让学生直观感受 Δx 与 d、l、λ 的关系。得出结论：相邻亮（或暗）条纹中心间距 Δx 与双缝间距 d、光的波长 λ、双缝到屏的距离 l 都有关。

（三）定量实验探究

（1）确定实验方案及实验方法。

1）引导学生提出：采用控制变量法进行研究。

2）确定实验方案：①保持光波长 λ 和双缝到屏的距离 l 不变，研究相邻亮（或暗）条纹中心间距 Δx 与双缝间距 d 的关系；②保持光波长 λ 和双缝间距 d 不变，研究相邻亮（或暗）条纹中心间距 Δx 与双缝到屏的距离 l 的关系；③保持双缝间距 d 和双缝到屏的距离 l 不变，研究相邻亮（或暗）条纹中心间距 Δx 与光波长 λ 的关系。实验装置如图3~图6所示。

图3 定量实验装置全景

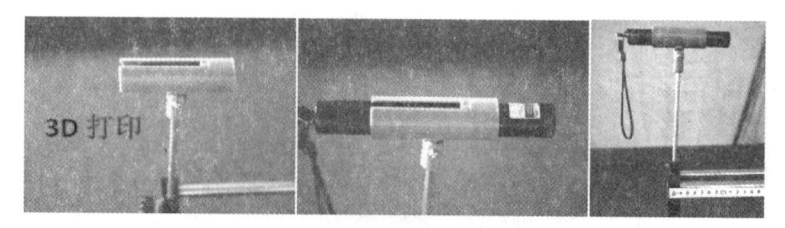

图4 激光笔及光源座

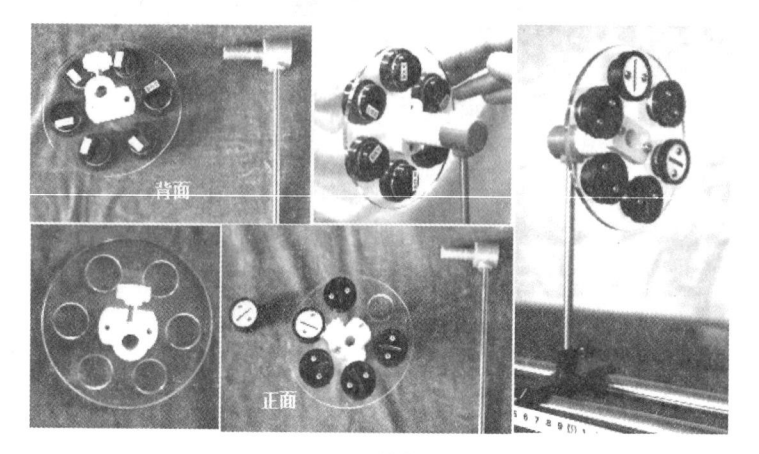

图5 双缝转换器

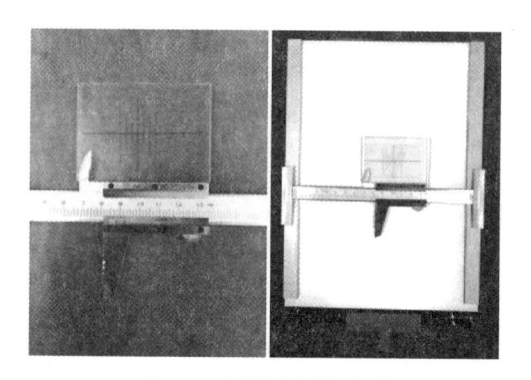

图6 自制测量尺及光屏

（2）实验一：保持光波长 λ 和双缝到屏的距离 l 不变，研究相邻亮（或暗）条纹中心间距 Δx 与双缝间距 d 的关系。

1）实验参量及操作过程：选取绿色激光，光波长 532nm，取双缝到屏的距离 l 为 262.0cm。如图7所示，依次选用6种不同间距的双缝进行实验，双缝间距分别为 0.08mm、0.10mm、0.15mm、0.20mm、0.25mm、0.30mm。

探究双缝干涉实验相邻亮（或暗）条纹中心间距的表达式

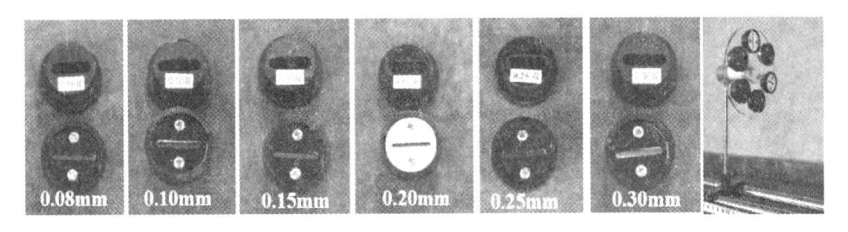

图7 6种不同间距的双缝

利用光屏上的测量尺，观察并测量干涉条纹间距，读取 n 条亮（或暗）条纹总长 x，记录在表1中。

表1 实验一数据

组别	双缝间距 d/mm	测量尺读数1/cm	测量尺读数2/cm	条纹个数 n	x/cm	Δx/cm
1组	0.08	7.15	12.30	3	5.15	1.71667
2组	0.10	7.85	12.00	3	4.15	1.38333
3组	0.15	4.20	12.40	9	8.20	0.911111
4组	0.20	6.10	12.35	9	6.25	0.69444
5组	0.25	7.65	12.60	9	4.95	0.55000
6组	0.30	8.20	11.90	8	3.70	0.46250

2）数据处理及分析：利用 Excel 进行数据处理，绘制 Δx 与 $1/d$ 的图像，如图8所示。

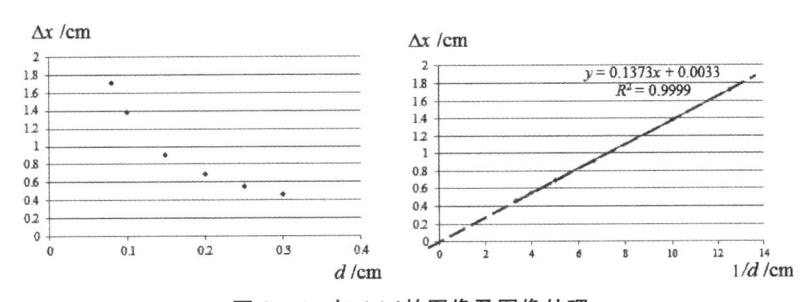

图8 Δx 与 $1/d$ 的图像及图像处理

3）观察并分析图像，得出结论：当波长 λ 和双缝到屏的距离 l 不变时，相邻亮（或暗）条纹中心间距 Δx 与双缝间距 d 成反比。

（3）实验二：保持光波长 λ 和双缝间距 d 不变，研究相邻亮（或暗）条纹中心间距 Δx 与双缝到屏的距离 l 的关系。

1）实验参量及操作过程：选取绿色激光，光波长532nm，选用双缝的间距 d 为0.10mm。移动光屏位置，改变双缝到屏的距离 l 并记录，观察并测量干涉条纹间距，读取 n 条亮（或暗）条纹总长 x，记录在表2中。

表2 实验二数据表

组别	双缝到屏的距离 l/cm	测量尺读数1/cm	测量尺读数2/cm	条纹个数 n	x/cm	Δx/cm
1组	262.00	5.85	10.00	3	4.15	1.38333
2组	239.90	5.15	12.65	6	7.50	1.25000
3组	209.90	4.65	12.35	7	7.70	1.10000
4组	189.90	4.80	11.75	7	6.95	0.99286
5组	159.90	4.85	10.70	7	5.85	0.83571
6组	139.90	5.90	11.00	7	5.10	0.72857

2）数据处理及分析：沿用研究 Δx–d 关系的研究方法，利用Excel做 Δx–l 的图像，如图9所示。

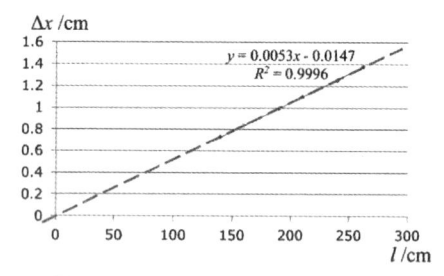

图9 Δx–l 关系的图像及图像处理

3）观察并分析图像，得出结论：当波长 λ 和双缝间距 d 不变时，相邻亮（或暗）条纹中心间距 Δx 与双缝到屏的距离 l 成正比。

(4) 实验三：保持双缝间距 d 和双缝到屏的距离 l 不变，研究相邻亮（或暗）条纹中心间距 Δx 与光波长 λ 的关系。

1）实验参量及操作过程：取双缝间距 d 为0.10mm，调节光屏位置，使双缝到屏的距离 l 为262.0cm。改变激光颜色，使用波长 λ 为650nm、532nm、450nm、405nm的激光依次实验。

观察并测量干涉条纹间距，读取 n 条亮（或暗）条纹总长 x，记录在表3中。

表3 实验三数据表

组别	激光波长λ/nm	测量尺读数1/cm	测量尺读数2/cm	条纹个数 n	x/cm	Δx/cm
1组	650	6.50	11.65	3	5.15	1.71667
2组	532	4.80	13.00	6	8.20	1.36667
3组	450	8.20	11.70	3	3.50	1.16667
4组	405	7.05	10.20	3	3.15	1.05000

2）数据处理及分析：利用 Excel 作出 Δx-λ 的图像，如图10所示。

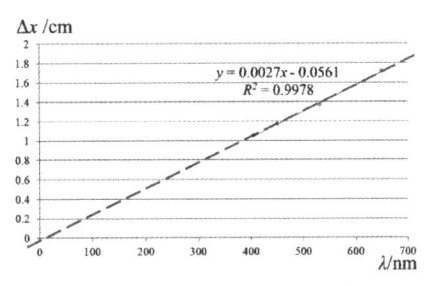

图10 Δx-λ 关系的图像及图像处理

3）观察并分析图像，得出结论：当双缝间距 d 和双缝到屏的距离 l 不变时，相邻亮（或暗）条纹中心间距 Δx 与光波长 λ 成正比。

（5）综合分析讨论，得出准确表达式。

1）由 Δx 与 d 成反比、与 λ 成正比、与 l 成正比，得出：

$$\Delta x \propto \frac{l}{d}\lambda$$

写成等式为：

$$\Delta x = k\frac{l}{d}\lambda \text{（式中的 } k \text{ 为常量）}$$

2）确定 k 值：利用 $\frac{l}{d}\lambda$ 计算得到一个相邻亮（或暗）条纹中心间距的计算值 $\Delta x_{计算} = \frac{l}{d}\lambda$，与实验测量值 Δx 进行比较，便得出 k 值。

（6）实验结论。相邻两个亮条纹（或暗）条纹的中心间距的表达式 $\Delta x = \frac{l}{d}\lambda$。

（四）介绍理论推导方法

引导学生，尝试理论推导得到相邻亮（或暗）条纹的中心间距的表达式。

八、实验效果评价

（1）评价方式。

课上：通过回答问题、小组交流、规范实验操作，进行过程性评价。

课下：通过课后练习、作业反馈，检查落实教学效果。

（2）通过对实验数据的分析，数据误差大约在4%之内，误差较小。在误差允许范围内可以得出正确的结论。

（3）整套实验装置稳定性好，学生进行实验操作时能快速准确调节好光路。同时，利用自制光源座、自制双缝转换器、自制测量尺及光屏，使学生实验操作过程简单便捷。

光的衍射

淄博第五中学　王涛

淄博实验中学　李坤

一、使用教材

人教版高中《物理选修3-4》第十三章第五节"光的衍射"。

二、实验器材

自制教具（光的衍射综合演示仪）：光盘、大头针、刀片、头发丝、圆珠笔0.5mm圆珠、锡箔纸、透射光栅等。

其他教具：可调焦固体激光器、万向支架、光具座、光屏、铁架台、花粉。

三、实验创新要点

（1）在激光器上安装调焦透镜，变平行激光束为发散激光束，实现从夫琅禾费衍射到菲涅尔衍射的转变，使衍射实验更具普遍意义。

（2）通过放大光斑，缩短了实验距离，为分组实验创造条件。

（3）综合演示仪，系列化地实现多种衍射图样，并可进行对比分析。

（4）通过"泊松亮斑"观察水中的花粉微粒，让学生体会衍射的"放大思想"，培养学生的科学思维。

（5）整套实验装置结构简单、功能丰富，利用生活中常见的材料，使科学更加贴近学生生活，激发学生的创新意识。

四、实验教学目标

（1）物理观念层面：认识光的衍射现象，了解光的波动性，知道光产生明显衍射的条件，了解衍射图样与波长、缝宽的定性关系。

（2）科学思维层面：通过观察实验培养学生对物理现象的观察、表述、概括能力。通过体会衍射的"放大"思想，培养学生良好的物理思维。

（3）科学探究层面：通过实验操作培养学生的动手能力和探究能力。

（4）科学态度与责任层面：通过对"泊松亮斑"的了解，使学生认识到实验是检验真理的标准，深入了解物理学发展的历程。

五、创新实验内容、方法设计及教学反思

（一）"综合演示仪"实现衍射实验的系列化

为了提高实验效率、增强现象对比，更利于学生直观地认识衍射现象，我将

各种衍射实验进行了集成化设计，制作了光的衍射综合演示仪，具体如下。

（1）创新实验设计。

1）选取两张废旧光盘，在半径为 40mm 的圆周上等间距地钻出 12 个半径为 6mm 的孔。

2）用头发丝、针尖、针帽做成单线衍射障碍物，在锡箔纸上钻取直径分别为 0.1mm、0.2mm 的圆孔，用刀口相向的刀片构成 0.1mm、0.2mm、0.4mm 的单缝，用直径 0.5mm 圆珠、2mm 墨滴、5mm 墨滴作为"泊松亮斑"衍射障碍物。

3）分别将各种障碍物沿光盘半径方向固定到一张光盘的圆孔中心，再将两张光盘对齐粘贴，中央安装阻尼转轴，就制成了光的衍射"综合演示仪"。

（2）实验装置如图 1 所示。包括光具架、激光器、激光器万向支架、220V 交流电源、光盘、头发丝、刀片、图钉、盖玻片、600 线/mm 衍射光栅等。

图 1　光的衍射综合演示仪

（3）教学过程设计。

1）认识衍射：通过演示仪，我们可以依次展示单线衍射、单孔衍射实验，让学生充分认识光的衍射现象，理解光的衍射原理，形成对光的波动性的认知（见图 2、图 3）。

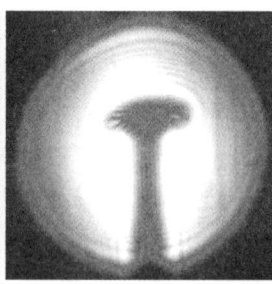

图 2　针尖、针帽、发丝衍射图样

2）探究规律：通过三种不同缝宽的单缝衍射，让学生观察和描述衍射图样的特点，探究影响衍射图样的因素，得出产生明显衍射的条件（见图 4~图 6）。

图 3　圆孔衍射图样

图 4　0.4mm 单缝衍射图样　　　图 5　0.2mm 单缝衍射图样

图 6　0.1mm 单缝衍射图样

3）知识拓展：为学生介绍衍射光栅的分类及作用，并演示透射光栅和反射光栅的衍射图样，加深学生对光的波动性的理解（见图 7、图 8）。

图 7　600 线/mm 透射光栅衍射图样　　　图 8　光盘反射光栅图样

（4）实验教学反思。

1）该装置结构简单、便于操作、现象明显，可快速演示一系列的衍射现象，还可进行分组实验。

2）通过实验颠覆了学生光沿直线传播的传统观念，在实验观察和分析的基础上，采用科学的方法让学生完成认识的飞跃。通过变换衍射障碍物的参量，便于学生探究得出衍射规律。

3）该实验使用生活中的常见物品，拉近了学生与科学之间的距离，增强学生科学联系生活的意识。

（二）再现"泊松亮斑"

在给学生介绍"泊松亮斑"的发现经过时，学生惊叹于物理的美妙，但也遗憾于只能看到一张黑白的照片。这张照片是在暗室中通过长时间的胶片曝光得到的，而我们现有的实验条件无法在教室内重现这一实验。为让学生亲眼看到"泊松亮斑"，体现物理实验的真实性，感受物理的魅力，我设计了再现"泊松亮斑"的实验。

（1）创新实验设计。

1）难点突破一：光源的选取。目前学校实验室的仪器只能做单缝衍射，本实验利用可调透镜组先将平行光束变为发散光束，即采用球面波的菲涅尔衍射，使实验更具普遍意义。且发散光束可有效缩短实验距离，实现实验桌上的操作，效果更加明显。

2）难点突破二：圆形障碍物的选取。本实验采用圆珠笔头里直径 0.5mm 的圆珠作为障碍物；也可在盖玻片上用去掉圆珠的笔吹滴墨汁，利用分子表面张力形成较好的圆屏障碍物。实验发现，在光线很暗的室内，一角硬币也能产生"泊松亮斑"，大的障碍物产生的"泊松亮斑"更能让学生感到震撼。

3）难点突破三：障碍物的固定。实验用两片盖玻片将圆珠夹住固定，巧妙地避免了固定物对衍射图样的影响。

（2）实验装置包括激光器、可调透镜组、盖玻片、直径 0.5mm 圆珠、圆形障碍物、光屏。实验原理如图 9 所示，实验装置如图 10 所示。

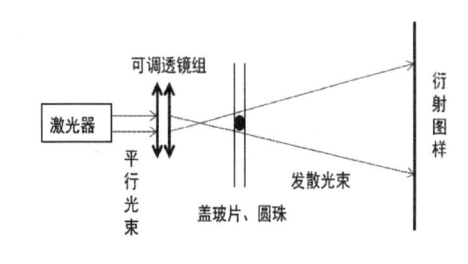

图 9　实验原理　　　　　　　　图 10　实验装置

（3）教学过程设计。

1）实验演示：以"泊松亮斑"引入，通过展示"泊松亮斑"，对学生的思维产生强烈冲击，引发学生进一步探究的兴趣（见图 11、图 12）。

图 11　光通过圆珠衍射的图样 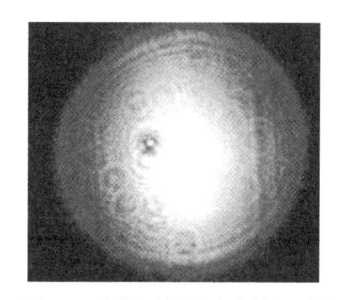　　　　图 12　光通过墨滴衍射的图样

2）实验探究：利用"泊松亮斑"的放大作用，观察水中花粉微粒形成的亮斑。实验装置如图 13 所示。

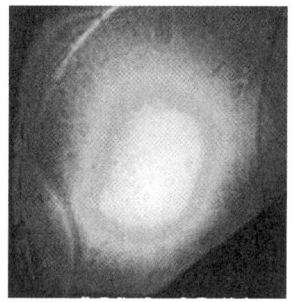

图 13　利用"泊松亮斑"观察水中花粉微粒装置及图样

3）知识拓展：通过 PPT 介绍科学家研究晶体对 X 射线的衍射，分析晶体结构；介绍科学家研究 DNA 对 X 射线衍射，提出了 DNA 双螺旋结构模型，从而让学生了解衍射现象的应用。

（4）实验教学反思。

1）这一实验操作简单，"泊松亮斑"现象明显，突破了传统方法的局限性。

2）让学生体会到衍射中存在的放大作用。

3）通过介绍光的衍射现象的应用，让学生了解到物理知识同生活的联系。

六、实验效果评价

（1）教学内容层面：实验项目丰富，设计新颖，实验内容贴近实际，能够激发学生的兴趣，有利于学生对衍射知识的理解和掌握。

（2）教学方法层面：以科学实验贯穿教学全过程，实验方法灵活多样，启发性强，有利于学生科学素养的提升。

（3）教学组织层面：便于学生进行分组实验，有利于学生动手能力、发散思维和创新精神的培养。

热力学第一定律

新疆生产建设兵团第二中学 李艳

一、使用教材

人教版高中《物理选修3-3》第十章第三节"热力学第一定律 能量守恒定律"。

二、实验器材

(1) 自制教具：自制隔热气筒（见图1，内置快速温度传感器探头，底部附有电阻丝加热装置，外部包有隔热棉）。

(2) 活塞、DIS系统、快速温度传感器、数据采集器、数据线、玻璃胶枪（见图2）。

图1 仪器构造图

图2 装置实物图

三、实验创新要点/改进要点

(1) 创设情境，增加实验，形象直观易操作。实验设计源于课本第十章第一节的定性实验，对其进行改进，实验原理简单易懂，实验现象直观明显。同时，贯穿理论分析和数学公式推导，学生接受度高，填补了本节实验教学的空白。物理学史中热力学第一定律的提出是建立在大量实验基础上的，没有实验的理论教学显得苍白无力。此实验仪器可以创设情境让学生在实验探究中发现科学本质，更深入地理解热力学第一定律的内涵。

(2) 与现代技术的整合使半定量探究热力学第一定律成为可能，实验数据简单易处理。温度传感器的使用使实验数据更加直观，可在希沃一体机上直接显示测量结果，将测得的温度进行叠加即可得出结论。学生能准确观察到各物理量之间的关系，从而得出热力学第一定律的表达式。

（3）除课堂的自主探究外，对误差的分析也进行了课后拓展和延伸。不断修正和改进实验仪器及操作方法，提高实验精度，使科学探究贯穿课堂内外，有利于学生物理思维的建构，从而真正体现实验的价值。

四、实验原理/实验设计思路

（一）实验设计

在温度不低于零下几十摄氏度、压强不超过大气压几倍时，把实际气体当作理想气体来处理，误差很小。本实验确定了以一定质量的气体为研究对象：

（1）把实际气体当成理想气体处理，忽略体积变化对分子势能的影响（近似法）。

（2）用易测量的温度变化代替不易测量的内能变化（转换法）。

（3）选取一定质量的气体作为研究对象，控制质量、物态不变（控制变量法）。

（二）实验原理

依据课本第八章给出的理想气体热力学温度与其分子平均动能成正比表达式：

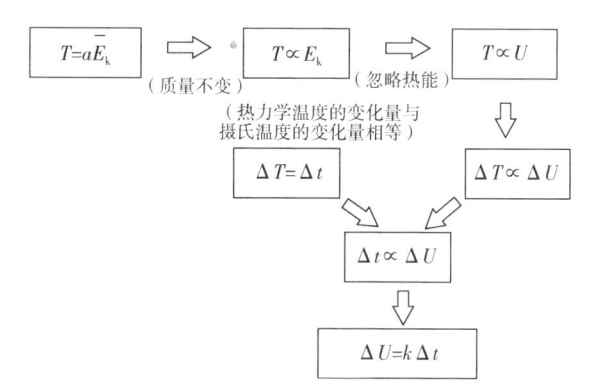

$$T = a\bar{E}_k \xrightarrow{\text{（质量不变）}} T \propto \bar{E}_k \xrightarrow{\text{（忽略热能）}} T \propto U$$

（热力学温度的变化量与摄氏温度的变化量相等）

$$\Delta T = \Delta t \quad \Delta T \propto \Delta U$$

$$\Delta t \propto \Delta U$$

$$\Delta U = k \Delta t$$

故实验中气体温度增加，内能增大；温度降低，内能减小。

五、实验教学目标

（一）物理观念

能够通过实验结论理解热力学第一定律的形式和内涵。

（二）科学思维

（1）引导学生经历并体会科学家们在实验设计过程中使用的科学思维方法，如近似法、转化法、控制变量法等。

（2）引导学生进行实验误差分析，不断修正和改进实验，减少系统误差，感受科学家严谨的思维模式。

（3）能从数学的角度推导实验结论，形成使用数学工具解决物理问题的思维模式。

（三）科学探究

（1）学生以小组为单位，通过猜想自主设计并完成探究实验，验证猜想正确性，并能根据实验结果推导出热力学第一定律。

（2）学生在分析实验误差的过程中，不断改进实验仪器和实验操作，在实验误差逐渐减少的过程中感受科学探究的本质。在成果展示环节，培养学生们交流、评估和反思能力。

（四）科学态度与责任

（1）通过实验探究过程，以及对实验结果的展示和误差分析，培养学生严谨求真的科学态度，激发学生对科学实验的兴趣。

（2）通过在实验中大量应用传感器，启发学生体会科技发展与科学理论的完美结合。

六、实验教学内容

（1）知识回顾，利用已储备的知识进行实验设计。

（2）通过三次探究实验得出在改变物体内能上做功和热传递是等价的，并且是可以相互叠加的结论。

（3）理论推导实验结论，并能根据实验结果和理论分析推导出热力学第一定律。

（4）课后进行误差的分析及实验的改进拓展，并组织学生进行成果展示和交流。

七、实验教学过程

通过启发式教学完成实验设计方案，探究做功和热传递对气体内能的影响（温度的变化）。

（一）实验一：探究绝热情况下，做功对气体内能的影响

封闭一定质量的气体，推动活塞对气体做功（见图3），观察活塞从位置1运动至位置2时温度的变化并记录（见表1）。释放活塞，气体对活塞做功，观察气体温度变化。

图3 做功装置图

表1 做功对气体内能的影响（温度改变量）

t_1/℃	t_2/℃	Δt/℃	方式
			做功
			做功
			做功

注：用玻璃胶枪挤压活塞做功，推力较为均匀，每次实验中气体温度的增加量基本一致，可在不同温度条件下多次重复该实验，为实验三埋下伏笔。

学生分组探究实验，分析数据并得出结论：

（1）外界对气体做功，气体内能增加。

（2）气体对外界做功，气体内能减少。

（3）外界对气体做功相同，物体温度变化量相同。

（4）在不同温度条件下，上述结论均成立。

（二）实验二：探究只存在热传递的情况下，气体内能的变化

活塞塞紧并用玻璃胶枪将活塞卡在位置1处（见图4），用气筒底部电阻丝对桶内空气加热60s，观察温度的变化并记录（见表2）。

图4 热传递装置图

表2 热传递对气体内能的影响（温度改变量）

t_1/℃	t_2/℃	Δt/℃	方式
			热传递
			热传递
			热传递

注：每次实验后，要使气筒散热至初始温度再进行下一组实验，可以观察到每次实验气体温度的增加量基本一致，为实验三埋下伏笔。

学生分析数据并得出结论：

（1）气体从外界吸热，气体内能增加。

（2）气体向外界放热，气体内能减少。

（3）在相同初始温度对气体加热相同时间，气体温度变化量相同。

（4）对于不同的初始温度，上述结论均成立。

提出问题引发学生思考：如果外界对气体做功的同时又进行热传递，气体的温度如何变化？

利用已有的器材设计实验，并用实验验证自己的猜测。

（三）实验三：同时发生做功和热传递过程

图 5 做功和热传递同时进行装置图

在用电阻丝对气筒加热 60s 的同时，用玻璃胶枪推动活塞对气体做功（见图 5），观察温度的变化并记录（见表 3）。

表 3 同时发生做功和热传递对气体内能的影响（温度改变量）

t_1/℃	t_2/℃	Δt/℃	方式
			做功+热传递
			做功+热传递
			做功+热传递

注：学生通过分析实验数据，发现实验三中温度的变化量与前两次实验中温度变化量之和近似相等。

引导学生分析出实验中存在的误差。

引导学生从理论上分析上述的实验结果。

（四）理论分析实验结论

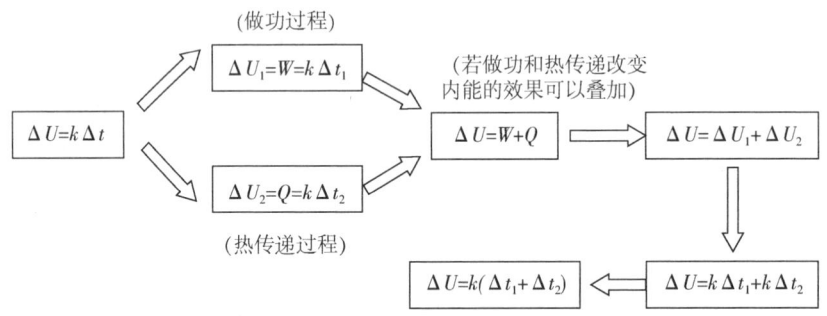

（做功过程）$\Delta U_1 = W = k\Delta t_1$

$\Delta U = k\Delta t$

（热传递过程）$\Delta U_2 = Q = k\Delta t_2$

$\Delta U = W + Q$

（若做功和热传递改变内能的效果可以叠加）

$\Delta U = \Delta U_1 + \Delta U_2$

$\Delta U = k\Delta t_1 + k\Delta t_2$

$\Delta U = k(\Delta t_1 + \Delta t_2)$

数学推导与实验结论相符，引导学生归纳出热力学第一定律及其表达式：一个热力学系统的内能增量等于外界向它传递的热量与外界对它所做的功的和。

$$\Delta U = W + Q$$

八、实验效果评价

（一）教学亮点

（1）本节课通过观察、推理、实验等方法多角度开展教学，在学生已有的认知基础上把教材内容有机地划分为若干个探究阶段，使学生像科学家一样思考问题，尝试性地提出解决方案，亲自经历实验探究。随着教师提出的问题不断加深，以及学生对实验结果的展示和交流、对误差的分析与思考、对实验精度的修正与改进，学生逐渐由浅层思考进入深度思考。他们不但亲身领悟到了科学研究的思考方法，而且学习知识的过程也不知不觉成为其物理学科核心素养的养成过程。

（2）实验后续的改进。

将气筒固定于导轨上，内置快速温度传感器探头和加热电阻，外部包裹隔热棉，利用杠杆原理瞬间推动活塞做功，每次做功会更加稳定（见图6和图7）。可以制作多组器材，学生进行分组实验，分组探究加热和做功对内能的改变实验，节约教学时间。

图6 改进仪器原理图　　　　图7 改进实物装置图

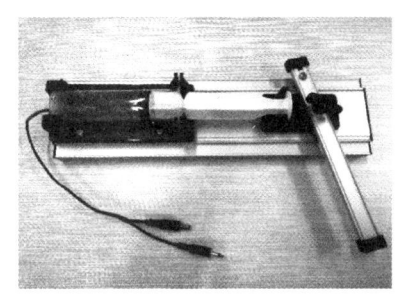

（3）对实验误差的分析和处理进行课后拓展。学生在进行实验误差分析时不断修正和改进实验仪器及操作方法，使其思维能力得到了真正提升，体现了实验的价值。以下是学生在误差分析中提出对实验操作的改进意见：

1）通过给活塞涂润滑油以增强仪器气密性。

2）通过杠杆原理推动活塞做功，更易获得较为均匀的推力，也使做功更加迅速，减少实验过程中对外散热引起的误差。

3）在第一次加热实验开始前必须将仪器预热至初始温度。

4）在每次加热实验前都要将温度降至相同的初始温度再开始下一组实验。

（二）实验不足和改进

（1）此实验目前没有配套的数据处理软件，还需采取原始的图表法人工记录数据。后期若能开发图表或图像式的处理软件并使用电脑记录、处理数据，实验结论呈现效果会更加直观。

（2）学生在实验操作和数据读取过程中仍存在不规范的现象。

机械能守恒定律

大连市第八中学 赵曰峰 东梅 邵明

一、使用教材

人教版《物理必修2》高一第七章第八节"机械能守恒定律"。

二、实验器材

（一）实验：再现"飞刀游戏"视频场景

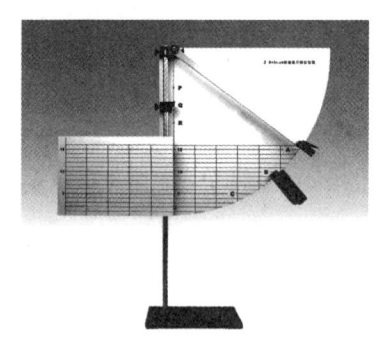

器材：朗威® DIS 研究机械能守恒定律仪器（见图1）。

（二）实验：验证重力势能和动能组成的机械能守恒

器材：朗威® DIS 研究机械能守恒定律仪器、光电门、计算机、朗威® DIS 数据采集器（见图2）。

图1 朗威® DIS 研究机械能守恒定律仪器

图2 验证重力势能和动能组成的机械能守恒实验装置

（三）实验：观察弹簧振子振动图像

器材：支架、弹簧、位移传感器（发射装置和接收装置）、朗威® DIS 数据采集器、计算机（见图3）。

（四）实验：验证弹性势能和动能组成的机械能守恒

器材：朗威® DISLab 数据集器、光电门、自制遮光条、弹簧振子实验器、计算

图3 观察弹簧振子振动图像实验装置

机 (见图 4、图 5)。

图 4 自制遮光条　　图 5 验证弹性势能和动能组成机械能守恒实验装置

三、实验创新要点

本实验将实验探究和理论推导相结合，利用实验创设情境，理论分析推导，实验加以验证。本实验创新点主要有以下两点：

（1）利用朗威® DIS 研究机械能守恒定律仪器，直观展示在误差允许的范围内，各个状态下动能与重力势能相互转化，机械能保持不变、具有守恒的特点。

（2）通过位移传感器观察弹簧振子振动的位置随时间的变化情况，通过振动的最大位置使学生产生动能与弹性势能组成的机械能可能保持不变的认识。

理论分析后，通过自制实验教具和 DIS 数字实验室直观展示在误差允许的范围内，各个状态下动能与弹性势能相互转化，机械能保持不变、具有守恒的特点。

四、实验设计理念及实验创新原理

基于对学生物理学科核心素质的培养，本节课利用实验创设情境，在学生原有知识的基础上进行知识延伸和扩展，得出机械能守恒定律的内容，加深学生对机械能守恒定律的认识，形成物理观念，培养科学思维和科学探究意识，建立科学态度与责任。

本实验采用的实验原理为机械能守恒定律。在验证动能和弹性势能组成的机械能守恒这一创新实验时还采用了"等效替代"的方法，设计原理如下：由于两弹簧均处于伸长状态，伸长量为 x，如图 6 所示。当弹簧振子的位移为 Δx 时，弹簧的伸长量分别为 $x-\Delta x$、$x+\Delta x$，如图 7 所示。

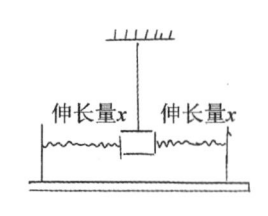

图6 弹簧处于初始状态

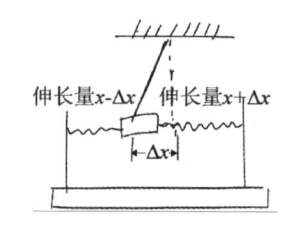

图7 弹簧振子的位移为 Δx

当弹簧处于初始位置时，弹性势能 $E_{P1}=2\times\frac{1}{2}kx^2$，动能为 E_{K1}；当弹簧振子的位移为 Δx 时，弹性势能 $E_{P2}=\frac{1}{2}k(x-\Delta x)^2+\frac{1}{2}k(x+\Delta x)^2$，动能为 E_{K2}。

若要验证机械能守恒，需满足 $E_{P1}+E_{K1}=E_{P2}+E_{K2}$，即

$$2\times\frac{1}{2}kx^2+E_{K1}=\frac{1}{2}k(x-\Delta x)^2+\frac{1}{2}k(x+\Delta x)^2+E_{K2}$$

化简为 $E_{K1}=k(\Delta x)^2+E_{K2}$

因此，验证机械能守恒，只要验证 $E_{K1}=k(\Delta x)^2+E_{K2}$ 即可。

五、实验教学目标

（1）知道机械能的概念，知道动能和势能之间可以发生相互转化，建立能量观念。

（2）掌握机械能守恒定律的内容、表达式及其推导过程，培养科学思维，掌握科学本质。

（3）在具体问题中能判断机械能是否守恒，并利用机械能守恒分析定律解决相关问题，领会机械能守恒定律解决问题的优越性，建立运动观念和能量观念。

（4）学会机械能守恒定律在生活中的简单应用，建立科学态度与责任。

六、实验教学内容

（1）小组实验：再现"飞刀游戏"视频场景。利用机械能守恒定律仪器，用小物体代替飞刀重现视频情景。将小物体从某一高度释放，让小物体摆动。通过实验观察，小物体第一次摆到最高处时的位置与释放位置相比有何特点？

（2）验证重力势能和动能组成的机械能守恒。通过机械能守恒定律仪器展示运动过程中机械能保持不变。

（3）观察弹簧振子振动图像。利用位移传感器观察弹簧振子的振动图像。思考弹簧振子在运动到最远处时位置有何特点？

(4) 验证弹性势能和动能组成的机械能守恒。利用自制教具，经过合理的理论转化，通过验证 $E_{K1} = k(\Delta x)^2 + E_{K2}$，进而验证弹簧振子振动过程中机械能守恒。

七、实验教学过程

（一）引入新课

以视频"飞刀游戏"引入新课，如图8所示。

提出问题：为什么演员有惊无险，其中蕴含着什么物理规律？

设计意图：通过有趣的惊险视频引入新课，引起学生的兴趣，吸引学生注意力。

图8 引课视频"飞刀游戏"视频截图

（二）探究重力势能和动能组成的机械能守恒

（1）小组实验：再现"飞刀游戏"视频场景。

设计意图：通过实验使学生对视频情景具有更加直观的感受，同时为下一步简化模型进行理论分析作好铺垫。

（2）对小组实验结果理论分析（见图9）。将小组实验过程简化成"圆周运动（部分）"这一物理模型，讨论运动过程中的能量的转化。

将该实验简化（不计阻力），如图所示。在从A到O过程中任选一位置B，从A到B过程中，物体能量如何转化？

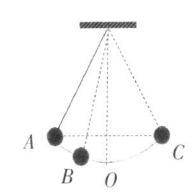

图9 简化模型，理论分析能量转化

设计意图：引导学生根据所学知识分析能量变化，引出机械能概念，以及动能、重力势能相互转化，机械能保持不变。

（3）演示实验：验证重力势能和动能组成的机械能守恒。

设计意图：通过传感器实验，直观展示在误差允许的范围内，各个状态下动能和重力势能相互转化，机械能保持不变。

（三）探究弹性势能和动能组成的机械能守恒

（1）提出问题：重力势能和动能组成的机械能保持不变。与之类比，在只有弹力做功的情况下，弹性势能和动能组成的机械能是否遵循同样的规律呢？

设计意图：利用类比思想，抛出问题，引发学生思考。

（2）演示实验：观察弹簧振子振动图像。

设计意图：通过位移传感器创设物理情景，观察弹簧振子振动的位置随时间的变化情况，通过振动的最大位置使学生产生动能和弹性势能组成的机械能可能保持不变的认识。

（3）对实验猜想进行理论分析（见图10）。试分析弹性势能和动能组成的机械能是否不变？

类比重力做功情况下的分析过程，分组讨论弹性势能和动能组成的机械能是否不变？（限时2分钟。A' 和 A 是运动过程中任意两个位置）

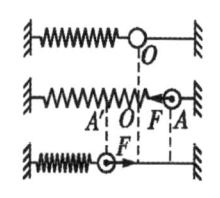

图10　简化模型，理论分析能量转化

设计意图：通过对具体问题的分析，提高学生分析解决问题的能力，培养科学思维和科学探究精神，进而培养物理学科核心素养。

（4）演示实验：验证弹性势能和动能组成的机械能守恒（创新点）。

设计意图：通过实验验证，使学生体会物理的严谨科学，展示物理的魅力，培养物理学科核心素养。

（四）分析实验结果，实验探究与理论推导的统一，得出机械能守恒定律

通过上述实验，得出机械能守恒定律，并总结机械能守恒的条件及其表达式。

（五）机械能守恒定律的应用

（1）对视频"飞刀游戏"作出解释，前后照应。
（2）举出生活中一些机械能守恒的实例和机械能变化的实例。
（3）课堂练习。

（六）本课小结

由学生总结本课所学内容。总结有助于知识巩固和内化，建构知识网络。

（七）作业

必做内容：学案对点演练习题。

选做内容：活页练习。

（八）板书设计

板书设计如图11所示。

§7.8 机械能守恒定律

一、机械能

二、机械能守恒定律

1. 内容：
2. 机械能守恒条件：只有重力或弹力做功。
3. 表达式：

(1) $E_{P1}+E_{K1}=E_{P2}+E_{K2}$ 或 $E_1=E_2$

(2) $\Delta E_K = -\Delta E_P$

(3) $\Delta E_A = -\Delta E_B$

图 11　板书设计

八、实验效果评价

作为以实验为基础的自然科学，科学探究在物理教学中对学生形成物理观念、科学思维和科学态度与责任起到至关重要的作用。核心素养需要教师在课堂中不断渗透和落实，才能内化成学生的学科能力。如图 12 所示，本节课将"机械能守恒"这条主线贯穿整个课堂，渗透和落实物理核心素养。

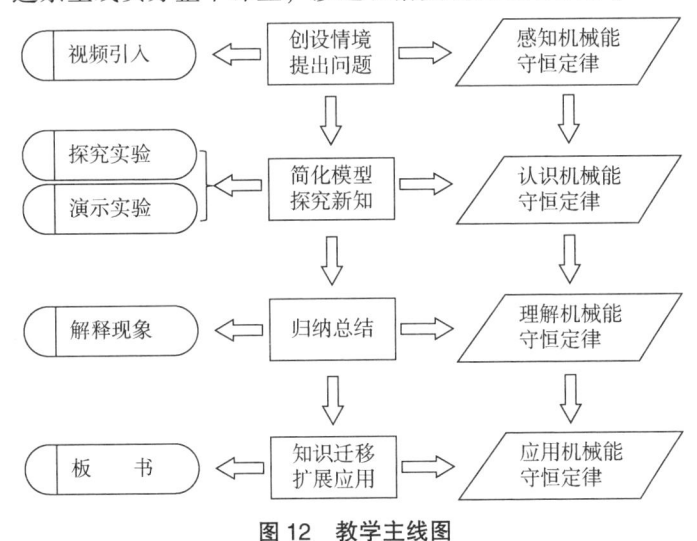

图 12　教学主线图

学生通过解决实际问题的过程，形成物理观念，实现从"解题"到"解决问题"的转变，加深对机械能守恒定律的理解，并掌握机械能守恒定律，提高用学过的物理概念和规律去解释自然现象和解决实际问题的能力，在学习物理的过程中形成科学思维、提高科学推理的能力，进而提高物理学科核心素养。

验证机械能守恒定律

青海油田第一中学　霍启刚

一、使用教材

人教版《物理必修2》高一第七章第九节"验证机械能守恒定律"。

二、实验仪器

（1）教师实验仪器：不透光直尺、铁架台一个、光电门传感器一套。

（2）学生实验仪器：乐高积木拼搭的自制实验用具、光电门传感器、铁架台。

三、实验创新要点

（一）教师实验

（1）使用光电门传感器测量速度，减少传统实验中的烦琐计算。

（2）将直尺这种学生常见的工具运用到实验中，引导学生发散性思考。

（二）学生创新实验

（1）学生自己动手制作实验用具——梯尺，弥补教师实验中数据测量组数不够的问题。

（2）梯尺每段长度、重量分布均匀，测得的实验结果明显优于传统实验。

四、实验设计思路

（1）从如何减少传统实验的实验误差入手，为学生探索新实验作好铺垫。

（2）教师实验对学生思路起到引导作用，实验的不足之处也为学生的探索指明了方向。

（3）让学生自主动手制作实验用具，充分给予学生拓展思维的空间，同时也提高了学生对实验过程的参与度。

（4）使用光电门传感器和电脑处理数据，将多媒体设备与教学相结合，提高实验效率。

五、物理学科核心素养

物理观念：具有能量观念；能从物理学视角解释自然现象。

科学思维：能说出一些简单的物理模型；能恰当使用证据证明物理结论。

科学探究：具有问题意识；具有设计探究方案和获取证据的能力；具有与他

人交流成果、讨论问题的意识。

科学态度与责任：认识到科学本质；具有实事求是的科学态度。

六、实验教学内容

（一）课程引入

以回顾"验证机械能守恒"实验为切入点，通过小组讨论提出实验评价，并对实验加以改进。

（二）教师引导

教师提出改进实验，并展示实验结果，请同学评价实验的优缺点，并再次通过小组合作针对新实验的不足改进实验。

（三）学生实验

（1）学生以小组为单位使用乐高积木拼搭自己需要的实验用具。

（2）由小组组长进行组内分工，共同完成实验过程。

（四）实验注意要点及评价

（1）学生通过实验结果讨论分析实验要点。

（2）学生对实验结果进行评价并提出改进意见。

（五）课堂小结

（1）教师对学生实验作出评价。

（2）根据学生的改进意见布置课后实验任务，按小组完成。

七、实验教学过程

（一）新课导入

PPT 展示课本实验，如图 1 所示。

教师提问：通过上节课的实验，同学们发现了这个实验的哪些不足？如果要针对这些不足改进实验，这个实验应该怎么做？

学生小组讨论并回答，学生能够对实验的不足作出分析，但对实验改进没有思路。

（二）教师引导过程

（1）教师提出改进实验并展示在 PPT 上：由静止释放直尺，测得直尺通过光电门的平均速度。

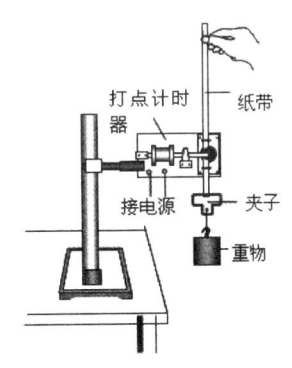

图 1　课本实验：验证机械能守恒

(2) 向学生讲解测算原理。

$$\bar{v} = \frac{v_o + v_t}{2} \qquad mgL = \frac{1}{2}mv_t^2$$

(3) 在 PPT 上展示实验测量结果（见表1）。

表1　教师实验数据（$g = 9.8m/s^2$）

直尺长度 L	20cm	30cm	60cm
传感器示数	0.99m/s	1.22m/s	1.68m/s
v_t^2	3.88	5.64	11.43
$2gL$	3.92	5.88	11.76

(4) 教师提问：这个实验的优缺点是什么？这个实验对你们有什么启发？你们能设计出更完美的实验吗？

(5) 学生小组讨论。

(三) 学生实验

(1) 学生通过讨论提出用梯子做实验用具，并动手拼搭。

(2) 教师安排实验任务，由小组内分工共同完成实验。

(3) 教师在 PPT 上展示各小组中较为优秀的实验结果（见图2）。

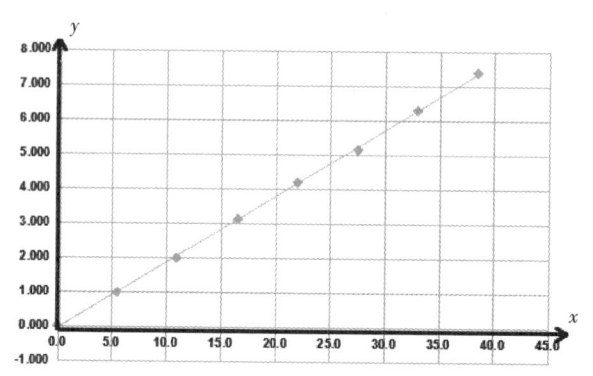

图2　学生实验结果（x 轴：下落高度；y 轴：速度的平方）

(四) 实验注意要点及评价

(1) 学生讨论并对实验作出评价。

1) 实验中梯杠间距应适当留大一些，避免光电门传感器来不及反应，从而得不到数据。

2) 梯杠宽度在 1cm 以上为宜，太细也无法测得数据。

3）释放梯子需保证竖直，且光电门需水平安装。

（2）针对实验缺点作出改进。

1）将梯杠改为方框，增大梯杠间距。

2）在铁架台下方平行放置多个传感器，弥补传感器对多个梯杠连续挡光没有反应的不足。

（五）课堂小结

（1）教师评价。

1）对学生的动脑能力和动手能力作出充分肯定。

2）强调实验误差的减少或实验过程的有效性往往是一个实验改进的突破口。

3）鼓励学生在实验中多做拓展性思考及反思。

（2）布置课后任务。

1）反思本次实验的探究过程。

2）按照小组的讨论结果对实验做尝试性改进并分组完成。

八、实验效果评价

（1）优点：让学生熟悉光电门传感器的使用，锻炼了学生的动手能力和团队协作能力，拓展了学生的思考面，提升了学生对物理实验的学习兴趣。

（2）缺点：本实验使用了玩具作为实验素材，教学过程中学生将更多的注意力放在了传感器和乐高积木中；计算能力是物理课程的一个重要组成部分，但在本实验中学生动手计算的过程很少。

验证动量守恒定律

西安市铁一中学　柳燕

一、教材与学情分析

本节课的设计依托于人教版高中《物理选修3-5》第十六章"动量守恒定律"。教材在本章的开始设计了一节实验探究课"实验：探究碰撞中的不变量"。通过研究教材发现以下问题：

（1）教材中给出了具体的实验设计方案，限制了学生创新能力的提升。

（2）教材中的实验方法限制了学生只能在实验室内进行实验，不能课下持续探究，不利于调动学生探究的积极性。

（3）高考考纲中明确表示，本章的实验考查内容为"验证动量守恒定律"，课本内容安排与高考考纲内容有差异。

为了在教材的基础上进一步加深学生对动量守恒定律的理解，进一步提升学生的物理学科核心素养，我在本章内容的最后加入了两节创新实验课。此时，学生已经有了一定的知识基础和能力基础，但利用基本的物理模型和实验器材来设计创新实验、进行实验误差分析并优化实验方案，这是一个难点，需要学生加强训练，教师给予指导。

二、实验教学目标

（一）物理观念

（1）通过创新实验的演示与设计，使学生具有相对清晰的动量守恒的观念，能从物理学的视角描述和解释与动量守恒有关的现象。

（2）通过对各小组实验装置的原理分析和误差分析，使学生具有清晰的动量守恒的观念，并掌握用实验装置测速度或用其他物理量表示速度的大小的方法。

（二）科学思维

（1）通过创新实验的演示与分析，使学生初步感受将实际问题中的研究对象转换成物理模型的科学思维。

（2）通过创新实验装置的设计，使学生初步体会在具体的物理情境中对综合性物理问题进行分析和推理的能力。

（3）通过对各小组实验装置的原理分析和误差分析，使学生初步做到能从多个视角审视已有观点的正确性，并能提出相应的创新性观点。

（三）科学探究

（1）通过创新实验装置的设计，使学生能够在教师的指导和小组合作的基础上制定科学探究方案，掌握设计验证性实验的一般思路和方法。

（2）通过对各小组实验装置的原理分析和误差分析，使学生能够主动交流、反思科学探究过程。

（四）科学态度与责任

（1）通过用生活中常见的物品制作教具，拉近科学与学生的距离，使学生感到科学就在身边，调动学生学习的积极性，培养学生的学习兴趣。

（2）通过学生合作学习，培养学生的团结合作精神和协作意识，敢于提出与别人不同的见解。

（3）通过创新实验设计，培养学生建立物理模型、灵活运用物理模型的科学学习方法，锻炼学生的发散思维能力。

三、实验创新要点

（一）创新型演示实验装置

（1）实验仪器：简易跷跷板、玩具小车、轻弹簧、细线、打火机、配重（见图1）。

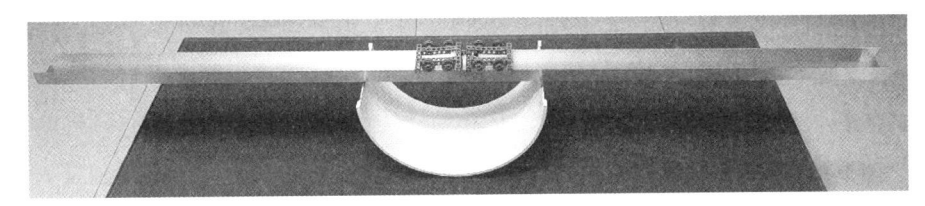

图1　跷跷板实验装置

（2）实验创新要点：

1）实验装置简单易做，学生课下可以自主操作，能够调动学生的积极性。

2）模型是学生熟悉的跷跷板，让学生感受到物理来源于生活，服务于生活。

3）实验现象明显，有趣味性，能激发学生的学习兴趣，激活学生的思维。

（二）学生半自主设计创新实验——验证动量守恒的条件

（1）实验仪器：带刻度的导轨、小车、弹簧、电磁铁、光电开关、指示灯、学生电源、导线、电子秤、配重等（见图2）。

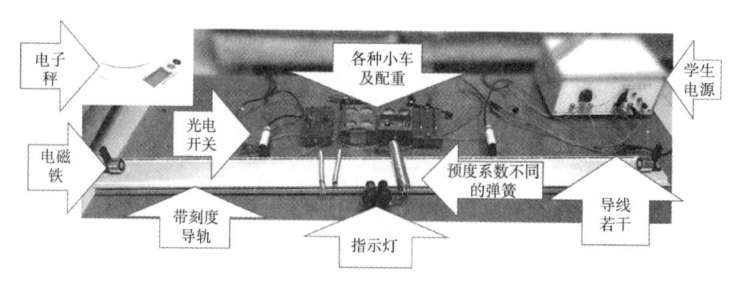

图2 半自主设计创新实验装置

（2）实验创新要点：

1）在这一环节中，不是直接展示设计成品，而是让学生通过思考与讨论，将一个半成品的实验装置设计成一个完整的创新实验，初步享受设计实验的成就感，提升学生发现问题、解决问题的能力。

2）实验器材相对简单易寻，设计方案体现了课程内的知识综合，既方便学生课下动手操作，也能激活学生的思维。

（三）利用轨迹追踪软件将定性实验转化成定量实验

（1）实验仪器：安装了轨迹追踪软件 Tracker 的电脑、手机、乒乓球、乒乓球拍等。图3为学生的一次实验分析与数据处理结果。

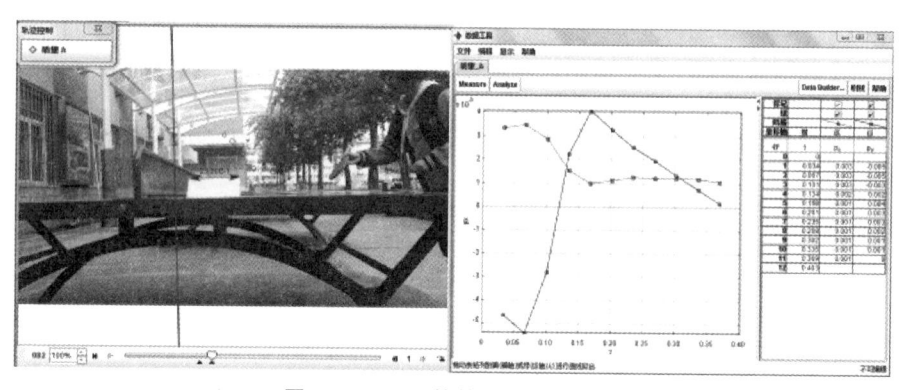

图3 Tracker 软件数据处理实例

（2）实验创新要点：Tracker 软件的引入使学生掌握了一种能随时随地分析实验数据、处理数据的方法，让学生体会到物理与现代科技的密切联系，拉近学生与物理学科的距离，进而真正激发学生学习物理的兴趣和主动性。

四、实验教学过程设计

（一）创新实验演示与分析

（1）演示跷跷板实验，释放弹簧，观察跷跷板是否处于稳定状态。

实验现象：释放夹在两辆小车中的轻弹簧，在小车运动过程中，跷跷板处于平衡状态（见图4）。

图4 跷跷板实验现象

（2）学生思考并解释实验原理。假设左右两边小车的质量分别为 m_1、m_2，将两辆小车由静止开始释放，两辆小车在运动过程中受到的滚动摩擦力矢量和为0，两小车组成的系统动量守恒。初始状态时两小车的动量矢量和为0，中间过程的动量矢量和也为0，故 $m_1v_1=m_2v_2$。由于运动的同时性，两边同乘 gt，可得 $m_1gL_1=m_2gL_2$，L_1、L_2 分别为左右两个小车在相同时间内走过的路程。由杠杆平衡原理可得，跷跷板将处于平衡状态，不左右摆动。

（3）问题引导：如何改变小车才能让跷跷板在小车释放的过程中发生晃动？
各小组展示自己的实验方案并解释实验原理：
1）将其中一辆小车的车轮绑住，变滚动摩擦为滑动摩擦，使两辆小车受到的摩擦力的矢量和不为0，跷跷板不稳定。
2）增大其中一辆小车的质量，使这辆小车受到的滚动摩擦力增大。
3）给其中一辆小车挂上帆，增加其受到的空气阻力。

（4）教师给学生提供半成品的实验装置，通过问题引导、学生小组讨论，设计定性实验验证一维运动中动量守恒的条件（此时学生通过前面的学习已经有了理论的储备，但缺乏感性的认识）。

1）实验装置设计：将导轨的两端分别固定一个电磁铁，两个电磁铁串联，吸附两辆小车，以保证两辆小车可以同时由静止释放。将两个光电开关分别与一个指示灯串联，当两个小车经过光电开关时指示灯亮起。根据导轨上的刻度，调节两辆小车的前端分别到两个光电开关的距离相等。选择两辆材料完全相同的小车，通过增加配重，使两辆小车的质量相同。在两辆固定的小车中间连接上被拉伸的劲度系数较小的弹簧。

2）实验现象及实验原理：
①因为两辆小车的材料和质量都相同，所以两辆小车在释放的过程中受到的摩擦阻力大小相等、方向相反，两辆小车和弹簧组成的系统所受的合外力为0，

系统动量守恒。两辆小车在运动的过程中速度的大小时刻相同，二者应该同时到达等距离的光电开关，与光电开关串联的指示灯将同时亮起，如图5所示。

图5 动量守恒时指示灯同时亮起

②将其中一辆小车的底部贴上一块橡胶片，使得两辆小车在运动过程中所受的摩擦力的矢量和不为0，两辆小车在运动的过程中速度的大小不能时刻相同，两辆小车不能同时通过光电开关，指示灯不能同时亮起。

③在两辆小车所受的摩擦力大小不同的前提下，增加两辆小车中间的弹簧个数，使内力远大于外力，系统的动量近似守恒，两辆小车几乎同时达到光电开关，两个指示灯几乎同时亮起。

（5）思维深入：如何将定性实验装置改为定量实验装置？学生通过讨论发现问题的关键是如何测量速度。学生提出观点：利用平抛运动、光电门、打点计时器、频闪照相法、压力传感器、轨迹跟踪软件等（教师给予及时肯定与评价）。

为了让学生能在课下进行深入的研究与分析，本节课采用Tracker软件来追踪研究对象的轨迹。选择其中一组，展示定量操作的实验并进行数据处理。

（6）物理回归生活，让学生课下分小组利用Tracker软件分析自己打乒乓球时的动量守恒问题。学生在实验中发现，有时乒乓球与台子碰撞前后水平方向动量略有增加。教师及时捕捉生成性问题，引导学生通过查阅文献等方式进行深入探讨。学生在探究的过程中对乒乓球运动中的旋转球问题有了深入的理解。

（二）创新实验设计与展示

（1）教师设计问题，引导学生进行小组讨论，设计实验装置图。

（2）通过小组内讨论和小组间的实验分享和互评，进行误差分析，优化实验方案。

（3）实验原理图展示，教师及时给予评价与指导。

1) 学生设计实验1（见图6）实验原理：由静止释放弹簧后，A、B两个滑块在气垫导轨上做匀速运动，分别测出A和B的运动距离和时间，就可得到二者分离后的速度。

2) 学生设计实验2（见图7）实验原理：利用平抛运动得到小球由静止释放后在各点的速度，从而验证动量守恒定律。

3) 学生设计实验3（见图8）实验原理：利用动能和弹性势能的相互转化来

求得两个小球碰前和碰后的速度。

4）学生设计实验 4（见图 9）实验原理：利用动能和重力势能的相互转化来求得 A 小球碰前和碰后的速度，利用平抛运动来测定 B 小球碰后的速度。

5）学生设计实验 5（见图 10）实验原理：测定 B 在弹簧释放后的速度，利用测定的摩擦因数及 A 在水平面上移动的距离来测得 A 在弹簧释放后的速度。

6）学生设计实验 6（见图 11）实验原理：用压力传感器结合圆周运动向心力公式求速度。

7）学生设计实验 7（图 12）实验原理：利用带电粒子在匀强磁场中做匀速圆周运动的半径公式求速度。这种方法在高中阶段没办法实现，但设计方案充分体现了学生的知识迁移能力，教师需要给予表扬。

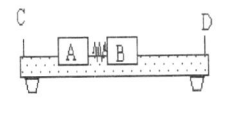

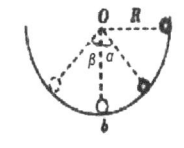

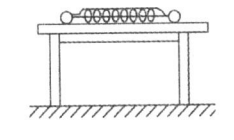

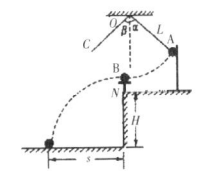

图 6　学生设计实验 1　图 7　学生设计实验 2　图 8　学生设计实验 3　图 9　学生设计实验 4

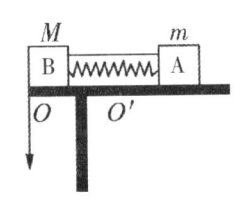

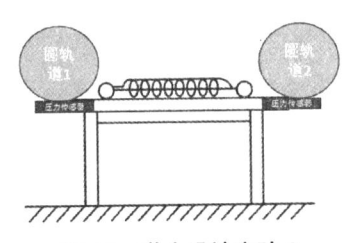

图 10　学生设计实验 5　　图 11　学生设计实验 6　　图 12　学生设计实验 7

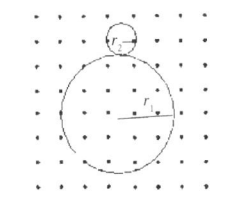

（4）各小组对其他小组展示的实验原理图进行分析，并总结用实验装置测速度或用其他物理量表示速度的方法。

1）打点计时器或光电门和数字计时器组合使用可以测量速度。

2）利用平抛运动可以间接表示速度的大小。

3）利用单摆或其他模型中重力势能和动能的转化可以间接表示速度的大小。

4）利用物块在水平面上做匀减速运动，测量动摩擦因数和位移，可以表示速度的大小。

5）利用物块在气垫导轨上做近似匀速运动表示速度。

五、实验效果评价

（一）创新思维的提升

在课堂引入阶段采用的自制实验教具兼顾了趣味性、科学性，彰显实验魅力，成功激发了学生的学习兴趣，激活了学生的思维。

（二）建模能力的提升

在创新实验设计环节，学生能通过教师的引导及小组合作讨论，充分利用已学的物理模型创造新装置，解决新问题。通过这堂课，我发现学生的能力不可限量。例如，有一个学生提出利用带电粒子在匀强磁场中运动的轨迹圆半径求得碰前和碰后的速度，虽然可行性不高，但这充分体现出学生对带电粒子在匀强磁场中的运动模型掌握得很到位，且能很自然地进行知识的迁移应用。

（三）探究能力的提升

创新实验设计是本节实验课的重点也是难点，这不仅要求学生有创新性思维和一定的构建模型的能力，还要求学生能够按照实验探究的一般步骤分析实验原理、实验器材、实验步骤、实验数据处理以及实验误差等方面所需要注意的细节问题，最后通过小组自评和互评的形式真正地提升提出问题和解决问题的能力。

（四）合作能力的提升

实验设计环节始终是以小组为单位进行的，通过小组内的合作和各小组间的方案共享，让学生充分体会到合作的重要性，增强了学生的合作意识，提高了学生的合作能力。

本节课以小实验带动大创新，从实验装置的创新到实验方法的创新，再到教学方式的创新，其根本目的是想让学生真正成为学习的主体，享受从感性认知到理性思索的探究过程，真正提升学生的创新思维能力、建模能力、探究能力、合作能力等，从本质上落实本节课的核心素养目标。

用智能手机测声速

宿城第一中学　朱兆升

一、使用教材
人教版高中《物理选修 3-4》第十二章第三节"波长、频率和波速"。

二、实验器材
两部智能手机、蓝牙音箱、两段有机玻璃管、刻度尺、干冰、底座、有机玻璃箱。

三、实验创新要点
利用智能手机软件测量不同频率、不同介质中的声速。

四、实验原理
本实验利用空气柱在一端开口的有机玻璃管中振动形成的声驻波来测量声速。振幅相同、传播方向相反的两列简谐相干波叠加得到的振动叫驻波，振幅最大的位置称为驻波的波腹，相邻波腹的距离为半个波长。声波在一端封闭管中产生驻波的条件为 $L = \dfrac{2n+1}{4}\lambda$，其中 $n = 0, 1, 2, \cdots$；L 为管长；λ 为声波波长。

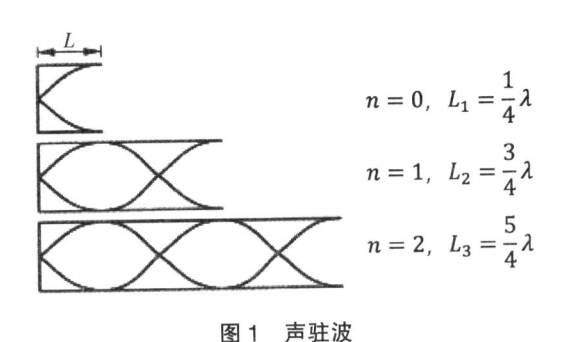

$n = 0$, $L_1 = \dfrac{1}{4}\lambda$

$n = 1$, $L_2 = \dfrac{3}{4}\lambda$

$n = 2$, $L_3 = \dfrac{5}{4}\lambda$

图 1　声驻波

如图 1 所示，若声波波长不变，管内空气柱形成的驻波是纵波，共鸣管开口端与大气相连，其压强恒等于大气压，这时空气柱不会发生压缩或膨胀形变。由驻波的特点可知，只有波腹处的体积元才不会发生形变，导致空气柱在管口形成波腹。由驻波产生条件和 $v = \lambda f$ 可知，$L = \dfrac{(2n+1)v}{4f}$，因此对于同一波长的声波在单开口的管中产生波腹的驻波，两相邻波腹管长之差为 ΔL。若已知 ΔL，则可求 v，

即 $v = 2f\Delta L$。当波腹形成时，管口振动最强，振动幅度 $\Delta L = L_n - L_{n-1} = \dfrac{v}{2f}$ 最大，听到的声音最大。由 $v = 2f\Delta L$ 可知，只要测量相邻两波腹的管长之差 ΔL 和声波频率值，就可以计算声音在空气中传播的速度。

五、实验教学目标

（一）物理观念

认识机械波的概念，知道声波是一种机械波。

（二）科学思维

（1）理解波长、频率和波速之间的关系。

（2）知道机械波波速与频率无关而与介质的性质有关。

（三）科学探究

（1）通过实验了解声波波速的测量、操作及数据处理方法。

（2）通过实验认识到机械波波速与频率无关，而与介质的性质有关。

（四）科学态度与责任

（1）让学生认识到科技发展不仅使生活更加方便，也使我们对物理世界的探究更加便捷。

（2）增强学生科技发展与人类文明发展的使命感。

六、实验教学内容

测量不同频率及不同介质的声速，对测量结果作出比较分析。

七、实验教学过程

（一）操作步骤

（1）智能手机1下载 APP "信号发生器"并连接蓝牙音箱作为声源，将其与内筒固定放入外筒中，软件可以设定发出特定频率与强度的声波。

（2）智能手机2下载 APP "波谱仪"，将麦克风置于空气管的开口端。软件可以显示不同频率声音信号的强度，并记录其峰值。

（3）实验时，通过移动内管改变声源位置，从而改变空气管长度。从内筒刻度上读出声音信号最强时对应的刻度，并记录在表格中。

（4）分别用1500Hz、2000Hz、2500Hz、3000Hz的频率进行实验。

（5）在实验箱中加入干冰，稍等片刻排空箱内空气，再次测量声波在二氧化碳气体中的声速。

（二）实验结果

实验结果见表1。

表 1　实验结果

室温 20℃时测量结果					加干冰	
声波频率/Hz	1500	2000	2500	3000	1000	1500
声音最大时标尺读数/cm		13.75	8.65	16.55		
	11.10	22.20	15.50	22.45		
	22.45	30.80	22.40	28.00		20.30
	33.85	39.30	29.25	33.60	15.80	30.00
	45.40	47.95	36.00	39.40	28.80	38.70
平均半波长/cm	11.43	8.55	6.90	5.71	13.00	8.70
声速/（m/s）	342.9	342.0	345.0	342.8	260.0	261.0
平均声速/（m/s）	343.2				260.5	

（三）实验结论

声波波速与频率无关，与介质的性质有关。

八、实验效果评价

（一）优点

（1）作为演示实验突破教学难点。

（2）材料常见，操作简便，现象可视，数据准确。

（3）智能设备的利用有新意。

（二）不足

实验没能测量其他介质中的声速。

探究静电力

中山市龙山中学 林育波

一、教材分析

"探究静电力"选自广东教育出版社高中《物理选修3-1》第一章第二节内容。库仑定律是电学第一个实验定律，它阐明了带电体间相互作用的规律，不仅是电磁学的基本规律，也是物理学的基本定律之一，为整个电磁学奠定了基础，是高中物理知识的重点内容。

教材中对静电力规律的探究过程如图1所示。观察悬挂着的两个轻质带电小球与固定在绝缘底座上的小球发生相互作用时绳子的倾斜角，根据倾斜角大小来判断电力的大小，并可以通过移动A球来改变A球与悬挂着的B、C两球的距离，判断出在距离变化过程中电力的变化情况。

图1 教材中的探究实验

该实验明显存在几点不足：一是在中国南方天气潮湿，在开放空间里进行实验，小球放电快，实验成功率低；二是悬挂在绳子上的两球很难处于静止状态，经常出现来回摆动、旋转等情况，很难比较倾斜角；三是整个过程只是定性探究，而非严谨的定量探究。为了使探究过程更加科学严谨，我设计如下实验教具来实现静电力的定量探究。

二、实验器材

三个直径为3cm的金属小球、亚克力密封箱、电子干燥机、自制高精度压力测力计、手摇起电机、绝缘底座、可移动圆柱形绝缘刻度尺（石蜡填充）、电源、导线若干。

三、实验设计思路

如图2所示，将带绝缘底座的金属小球A放在压力测力计上，另一金属小球

B 固定在可移动刻度尺下端，并悬挂在 A 球正上方。用手摇起电机通过细导线让两球带电，测力计在两球带电前后读数之差即为两球之间的库仑力的大小。用控制变量法，先保持 AB 的电量不变，通过改变两球间的距离，研究力的大小与距离的关系，其中两球心距离可通过刻度尺直接读出；再保持距离不变，利用第三个与 A 完全相同的小球与 A 球接触，通过二分法改变 A 的带电量，研究力与电量之间的关系。

图 3 所示实验装置解决了以下四个难题，以实现库仑定律的定量探究：

（1）用绝缘性能较好的亚克力密封箱配上电子干燥机加上石蜡做绝缘，解决了因空气潮湿导致两球放电快无法实验的问题。

（2）用精度高达 1×10^{-5}N 的压力传感器，利用单片机和显示屏制作一个测力计，解决了微小库仑力的测量问题。

（3）制作一个可移动刻度尺，可便捷测量两球心之间的距离。

（4）小球 A 开始时带电量为 q，第一次用第三个不带电的金属小球与其接触后，A 的电量变为 $q/2$。将第三个小球电量导走后再次接触，A 球电量将变成 $q/4$。依次类推，可实现小球 A 带电量的量化。

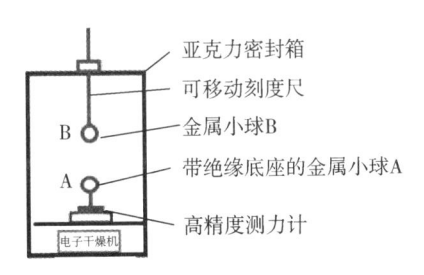

图 2 创新装置原理图　　　　图 3 创新装置实物图

四、实验教学目标

（1）物理观念：掌握库仑定律的内容、表达及适用条件，理解点电荷的概念。

（2）科学探究：通过猜想、定性分析、定量探究、数据处理得出结论，让学生体验科学探究过程。

（3）科学思维：通过点电荷理想模型的建立及控制变量法的运用，让学生了解和体会物理规律的研究方法。

（4）科学态度与责任：积淀严谨求实的科学态度，感悟科学研究中建立理想模型的重要意义，体会自然规律的多样性和统一性。

五、实验教学重点和难点

（1）本节课的重点：体验用控制变量法探究影响库仑力的因素并理解点电

荷概念。

（2）本节课的难点：定量探究电荷之间相互作用力与距离、电荷量之间的关系。

六、实验教学过程

（1）创设情境，新课引入：利用教材上"影响电力的因素的定性探究实验"视频材料激发学生学习兴趣，在得到定性结论的同时引导学生思考并猜想电力与距离、电量之间的定量关系。

（2）实验探究过程：引入点电荷概念，引导学生根据老师提供的器材思考探究的思路和方法，并由学生自主操作实验。

（3）数据分析，归纳结论：利用 Excel 表格，师生共同对实验数据进行分析，否定之前多数学生猜想库仑力与距离成反比的想法，得出正确的实验结论。

（4）总结规律：介绍库仑定律的建立过程及库仑扭秤实验，以培养学生的科学责任与态度。

七、实验数据分析（使用数据为课堂学生操作得到的数据）

（1）利用 Excel 设计如下表格（见表1、表2）。

表1 探究电力与距离的关系

保持两个带电小球的电量不变，改变两球之间的距离							
测力计初始读数/（×10⁻⁵N）							
项目/次数	1	2	3	4	5	6	7
距离的 r/（×10⁻²m）							
距离平方 r^2/（×10⁻⁴m²）							
力 F/（×10⁻⁵N）							
测力计读数/（×10⁻⁵N）							

表2 探究电力与电量的关系

保持两球的距离不变，改变其中一个小球的电量ꔷ					
测力计初始读数/（×10⁻⁵N）					
项目/次数	1	2	3	4	5
带电量（以 q 为单位）					
力 F/（×10⁻⁵N）					
测力计读数/（×10⁻⁵N）					

(2) 数据分析。利用 Excel 表格的插入散点图功能分别对电力与距离、电力与距离的平方、电力与电量的数据进行分析，表 3 和表 4 是一组实测数据。

表 3 控制电量不变，改变距离

项目 /次数	距离 r /（×10^{-2}m）	距离平方 r^2 /（×10^{-4}m²）	力 F /（×10^{-5}N）
1	5.7	32.49	60
2	6.5	42.25	47
3	7	49	40
4	7.4	54.76	36
5	7.8	60.84	32
6	8.3	68.89	28
7	9.5	90.25	22

表 4 控制距离不变，改变电量

项目 /次数	带电量 （以 q 为单位）	库仑力 F /（×10^{-4}N）
1	1	32
2	0.5	17
3	0.25	8
4	0.125	4

由实验数据作出 F-r^2 的图像和 F-q 的图像，如图 4、图 5 所示。

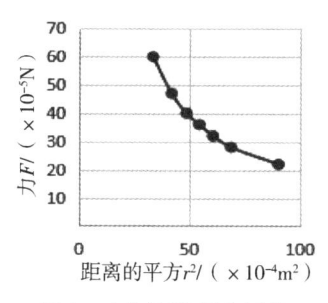

图 4 力与距离平方图像　　　　图 5 力与电量图像

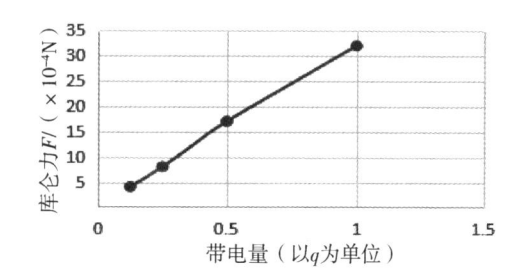

在两球带电量不变的情况下，力与距离的平方成反比；在两球距离不变的情况下，电力与其中一个小球的带电量成正比，同理，与另一个小球带电量也成正比，推理可得与两球的电量乘积成正比。

八、实验效果评价

（1）本实验探究装置，具有以下几个优点：①采用高精度的压力传感器制作的测力计能明显测出微小库仑力且直接显示力的大小。实际测量过程表明，金属球直径达到 3cm，库仑力很容易达到（10~100）×10^{-5}N，直径越大，库仑力越明显。②测力计实时变化情况明显。在摇动起电器的过程中，库仑力的示数变化及时且非常明显地随着电量的增加而增加，断开金属球与起电器的连接之后，会有一个短暂的放电过程，这是由于接头处裸露在密封箱外无法避免，测力计示数也明显变化，这个过程对学生理解库仑力的定性变化情况也非常有帮助。③若

3个金属球直径为3cm，则AB两球心距离在6~15cm范围内测量实验结果会比较准确。当距离小于6cm时，两球表面电荷分布不均，不能看成集中于球心的点电荷，实验误差会比较大。该过程的分析对掌握库仑定律的使用条件也起到一定的作用，利用该装置可以让学生通过猜想、探究、数据分析、归纳结论、总结规律这个完整的学习过程，更加深刻透彻地理解库仑定律，有效地突破了教学重点和难点。

（2）教学创新实验装置制作时有几点需要注意：①需绝缘之处用石蜡制作效果好，可以保证整个装置的密闭性和绝缘性；②内部小金属球的连接导线尽量短和细，这样用二分法分电量时能提高准确度；③需协调好小球的尺寸大小和带电量的关系，使其能在接近点电荷的同时又能够带上足够多的电。

用 DIS 描绘电场的等势线

上海市杨浦高级中学　茅艳婷

一、使用教材

华东师范大学出版社《物理拓展型课程》第五章"电场"D 节"电场力做功与电势差的关系"，学生实验"用 DIS 描绘电场的等势线"。

二、实验器材

DIS 实验系统（电压传感器、数据采集器、计算机）、塑料底板、导电纸、塑料薄片（分布等间距网格状孔洞）、干电池两节、电键、圆柱形电极两个、导线等。DIS 专用软件、Excel 软件。

三、实验创新要点

（1）将寻找等势点转变为测量各点电势值，帮助学生直观感受平面上"电势的变化"。

（2）将原实验确定 5 个基准点后描绘 5 条等势线改为测量平面上网格状分布的 84 个点，利用"大数据"让学生对电势变化有整体感受。

（3）利用 Excel 的条件格式，通过色彩直观显示电势大小变化，并自动生成立体图像，让电势变化更直观，帮助学生描绘等势线。

经过对原实验进行改进，从"验证性"实验转变为"探究性"实验。

四、实验原理

本实验沿用原实验基本原理，利用电流场模拟静电场，使用 DIS 电压表测量平面上各点的电势，利用 Excel 处理数据。

五、实验教学目标

（一）物理观念

知道等势线的概念，知道等量异种点电荷周围电场的等势线分布。

（二）科学思维

（1）感受模拟的实验方法。

（2）分析电势数据，得到等势线分布规律。

（3）体会类比的科学方法，感受不同学科之间具有类似规律。

（三）科学探究

（1）学会测量电势差。

（2）用 Excel 进行数据处理，分析并得到结论。

（四）科学态度与责任

（1）感受现代技术应用于科学研究。

（2）培养团队合作能力，体会实事求是的科学精神。

六、实验教学内容

构建电流场，利用电流场模拟静电场；测量平面上网格状分布各处电势大小；将数据输入 Excel 中，利用 Excel 处理数据，帮助学生感受平面上电势变化规律，猜测等势线；作出立体等势线，类比等高线，同时感受电势变化趋势与等势线分布特点；俯视曲面图，得到等势线。

七、实验教学过程

（一）模拟静电场

如图 1 所示，自上而下依次放置带孔塑料薄片、导电纸、塑料底板，使用圆柱形电极将导电纸与塑料薄片固定在塑料底板上。为方便后续测量，在塑料薄片上以负极为坐标原点，建立直角坐标系（见图 2）。分别将电源正负极与正负电极相连，获得电流场，用于模拟静电场（见图 3）。

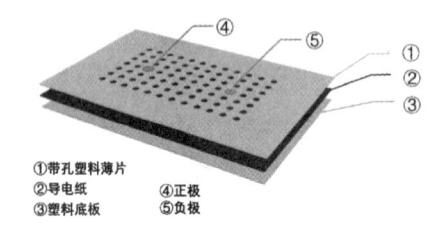

图 1　核心装置示意图　　　　　图 2　带孔塑料薄片

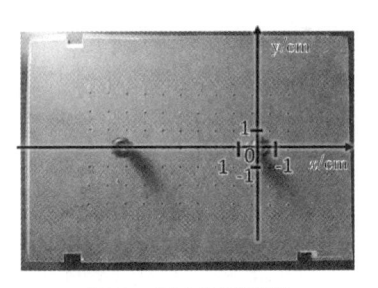

图 3　实验设备连接图

（二）测量电势

将电压传感器黑色表笔固定在负电极处，将红色表笔依次点在孔洞模板的孔洞位置，测试带孔塑料片上各孔洞处电势，填入表1中的对应位置。

表1　学生实验数据　　　　　　　　　　　　　　　　　　单位：V

y \ x	9cm	8cm	7cm	6cm	5cm	4cm	3cm	2cm	1cm	0cm	−1cm	−2cm
3cm	2.26	2.24	2.17	2.04	1.88	1.7	1.51	1.31	1.14	1.01	0.92	0.87
2cm	2.35	2.35	2.32	2.17	1.94	1.72	1.49	1.25	1.04	0.86	0.79	0.78
1cm	2.41	2.51	2.6	2.35	2.03	1.74	1.47	1.17	0.86	0.58	0.59	0.68
0cm	2.45	2.6	3.2	2.52	2.07	1.76	1.45	1.14	0.73	0	0.53	0.63
−1cm	2.42	2.51	2.59	2.35	2.04	1.74	1.46	1.16	0.84	0.59	0.59	0.68
−2cm	2.35	2.36	2.31	2.17	1.94	1.72	1.49	1.23	1.01	0.86	0.79	0.77
−3cm	2.27	2.24	2.17	2.04	1.88	1.7	1.5	1.3	1.12	1	0.92	0.86

（三）观察电势变化

利用Excel中的"条件格式"功能，可以根据数据大小进行着色，设置数字从大到小对应颜色从红到绿，见表2。可以观察到距离正电荷越近电势越高，距离负电荷越近电势越小，整个平面上电势逐渐发生变化。观察颜色相同的点之间的位置关系，是以正负电荷为圆心的一系列类同心圆。

表2　"条件格式"处理后的实验数据　　　　　　　　　　　单位：V

y \ x	9cm	8cm	7cm	6cm	5cm	4cm	3cm	2cm	1cm	0cm	−1cm	−2cm
3cm	2.26	2.24	2.17	2.04	1.88	1.7	1.51	1.31	1.14	1.01	0.92	0.87
2cm	2.35	2.35	2.32	2.17	1.94	1.72	1.49	1.25	1.04	0.86	0.79	0.78
1cm	2.41	2.51	2.6	2.35	2.03	1.74	1.47	1.17	0.86	0.58	0.59	0.68
0cm	2.45	2.6	3.2	2.52	2.07	1.76	1.45	1.14	0.73	0	0.53	0.63
−1cm	2.42	2.51	2.59	2.35	2.04	1.74	1.46	1.16	0.84	0.59	0.59	0.68
−2cm	2.35	2.36	2.31	2.17	1.94	1.72	1.49	1.23	1.01	0.86	0.79	0.77
−3cm	2.27	2.24	2.17	2.04	1.88	1.7	1.5	1.3	1.12	1	0.92	0.86

（四）描绘等势线

为精简数据处理步骤，减少学生机械化重复操作，教师预先在Excel中进行简单编程，实现点击按键自动生成图像功能。

点击相应按键，生成平面电场的等势线立体图，如图4所示，高度对应不同位置处电势的大小。通过这张图，学生们能够联想到地理上的等高线，进行类比，色块间的边界线对应等高线，就是电势相同的地方，可自然引出等势线。

图4 平面电场的等势线立体图

引导学生从俯视的角度来观察图像（见图5、图6）。

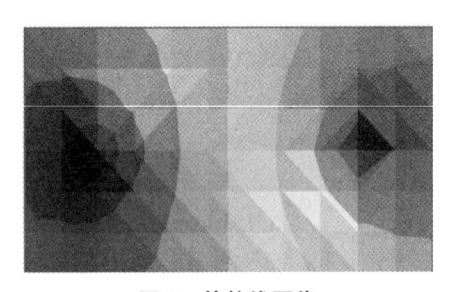

图5 等势线图像

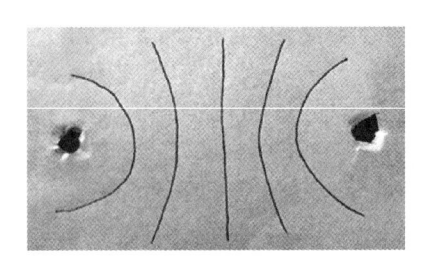

图6 原实验所得图像

（五）总结分析

引导学生总结等势线分布规律，并分析实验误差。可知实验误差主要是选取测量点过少、导电纸发生形变导致的。

八、实验效果评价

（1）测网格状分布各点电势，感受电势大小变化，提升实验操作能力。通过改进实验，让学生能够在描绘等势线实验中感受电势大小的变化趋势。在建立电流场、确定实验方案后，即可以通过探究，自主得到不同位置的电势大小。将原实验转变为探究性实验，提升学生的学习兴趣和实验操作能力。

（2）Excel处理数据，高效直观，提升技术应用能力。实验测量时，学生测量了84个数据点（12×7个），如果直接手动处理84个数据较为困难。将数据输入Excel后再进行处理则更加便捷。在数据测量与数据处理过程中，可以提高学生信息技术应用能力。

（3）多种维度图像相结合，生动形象理解电势分布，提升数据处理能力。利用Excel进行两方面数据处理：电势大小变化规律与电势相同点的分布。在数据处理过程中，为更好展现数据变化规律，采取多种维度相结合的方式，为学生搭建学习支架，帮助学生逐步深入理解，同时展现立体图像既可提高学生学习热情，也能让学生有更直观的感受，帮助学生提升数据处理能力。

电容器的电容

天津市实验中学　张学华

一、使用教材
人教版高中《物理选修3-1》第一章"静电场"第八节。

二、实验器材
（1）探究电容器的电荷量与电压关系实验装置（由学生电源、变阻箱两个、2200μF电容器、电压电流传感器、导线等组合而成，见图1）。

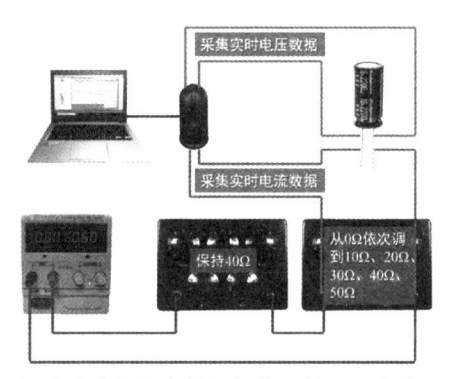

图1　探究电容器的电荷量与电压关系实验装置

（2）探究平行板电容器的电容实验装置（由亚克力板三块、数字式万用表、导线组成，见图2）。

图2　探究平行板电容器的电容实验装置

三、实验创新要点/改进要点

（一）探究电容器的电荷量与电压关系实验
在教材中电容器的定义式 $C = Q/U$ 是直接给出的，学生接受起来有些困难。

我把这个内容拓展为探究电容器的电荷量与电压关系的实验，但这个实验做起来有一定难度，主要就是电容器的电荷量不易测量。我所设计的实验利用电流时间图像来计算出电荷量，同时测量对应的电压值，而且可以快速捕捉到多组电荷量与电压数据，并探究两者之间的定量关系，使得电容定义式的获得过程更加清晰、直观，提高了课堂效率。

核心创新点：利用变阻箱跳跃式调阻特点得到获得多组电荷量电压数据的方法，并通过电荷量与电压的数量关系进行递进探究，得到电容定义式。

(二) 探究平行板电容器的电容实验

教材中探究平行板电容器的电容实验是通过静电计完成的，只能做定性实验。我自己设计了亚克力板电容器并配合万用表来测量其电容值，使得原来的定性实验变为定量实验。同时学生在数据分析时，借助电子表格的图像功能，分析决定平行板电容器容量的因素，从而得出电容的决定式。

核心创新点：通过自制亚克力板电容器把定性实验变为定量实验，使结论更有说服力。

四、实验原理/实验设计思路

(一) 探究电容器的电荷量与电压关系实验

把6V学生电源与两个变阻箱串联，再把其中一个变阻箱与电容器并联，它可以起到给电容器分压的作用。用电压电流传感器实时捕捉电容器的电压和电流数据，再输入计算机，就可以得到电压时间图像和电流时间图像（见图3）。保持一个变阻箱不变，快速阶跃式调节另一个变阻箱的阻值，使电容器的电压多次跳跃式改变，实现多次充放电，可

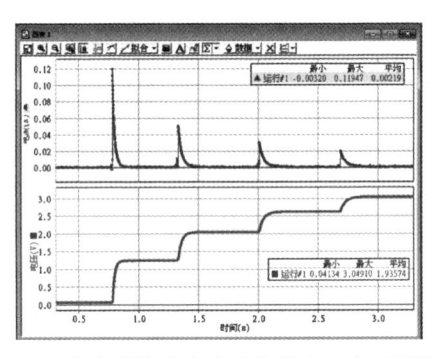

图3 电容器连续多次充电的电流电压图像

以得到多组充电电流图像或放电电流图像以及相应的电压图像。传感器软件具有计算图像面积的功能，只需要把充放电电流图像的面积计算出来就可以得到充入或放出的电荷量。整个操作过程不到0.5min，读数过程也十分方便，可提高课堂效率。

(二) 探究平行板电容器的电容实验

在两块A4尺寸4mm厚的亚克力板表面附上铝箔，就构成了平行板电容器的两个极板，再把第三块亚克力板作为介质板夹在极板之间，就构成了简单的平行

板电容器。铝箔的边缘做出电极，用数字式万用表直接连接电极，就能测出平行板电容器的电容值。

在探究平行板电容器的电容过程中，学生可以改变电容器的三个参量。首先是极板间距，可以通过改变所夹亚克力板的片数来改变极板间距。同时，亚克力板的尺寸设计成 A4 尺寸也有另一个思考，介质板可以用标准 A4 复印纸来代替，那么改变极板间距就可以通过改变纸的张数来实现。其次是改变极板的正对面积，只需要把其中一个极板与另一个极板错开，就可以轻松改变正对面积（见图4），而且可以保证极板间距不变，操作非常方便。最后是改变介质材料，用与介质板等厚度的 A4 纸来代替介质板，就可以迅速制成一个纸介质电容器。以上操作，学生都可以轻松独立完成，增加了探究实验的乐趣，也提高了学生的独立性和自主性。

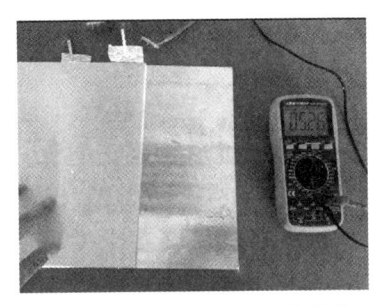

图 4 改变极板正对面积的操作

五、实验教学目标

（1）知道什么是电容器与常见电容器。
（2）知道电容器的充放电原理。
（3）理解电容器的概念以及定义式 $C = Q/U$。
（4）知道平行板电容器的电容决定式 $C = \dfrac{\varepsilon_r S}{4\pi k d}$。

六、实验教学内容

（1）探究电容器的电荷量与电压的关系，通过改变充电电压，观察充电电流，得到电荷量与电压的定性关系。在定性关系的基础上，寻找电荷量与电压的定量关系并进行定量探究，得到电容定义式。

（2）探究平行板电容器的电容，通过分组实验，让学生亲自操作平行板电容器，测量其电容，总结规律，归纳出电容的决定式。

七、实验教学过程

（一）探究电容器的电荷量与电压关系

学生在学习了电容器的充放电原理以后就会思考一个问题，用什么物理量来衡量电容器的储电能力。这时就引入了电容的概念，以探究电容器的电荷量与电压关系。实验为演示实验，连接实验电路，并用大屏幕展示电容器在电压变化过程中的充放电，用计算机和投影展示充电过程，如图3所示。

可以看到每次电压上升都会有短暂的充电电流出现，说明电容器的电压越高，电荷量就越大。但这是定性实验，此时教师引导学生思考能否进一步作定量研究。定量研究需要得到每次充电的电荷量数据，提问学生如何能得到电荷量。引导学生回忆，高一物理曾经学过利用 v-t 图像求位移 x，现在可以利用 I-t 图像求电荷量 Q，可以利用传感器软件的面积工具，选择充电电流图像，求出图像围成的面积，即所要求的电荷量，如图5所示。

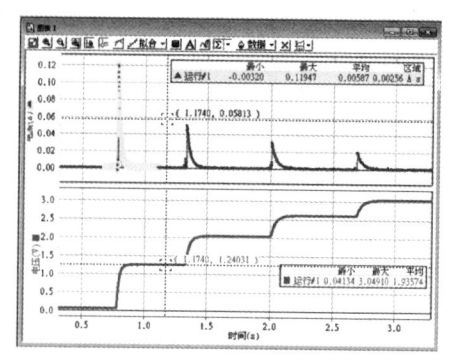

图5 利用 I-t 图像面积求电荷量

当得到了多组电压值以及对应的电荷量值时，就可以把这些数据画成 Q-U 图像，观察图像就会发现，Q 与 U 成正比，即 Q、U 比值为定值，如图6所示。

教师进一步引导学生思考，这是对一个电容器进行的研究，如果研究另一个电容器，它的 Q、U 比值会不会也是定值。此时再把另一个电容器的 Q、U 数据加入图像，比较两个图像的特点，如图7所示。

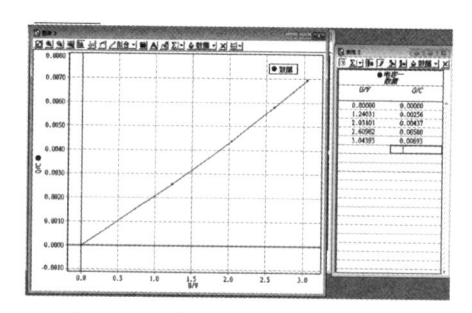

图6 一个电容器的 Q-U 关系图像

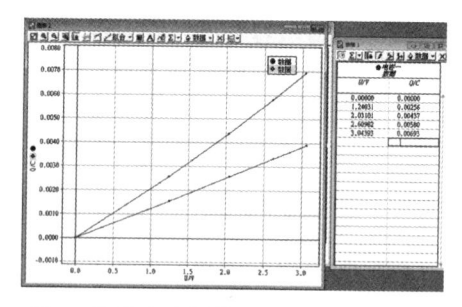

图7 两个电容器的 Q-U 关系图像比较

学生经过比较可以发现不同电容器的 Q、U 比值也不同，即在相同电压下不同电容器储存的电荷量不同。我们就可以用 Q、U 比值来衡量不同电容器的储电能力，这个比值称为电容。这样得到了电容的定义式。

（二）探究平行板电容器的电容

学生得到了电容的定义式之后，就会思考电容的决定式是什么。为了达到这个目的，就从最简单的平行板电容器开始研究。学生分成几个小组进行分组探究实验，每个小组都有一个平行板电容器，以及一个数字式万用表。

学生独立进行猜想，可以想到平行板电容器的电容可能与极板的间距、极板正对面积、电介质材料都有关系。小组同学合作利用控制变量法，分别改变电容器的以上三个因素，测量电容器的电容，进行定量实验，寻找定量规律。

以极板间距为例，学生可以在保持正对面积和电介质不变的情况下，改变极板间距，改变的方式就是改变极板之间所夹的介质板数量，以使极板间距成比例变化，如图8所示。在此基础上测量不同间距下电容器的电容。

图8 改变电容器极板的间距

学生得到了多组数据之后可以把数据输入电子表格，作出图像，如图9所示。可以观察到电容与极板间距的倒数成正比，就可以推知电容与极板间距成反比的结论。

除此之外，学生还可以进一步探究电容与极板正对面积以及电介质种类之间的关系，也可以得到相应的定量结论。综合三种结论最终归纳出平行板电容器的电容决定式，即 $C = \dfrac{\varepsilon_r S}{4\pi k d}$，其中 ε_r 为电介质的相对介电常数，S 为正对面积，d 为极板间距。至此，学生完成平行板电容器的探究过程。

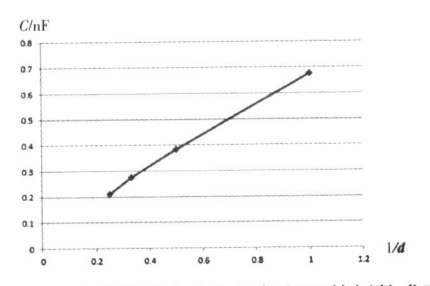

图9 电容器的电容与极板间距的倒数成正比

八、实验效果评价

第一个实验的特点是操作十分方便、电路结构简洁、获取数据迅速，抓住课堂教育时机，在得到定性结论以后，引导学生做定量实验，能够引发学生的递进思考，锻炼科学思维。

第二个实验的特点是练习了控制变量法，锻炼学生解决实际问题的能力，通过小组合作，思考操作方式和注意事项，体验科学研究的过程，培养科学态度与责任。整个实验教学过程使得电容这一概念的教学更加高效、科学。

电容电感实验组合教具的开发及应用

安顺市第二高级中学　沈维权　李彬　涂丽萍

一、使用教材

鲁科版高中《物理选修3-2》第三章第三节"交流电路中的电容和电感"。

二、实验器材

自制教具"电容电感定性验证演示器",以下简称教具。

(一) 开发该教具的背景

(1) 学情介绍。

1) 高中物理教学到"交流电路中的电容和电感"时,根据教学目标和教材分析,利用教材中设置的电阻、电容、电感的交、直流特性探究实验(见图1)和增设的电阻、电容、电感的频率特性探究实验(低频信号发生器 J24022 +示教板 J2432,见图2),引导学生观察、分析、总结得出电容、电感的特性:电容有"隔直通交、阻低通高"的特点,电感有"通直阻交、通低阻高"的特点。

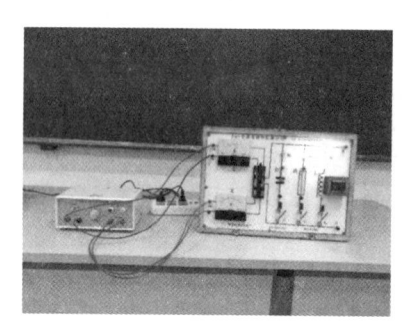

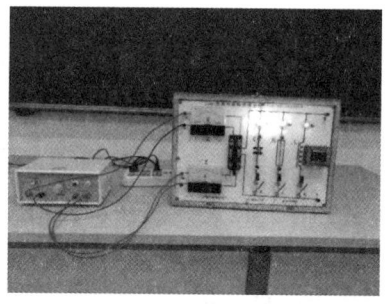

图1　电阻、电容、电感的交、直流特性探究实验装置

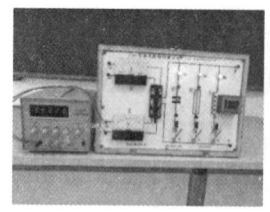

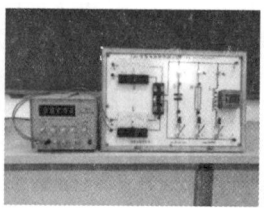

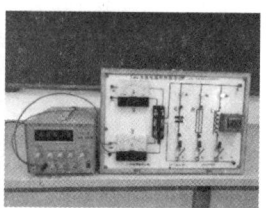

图2　电阻、电容、电感的频率特性探究实验装置

2）通过分析实验现象和进一步学习，学生建立了"容抗"与"感抗"的概念。当交变电流频率一定时，容抗与电容反相关（反比），感抗与电感正相关（正比）。指导学生查阅相关文献资料，学生知道了容抗公式 $X_C = \dfrac{1}{2\pi fC}$ 和感抗公式 $X_L = 2\pi fL$。

（2）回顾两个实验问题。

1）教材中"探究平行板电容器的电容与板间距、正对面积、插入介质与否的定性关系的实验"内容授课恰逢夏季，在南方，因空气湿度大，电容器极板上带电很快就泄放殆尽，导致实验效果差甚至没有效果，基本上就沦落为了"黑板实验"。

2）关于线圈的电感与哪些因素有关，教材中只有描述，没有实验验证。教材第31页这样描述："线圈的横截面积越大，匝数越多、越密，线圈越长，它的自感系数就越大。此外，将铁芯插入线圈，也会使线圈的自感系数大大增加"。是不是线圈面积、匝数相同时，线圈越长，它的电感就越大呢？这样理解正确吗？把铁芯插入线圈能使它的电感大大增加，学生在学习中提出：那插入非磁性材料如"铝芯"，它的电感又将如何改变？引导学生讨论和猜想。结果如何必须要有实验来验证。在和学生的互动、交流、讨论中得到启发，从而制作了该教具。

（二）教具的设计原理

（1）平行板电容器的电容定性验证。利用电容器有"通交流"且"容抗"与电容成反比的特点。由容抗公式知，小电容对50Hz交流电的容抗很大，实验室中所用平行板电容器在正常使用时电容为数皮法到数十皮法，对50Hz的交变电流的容抗达数吉欧（$10^9\Omega$）以上。与小灯泡串联，即使选用灵敏度特别高的LED，低电压下也不可能使之发光。若选用交电流频率达几百千赫，电容器的容抗下降到十几千欧，电压用到30V，电流可达2mA左右，LED灯发光已经十分明显，作定性探究效果很好。在教具上已经把LED换成"十段电平指示器"，效果更理想。

（2）线圈（电感器）的电感定性验证。利用电感有"阻交流"且"感抗"与电感成正比的特点。空心电感的计算公式（来源于网络，应该是近似计算公式，此处作为估算使用）：

$$L = d^2 N^2 / (l + 0.45d)$$

式中，L 为线圈的自感系数（简称电感）；d 为线圈的直径；N 为线圈的匝数；l 为线圈的长度。

一个直径为 10cm、长度 1cm、匝数为 50 的空心线圈，电感约 0.5mH，由感抗公式知其对 50Hz 的交变电流的感抗约 0.157Ω，显然太小。一般情况下对电流的阻碍可以忽略，但频率 5kHz 以上时感抗可达十几欧，与灯丝电阻也为十几欧的小灯泡相比，阻碍作用十分明显。

（三）教具的组成

（1）箱体及内部。

1）变频交流电源：用于定性探究电感和电容的频率特性。

①用 ICL8038 中低频信号源（成品板，频率范围为 10Hz~450kHz，实验中用到 100kHz 已经足够），配多圈电位器调节频率，使用中改变频率快捷方便。

②4 位频率显示器（成品，显示范围 0~100kHz）可用于其他实验外测频率，用作"频率计"。

③功率放大器（套件组装，输出功率 15W 以上，输出电压有效值接近10V），加装有过载保护自恢复熔丝（输出电流超过 1.3A 保护，排除过载后关机或关断信号十几秒后自动恢复），使用方便，安全可靠。

2）高频交流电源：用于定性验证平行板电容器的决定因素。自制输出约几十伏、频率 100kHz 以上的正弦电压，最大输出电流 5mA 左右，小于人体的安全电流，使用中学生不会触电，对其短路也不会损坏设备，所以实验中安全且可靠。

3）直流电源（成品板，降压型可调开关电源）：用于探究电阻、电容、电感分别对直流、交流的影响对比。输出电压可从 1.5V 连续调到 15V，输出电流 2A 以上（在输出 4V 以下时最大负载电流可达 8A，用于电流产生磁场的实验效果较好）；配输出电压/电流一体数字显示表（成品），使用直观方便（也可以用于其他实验外测电压/电流）。

4）显示部分：

①选用 10 段电平指示器（套件组装改进）。

②小灯泡选用"6V，0.5A""8V，0.7A"两种。

5）教具的供电：用有三路输出的开关电源对教具的电路供电，正、负 15V（3A）的供功率放大器，正 20V（2A）供其余部分。使用开关电源成品板，具有体积小、重量轻、成本低、工作可靠稳定等优点。

（2）外配器材。

1）电容器：

①平行板电容器选用实验室的标配平行板电容器（J2309）和自制介质板。

②固定电容器：耐压 400V，0.47μF、2.2μF、6.8μF 的无极性电容各 1 只。

2）电感器（除成品外，其余为自制，使用的漆包线直径均为 1.1mm）：

①直径约 8cm，长度约 1cm，匝数 50 的空心线圈 1 个。

②直径约 8cm，长度约 1cm，匝数 25 的空心线圈 1 个。

③直径约 15cm，长度约 1cm，匝数 25 的空心线圈 1 个。

④直径约 4cm，匝数约 100 匝，长度可变的空心线圈 1 个（见图 3）。

⑤直径约 8cm，匝数约 40 匝，长度可变的空心线圈 1 个（做成"拉拉圈"，见图 4）。

⑥硅钢片铁芯、铝环。

⑦成品空心电感约 1mH（来自废旧音箱内分频器）。

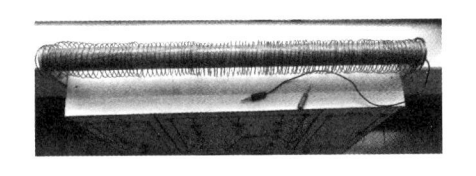

图 3　套在教具提手把上的可变长度线圈　　　　图 4　可变长度线圈"拉拉圈"

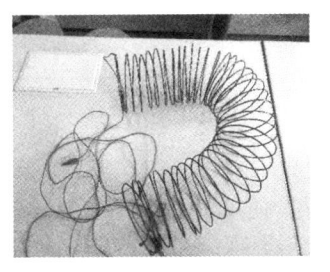

3）滑动变阻器：20Ω，25W（小型）。

4）连接用导线：带香蕉插头或鳄鱼夹。

（3）教具结构框图（见图 5）。

（4）教具面板设计图（见图 6）。

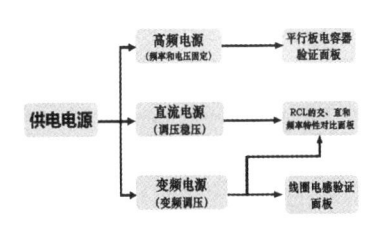

图 5　教具结构框图　　　　图 6　教具面板设计

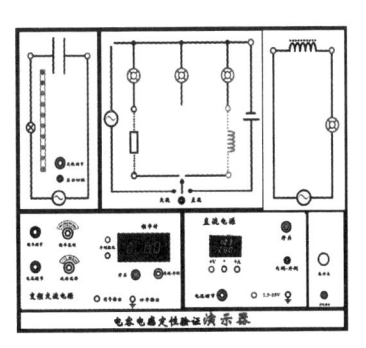

（5）教具实物图（见图 7）。

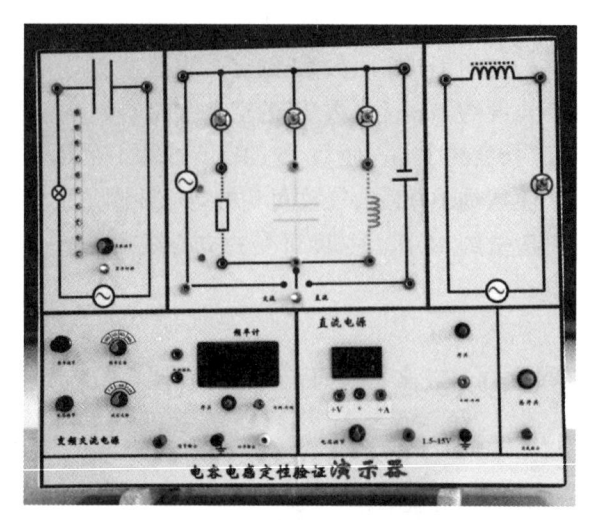

图7　教具实物图

（四）使用说明

（1）验证平行板电容器的电容与板间距 d、正对面积 S、插入介质的关系。

1）压下电源总开关（自锁式），开关（带指示灯）变亮（发出黄色光）表示电源已接通。

2）把平行板电容器（J2309）用带香蕉插头的线与面板左上部有电容器标记的两插孔相连，两极板底座分别放置于教具上面的两端（间距约50cm）。

①验证电容与板间距关系：调节"灵敏调节"旋钮使指示器最下面第一个LED刚好点亮或刚好熄灭，移动电容器的一个极板使板间距减小，可以看到LED从下往上依次被点亮；改变板间距，可以看到灯条的长度随之变化，效果非常明显。

②验证电容与正对面积的关系：使两极板间距为数厘米，调节"灵敏调节"旋钮使指示器灯条刚好全部点亮，这时减小两极板正对面积，灯条长度随之减小。

③验证电容与插入介质的关系：使板间距略大于介质厚度，调节"灵敏调节"旋钮使指示器绿色LED刚好全部点亮，插入介质后可以看到点亮灯条变长，插入不同介质灯条变长不同。

3）说明："显示切换"开关置于右边，LED为"条状"显示方式，开关置于左边，LED为"点状"显示方式，根据不同的视觉感受选择。

（2）验证线圈的电感与匝数 N、横截面积 S、长度 l 和插入铁芯（或铝芯）的关系。

1) 压下电源总开关,开关上指示灯变亮(发出黄色光)。

2) 按下频率计下方变频电源的开关,频率计有数码显示,变频电源工作。

3) 将频率计下方钮子开关置于"内测",显示变频交流电源的工作频率,若置于"外测",可用于测量外面其他信号源的频率(当频率计使用)。

4) 把线圈与面板右上方标有电感符号的两个插孔连接。

5) 调节"电压调节"旋钮,输出交流电压(有效值)可以在 0 到最大值之间变化。

6) 调整"波形选择"旋钮可选择交流电的不同波形(有方波、三角波、正弦波,一般选择正弦波)。

7) 调整"频率范围"旋钮(有 5 挡选择:10~450Hz、90Hz~1.5kHz、940Hz~15kHz、6~120kHz、20~450kHz)。本教具因频率计最大显示 100kHz,所以 100kHz 以上除不能显示外,功率放大也会随之衰减,信号"电压输出"不受影响。

8) "频率调节"为多圈(10 圈)电位器,顺时针旋转频率升高(逆时针频率降低),可在各档"频率范围"内连续调节。如果超过范围过多,可能造成信号发生器停振,如果停振只需回调该电位器就能自动恢复。

9) 调节频率和电压,使小灯亮度合适,改变线圈的结构(长度,插入铁芯或铝芯等),观察小灯亮度变化即可推测电感变化。

(3) 对比电阻、电容、电感的直流和交流特性。

1) 在变频电源工作的条件下。

2) 在面板上中部标有电阻、电容和电感符号的插孔分别插入滑动变阻器、2.2μF 电容器和空心线圈(约 1mH)。

3) 把"交流"与"直流"切换用的开关置于"直流"。

4) 按下直流电源开关接通直流电源,电压/电流表有显示,调节"电压调节"使输出电压与小灯(6V,0.5A)额定电压相同(即电压表示数为 6.0V);可以看到与电阻串联的小灯发光较暗(其亮度可调节滑动变阻器以达到要求),与电容串联的小灯不亮,与电感串联的小灯基本正常发光。用导线短接电感后看不出与其串联的小灯亮度有任何变化,说明电感有"通直流"特点。拔掉电阻和电感的一个插头,只有电容支路导通,可以看到直流电流表示数为零,说明电容有"隔直流"特点。

5) 把"交流"与"直流"切换用的开关置于"交流"。

6) 调节交流电源部分"电压调节"旋钮,使与电阻串联的小灯亮度与直流时基本相同,调节频率(约 6kHz)使与电容和电感串联的小灯亮度相同(此时也可以再调节电阻，使三灯亮度相同更好）；之后增大频率，可以看到与电容串联的小灯变亮，与电感串联的小灯变暗，与电阻串联的小灯亮度不变；减小频率，可以看到与电容串联的小灯变暗，与电感串联的小灯变亮，与电阻串联的小灯亮度仍然不变。说明电阻对交变电流的阻碍作用与频率无关，电容有"通高频，阻低频"，电感有"通低频，阻高频"的作用。

（4）对"容抗"与电容、"感抗"与电感的关系探究实验。

1）把2~3个不同的电容（0.47μF、2.2μF、6.8μF）分别置入上中部面板的相应插孔，选择开关置于"交流"，调节交流电压的"电压调节"于中央（此时功率输出的电压约5V），逐渐增大频率，可以看到与大电容串联的小灯先亮，说明容抗与电容反相关。

2）把长度相差不大、匝数相同、面积不同或面积相同、匝数不同的线圈插入对应插孔，调节电压和频率，使小灯都发光。可以看到与大线圈（匝数相同）串联的小灯更暗或与匝数多（横截面积相同）的线圈串联的小灯更暗，说明感抗更大。同时也反向验证了匝数相同、面积大的线圈电感大，或面积相同、匝数多的线圈电感大。

（5）故障说明。

1）现象：若实验中因调节输出电压过高，3只小灯（6V、0.5A）都超亮，但一会后就都熄灭，且"过载指示"灯变亮。说明电路已经过载，这不是故障，是过载保护。

2）处理方法：切断电源或把"电压调节"旋钮逆时针调到底，也可以把负载切断，经十几秒后就能恢复正常。

三、实验创新要点/改进要点

（1）改进"平行板电容器电容探究实验"，使实验效果得以明显改善。

（2）增设"线圈电感验证实验"，填补教材中没有此验证实验的空白。

（3）能完成电阻、电容、电感的直流特性和频率特性的探究实验（见图8~图11）。

（4）能同时对比不同电容的容抗或不同电感的感抗。

1）同时对比三个电容器（0.47μF、2.2μF、6.8μF）的容抗（见图12~图14）。

2）同时对比两个不同线圈的感抗（见图15、图16）。

图 8 电阻、电容、电感的直流特性 　　图 9 电阻、电容、电感的低频特性

图 10 电阻、电容、电感的中频特性 　　图 11 电阻、电容、电感的高频特性

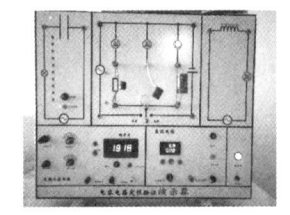

图 12 电容容抗低频对比 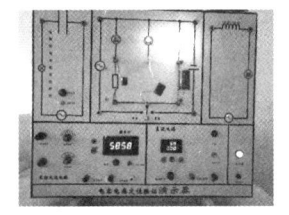　　图 13 电容容抗中频对比 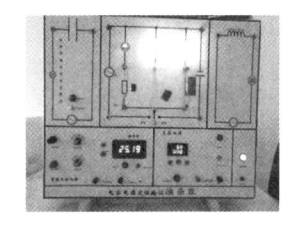　　图 14 电容容抗高频对比

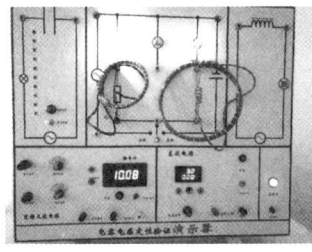

图 15 线圈长度基本相同、匝数相同、面积不同 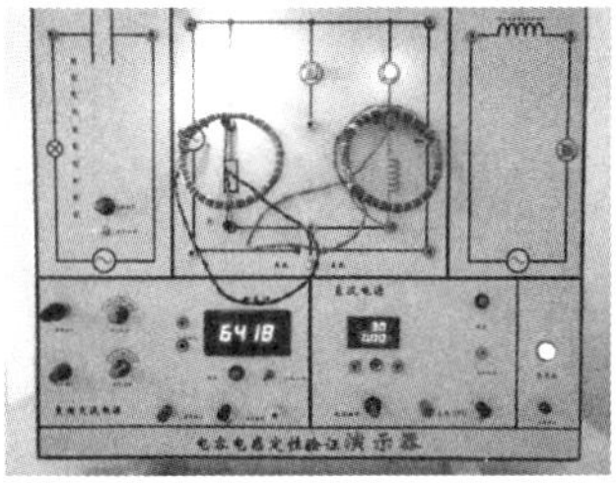　　图 16 线圈长度基本相同、面积相同、匝数不同

四、实验原理

利用容抗和感抗原理，对平行板电容器电容和线圈电感的决定因素反向验证。

五、实验教学目标

（1）知识与技能：正确理解容抗和感抗后，回归电容、电感的决定因素。

（2）过程与方法：发现"平行板电容器电容探究实验"效果不好和没有线圈电感验证实验，引发学生思考、分析、讨论、探究、验证、总结，从而培养学生的分析能力、动手能力等综合能力。

（3）情感态度与价值观：通过改变实验方法来改善实验效果，增补实验的设计来培养学生敢于探索的勇气、逆向思考的能力和严谨的科学态度。增强学生团队合作精神。

六、实验教学内容

（1）完成电阻、电容、电感的交流、直流特性对比实验后，增加了频率特性的探究实验。学生通过实验探究和讨论学习，掌握电容、电感的特性，建立"容抗""感抗"的概念；指导学生自行查阅相关资料，知道"容抗""感抗"的公式。

（2）电阻、电容和电感三种基本元件在电子电路中应用广泛，学生对它们的特性有了正确的认识和理解，为以后的学习打下坚实的基础。对于电阻，学生相对熟悉，因此很有必要回顾电容、电感的决定因素。

七、实验教学过程

（1）在"平行板电容器电容验证实验"和"线圈电感验证实验"中都使用了控制变量法。

（2）在平行板电容器验证实验中，分别验证电容与板间距、正对面积、插入介质的关系。进一步拓展到验证插入导体（不能让插入导体短接两极板）后电容变大，引导学生解释，增加了学生对电容的理解能力。

（3）线圈电感验证实验：拓展了学生的视野，提高了学生分析问题和解决问题的能力。

1）分别验证电感与匝数、面积、长度、插入铁芯的关系。

2）进一步拓展。线圈中插入非磁性材料且又是良导体的铝心后，观察灯会变亮，说明线圈电感变小，这是教材中没有涉及的问题。引导学生利用涡流和能量观点去解释，也可以用后面学到的变压器的知识去解释。

3）再进一步拓展。让学生先从理论分析：如果在线圈中插入介质，线圈电感又将如何变？再找到不同介质来进行探究。

4）特别是关于线圈电感与线圈长度的关系，教材中的描述学生容易理解错误，通过实验，学生有了正确感性认识。

八、实验效果评价

（一）学生感受

（1）逆向探究，开阔视野：观察到电路不"闭合"也有电流；平行板电容器是理想化模型；电容无处不在等。

（2）大胆假设，科学验证：平行板电容器板间插入铝板问题，教辅资料中是有这样的练习题的，而线圈内插入铝芯问题教材中却没有。

（3）知识回归，温故知新：对电容、电感有了进一步的认识。

（4）激发兴趣，增加能力：把可变长度的线圈做成"拉拉圈"，实验时让学生来"玩"，既增加了实验的趣味性，又能达成实验探究目的。

（二）实验意义

改变实验方法，改善实验效果；创造实验条件；强化核心素养。

（三）教具评价

（1）集成化，多功能：高频电源、变频电源、直流电源、示教板等构成，能完成多个实验。

（2）操作简单，安全可靠：连线很少，调节方便；裸露部分低于安全电压/电流，完善保护措施。

（3）低成本，重量轻：重量与一台低频信号发生器（J24022）相当，成本不到其售价的一半。

（4）有待改进：教具为手工制作，略缺失现代感。

九、教具用于其他实验

（1）信号发生器：有方波、三角波和正弦波输出，可以用作信号发生器且有功率输出（10V、15W），频率范围 10Hz~450kHz（超过 100kHz 时频率计不能显示）。

（2）直流电源：能输出 1.5~15V 连续可调的稳定电压，输出电流不小于 2A（输出小于 4V 时可达 8A）用于电流产生磁场的实验效果好。

（3）频率计：测量范围 0~100kHz（输入电压峰值高于 1V）。

（4）直流电压/电流表：电压量程 99.9V，电流量程 9.99A。

（5）探究 L、C 串联的"带通"和 L、C 并联后的"带阻"特性。让有兴趣的学生自主学习 L、C 的组合特性——串联谐振和并联谐振。

十、展望

该教具若能推广，用作学生分组实验，将会让更多的学生受益。

探究影响平行板电容器电容的因素

湖南师范大学附属中学　何艳君

一、使用教材

人教版《物理选修 3−1》第一章第八节。

二、实验器材

（一）实验器材

创新自制教具"影响平行板电容器电容的因素探究仪"、起电机、电吹风。

实验装置由空气隔离罩、静电计升降台、平行板滑动装置、隔离板转动装置组成，如图 1 所示。

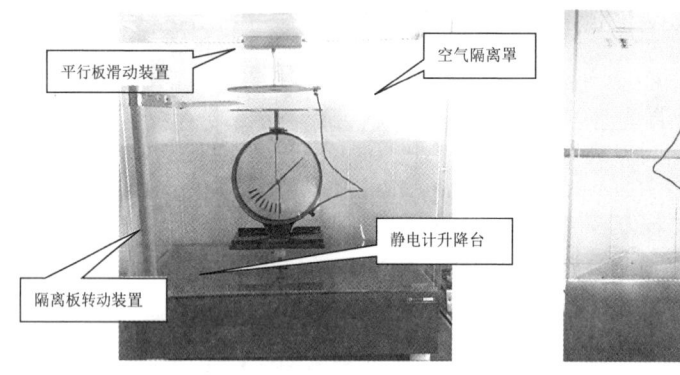

正面　　　　　反面

图 1　影响平行板电容器电容的因素探究仪

（二）自制实验器材制作

主要材料及配件：平行板（$\Phi 200mm$）、静电计、有机玻璃板（厚 4mm）、塑料棒（$\Phi 25mm$）、有机玻璃胶（三氯甲烷）、云母板、齿条升降杆、齿轮、导线及胶水等。自制实验器材的规格图纸如图 2 所示。

制作方法与步骤：

（1）用有机玻璃板制作一个长 600mm、宽 420mm、高 620mm 的长方体箱子，顶面为活动板可以不密封，方便装配器件。底部隔出 120mm 高的隔离密封层。

（2）如图 2 侧面视图所示，左面距隔板下方约 20mm 处开一个 220mm×

130mm 的口，再装上一个滑道门（便于给平行板带电）。前方在隔板上开一个 Φ25mm 的孔，将 Φ25mm 的塑料棒锯成适当长度，穿过孔，在底板上做一底座，距底座 20mm 处安装一金属横杆，通过转动金属横杆来转动塑料棒，插入和移出电介质。

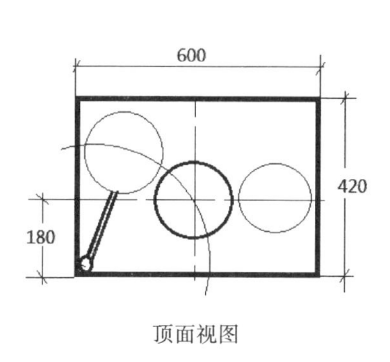

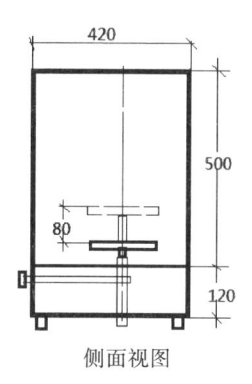

顶面视图　　　　　　　　侧面视图

图 2　探究仪实验装置制作图纸

（3）在隔板中央偏前方位置开一个 1.3mm×3.0mm 的小孔，将升降座安装在隔板的上方，升降杆穿过小孔，用玻璃胶固定好。将调节杆加长至玻璃框外，便于操作。

（4）在升降杆上固定一个绝缘平台，将静电计固定在平台上。用白板笔将静电计的指针涂上红色，更换静电计的绝缘塞子（由有机玻璃自制）。在静电计的指针的顶杆钻一个 Φ4mm 的孔，并攻 Φ5mm 的螺纹。将一个平行板安装在静电计的顶端，用 Φ5mm 的螺钉固定。

（5）在顶板上安装一导轨，将另一平行板安装在导轨上，通过细麻绳拖动平行板（其间安装两个小定滑轮），使平行板左右移动。

（6）用 A3 纸裁出 Φ200mm 的圆 50 张。用胶水将 50 张圆纸一张张粘贴成一个纸质电介质圆盘。用云母板制作一个 Φ200mm 的圆盘，用有机玻璃棒做手柄，用螺钉将手柄固定在竖直的塑料棒上，如图 2 顶面视图所示。

（7）所有仪器组装完成后将底板密封，用塑料棒做四个脚安装在底板上。将隔层喷上蓝色油漆，按实验方案接上导线，实验仪器即制作完成。

三、实验创新要点

（一）传统实验方案的主要问题

（1）南方的天气比较潮湿，特别容易漏电，实验基本无法操作。

（2）静电计本身的电容对平行板电容器的影响。由于静电计的接入，实验中改变平行板电容器的电容时，其电量是改变的，且变化范围是比较大的。因为静电计本身有一定的电容（11.8pF）且保持不变，静电计和平行板电容器并联，各自所带的电量与其电容大小成正比。当静电计指针变化时，即电势差改变，则静电计上所带的电量必然随着变化。由于总电量是保持不变的，显然电容器上所带电量也必须相应发生改变。如果将静电计和平行板当作一个整体来看，其总的电荷量是保持不变的。所以这个实验能否达到预期的效果，关键是静电计的电容是否比平行板间的电容小很多。

（3）静电计的绝缘橡胶塞存在高压漏电现象。

（4）一般电介质插入极板间时电容变化不是很明显。

（二）本次实验教学的改进和实验仪器的优越性

（1）用有机玻璃制作箱子将实验仪器密封，用电吹风或干燥剂干燥箱子内部，解决空气潮湿漏电问题。

（2）将静电计的绝缘橡胶塞更换为自制绝缘塞子，解决静电计本身高压漏电问题。

（3）自制云母板加纸盘作为电介质，使实验效果更加明显。

（4）实验的时候应尽量减少两极板间的距离。实验证明当两极板之间的距离小于2cm时，静电计的电容对本实验的影响不大。

（5）探究仪集成板间距调节装置、正对面积调节装置、电介质板插入移出及更换装置，使实验操作简单方便。

（6）该实验仪器制作美观、实验操作方便、实验现象明显，能很好地进行课堂演示实验。

四、实验原理与设计

$$C = \frac{Q}{U}$$

使 Q 不变，用静电计测量 U 的变化来说明电容 C 的变化。

五、实验教学内容

使用控制变量法探究平行板电容器的电容与板间距、极板正对面积、电介质性质之间的关系。

具体实验步骤如下：

（1）打开右侧小门，用吹风机吹干玻璃罩内空气，用起电机给极板带上电荷，并关上小门。

（2）通过升降杆抬高和降低静电计的高度来改变平行板间的距离 d。当 d 减小时，C 增大，U 减小，偏转角度变小；当 d 增大时，C 减小，U 增大，偏转角度变大。

（3）调节上平行板左右移动来改变平行板间的正对面积 S。当 S 减小时，C 减小，U 增大，偏转角度变大；当 S 增大时，C 增大，U 减小，偏转角度变小。

（4）通过转动边缘直杆来插入或移出电介质。当插入电介质时，C 增大，U 减小，偏转角度变小；当移出电介质时，C 减小，U 增大，偏转角度变大。

六、实验教学目标

（1）知识与技能：通过实验探究，使学生了解影响平行板电容器电容的因素，理解掌握平行板电容器电容和板间距、极板正对面积、电介质介电常数之间的关系并能加以实际应用。

（2）过程与方法：使学生掌握实验探究物理量之间关系的方法。

（3）情感态度与价值观：让学生经历和体验探究过程，尊重事实和实验，学会用科学方法积极探究规律与学习新知识，提高解决实验实际困难的能力。

七、实验教学过程

（一）提出问题

平行板电容器的电容跟什么因素有关？

请同学们结合所学的电容器的基本构造与电容的定义式思考后回答。

（二）合理猜想

影响平行板电容器电容的因素可能有板间距、正对面积、电介质性质以及其他因素。

（三）实验：探究影响平行板电容器电容的因素

（1）实验目的：探究影响平行板电容器电容的因素有哪些。

（2）实验方法：控制变量法。

（3）实验原理：关键问题是如何测量或反映平行板电容器电容大小及其变化。

$$C = \frac{Q}{U}$$

使 U 不变，测量 Q 的变化；使 Q 不变，测量 U 的变化。

（4）实验器材：自制影响平行板电容器电容的因素探究仪。

（5）实验步骤：

1）用吹风机将玻璃箱内空气吹干，降低空气湿度，防止实验过程中极板所带电荷量过快减少，用起电机使极板带上一定的电荷量。

2）改变板间距 d，观察和记录随着板间距的减小静电计所测的两板间电压是增大还是减小。

3）改变极板正对面积 S，观察和记录随着正对面积的减小静电计所测的两板间电压是增大还是减小。

4）改变极板间的电介质，将一块云母片插入两极板间，观察和记录静电计所测的两板间电压是增大还是减小。

（6）实验结论：

1）平行板电容器的电容与两极板板间距有关，板间距越小，电容越大。

2）平行板电容器的电容与两极板正对面积有关，正对面积越小，电容越小。

3）平行板电容器的电容与两极板间电介质有关，在两板间的空气中插入其他电介质，电容增大。

（四）平行板电容器电容的决定公式

进一步的定量实验和理论分析表明，当平行板电容器的两极板间是真空时，电容 C 与极板的正对面积 S、极板间距离 d 的关系为 $C = \dfrac{S}{4\pi k d}$。

当平行板电容器的两极板间充满同一种介质时，电容变大为真空时的 ε_r 倍，即

$$C = \dfrac{\varepsilon_r S}{4\pi k d}$$

ε_r 是一个常数，与电介质的性质有关，称为电介质的相对介电常数。

八、实验效果评价

借助自制的"影响平行板电容器电容的因素探究仪"，完全解决了传统静电实验中因为空气潮湿导致漏电过快而无法操作的问题。学生在演示实验中观察到的现象明显，尤其是插入电介质引起电容变化以前基本看不到，多次实验后选定云母片加纸片使得实验效果非常好。本台探究仪集成了板间距调节、正对面积调节、插入或更换板间电介质的多重功能，使实验操作高效而方便，有利于提高教学效率，加深学生的印象和理解。

磁感应强度表达式的实验探究

阳城县第二中学校　武进科

一、使用教材

人教版高中《物理选修3-1》第三章"磁场"第二节"磁感应强度"。

二、实验器材

精度为0.01g的电子秤、U形磁铁、支架、线圈、学生电源、电流表、导线。

三、教材和学情

磁感应强度是电磁学中几个重要的基本概念之一，是磁场这一章的重点，是学习磁场和电磁感应的必备知识。同时磁场对电流的作用力远比电场对电荷的作用力复杂。教材类比前面学过的电场强度的定义，用电流元所受的力与电流元的比值定义了磁感应强度，对学生的理解有很大的帮助，符合中学生的认知水平。可以通过演示实验来突破难点，形成磁感应强度的概念。为此我创新了实验方案和实验装置，进行定量的实验探究，既突破了教学重点难点，又培养了学生的探究能力和创新精神。

四、实验创新

教材实验方案的原理是让悬挂的通电导线在磁场中受力，通过摆角的大小来比较通电导线受力的大小。通过改变电流的大小、通电导线的长度来研究通电导线受力，进而得出磁感应强度 B 的表达式。

（一）该实验方案存在的缺点

（1）只能定性探究通电导线受力与电流和导线长度的关系。

（2）一根通电导线在磁场中受到的力很小，偏转现象并不明显。

（3）通电导线受力大小与偏角大小并不是正比关系，无法定量分析。

（二）实验创新要点

（1）用多匝线圈代替一根导线，增大受力。

（2）定量探究导线所受力的大小与电流强度、导线长度的关系。

（3）利用高精度电子秤精准测量线圈所受力的大小。

（4）数据采集快捷准确。

（5）实验操作简单方便，稳定性好。

（三）实验设计原理

采用图 1 所示实验方案，其原理是利用自制托盘将线圈竖直放置于电子秤上，再用支架将 U 形磁铁置于线圈上方，保持线圈与 U 形磁铁磁场方向垂直。此时可观察到电子秤上出现一个读数，这个读数即为托盘和线圈的质量。再将电子秤读数清零，接通电源，通电导线将会在磁场中受到安培力的作用。利用左手定则可以判断出通电导线所受力的方向为竖直方向，线圈对电子秤的正压力发生变化。电子秤上出现一个新的读数，反映了导线所受力的大小，读数的正负反映了安培力的方向，正号表示力的方向向下，负号表示力的方向向上。

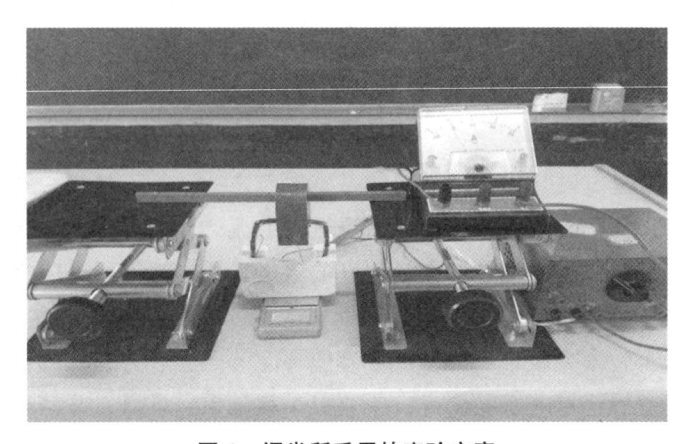

图 1　课堂所采用的实验方案

五、实验教学目标

（1）通过定量实验探究，得到实验结论 $B = F/(IL)$。

（2）通过控制变量法和比值定义法，定义磁感应强度。

（3）师生共同经历合作探究，领略科学探究思想，培养学生对科学的好奇心和求知欲。

六、实验教学内容

（1）保持通电导线在磁场中的长度不变，改变电流的大小，探究通电导线受力与电流的定量关系。

（2）保持电流不变，改变通电导线在磁场中的长度，探究通电导线受力与导线长度的定量关系。

七、实验教学过程

（1）复习电场强度的定义过程。

（2）展示实验装置以及方案，解释实验的原理。

(3) 利用控制变量法和比值定义法对磁感应强度的表达式进行定量探究。

1) 探究安培力与电流的定量关系（见图2）。保持通电导线的长度不变（在线圈上方固定两个U形磁铁），改变电流的大小，观察电子秤读数的变化，将相应的电流值和电子秤的读数记录在表格当中。

图2 安培力与电流的定量关系实验

利用Excel处理数据得到实验结论：如图3所示，在误差范围内$F \propto I$。

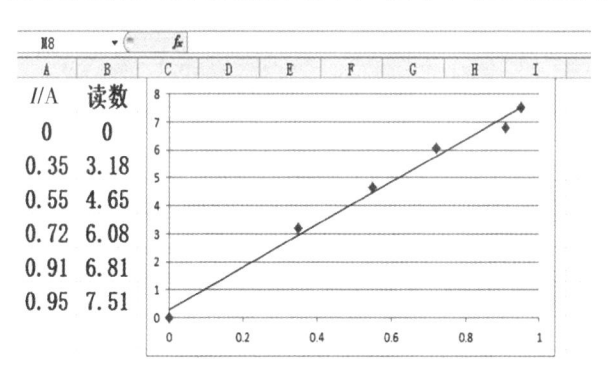

图3 安培力与电流的定量关系图

2) 探究安培力与通电导线的长度的关系（见图4）。保持电流不变，改变通电导线的长度（在线圈上方依次固定1个、2个、3个、4个相同的U形磁铁，通电导线的长度成倍增加），观察电子秤读数的变化，将相应电子秤的读数记录在表格当中。

利用Excel处理数据得到实验结论：如图5所示，在误差范围内$F \propto L$。

综上，通电导线与磁场方向垂直时，$F \propto I$，$F \propto L$，即$F \propto IL$。F与IL的比值，与导线的长度和电流的大小都无关。用B表示这个比值，正是我们寻找的表征磁场强弱的物理量——磁感应强度。

图4 安培力与通电导线的长度关系实验

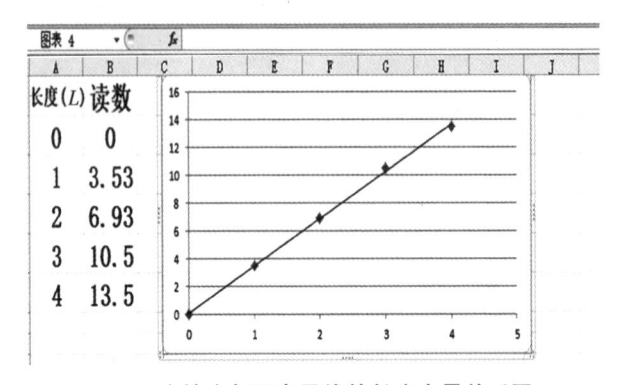

长度(L)	读数
0	0
1	3.53
2	6.93
3	10.5
4	13.5

图5 安培力与通电导线的长度定量关系图

八、实验效果评价

优点：操作简单，装置稳定性能好；实验现象明显，且能进行定量研究。

缺点：实验装置不精确，误差较大。

通电导线所受安培力与磁场和导线夹角的关系

合肥一六八中学 王洋

一、使用教材

人教版高中《物理选修3-1》第三章第四节"通电导线在磁场中受到的力"。

二、实验器材

自制仪器如图1所示,包括:两块方形磁铁、自制可调匝数线圈、直流电动机、底座、力传感器、电流传感器、数据采集器、手工有机玻璃框架、重锤、两个学生可调电压源、笔记本电脑、导线以及测量工具。

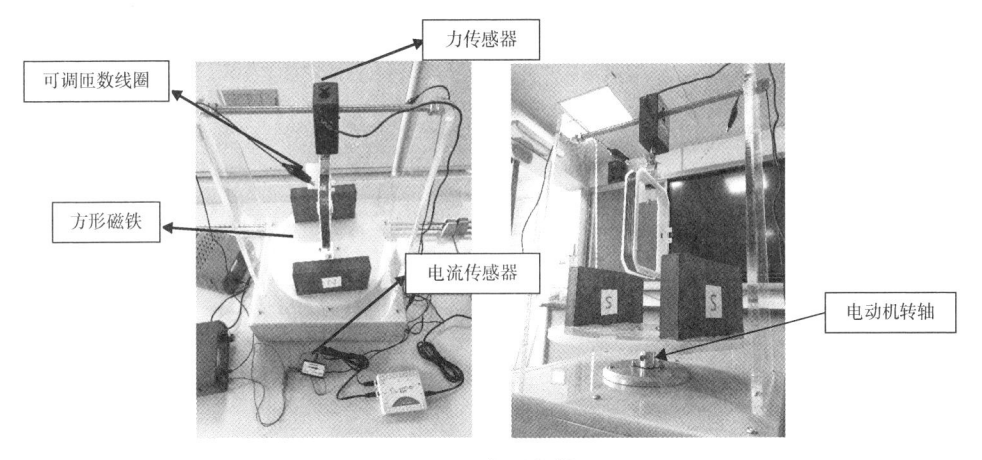

图1 自制仪器

三、实验创新要点

(1) 演示了磁场与通电导线平行时,通电导线所受安培力为零。

(2) 实验数据精确。

(3) 实验数据清楚直观地得出了安培力与磁场和导线夹角之间的正弦关系。

(4) 实验可全面探究 F 与 I、L 和 B 的定量关系。

四、实验原理

(1) 安培力的测量。如图2所示,线圈通电时处于静止状态,重力与拉力平衡。接通电源,线圈仍是静止,水平方向导线受力平衡,竖直方向拉力等于重力和安培力之和,所以底边线圈所受安培力等于两次拉力之差 $T_2 - T_1$。实际操作中，可在线圈不通电时，在 logger pro 3.15 软件中按下归零按钮，类似于电子秤中的调零功能，再给线圈通电，此时拉力显示值即为安培力。使用力传感器，操作方便简单，数据容易处理，其精确度高达 10^{-3}N。

（2）磁场与电流方向夹角的改变。通过转动转盘改变磁场方向，从而可以改变磁场与电流的夹角。为了观察连续性变化，可用电动机带动转盘匀速转动。由于 $\theta=\omega t$，则夹角与时间成正比。安培力就会随着夹角的变化而变化，并通过传感器将力的信号实时输出，安培力与时间的关系即为安培力与夹角的关系。

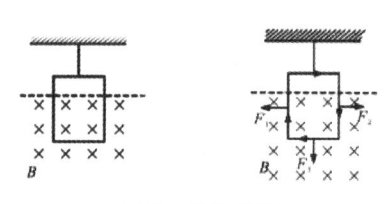

图 2　模拟线圈

五、实验教学目标

（1）物理观念：认识磁场与通电导线平行时，安培力为零。

（2）科学思维：通过将磁感应强度正交分解、模型建构以及分析论证得出安培力的表达式。

（3）科学探究：通过设计实验、参与实验，使学生深入认识物理观念和物理思维。

（4）科学态度与责任：通过亲自进行安培力与磁场的关系实验，培养学生严谨认真、实事求是的科学态度与社会责任感。

六、实验教学内容

（1）证明磁场和通电导线平行时安培力为零。

（2）探究通电导线所受安培力与磁场和导线夹角的关系。

（3）探究通电导线所受安培力与电流、导线长度及磁场强弱的关系。

七、实验教学过程

（一）实验步骤

（1）将可调电压直流电源连接到电流传感器和线圈形成闭合回路，安装力传感器。力传感器和电流传感器通过数据采集器与计算机相连，打开软件 logger pro 3.15。

（2）将 300 匝线圈接入回路，传感器归零，保持电流不变，用手转动转盘改变磁场与电流夹角，观察安培力随夹角如何变化。

（3）让直流电机接通电源，调节电压，保持电流与长度不变，带动转盘匀速转动，每隔 0.02s 记录一组数据，观察安培力随时间如何变化。

（4）保持其他因素不变，逐渐增大转盘转速，观察安培力随时间变化的图像。

(5) 保持其他因素不变，逐渐减小电流，观察安培力随时间变化的图像。

(6) 定量研究安培力 F 与电流 I、长度 L、磁感应强度 B 的关系。

(二) 数据分析

如图 3 所示：

(1) 当磁场与电流夹角为 90°时，安培力最大；当磁场与电流夹角为 0°时，安培力为 0。

(2) 记录转盘匀速转动时安培力随时间的变化的情况。

分析：该图线弥合后为正弦函数。由于是匀速转动，夹角与时间成正比。

结论：在误差允许的范围内，在其他因素不变的情况下，安培力与夹角成正弦函数关系。

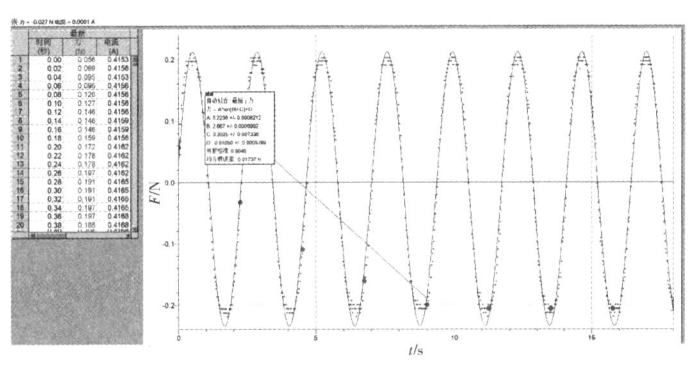

图 3　$F-t$ 图像

(3) 保持其他因素不变，逐渐增大转盘转速，观察安培力随时间变化的图像（见图 4）。

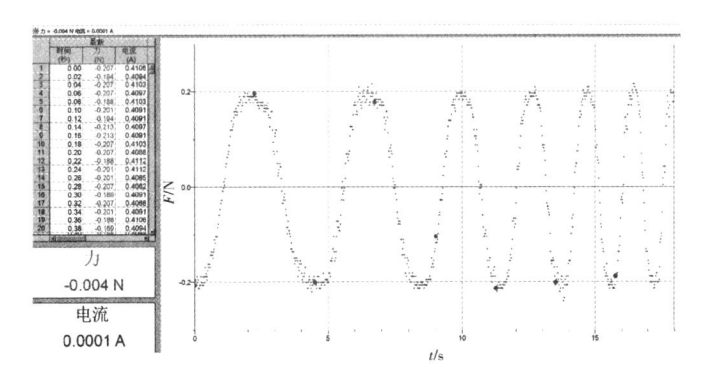

图 4　$F-t$ 图像（逐渐增大转速）

结论：保持其他因素不变，随着转速的增大，安培力变化频率也在逐渐增大。

(4) 保持其他因素不变，逐渐减小电流，观察安培力随时间变化的图像（见图5）。

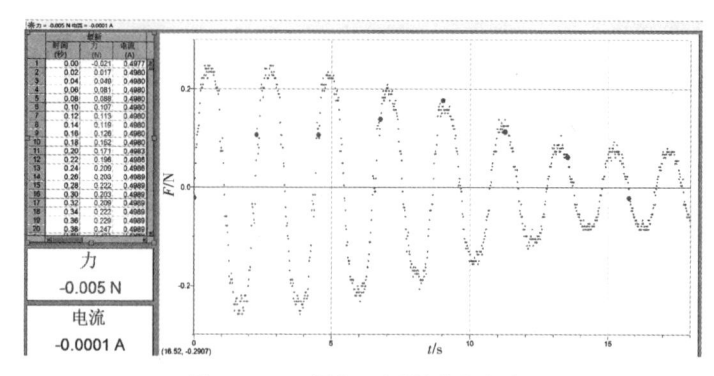

图5　F-t 图像（逐渐减小电流）

结论：保持其他因素不变，随着电流的逐渐减小，安培力的峰值在逐渐减小。

(5) F 与 I 之间的关系（见图6）。

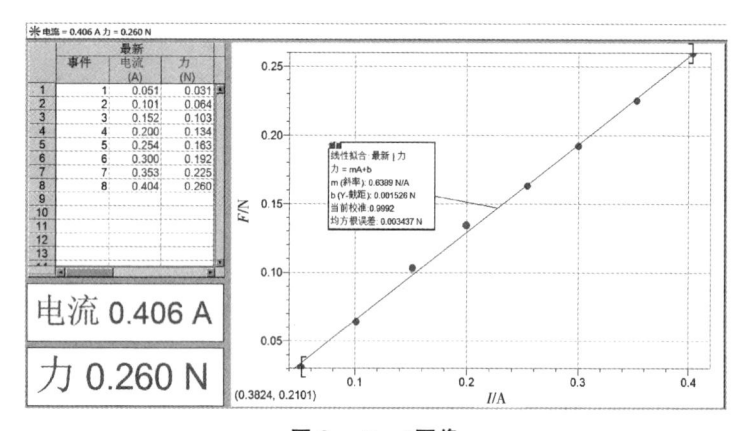

图6　F-I 图像

结论：在误差允许的范围内，当磁场和通电导线长度不变时，F 与 I 成正比。

(6) 探究 F 与 L 的关系（见表1、图7）。

表1　实验数据：探究安培力与线圈匝数之间的关系（B 和 I 保持不变）

N	F/N
0	0
60	0.064
80	0.076

续表

N	F/N
100	0.107
200	0.212
300	0.301

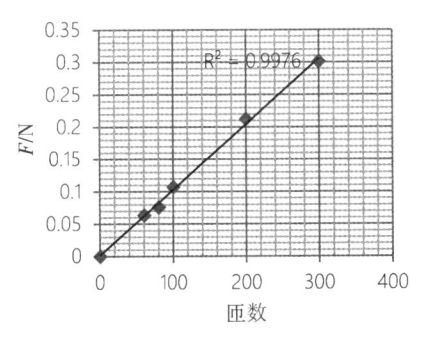

图7　F - N 图像

结论：在误差允许的范围内，安培力与线圈匝数成正比，即安培力与导线有效长度成正比。

（7）探究 F 与 B 的关系（见图8）。保持电流和匝数不变，增大方形磁铁距离，探究安培力与磁场强弱的关系。

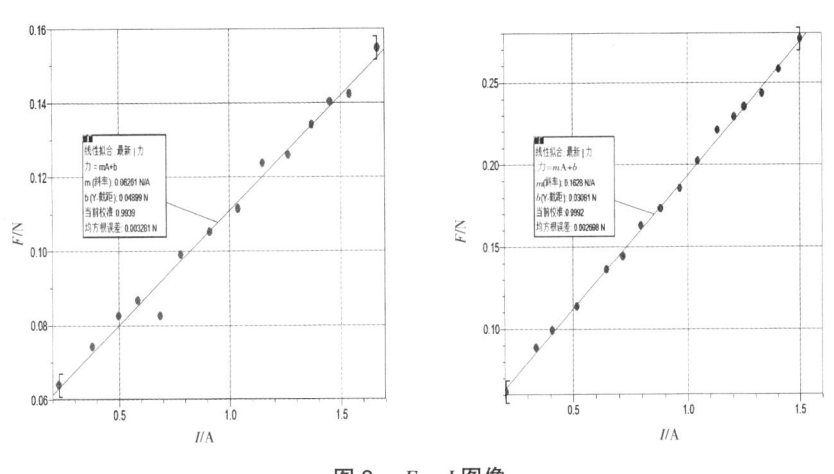

图8　F - I 图像

结论：在误差允许的范围内，磁场越强安培力越大，斜率越大，这个斜率可以反映磁场强弱。

综上：在误差允许的范围内，精确地探究了安培力与磁场和电流夹角、电流、长度、磁感应强度的关系，解决了 $F = BILsin\theta$ 这一表达式的定量探究。

（三）误差分析

（1）竖直两边切割磁感线会产生变化的反电动势，但由于转盘转速、磁感应强度、导线切割磁感线的有效长度均较小，所以反电动势影响较小。

（2）磁场的边缘效应使导线框四条边都会受到安培力，竖直的两边受力处于水平方向，上边的线框也会受到安培力，但由于外围磁场较弱，可以忽略。

（3）换成更大磁铁或者励磁线圈产生匀强磁场。

（4）不同圈所对应有效长度稍有区别，用匝数来代替有效长度有误差。

（5）采用拉力传感器和电流传感器，通过数据采集器传输到电脑，用软件直接生成图像，数据精度高，作图误差可以忽略。

（6）在探究 F 与 N 关系时，图像是用 Excel 生成的，存在作图误差。

总体来说，虽然误差不可避免，但是给我们的探究带来的影响很小，由于仪器设备的改进，实验的精确度得以大幅提升。

八、实验效果评价

学生通过本实验能够对磁场与通电导线平行时安培力为零以及安培力与磁场和导线夹角的正弦函数关系更加信服，对这一物理观念和科学思维有进一步深入的认识。

本实验教具的构思非常奇妙，用方形磁铁代替了马蹄形磁铁，将竖直方向磁场转变为水平方向磁场，从而使水平方向的安培力转为竖直方向的安培力，大大开阔了思维，容易直接测量安培力。用线圈代替单根通电导线，使实验效果更加明显。本实验采用了传感器，使得数据的测量方便精确，解决了安培力难以测量这一难点。软件 logger pro 3.15 直接拟合力与磁场和电流间夹角的关系，拟合效果好，精确度高，实现了磁场与电流平行时不受安培力的实验演示，实现了安培力随夹角的连续性变化图像，真正实现了影响安培力因素的定量测量。使学生对磁场的认识从定性转为定量，从被动接受转为主动探究，培养了学生的学习兴趣，实验探究能力得以提升。

实际上本实验装置与后续要学习的交变电流装置是相似的，为学生学习电磁感应和交变电流打下了实验基础。将本实验与教材上的理论推导相结合，可以让学生更加信服，进一步体会物理学理论与实验间的契合。

楞次定律实验

信丰中学 罗许绎 肖燕

一、使用教材
选自人教版高中《物理选修3-2》第四章第三节"楞次定律"。

二、实验器材

(一) 楞次定律实验创新装置

装置设计如图1所示，整套装置由线圈、可动面板（正面画有电路图，设有实物 LED；背面布置实物电路）、底座、滚筒和可调水平底板等部件组成。

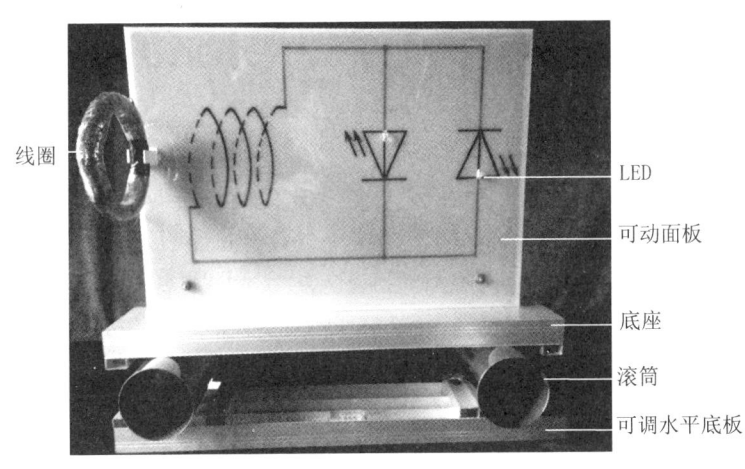

图1 楞次定律实验创新装置

(二) 电磁弹射实验创新装置

装置设计如图2所示，整套装置由线圈、底座、水平支架、铝环、充放电装置、玩具飞机等部件组成。

(三) 落磁实验演示装置

装置1设计如图3所示，整套装置由不锈钢管、铝管、磁铁组成。

装置2设计如图4所示，整套装置由不锈钢管、铝管、磁铁、线圈、LED 灯组成。

图2 电磁弹射实验创新装置

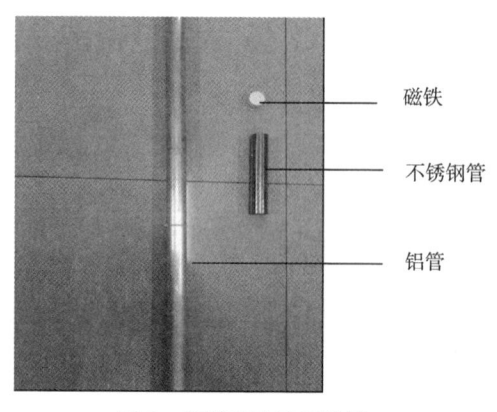

图3 落磁实验演示装置1　　　　　　图4 落磁实验演示装置2

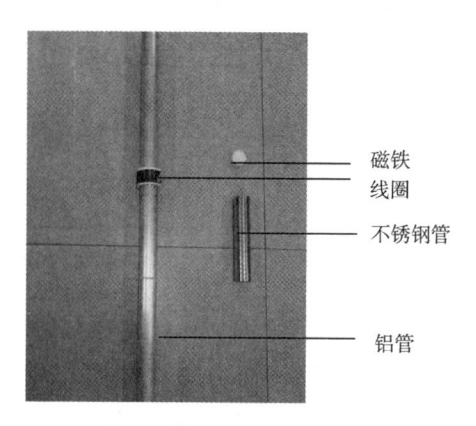

三、实验改进要点

（一）通过落磁实验激发学生兴趣

通过落磁实验装置演示磁铁下落时与铝管间的相互作用，再让学生体会"阻碍"二字的含义。最后用强磁铁穿过环绕着二极管的线圈，观察灯亮，再解释磁铁产生了感应电流，从而产生阻碍作用。

（二）通过楞次定律实验创新装置改变得出楞次定律的方法

对比教材的实验设计和我们的实验设计，创新实验装置有以下几个优点。

（1）设计上另辟蹊径：教材（见图5）是通过感应电流的方向来判定感应电流磁场的方向，再归纳出"增反减同"这一规律。

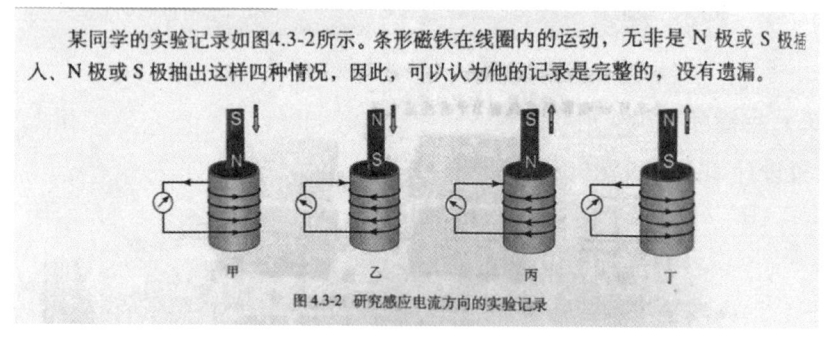

图5 教材上楞次定律实验装置

创新实验通过磁极靠近和远离闭合线圈的方式，使线圈呈现"来拒去留"的现象，再利用磁极间同名磁极相斥、异名磁极相吸的规律，直接判断出线圈中感应电流的磁场方向，进而概括出楞次定律。相比课本中的设计方案，简化了探究过程，探究思路更加清晰，降低了学习难度，符合学生的认知规律。

（2）楞次定律实验创新装置还可以验证用楞次定律理论分析的结果是否正确。将反向并联的 LED 接入电路，利用楞次定律可以从理论上判断出：当 N 极靠近线圈时，右边的灯亮；当 N 极远离线圈时，左边的灯亮。我们用实验来检验理论判断是否正确，发现实验结果与理论分析一致。

（三）通过电磁弹射装置

通过电磁弹射装置进一步直观展示磁通量增大时，铝环中所产生的感应电流的磁场与原磁场相反，从而产生明显的推动作用，给学生产生强烈的视觉冲击，激发学生求知欲。

四、实验原理

（一）落磁实验原理

根据楞次定律可知，强磁铁下落会在环绕线圈中产生感应电流，二极管灯亮。而下落磁铁块将在铝管中产生感应电流，不断地受到感应电流所产生的磁场的阻碍作用而缓慢下降。

（二）楞次定律创新实验原理

（1）利用磁极之间的相互作用规律来探究楞次定律。N 极靠近线圈，线圈远离；N 极远离线圈，线圈靠近。根据线圈呈现的"来拒去留"现象，可以直接判断出线圈中感应电流的磁场方向，进而分析得出感应电流的磁场方向与磁通量变化的关系，最后概括出楞次定律。

（2）验证用楞次定律理论分析的结果是否正确。将反向并联的 LED 灯接入电路，当 N 极靠近线圈时，右边的灯亮；当 N 极远离线圈时，左边的灯亮。

（三）电磁弹射实验原理

当线圈中突然接通电流时，穿过闭合的小铝环中的磁通量发生变化。根据楞次定律可知，闭合铝环中会产生感应电流，感应电流的方向和原线圈中的电流方向相反。因此与原线圈相斥，相斥的电磁力使得铝环获得速度，将玩具飞机弹射出去。

五、实验教学目标

（一）物理观念

（1）通过实验探究归纳总结出楞次定律。

（2）理解楞次定律的内容，尤其是理解定律中"阻碍"二字的含义。

（二）科学思维

（1）理解楞次定律，并会运用楞次定律判断感应电流的方向。

（2）体验楞次定律的实验探究过程和基本方法。

（三）科学探究

经历楞次定律创新实验探究，通过记录、分析实验现象，经过交流讨论，归纳出判定感应电流方向的方法。培养学生的探究能力、实践能力。

（四）科学态度与责任

培养学生对实验现象仔细观察、认真分析的科学态度。培养学生的合作精神，表达交流能力。激发学生对科学实验的探究热情。

六、实验教学内容

实验教学流程图如图6所示：

（1）通过演示落磁实验引入新课，激发学生兴趣；
（2）教师开始进行实验探究演示，引导学生得出表格中第一列数据；
（3）学生进行小组探究实验，通过小组合作学习讨论得出楞次定律；
（4）通过楞次定律创新实验演示装置验证学生所得结论；
（5）给学生展示另一个改进的落磁实验装置，用已学知识来解释；
（6）利用电磁弹射装置解释科技中相关应用。

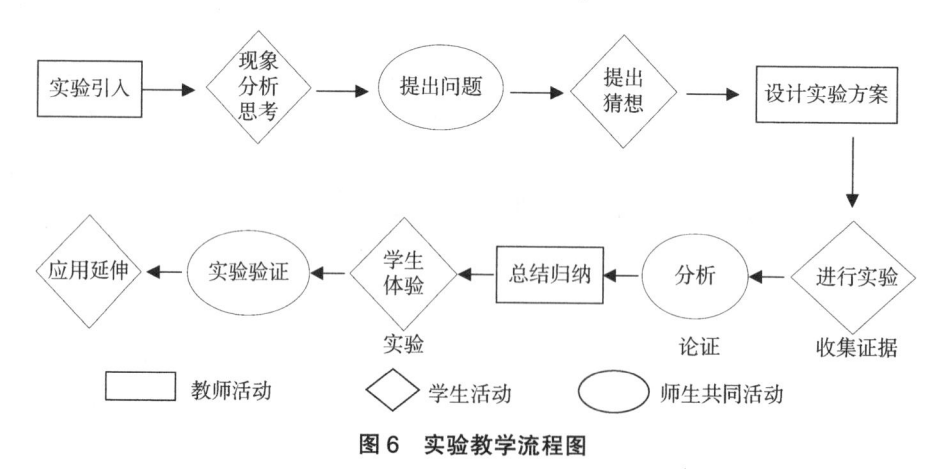

图6 实验教学流程图

七、实验教学过程

（一）模块一：实验引入新课

通过落磁实验以游戏的方式引入新课。邀请学生通过落磁实验装置（见图3）进行反应时间测试的游戏，引导学生观察实验现象，得出磁铁在铝管中下落更慢的结论。并让学生用带磁铁的塑料杆在铝管上下运动，体会塑料管所受到的阻碍作用。

（二）模块二：实验探索真知

通过楞次定律创新实验演示、小组合作得出楞次定律。

（1）老师演示探究过程。在课本的传统实验中，楞次定律的探究实验较为复杂。本节课将通过自制的楞次定律实验创新装置来进行探究。在实验中，首先演示给学生看，当用磁铁 N 极靠近线圈时，引导学生观察线圈的运动方向，会发现线圈远离。学生根据"同名磁极相互排斥，异名磁极相互吸引"，即可判断出靠近磁铁 N 极这边线圈可等效为 N 极，从而归纳磁通量增加时，线圈中感应电流所产生的磁场与原磁场的方向相反。

在实验操作的同时，引导学生将导学案表格中的第一列填好。

（2）学生小组合作学习，分成 10 个小组进行探究实验。学生开始进行楞次定律分组实验，合作探究。学生的分组实验装置（见图 7）是之前教师演示实验的缩小版。

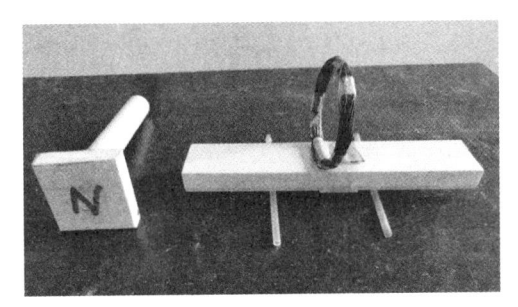

图 7　学生分组探究实验装置

当学生自主完成合作探究实验之后，将导学案上的表格填好（见表 1）。

表 1　导学案表格：探究感应电流的磁场与磁通量变化的关系

1	磁铁运动	N 极靠近线圈	N 极远离线圈	S 极靠近线圈	S 极远离线圈
2	线圈的运动				
3	线圈与磁铁相互作用（斥力/引力）				
4	标出线圈两端的 N 和 S 极	→---	←---	→---	←---
5	B_i 与 B_o 方向（相同/相反）				

续表

6	线圈内磁通量 Φ 的变化（增加/减少）				

（3）分析实验结果，得出结论。进一步分析感应电流磁场对磁通量的变化所起到的作用，可以得出结论：感应电流的磁场总要阻碍引起感应电流的磁通量的变化，这就是楞次定律。

（三）模块三：实验拓展应用

（1）通过楞次定律创新实验演示验证楞次定律。仍使用楞次定律创新实验装置（见图1），接通 LED 灯，让学生先根据楞次定律判断，当磁铁 N 极靠近时，LED 红灯和蓝灯哪个灯会亮？在学生判断完成之后，再用实验进行验证。学生通过分析、判断、观察，会发现实验的结果和用理论所判断的结果是完全一致的。以此完成对楞次定律实验的验证，加深对楞次定律的理解。

（2）通过落磁实验改进装置解释现象。提问学生，能否用已学知识来解释引入新课的落磁游戏？给学生展示另一个改进的落磁实验装置（见图4），当磁铁在铝管中下落时，线圈上的 LED 灯也被点亮，说明磁铁下落时线圈产生了感应电流。将铝管中的隐性电流转化为显性可观察，以理论解释物理现象，前后呼应。

（3）通过电磁弹射实验装置回归生活与科技应用。通过播放航空母舰上的飞机起飞视频，引出电磁弹射，再拿出自行制作的电磁弹射飞机模型（见图2）给学生进行演示，可以给学生带来强烈的视觉冲击和震撼，加深学生对本节课的印象。

八、实验效果评价

本节课先以生活实物引入新课，引起学生兴趣；再改进实验由教师演示，引导学生分析得出感应电流的磁场与磁通量变化之间的关系，以备学生自主实验探究时有方向可循；最后学生分组实验，师生互动探究得出结论。不仅体现了实验在物理学科中的重要作用，培养了学生实事求是、严谨的科学态度，还符合辩证法中"从实践中来，再回到实践中去"的认识规律，达到对学生的辩证唯物主义教育。

相比课本中的设计方案，本实验创新了实验设计、简化了探究过程、降低了学习难度，探究思路更加清晰，符合学生的认知规律。学生经历实验探究过程，体会学习的快乐，激发学习兴趣和求知欲。

通电导线在磁场中受到的力

南昌市第一中学 余梦瑶

一、使用教材

"通电导线在磁场中受到的力"是人教版高中《物理选修 3-1》第三章第四节的内容，本节课是学生在学习了磁场概念和基本特性等知识的基础上引入的。安培力是高考重点之一，同时为学习磁场对运动电荷的作用等后续知识做铺垫。因此本节内容在整章教材中起着承前启后的作用。

二、实验器材

（一）引入实验

A4 纸、铁架台、两个夹子、功率放大器、音乐学猫叫、喇叭、强磁铁、若干导线、手机转换器。

（二）学生实验

锡箔纸导体棒、锡箔纸、笔芯、导轨座、导线、滑动变阻器、学生电源、U 形磁铁（五组）、橡皮泥、三根吸管（五组）。

（三）探究实验

励磁线圈、力传感器、铁架台、标有角度刻度的转盘、实验电源、干电池、小强磁铁、铜丝线框。

三、实验创新要点

（1）安培力方向的确定：利用平板实物展台功能对小小电动机实验进行录像，探究实验让学生感受到安培力的方向会受到电流、磁场方向的控制。利用相机对学生实验进行实时直播，并在最后利用拍照功能，对比学生得出的探究安培力方向的实验报告单。通过三根不同颜色的吸管代表磁场、电流、安培力的方向，将吸管插进橡皮泥中得到安培力方向模型，并让学生发现按照不同的插法得到的安培力方向模型是一致的，由此让学生感受到三者方向之间的关系。让学生利用自己的身体或身边的事物总结出一条属于自己的三者方向关系的定则。利用学生总结得到的规律以及安培力方向模型引导学生得到左手定则。

（2）安培力的大小随导线与磁场夹角的变化关系：利用励磁线圈和 100 匝线框，结合传感器，通过转动励磁线圈改变磁场与线框夹角，并对应记录安培力大小的变化情况。绘制出曲线，通过猜想正弦函数并利用 Excel 计算检验出二者的关系。

四、实验原理/实验设计思路

在本章第二节"磁感应强度"中已经得出当电流和磁场方向相垂直时，安培力的大小为 $F=BIL$。而本节课的难点在于 $F=BIL\sin\theta$ 的得出。为此我设计了如下实验：励磁线圈通电后，根据右手螺旋定则，会产生一个与线圈平面相垂直的磁场。将励磁线圈放在一个标有角度刻度的转盘上。将自制 100 匝的线框挂在力传感器下方，并置于励磁线圈中，此时示数为零。

本实验充分利用了传感器的调零功能，且受力向下时示数为正，反之为负。故调零后的传感器示数可反映安培力的大小和方向。而指针所指的角度表示磁场与线框间的夹角大小，例如二者是相互垂直的，则指针所指角度大小应为 90°。接通电源，示数为正说明受到向下的安培力，由于励磁线圈外部磁场很弱，线框最上边导线所受安培力可忽略，而左右两边所受安培力相互抵销，因此传感器示数为线框最下边所受安培力的大小。转动励磁线圈改变线框与磁场间的夹角，并利用 Excel 表格记录下 7 个不同夹角所对应的安培力的大小，进行图像拟合后猜想二者可能是正弦函数关系。代入正弦函数进行检验，发现实验所得结果和猜测基本吻合。接着进行理论分析，若磁场与线框间夹角为 θ，对线框产生安培力的是与线框垂直部分的磁场。根据平行四边形定则，该部分的磁场大小为 $B\sin\theta$，则线框所受安培力为 $F=BIL\sin\theta$。

五、实验教学目标

（一）物理观念

（1）理解"磁场"这种物质对通电导线的作用力。

（2）学会运用左手定则判断安培力的方向。

（3）知道当电流的方向与磁场方向平行时，电流受到安培力最小，为零；当电流的方向与磁场方向垂直时，电流受到的安培力最大，为 BIL。

（4）会用 $F=BIL$ 计算匀强磁场中安培力的大小。

（二）科学思维

能够建立通电导线在磁场中受力作用的模型，能对通电直导线间的相互作用现象进行分析和推理，获得结论并作出解释；能够理解磁电式电流表的工作原理。

（三）实验探究

（1）探究安培力的方向与哪些因素有关，体会观察和记录实验要素。

（2）体验从实验现象中总结出规律的科学方法，培养学生总结归纳的能力。

(3) 通过探究实验方案，体会控制变量法的研究方法。

（四）科学态度与责任

(1) 了解安培力在生活中的应用，体会物理知识对社会发展的贡献。
(2) 通过探究学习使学生体验到探究自然规律的艰辛与喜悦。
(3) 培养学生用物理原理和研究方法解决实际问题的意识。

六、实验教学内容

实验教学内容如表 1 所示。

表 1 实验教学内容

教学环节	环节目标	教学内容	学生活动
演示实验：小小电动机	感受安培力的存在	手机通过纸喇叭上放出音乐	观察实验现象并思考为什么 A4 纸能振动
引入安培力，介绍探究安培力方向的仪器	了解实验器材，为接下来的实验做准备	了解安培力的方向，介绍探究安培力方向的实验器材	观察并了解实验器材，分清楚导轨座的前后左右
探究安培力的方向是否会受到电流、磁场方向的影响	让学生感受到安培力的存在，并发现安培力的方向与电流和磁场方向有关	引导学生猜想安培力的方向与哪些影响因素有关，进行探究实验，控制电流和磁场方向变化，引导学生观察安培力的方向是否改变	将接线柱反接改变电流方向，将 U 形磁铁倒置改变磁场方向
探究安培力与电流和磁场方向之间的关系	发现安培力的方向与电流和磁场方向存在的关系	让学生按照实验报告单依次改变电流和磁场的方向，观察导体棒运动的方向，记录安培力的方向，并画出模型俯视图	按照实验报告单中的要求依次控制好电流和磁场的方向，并记录安培力的方向，同时画出模型俯视图
得出三者方向规律	直观感受到三者方向的规律	引导学生利用不同种颜色的吸管代表各个物理量的方向，根据实验记录表的结果插吸管，得到安培力方向模型	按照不同的实验结果插吸管，并展示出自己得到的安培力方向模型
规律总结	总结一条属于学生自己的安培力方向定则	让学生都做一回科学家，利用自己的身体事物总结安培力方向定则	思考该利用什么事物表示这三个方向

续表

教学环节	环节目标	教学内容	学生活动
左手定则讲解及应用	让学生结合安培力方向模型讲解左手定则，并利用左手定则判断安培力的方向	结合安培力方向模型讲解左手定则，磁场穿过掌心，四指方向代表电流方向，大拇指的指向是磁场方向。让安培力方向模型中的蓝色吸管垂直指向掌心，黄色吸管和四指方向一致，让学生发现，此时红色吸管的指向和大拇指的指向是一致的	和老师一起伸出左手，并利用安培力方向模型验证左手定则的正确性
平行电流间的相互作用	观察实验现象后再思考两个导线同向相吸、反向相斥的原理	利用两根可以在衔接点自由旋转的铜棒。先通反向的电流，观察到两棒相吸的现象。让学生思考 A 棒向左运动的原因，结合右手定则判断 A 棒附近的磁场方向，再利用左手定则判断力的方向，并进一步让学生分析同向电流导体棒之间的相互作用会是什么样的	观察实验现象，先利用右手判断磁场方向，再利用左手定则判断受力方向
安培力的大小	结合磁感应强度的定义证明安培力大小与电流、磁场大小成正比，比例系数为磁感应强度。学会计算导线与磁场不垂直时安培力的大小	结合磁感应强度的定义证明安培力大小与电流、磁场大小成正比，比例系数为磁感应强度。由特殊到一般：当电流与磁场垂直时，安培力大小为 $F=BIL$；当电流与磁场平行时，安培力大小为 0；安培力与磁场夹 θ 角时，安培力大小为 $F=BIL\sin\theta$。进行定量探究实验，介绍自制实验器材，分析线框受力情况。从零度开始进行实验，记录 30°、60°、90°、120°、150°、180° 时安培力的大小，通过 Excel 表格画出图像，猜想并验证二者关系是正弦函数关系	观察并理解实验器材的工作原理，辅助老师记录数据。猜想图像对应的函数关系，最后通过理论验证结论的正确性
安培力的应用	思考改变小线框转动方向的方法，让学生了解生活中电力驱动的机械	回到课堂之初，揭秘纸喇叭的工作原理。展示后面粘贴的线圈，并让学生明白生活中的耳机、音响、喇叭都运用了安培力。展示自制的电磁小火车，让学生发现其工作原理。解释电流表的工作原理。展示电动机，让学生解释工作原理并作为礼物赠送给学生。安培力主要应用于各类电动机当中，让学生思考生活中哪些地方还有安培力。展示无人机，解释它前进后退的原理	观察纸喇叭的结构，思考电磁炮的工作原理，观察小小电动机并回答其工作原理。思考并回答生活中哪些地方还用到了安培力，观看无人机飞行，了解其原理

七、实验效果评价

（1）纸喇叭播放耳熟能详的音乐，提升对物理的亲切感，多感官参与，激发学生的求知欲。

（2）借助分组实验，为学生提供直观的实验器材，让学生参与讨论、探究。纠正了传统实验单一、现象不明显、不易探究等缺点。

（3）突破难点安培力大小 $F=ILB\sin\theta$，由定性变定量，可操作性强，准确度高，效果好。

（4）除了自制小小电动机以外，利用简单的器材就可以制作出磁力小火车，让学生感受到物理与生活实际的距离是如此之近。打开了学生的思维，提升了学生对安培力的认识。

（5）不足点：实验器材外观需进一步改进，数据采集稍显烦琐。

涡流、电磁阻尼和电磁驱动

西藏昌都市第三高级中学　淳敬松

一、使用教材

人教版高中《物理选修3-2》第四章第七节"涡流、电磁阻尼和电磁驱动"。

二、实验器材

两台电磁炉、铝板、火柴、锡箔纸、滴管；金属探测仪、可拆变压器铁芯；强磁铁、铁块、铜管；小车、倾斜轨道；自制带轴易拉罐。

三、实验创新要点/改进要点

（一）火柴自燃实验

传统教学中直接给出涡流的概念，非常抽象，我的设计思想是"化抽象为具体"。涡流的特征之一是热效应强，通过金属板中涡流生热使火柴点燃的过程体现涡流的存在及特征。有学生提出："电磁炉能否直接把火柴点燃呢?"为此，我设计了对比实验，把火柴直接放在电磁炉上做对比，火柴未被点燃，由此排除电磁炉点燃火柴的可能性。

（二）电磁阻尼实验

实验设计分成四步：观察现象、分组实验、理论分析和创新设计。

（1）观察现象：磁铁在铜管中下落，了解电磁阻尼。

（2）分组实验：感受磁铁与一元硬币在铝制轨道下滑过程中的电磁阻尼现象。

（3）理论分析：分析线框穿过有界磁场区域的受力情况，让学生从本质上认识电磁阻尼就是安培力阻碍导体运动的效果。

（4）创新设计：引导学生开拓创新，设计了电磁制动的模型。两个相同小车在相同铝制轨道下滑，一个小车带着磁铁。不带磁铁的小车下滑快一点，带磁铁小车在铝制轨道下滑有明显的减速过程。将所学知识应用于实际生活中，可利用该现象制作电磁制动，铝制轨道中涡流的电能也可以收集起来再利用。

（三）电磁驱动实验

仍然采用对比法，让学生感受安培力的驱动效果可以使易拉罐转起来。创新设计：根据电磁驱动原理，可以制作速度计。

四、实验原理/实验设计思路

（1）处在变化的磁场中的金属中会产生涡流，但是直接观察比较困难。所以我设计了"火柴自燃实验"，既体现了涡流的存在，也验证了热效应强的特征。

（2）磁铁与铜管出现相对运动时，铜管中产生涡流，阻碍磁铁的相对运动。所以，设计了让磁铁在铜管中下落的实验。在这个过程中磁铁与铜管间有安培力的作用，阻碍相对运动，即电磁阻尼。

（3）为了使电磁驱动实验现象更明显，使用磁铁相对易拉罐运动，易拉罐由静止开始运动，来展示电磁驱动现象。

五、实验教学目标

（一）物理观念

（1）知道涡流是如何产生的。

（2）了解涡流对我们有利和不利的两方面，以及如何利用和防止涡流。

（3）知道电磁阻尼和电磁驱动，能分析实例。

（二）科学思维、科学探究

（1）用新奇小实验引入新课，激发学生的求知欲。

（2）通过演示"火柴自燃""用磁铁和铜管演示电磁阻尼""用磁铁易拉罐演示电磁驱动"等实验，让学生体会物理学常用的方法和思想：对比法、控制变量法及对称思想。

（3）通过"小车穿过铝制轨道制动"实验，进一步让学生体会科学探究的步骤和方法。

（三）科学态度与责任

（1）通过演示实验和对实验的分析，培养学生的观察和推理能力。

（2）通过举例说明涡流的利用和防止，电磁阻尼和电磁驱动是安培力的两个方面，从而引导学生辩证地看待问题。

（3）学生在体验探究实验的过程中，感悟科学思想，培养科学精神，增强科学责任感。

六、实验教学内容

（1）处在变化的磁场中的金属内部会出现涡流，由于金属电阻较小，涡流的热效应很强。涡流的利用很广泛，包括真空冶炼炉、金属探测器等。当然，有时又要防止涡流，例如变压器工作时铁芯生热越少越好。

（2）传统教学直接分析磁电式电流表的原理，难度比较大，所以我设计了观察、感受、理论分析和创新设计四步走的教学过程来认识电磁阻尼。这样可以由易到难，帮助学生理解电磁阻尼的原理。

（3）电磁驱动是安培力的另一种作用效果。所以在电磁阻尼之后，直接观察实验，分析原理就可以了。

（4）电磁阻尼和电磁驱动本质是安培力的两种表现形式。

七、实验教学过程

（一）课堂导入

为了激发学生兴趣，设计了一个引入实验"将锡箔纸放在工作的电磁炉上"，学生会观察到锡箔纸会上下跳动。通过这个实验，引入涡流的概念。

（二）涡流

（1）火柴自燃实验。将两组火柴（三根）分别放到完全相同的两个接通电源正常工作状态的电磁炉上。一台电磁炉上放置一块金属板，火柴放在金属板上；另一组火柴直接放在电磁炉上。由于涡流的作用，放置在金属板上的火柴自动点燃了，事后再往金属板上滴几滴水，发现有水蒸气出现，由此可判定金属板温度很高。

（2）介绍涡流在生产生活中的利用以及防止。

（三）电磁阻尼

（1）观察实验：磁铁在铜管中的下落过程非常缓慢。翻转铜管，磁铁可以跟随不落到桌面上。

（2）分组实验，合作学习：磁铁与铁块同时沿相同铝质轨道由静止释放，下滑过程对比非常明显，磁铁下滑比铁块慢很多。磁铁的底部与铁块的底部都贴有相同的纸，保证了下滑过程动摩擦因数相同。所以磁铁下滑慢就是由于电磁阻尼的影响。

（3）理论分析，追根究底：分析线框穿过有界磁场区域受力情况，让学生从本质上认识电磁阻尼。

（4）创新设计，电磁制动：两个相同小车在相同铝制轨道下滑，一个小车带着磁铁，另一个小车不带磁铁。不带磁铁的小车下滑快一点，带磁铁小车下滑明显慢一点，基本达到匀速下滑。以上实验证明电磁制动完全可行。而且，铝制轨道中产生的涡流还可以回收再利用，减少能量损耗。

（四）电磁驱动

将中间有轴的易拉罐竖直放置，手持铁块靠近易拉罐并转动，易拉罐不动。换用磁铁重复，易拉罐跟随磁铁转动起来，这就是电磁驱动。

创新设计，可以应用到生活中，制作速度计。

八、实验效果评价

本节课的实验设计有四个层次，分别是观察、感受、探究、开拓创新寻求技术应用。实验教学设计采用了对比法、控制变量法，例如涡流部分"火柴自燃实验"中的电磁炉打开的功率完全相同；电磁阻尼部分磁铁与铁块通过贴纸使动摩擦因数相同，以及相同倾角、相同材质的轨道，同时由静止释放等条件的控制；还有电磁驱动部分，铁块和磁铁分别带动同一个易拉罐等。

实验教学的设计符合新课标提出的 STS（科学 Science、技术 Technology、社会 Society）理论。以学生为本，以实验为载体，培养学生的科学素养以及创新能力。

引导学生辩证地看待问题。例如，涡流既可利用也要防止，电磁阻尼和电磁驱动是安培力的两种作用效果等。

光电效应的实验规律

福建师范大学附属中学　汤可钦

一、使用教材

人教版高中《物理选修3-5》。

二、实验器材

自制教学仪器"光电效应规律演示仪"（见图1），具体元器件有：光电管（GD-28、GD-21）、开关电源、电位器、数显直流电压表头、数显直流电流表头、直流可调数控降压电源模块、LED纯彩光源、带有可调通光孔径转盘的遮光罩等。

分组探究实验：太阳能滴胶板、指针式电压表、导线、各种光源（学生自备）。

其他：电脑（可供放像、课件播放等）、手机（用于投影直播）。

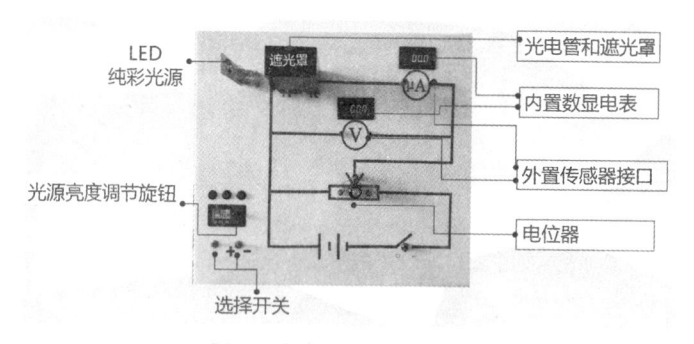

图1　光电效应规律演示仪

三、实验不足与改进

（一）不足

（1）数字电表的屏幕偏小。

（2）暂时未能定量研究遏止电压和入射光频率的关系。

（二）改进

（1）用自制教具将教材的理论用实验呈现，能定量、直观、方便地探究光电效应规律。

（2）装置实现定量演示 I-U_{AK} 图像（光电流与正向电压）、I_m（饱和光电流）、I_m-$\emptyset$（饱和光电流与入射光强）的关系。其中设计通过改变遮光罩光孔面积，实现对光强的半定量控制。

通过图像对比让学生知道光电效应中存在饱和电流、遏止电压以及相关规律，同时也为分析最大初动能问题提供了基础。

（3）设计拓展实验：换用不同材料的光电管，探究阴极材料的逸出功。

（4）分组探究太阳能滴胶板的性能，体会光电效应在生活中的应用，培养科学探究和创新精神。

四、实验原理/设计思路

（1）用单色光波长范围很窄的 LED 光源，改变入射光频率，实现演示极限频率，产生"光电效应"的条件（以往课本实验只有紫外光、白炽灯光两种频率）。

（2）在光电管两端加上直流稳压电路，发生光电效应后，通过改变电路中电位器的接入电阻演示光电流 I 和正向电压 U_{AK} 的关系；演示饱和光电流 I_m。

（3）设计可变通光孔面积的遮光罩，控制入射光光强的大小，快捷演示饱和光电流 I_m 与入射光强 $\varnothing$ 的关系。

（4）改变电路中电流方向，调节电位器的接入电阻演示遏止电压 U_c。

（5）分组探究太阳能滴胶板的性能。

五、教学目标及重难点

（一）教学目标

（1）物理观念：通过光电效应实验，了解并识别光电效应现象，掌握光电效应现象产生的条件和规律。

（2）科学思维：用所学的知识设计实验研究极限频率，探究影响光电流大小的因素。通过观察到的现象，分析频率一定光强越强光电流越大的原因、出现饱和电流的原因，解释为什么遏止电压与光强无关只与频率有关。

（3）实验探究：利用"光电效应规律演示仪"体验探究光电效应规律的过程，记录数据，分析数据，得出结论提高学生的实验探究能力。

（4）科学态度与责任：从认识光电效应现象到实验归纳总结出物理规律并加以运用，体验自然规律探究的艰辛、喜悦与方法。课堂最后通过介绍我国太阳能产业的发展，提升学生的民族自豪感。分组探究太阳能滴胶板的性能，提高学生对科学探究的兴趣，提升科学态度与责任。

（二）教学重点和难点

（1）重点：光电效应实验规律的理解。

（2）难点：饱和光电流、遏止电压等概念的建立和理解。

六、教学内容

光电效应的实验规律、理论解释。

七、教学过程

（一）上节回顾

（1）光电效应：在光的照射下电子从物体表面逸出的现象。光电子：光电效应中逸出的电子。

（2）实验规律：①存在截止频率 ν_c：对于每种金属材料，都相应地有一确定的截止频率 ν_c。当入射光频率 $\nu > \nu_c$ 时，电子才能逸出金属表面；当入射光频率 $\nu = \nu_c$ 时，恰好发生光电效应；②光电效应有瞬时性，从光开始照射到光电子逸出所需时间小于 10^{-9}s。

（3）光子假说：在空间传播的光不是连续的，而是一份一份的，每一份叫作一个光量子，简称光子。光子的能量为 $E = h\nu$。

逸出功 W_0：使电子脱离某种金属所做功的最小值，$W_0 = h\nu_c$。

（4）光电流的意义：可以用来表征单位时间到达阳极的光电子个数。

（二）实验设计：如何控制光电流的大小

（1）用光电管获得尽可能大的光电流。

学生猜想：改变入射光频率、光强等，进而提出需要可变色的光源来改变入射光的频率。

由于光强的概念在课本中没有明确指出，参考大学的光学课本，明确光电效应实验中的光强指的是光电管阴极的面积不变时单位时间到达阴极的光子总能量，即 $nh\nu$，其中 n 表示单位时间到达阴极的总光子数。那么光强有两种控制方式。方式一：通光孔大小一定，入射光频率一定，通过调节光源电压来定性的控制光强。方式二：入射光频率一定，光源电压一定，改变遮光罩（见图2）通光孔的面积来半定量控制光强（通光孔面积与光强成正比）。

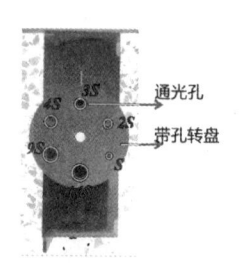

图2 遮光罩结构

实验演示：

1) 未加电压：

①红光照射：光电流为0（说明没有光电子到达阳极），增大光强，光电流仍然为0。结论：存在截止频率，红光的频率小于截止频率。

②绿光照射：马上有电流值。结论：光电效应有瞬时性。

换蓝光，光电流怎么变？（全班都认为要变大）

③蓝光照射：光电流反而变小了。结论：增大入射光的频率不一定能使光电流变大，只能说对光电流有影响。

④控制入射光的频率（蓝光）一定，增大光强。结论：实验证明，入射光的频率一定，光强越大，光电流越大，说明有越多的光电子逸出。

⑤追加任务：如果控制频率和光强都不变，如何增大光电流？学生自行分析需要加电场，并设计实验电路。

2) 加正向电压：换示教板电路，控制入射光的频率（蓝光）不变，分别用 S、$2S$、$3S$、$4S$ 通光孔面积控制光强，即光强比为 1：2：3：4。记录光电流随外加正向电压的变化情况，并作 I–U 图像（见图3）及饱和光电流 I_m 与入射光强 $\emptyset$ 的关系图像（见图4）。

结论：①入射光频率一定，光电流较小时，电压越大，光电流越大。当光电流较大时，增大电压，电流几乎不变，趋于一个饱和值，即光电效应存在饱和电流，光强越强饱和电流越大。②饱和电流值与光强成正比，验证了光子说。

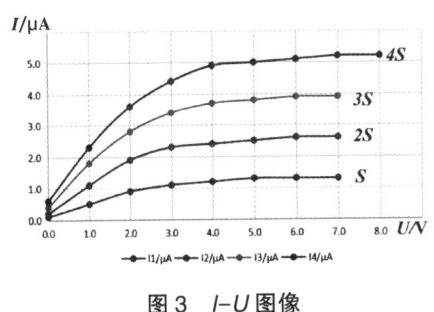

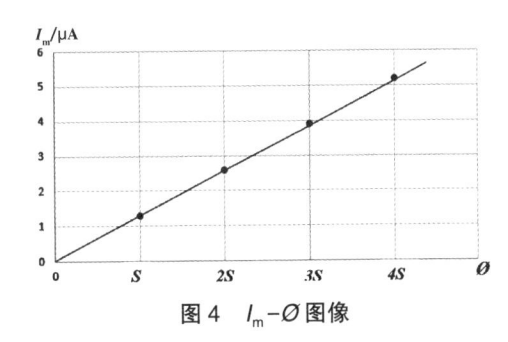

图3 I–U 图像

图4 I_m–$\emptyset$ 图像

(2) 如何让光电流减小为0？

加反向电压：控制蓝光频率和通光孔孔径不变，加反向电压到一定值时，电流恰好为0，这个电压称为遏止电压。增大孔径，遏止电压不变；改用绿光，遏止电压减小。

结论：存在遏止电压，遏止电压与光强无关，只与频率有关。

实验结束后学生推导：$\frac{1}{2}m_e v_c^2 = eU_c$。

（三）光电效应方程

学生自行分析推导光电效应方程：

$$h\nu = E_K + W_0$$

拓展实验：换用 GD-21 光电管再次寻找蓝光的遏止电压，发现遏止电压值变大。

频率相同的蓝光照射 GD-21 与 GD-28 光电管，GD-21 光电管的反向遏止电压更大，说明其逸出光电子的最大初动能更大，其阴极材料逸出功较 GD-28 要小。

（四）光电效应的应用

（1）分别介绍外光电效应和内光电效应及其应用。

（2）分组实验：用太阳能滴胶板获得 6V 及以上电压。

八、研究的误差分析

（1）光电管性能造成的误差。

1）暗电流和本底电流。当光电管阴极没有受到光线照射时也会产生电子流，称为暗电流，它是由电子的热运动和光电管管壳漏电等原因造成的。室内各种漫反射光射入光电管造成的光电流称为本底电流。暗电流和本底电流随着 K、A 之间电压大小变化而变化。

2）阳极电流。制作光电管阴极时，阳极上也会被溅射有阴极材料，所以光入射到阳极上或由阴极反射到阳极上，阳极上也有光电子发射，就形成阳极电流。

3）环境的光照、温度、湿度等对光电管的影响，如光电管长时间加正向电压或是强光照射，光电管灵敏度会降低，从而影响实验的结果。

（2）数显电表本身的系统误差及其精度带来的误差。

九、效果评价

"光电效应"是高中学生学习量子理论的入门知识，学生对其现象及原理不容易理解。本课教学设计紧紧围绕"如何控制光电管的光电流"这个问题，利用自制教具"光电效应规律演示仪"，直观、定量、方便地再现光电效应，演示过程引导学生对现象进行观察、分析、总结，得出并掌握光电效应的规律。在教学过程中，培养了学生的科学探究能力和综合分析能力，让学生体会到科学探究的严谨与有趣。最后，光电效应的应用不是简单的口头介绍，而是让学生分组探究太阳能滴胶板的性能，体会科学探究的乐趣，提升科学态度与责任。

第七届全国中小学实验教学

说课活动优秀作品集

（下册）

中国教育装备行业协会 编

知识产权出版社
全国百佳图书出版单位
——北京——

图书在版编目（CIP）数据

第七届全国中小学实验教学说课活动优秀作品集/中国教育装备行业协会编. —北京：知识产权出版社，2020.10（2021.3 重印）

ISBN 978-7-5130-7128-4

Ⅰ.①第… Ⅱ.①中… Ⅲ.①说课—课堂教学—教学研究—中小学 Ⅳ.①G632.421

中国版本图书馆 CIP 数据核字（2020）第 157122 号

责任编辑：石陇辉　　　　　　　　　　责任校对：谷　洋
封面设计：智兴设计室·任册　　　　　责任印制：刘译文

第七届全国中小学实验教学说课活动优秀作品集（下册）
中国教育装备行业协会　编

出版发行：知识产权出版社有限责任公司	网　　址：http://www.ipph.cn
社　　址：北京市海淀区气象路 50 号院	邮　　编：100081
责编电话：010-82000860 转 8175	责编邮箱：shilonghui@cnipr.com
发行电话：010-82000860 转 8101/8102	发行传真：010-82000893/82005070/82000270
印　　刷：三河市国英印务有限公司	经　　销：各大网上书店、新华书店及相关专业书店
开　　本：720mm×1000mm　1/16	印　　张：54.75
版　　次：2020 年 10 月第 1 版	印　　次：2021 年 3 月第 2 次印刷
字　　数：920 千字	定　　价：199.00 元（上、下册）
ISBN 978-7-5130-7128-4	

出版权专有　侵权必究
如有印装质量问题，本社负责调换。

目 录

第四部分 中学化学

▶初中化学

对人体吸入空气和呼出气体的探究 …………………………………… 陈新苗 / 433

影响二氧化碳溶解因素的实验探究 …………………………………… 卞阳阳 / 437

神奇的魔法师
　——氧气 ……………………………………………………………… 华珍 / 441

氧气的性质 ……………………………………………………………… 王海生 / 445

物质在氧气中燃烧实验改进 …………………………………………… 晏光明 / 452

氢气性质的实验探究 …………………………………………………… 薛菲 / 456

自创固液气体发生装置 ………………………………………………… 王举 / 463

一氧化碳还原氧化铜 ………………………………… 王权　陈宇　宁晓强 / 466

项目化学习
　——粉尘爆炸实验装置的改进 ……………………………………… 周兵 / 471

探究铁制品锈蚀的条件 ………………………………………………… 陈桑尼 / 475

探究物质是否反应的依据
　——以二氧化碳与氢氧化钠的反应为例 …………………………… 陈智红 / 480

氢氧化钠化学性质的实验创新研究 ………… 袁敏　董舒　陈琼　秦仁喜 / 483

家庭实验
　——补钙剂中含钙量的测定 ………………………………… 王媛媛　程静芳 / 489

· 1 ·

研究性学习
　　——海水制碱再探 ………………………………………… 范亚男 / 492
神奇的鸡蛋
　　——用鸡蛋实验完成的化学知识复习 …………………… 钟红英 / 498

▶ **高中化学**

幻彩实验
　　——项目式合作学习之电解原理的探究 …………………… 王倩 / 502
电解池的微型实验设计
　　——从电解食盐水到氯碱工业 …………………………… 赵雅萍 / 508
双液原电池盐桥的实验改进 ……………………………………… 杜爱萍 / 512
铁与水蒸气反应的创新实验 ……………………………………… 伍强 / 520
数码成像比色法测定补血剂中铁元素含量的实验研究 ………… 韩晶晶 / 525
探究过氧化钠与二氧化硫的反应 ………………………………… 马超 / 532
基于色度计探究碳酸钠与盐酸反应机理 ………… 许可　谭强　毛远明 / 536
碳酸钠与盐酸互滴实验中"异常"现象的探析 ………………… 李凤 / 544
探究加热碳酸氢钠溶液 pH 的变化 ……………… 吕旭东　鹿杰　林森 / 549
氯化铵受热分解实验的探究与改进 ……………………… 梁亚杰　任红雷 / 553
数字化实验破解电化学腐蚀疑惑 ………………………………… 施志斌 / 556
基于数字化实验对金属电化学腐蚀的研究 ……………… 李鼎　江薇 / 563
从焰色反应到察"焰"观色 …………………………………… 曾显林 / 569
3V 形玻璃导管在化学实验中的应用 …………………………… 梅颖 / 576
横看成岭侧成峰
　　——银镜反应的再探究 …………………………… 吴敏　杨国东 / 582
基于真实情境和数字技术的平衡移动创新实验设计 ………… 曾文静 / 589
乙酸乙酯使含酚酞的氢氧化钠溶液褪色原因实验探究
　　…………………………………………… 李伟伟　于晖　冯月新 / 594
乙酸乙酯的制备 …………………………………………………… 代红琼 / 600
制乙烯实验装置的创新设计及催化剂探究 ……………………… 熊薇露 / 605
烷烃的性质 ………………………………………………………… 杨松林 / 610

乙醇催化氧化及产物性质的实验探究与改进 …………………………… 袁清磊／616
石油分馏 ………………………………………………………………… 梁晟斌／620

第五部分　中学生物

▶初中生物

蒸腾作用 …………………………………………………………………… 尤东胤／629
绿色植物的呼吸作用实验改进 …………………………………………… 容妙娜／635
探究蚂蚁"出逃"行为 …………………………………………………… 崔婧／648
鱼类的生殖和发育 ………………………………………………………… 张英欢／655
小鼠寻穴避害学习行为的探究 ………………………… 黄灵玥　叶培毅／661
生物实验"奇兵"
　　——斑马鱼 …………………………………………………… 颛孙晨灿／667
测定某种食物中的能量 …………………………………………………… 单东雪／677
单细胞生物 ………………………………………………………………… 王思懿／682
单细胞生物
　　——草履虫的观察实验 …………………………………… 周宇阳／686
STEM理念在初中生物实验课堂中的探索
　　——探究水华现象的成因 ………………………………………… 杨裴／693
开展STEAM融合生物学教学
　　——模拟探究吸烟的危害 ………………………………………… 李佳／699
单人徒手心肺复苏实践探究 ……………………………………………… 吴建军／705
探究血管出血时的止血部位 ……………………………………………… 薛军／710
血液循环的途径 ………………………………………… 朱樱桃　赵元蛟／716
血液循环 …………………………………………………………………… 甘丽娟／724

▶高中生物

探究影响光合作用的因素 ………………………… 汪婷婷　戴赟　黄建书／728
探究环境因素对光合作用的影响 ………………………………………… 次仁拉姆／737
绿叶中色素的提取和吸光性探究 ………………………………………… 李智芹／741

自制光谱仪观察叶绿素、类胡萝卜素的吸收光谱 …………………………… 金岚 / 745
果醋的制作 ……………………………………………………………………… 吴玉婷 / 751
酵母细胞的固定化 ……………………………………………………………… 王万雷 / 759
酵母细胞的固定化及其应用 …………………………………………………… 张瑶 / 766
探究酵母菌呼吸作用的方法 …………………………………………………… 韩婧娴 / 768
探究酵母菌细胞呼吸的方式 …………………………………………………… 徐佳 / 775
植物细胞的吸水与失水实验 …………………………………………………… 鲍晓云 / 783
探究植物细胞的吸水和失水 …………………………………………………… 毕晓静 / 789
探究 pH 对酶活性影响的实验创新与实践 …………………………………… 潘婷婷 / 794
STEM 理念下酶的高效性实验的创新与改进 ………………………………… 杨江 / 801
利用 PCR 和电泳技术检测食品中的动物源性成分 ………………………… 周祯婷 / 813
PCR 获取并扩增目的基因及电泳检测 ………………………………………… 李嘉玮 / 820
用基因工程技术进行环境监测的实验设计 …………………………………… 郭婷 / 826
DNA 的提取与鉴定实验的改进与探究 ………………………………………… 刘付香 / 834
不同生物组织中 DNA 粗提取与鉴定方法比较 ………………………………… 李艳秀 / 839
利用自制实验装置模拟探究膜的透性 ………………………………………… 林芳 / 844

附录　第七届全国中小学实验教学说课活动优秀作品名单 …………………………… 854

第四部分

中学化学

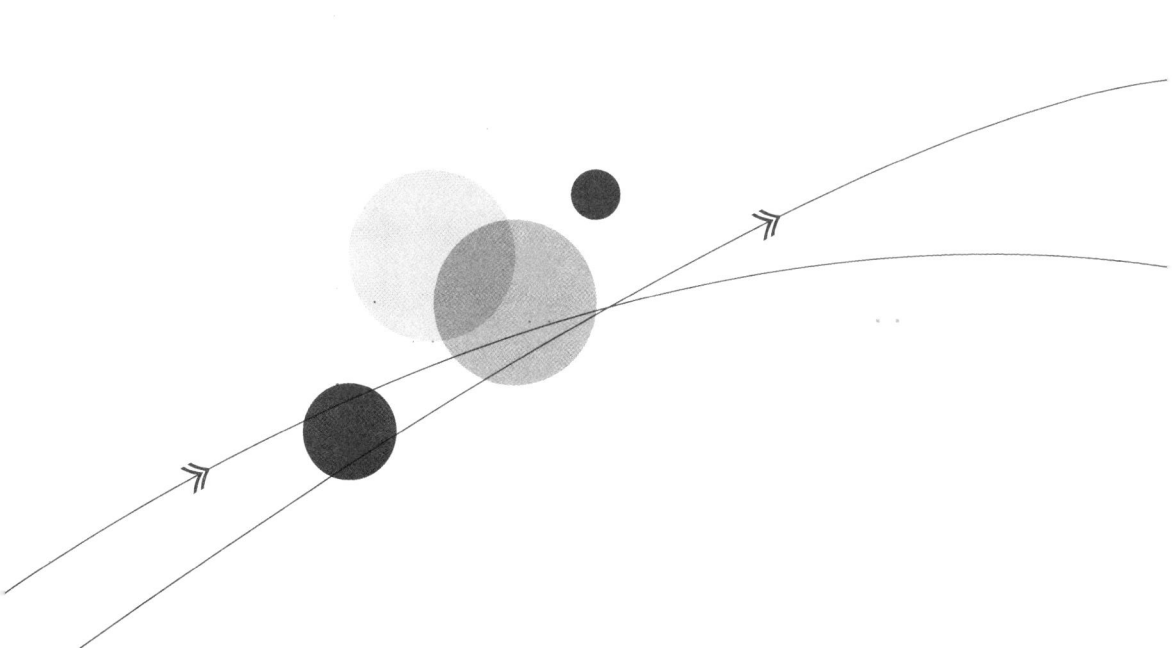

▶ 初中化学

对人体吸入空气和呼出气体的探究

昌黎县第五中学　陈新苗

一、使用教材

人教版《化学》九年级上册第一单元"走进化学世界"课题二的第二课时"对人体吸入空气和呼出气体的探究"。

二、实验器材

（1）问题一：集气瓶、水槽、塑料袋、吸管、橡皮筋。

（2）问题二：火柴、木条、镊子、塑料瓶、蜡烛、集气瓶、塑料袋。

（3）问题三：注射器、胶头滴管、集气瓶、小烧杯、大试剂瓶、塑料袋、吸管、打气筒。

（4）问题四：塑料袋、表面皿、塑料瓶、玻璃管。

三、实验创新要点

（1）在收集呼出的气体时，使用了塑料袋法、排空气法等多种方法。在比较收集方法的优劣时使用了数字化传感器，完善学生认知的多维视角。

（2）在比较两种气体中氧气含量时，用塑料袋法收集气体。利用两个矿泉水瓶和塑料袋形成较密闭的空间，避免外界气体的干扰，减少变量。利用身边随手可得的器材进行实验，操作简单，现象明显。

（3）在比较两种气体中二氧化碳含量时，提供注射器等实验器材，让学生自行设计创新实验方案。并根据学生思路设计利用压强原理的同时并等量贮气的装置。

（4）在比较两种气体中水蒸气含量时，采用了无水硫酸铜粉末，用塑料胶带粘取薄薄一层，增大与气体的接触面积。用时较短，颜色变化明显。

四、设计思路

以对人体吸入空气与呼出气体的研究过程为主线，以问题驱动为方法，以学生活动为主体，以创新实验教学为手段，构建以科学探究一般思路的形成为目标的一种教学思路。

五、实验教学目标

（1）探究吸入空气和呼出气体各成分的含量。
（2）认识科学探究的一般过程和方法，会进行初步的探究活动。
（3）对比及控制变量的化学思维得到启发。
（4）体会严谨的科学精神，激发探究实验的兴趣。

六、实验教学内容

遵循科学探究的一般步骤。重点介绍制订计划和创新实验部分。

七、实验教学过程

（一）如何收集呼出的气体

除了教材中排水集气法所用的器材外，我还提供了塑料袋、塑料吸管等实验器材。经过讨论，学生们设计了多种方法收集呼出的气体，如排水法收集（见图1）、吹塑料袋法收集（见图2）、排空气法收集（见图3）等。

图1 排水法收集　　　图2 吹塑料袋法收集　　　图3 排空气法收集

这些收集方法各有什么利弊呢？经讨论，学生们认为用排水法收集很容易观察是否已收集满，但是操作较烦琐。吹塑料袋收集器材简单易得，并且收集的都是呼出的气体。排空气法操作简单，但不能保证空气排干净。综上所述，学生认为吹塑料袋法收集为最优方案。为了验证这一结论，教师组织学生用二氧化碳传感器分别对每种收集方法收集到的呼出气体进行检测，发现用吹塑料袋法收集的呼出气体中二氧化碳的含量最接近向探头直接吹气的二氧化碳含量。通过这一实验及之后的讨论评价，活跃了学生的思维，完善了学生认知的多维视角，并为以后的探究打下基础。

（二）两种气体中氧气含量有什么不同

学生在做教材中的实验探究，即将两根相同的燃着木条深入两种气体中时，有的小组观察到在呼出气体中燃着的木条先熄灭，有的小组观察到两根木条同时熄灭。同学们分析原因可能是木条粗细不同、燃烧情况不同、深入集气瓶的高度或深入的时间不一致导致的。通过这个过程，学生们体会到了对比及控制变量的思维。同时提出自己的创新实验。先用塑料袋法收集等量的两种气体。准备塑料瓶的上半部分，用橡胶皮筋将塑料袋固定在塑料瓶的底部。从塑料瓶口部吹气，再次在同一位置进行固定，并修剪掉多余的塑料袋。利用该方法收集两瓶呼出的气体（见图4）。然后再探究两种气体中氧气含量有什么不同（见图5）。将收集两种不同气体的塑料瓶同时扣在两个相同的燃着的蜡烛上方，观察到在呼出气体中的蜡烛首先熄灭。为了使实验更严谨，我们将蜡烛调转方向，重复实验操作，仍旧观察到在呼出气体中的蜡烛首先熄灭。在该创新实验中，我创造了一个较密闭的系统以排除外界环境的干扰，操作简单且现象明显。

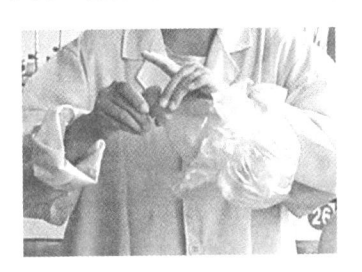

图4 收集呼出的气体

图5 探究不同气体氧气含量

（三）两种气体中二氧化碳含量有什么不同

教师首先提出方案：向在空气中放置一段时间的澄清石灰水中通入呼出气体，然后观察浑浊变化情况，这一方案可行吗？经过上一问题的探究，同学们马上回答不可以，因为没有控制两种气体与澄清石灰水接触的量。这时教师给出注射器等实验器材，请同学们自行设计实验方案。学生已经有了对比意识，不但设计出了教材上的实验，更令人惊喜地设计了创新方案，即用注射器取等量的不同气体，将其缓慢注入少量相同体积的澄清石灰水中观察现象，发现呼出的气体使澄清石灰水更浑浊。用注射器先抽取等量的澄清石灰水，再分别抽取等量的两种气体，振荡，观察到抽取呼出气体的注射器中澄清石灰水更浑浊。

新方案的产生是课堂上师生交流与互动的产物，预设加生成是促进学生发展的重要途径。在设计实验过程中学生提出想法：能不能同时收集两种等量的气体，使之与澄清石灰水反应呢？根据这一思路，我们设计了创新实验方案（见图6）。从右侧的吸管吹气，右侧试管和右侧试剂瓶的塑料袋中盛装的是呼出的气体。左侧试管和左

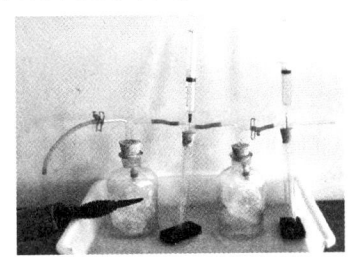

图6 探究不同气体二氧化碳含量创新实验方案

侧试剂瓶中盛装的是空气，向两个试管中同时注入等量的澄清石灰水。从左侧用打气筒打气，使等量的两种气体同时注入澄清石灰水中。观察到，注入呼出气体的澄清石灰水更浑浊。

（四）两种气体中水蒸气的含量有什么不同

学生们通过前三个任务的学习，已经懂得用控制变量法来解决问题。为此，他们很快地分析出教材中向玻璃片上哈气这一实验设计存在的问题：气体温度不同，气体运动速率不同导致与玻璃片接触的面积不同，没有很好地控制变量。这时，我向学生们提供了遇水能变成蓝色的无水硫酸铜白色粉末。学生们很快给出实验方案，把两份相同的无水硫酸铜粉末放入分别盛有两种气体的两个相同塑料袋中，一段时间后，观察到呼出气体中的无水硫酸铜粉末先变成蓝色。在实际操作过程中，我们发现粉末先从边缘较薄的地方首先变蓝，整体变色时间较长。学生提出意见，可不可以将无水硫酸铜粉末变得更薄一些。根据这一思路，我改进了实验方案（见图7），将塑料胶带固定在塑料瓶的外围，卷成卷状，粘取一层薄薄的无水硫酸铜粉末，用相同的塑料袋罩起来，鼓入两种气体。该创新实验增大了粉末与气体的接触面积，缩短了变色时间，对比非常明显。

图7 探究不同气体中水蒸气含量改进后的实验装置

八、实验效果评价

在"问题—探究—建构"的教学模式下，教师从问题入手，学生为解决问题所进行的实验分析和创新设计过程中，逐步经历了"体验控制变量—运用控制变量—评价控制变量"的由低到高的科学方法发展过程，符合学生的认知发展规律，较好地突破了本节课的教学难点。并在整个过程中建构了科学探究的一般步骤和方法，落实学习目标。在问题1中运用了传感器这一现代技术手段，使定性实验延伸为定量探究，完善学生认知的多维视角。并利用身边随手可得的物品进行实验，拉近化学与生活的联系，增强学生学习化学的兴趣。学生除了体会到实验成功的喜悦外，还明白科学探究要有严谨的科学精神，希望学生们提高对自己的要求，在化学实验的路上走得更远。

影响二氧化碳溶解因素的实验探究

合肥市第四十八中学　卞阳阳

一、使用教材

人教版《化学》九年级下册第九单元课题二"溶解度"。

二、实验器材

药品：雪碧、热水、冰水、澄清石灰水、苯、酒精、盐酸、饱和碳酸氢钠溶液、氢氧化钠、硝酸银。

仪器：烧杯、具支试管、注射器、平底烧瓶、压强传感器、Labquest Mini 数据采集器、电脑采集数据用软件 Logger Pro 3.8.7。

三、实验创新要点

（一）实验引入

通过"摇雪碧，出现大量气泡"导入课题，从而提出问题："大量的二氧化碳怎样溶解在雪碧中，哪些因素会影响二氧化碳的溶解"，激发学习兴趣，引发思考。

（二）创新实验探究

教材中以两个生活实例说明温度和压强对气体溶解度大小的影响，但没有通过实验说明，学生不易理解。基于此，在教学过程中引导学生设计了如图1所示的实验装置，通过实验探究温度、压强对二氧化碳溶解的影响。

温度对 CO_2 溶解影响装置　　　　压强对 CO_2 溶解影响装置

图1　实验装置

（三）数字实验定量探究，建构模型

利用数字实验探究不同溶剂、酸碱性对二氧化碳溶解的影响，实验装置如图2所示。通过对数字实验的再探究，帮助学生建构影响二氧化碳溶解因素的模型。

不同溶剂对 CO_2 溶解影响实验装置　　　酸碱性对 CO_2 溶解影响实验装置

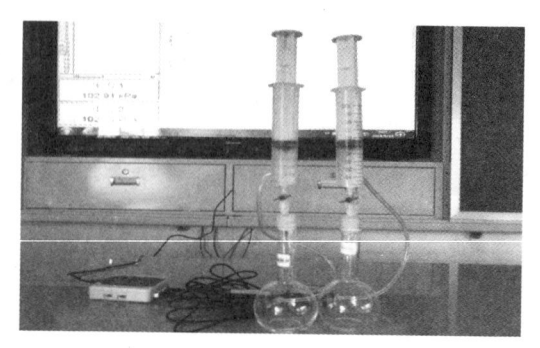

图2　数字实验探究实验装置

四、实验设计思路

溶液是九年级化学教学的重要内容之一，由于大量的化学反应都是在溶液中进行的，因此溶液的相关知识、后续课程的学习和化学学科素养的形成有直接关系，而在实际教学中学生真正理解较为困难的是影响气体溶解度的因素。教材中关于气体溶解度只是简单指出概念，通过生活实例讲解其影响因素，不够直观形象。通过创设具体的实验情境，让学生在探究中观察到气体溶解度受温度、压强的影响，体验了科学探究的过程，增强了教学效果。

五、实验教学目标

基于教材、学情及课程标准的要求，我确定了如下教学目标：

（1）通过"宏观""微观""曲线"多重表征，建构影响气体溶解度因素知识模型。

（2）通过实验探究，提高学生在对比实验中应用控制变量法的能力，养成严谨求实的科学态度。

（3）通过观察实验现象，体验化学变化之美，增强学生学习化学的兴趣。

六、实验内容

本节实验课由"摇雪碧产生大量气泡"实验引入，引发学生对影响二氧化碳溶解因素的思考。设计对比实验，探究温度和压强对气体溶解度的影响。再通

过数字实验，从曲线分析中得出结论，建构知识模型。

七、实验教学过程

本节课为避免传统气体溶解度课堂中一味灌输概念的枯燥与呆板，以"探究、发现"的教学方法为主线，以问题链为主轴，以探究活动为载体，贯穿课堂始终。将影响气体溶解度因素的实验教学设计了以下四个环节。

（一）实验引入，提出问题

通过"摇雪碧产生大量气泡"实验，将问题"大量的二氧化碳是怎样溶解在雪碧中的，哪些因素影响二氧化碳的溶解"导入课题。在本环节中，通过实验导入，激发学生的兴趣，引发学生探讨影响二氧化碳溶解的因素。

（二）创设情境，实验探究

学生结合生活经验，提出影响二氧化碳溶解的因素与温度和压强有关。再引导学生通过提供的仪器药品设计实验方案。师生共同优化，确定图1所示装置。学生合作实验，探究温度、压强对气体溶解度的影响。本环节设计意图：通过探究学习，问题得到了解决，同时体验科学探究的过程。对实验方案、实验装置优化的讨论，学生在合作学习中突破难点，提升探究效果。

（三）数字实验探究不同溶剂及酸碱性对二氧化碳溶解的影响

通过实验探究，学生可以得出"二氧化碳随温度升高，溶解度减小""二氧化碳随压强增大，溶解度增大"的结论。此时，提出问题"还有其他因素会影响二氧化碳溶解吗？"对于这一问题，利用压强传感器定量测定苯、水以及酒精加入等体积二氧化碳中的压强变化曲线，分析不同溶剂对二氧化碳溶解的影响。通过分析二氧化碳中混有氯化氢除杂的方法，可以探究二氧化碳在饱和碳酸氢钠、盐酸中的溶解能力，通过曲线分析，学生容易得出酸碱性对二氧化碳溶解的影响。接着让学生总结，用图形和文字建构影响二氧化碳溶解因素模型。

这一环节数字实验的运用，在解决问题的同时让学生感受科技的便捷与魅力。

（四）提出质疑，拓展探究

学生根据所学知识提出质疑：用排饱和碳酸氢钠的方法收集二氧化碳，除去氯化氢的同时，二氧化碳也会溶解得更多。用排水法是否也可以除去氯化氢呢？引导学生讨论，通过实验深入探究。

最后进入课堂小结，通过实验探究形式的学习，学生能够自主学习，提高总结归纳的能力。在课堂中探究学习，掌握科学探究学习的一般过程。另外，从知识与技能、思维层次等方面对本节课进行总结。

八、实验效果评价

本节实验课通过创设情境，探究"温度、压强、溶剂种类以及酸碱性"对二氧化碳溶解的影响，学生在方案的设计中提升了控制变量法在对比实验中的应用能力。通过"宏观""微观""曲线"多重表征，建构影响二氧化碳溶解因素知识模型。通过数字实验比较二氧化碳在碳酸氢钠和水中的溶解能力，颠覆了学生对排饱和碳酸氢钠溶液收集二氧化碳的认知，在探究过程中也培养了学生严谨求实、实事求是的科学精神。这一设计理念符合化学学科核心素养的要求。

神奇的魔法师
——氧气

赣州市第七中学　华珍

一、使用教材

人教版《化学》九年级上册第二单元课题二"氧气"。

二、实验器材

（1）仪器：酒精灯、坩埚钳、火柴、镊子。

（2）药品：5%过氧化氢溶液、自制颗粒状二氧化锰、澄清的石灰水、木炭、硫粉、细铁丝、酒精、棉花。

（3）自制器材：具支集气瓶、带气球和燃烧匙的塞子、简易启普发生器、自制的两端开口的塑料瓶。

三、实验改进要点

（1）使用了自制的气体发生装置（见图1），通过弹簧夹来控制反应的开始和结束。

（2）将粉末状二氧化锰改良成为颗粒状，便于使用自制的气体发生装置，也有利于回收、节约药品。

（3）用一个具支集气瓶代替多个集气瓶，通过调整操作的顺序，让澄清石灰水既可以"检验二氧化碳"，又可以"防止集气瓶炸裂"，还可以"吸收二氧化硫"。

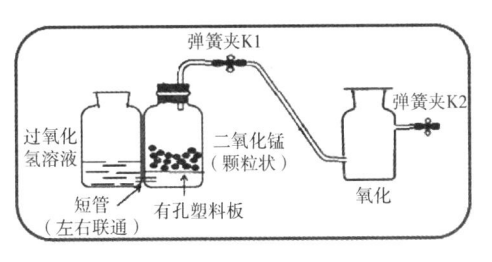

图1　自制气体发生装置

（4）学生分组实验时，多次实验后氧气的产生速率减慢，很难达到铁丝燃烧所需的氧气浓度，此时可打开右侧弹簧夹，边制取边实验，提高实验的成功率。

（5）在硫燃烧的实验中，用带气球的橡胶塞代替毛玻璃片，让硫在相对密封的环境中燃烧，可以减少环境污染。还可引导学生分析气球变化的原因，为后续学习打下基础。

（6）铁丝改由蘸有酒精的棉花引燃，操作简单，现象明显，成功率高。

四、实验原理/实验设计思路

（一）在教学实际中，发现教材中的实验设计的不足之处

（1）采用氯酸钾或高锰酸钾制取氧气，要加热，操作繁杂；用过氧化氢和二氧化锰粉末很难控制反应的发生和停止，实验结束后，二氧化锰不便于回收利用。

（2）进行探究氧气的性质实验时，教师需要提前准备多瓶氧气，携带不便，容易逸散导致实验不成功。

（3）课本在介绍氧气的物理性质时采用文字叙述的方式，很难给学生留下深刻的印象。

（4）教材中，硫燃烧产生二氧化硫易逸散到空气中造成环境污染，对师生的身体健康也不利。

（5）教材中铁丝燃烧的实验，利用火柴引燃，"火柴即将燃尽"的时机较难把握；且引燃铁丝后，火柴燃烧后的黑色固体常因反应剧烈而掉落集气瓶底，影响了学生对铁丝燃烧后产生的黑色生成物的判断。

（二）针对以上问题，对装置及药品进行的改进

（1）使用自制两端开口的矿泉水瓶，探究氧气的颜色、气味、密度、状态和溶解性，将枯燥的课本实验转化为直观、形象的实验，加深学生的认知。

（2）利用自制的简易启普发生装置和具支集气瓶，将氧气的制取实验和性质探究实验整合到一起，化繁为简；通过合理调整实验顺序，在一个集气瓶中反复、多次实验，既能完成氧气的性质探究，确保实验的成功率，还能让学生提前接触过氧化氢和二氧化锰，为实验室制取氧气的学习打下基础。

五、实验教学目标

结合中学化学课程标准和学生已有的认知水平，制订如下三维目标：

（1）了解氧气的物理性质；掌握氧气的化学性质，学会正确书写文字表达式。

（2）掌握观察和表达化学反应的基本方法；培养学生观察、操作和综合分析能力。

（3）通过对氧气化学性质的探究，培养学生自主、合作和探究的学习态度。

六、实验教学内容

（1）探究氧气的物理性质（通常情况下的颜色、气味、状态、密度和溶解性）。

（2）通过木炭、铁丝、硫粉的燃烧对比实验探究氧气的助燃性，让学生体会到"物质在空气中燃烧就是与空气中的氧气反应，且氧气含量越高，燃烧就越剧烈"。

七、实验教学过程

（一）创设情境，引入氧气

利用"神奇的魔法瓶"导入，吸引学生的注意力。瓶子里装的到底是什么物质呢？为何能使带火星的物质重新燃烧起来呢？利用魔法导入，吸引学生的注意力，活跃课堂氛围。

（二）趣味实验，认识氧气

继续利用该装置引导学生设计实验探究氧气的物理性质，将课本枯燥的知识转化为形象、直观的实验，加深印象。此外，我有意识地引导学生按颜色、气味、状态、密度、溶解性的顺序，由浅入深、由表及里去认识氧气，培养学生形成认识物质的正确顺序，为以后学习其他气体奠定基础。

（三）对比实验，再探氧气

了解氧气的物理性质后继续探究其化学性质，这也是本节课的重点和难点。先通过拟人的形式介绍木炭、铁丝，激发学生兴趣，简单提示操作步骤后，学生进行分组实验。

以分组实验代替教师演示，更便于学生观察实验现象；通过实验训练学生的操作能力，培养学生的学习能力和思考问题、解决问题的能力，为以后的物质学习和科学探究理念的形成打下基础。此外，随着实验次数的增多，过氧化氢的浓度逐渐减小，这时，可以打开右边的弹簧夹 K2，边制取边实验。

分组实验结束后，师生共同小结木炭、铁丝分别在空气和氧气中的燃烧现象，目的是让学生掌握正确描述实验现象的方法。通过对比，让学生真切地感受到"物质在空气中燃烧实际上是与空气中的氧气反应"。

在学生对氧气有了一定认知的基础上，补充演示硫粉燃烧的实验，加深认知。

（1）归纳提炼，建构概念。继续引导学生分析生活中其他由氧气引起的变化，让学生真切地感受到化学就在我们身边。此外，通过回顾本节课的三个化学反应以及生活中的例子，师生共同得出"氧气是一种化学性质比较活泼的气体，具有氧化性"的结论，至此小结课题。

（2）巩固练习，学以致用。通过互动小游戏将氧气的知识学以致用，在轻松愉悦的氛围中检测和巩固本节课的新知。

八、实验效果评价

整节课利用了"魔法串联"，创设情境导入新课，引导学生认识"神奇的魔法师——氧气"，那么这位魔法师有哪些性质呢？通过问题层层驱动，不断加深学生对氧气性质的掌握；同时注重实验创新，利用改造的矿泉水瓶分析氧气的物理性质，用自制的气体发生装置和具支集气瓶，将木炭、铁丝、硫粉的燃烧实验串联起来，简单易行，效果明显。此外，在整个教学中，我也注重对学生学习方法的培养，为他们以后进行物质的学习打下坚实的基础。

氧气的性质

石家庄第二外国语学校　王海生

一、使用教材

人教版《化学》九年级上册第二单元课题二"氧气"的第一课时。

二、实验器材

（一）实验器材

数字化传感器（测氧仪、溶氧仪、电偶测温仪）、缩时录影设备、便携氧气瓶、自制玻璃弯管、自制铜管、自制燃烧匙、乳胶管、集气瓶、石棉网、酒精灯、火柴、小木条。

（二）实验药品

硫粉、木炭、铁丝、铝箔、铜粉等。

三、实验改进要点

（1）改进发生装置：用便携氧气瓶替代实验室制法。

（2）改进性质探究实验装置：不收集氧气，直接在氧气流中完成硫、木炭、铁丝的燃烧。可实现多次重复操作，实验效果更好。

（3）用测氧仪辅助认知氧气的密度比空气大，用溶氧仪验证氧气不易溶于水，用电偶测温仪辅助认知氧气的助燃性。

（4）用缩时录影呈现缓慢氧化的过程。

四、实验原理/实验设计思路

教材设计的实验方案在实践中往往存在以下困难。

（1）氧气用量大，准备不方便。上一个班的课至少需要5瓶氧气，所有气体都需要课前制取。如果两节、三节课连在一起，常常会很忙乱。有没有简便、快速得到氧气的方法呢？我比较了市面上提供氧气的产品，找到了一款合适的装置——便携氧气瓶，如图1所示。它本是为缓解高原缺氧而研制，用它来提供氧气有以下几方面优点。第一，出气接口方便和乳胶管连接，易于收集；第

图1　便携氧气瓶的优点

二，氧气纯度很高，可以保障实验的成功率和良好的实验效果；第三，价格合理，一瓶氧气理论上可以收集50个集气瓶，正常可完成5个班的教学任务；第四，可以分发给学生，便于开展分组实验。

（2）在三个燃烧实验中，随着反应进行，集气瓶中的氧气与生成的气体以及空气混在一起，同学们看到的现象，并不是真正的物质在氧气中燃烧的现象。经过探索，我找到了如下的解决方案。如图2所示，便携氧气瓶并不只是个储气装置，它还能带来稳定的氧气流。我们可以把物质与集气瓶中氧气的反应转化为物质在氧气流里反应。这个改进改变了物质与氧气的接触方式，使物质在整个燃烧过程中一直与高纯度氧气接触，带来了高品质的实验现象，有利于学生的观察和探究。

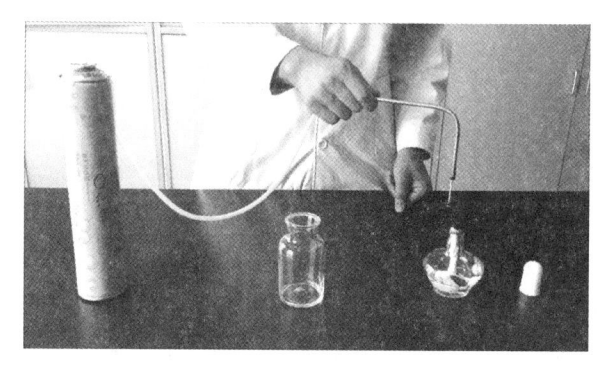

图2　物质在氧气流中的反应

（3）学生对氧气的密度、溶解性理解有困难，对燃烧中氧气作用的认识不够深入。可以合理利用多种数字化传感器来辅助教学，降低学生认知的门槛，给学生深入思考问题提供素材。

（4）缓慢氧化不容易察觉，也不便于实验，但学生想了解变化的过程。可以用缩时录影技术将缓慢氧化的过程记录并呈现给学生。

五、实验教学目标

培养以下科学素养。证据推理：认识氧气性质、反应物浓度与反应剧烈程度的关系。科学精神：规范实验描述语言、学会归纳实验结论。实验探究：形成用实验来研究物质性质的一般思路。创新意识：用创新的方式解决问题。

六、实验教学内容

（1）探究氧气的物理性质（颜色、状态、气味、溶解性、密度）。

（2）探究氧气的助燃性（硫、木炭、铁丝的燃烧等）。

（3）认识缓慢氧化（铁生锈、食物腐烂等）。

七、实验教学过程

（一）情境引入

在情境引入环节，我结合亲身经历阐述西藏地区山川壮美但空气稀薄、令人呼吸困难的现状，组织学生进行"屏住呼吸20s"的热身活动，既使同学感受到了氧气的重要性，又使他们迅速地将注意力集中到课堂中来。

（二）提出问题

活动过后，我提出第一个问题：氧气有哪些物理性质？我让每个小组观察集气瓶中事先收集好的氧气并结合教材内容了解氧气的物理性质。他们对氧气的物理性质非常熟悉，这一环节进行得非常顺利。但部分同学对氧气的密度仍有疑虑：氧气的密度真的比空气大吗？针对这个问题我设计了一个新增实验。我为每个小组提供酒精灯、小木条和两个集气瓶，让学生设计实验探究氧气的密度。经过交流讨论，他们很快达成了共识——设置对照实验，如图3所示，两个盛满氧气的集气瓶，一个正放、一个倒放，打开玻璃片，一段时间后伸入带火星的木条来验证。

图3 氧气的密度验证

我又给他们补充了一个实验，两个装满氧气的集气瓶，一瓶正放、一瓶倒放，打开玻璃片1min后用测氧仪测定其中氧气的含量，用数据说话，强化学生对氧气密度的认知（见图4）。

正放：用排水法新收集的氧气打开玻璃片1min后，氧气的含量变为87.7%

倒放：用排水法新收集的氧气打开玻璃片1min后，氧气的含量变为26.6%

图4 用测氧仪测定氧气的含量

还有部分同学对氧气的溶解性提出质疑：水中的生物也在进行呼吸作用，教材中怎么说氧气不易溶于水呢？针对学生的问题，我又设计了一个新增实验，用溶氧仪测定饮用水中氧气的含量（见图5）。数据显示，饮用水中的初始含氧量为 4.30mg/L，充分通入氧气后含氧量为 10.36mg/L，继续通氧气数据也不再增加。通过这个实验，学生对氧气不易溶于水的性质不再怀疑。

图5 用溶氧仪测定饮用水中氧气的含量

接着，我又提出第二个问题：氧气能支持哪些物质的燃烧呢？虽然同学们见过很多物质的燃烧，但对燃烧中氧气的作用认知模糊。我就用我的改进装置给学生演示了硫、木炭和铁丝的燃烧，引导学生分析现象的差异并探寻产生差异的原因。

（三）探索新知

硫的燃烧：图6为硫燃烧的简易版改进装置，用酒精灯引燃玻璃管里的硫，在装有氢氧化钠的吸收装置中演示。

图6 硫燃烧的简易版改进装置

这套装置的优点是硫在高纯度的氧气流中反应，实验效果好，在教学中作为演示实验非常方便。缺点是硫在空气中引燃，会有少量的二氧化硫进入空气中。为了培养学生的环保意识，我还设计了一套全封闭的装置（见图7）。该装置分为氧气瓶、反应装置、尾气回收袋和学生电源四部分。该装置用电热

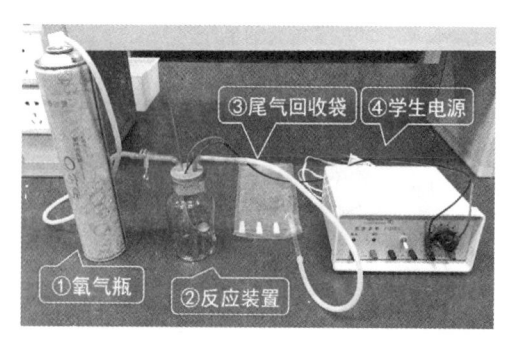

图7 硫燃烧的全封闭版改进装置

陶瓷引燃，先观察硫在空气里的燃烧，通入氧气后观察硫在氧气里的燃烧，全程在密闭条件下进行，二氧化硫就不会泄露出来了。

木炭和铁丝的燃烧：考虑到木炭和铁丝燃烧产生的温度较高，容易引起玻璃管炸裂，在接下来的两个实验中我采用了空调铜管来进行实验，铜管的末端打孔并安装了悬挂用的铜丝，用来固定铁丝和木炭，如图8所示。

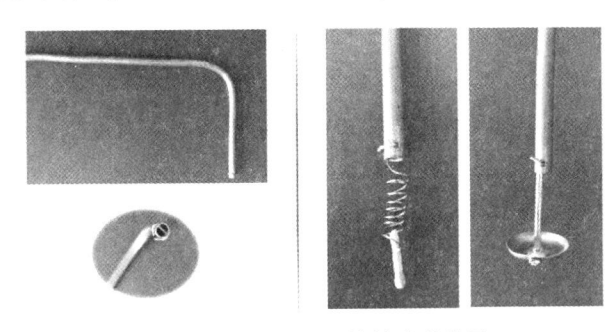

图8　木炭、铁丝燃烧的改进装置

对于铁丝燃烧的实验，我也进行了不断的探索和改进。图9是激光引燃版本。将末端绑有火柴头的铁丝固定在装满氧气的集气瓶中，演示时打开激光引燃即可。

作为演示实验，激光引燃在成功率和实验效果上都可圈可点，但并没有解决随着反应的进行氧气的纯度不断下降的问题。所以我又设计了铁丝燃烧的气流版本，这才是真正的铁丝在氧气中的燃烧（见图10）。

图9　铁丝燃烧的激光引燃版本　　　图10　铁丝燃烧的气流版本

教材中的三个对比实验都是靠感官观察。为了让学生更深入地认识燃烧中氧气的作用，我设计了第三个新增实验。用电偶测温仪来测定酒精燃烧时的火焰温度（见图11），用数据说话，让学生体会氧气浓度对燃烧产生的影响。引燃金属容器中的酒精，观察酒精在空气中的燃烧，通入氧气后观察酒精在氧气中的燃烧。酒精在空气中燃烧，火焰温度可以达到600℃，通入氧气后，燃烧更剧烈，火焰温度可达900℃。

电偶测温仪　　　　测定酒精燃烧时火焰的温度

图 11　用电偶测温仪测定酒精燃烧时火焰的温度

（四）归纳总结

通过上述对比实验同学们得出结论：氧气的化学性质比较活泼，物质在空气中燃烧，实际上是与空气中的氧气反应，氧气的浓度越大，反应越剧烈。

我适时指出，除了燃烧这样发光、放热的剧烈的氧化反应之外，还有进行得很缓慢，甚至不易觉察的缓慢氧化。引导学生关注氧气在缓慢氧化中所起的作用。为了使缓慢氧化的过程可视化，我展示了事先录制好的缩时录影。图 12 是苹果的缓慢氧化过程，是将 1h 的变化缩时到 5s。图 13 是铁生锈的过程，是将 1 天的变化缩时到 5s。

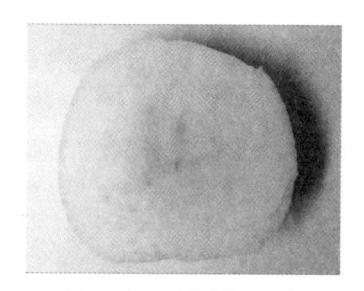

图 12　苹果的缓慢氧化 　　　　图 13　铁生锈的过程

图 14 是我的板书设计。

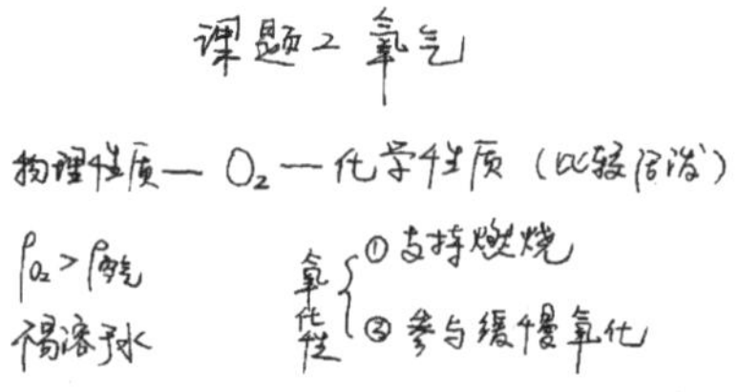

图 14　板书设计

（五）拓展探究

下课铃响并不是一堂课的终结，课下我和学生们还进行了一些拓展探究。比如，学生们提到，铁丝可以在氧气中燃烧，铝能不能在氧气中燃烧？铜能不能在氧气中燃烧？经过多次尝试，我们发现铝丝很难引燃，铝箔却可以成功（见图15）。方法是将铝箔剪成条状，固定在通气流的铜管上，用少量镁条引燃。探索的过程让他们体会到，增大物质与氧气的接触面积有助于燃烧。他们还发现，铝比铁燃烧得更剧烈。

图 15　铝箔的燃烧

但用同样的方法去引燃铜丝却没有成功。即使用超细铜粉，也只是看到铜迅速氧化变黑，并没有燃烧（见图16）。我鼓励学生查阅资料、分析原因，为他们后续学习燃烧的条件和金属活动性作好了铺垫。

图 16　引燃铜粉

八、实验效果评价

（1）本节课对教材实验的改进是以氧气流作为基础，辅以切合实际的装置改造，使物质全程在高纯度氧气中反应，带来了高品质的实验现象，让学生真正感受到化学的魅力，对学生学习化学的兴趣和创新意识具有极强的激发作用。

（2）本节课合理利用数字化传感器和缩时录影技术来辅助教学，在帮助学生突破疑点、提升认知方面效果显著。

物质在氧气中燃烧实验改进

思南第三中学　晏光明

一、使用教材

人教版《化学》九年级上册第二单元第二、三课题。

二、实验器具及药品

器具：吸滤瓶、梨形分液漏斗、集气瓶、橡胶塞、导气管、橡胶管、试管、铁架台、烧杯、酒精灯、镊子、钥匙、燃烧匙、小木条、火柴、漏斗。

药品：过氧化氢溶液、二氧化锰、铁丝、木炭、硫粉、澄清石灰水、氢氧化钠溶液。

三、实验改进思路及要点

（一）教材中的不便之处

（1）课堂教学前必须提前收集好氧气，瓶数多，费时费力。

（2）搬运途中，玻璃片易滑落导致氧气泄漏，影响实验效果。

（3）铁丝燃烧实验受氧气量的影响较大，成功率较低。

（4）硫燃烧时由于瓶子无法完全封闭，导致产生的 SO_2 泄漏，污染空气。

（二）改进要点

（1）利用过氧化氢分解为物质燃烧提供源源不断的氧气，提高成功率，增强实验现象。

（2）通过气体发生装置和收集装置的巧妙连接，实现装置一体化设计，便于搬运。

（3）尽可能减少对环境的污染。

四、实验教学目标

（1）知识与能力目标：熟悉氧气的性质；学会准确描述化学实验现象；知道氧气的化学性质比较活泼。

（2）过程与方法目标：通过实验探究，掌握一些基本的实验操作方法及注意事项。

（3）情感态度与价值观：通过实验探究，认识到进行实验是化学学习中最重要的学习方法，学习从具体到抽象、从个别到一般的归纳方法，初步认识到保护环境的重要性。

五、实验教学内容

(一) 问题引入

问题：我们已经知道氧气浓度越大，燃烧越旺。请同学们围绕这一思路，对铁丝燃烧实验加以改进，提高成功率，增强实验现象。

设计意图：影响铁丝燃烧的因素很多，其中最重要的就是氧气的量，我引导学生从这一要点展开思考，旨在提升学生的实验设计能力，同时又不至于太分散学生的思维。

(二) 小组交流讨论得出实验大体方案

方案：可将气体发生装置与集气瓶连接，为燃烧提供源源不断的氧气。

(1) 实验设计一（见图1）。

优点：实验现象非常明显，成功率很高。

不足：①用矿泉水瓶作为反应容器，易引发火灾；②多次燃烧后，瓶子内部发黄；③选用器具虽然是生活常用品，但不够规范。

(2) 实验设计二。

1) 实验装置见图2。

2) 实验操作步骤。

①组装仪器：将两个橡胶塞背靠背，然后插入一根导气管，导气管上端倒扣一支小试管，此装置为连接吸滤瓶和瓶底打孔的集气瓶的关键部件。

②检查装置气密性：向吸滤瓶中注入适量水（淹没小试管一半即可），关闭分液漏斗活塞，用双手紧握吸滤瓶，观察到水中有气泡冒出，则说明装置气密性良好。

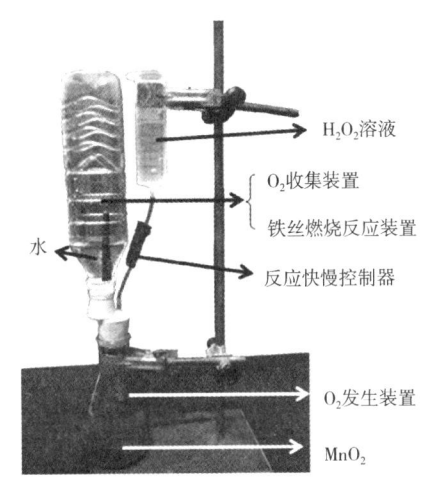

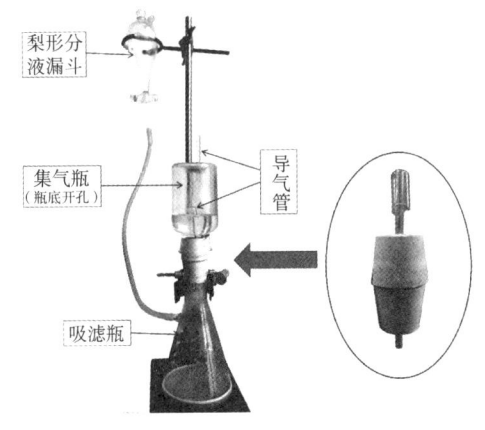

③加入药品：加入 MnO_2、H_2O_2 溶液，注意控制 MnO_2 的量，否则会影响反

应速率。

④反应制取氧气：注意通过分液漏斗活塞控制反应速率，用向上排空气法收集。

⑤检验氧气并验满：用带火星的木条放到集气瓶口，观察到木条复燃，则说明是氧气瓶已收集满（见图3）。

⑥进行物质燃烧实验。

铁丝燃烧实验：将铁丝引燃后伸入集气瓶中，观察现象（见图4）。

木炭燃烧：将木炭在酒精灯上引燃，观察现象；再放入自制的燃烧匙中，伸入集气瓶内，观察现象；将燃烧后生成的气体通过导气管通入澄清石灰水中，观察现象（见图5和图6）。

硫粉燃烧：将适量硫粉加入燃烧匙在酒精灯上引燃，观察现象；再伸入集气瓶内，观察现象。为了避免燃烧产生的 SO_2 污染空气，特用导气管将尾气通入到氢氧化钠溶液中进行吸收（见图7和图8）。

图3　氧气的检验和验满

图4　铁丝在氧气中燃烧

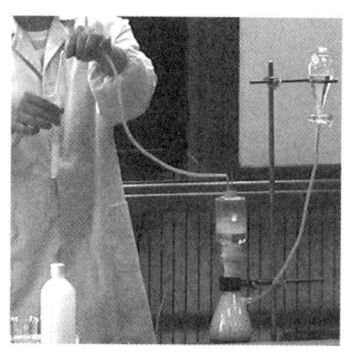

图5　木炭在氧气中燃烧

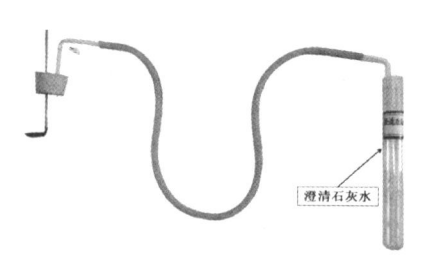

图6　气体通过导气管通入澄清石灰水

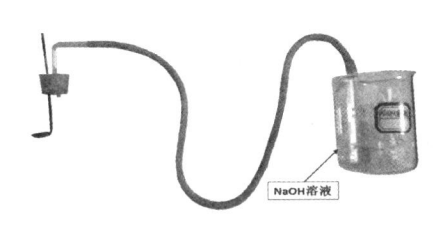

图 7　硫在氧气中燃烧　　　　图 8　氢氧化钠溶液吸收尾气

3) 实验说明。

①中间带橡胶塞的导气管和小试管起到连接发生装置和收集装置的作用。

②集气瓶中水的作用：检查装置气密性；防止火星掉落，使集气瓶炸裂；燃烧的铁丝伸入水中，使铁丝熄灭；对过氧化氢产生的氧气起到缓冲作用，很好地利用向上排空气法收集氧气。

4) 改进实验的优点。

①过氧化氢给物质燃烧提供源源不断的氧气，现象明显，且观察时间长，成功率高。

②可控制反应速率，且可随时添加药品。

③可随时多次重复进行物质燃烧实验。

④可连接多种尾气处理装置，灵活方便。

⑤实验器材全都取自基础实验室，实现了装置一体化、规范化。

⑥该实验保留了原实验中的一些安全和环保思想，如铁丝燃烧时水的作用涉及安全意识；硫粉在空气中引燃使学生能闻到一定的刺激性气味，这是必要的，但在氧气中燃烧时，利用氢氧化钠溶液吸收 SO_2，避免了逸散到空气中污染环境，初步地培养了学生的环保意识。

六、实验效果评价

（1）学生通过观察实验现象，产生了巨大的视觉冲击力，深刻地认识到氧气的化学性质比较活泼，具有助燃性，提高了学习兴趣，为后面的学习打下坚实的基础。

（2）通过对氧气发生装置和收集装置的巧妙组合，拓展了学生对基本实验仪器的使用思路。

（3）该实验中涉及一些重要的实验安全和环保理念，初步培养了学生的安全和环保意识。

氢气性质的实验探究

沈阳市第一三四中学　薛菲

一、使用教材

沪教版《化学》九年级上册第五章第一节第二课时"氢气性质的实验探究"。

在沪教版教材中虽没有专门的章节介绍氢气的性质，但从第二章第三节的"观察与思考"就开始涉及氢气的燃烧、第三章第一节出现了氢气球、第四章第一节"拓展视野"中出现了氢气的爆炸和爆炸极限的概念、第五章第一节"联想与启示"中又涉及氢气的制取和收集，最后在第九章第一节又重点介绍了氢能源的优缺点，这些都与氢气有关。由此可见氢气的性质在初中化学中仍是一个重要知识点，是学生认识物质性质及建立性质决定用途这一概念的关键。但因氢气在教材中比较分散，实验又具有一定的不可控性，所以教师们容易一语带过，使学生对氢气的了解总是碎片化的。为了让学生对氢气有更深的体会，建立关于氢气的完整的知识体系，同时也为了对金属与酸的反应、燃烧条件、爆炸极限、气体制备、水的组成等多个知识点进行巩固，我设计了氢气性质的实验探究这节课。

二、实验器材

所用实验器材如表1所示。

表1　课堂中的实验及器材

序号	实验内容	实验器材
1	放飞氢气袋	塑料袋、胶头滴管、氢气发生装置（漏斗、锥形瓶、导管）
2	氢气袋燃烧实验	同上
3	氢气袋爆炸实验	同上
4	铁制尖嘴导管上燃烧氢气，观察颜色，罩试管、点木条	铁制尖嘴导管、胶皮管、氢气发生装置（漏斗、锥形瓶、导管）、废旧短试管（有底的）、长细木条、铁架台
5	传感器测量氢气火焰的温度	高温传感器、数据采集器、导线、电脑、氢气发生装置（漏斗、锥形瓶、导管）、铁制尖嘴导管、酒精灯
6	点燃氢气泡泡	氢气发生装置（漏斗、锥形瓶、导管）、泡泡液、自制小漏斗

三、实验创新要点

（1）数字化实验与传统探究实验的结合，既巩固了学生对探究实验的理解，又通过数据分析提高了学生对综合实践问题的理解和分析能力。

（2）实验装置大多来源于生活，很多器材在杂货店、药店就能买到，体现了从生活中感悟化学的思想。说明化学来源于生活又高于生活。

（3）多角度探究了氢气火焰的颜色和温度，在细节处引导学生理解对比实验、探究实验。

四、实验设计思路

实验的设计以解决学生疑惑为目的，以锻炼学生的化学核心素养、创新能力和动手实践能力为目标，环节设计要符合学生认知规律。

五、实验教学目标

（1）知道氢气的物理性质，如无色、无味、难溶于水、密度比水小；认识氢气的化学性质，如可燃性和还原性。

（2）初步学习收集可燃性气体的一般步骤，提高动手实践能力，巩固实验探究的思维和能力。

（3）通过氢气的燃烧实验再次明确水的组成，了解氢能的几大优点，建立"结构决定性质、性质决定用途"的观念。树立环境保护意识和开发新能源的意识。

教学重点：氢气的爆炸实验探究、氢气燃烧的温度实验探究。

教学难点：影响氢气燃烧火焰颜色的条件探究。

六、实验教学内容

从氢气的物理性质——密度入手，引出氢气的化学性质——可燃性，并演示爆炸实验，从而引出爆炸极限的概念，利用创新实验验证氢气的化学性质，利用数字化实验测量氢气火焰的温度并与酒精灯火焰对比。引导学生通过"提出问题→作出假设→设计实验验证→得出结论"的过程自己得出结论，并初步掌握探究问题的学习方法。通过小组合作学习、探究学习、自主学习最终使学生在实验中全面深入地了解氢气。

七、实验教学过程

（一）课堂开发，实物助学

在课程开始前用保鲜袋收集了两袋氢气，其中一袋是50%空气与50%氢气的混合气体，另一袋是纯净的氢气。课程开始时我将装有纯净氢气的氢气袋松手放飞（见图1），以这样的方式导入教学，使课堂气氛瞬间活跃起来，也激发了同学们对氢气的好奇心。我适时提出问题：除了密度比空气小，关于氢气你还想知道哪些性质？学生们积极提出了自己的问题，比如氢气真的能发生爆炸吗、如何制氢气等，尤其对于氢气爆炸学生们充满期待。

图1 放飞氢气袋，激发学生兴趣

（二）课堂内化，实验辅学

首先，邀请学生将刚刚展示的装有纯净氢气的氢气袋在课堂中点燃（见图2），氢气安静地燃烧，证明了其可燃性。学生们看到这样的实验后提出了两个疑惑：①为什么没有出现预想中的爆炸呢？②为什么课堂上氢气燃烧的火焰是黄色的，而教材中却说是淡蓝色的呢？对同学们产生疑问和怀疑的精神给予了肯定，鼓励学生们要有批判思想。之后不急于解释，而是点燃了另一个混有空气的氢气袋，这次出现了学生们预想的爆炸（见图3）。当学生还沉浸在爆炸实验的震撼中时，给予提示"这两个氢气袋一袋是纯净的氢气，而另一袋混入了50%的空气"，学生马上想到气体爆炸与气体纯度有关。之后给出爆炸极限的概念，从而解决了第一个问题。

图2 氢气燃烧现象　　　　图3 氢气爆炸现象

关于氢气火焰颜色的问题是本节课的难点。在上一个实验中由于氢气外部的保鲜袋也燃烧了，所以有可能干扰了氢气火焰的颜色；普通玻璃中含有钠元素，氢气若在普通玻璃导管中燃烧会受钠元素焰色反应的干扰，火焰也呈黄色。因此

为了排除钠的干扰，我将导管改成了铁制的尖嘴导管，使用的是玻璃刀中的一个零部件（见图4），利用它点燃氢气，可以明显地看到火焰的下半部分呈淡蓝色（见图5），从而说明纯净的氢气燃烧火焰是淡蓝色的，顺便完成教材中第二章第三节的实验。且将干而冷的烧杯换成了干而冷的废旧短试管，由于废旧短试管面积小，罩在火焰上方就会马上在试管壁上产生水雾（见图6），用时比烧杯短，效果还比烧杯明显。用小木条在火焰上方点燃，证明氢气确实在燃烧，并利用木条燃烧的黄色火焰与氢气燃烧的火焰对比（见图7），证明其颜色是淡蓝色。学生的疑惑通过一个个有趣的实验而解决了。

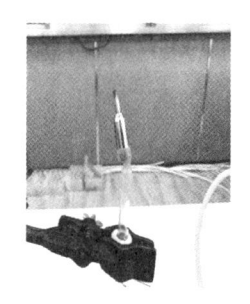

图4　铁制尖嘴导管（利用玻璃刀中的零部件）　　图5　氢气火焰呈淡蓝色

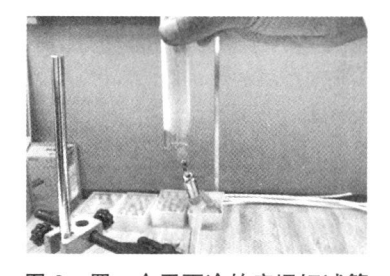

图6　罩一个干而冷的废旧短试管　　图7　点燃木条，对比火焰

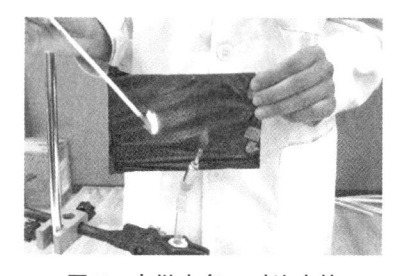

（三）提升思维，实验探究

利用这一装置与数字化实验相结合，用高温传感器测量氢气火焰的温度，将氢气火焰温度量化，并与酒精灯火焰的温度作对比（见图8）。从图9中可以看到氢气燃烧温度升高速度明显快于酒精灯，且小小的氢气火苗温度瞬间就能达到800℃甚至900℃，说明氢气燃烧热值高，而这也是人们热衷于开发氢能源的原因之一。氢气火焰温度随着时间慢慢降低，酒精灯温度却逐渐上升，形成交点，如图10所示。我请同学们分析原因，并提醒同学们从氢气来源角度考虑。同学们根据实验现象，最终得出结论：随着稀硫酸与锌粒反应使硫酸浓度逐渐变小，从而使产生氢气的速率变小，氢气的气流也就变小。这就会使氢气火焰变小，从而温度降低。而酒精灯的火焰由于酒精能持续供给所以温度稳中有升，从而两者形成交点。我将这一

现象编成了一道探究题（见图11），让学生们当场解决。

图8　数字化实验仪器测量酒精灯火焰和氢气火焰的温度

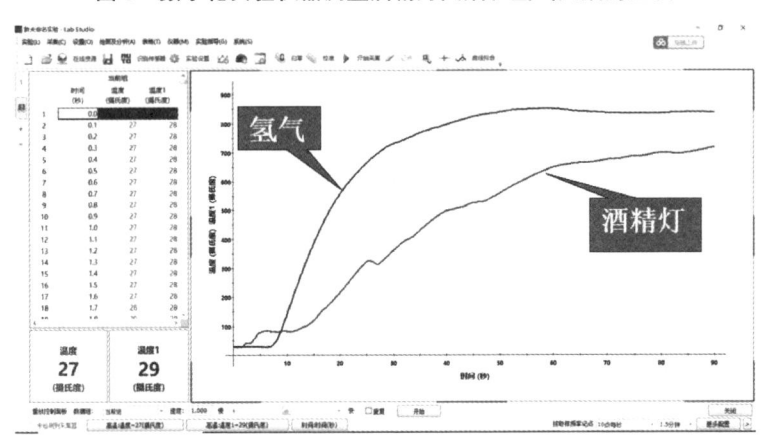

图9　刚点燃氢气和酒精灯时的火焰温度

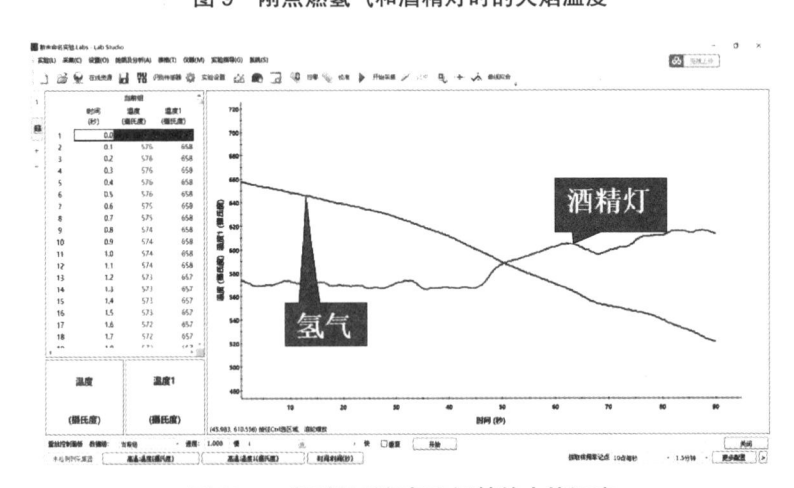

图10　一段时间后氢气和酒精的火焰温度

A老师利用高温传感器测量了氢气和酒精燃烧的火焰温度，先后得到了图1和图2的曲线图。请回答下列问题

（1）见图1，氢气燃烧的温度在开始时明显高于酒精燃烧火焰的温度，这说明氢气燃烧是_____反应（填"吸热"或"放热"），由此请写出氢能源的一个优点：_____

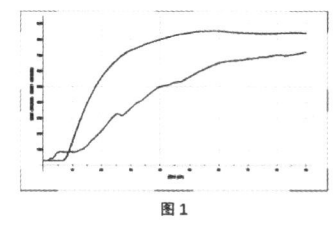

图1

（2）本实验中的氢气是利用图3的装置制得的，药品都是一次性加完，没有再加，氢气火焰最终熄灭，请分析图2中氢气火焰温度曲线变化的原因：_____

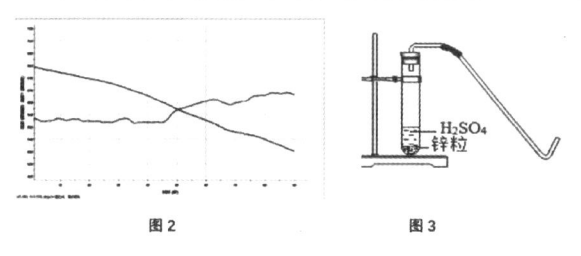

图2　　　　图3

图 11　利用实验图像出题

（四）课堂升华，趣味实验

产生氢气泡的泡泡液，选用生活中常见的玩具中的泡泡液（见图12），结合自制小漏斗（见图13），使吹出的泡泡不容易破还可控制泡泡的大小，从而大大增强了实验效果。

图 12　吹氢气用的泡泡液　　　　图 13　自制小漏斗

（五）总结反思，自我提炼

最后，要求学生填写实验报告单，反思实验现象，梳理实验原理，提升化学思维。并以"我是氢气"为题，请同学们用思维导图的形式呈现本节课的收获。

至此本节课结束。

八、实验效果评价

（一）关于保鲜袋（氢气袋）

用两个保鲜袋就解决了关于氢气的三大性质：密度比空气小、可燃性和能爆炸。保鲜袋所装的气体量较多，爆炸范围大，实验效果明显，视觉听觉震撼，非常适用于课堂演示实验。

（二）关于数字化实验

学生看到了平时用肉眼无法观察到的现象，既巩固了学生对实验的理解，又通过对数据的分析提高了学生对综合实践问题的理解和分析能力。

（三）关于实验探究

多个实验探究过程使学生试着像科学家一样思考，并努力将问题兑换成科学行动：设计实验、观察、预测、推理等，提升了学生实验探究的能力。

（四）关于实验器材生活化

学生重新认识化学，感受到生活处处有化学，自己在家中也能想办法做化学实验，成为小科学家，从而提高了学生学习、做实验的主动性。

自创固液气体发生装置

哈尔滨市阿城区交界中心学校　王举

一、使用教材

人教版义务教育教科书（五·四制）《化学》八年级全一册。

二、实验器材

吸滤瓶、气球、乳胶管、塑料小球、玻璃导管、输液管、烧杯、集气瓶、滴瓶、水槽、矿泉水瓶、蜡烛、澄清石灰水、白醋、蒸馏水、粘有紫色石蕊的干纸花。

三、实验创新要点

如图 1 所示，教材中用石灰石（大理石）和稀盐酸制取二氧化碳，反应速度适中，有利于收集气体。它的缺点是：①在选择药品时需要考虑反应速率，这样药品的选择范围就会很小；②制取和收集的速度慢；③排出气体的速率不可控。因此，设计了如图 2 所示的实验装置。该套装置有以下优点：

（一）药品适用范围广

应用图 2 装置时药品反应速率与气体收集无关，可以选择多种药品制取二氧化碳。如图 3 所示，我们可以选择碳酸氢钠和稀硫酸快速制取二氧化碳。

图 1　教材中的装置　　图 2　改进装置　　图 3　制取二氧化碳的药品

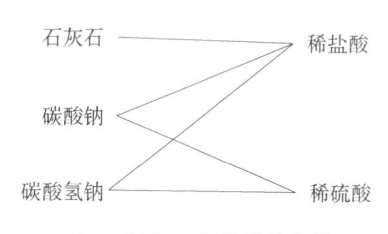

（二）排出气体速率可控

（1）可以快速制取、快速收集大量气体。在进行探究二氧化碳性质实验时，我们可以边收集二氧化碳，边探究它的性质，代替教材中事先准备几瓶二氧化碳。它的优点是制取、收集气体快，节约时间；如果实验没成功，可以重新收集气体重复实验。

（2）可慢速排出气体。

（三）装置携带方便、操作简单、节约药品

如果做分组实验，上述实验用到的气体较少，收集的气体可以完成几个班级的实验，既节约时间，又节约药品。如果做演示实验，装置携带方便，使用简单。

四、实验教学目标

（1）通过实验认识二氧化碳的物理性质和化学性质。

（2）规范学生的实验操作和实验现象的描述，让学生通过对实验的观察和思考，学会分析实验信息并归纳结论的科学方法，并逐渐形成用实验来研究物质性质的一般思路。

（3）让学生在体验改进实验带来便利的同时培养学生的创新探索精神。

五、实验装置介绍

（1）装置使用。如果药品反应速率快，将固体药品装入气球中，将液体药品装入吸滤瓶，使用时将气球罩在吸滤瓶上，把气球中的固体加入吸滤瓶中，开始生成气体；如果药品反应速度适中或者较慢，可以先向吸滤瓶中加入固体药品，再加入液体药品，最后将气球罩在吸滤瓶上。

（2）实验原理。固液反应生成气体，气体增多，压强增大，大于外界大气压，在压强差的作用下，气球变大，将生成的气体储存在气球中。使用时，按压气球，因为气球内部的压强大于外界大气压，所以气体可以排出。按压的力度可以控制排出气体的速率。

六、实验教学过程

（一）快速制取、收集、检验气体

（1）利用图2的装置，使用碳酸氢钠和稀硫酸快速制取大量气体。

（2）如图4所示，将气体通入澄清石灰水观察。

（3）如图5所示，用排水法收集二氧化碳。

图4 检验气体　　　　图5 收集二氧化碳

（二）探究二氧化碳的物理性质

（1）闻气体气味，观察集气瓶中气体的颜色、状态。

(2) 如图 6 所示,将集气瓶中气体倒入装有燃着高低蜡烛的烧杯中观察。

(3) 如图 7 所示,使用排水法快速收集 2/3 矿泉水瓶的二氧化碳,振荡矿泉水瓶观察。

图 6　将二氧化碳倒入烧杯　　　　　图 7　用矿泉水瓶收集二氧化碳

(三) 探究二氧化碳的化学性质

(1) 将二氧化碳倒入装有燃着高低蜡烛的烧杯后,烧杯中的蜡烛由低到高依次熄灭,能说明二氧化碳有什么化学性质?

(2) 二氧化碳能使澄清石灰水变白色浑浊,能说明二氧化碳与什么反应?

(3) 向粘有石蕊的干纸花上滴加食醋观察;向干纸花上滴水观察;将粘有石蕊的干、湿两支纸花插入集气瓶中,通入二氧化碳观察;将变红的纸花吹干。分析观察到的现象,能得出什么结论?

七、实验效果评价

通过新的气体发生装置,使得制取气体更方便、更快速,节约大量时间。通过改进装置,使实验现象更明显,实验操作更简单。在大量的实验过程中,学生更直接地获取物质的宏观表征,也极大地提高了学生学习化学的兴趣。

一氧化碳还原氧化铜

西南大学附属中学校　王权　陈宇　宁晓强

一、使用教材

人教版《化学》九年级上册第六单元课题三"二氧化碳和一氧化碳",第二课时。

二、实验器材

器具：分液漏斗、锥形瓶、洗气瓶、导管、酒精灯（带网罩）、石英试管、试管夹、气球、CO 传感器、CO_2 传感器、热成像仪。

药品：大理石、稀盐酸、浓硫酸、木炭、CuO、CO、醋酸二氨合铜溶液。

三、实验创新要点/改进要点

（1）突破教学难点。不仅体现了 C 和 CO 的还原性，也同时将 C 和 CO_2 的吸热反应过程通过热成像技术更直观地呈现出来。

（2）落实化学核心素养。本实验利用化学物质的相互转化来创新实验，培养学生的变化观念；用实验现象直观证明 CO 的还原性，用热成像数据判断木炭与 CO_2 反应的热效应。同时培养学生证据获取、数据分析和证据推理能力。

（3）演示实验转变为学生实验。解决了传统实验组装和操作复杂的问题，可将教师演示实验转变为学生单人实验，增强了学生的实验体验感。

（4）微型简易化。CuO 加水调成糊状，只需少许刷在试管壁，烘干后即可在试管壁固定，避免其与木炭接触。全部过程学生实验只需手持试管加热即可完成。药品用量少，但现象明显、迅速，成功率高，可重复性好。

（5）环保。将无毒的木炭和 CO_2 装在密封试管内高温反应制取 CO，并在实验结束后使用醋酸二氨合铜溶液吸收 CO，有效防止了 CO 的泄漏，避免对环境造成污染。

（6）安全。传统实验用浓硫酸与甲酸反应制备 CO 并还原 CuO，在多步操作过程（如尾气处理）中有发生爆炸的危险。本实验在密封缺氧体系内产生 CO 并进行尾气处理，避免了爆炸的风险，安全性高。

四、实验原理/实验设计思路

从传统的 CO 还原 CuO 实验出发，讲解实验过程和考点，评价实验的优缺点，立足缺点提出应对的改进实验方案。

首先针对传统实验装置复杂、操作烦琐提出应将实验精简化、微型化，设计出实验方案：向装有 CuO 的试管中充入 CO，并用气球做密封和缓冲；加热 CuO 部位，试管中固体由黑色变为紫红色，证明 CO 的还原性；用注射器吸取澄清石灰水和试管内气体，振荡观察澄清石灰水变浑浊，证明 CO_2 的生成。

进一步改进方案，解决 CO 制备装置复杂且易泄漏的问题：将 CuO 加水制成糊，用毛笔刷在试管内壁并烘干，使 CuO 附着，加入木炭粉后向试管中充入干燥的 CO_2，利用气球密封。学生操作如下：①加热 CuO 部位一段时间，无现象，证明 CO_2 无还原性；②高温加热木炭部位 2min，生成还原性气体；③再加热 CuO 使之被还原。最后使用传感器分别测量反应前后 CO 和 CO_2 气体的含量，证明 CO 生成并参加了 CuO 的还原而被消耗；CO_2 参加了 CO 的生成。利用热成像仪拍摄 C 和 CO_2 高温加热的反应，在移走酒精灯的瞬间，热成像图片颜色不再均匀，温度曲线有突变，本来具有保温作用的木炭所在部位降温更快，证明 C 和 CO_2 反应吸热，这为学生之后学习化学反应中能量的变化做了铺垫。

五、实验教学目标

（1）能正确描述 CO 还原 CuO 的主要实验现象，并书写反应方程式。

（2）通过体验传感器收集证据的过程，初步形成基于物质含量测定对反应过程进行推理的认知模型。

（3）通过了解 CO 的工业应用，感受化学的应用价值。

六、实验教学内容

本节课的基本内容是学习 CO 及其相关性质和价值，包括物理性质、化学性质和 CO 的应用价值。其中 CO 的化学性质（毒性、可燃性、还原性）是本节课的主要内容。CO 的还原性及其还原 CuO 的传统实验改进和证据推理为重点、难点内容。

七、实验教学过程

（一）引入

学生此前已学习了 CO 有毒，会对 CO 心生恐惧，这时向他们介绍 CO 的第三个性质——还原性。CO 的还原性影响着世界的发展，它是国家富强、民族振兴的功臣，以此来构建认知冲突，激发学生的求知欲，同时教会学生辩证地看待事物。

（二）展示传统实验

分析传统实验过程和现象，讲解传统实验的知识点，例如酒精灯"早出晚归"或"迟到早退"等，引导学生分析传统实验的缺陷：①演示实验，学生体验性差；②装置复杂，多步操作 CO 易泄漏、有爆炸风险，且不环保；③制备 CO 复杂，药品用量大且浪费。

（三）初步改进

引导学生将实验微型化，设计出图1所示的实验：将装有 CuO 的试管中充入 CO，并用气球做密封和压强缓冲，加热 CuO 观察到黑色固体变紫红色的明显现象；用5mL 注射器吸取 2mL 澄清石灰水，再刺破气球吸取 3mL 试管内气体，振荡，观察到澄清石灰水明显变浑浊。该实验操作简便迅速、现象明显直观，学生成就感强，极大地激发了学生学习化学的兴趣。

图1 初步改进微型化实验

（四）进一步改进

引导学生思考：如何解决 CO 制备装置复杂且易泄漏的问题？有没有其他方法可以生成 CO？如何将这种方法应用到实验中？

操作如下：

（1）指导学生向装有木炭和内壁刷有 CuO（CuO 加水成糊，用毛笔刷上并烘干）的试管中充入干燥的 CO_2，利用气球密封，起到压强缓冲的作用，如图2所示。

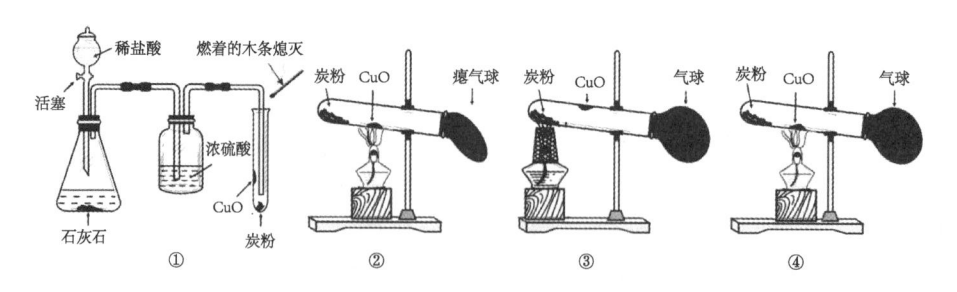

图2 进一步改进实验过程

（2）加热 CuO 部位一段时间，无明显现象，证明 CO_2 无还原性；高温加热木炭部位 2min，瘪气球略微鼓胀；再加热 CuO，黑色固体逐渐变紫红色，证明

CuO 被还原。

实验过程中产生的现象如图 3 所示。

图 3　实验过程的现象

本实验通过情境创设，让学生感受到化学物质之间的奇妙转化，获得用已学知识解决情境问题的成就感，更培养了学生实验设计的能力和创新意识。

（五）证据推理

教师提出"还原 CuO 的物质是不是 CO"的问题，引导学生通过使用传感器检验 CO 的存在及反应前后量的变化，以此判断 CO 是否参加了 CuO 的还原。对于反应后试管内剩余 CO 的处理，学生联想之前的初步改进方案，提出利用注射器吸取醋酸二氨合铜溶液，刺破气球注入试管并振荡，即可吸收反应后试管内剩余的 CO 气体。

此时再追问，如何判断生成的 CO 是木炭与 CO_2 反应得到的？学生立刻回答：用传感器检测 CO_2 量的变化。此时我才感到学生证据推理能力这一化学核心素养真正形成了，同时定性和定量的方法来研究化学反应的种子也埋在了学生心中。

之后我趁热打铁，用热成像仪拍摄了 C 和 CO_2 反应的热成像图，如图 4 所示。让学生关注在转移酒精灯的瞬间，有药品部位和无药品部位降温速率的不同，由此来引导学生得出 C 和 CO_2 反应吸收能量的结论，为后续学习化学反应中能量的变化埋下伏笔。

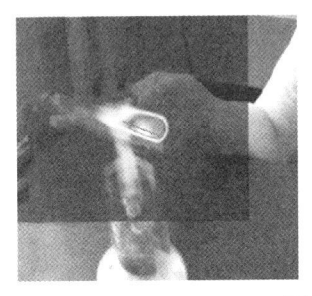

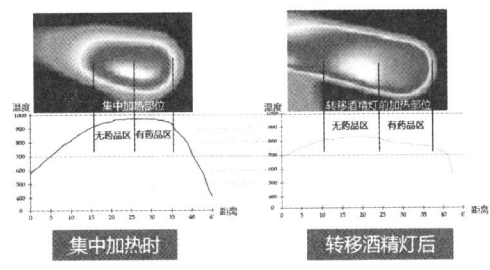

图 4　反应前后热成像图

最后我利用 CO 在工业炼铁的应用，让学生认识 CO 对世界发展的重要性，并与引入照应，教会学生辩证地看待事物。同时将学生情感上升到化学对创造更多物质财富的重大贡献层面上，培养学生的科学态度和社会责任。

整个实验教学过程我采用结构化设计，构建一个"如何改进—进一步改进—如何证明—应用价值"的认知模型，逐步提升学生对本实验知识的结构化认知水平。

八、实验效果评价

整个实验教学过程我采用结构化设计，构建了认知模型，提升学生对本实验知识的结构化认知水平。同时我采用逐步引导的教学方式，以学生为主体，引导学生从问题出发，实现还原 CuO 实验的改进，利用传感技术对多种物质含量进行测定，思维清晰，逻辑缜密。培养了学生的创新意识，加强了学生证据推理能力，帮助学生形成严谨的科学态度和勇于创新的科学精神，并深化了其社会责任感，从而实现了化学核心素养在初中化学课堂上落地生根。

项目化学习
——粉尘爆炸实验装置的改进

安顺市实验学校 周兵

一、使用教材

人教版《化学》九年级上册第七单元"燃料及其利用"课题一"燃烧和灭火"中"易燃物和易爆物的安全知识"。

二、实验器材

自制教具：透明塑料瓶、废旧遥控汽车、电池、塑料药瓶、纱网、信签纸、蜡烛、火柴、刷子。

其他材料：面粉。

三、创新要点

教材中的实验装置以及改进后的实验装置如图1、图2所示。

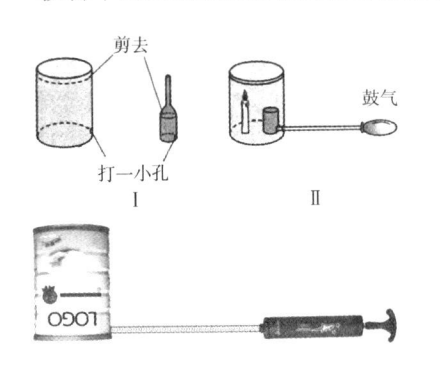

图1 教材中的实验装置　　　　图2 改进后的实验装置

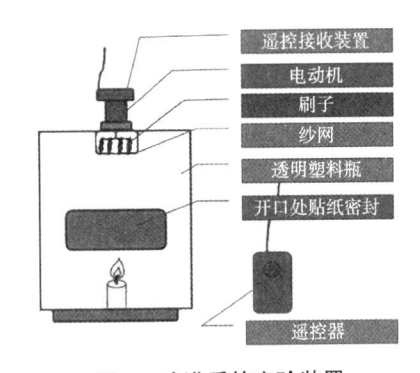

（一）教材中实验装置不足之处

（1）教材中的装置采用的是扣盖金属罐，金属罐不透明，不能清晰地看到罐内粉尘扬起和燃烧的情况。

（2）扣上去的盖子爆炸时会弹起，存在一定的安全隐患。

（3）鼓气下扬尘的方式对粉尘干燥程度要求高、用量大。

（二）本实验装置的创新点

（1）采用透明的塑料瓶，可视性更好，便于观察，易于制作。

471

（2）结合物理学知识，塑料瓶身侧开口后贴纸密封更安全。

（3）改变了传统的扬尘方式，上扬尘的方式与空气接触面积更大。

（4）相对教材中装置而言，粉尘用量少，节约药品。

（5）采用遥控引爆的方式，增加了科学性、趣味性、安全更有保障。

（6）废物利用更加环保。

四、实验装置原理

根据生活中电动机带动刷子旋转清理纱窗上的灰尘的原理，利用废旧遥控汽车上的电动机和遥控器自制遥控电刷。通过遥控器控制电动机带动刷子旋转，将塑料药瓶中的面粉从细密的纱网中刷落，达到上扬尘的目的。刷落的面粉与点燃的蜡烛接触后急剧燃烧从而发生爆炸，爆炸产生的气压将塑料瓶开口处粘贴密封的纸胀破，使气压得到释放。

五、教学目标

经过将近一个学期的学习，同学们在第二单元氧气、第六单元二氧化碳的性质探究中已经具备了一定的观察能力；在第四单元氢气学习中有了一定的安全意识。而且已经具备了一定的实验操作技能，并掌握了化学反应的实质。在心理方面他们活泼好动，好奇心强烈，喜欢动手实验。在认知方面已经有了一定的安全认识，但是由于接触物质不多，所以认知不够全面。

根据以上分析，采用项目化教学方式对实验装置进行了改进，并制订了改进过程中需要达成的三维目标。

（1）知识与技能：了解易燃易爆物的安全知识，通过实验认识燃烧和爆炸的条件。

（2）过程与方法：综合运用已学化学、物理知识以及实验技能和方法，通过观察生活中的现象，培养学生科学的探究能力和实践能力。

（3）情感、态度、价值观：体验探究带来的乐趣，感受化学在生活中的作用，增强学生的安全意识。

六、教学内容

本节课是学习了燃烧的条件后的拓展学习。面粉是生活中常见的物质，从生活中粉尘爆炸事件引入，利用教材中实验装置演示粉尘爆炸实验，通过学生观察和分析发现原装置存在的不足之处，引导学生从可视性、减压方式和扬尘方式等方面对原装置进行逐步改进的项目化教学。

七、教学过程

（一）提出问题

通过香港浸会大学学生抛撒面粉庆祝生日发生爆炸事件引入"易燃物和易爆

物的安全知识",并通过教材中的实验装置向学生演示"粉尘爆炸实验"。学生通过观察实验后提出问题:一是装置不透明,看不到面粉燃烧的情况;二是爆炸产生的气压将盖子掀起,存在一定的安全隐患。

(二)解决问题

(1) 根据生活经验采用透明塑料瓶代替金属罐,使装置可视性更好,便于观察(见图3)。

(2) 使用能旋转拧紧瓶盖的瓶子代替扣盖密封的瓶子,并在瓶子侧面开口贴纸进行密封,使产生的气压得以释放,更安全(见图4、图5)。

图3 透明塑料瓶可视性更好 　　图4 瓶身侧开口后贴纸密封 　　图5 用改进后的装置实验

(三)再提出问题

在解决了可视性和安全问题后进一步提出问题:能否再提高实验的成功率?

(四)再解决问题

(1) 通过对比不同干燥程度的相同类型粉尘实验效果后,得出粉尘越干燥成功率越高的结论(见图6)。

(2) 通过对比干燥程度相同的不同类型粉尘实验效果后,得出粉尘颗粒越细小实验成功率就越高的结论(见图7)。

(3) 通过分析下扬尘、中扬尘和上扬尘方式后,最终采用遥控器控制电动机带动刷子旋转将粉尘从上至下刷落的上扬尘方式,使粉尘用量更少、扬尘率更高,成功率得以提升(见图8)。

图6 干燥程度不同的粉尘对比 　　图7 颗粒大小不同的粉尘对比

图 8　改进为上扬尘方式的装置实物

（五）成果展示

利用课余时间收集到的废弃材料做成的实验装置向其他同学进行展示，发现成功的喜悦和智慧的结晶。

八、效果评价

在这次"项目化学习——粉尘爆炸实验装置的改进"过程中，师生共同参与，体现了新的课程标准中倡导的"学生为主体，教师为主导"的教学模式，使学生在以下几个方面得到提升。

（1）分析能力的提升：通过指导学生学习，培养学生观察和分析实验的能力；通过观察实验装置和实验效果，发现问题并做出猜想，设计实验方案，最终解决问题。

（2）操作能力的提升：从旧装置到新装置的改进过程中，需要学生具备的实验探究能力越来越高，需要考虑的问题越来越复杂，创新空间也更大。

（3）思维方式的提升：从最初的听到响声知道发生了爆炸到需要看到明显的燃爆现象，从最初的看到盖子弹起到贴纸密封泄压考虑到安全问题，以及从最初的鼓气扬尘方式到最终的电刷扬尘方式，学生力争用最直观、最明显、最科学的方法解决问题，将理论问题实际化，提高了学习、探究效率。

探究铁制品锈蚀的条件

长沙市湘一芙蓉中学 陈桑尼

一、使用教材

人教版《化学》九年级下册第八单元"金属和金属材料"课题三"金属资源的利用和保护"。

二、实验器材

广口瓶、试管架、铁粉（或铁丝）、蒸馏水、碱石灰、棉花、植物油、橡皮塞、氧气传感器、数据采集器等。

三、实验创新要点/改进要点

（1）利用氧气传感器检测铁锈蚀过程中氧气含量的改变，比较直观地观察到氧气含量在铁锈蚀过程中下降，证明铁锈蚀的过程消耗了氧气（见图1）。

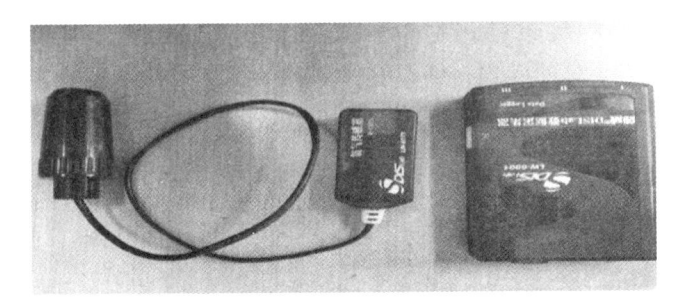

图1 氧气传感器

（2）如图2所示，本实验时间较短，数据改变更直观、更具有说服力。

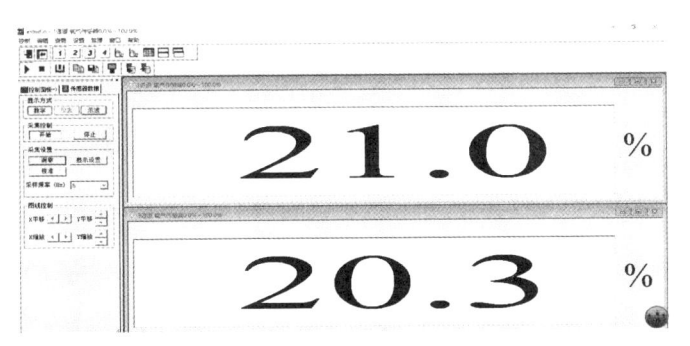

图2 两组对比实验数据

（3）实验的定量化改进促进了学生思维发展。本实验能够在定性研究气体反应的基础上进一步揭示铁锈蚀直接与氧气有关，且定量地测定氧气含量，直观地将变化量呈现在学生面前，打开学生的思维。

（4）锈蚀实验装置的创新。如图3所示，实验装置既有纵向的比较又有横向的比较，使实验过程中的现象一目了然。同时也可以对比锈蚀的程度和速度。本实验采用对比方式探究，为铁的防护提供思考角度，培养学生的社会责任感的核心素养。

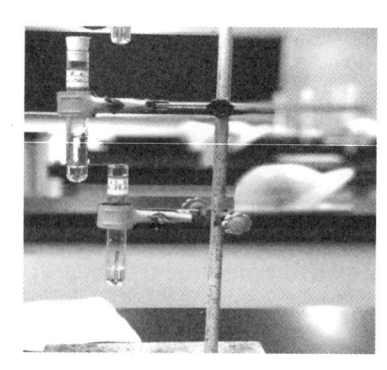

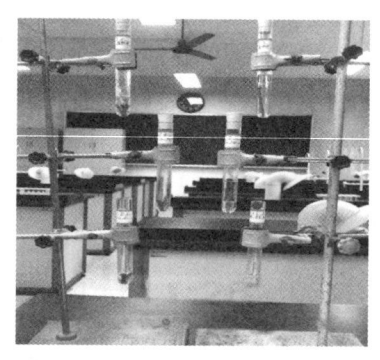

图3 锈蚀实验装置的创新

（5）授课形式创新。本堂课将教材实验的课外兴趣实验改为探究实验和课外兴趣实验相结合，有利于学生掌握知识，更便于学生理解。

四、实验原理/实验设计思路

铁锈蚀实验时间较长，一般要持续观察一周左右。人教版教材实验分别让铁只与水接触（无氧气）、只与空气接触（干燥）、与空气和水同时接触，通过三个控制变量（水和空气）的实验，观察到只有铁与空气和水同时接触才生锈，说明铁锈蚀是与氧气和水有关。此处通过三个实验对比说明铁锈蚀与水有关，但是得出另一个结论"与氧气有关"值得商榷，因为空气中除氧气外还含有氮气、二氧化碳和稀有气体等。

鉴于这种情况，如果能检测到氧气含量在铁锈蚀过程中的下降，则可直接证明锈蚀过程中消耗了氧气。

（1）将铁丝打磨后扎成捆，以增大铁丝与氧气的接触面积。当铁丝发生锈蚀的时候，消耗了广口瓶内的氧气，氧气传感器探测到氧气的含量通过数据采集器进行采集，再经过电脑上数字化软件的处理，将数据直接显示在屏幕上。

（2）课外兴趣实验利用铁架台的固定功能，同时开展对照实验，连续观察1个月。

五、实验教学目标

（一）知识与技能

认识铁锈蚀的条件。

（二）过程与方法

通过实验，提高学生的观察能力、动手能力和综合实践能力。

（三）情感态度与价值观

（1）通过使用氧气传感器定量探究铁锈蚀过程中氧气含量的变化，培养学生的科学探究精神和创新实验的核心素养，提高综合能力。

（2）通过实验，学生能够联系现实生活中的铁锈蚀现象，找到金属防护的方法，学化学用化学，增强社会责任感，为建设美丽中国贡献力量。

（3）体验科学探究的艰辛与喜悦。

六、实验教学内容

通过探究实验，学生更好、更容易、更加直观地了解铁锈蚀的条件，特别是氧气的含量的变化。

七、实验教学过程

（一）探究铁锈蚀消耗了气体

设计实验验证探究铁锈蚀消耗了气体，实验装置如图4所示。

图4 探究铁锈蚀消耗了气体的实验装置

（二）设计实验探究铁锈的条件

如何通过实验证明铁制品锈蚀的条件？学生根据已有的知识改变影响因素，就是设计控制单一变量的实验，于是他们相互讨论、自行设计实验并动手实验来进行探究。

（三）展示兴趣实验的实时照片

经过前两个实验的设计和探究，发现学生能很好地将学过的知识加以应用和迁移。接下来我向学生展示提前准备好的实验和实验实时照片，让学生在观察的过程中形成对比（见图5）。这一组是铁钉与空气、水同时接触的条件下锈蚀的实验，通过这一组实时照片，发现铁钉随着时间的推移不断生锈，越到后来锈蚀得越厉害。注意在实验过程中尽量不要移动试管，以便于观察。第二组将空气换成氧气，其他条件不变，实时记录观察锈蚀情况，此时学生发现铁钉在氧气和水存在的条件下就会生锈，且速度更快，出现锈蚀的现象更早。第三组则是改变接触面积的锈蚀实验，第四组则是在有干燥剂的情况下的锈蚀实验。

图5 探究铁锈蚀兴趣实验的实时照片对比

（四）实验数据处理

取一个广口瓶，铁丝与空气和水同时接触，连接装置，打开数字化软件采集、处理实验数据（见图6）。观察、描述、分析实验现象，得出结论。

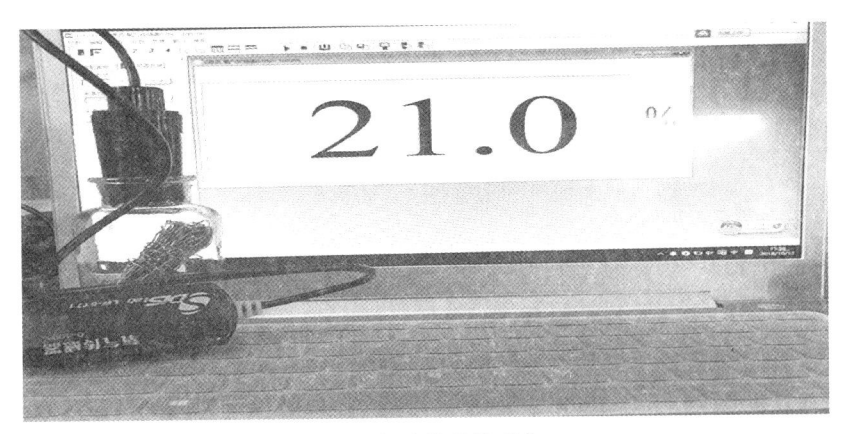

图6 数字化软件采集

八、实验效果评价

（1）实验的定量化改进提升了实验的可行性、直观性和实效性。

（2）利用氧气传感器非常便利，让学生体会科技的课堂；氧气传感器的运用将传统实验与现代化信息技术有效地整合起来，将科技与化学课堂有机结合，拓宽了科学探究的手段和方法，对中学化学的实验教学研究很有益处。

（3）实验教学与创新需要我们不断探索与追求，让学生在体验中成长，在创新中突破。

（4）整个实验以学生为主体，以问题为主导，引导学生不断进行探究，充分调动学生的积极性和参与度，解决了教材实验给出的铁锈蚀需要氧气这个结论的模糊性。

探究物质是否反应的依据

——以二氧化碳与氢氧化钠的反应为例

海南中学　陈智红

一、使用教材

人教版《化学》九年级第十单元课题一"常见的碱"。

二、实验器材

(1) 仪器：压强传感器、电脑、数据采集器、250mL 三颈烧瓶、胶塞、导管。

(2) 药品：二氧化碳、氢氧化钠固体。

三、实验创新要点/改进要点

氢氧化钠与二氧化碳的反应现象不明显（或无明显现象），导致学生难以判断其产物，记忆化学方程式较困难。因此采用数字化实验，利用压强传感器测定反应过程中二氧化碳的减少量，通过曲线证明氢氧化钠与二氧化碳发生反应，从而提高学生的表征能力和数字分析能力；接着让学生设计传统实验证明有碳酸钠生成，将传统实验与数字化实验相融合，不仅形象直观地解决学生的困惑，而且发散学生的学习思维，培养学生的探究意识，引导学生学会多角度证明化学反应是否发生。

四、实验原理/实验设计思路

(1) 实验原理：氢氧化钠固体与二氧化碳反应，消耗二氧化碳，装置内压强呈下降趋势。

(2) 反应化学方程式：

$$2NaOH + CO_2 =\!=\!= Na_2CO_3 + H_2O$$

五、实验教学目标

(1) 实现实验可视化，证明氢氧化钠固体与二氧化碳反应的本质。

(2) 建立多角度探究化学反应证据的思维，提升认知方式。

(3) 结合传统实验与数字化实验，突显化学核心素养内涵。

六、实验教学内容

向收集满 CO_2 的 250mL 三颈烧瓶中加入 0.8g 氢氧化钠固体（过量），测烧瓶内压强的变化。

七、实验教学过程

（一）课前准备

（1）在250mL锥形瓶中放入适量石灰石，塞上带长颈漏斗的双孔胶塞，向长颈漏斗中注入稀盐酸制取二氧化碳，并将二氧化碳依次通过饱和碳酸氢钠和浓硫酸的洗气瓶除杂，再将气体通入250mL的三颈烧瓶，一段时间后再用火柴验满。

（2）课前用电子天平称量0.8g氢氧化钠固体。

（二）课上操作

（1）打开电脑，开启软件，连接好气体压力传感器，设置横纵坐标数值。

（2）将0.8g氢氧化钠固体快速加入收集满二氧化碳的三颈烧瓶中，连接压强传感器。

（3）单击"采集数据"按钮，观察气体压力的变化。

（4）保存数据。

八、实验效果评价

（一）实现实验可视化，证明氢氧化钠固体与二氧化碳反应的本质

传统实验利用氢氧化钠溶液与二氧化碳发生反应，实验现象不明显（或无现象）；而本实验采用氢氧化钠固体，利用压强传感器得到的曲线可以得出反应物二氧化碳减少的结论，说明二氧化碳与氢氧化钠发生了化学反应。这样能很好地化"无形"为"有形"、化"抽象"为"具体"，满足了学生对实验现象的好奇心；实验不仅巧妙地克服了学生的认知障碍，开阔了学生的眼界，还有效提高了课堂的参与度，提高了学生学习化学的兴趣，教学效果明显，教学效益得到提高。

（二）建立多角度探究化学反应证据的思维，提升认知效果

在氢氧化钠固体与二氧化碳反应的过程中，利用多角度探究化学反应发生的证据，其中包括：反应物的减少、生成物的增加以及产物的检验，从而提高了学生思考问题、解决问题的能力，进一步提高了学生的发散思维能力。利用相应传感器得出曲线，能实时反映出相关物理量的变化，学生建立曲线表征，从本质上理解化学反应本质和实验原理，认知效果得到提升。

（三）结合传统实验与数字化实验，突显化学核心素养内涵

采用传统实验与数字化实验相结合的形式，从检验产物的方案设计到装置内

压强的变化情况，结合碱的化学性质，突显出化学核心素养的"变化观念和平衡思想"，重点突出"能归纳物质及其变化的共性和特征，能根据观察和实验获得的现象和数字概括化学变化发生的条件、特征与规律"。

综上所述，在氢氧化钠固体与二氧化碳反应的过程中，利用数字化实验将无现象的反应转化为曲线，学生能够直观、形象、实时、便捷地看出曲线的变化，分析得出证明化学变化发生的思路，提高分析问题能力，解决在实际学习中遇到的难点，为高中进一步学习碱和酸性氧化物的性质打好基础。

氢氧化钠化学性质的实验创新研究

武汉市武珞路中学 袁敏 董舒 陈琼 秦仁喜

一、使用教材

人教版《化学》九年级下册第十单元课题一"常见的酸和碱"第二课时"碱的化学性质"。

二、实验创新要点

（一）反应原理

$$CaCO_3 + 2HCl == CaCl_2 + H_2O + CO_2\uparrow$$

$$2NaOH + CO_2 == Na_2CO_3 + H_2O$$

$$Na_2CO_3 + 2HCl == 2NaCl + H_2O + CO_2\uparrow$$

$$NaOH + HCl == NaCl + H_2O$$

（二）实验用品

医用注射器6个（含针头）、气球、橡胶塞、输液管、输液夹、封口夹、自制三通、饮料管、自制塑料烧杯、大理石、稀盐酸、氢氧化钠溶液、酚酞溶液（见图1）。

图1 实验药品

（三）实验装置

实验装置如图2、图3所示。

装置1、2的功能：产生实验所需的二氧化碳。

装置3、4的功能：完成二氧化碳与氢氧化钠的反应，检验反应产物——碳酸钠。

装置 5 的功能：提供稀盐酸。

装置 6 的功能：验证氢氧化钠与盐酸发生了化学反应。

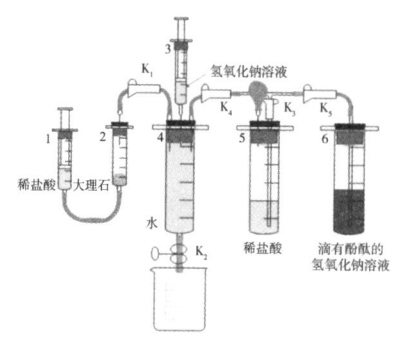

图 2　实验装置示意图　　　　图 3　实验装置实物图

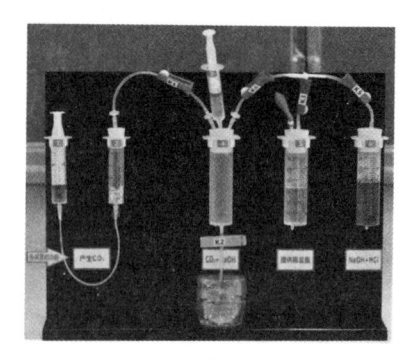

（四）实验步骤及现象

（1）组装仪器，检查装置气密性，装入药品，关闭所有开关。

（2）实验开始时，打开开关 K_1 和 K_2，将稀盐酸注入大理石中，可看到有大量气泡产生，生成的二氧化碳沿导管进入装置 4 中。

（3）待反应生成的二氧化碳将装置 4 中预先装满的水全部排出时，关闭开关 K_1 和 K_2，此时由于装置内气压增大将稀盐酸压回装置 1 中，实现固液分离，反应停止。

（4）注入少量的氢氧化钠溶液，可观察到装有氢氧化钠的装置 3 的注射器活塞缓缓下移，这是因为装置 4 内的气压减小。

（5）待充分反应后打开开关 K_4 和 K_5，观察到滴有酚酞的氢氧化钠溶液沿导管上升进入装置 4 中，使得装置 4 和装置 6 中的气压相同且均小于大气压。

（6）待气压平衡后关闭开关 K_5，打开开关 K_3，观察到稀盐酸沿导管进入装置 4 中，装置 4 中溶液由红色褪为无色且有气泡产生。

（7）打开开关 K_5，观察到稀盐酸沿导管上升进入装置 6 中，装置 6 中滴有酚酞的氢氧化钠溶液最终由红色变为无色。

（8）整理实验台。

（五）实验结论

（1）观察到装置 4 中有气泡产生，证明氢氧化钠与二氧化碳反应生成碳酸钠；

（2）观察到装置 6 中溶液由红色褪为无色，证明氢氧化钠和盐酸的确发生了化学反应。

（六）实验创新要点

实验装置一体化、实验用品生活化、实验趣味性、实验现象明显。

三、实验教学设计

（一）教材分析

人教版《化学》九年级下册第十单元课题二"酸和碱的中和反应"中的实验，以氢氧化钠与盐酸的反应为载体，揭示了酸和碱的中和反应及其实质，并通过指示剂颜色的改变说明反应物氢氧化钠被消耗，从而证明氢氧化钠与盐酸发生了化学反应。那么对于第十单元课题一"常见的酸和碱"中二氧化碳与氢氧化钠的反应，我们也可以通过反应物二氧化碳被消耗和新物质碳酸钠生成这两个角度证明二氧化碳与氢氧化钠发生了化学反应。

（二）学情分析

在学习本单元前，学生已经储备了一定的化学知识，具备了基本的实验操作技能和科学探究能力。他们的求知欲强，参与化学实验的积极性高，这为本节课的学习打下了良好的基础。但由于酸和碱的知识内容多、综合性强，学生容易产生畏难情绪。那么如何用实验探究的方式激发他们的学习兴趣，把抽象的知识直观化、形象化、简单化，帮助他们理解和掌握，进而形成化学思维方法呢？

我们在实验教学中，以学生为本开设了校本实验课程，并在校本实验课上开展了利用一体化装置来整合氢氧化钠化学性质的实验研究。依据掌握学习理论、建构主义理论和最近发展区理论，设计了以学生为中心的翻转课堂教学模式。让学生成为课堂的主体，主动建构知识，从体验中学习。

（三）实验教学目标

根据以上教材分析、学情分析以及新课标对学生化学核心素养的要求，设计了如下教学目标及教学重难点。

（1）教学目标。

知识与技能：让学生进一步认识氢氧化钠分别能与二氧化碳、盐酸发生化学反应，并用明显的现象证明反应的发生。

过程与方法：通过实验创新活动，培养学生"科学探究与创新意识""科学精神与社会责任"等化学核心素养。

情感、态度、价值观：通过对装置的分析、交流、评价与功能拓展培养学生的发散思维能力，养成勤于反思、勇于质疑的科学精神。

（2）教学重点、难点。

教学重点：①用明显的现象证明氢氧化钠能分别与二氧化碳、盐酸发生了化学反应。②通过对实验装置的整合将氢氧化钠的化学性质探究实验串联在一起，从而实现知识的整合，使学生的知识形成网络。

教学难点：通过对氢氧化钠化学性质探究实验的整合与创新，培养学生的科学探究能力和思维能力。

四、实验教学过程

（一）课前学习

学生参照课前自主学习任务单，结合课本与课前学习资源进行学习，给予学生思考的空间，提出自己的见解与疑惑，并自主设计实验。

（二）课堂学习

课堂上应用分组实验法、合作交流法来进一步拓展提升，并用四个课堂活动串联整个实验探究过程："评价小结，课前学习"→"小组合作，实验探究"→"展示交流"→"反思与小结"。

（1）学生展示课前自主学习任务单，提出课前学习中的困惑，教师选取课前学习中小组设计的实验装置及拍摄的实验视频，通过互助交流讨论的方式解惑释疑并归纳完善实验设计原理。

（2）教师引导学生按照给定药品利用气压原理设计一套实验装置验证氢氧化钠的多种化学性质。小组代表展示并介绍设计的实验装置，通过对装置的分析、交流与评价，形成科学完善的实验设计方案。接下来教师展示并介绍实验装置，小组分析各装置的功能和作用。随后教师播放实验动画（见图4），通过动画的形式模拟实验过程，增强实验过程的可视化。动画的制作为翻转课堂的学习提供了很好的学习资源，便于学生反复观看、学习。为了便于观察，我们将无色的溶液用蓝色表示，并用白色烟雾来模拟二氧化碳的逸散过程。

图4 实验动画

在充分了解实验原理的基础上,学生按实验步骤合作完成分组实验。实验开始前教师提醒学生戴好护目镜,并强调实验过程中注意安全。教师从每个小组上传的直播实验视频(见图5)中及时发现问题,并对实验中遇到的困难给予实时引导。学生在"看实验"到"做实验"的角色转变中提高了探究的兴趣,加深了对氢氧化钠化学性质的认识。

图5 实验直播视频

(3)学生以抢答形式汇报展示小组实验成果,交流实验过程中的收获与发现的问题。比如,有小组同学提出在实验步骤(6)中不关闭开关 K_5 而直接打开开关 K_3,观察到盐酸同时倒吸进入装置4和装置6中,装置4和装置6中溶液颜色由红色褪为无色,且装置4中有气泡产生。通过分析该小组得到了相同的实验结论。又如,有小组认为可以去掉开关 K_4,以达到简化实验的目的。而老师设计开关 K_4 是为了让同学们分步观察到装置4和装置6中的实验现象。学生不仅积极主动地参与实验,还勇于对实验进行改进,培养了科学探究与创新意识。

(4)小组代表交流本节课的收获;随后教师提出问题,引导学生通过借助更换试剂的方式验证了氢氧化钠和硫酸铜的反应,完善了对碱的化学性质的探究,进一步拓展了该装置的功能。

(5)引导学生再次回顾氢氧化钠的化学性质并归纳提升至碱的化学性质,小组合作完成思维导图,进一步实现了知识的整合,形成立体化知识网络。

(三)课后拓展

课后请同学们充分利用这套装置的多功能性,将所学酸碱盐的知识进行更多更完美的整合。

五、实验效果评价

本实验主要从实验装置一体化、实验用品生活化、实验趣味性、实验现象明显等方面完成了对氢氧化钠化学性质探究实验的整合与创新。

（1）整合化学知识：化学实验是学生整合化学知识的重要途径和方法。通过一套一体化装置能将多个单一实验进行归纳和整理，并将零散的化学知识整合在一起，直观呈现了氢氧化钠的化学性质，并归纳提升到碱的化学性质，使学生的知识体系更加系统和完善，降低了学习的难度，激发了他们学习的热情，提高了学习积极性和主动性。

（2）培养发散思维：化学实验是培养学生思维能力重要途径和方法。通过气压的改变设计实验，用直观现象展示反应的发生，增强了实验的趣味性。并用不同的操作步骤引发不同的实验现象，让学生感受到化学的魅力。小组尝试更换试剂完善了氢氧化钠化学性质探究实验，拓展提升了该装置的功能，培养了发散思维，有利于学生的可持续发展。

（3）提升化学素养：化学实验是培养学生科学素养的重要途径和方法。通过对实验进行改进和创新，培养了学生的科学探究与创新意识；通过利用生活中常见物品设计实验，并在实验中强化安全意识和环保意识，符合"从生活走进化学"课程理念，体现了可持续发展与绿色化学理念，培养了学生的科学精神与社会责任；最终达到全面提升他们的化学核心素养、形成化学思维方法的目的。

家庭实验
——补钙剂中含钙量的测定

上海市民办万源城协和双语学校　王媛媛

闵行区教育学院　程静芳

一、使用教材

沪教版《化学》九年级第二章第三节"化学变化中的质量守恒"、第四章第三节"二氧化碳的实验室制法"。

二、实验器材

药品：碳酸钙 D_3 颗粒、白醋（6°）。

仪器：电子天平、食品密封袋、食品密封夹、量筒。

三、实验创新要点/改进要点

（1）本实验用品及仪器均来源于生活常见物品，简化了实验操作步骤，完成了家庭实验中补钙剂的含钙量测定，激发学生学习兴趣，让学生真正学以致用，培养其学科核心素养。

（2）在"差量法"测定二氧化碳质量的实验中，选用食品密封袋作为反应容器，搭配使用密封夹。一方面实现良好的密闭环境，符合有气体参与的质量守恒定律计算要求，而且密封袋便于排出装置内气体，避免装置内二氧化碳残留造成影响。另一方面利用密封夹能够完全分隔反应前的固液试剂，可以准确称量反应前后体系的总质量，不会因加白醋时反应提前发生而造成质量损失。

四、实验原理/实验设计思路

$$CaCO_3 + 2CH_3COOH =\!=\!= Ca(CH_3COO)_2 + H_2O + CO_2\uparrow$$

利用反应体系在反应前后质量的差值，计算出生成气体二氧化碳的质量，再根据公式，直接计算出补钙剂中的含钙量。

$$m_{Ca} = \frac{40 \times m_{CO_2}}{44}$$

五、实验教学目标

（1）掌握含钙量测定的实验原理，感悟质量守恒定律，建立物质之间的定量关系。

（2）通过补钙剂含钙量的测定，了解物质含量测定的一般方法与思路。

(3) 创造性地利用密封袋完成补钙剂含钙量的测定，提升实验设计能力。

(4) 用化学知识解决生活问题，学以致用，激发兴趣，感受化学的魅力。

六、实验教学内容

本节是学习了质量守恒定律及二氧化碳的实验室制法内容后的拓展课程，以婴幼儿枕秃现象为生活情境，创设"如何在家庭实验中测定补钙剂中的含钙量"情境问题。通过教师的引导分析，重点是让学生掌握含钙量的定量计算过程，能够从实验原理、方法、药品、仪器、步骤设计及过程记录等方面考虑，完善实验报告。难点为突破实验装置常规思路，创造性地利用密封袋密闭反应体系，完成实验并进行计算，最终解答情境问题。

七、实验教学过程

（一）情境引入

王老师 10 个月大的儿子枕秃很严重，医生说得吃点补钙剂。可是两个月后改善效果不明显。是不是补钙剂中钙的含量偏低？

（二）提出问题

如何在家庭实验中测定补钙剂中的含钙量？

（三）标签识别

补钙剂中钙元素的来源是什么？

（四）科学探究过程

(1) 实验原理：根据所学知识测量碳酸钙中钙的含量。

(2) 实验方法：实验室有哪些测量气体二氧化碳的方法？在家庭实验中哪一种方式更合适？

(3) 实验药品：家庭里没有稀盐酸，应该选择什么酸试剂？已知市售的白醋质量分数是 6%，密度为 1.01g/mL，若使补钙剂中的碳酸钙充分反应，需要至少多少毫升的白醋？

(4) 实验仪器：在家庭里可以选择哪些物品作为反应容器呢？

(5) 实验步骤：根据提供的药品及器材，小组合作设计实验步骤并交流展示，完善实验步骤设计。

(6) 实验实施：根据实验方案设计，完成定量测定实验，计算含钙量，解答情境问题。

(7) 实验评价：今天的实验有哪些创新点？

八、实验效果评价

(1) 宏观辨识与微观探究：通过补钙剂中含钙量的测定，利用反应原理与质量守恒定律，感悟宏观物质与元素守恒之间的关系。

（2）证据推理与模型认知：在含钙量的测定中，通过对药品、方法、仪器、步骤的选择与分析，了解物质含量测定的一般方法与思路，形成模型认知。

（3）科学探究与创新意识：创造性地利用密封袋，鼓励学生从不同角度进行问题分析，完成补钙剂中含钙量的测定，提升实验的设计能力。

（4）科学精神与社会责任：用化学知识解决生活问题，学以致用，激发兴趣，感受化学的魅力，增强社会责任。

研究性学习
——海水制碱再探

山东大学附属中学　范亚男

一、使用教材

鲁科版《化学》九年级下册第八单元第三节"海水制碱"。

二、实验器材

三口烧瓶、恒温水浴锅、CO_2钢瓶、洗气瓶、铁架台、酒精灯、石棉网、火柴、胶头滴管、直角导管、锥形瓶、分液漏斗、集气瓶、洗气瓶、胶皮导管、小烧杯、弹簧夹、试管等。

三、实验创新/改进要点

鲁教版《化学》九年级下册第八单元第三节是"海水制碱",其中海水制碱工艺流程比较抽象,教材中并未给出相应的演示实验,学生难以理解具体的反应原理和工艺。所以我在课堂教学中通过增加创新实验让学生探究反应原理,使该工艺过程直观化、形象化,便于学生理解掌握,有助于培养学生的创新意识和化学学科素养。学生从原料探究开始,自主设计方案,将复杂的制碱工艺流程用简易的装置模拟演示,在探究过程中归纳总结出制碱的原理。

（一）氨盐水与瓶装 CO_2 反应

实验方法设计：利用氨气制成 50mL 饱和氨盐水,将氨盐水倒入一个充满二氧化碳的矿泉水瓶。

实验现象：瓶子变瘪,没有晶体析出。静置 10h,仍没有晶体析出。

实验反思：本次实验失败,学生进行反思和研讨。

（二）优化 CO_2 的发生装置

实验方法设计：利用锥形瓶和分液漏斗制取 CO_2,加入饱和碳酸氢钠的洗气瓶和尾气处理装置。

实验创新点：保证 CO_2 的通入量,增加洗气瓶使与氨盐水反应的 CO_2 更纯净。

实验现象：成功析出了晶体。

实验反思：①反应时间长达 10h；②需要分步实验,较为烦琐。

（三）优化反应条件

实验方法设计：通过文献查阅，发现该反应温度控制在30℃。经过多方讨论、论证，选择利用恒温水浴锅优化反应条件至30℃，同时将多个装置改为一套装置，利用三口烧瓶进行一体化实验装置设计。

实验创新点：①优化反应条件，缩短反应时间，将10h优化至40min；②一体化装置；③环保性、实用性、简约性。

实验反思：CO_2气流量不好控制，需要随时补充盐酸。

（四）优化CO_2气流量装置

实验方法设计：学生联想到家里水草缸的CO_2钢瓶可通过减压阀和微调阀控制CO_2的流速，保证气流的稳定。所以将CO_2的产生装置改为CO_2钢瓶。

实验创新点：气流稳定，操作简便，反应易于控制；气体更纯净、安全、绿色。

多种方案的不断创新优化，最终得到图1的实验装置。通过CO_2钢瓶提供稳定纯净的CO_2，利用恒温水浴锅控制反应条件至30℃，同时利用三口烧瓶将多个装置（制备饱和氨盐水装置、尾气处理装置、反应装置）一体化。整个实验装置具有环保性、实用性、简约性、可视性，给予学生三维表现力的体验。

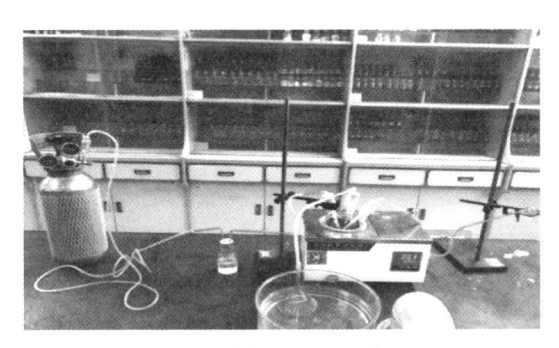

图1　海水制碱实验装置

四、实验原理/实验设计思路

实验探究和创新意识正是化学学科核心素养的实践基础。开展研究性学习，更有助于学生实现知识的生成和创新能力的培养。因此，在教学过程中利用研究性学习引导学生进行实验创新，培养学生设计思维，促进核心素养的落实，实现"以学生为本""以素养为本"。

本次基于教材实验改进的项目式研究性学习，为学生构建了科学探究的一般过程。海水制碱是学习物质制备和混合物分离的经典学习素材。海水制碱的生产工艺在教科书中仅以图片形式出现，本实验深入挖掘海水制碱这一素材，将物质的制备、分离等设计为一个整体实验来模拟，将海水制碱这一经典素材由静态图片转化为动态实验探究展示，体现了化学、技术、社会、环境的相互联系。学生只有在面对真实复杂问题时，能够自主调用认识角度，利用高度结构化、观念化的知识解决问题，才具备了高水平的核心素养。

五、实验教学目标

（1）能说出海水制碱的反应原理，正确选择并合理设计实验装置，深化对实验探究各环节的认识。

（2）建立物质转化的基本设计思维，增强精诚合作、积极分享、有效表达的科学研究习惯，初步形成综合实验的设计能力。

（3）树立元素守恒观，增进对化学学习的兴趣。初步形成富于思考、勇于探索、敢于质疑的科学精神。

六、实验教学内容

（1）通过解决实际问题，复习了酸碱盐之间复分解反应发生的条件。

（2）气体的制取、净化、性质探究等综合实验的设计。

（3）了解海水制碱的工艺流程。

（4）了解可以利用 X 射线粉末衍射仪等数字化设备解决实际问题。

七、实验教学过程

（一）第一课时

（1）创设情境，提出问题。出示纯碱的照片，你能说说生活中纯碱的应用吗？

设计意图：海水制碱工艺流程比较抽象难以理解。我设计纯碱的应用，学生从生活入手，找到刷碗、做馒头等生活中的用途。采用这样的情境导入，以学生生活体验为基础，激发学生探究的欲望。

（2）问题驱动，设计方案。

问题1：从氯化钠到纯碱，物质的元素组成发生了什么变化？

引导学生分析讨论利用海水中提取的氯化钠来制取碳酸钠，分析物质的元素组成变化，让学生得出结论：需要碳氧元素。而自然界中能提供碳氧元素而又最好获得的物质就是 CO_2，树立起化学反应前后元素守恒观念。

问题2：能不能用食盐水直接跟 CO_2 反应呢？

演示实验：将饱和食盐水加入到充满 CO_2 的矿泉水瓶，发现瓶子没有明显变化，说明 CO_2 吸收率不高，在水中溶解度不够大。

设计意图：将制碱复杂的综合工艺流程进行拆分，使学生有一个由浅入深的认知过程，而且这个演示实验给学生带来一定的认知冲突，引发学生新的知识增长点，思考该如何改进。学生通过所学知识，认识到要想溶液中出现更多的碳酸根离子，需要用碱来吸收 CO_2。

问题3：如何促进 CO_2 的溶解，使其提供更多的碳酸根呢？

在问题驱动下，学生组内讨论，设计实验，选择多种碱进行实验，发现碱确实可以增大 CO_2 的溶解度。多角度分析，最终确定了氨盐水作为原料。

设计意图：清晰的实验现象帮助学生理解选择氨盐水的原因，突破本实验的难点。

问题4：如何设计你的实验来完成制碱呢？

针对怎样进行实验，学生们组内讨论，制定探究方案。

（3）实验探究，创新优化。

1）小组合作进行实验。课后还可以利用实验室的开放时间不断摸索改进。同时利用课余时间进行线上交流，将课上引到课外，打破课时界限。

设计意图：学生在做中学，体会科学探究的艰辛与喜悦。

2）获得结论，反思评价。学生对实验数据进行加工整理，得出实验结论。反思实验成败的原因，评价实验设计的优缺点等。

(二) 第二课时

(1) 环节一：表达与交流。小组答辩展示，组间交流提问，教师点拨提升。

1）氨盐水与瓶装 CO_2 反应。本次实验失败，学生进行反思和研讨。进行定量计算，发现需要的 CO_2 量较多。学生初步形成从定性到定量的化学研究思路，更直观、更准确。体现了学生设计实验中不断"试误"的过程，不断尝试反思。

2）优化 CO_2 的发生装置。该小组的实验装置如图2所示。

图2 优化 CO_2 的发生装置

反应一开始，学生就惊喜地发现在瓶颈处出现部分晶体，经过10min反应后，瓶底也析出大量晶体，如图3所示。学生对晶体成分做各种猜测，产生认知冲突，渗透质疑批判核心素养，主动进行科学探究。

图3 析出晶体

我带着学生走进山东大学晶体所，由晶体所教授给同学们介绍X射线粉末衍射分析仪。将课堂延伸到大学科研所，分别测定瓶颈和瓶底晶体，从图库中找到碳酸氢钠和碳酸氢铵的标准峰进行对比，发现瓶颈晶体主要是碳酸氢铵，瓶底主要是碳酸氢钠及其水合物，如图4所示。

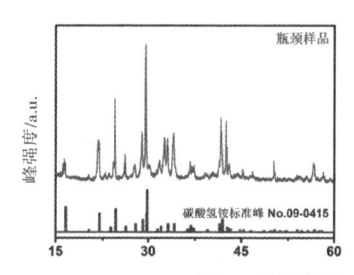

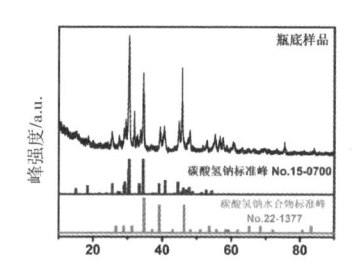

图4 瓶颈和瓶底样品的XRD谱图

设计意图：依托大学附中的办学优势，利用大学的教育资源，体会先进技术对科学研究带来的便利。学生出现认知冲突，发现两个样品不一样，在冲突的驱动下，学生提出问题，查阅资料，主动钻研与思考现象背后的理论。发展了学生的批判性思维，体现了真实性的学习。学生通过自主探究氨碱法的反应原理，再从定量角度认识反应，分析得出碳酸氢钠溶解度小，产量大，突破本实验的重点。

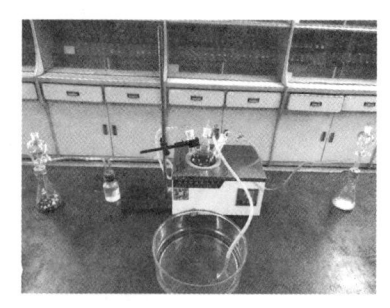

图5 优化反应条件装置

3）优化反应条件。该小组的实验装置如图5所示。

4）优化 CO_2 气流量装置。该小组的实验装置如图1所示。

（2）课堂评价。学生根据评价标准进行自评和小组互评。

八、实验效果评价

本实验从简单原理到制备过程，暗含化学核心素养培养和学生科学创新活动两条主线，让知识目标和素养目标互相渗透，让学生明白从"简单原理"到"制备"的差异，体会到在真正的工业生产中还需要解决很多实际问题，需要智慧，也充满挑战。在解决问题的过程中倡导多向交流，给学生足够的思考空间，鼓励学生大胆创新实验，培养环保意识。使用数字化测量仪器 X 射线粉末衍射仪，使学生体会先进科学技术的奇妙，形成更精准的研究思路。智慧教室的使用，使数据收集更快、师生交流更便捷、展示方式更直观。

本次基于教材实验改进的研究性学习，为学生构建了科学探究的一般过程，鼓励学生敢于质疑和批判，培养了学生勇于开拓的创新精神、团结互助的合作精神，为学生的终身发展奠定基础。让学生理解科学的本质不在于已经认识的真理而在于探索真理，在经历中提高科学素养，培养化学学科核心素养，落实立德树人的根本任务。

神奇的鸡蛋
——用鸡蛋实验完成的化学知识复习

自贡市蜀光绿盛实验学校　钟红英

一、使用教材

人教版2012年《化学》九年级下册第十和第十一单元"酸碱盐"复习课。

二、实验器材

仪器：吸滤瓶、三口瓶、100mL锥形瓶、配套的带活塞的导管、试管3支、集气瓶、250mL烧杯、20mL注射器两支、橡皮塞、导管。

药品：稀盐酸、饱和碳酸钠溶液、氢氧化钠溶液、澄清石灰水、大理石、硫酸铜溶液、氯化铁溶液、氯化钡溶液、无色酚酞溶液。

材料：鸡蛋数枚。

三、实验创新要点

创设下列3组实验，复习知识的同时改善学生对复习课枯燥乏味的认识，提高复习的兴趣。

（1）"探究鸡蛋壳成分"用于复习酸和盐、盐和盐的反应，以及 CO_2、CO_3^{2-}、Ca^{2+} 的检验。还可以根据学生学情决定是否对 CO_3^{2-}、Ca^{2+} 的检验进行知识拓展。

（2）用去壳鸡蛋完成"鸡蛋入瓶"和"鸡蛋出瓶"实验，能较好地复习酸碱盐的性质，锻炼综合分析、灵活运用知识的能力。

（3）"探究鸡蛋在白醋中浸泡后变大的原因"使学生了解高分子薄膜。

四、实验内容

（1）探究鸡蛋壳成分。

（2）鸡蛋入瓶（见图1）和鸡蛋出瓶（见图2）。

（3）探究鸡蛋白膜是否有空隙。

图1　鸡蛋入瓶 　　　　　　　　图2　鸡蛋出瓶

五、实验教学目标

（1）整合酸碱盐的性质，了解高分子薄膜。

（2）培养学生科学探究，综合分析的能力。

（3）学会思考，学会合作，学会探究。

六、实验过程

（一）课前实验：白醋浸泡鸡蛋

实验现象：鸡蛋表面产生大量气泡（见图3），较长时间后鸡蛋会变软变大（见图4）。

图3　气泡产生 　　　　图4　鸡蛋变大

提出疑问：鸡蛋壳的主要成分是什么呢？鸡蛋白膜又有什么作用呢？鸡蛋在白醋中浸泡后为什么会变大呢？

（二）实验创新一：探究鸡蛋壳的主要成分

学生推测：鸡蛋壳能和白醋反应，那么鸡蛋壳也应该能与盐酸反应。

学生实验：将稀盐酸加入鸡蛋壳中。

学生分析：要证明碳酸钙还需证明鸡蛋壳中有 CO_3^{2-} 和 Ca^{2+}。

学生们开始讨论、思考，整理得出实验方案，通过实验验证方案。

学生分析讨论了实验现象，得出结论：鸡蛋壳主要成分是碳酸钙。

该实验以鸡蛋壳为原料，可复习酸与盐、盐与盐的反应，以及 CO_2、CO_3^{2-}、Ca^{2+} 的检验。复习时可根据学生学情，决定是否对离子的检验进行拓展。

（三）实验创新二：鸡蛋入瓶

（1）利用氢氧化钠与二氧化碳的反应使鸡蛋入瓶。

学生提出反对意见：集气瓶中压强减小不能说明氢氧化钠与二氧化碳发生了反应，因为二氧化碳也能溶于水。学生们开始了讨论和验证。

学生想到鸡蛋入瓶的方法还有：燃烧消耗空气中氧气、水蒸气液化（见图5）。

图 5　鸡蛋入瓶方法展示

（2）创新实验：鸡蛋出瓶。

完成了鸡蛋的入瓶，学生们立即对鸡蛋出瓶产生了兴趣。学生首先想到方法是：集气瓶倒置，用开水淋集气瓶。

我提出：能不能利用化学反应使鸡蛋出瓶呢？

学生开始分析集气瓶特点。集气瓶为单口瓶，倒置后不能往瓶中加入药品。要利用化学反应需选用两口或者多口容器。接下来，我向学生展示了吸滤瓶和三口瓶。

学生分析了吸滤瓶（见图6）的特点，设计出方案：将大理石与稀盐酸反应产生的气体通入瓶中。气体发生装置的仪器经历长颈漏斗（见图7）→分液漏斗（见图8）→选用单孔橡皮塞（见图9）。

图 6　吸滤瓶　　图 7　第一次组装的装置　　图 8　第二次组装的装置　　图 9　最终的装置

应用三口瓶（见图10）时则用两支注射器分别吸取碳酸钠溶液和稀盐酸，同时将药品推入瓶中（见图11~图13）。

图 10　三口瓶　　图 11　设计、组装仪器　　图 12　注射器吸取溶液　　图 13　向三口瓶中推入溶液

实验原理：盐酸与可溶性碳酸盐、难溶性碳酸盐都能反应生成二氧化碳。

（四）创新实验三：探究鸡蛋白膜是否有空隙

（1）设计实验。将变软鸡蛋分别放入蓝色的硫酸铜溶液中，加热，去膜，鸡蛋白变成蓝色；另取变软的鸡蛋放入黄色的氯化铁溶液中，进行相同实验后，发现鸡蛋白变成黄色。

实验说明鸡蛋白膜有空隙。由此可知，鸡蛋在白醋中浸泡后变大是因为水分子或者微小粒子进入鸡蛋中。

继续引导学生查阅资料、扩展知识：鸡蛋白膜是一种高分子薄膜，能允许体积小的分子或者离子通过。该实验使学生更容易理解高分子薄膜的隔水透气功能，理清知识体系，提高复习效率。

（2）学生完成1：将知识与对应的酸碱盐用线连起来。

（3）学生完成2：总结二氧化碳反应和二氧化碳生成的方法。

七、实验特点、效果、反思和成果

（1）特点：该系列实验取材于生活，服务于教学。

（2）效果：启迪思维，复习了酸碱盐知识、高分子薄膜、有机高分子，并拓展了部分化学知识，改善了学生对复习课枯燥乏味的认识，提高了学生复习的兴趣。

（3）反思：在完成离子通过鸡蛋白膜实验时药品用量较大。有学生提出将鸡蛋改为体积较小的鹌鹑蛋。实验后出现：用鹌鹑蛋能达到相同的效果，且节约药品。

（4）成果：课后，学生们开展了鸡蛋与不同浓度、不同种类酸溶液反应的实验探究。探究成果参加了四川省科技创新大赛，获一等奖。

创设实验情景，提高复习兴趣，培养探究能力，我一直在努力！

▶高中化学

幻彩实验
——项目式合作学习之电解原理的探究

白云区第一高级中学　王倩

一、使用教材
人教版《化学选修4　化学反应原理》第四章第三节"电解池"。

二、实验器材
（1）仪器及用品：U形管、铁架台、橡胶塞、酒精灯、导线、石墨电极、注射器、铁丝、火柴、玻璃棒、量筒、烧杯、试管、胶头滴管等。

（2）药品及试剂：饱和食盐水、饱和Na_2SO_4溶液、饱和$CuSO_4$溶液、1mol/L $CuCl_2$溶液、NaOH溶液（pH=8稀溶液、pH>13浓溶液）、饱和KCl溶液、果冻、铁氰化钾溶液、硫氰化钾溶液、乙醇、紫甘蓝提取液、淀粉-KI试纸。

三、实验改进及创新要点

（一）改进实验装置
改进装置操作简便，安全可靠，无气体泄漏和残留，绿色环保；既可清晰观察实验现象，又能进行气体的收集、检验及尾气处理，如图1所示。

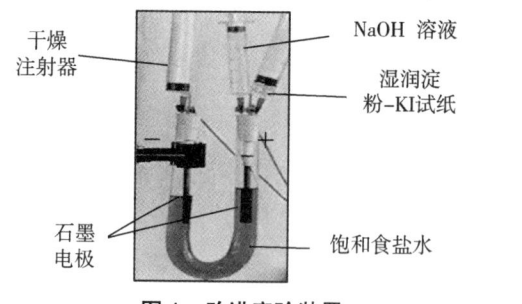

图1　改进实验装置　　　　图2　紫甘蓝提取液作指示剂

（二）改进指示剂
改用紫甘蓝提取液作指示剂，用惰性电极电解饱和食盐水实验现象明显

（见图 2）。阳极溶液由紫色变为红色（因氯气与水反应生成 HCl），电极附近红色随后褪至无色（因氯气与水反应同时生成 HClO）。阴极溶液由紫色迅速变为绿色，随后逐渐变为黄色（因溶液中 OH⁻ 浓度由小到大），在 U 形管底部两极溶液交汇处还可以看到蓝色（因 7.5<pH<8.5 时紫甘蓝呈现蓝色）。

（三）比较活性金属电极与溶液中离子的放电能力

利用图 2 装置，在石墨电极的基础上增加金属电极，还可清晰地比较金属电极与溶液中离子在阳极的放电能力，如图 3 所示。

（四）模拟氯碱工业

利用图 2 装置，在 U 形管中间加入含有饱和 KCl 溶液的果冻充当离子交换膜，可以成功模拟氯碱工业，如图 4 所示。

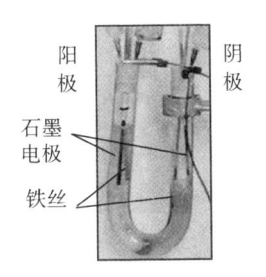

图 3　比较放电能力　　　　图 4　模拟氯碱工业

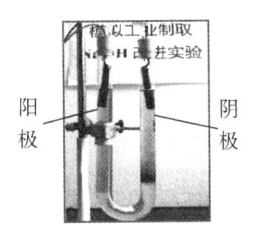

四、实验原理

（1）用惰性电极电解饱和食盐水：$2NaCl+2H_2O \xrightarrow{电解} 2NaOH+Cl_2\uparrow +H_2\uparrow$

（2）比较活性金属电极与溶液中离子的放电能力（在前一实验基础上改进）。

1）石墨电极：阳极：$2Cl^--2e^- == Cl_2\uparrow$　　阴极：$2H_2O+2e^- == H_2\uparrow +2OH^-$

2）铁丝：阳极：$Fe-2e^- == Fe^{2+}$　　阴极：$2H_2O+2e^- == H_2\uparrow +2OH^-$

3）先用石墨电极，后插入铁丝：

阳极：$2Cl^--2e^- == Cl_2\uparrow$，$Fe-2e^- == Fe^{2+}$，$2Fe^{2+}+Cl_2 == 2Fe^{3+}+2Cl^-$

阴极：$2H_2O+2e^- == H_2\uparrow +2OH^-$

（3）用含饱和 KCl 溶液的果冻充当离子交换膜，模拟氯碱工业。

（4）紫甘蓝提取液的变色范围：pH<6.5：显示粉红色；7.0<pH<7.1：显示紫色；7.5<pH<8.5：显示蓝色；8.5<pH<12：显示绿色；pH>12.5：显示黄色。

五、实验教学与评价目标

（一）实验教学目标

（1）通过引导学生发现电解实验中的问题，进行实验装置和实验材料的改进，培养学生的科学探究与创新意识。

（2）通过对电解饱和食盐水实验过程的分析解释，发展学生"概括关联和说明论证"的能力，重新建立电解池系统分析的思维模型。

（3）通过不同类别物质的电解实验，发展学生"应用实践、迁移创新"的能力，帮助学生完善认识模型，建构电解原理的化学基本观念。

（4）通过模拟氯碱工业实验，帮助学生体验化学在工业生产中的价值，增强社会责任感。

（二）评价目标

（1）通过对实验装置设计方案的交流与点评，提高学生的实验探究水平（定性水平）。

（2）通过对电能和化学能之间转化的感知与分析，提高学生对能量转化的认知（宏观现象、微观认识）以及认识思路的结构化水平（视角水平、内涵水平）。

（3）通过对实验试剂的改进及处理的交流与点评，提高学生对化学价值的认识水平（学科价值视角、社会价值视角、学科和社会价值视角）。

六、实验教学内容

以项目式学习为指导，改进电解实验装置，以紫甘蓝提取液为指示剂电解饱和食盐水。通过观察实验现象，引导学生分析阴阳两极电极反应、溶液中离子移动方向，正确书写电极反应及电池总反应方程式。

在科学探究的基础上，学生借助含饱和 KCl 溶液的果冻，低成本模拟氯碱工业；借助石墨、铁两种电极，比较电解饱和食盐水、饱和 Na_2SO_4 溶液、饱和 $CuSO_4$ 溶液、$CuCl_2$ 溶液八个实验现象的异同。通过辨析、归纳、总结，学生理解了金属电极在阳极优先于溶液中的阴离子放电；借助离子的氧化性和还原性强弱，学生掌握了溶液中常见阴阳离子的放电顺序，深刻理解电解原理。

七、实验探究过程

（一）项目导引：创设情境，引出问题

人教版教材中没有该实验，文献中此实验的装置大都如图 5 所示，请学生自选装置，分组实验。

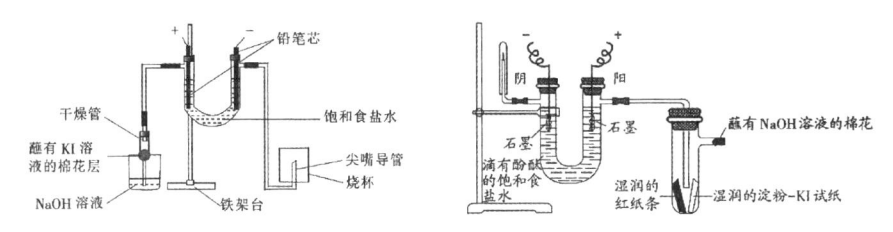

图 5　文献中电解饱和食盐水实验装置

实验中发现两个问题：

(1) 导管中有氯气残留，污染环境。

(2) 选择酚酞作指示剂，用石墨电极电解一段时间后，发现阴极附近的溶液先变红后变浅甚至褪色。

针对以上存在的问题，我引导学生进行了两个实验探究活动。

（二）任务一：改进实验装置

利用中学实验室常见器材，设计一套环保、安全、简单的电解食盐水的实验装置。从开始的气体收集，到气体的检验，最后到尾气的处理，经过三个阶段的摸索尝试，最终学生设计出一套操作简便，安全可靠，无气体泄漏、残留，绿色环保，既可清晰观察实验现象，又能进行气体收集、检验及尾气处理的电解实验装置，如图 1 所示。

（三）任务二：改进电解饱和食盐水的指示剂

(1) 酚酞作指示剂，发现问题。选择酚酞作指示剂，用石墨电极电解饱和食盐水，一段时间后，发现阴极附近的溶液先变红后变浅，底部溶液的颜色比电极附近的颜色深，如图 6 所示。

查阅文献得知，酚酞在稀的碱性溶液（pH＝8.2～10.0）里呈红色，较长时间不褪色。酚酞在浓的强碱性溶液（pH>13）里先呈红色，然后褪为无色。用酚酞作指示剂无法准确表达 OH^- 浓度的变化。

(2) 探索创新，设计实验方案。查阅文献得知，紫甘蓝、紫色茄子皮、黑香米、红苋菜、卷心菜等天然蔬菜及花草中含有花青素，它在酸碱性环境中会变色。

学生设计实验：用乙醇分别浸泡卷心菜、紫色茄子皮、黑香米、红苋菜、紫甘蓝获得提取液为指示剂，用惰性电极电解饱和食盐水，如图 6 所示。

学生：分析讨论，对比实验现象。

(3) 交流总结，获取新知。学生总结：电解饱和食盐水，采用紫色茄子皮、黑香米、红苋菜、紫甘蓝提取液作指示剂，均能看到颜色的变化，其中紫甘蓝颜色变化最多，现象非常明显。

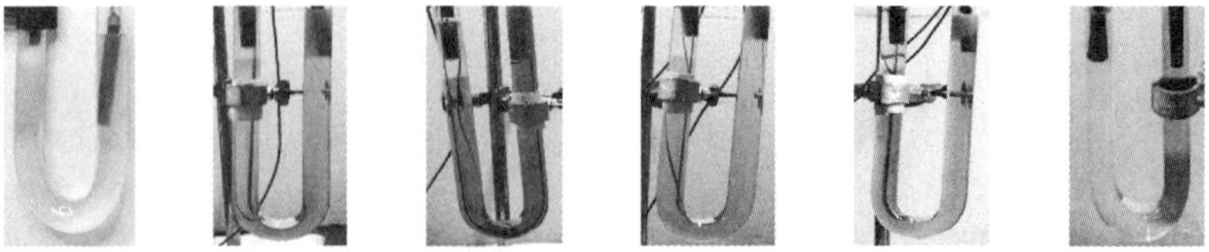

| 卷心菜 | 紫色茄子皮 | 黑香米 | 红苋菜 | 紫甘蓝 | 酚酞 |

图6 使用不同指示剂电解饱和食盐水现象对比

将本改进实验应用于高三的一轮复习课堂教学，学生边观察实验现象，教师边引导学生思考。通过分析阴阳两极的实验现象，学生能较容易地理解电解原理。

学生评价：这个实验现象真美！通过这个实验现象，我能轻松地掌握电解饱和食盐水的原理。

（四）任务三：比较活性金属电极与溶液中离子放电能力

发现问题：学生在分组做电解饱和食盐水的实验时，由于操作不当使阳极的溶液与注射器的针头接触，导致阳极溶液颜色发生变化，由无色逐渐变黄，如图7所示。

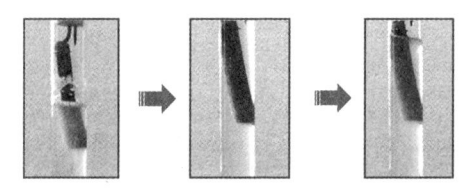

图7 阳极附近的溶液与针头接触前后现象

学生产生疑问？由此我引导学生进行活性金属铁电极与 NaCl 水溶液中离子放电能力的实验探究。经过多次摸索改进，最终选用以下实验方案：

(1) 电解饱和食盐水，紫甘蓝提取液作指示剂。先用石墨电极电解一段时间，待阳极溶液褪至无色后，再向阴阳两极的溶液中插入铁丝。

(2) 其他条件保持不变，阴阳两极只用铁丝作电极电解饱和食盐水。

(3) 取以上两个实验阴阳两极的溶液，分别加入硫氰化钾溶液和铁氰化钾溶液，检验是否存在 Fe^{3+} 或 Fe^{2+}。

通过分析实验结论，学生清晰地比较出活性金属电极只在阳极放电，其放电能力优先于溶液中的阴离子。

（五）任务四：模拟氯碱工业

氯碱工业通常采用离子交换膜法制取烧碱，在阳极室加入精制的饱和食盐水，阴极室加入纯水（加入一定量的 NaOH 溶液）。改用含饱和 KCl 溶液的果冻可起到离子交换膜的作用,如图4所示。改进后可以低成本模拟氯碱工业,帮助学生体验化学在工业生产中的作用,培养学生的科学态度和创新意识。

(六) 任务五:系列拓展实验

在科学探究的基础上,学生借助石墨、金属铁两种电极,分别做了电解饱和 Na_2SO_4 溶液、饱和 $CuSO_4$ 溶液、$CuCl_2$ 溶液六个对比实验。通过对比分析实验现象,学生理解了金属电极在阳极优先放电,以及阴阳两极溶液中离子的放电能力;借助离子的氧化性和还原性强弱,总结了溶液中常见阴阳离子的放电顺序,对电解原理有了更加全面深刻的认识。

八、实验效果评价

(1) 改进的实验装置简便、环保、安全,一装置多用途。利用中学实验室常见仪器完成了电解原理的探究、氯碱工业的模拟制备,H_2 和 Cl_2 的收集、检验及尾气处理,实验过程无氯气溢出,有利于学生实验、探究式实验教学。

(2) 改进的指示剂颜色多变,帮助学生深刻理解电解原理。将常见的紫甘蓝提取液作指示剂,用惰性电极电解饱和食盐水,两极溶液酸性与碱性的产生、递增、交汇过程通过清晰、美丽、多变的颜色表达得淋漓尽致,便于学生分析电解过程,理解电解原理。

(3) 实验趣味性强,与生产、生活密切联系。将生活中的常见物质紫甘蓝应用于化学教学,用含有饱和 KCl 溶液的果冻充当离子交换膜,较好地模拟了氯碱工业,让学生体会了电解原理在工业生产中的应用。

(4) 以项目式学习的形式进行实验探究,培养学生科学探究的能力与创新的意识。通过该形式进行探究实验,可以引发学生更多的创意,如探究历年高考试题中出现过的碳酸钠、亚硫酸钠等物质的电解实验,既能进行其他知识模块的探究学习,又能强化对电解原理的理解。

电解池的微型实验设计
——从电解食盐水到氯碱工业

北京市昌平区教师进修学校　赵雅萍

一、使用教材

本课程依据人教版高中《化学选修4　化学反应原理》第四章第三节"电解池"的内容进行设计。

二、实验器材

实验用品：微型塑料试剂瓶、微型塑料杯、曲别针、2B 铅笔芯、导线、学生电源或四节电池、阳离子交换膜、热熔胶及胶枪、酒精灯、注射器、滤纸、剪刀。

实验药品：饱和 NaCl 溶液、酚酞溶液、淀粉溶液、KI 溶液。

三、实验创新要点

（1）绿色：以微型塑料试剂瓶作为电解发生场所，同时兼具气体收集装置，无有害气体逸出。

（2）微型：装置简单易得、价格低廉，可以让学生分组实验。

（3）拓展工业生产模拟：利用此装置进行膜法电解、双液电解的模拟实验。

四、实验原理

（1）改进原则：由于电解会产生氯气，如果氯气逸散到空气中会污染空气，因此希望装置自带气体收集的功能，且微型化、简便易行；膜法电解、双液电解是氯碱工业中进行电解的两种方式，希望可以模拟实验。

（2）启发原型：受到排水集气法的启发，气体质量较轻，会升至容器上方，排出液体；如果边产生气体边将其收集在某个容器中，便能达到设计需求。

（3）设计思路：用瓶倒扣入电解质溶液中，同时插入电极便可边电解边收集气体（见图1），收集到的气体可以及时检验（见图2、图3）。要求使用的瓶能允许电极穿过且保证气密性，因此可以用微型塑料试剂瓶。盛放电解质溶液的容器也不需太大，可选用微型塑料杯，达到绿色、微型的要求。还可自由组装，模拟双液电解池、膜法电解池（见图4、图5）。若想模拟膜法电解池，可在塑料杯中粘阳离子交换膜，达到模拟工业生产的目的。

图1 微型电解池 　　　　图2 检验氢气 　　　　图3 检验氯气

图4 微型双液电解池 　　　　图5 微型膜法电解池

五、实验教学目标

（1）运用电解原理预测电解 NaCl 溶液现象，通过动手实验验证，提高学生对电解池工作原理的认识，培养学生的证据意识。

（2）通过设计氯碱工业生产方案的活动，促使学生运用电化学原理解决实际问题的能力。

（3）通过实验模拟氯碱工业，体验从实验室到工业生产的改进思路和过程，认识真实的工业生产中蕴含的创造性智慧。

六、实验教学方案设计

教学环节示意图如图6所示。

环节一	环节二	环节三
●运用电解原理预测电解NaCl溶液的产物和现象。 ●动手实验，寻找证据	●设计工业应用装置——氯碱工业 ●动手实验，评价实验方案，模拟工业生产	●精细优化，走进真实的工业生产

图6 教学环节示意图

七、实验教学过程

（一）运用电解原理预测实验现象

师：大家已经初步学习了电解原理，今天我们把电解原理应用到工业生产。首先完成任务一，运用电解原理，预测电解 NaCl 溶液的现象。

生：学生小组讨论，交流展示。

师：大家的预测是否正确呢？我们来完成任务二，动手实验验证，观察现象，检验产物，得出结论。

生：组装装置、动手实验、检验产物。学生利用四节电池串联，通过微型电解池进行电解饱和 NaCl 实验，现象明显，可进行生成气体的检验。检验氢气时，能听到明显的爆鸣声；检验氯气时，使淀粉 KI 溶液变蓝黑色。

（二）设计和评价工业应用装置

师：此实验的工业价值是什么？如何得到 H_2、Cl_2、NaOH？画出设计图。

生：思考，并画装置图（见图7）。交流汇报。

图7　学生设计图

师：同学们主要通过让氯气与 OH^- 不接触实现目的。工业上实现让离子选择性透过的手段有阴离子交换膜、阳离子交换膜等。提出问题：氯碱工业应该选择何种膜隔开？怎样隔开？画出设计图。

生：思考，并画出装置（见图8）。

师：如何评价三种方案？设计实验方案，进行实验验证。

生：组装装置、观察、记录、汇报。通过组装双液电解池、膜法电解池，与原来的单液电解池对比。比较一段时间后产生 H_2、Cl_2 的体积，以及 NaOH 的浓度。

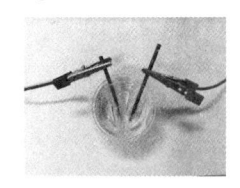

微型电解池 　　　微型双液电解池 　　　微型膜法电解池

图8　三种装置

（三）精细优化，走进真实的工业生产

师：若想得到 NaOH 溶液，还需如何操作？工业上电解质溶液如何选择？电解池之间如何组装？来看看实际工业生产的装置图（见图9、图10）。

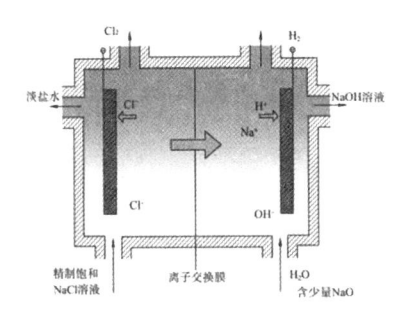

图9　氯碱工业装置示意

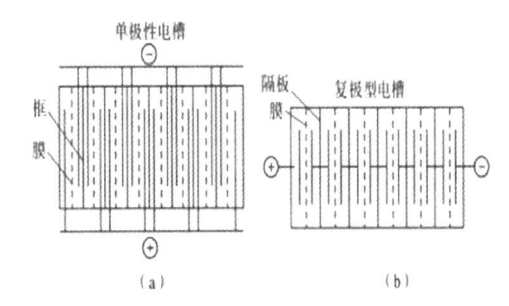

图10　氯碱工业装置连接方式

实际工业生产还会对电极材料、电压大小、电极距离、膜的种类等继续改良，以反应原理到工业生产有很长的路要走。

八、实验效果评价

（一）实验改进的优点

（1）反应场所与收集场所合二为一，自动水封，全程无有害气体逸出。

（2）此装置可改装，用于模拟膜法氯碱工业生产、双液电解等。

（3）此装置可用于其他电解微型实验，尤其是产生有毒气体、易燃气体的电解实验；可用于制作氢氧燃料电池。

（4）可自由组装，实现串联、并联等。

（5）造价低廉，原料易得，易进行学生实验。

（6）学生动手实验积极性高，求知欲和关注度高。

（二）实验反思

（1）学生首次使用注射器检验氢气不易成功。

（2）利用此装置组成的氢氧燃料电池可以使电流表指针明显偏转，但是无法使发光二极管发光，需后续再重复实验并改进。

（3）通过学生动手操作，培养学生的证据意识、科学的思维能力。通过真实工业生产设计与动手实验模拟，培养学生应用原理解决真实问题的能力。全程体现简约、绿色、安全的实验原则。长期坚持，以期提高学生的科学探究能力。

双液原电池盐桥的实验改进

浙江大学附属中学　杜爱萍

一、使用教材

双液铜锌原电池在现行版本的教材中均有介绍。本实验主要针对江苏教育出版社新编教材选修4《化学反应原理》专题一"化学反应与能量变化"第二单元"化学能与电能的转化"原电池的工作原理中（第31页）教师演示实验进行了改进与创新。

课本内容是："按图1-8组装好仪器，向两只烧杯中分别加入30mL 1mol·L^{-1}的$CuSO_4$溶液和30mL 1mol·L^{-1}的$ZnSO_4$溶液，将连接导线和电流计的锌片和铜片分别插入$ZnSO_4$溶液和$CuSO_4$溶液中，将盐桥插入两只烧杯内的电解质溶液中，观察实验现象。取出盐桥，观察实验现象"。

二、实验仪器与药品

实验药品：铜片（3cm×6cm）、锌片（3cm×6cm）、1mol·L^{-1}的$CuSO_4$溶液、1mol·L^{-1}的$ZnSO_4$溶液、KCl、琼脂。

实验仪器：电脑、朗威8.0数据采集器、电流传感器、温度传感器、电解槽、铜丝、自制的阴离子交换膜原电池装置。

三、实验创新要点

（一）实验改进的原因

U形管盐桥双液原电池测定的电流（10mA）远小于单液原电池的电流（40~95mA），是因为U形管盐桥的接触面积小、路径长，导致双液原电池的内阻增大较多，使得电流强度远小于单液原电池的电流强度。基于此，我从两极之间的距离、接触面积两方面综合考虑，设计改进了盐桥装置。

（二）实验改进过程

（1）琼脂块盐桥的制备。在1000mL沸水中先加入7g琼脂，加热使其完全溶解，再加入250g KCl固体，继续加热，直至KCl完全溶解，停止加热。等溶液冷却至50℃左右，趁热倒在一个矩形电解槽中，待冷却凝固后用小刀将装置内两边多余的琼脂除去，只留中间一堵厚度为2~3cm的"墙"，即形成了琼脂块盐桥（如图1所示）。

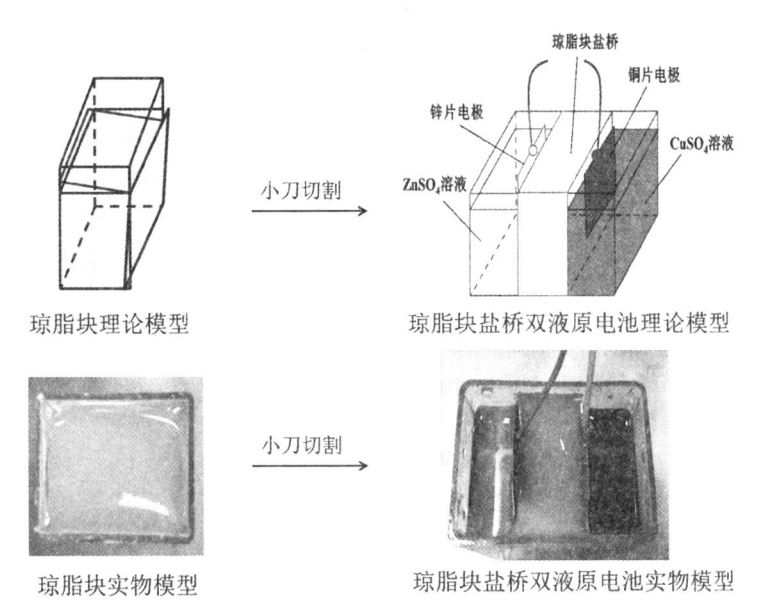

琼脂块理论模型 → 小刀切割 → 琼脂块盐桥双液原电池理论模型

琼脂块实物模型 → 小刀切割 → 琼脂块盐桥双液原电池实物模型

图1　琼脂块盐桥的制备过程示意

（2）琼脂块盐桥性能的测定。采用改进后的盐桥组装成双液原电池，测定 Cu｜CuSO₄‖KCl‖ZnSO₄｜Zn 双液原电池的电流与温度变化，并与相同时间的单液原电池反应进行温度和电流的比较。

实验操作过程：将温度传感器（两个）、电流传感器（两个）、数据采集器与电脑相连，打开数据采集器配套软件。将铜片、锌片放入改进后的琼脂块盐桥电解槽的硫酸铜溶液、硫酸锌溶液中，连接电流传感器。将相同尺寸大小的铜片、锌片同时放入硫酸铜溶液中，连接电流传感器。反应15min后，将温度传感器分别放入双液、单液锌片附近，同时进行温度、电流的测定。

（3）实验结果。反应15min后，双液原电池的温度为24.4℃，单液原电池的温度为30.7℃。从能量转换的角度可以直观地看出单液原电池中一部分化学能转换成了热能，而双液电池中化学能转换成热能的部分远远小于单液电池。同时，双液原电池的电流为0.81A，远远高于单液原电池的电流（0.04A），从电流的数据可以看出，双液原电池中的化学能转换成电能的部分远远高于单液原电池。

四、实验教学内容

（一）实验教学目标

通过实验改进，让学生直观感受到双液原电池比单液原电池具有更高的电能转换率。

（二）教学重难点

双液原电池具有更高的效率。

（三）实验教学过程

师：利用电流传感器体会单液原电池 Zn｜CuSO$_4$｜Cu 的电流变化情况。将锌片与铜片用导线连接起来，导线中间连接电流传感器，再将锌片与铜片插入硫酸铜（1mol/L）溶液中，观察实验现象。实验数据如图 2 所示。

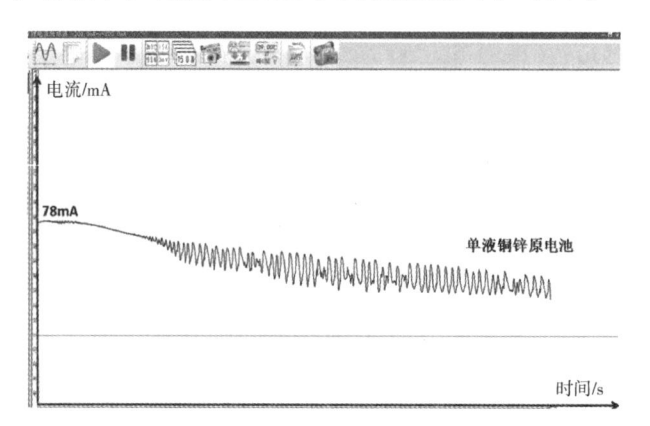

图 2 单液铜锌原电池的电流随时间的变化

师：从实验中发现什么现象？

生：电流表的读数从 78mA 逐渐减到 40mA 左右，并持续衰减。

师：仔细观察实验过程，单液原电池的电流非常不稳定的原因是什么呢？

生：锌片表面附着大量铜，减慢了铜锌原电池反应。

师：如何获取平稳的电流？

生：让锌片与硫酸铜不直接接触。

教师将锌片、硫酸铜分别放在两个电解槽中。

师：如何构成闭合的回路？

生：使用盐桥。

教师引导学生学习课本内容，了解盐桥的概念。

师：请预测引入盐桥后产生的电流比单液原电池电流大还是小？

如图 3 所示，班里 80% 以上的学生认为双液原电池的电流更大，因为引入了双液原电池后，避免了锌片与硫酸铜溶液直接接触，化学能可以更多地转换为电能。

图 3 学生预测

教师演示实验：将锌片插入硫酸锌溶液、铜片插入硫酸铜溶液，两电解槽间用盐桥连接，导线连接电极，导线中间连接电流传感器。同时对比单液铜锌原电池的电流随时间的变化过程，如图4所示。

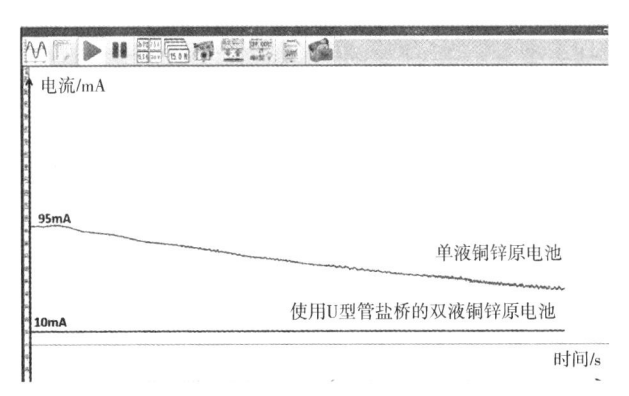

图4 单液电池与使用U形管盐桥的双液电池的电流随时间的变化

师：从实验中发现什么现象？

生：电流传感器的读数稳定在10mA，即避免锌片与硫酸铜溶液接触后的U形管双液原电池可以获得稳定的电流。但是双液原电池的电流为10mA，远远小于单液原电池的电流（95mA衰减至40mA），这和预期不同。

师：实验过程中，双液原电池的电流有没有达到你的预期？原因是什么？如何对实验进性改进？

学生讨论分析，提出解决问题方案，如图5~图8所示。

图5 学生方案1

图6 学生方案2

图7 学生方案3

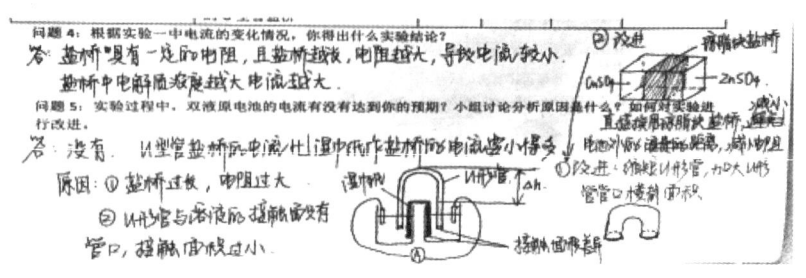

图8 学生方案4

师：大家根据实验现象进行大胆的推理预测，总的来说主要认为是盐桥内阻过大导致的，那么我们来实际验证一下我们的推理是否正确。

学生实验：配制不同浓度的KCl盐桥，分组进行学生实验（见表1）。

表1 不同浓度KCl制备的盐桥的铜锌原电池的电流测定

KCl浓度/(g/L)	0	50	100	150	200	250	300
电流/mA	0	4.4	7.5	10.3	11.5	13.4	15.9

师：根据实验结果，你得出了什么结论？

生：其他条件都一样时盐桥中KCl的浓度越大，则内阻越小，电流越大。所以课本上选用饱和的KCl溶液。

学生实验：选用饱和的KCl盐桥，分组进行学生实验（见表2）。

表2 饱和KCl制备的盐桥的铜锌原电池的电流测定

饱和KCl盐桥的个数	1	2	3
电流/mA	15.9	30.1	45.0

师：根据实验结果，你得出了什么结论？

生：其他条件都一样时盐桥个数越多，则内阻越小，电流越大。盐桥的个数越多，则其与电解液的接触面积越大，内阻就越小，电流则越大。

师：现在我们实验了盐桥中KCl浓度及其与电解质的接触面积对铜锌原电池实验的影响。虽然我们测定的电流有所增加，但是和单液原电池相比，电流强度还有一定的差距，那么我们应该再考虑什么影响因素呢？

生：盐桥的厚度。U形管太长了，把它锯断。

师：大家的想法很好，但是这个操作太麻烦了。老师将含有高浓度KCl的琼脂倒入电解槽中，形成盐桥（1000mL水+7g琼脂+250gKCl制备的琼脂块盐桥）。你们用小刀来切割两边的琼脂，调解盐桥的厚度，来进行电流的测定。

学生实验：测定盐桥厚度对铜锌原电池电流的影响（见表3）。

表3　不同盐桥厚度的铜锌原电池电流的测定

盐桥厚度/cm	5	4	3	2
电流/mA	560	590	700	810

师：根据实验结果，你得出了什么结论？

生：其他条件都一样时盐桥厚度越小，则内阻越小，电流越大。但厚度太小后，盐桥会不稳定，所以2~3cm的厚度比较好。实验得到的电流强度远大于单液原电池的电流强度。说明课本实验设计的U形管盐桥的内阻确实太大了，导致电流过小。

华罗庚曾说："科学的灵感，绝不是坐等可以等来的。如果说科学上的发现有什么偶然的机遇的话，那么这种'偶然的机遇'只能给那些有素养的人，给那些善于独立思考的人，给那些具有锲而不舍的精神的人，而不会给懒汉。"

师：请同学们根据前面的实验归纳总结一下，如何改进盐桥，使得双液原电池具有更高的能量转换率。

生：使用饱和的氯化钾琼脂构成的"琼脂墙"，厚度在2~3cm，接触面积尽可能大。

师：在对比单液与双液铜锌原电池实验时，我们可以采用什么检测手段直观表现出双液电池具有更高的能量转换率？

生：可以同时使用温度传感器和电流传感器进行单液与双液原电池温度、电流的对比。

学生实验：单液铜锌原电池和2cm"琼脂墙"的双液铜锌原电池的电流、温度对比测量实验，如图9所示。

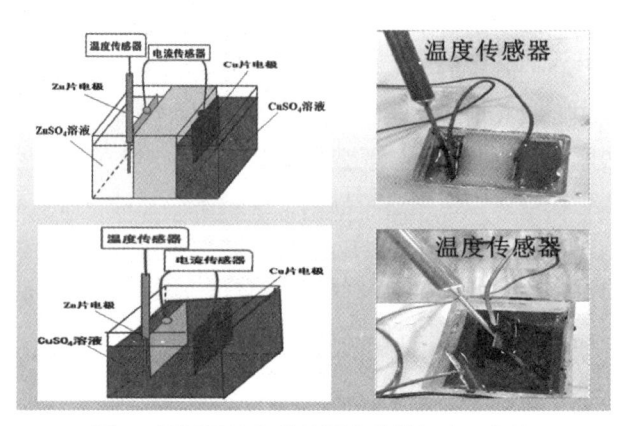

图9 测量双液和单液原电池的温度、电流

师：根据该实验，你得到什么实验结果？

生：反应15min后，双液原电池的温度为24.4℃，单液原电池的温度为30.7℃。如图10所示，从能量转换的角度可以直观地看出单液原电池中一部分化学能转换成热能，而双液原电池中化学能转换成热能的部分远远小于单液原电池。

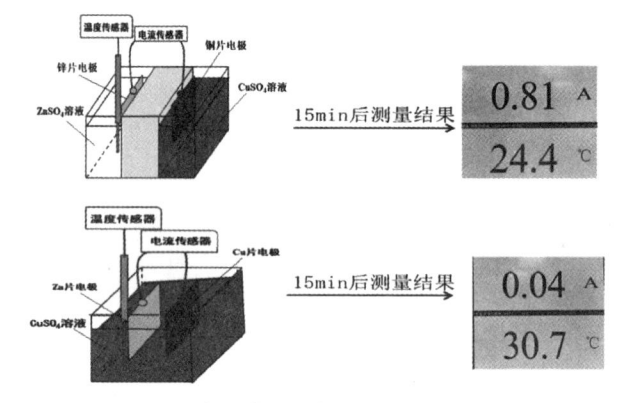

图10 双液和单液原电池的温度、电流数值

生：双液原电池的电流为0.81A，远远高于单液原电池的电流（0.04A）。从电流的数据可以看出，双液电池中的化学能转换成电能的部分远远高于单液原电池。双液原电池的电流不仅远大于单液原电池，而且非常稳定，波动很小。

师：相较于单液原电池，双液原电池具有两个优点：一是较高的能量转换率，二是持续稳定的电流。我们设计改进的"琼脂墙"盐桥是实际电池中隔膜的原型。隔膜的主要作用是将电池的正负极隔绝，防止两极接触而造成短路；同时允许电解液中的离子通过，起到导电作用。优质的隔膜对提高电池的综合性能有非常重要的作用。

五、实验效果与评价

（一）双液原电池实验的效果

（1）该实验很好地解决了单液原电池到双液原电池转换过程中存在的问题，即获取平稳电流和较高的能量转换率。

（2）改进的"琼脂墙"盐桥采用温度传感器和电流传感器，可以直观地让学生从能量的角度感受到双液原电池的转换率远高于单液原电池。

（3）传感器技术将抽象的能量转换效率问题以电流、温度的数据变化直观地显现出来，很好地将化学核心素养中的微观探析与宏观辨识有效结合起来。

（二）双液原电池实验改进的评价

针对U形管盐桥在实际教学中存在的问题，学生预测与实际实验有偏差，使用U形管盐桥所测得的电流远小于单液原电池，让学生有一种认识冲突，进而展开讨论，来分析问题、解决问题。

学生理论上分析得出改进方案后，进行"琼脂墙"盐桥原电池实验，理论与实际的结合，让学生真正感受到盐桥厚度和接触面积的变化与电流有直接的关联。利用改进的实验装置，教师可以培养学生发现问题、分析问题、解决问题的能力，真正提高学生的学科素养，提高学生的学习兴趣。利用改进的实验装置，教师让学生真正体会到双液原电池的高效率，让学生有一种成功的喜悦，一种理论变成现实的直视感。

卢梭在其名著《爱弥儿》中写道："最好的教育就是无所作为的教育！学生看不到教育的发生，却实实在在地影响人的心灵，帮助人发挥了潜能，这才是天底下最好的教育。"教师对教学的创新就在于善于应用教学资源提出新颖的设想，并根据设想对教材原有实验进行大胆改造，并以此为素材拓展学生视野，让学生从教师的创新行为中感悟创新的意义及思考方式。

铁与水蒸气反应的创新实验

天门中学 伍强

一、使用教材

人教版高中《化学必修1》第三章第一节。

二、实验器材与试剂

大试管、单孔橡皮塞、酒精灯、试管夹、带金属盖的塑料小瓶、普通塑料小瓶、吸水面巾纸、粗铜丝、防火胶布、打火机、中性笔芯、输液管滴壶、超细钢丝棉、蒸馏水、洗洁精溶液。

三、实验创新要点

（1）用化学成份与还原铁粉相似的超细钢丝棉代替铁粉进行反应，增大了铁与水蒸气的接触面积，提高了实验成功率。

（2）对吸水材料和超细钢丝棉进行了定量装配设计，简化了操作过程。

四、对现有实验的评价及创新实验的设计思路

（一）教材实验及现有改进实验的缺点

（1）旧教材将铁粉附着在石棉绒上进行反应，由于石棉绒导热性不好，大多数铁粉温度不够高，难以反应。现行教材实验中水蒸气与铁粉接触面积有限，大多数水蒸气来不及与铁粉反应就逸出了试管；铁粉与供水剂间的距离太远、太近都会导致实验失败；实验前药品装填困难、实验后废弃物不易取出。

（2）当前的改进实验分两类。一类是改进供水材料，延缓水蒸气的发生，如将棉花改为富水蔬菜等，提高了实验成功率，却导致了实验时间过长的问题，而且这一类设计并没有解决供水剂与铁粉的距离问题。另一类是增加铁与水蒸气的接触面积，如用半圆形磁铁吸附铁粉，使其呈毛刷状，增大了铁粉与水蒸气的接触面积，但该设计有装置过于复杂、操作不便等缺点。

（二）用超细钢丝棉代替还原铁粉的可行性分析

超细钢丝棉是由低碳钢制成的直径为 0.125~0.189mm 细丝，具有极大的比表面积，能在流动的空气中剧烈燃烧。近年来，不少摄影爱好者将其应用在光绘摄影中，为此出现了专门的企业生产摄影用超细钢丝棉，并在网络上大量销售，使其成为一种价廉易得的物品。查阅低碳钢国家标准及还原铁粉国家标准可知，低碳钢与还原铁粉的纯度相差不大，低碳钢中锰、铝等杂质含量较低，不会对实

验结果产生干扰。由于钢丝棉极易与流动空气中的氧气反应，用超细钢丝棉代替铁粉进行铁与水蒸气的反应，可以解决铁与水蒸气接触不充分的问题。

（三）实验中的定量装配设计

早期的子弹发射药与弹头是分开的，且发射药的用量也不确定，这导致了发射前装填困难、发射过程中引起炸膛、发射后枪管不易清理等缺点。将弹壳发射药与弹头定量装配在一起，克服了以上缺点。现有的铁与水蒸气反应设计与早期子弹设计中存在的问题类似。因此，对该实验采用定量装配设计，既能保证实验的成功率，又能缩短实验时间。

五、实验教学目标

（1）通过评价"铁与水蒸气反应实验"的旧教材设计、现行教材设计及已有改进实验设计，培养学生的分析能力与评价能力。

（2）指导学生参与该实验的改进，培养学生的创新能力。

（3）通过反复测试，对装置不断进行优化，培养学生精益求精的精神。

六、实验教学内容

美国教育心理学家布鲁姆将学生的认知能力分为低级思维能力（包括记忆、理解、应用能力）和高级思维能力（包括分析、评价、创新能力）。传统的高考题主要考查学生的低级思维能力，通过对常规题型的反复训练，仅靠记忆能力就能应付考试。但近年来，高考题越来越注重通过在题目中引入新信息、创设陌生的情境，考查学生的高级思维能力。例如，2019年全国Ⅰ卷就涉及一些顶级期刊的研究内容，许多学生考完后哀叹：高中化学白学了！

因此，教师在教学过程中，应注重培养学生的高级思维能力。当学生具备高级思维能力后，就能对某道看似陌生的考题进行正确的分析，然后依据已有知识，轻松解题。

化学是一门以实验为基础的科学，教师在教学过程中给出一个陌生的实验操作或设计，然后问这一操作或设计的目的是什么，就是对学生高级思维能力的培养。本课以素材较为丰富的铁与水蒸气反应为例进行教学，既可作为高一学生的新课使用，又可作为高三学生复习备考课使用。

七、实验教学过程

（一）实验装置的初步设计

（1）对现有实验设计的评价。在教师的指导下，学生们成立了实验改进小组。教师引导学生对旧教材、现行教材及已有改进实验进行评价。

（2）实验试剂的选择。用超细钢丝棉代替还原铁粉进行实验，超细钢丝棉有弹性，堵在试管中，水蒸气只能从其缝隙中通过，增大了接触面积，有利于反应的发生。超细钢丝棉是钢纤维，导热性好，不仅紧挨着试管内壁的部分可以发生反应，靠近内壁的部分也能发生反应。

（3）对初期成果的评价。教师指导学生设计如图1所示的初期成果，并以思考题形式引导学生对初期成果进行评价，具体过程如下。

已知：超细钢丝棉与吸水面巾纸定量装配流程如图2所示，取1份市售吸水面巾纸，对折3次，形成一个长方块；取一根粗铜丝，将一端弯成钩状，钩在折好的吸水面

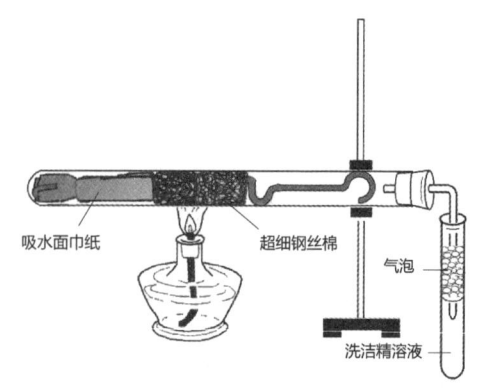

图1 初期成果装置示意图

巾纸上，并捏紧，使吸水面巾纸难以移动；称取2g超细钢丝棉，对折成如图2a所示形状，将单层部分压在吸水面巾纸和铜丝上，双层部分压在铜丝上，卷成一个如图2b所示的圆柱状。用细铜丝在圆柱两端扎好，防止吸水面巾纸和超细钢丝棉散开。在粗铜丝中部折出一个U形弯，并将粗铜丝另一端折成一个环，最终得到一个超细钢丝棉与吸水面巾纸组合而成的定量装配装置。

1）本实验的投料过程较为方便，原因是____。

2）为什么要用"吸水面巾纸"包住超细钢丝棉？原因是____。

3）用蒸发皿收集气体，点燃气体时发生较剧烈燃爆，需要用坩埚钳夹住火柴。本实验将蒸发皿改为试管的目的是____。

4）初期成果值得改进的地方有____。

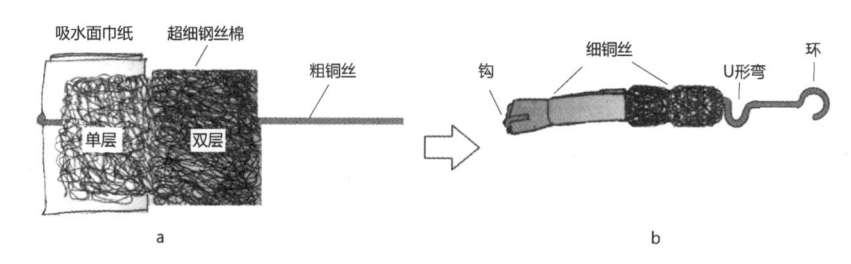

图2 超细钢丝棉与吸水面巾纸定量装配流程图

（二）实验装置的中期设计

小组成员对实验装置作了便携式设计：如图3所示，用试管夹代替了铁架台

（未在图中体现），用缠有防火胶布的废弃中性笔芯代替了玻璃导管，用青霉素小瓶代替了小试管。小组成员对中期成果进行测试，发现如果操作不当，试管可能会炸裂。

图 3　中期成果装置示意图

（三）实验装置的后期设计

小组成员对实验装置进行了防炸裂设计：如图 4 所示，在导管上端增加了用输液管滴壶制成的防倒吸装置，在试管口增加了用干燥面巾纸制成的吸水装置。通过测试，取得了较好的实验效果。

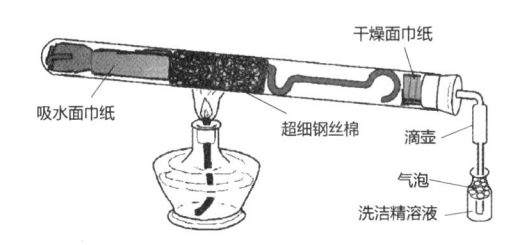

图 4　后期成果装置示意图

（四）后期成果的推广与定型

教师采取送教入班的形式对实验成果进行推广，共选择了本校 19 个班级进行了教学，收到了良好的效果。

由于实验室腐蚀性气体较多，无法安装一体机等电子设备，本校涉及分组实验的课程，往往是将实验仪器运到普通教室进行教学。但仪器中常有铁架台等较重的物品，授课教师一般提不动实验仪器，需要好几名同事帮忙，这就限制了这种教学模式的推广。由于本实验为便携式设计，授课教师一个人就能轻松提入班级，给教学工作带来了极大的便利，值得推广。

通过送教进班活动，发现青霉素小瓶重心较高，易被学生打翻，因此将青霉素小瓶改为金属瓶盖，如图 5 所示。由于准备了 200 多组学生实验，工作量较大，将定量装配装置的制作工序进行了简化，去掉了捆扎吸水面巾纸和超细钢丝棉的细铜丝，发现它们也不易散开。由于装置较简单，即使学生基于好奇心把装置拆掉了，也能重新将装置包好。去掉了粗铜丝的 U 形弯，超细钢丝棉也不易脱离吸水面巾纸，即使超细钢丝棉在插入过程中脱离了吸水面巾纸，用镊子将超细钢丝棉往里推一下，紧挨到吸水面巾纸，也不会影响实验效果。

图 5　定型装置示意图

八、实验效果评价

本实验为原创实验，初期成果已于 2019 年 6 月 20 日被中文核心期刊《化学教学》收录。实验设计有以下优点：装置简单，操作方便、安全，成功率高，使用的仪器与药品价廉易得，值得推广。

数码成像比色法测定补血剂中铁元素含量的实验研究

黑龙江省实验中学　韩晶晶

一、使用教材

人教版《化学必修1》第三章第二节"几种重要的金属化合物"。

二、研究背景与创新要点

（一）问题的提出

对于此课题的深入思考来源于真实课堂，我以"探秘补血剂中的'铁'"为例，对基于真实情境开展的"问题化学习"的课堂进行实践。以一张补血剂说明书为情境，学生在阅读中生成学科问题，并在问题的驱动下在课上自主探究，给了我们很多惊喜和挑战。

现有的研究中高中化学教学对铁离子的研究仅限于定性分析，但学生们关注到的补血剂中铁含量的问题，促使我们不能停留在定性分析的层面上，如何定量分析成为探究的主要课题，本次实验主题也由此而生。

（二）现有方法的局限性

同学们在课堂上给出了方案——沉淀灼烧法，但也通过课下实验发现了不足。鲁教版选修6《化学实验》收入了"使用目测比色法测定补铁剂中铁含量"实验，该方法是一种半定量实验方法，配制等浓度梯度的硫氰化铁标准溶液，目测待测液的颜色范围，从而确定待测液的浓度范围。学生们给出了他们的想法并给予了评价：人眼观察有误差，该方法有一定局限性。那么如何克服由人眼观察而带来的实验误差呢？

（三）研究基础与创新要点

随着科技的发展，智能手机随处可见，其中基于数码成像的拍照功能使物质清晰可辨。杨传孝在2007年就提出了数码成像比色法，该方法是一种定量测定方法，利用镜头代替人眼分辨色阶，进而较为准确地测定物质浓度。

三、实验原理

（1）对待测液进行显色处理，然后使用数码相机或带有数码拍照功能的手机对待测样品进行拍摄，最后用图片处理软件对图片进行灰度处理，并获得灰度值。

（2）用前一步得到的等浓度梯度标准液的灰度值绘制灰度浓度标准曲线。

(3) 用同样的方法测定待测液灰度值，依据标准曲线求其浓度。

四、实验仪器

(1) 仪器：智能手机 1 部、20mL 比色管 7 支、试管架 1 个、托盘天平 1 台、100mL 容量瓶 1 个、胶头滴管 1 支、玻璃棒 1 支。

(2) 试剂：补血剂（健脾补血颗粒，河南天汇药业有限公司）、浓硝酸、0.001mol/L Fe(NO$_3$)$_3$ 溶液、饱和 KSCN 溶液、活性炭、蒸馏水。

五、实验教学目标

学生通过该实验掌握铁离子与亚铁离子之间的转化，能够检验铁离子。在合作、讨论、实验的过程中提高学生合作探究的意识，形成严谨的科学态度。在形成用数码成像比色法测定补血剂中铁元素含量这种方法的过程中建立宏观颜色与微观粒子浓度之间的联系，提高创新意识，并将该实验方法延伸至生活中，感受科学对人类社会发展的影响。

六、实验步骤

（一）标准溶液的配制

分别标记 6 支 20mL 洁净干燥的试管，按表 1 配置不同浓度的 Fe(NO$_3$)$_3$ 溶液，再分别滴加 5 滴饱和 KSCN 溶液，充分混合，即得到浓度为 0.001mol/L、0.0008mol/L、0.0006mol/L、0.0004mol/L、0.0002mol/L、0.0001mol/L 的 Fe(SCN)$_3$ 标准溶液。将 6 支试管依次并排放在试管架上，选取合适光照条件，直接用手机对 6 个标准样品进行拍照（见图 1）。

表 1 标准溶液的配制

比色管编号	Fe(NO$_3$)$_3$ 溶液体积/mL	蒸馏水体积/mL	标准溶液浓度/(mol/L)
1	20	0	0.001
2	16	4	0.0008
3	12	8	0.0006
4	8	12	0.0004
5	4	16	0.0002
6	2	18	0.0001

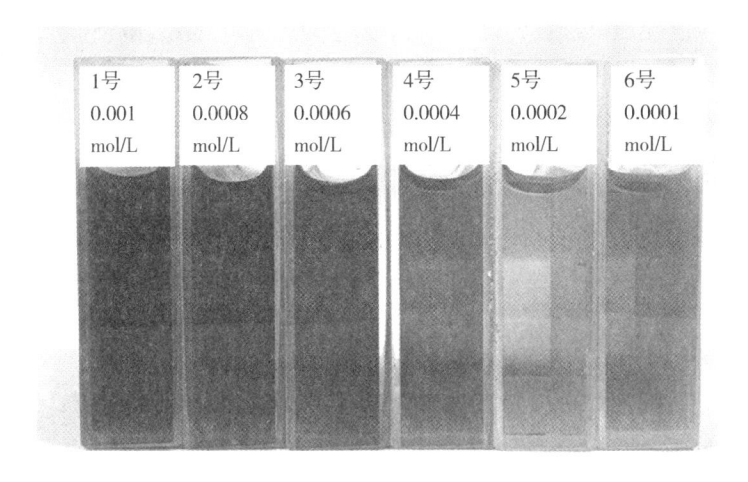

图 1　等浓度梯度的 Fe(SCN)$_3$ 标准液

（二）补血剂的处理

（1）研磨补血片若干，用电子天平称量 0.5g，倒入烧杯中，加入 10mL 浓硝酸溶解，加活性炭吸附，防止药品的颜色对实验干扰。搅拌后将溶液转移至 100mL 的容量瓶中定容。

（2）取 20mL 此溶液放入 1 支结晶干燥的试管中，在溶液中加入 5 滴饱和 KSCN 溶液，充分摇匀混合。

（3）将标准液 6 支试管与待测液试管放在试管架上，选取合适的光照条件直接用手机进行拍摄。

（三）图片处理

本步骤使用 Photoshop 对图片进行灰度处理，用 Excel 绘制标准曲线。

（1）向 Photoshop 软件中导入图片：文件→打开→选取实验图片。选择图像→模式→灰度，在是否要扔掉颜色的对话框单击扔掉。最后单击吸管工具，选取图片中颜色均匀的地方，单击工具栏最下方的颜色图表，出现图片的灰度值。

（2）绘制标准曲线：将上一步得到的标准溶液的灰度值数据导入 Excel，并拟合出回归方程（见图 2）。利用回归方程，根据待测液灰度值就可直接计算其浓度。返回 Photoshop，测得待测液灰度值为 64，计算得出其浓度与补血剂中所标注的理论值相差不大。

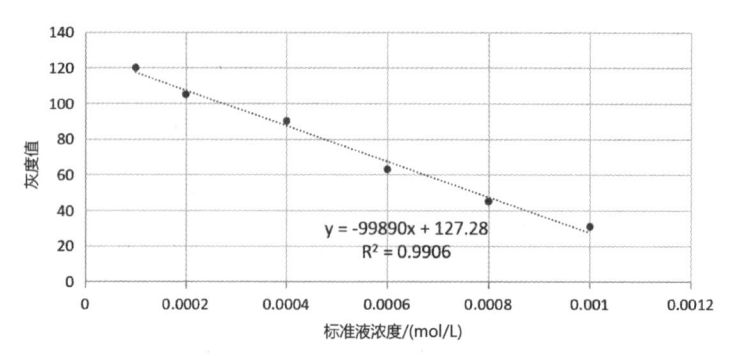

图 2　利用 Excel 拟合铁离子浓度与灰度值的标准曲线

七、数据处理与问题探究

（1）氧化剂的选择：本实验选择浓硝酸将补血剂中的亚铁离子氧化为铁离子。实验室常见的无色氧化剂为过氧化氢与硝酸，过氧化氢能否作为该实验的氧化剂呢？学生们通过实验对比二者的反应情况给出了问题的答案。

浓度为 0.0001~0.001mol/L 的 10 组不同浓度的硫酸亚铁溶液用硝酸氧化所得溶液灰度值与标准液灰度值对比如表 2 所示。

表 2　硝酸氧化组的配制

比色皿编号	1	2	3	4	5	6	7	8	9	10
0.01mol/L FeSO$_4$ 溶液/mL	10	9	8	7	6	5	4	3	2	1
3mol/L HNO$_3$/mL	10	10	10	10	10	10	10	10	10	10
蒸馏水体积/mL	80	81	82	83	84	85	86	87	88	89
理论 Fe(SCN)$_3$ 浓度	0.001	0.0009	0.0008	0.0007	0.0006	0.0005	0.0004	0.0003	0.0002	0.0001
理论灰度值	27.390	37.379	47.368	57.346	67.346	77.335	87.324	97.313	107.30	117.291
实际灰度值	31	38	45	54	63	76	90	97	105	120

用等浓度等体积的过氧化氢氧化所得灰度值与标准液灰度值对比如表 3 所示，为了便于观察，学生将三组数据绘制图线。由图 3 可知，硝酸氧化组与理论组灰度值高度吻合，过氧化氢氧化组灰度值比理论组整体偏高，即硫氰化铁浓度偏低且线性关系不好。探究其原因，我们观察到，在反应过程中有大量气泡冒出，为过氧化氢在铁离子催化下分解，使体系情况较为复杂。综上，硝酸在该实验中优于过氧化氢。

表3 过氧化氢氧化组的配制

比色皿编号	1	2	3	4	5	6	7	8	9	10
0.01mol/L FeSO$_4$ 溶液/mL	10	9	8	7	6	5	4	3	2	1
3mol/L H$_2$O$_2$/mL	10	10	10	10	10	10	10	10	10	10
蒸馏水体积/mL	80	81	82	83	84	85	86	87	88	89
理论Fe(SCN)$_3$浓度	0.001	0.0009	0.0008	0.0007	0.0006	0.0005	0.0004	0.0003	0.0002	0.0001
理论灰度值	27.390	37.379	47.368	57.346	67.346	77.335	87.324	97.313	107.30	117.291
实际灰度值	45	50	60	68	70	90	115	122	123	119

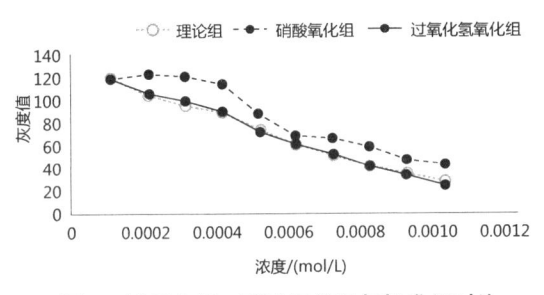

图3 过氧化氢、硝酸氧化组与标准组对比

(2) 该方法适用的浓度范围界定：学生观察到，该方法所选取的标准液浓度在 0.0001~0.001mol/L 的范围内可靠。那么，在其他浓度范围内可靠性如何呢？

学生将上述浓度向两端各扩展 5 个点，浓度范围为 $1×10^{-5}$~$2×10^{-3}$mol/L，其标准曲线可靠性较差，也就是说该方法有一定的浓度适用范围。向左端逐点延伸至 $6×10^{-5}$mol/L，再向右端逐点延伸至 $1.2×10^{-3}$mol/L，线性关系可靠。浓度过大或过小因溶液颜色变化不大，造成的实验误差过大。

学生给我的惊喜远不止于此，有同学对该方法的科学性提出质疑。于是我们的同学走进了大学实验室进行检验，研究结果如图4所示。

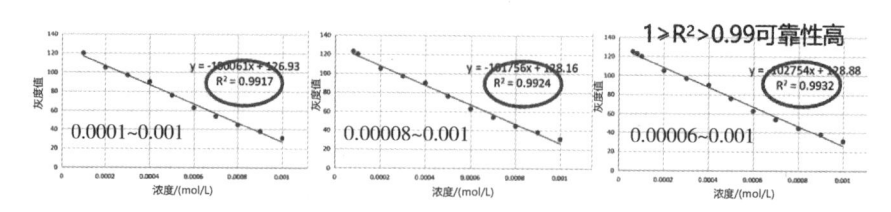

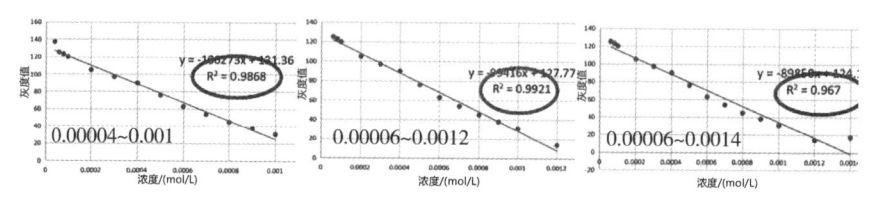

图 4 使用浓度范围的界定

八、对比分析

（1）我们通过分光光度仪测得吸光度与浓度的线性关系。取 10 组未知浓度的待测液，得到数据如表 4 和图 5 所示。

由此可见，数码成像比色法是可靠的。

表 4 10 组未知浓度待测液分别用分光光度计与数码成像比色法结果对比

分组	分光光度仪	数码成像比色法
未知液 1	0.000689	0.000643
未知液 2	0.000357	0.000330
未知液 3	0.000809	0.000796
未知液 4	0.000557	0.000587
未知液 5	0.000213	0.000200
未知液 6	0.000297	0.000285
未知液 7	0.000667	0.000653
未知液 8	0.000788	0.000768
未知液 9	0.000122	0.000156
未知液 10	0.000457	0.000485

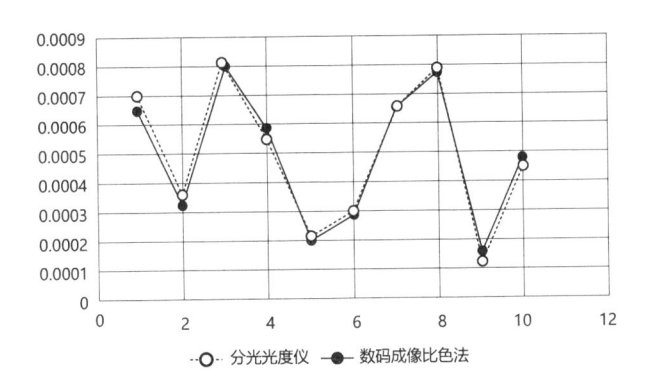

图5 10组未知浓度待测液分别用分光光度计与数码成像比色法结果对比

分光光度法灵敏度高、显色稳定、干扰少，但仪器大型，常用于实验室分析。开发一种灵敏度高、简单、便捷，且易推广的测定方法对于高中化学教学有重要的现实意义。

（2）色度传感器：经查阅文献，并未找到铁离子传感器，可以间接通过色度传感器测定溶液的浓度。与色度传感器相比，数码成像比色法具有原理简单、设备易得、操作性强的优点，更适用于中学教学和学生探究实验。

九、实验效果评价

本实验使用手机数码比色法测定补血剂中铁元素的含量，与传统目测比色法相比克服了肉眼对颜色的分辨率的误差，极大地提高了分析结果的精确度，增强了学生对数据精准性的认识，有利于学生定量分析思维的训练。与大型仪器相比，基于数码成像的实验方法方便迅速，操作简洁，成本低廉，可广泛应用于高中化学实验教学中。

探究过氧化钠与二氧化硫的反应

合肥市第六中学　马超

一、使用教材

人教版高中《化学必修1》第三章第一节"钠的重要化合物"。

二、实验试剂与仪器

（1）实验试剂：过氧化钠、二氧化硫、盐酸、氯化钡溶液、酸性高锰酸钾溶液。

（2）实验仪器：三颈烧瓶、试管、烧杯、胶头滴管、磁力搅拌器、威尼尔氧气传感器、氧化还原传感器、滴数传感器、数据采集器、电脑。

三、实验创新要点

高中化学教师在教授过氧化钠的性质时，一般会强调过氧化钠的强氧化性，过氧化钠与二氧化硫反应认为直接生成硫酸钠。我通过传统实验和数字实验探究，发现过氧化钠与二氧化硫反应时，除生成硫酸钠之外，还生成氧气。

四、实验设计思路

过氧化钠与二氧化硫进行反应，验证反应后所得产物，开展定量实验。

五、实验教学目标

（1）了解常见物质的检验方法。

（2）学会根据猜想设计实验方案，评价实验方案，提高动手能力，培养实验探究能力。

（3）培养从定性到定量的科学思维和严谨求实的科学态度。

六、实验教学内容

过氧化钠与二氧化硫反应的实验验证及定量化方案设计。

七、实验教学过程

（一）创设情境，引出课题，学生预测原理

学生：思考，讨论，预测反应原理。

$2Na_2O_2+2SO_2 =\!=\!= 2Na_2SO_3+O_2$　①　　　$Na_2O_2+SO_2 =\!=\!= Na_2SO_4$　②

教师：传统实验操作（见图1）。

图1 过氧化钠与二氧化硫反应装置

学生：观察，总结现象，预测白色固体成分，思考。

（二）交流合作，设计方案

教师：请大家设计实验方案，验证白色固体的成分（见图2~图6）。

待测液 —①足量稀盐酸→ —②BaCl₂溶液→ 观察现象，得出结论。

图2 白色固体检验的实验方案

待测液 —KMnO₄溶液→ 若紫红色褪去，则证明含 SO_3^{2-}，反之则无。

图3 SO_3^{2-} 的检验方案

图4 脱脂棉中包裹过氧化钠与二氧化硫反应

图5 氧气传感器测定体系氧气含量变化装置

· 533 ·

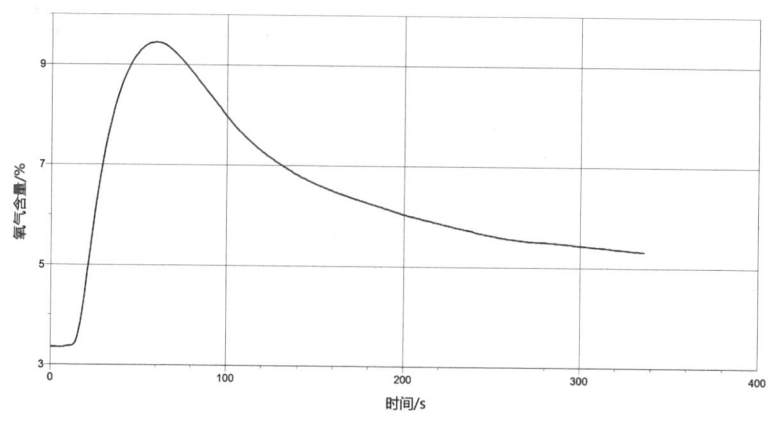

图6 过氧化钠与二氧化硫反应体系中氧气含量随时间的变化曲线

学生：定量化实验方案设计。取一定量白色固体溶于水，得到待测液，向待测液中加入足量稀盐酸后滴加足量氯化钡溶液，过滤、洗涤、干燥、称量。

教师：氧化还原滴定定量测定亚硫酸钠的量，反应原理是酸性高锰酸钾与亚硫酸钠的氧化还原反应，用氧化还原传感器记录消耗高锰酸钾的体积，氧化还原传感器指示滴定终点（装置见图7）。

教师：根据现象做出合理的假设，设计实验，分析实验现象，得出结论。提升了独立思考的能力和创新精神。

八、实验效果评价

（1）问题驱动。问题是进行课堂教学活动的主要手段，教师通过精心设计问题，

图7 氧化还原滴定装置图

引发学生进行深度思考，将问题与已有的知识基础联系起来，解决当前遇到的问题。本课例中，围绕"验证过氧化钠与二氧化硫反应的原理"这一主题，在不同的教学环节设置了"反应现象→固体成分→离子检验→实验现象→亚硫酸根检验→检验试剂的选择→氧气的检验"等为教学主线的问题，形成课堂动态应答链，增强了课堂的活力。促使学生在思考问题、解决问题的过程中，习得化学知识，辨析反应原理，了解理论与实际的区别，形成化学学科核心素养。

（2）探究实验的设计和操作。化学是以实验为基础的学科，课堂实验是吸引学生的手段之一，是化学知识的优良载体。本课例中，通过过氧化钠与二氧化硫反应的演示实验、SO_3^{2-} 和 SO_4^{2-} 的检验、氧气的检验实验方案的设计、数字实

验的展示等，引导学生设计实验方案，评价实验方案，动手完成实验操作，观察实验现象，得出结论。通过这些教学活动，丰富了课堂内容，增强了学生的思考能力和动手能力，深化并提高了学生的核心素养。

（3）数字实验的美感。数字实验的引入，体现了高新科技在化学研究过程的应用。过氧化钠与二氧化硫反应过程中，同时通过传感器、采集器、计算机等数字化工具生成曲线图像。因此可以用四重表征（宏观表征、微观表征、符号表征、曲线表征）来重新理解这个氧化还原反应，且过程中可直观地看到氧气含量"先增后降"这一现象，帮助学生加深对反应本质的理解，具有较强的探究意义。

基于色度计探究碳酸钠与盐酸反应机理

重庆十八中两江实验中学校　许可　谭强
重庆市江北区教师进修学院　毛远明

一、使用教材

本课内容选自于人教版高中《化学必修1》第三章第二节的科学探究。在旧版人教版教材中,设计了碳酸钠、碳酸氢钠与酸反应的探究实验,如图1所示。其反应原理如下,等质量的碳酸钠、碳酸氢钠固体分别同时与盐酸反应,观察到碳酸氢钠固体与稀盐酸反应速率比碳酸钠固体与稀盐酸反应速率快,得出碳酸钠与盐酸发生分步反应的结论。但该实验未考虑热效应、固体颗粒大小等因素。现行使用的人教版教材已将该实验删除,但补充了碳酸钠、碳酸氢钠使酚酞变色程度不同的实验,如图2所示,同时要求学生掌握碳酸钠、碳酸氢钠与盐酸反应离子方程式的书写。在即将使用的新版人教版教材中,也涉及碳酸钠与盐酸的反应原理,如图3所示,因此该部分内容的学习有着重要意义。

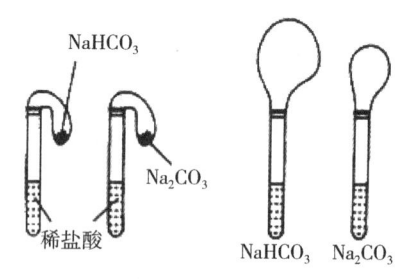

图1　旧版人教版教材（2002）

图2　现行人教版教材

图3　即将使用人教版教材

二、实验器材

本课实验所需用到的实验器材如表1及图4、图5所示。

表1 实验器材

常规实验仪器	100mL烧杯若干、20mL移液管3个、1mL滴定管、洗耳球1个、胶头滴管1个、滤纸若干
朗威数字化实验仪器	色度计、比色皿、数据采集器、电脑
实验药品	100mL 0.1mol/L Na_2CO_3溶液、100mL 0.1mol/L $NaHCO_3$溶液、蒸馏水、100mL 0.05mol/L Na_2CO_3溶液、10mL 2mol/L HCl溶液、酚酞指示剂

图4 实验装置　　　　图5 实验药品及仪器

三、实验创新要点

对于该反应原理的探究，大部分教师采取以下两类实验方法帮助学生理解：①等质量的Na_2CO_3、$NaHCO_3$固体分别同时与盐酸反应，通过观察发现$NaHCO_3$固体与稀盐酸反应速率比Na_2CO_3固体与稀盐酸反应速率快，来得出Na_2CO_3与盐酸发生分步反应的结论。但该实验未考虑热效应、固体颗粒大小等因素。②向Na_2CO_3溶液中滴加稀盐酸，观察发现开始无气泡产生，持续滴加一段时间后产生气泡。但大量实验发现，盐酸滴入Na_2CO_3溶液瞬间，因盐酸局部浓度过大，会立即产生微小气泡。因此，学生难以根据气泡相关的实验现象断定生成的物质为$NaHCO_3$。用CO_2传感器、pH传感器、压力传感器关注整个滴定过程的变化，也存在以上不足，所得滴定过程图像波动较多，不便于分析。

针对以上不足，在保证科学性和可行性的前提下，基于色度计原理设计了改进实验，有着如下的创新点：

（1）实验简便易操作，无须搭建滴定装置，减轻实验准备工作。

（2）借助传感技术拓宽探究方式。通过物理量数据从宏观上观测和分析微观粒子在水溶液中的具体行为，在消除学生关于碳酸钠与盐酸反应原理的思维障碍的同时，培养学生宏观辨识与微观探析的核心素养。

（3）实验创新性高，由传统的关注滴定过程转换为关注反应节点，有利于培养学生的创新意识。无论是宏观上的颜色变化，还是透色比这一物理数据变化，均较为明显，便于学生分析理解。

（4）由传统的定性实验转变为定量实验，在帮助学生理解"控制变量法"在实验探究中应用的同时，发展其理性思维。此外，本实验探究证据意识浓厚，层层推进，有利于培养学生证据推理的核心素养及严谨的科学态度。

四、实验原理

色度计可测定溶液的透色比（T）。透过滤光片发射一定波长的平行光，当光通过比色皿中均匀的溶液介质时，一部分光被吸收（I_t），一部分光通过（I_o），由此可得透色比（$T=I_t/I_o$）。根据朗博–比尔定律 [$A=\lg(1/T)=KCb$] 可得，溶液的透色比（T）与吸光物质的浓度（C）及吸收层厚度（b）的乘积成反比。使用相同的比色皿，则 b 一定，变量仅为吸光物质的浓度（C）。

Na_2CO_3、$NaHCO_3$ 使酚酞试液变色的原理为 Na_2CO_3、$NaHCO_3$ 水解生成 OH^-，使酚酞指示剂转变为红色醌式碱型物质（吸光物质）。水解程度越大，生成 OH^- 浓度越大，红色醌式碱型物质的浓度越大，透色比越小。因此，透色比（T）与 OH^- 浓度成反比。Na_2CO_3、$NaHCO_3$ 水解程度不同，水解生成的 OH^- 浓度不同，透色比（T）不同。

可以据此论证 Na_2CO_3 与 HCl 溶液分步反应的原理。若 Na_2CO_3 与等物质的量 HCl 溶液反应后溶液透色比与物质的量浓度及体积相等的 $NaHCO_3$ 溶液透色比接近，则可证明 Na_2CO_3 与 HCl 溶液反应第一步生成 $NaHCO_3$。

五、实验教学目标

通过探究碳酸钠与盐酸反应原理，理解物质组成结构、性质间的关系。通过宏观颜色改变感知微观粒子于溶液中的相互作用，发展宏微结合的学科观念。通过自主设计实验探究碳酸钠与盐酸反应原理，形成严谨的科学态度，培养创新意识。

六、实验教学过程

实验教学的具体过程如下所示。

提出问题：思考可以通过何种实验方案证实 Na_2CO_3 与盐酸反应的原理，结合已有知识对方案进行可靠性论证及可行性论证。

学生分析：可以向 Na_2CO_3、$NaHCO_3$ 溶液中滴加盐酸。若 Na_2CO_3 溶液中一开始没有气体产生，待滴加一定体积盐酸后才开始产生气体，而 NaHCO₃ 在盐酸滴入时便开始产生气体，根据以上现象便可证实猜想。

教师引导：若仅通过肉眼观测，是粗略实验。思考对于该反应而言，若要设计直观精确的实验，可以借助何种传感器进行探究。

共同讨论：学生指出反应生成的气体为 CO₂ 气体，所以可以通过 CO₂ 传感器进行探究，结合 CO₂ 体积变化曲线分析。教师适时引导，若要通过单位时间内气体体积增加的快慢进行比较，则需要在密闭容器中进行，此时容器内还会有什么变化？学生根据阿伏伽德罗定律得出，随着容器内气体体积的改变，压强也会发生变化，因此还可以根据压强传感器进行探究。

方案可行性论证：教师引导学生分析方案可行性。若使用 CO₂ 传感器、压强传感器，因传感器为瞬时采集数据，滴定过程中，难以避免盐酸滴入 Na₂CO₃ 溶液瞬间局部浓度过高，即刻生成 CO₂ 气体，使得图像波动较大，不便于分析。

提出问题：除单位时间内 CO₂ 体积变化的角度外，结合前面已学的知识还可以从哪些角度设计实验方案进行探究。

共同讨论：学生指出 Na₂CO₃、NaHCO₃ 溶液的电导率应不同，所以可以根据 Na₂CO₃ 与等物质的量盐酸反应后的电导率与 NaHCO₃ 溶液电导率相比较，若相似，则可以证实猜想。教师引导学生分析，进行对比实验时，需控制变量，即 Na₂CO₃、NaHCO₃ 溶液的物质的量浓度及溶液体积均应相等。Na₂CO₃ 与等物质的量盐酸反应后，得到的为 NaHCO₃ 与 NaCl，两者均为强电解质，因此反应前后溶液电导率差异较小，亦不便于进行数据分析。

教师引导：是否可以根据等浓度的 Na₂CO₃、NaHCO₃ 溶液使酚酞指示剂变色程度差异大，从颜色变化的角度设计实验进行分析。

学生分析：Na₂CO₃ 溶液滴加酚酞指示剂，与等物质的量盐酸反应后，溶液颜色发生改变，将其与等浓度、等体积的 NaHCO₃ 溶液滴加酚酞指示剂后的颜色相比较，若两者十分接近，则可以证实猜想。

教师引导：仅凭肉眼对颜色变化进行辨析，使得该实验不够精确。引导学生阅读色度计原理的相关材料，如图6所示。

学生分析：色度计可以准确反映溶液颜色的差异，并将其转化为透色比，便于分析。

设计意图：从 Na₂CO₃ 与盐酸反应原理猜想的提出，到实验探究方案的确定，中间经历了对已有实验方案的反思、质疑、评价，不断强化了定量实验需控制变量，及对精确性要求较高的思想，进而引出结合 Na₂CO₃、NaHCO₃ 使酚酞指示剂变色程度差异大，从颜色变化的角度设计创新实验。通过不断反思质疑，层层推进，培养学生严谨的科学态度与创新意识。

> 色度计可用于测定溶液的透色比（T），它通过滤光片发射一定波长的平行光，当其通过比色皿中均匀的溶液介质时，一部分光被吸收（I_t），一部分光通过（I_o），由此可得，透色比（$T=I_t/I_o$）。
>
> 据朗博比尔定律 [$A=\lg(1/T)=Kcb$] 可得，溶液的透色比（T）与吸光物质的浓度（C）及吸收层厚度（b）的乘积成反比。吸收层厚度即为比色皿厚度。
>
> （碳酸钠、碳酸氢钠使酚酞变色原理为，酚酞转变为红色醌式碱型物质，其浓度越高，红色越深）

图 6　色度计工作原理

共同讨论：运用实验探究中应当控制变量的思想，实验时使用的比色皿相同，因此 b 一定，此时影响透色比的因素仅为吸光物质的浓度，即酚酞红色醌式碱型物质浓度。Na_2CO_3 与 $NaHCO_3$ 使酚酞指示剂变色程度差异大，因而透色比不同。通过测定 Na_2CO_3 与等物质的量 HCl 反应后透色比与等浓度 $NaHCO_3$ 溶液透色比对比，若两者相似，则可证实猜想：$CO_3^{2-}+H^+ \Longrightarrow HCO_3^-$。

提出任务：设计具体实验操作方案，探究碳酸钠与盐酸反应原理。

实验探究 1：学生依据设计的具体操作方案，进行实验探究，同时填写实验探究记录表，如表 2 所示。

表 2　实验探究记录表

探究课题：Na_2CO_3 与盐酸反应原理		
实验方案	仪器与药品	0.1mol/L Na_2CO_3、0.1mol/L $NaHCO_3$、2mol/L 盐酸、酚酞指示剂、100mL 小烧杯 3 个、20mL 移液管 3 支、1mL 酸式滴定管 1 支、胶头滴管 1 支
^	实验步骤	（1）连接好色度计传感器、数据采集器等相关装置，并打开 DIS lab 软件，进入数据采集界面，同时进行校准 （2）初始溶液色度值测定：用移液管分别移取 20mL 0.1mol/L Na_2CO_3、$NaHCO_3$ 溶液于两个烧杯中，并分别滴加 2 滴酚酞指示剂，取试样于比色皿中分别测定透色比，记录实验数据 （3）用移液管取 20mL 0.1mol/L Na_2CO_3 滴加 2 滴酚酞指示剂后，置于磁力搅拌器上，缓缓滴加 1mL 2mol/L 盐酸，待反应完全后，测定其透色比 （4）重复上述实验步骤 3 次，减少偶然误差
实验现象		宏观现象：等浓度等体积 Na_2CO_3、$NaHCO_3$ 溶液滴加酚酞指示剂后，颜色差异大，前者颜色更深；当于 Na_2CO_3 溶液滴加等物质的量盐酸后，其颜色变浅至与 $NaHCO_3$ 溶液相近 实验数据：见表 3

续表

探究课题：Na₂CO₃与盐酸反应原理	
实验结论	Na₂CO₃与等物质的量HCl反应后，溶液透色比与NaHCO₃溶液相近，证实了猜想

将电脑所采集的数据导入Excel表格，绘制柱状图，比较各溶液透色比，如表3、图7所示，进行推理论证。

表3 实验组各溶液透色比

实验组各溶液透色比				
实验次数	CL1	CL2	CL3	CL1与CL2差值	CL2与CL3差值
1	44.70%	90.00%	89.30%	45.30%	0.70%
2	47.70%	91.20%	90.30%	43.50%	0.90%
3	46.00%	92.00%	91.10%	46.00%	0.90%
平均值	46.13%	91.07%	90.23%	44.93%	0.83%

备注：CL1——20mL 0.1mol/L碳酸钠；CL2——20mL 0.1mol/L碳酸钠+1mL 2mol/L HCl；CL3——20mL 0.1mol/L碳酸氢钠

推理论证：学生指出，由表3及图7数据可发现，20mL 0.1mol/L Na₂CO₃与等物质的量的HCl反应后溶液的透色比数值改变较大，与初始溶液透色比差值约为50%，将反应后溶液的透色比与20mL 0.1mol/L NaHCO₃溶液透色比比较，两者数值接近，差值约为0.88%。由此可证明，碳酸钠溶液中滴加盐酸后，溶液中的离子发生了变化。初步证明 $CO_3^{2-} + H^+ = HCO_3^-$。

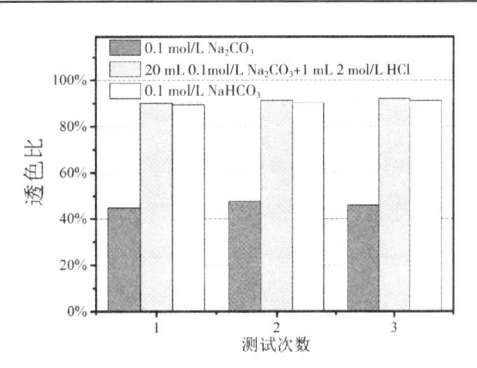

图7 实验组溶液透色比

设计意图：学生通过数据、图像等证据对提出的碳酸钠与盐酸反应原理的猜想进行分析推理加以证实，培养学生证据推理的核心素养。

教师引导：上述实验是否完全做到控制变量呢？足以充分证明碳酸钠与盐酸反应原理吗？

反思评价：上述实验不足以充分证明 $CO_3^{2-} + H^+ = HCO_3^-$ 的猜想。溶液透色比发生较大改变可能是滴加盐酸后，溶液体积发生改变，或仅为50%的Na₂CO₃与

· 541 ·

盐酸完全反应所致（此处有学生指出，是否有可能为 50% 的碳酸钠与盐酸发生了两步反应，生成二氧化碳与水，使得碳酸钠溶液浓度减半，进而使溶液颜色变浅，导致透色比出现较大的变化）。

提出任务：设计补充探究实验方案，对反思评价活动中提出的猜想进行探究。

实验探究 2：学生依据设计的具体实验操作方案进行实验探究，同时填写补充探究实验记录表 4。

导出电脑采集的数据，绘制柱状图，结合实验数据，进行推理论证。

表 4　补充探究实验记录表

	（补充实验）探究课题：Na_2CO_3 与 HCl 反应原理	
实验方案	仪器与药品	0.1mol/L Na_2CO_3、0.05mol/L Na_2CO_3、蒸馏水、酚酞指示剂、100mL 小烧杯 3 个、20mL 移液管 2 支、1mL 移液管 1 支、胶头滴管 1 支
	实验步骤	（1）用移液管移取 2 份 20mL 0.1mol/L Na_2CO_3 与 1 份 0.05mol/L Na_2CO_3 溶液于三个烧杯中，贴上标签 A、B、C 并分别滴加 2 滴酚酞指示剂 （2）于 A 烧杯中滴加 1mL 蒸馏水，待混合均匀后，取 A、B、C 烧杯中的溶液分别于比色皿中后置于色度计中，测定透色比 （3）重复上述实验步骤 3 次，减少偶然误差
实验现象	宏观现象：加入等体积酚酞指示剂的 20mL 0.1mol/L Na_2CO_3、20mL 0.05mol/L Na_2CO_3 及滴加 1mL H_2O 后的 20mL 0.1mol/L Na_2CO_3 溶液，三者颜色十分相近 实验数据：见表 5	
实验结论	并非体积改变或是一半 Na_2CO_3 完全反应，使得 Na_2CO_3 溶液透色比发生改变	

表 5　补充实验组各溶液透色比

补充实验组各溶液透色比					
实验次数	CL1	CL2	CL3	CL1 与 CL2 差值	CL2 与 CL3 差值
1	44.70%	45.80%	48.20%	1.10%	3.50%
2	47.70%	48.50%	51.40%	0.80%	3.70%
3	46.00%	47.20%	50.00%	1.20%	4.00%
平均值	46.13%	47.17%	49.86%	1.03%	3.73%

备注：CL1——20mL 0.1mol/L 碳酸钠；CL2——20mL 0.1mol/L 碳酸钠 + 1mL 蒸馏水；CL3——20mL 0.05mol/L 碳酸钠

推理论证：分析表 5 中的实验数据结合图 8 可得，20mL 0.1mol/L Na$_2$CO$_3$ 溶液中加入与盐酸等体积的蒸馏水后，透色比与 20mL 0.1mol/L Na$_2$CO$_3$ 溶液相似，差值约为 1.05%，远低于 50%。因此，体积改变使得碳酸钠与等物质的量盐酸反应后，溶液透色比发生大变化的猜想不成立。20mL 0.05mol/L Na$_2$CO$_3$ 溶液与 20mL 0.1mol/L Na$_2$CO$_3$ 溶液透色比接近，差值为 3.76%，远低于 50%。仅有 50%碳酸钠参与反应的猜想不成立。

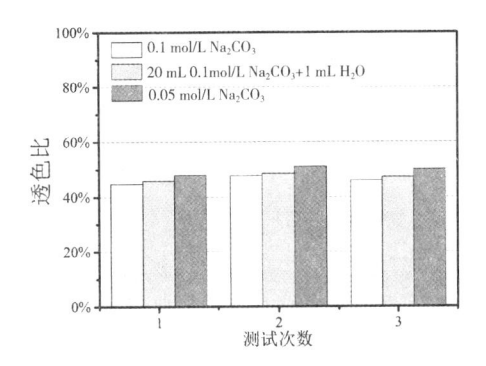

图 8 补充实验组各溶液透色比

综上所述，证实了 Na$_2$CO$_3$ 与盐酸第一步反应原理为 CO$_3^{2-}$ +H$^+$ = HCO$_3^-$。

设计意图：深入探讨 Na$_2$CO$_3$ 与盐酸反应原理，通过数据，分析推理论证，形成化学学科思维方法。结合物理量数据分析微观粒子在水溶液中的具体行为，由感性认知上升到理性认知，完善自身思维过程。

七、实验效果评价

本实验效果明显，学生完整体验科学探究的过程，同时深度感知控制变量法在实验探究中的应用，借助数字化实验技术，将理论型实验"可视化"。通过溶液透色比这一物理数据的比较探究碳酸钠与盐酸反应原理，提高化学实验的实效性的同时，培养定量思维，由感性认知上升到理性认知，完善思维过程，消除认知障碍。该实验无论是宏观上的颜色变化，还是透色比这一物理数据的变化均较为直观，便于学生从定量、定性以及宏观与微观多角度进行分析，深度理解碳酸钠与盐酸反应的原理，消除无法确定碳酸钠与盐酸反应第一步是否生成碳酸氢钠的认知障碍。在学习活动中，激发学生的批判质疑精神，对于已有的碳酸钠与盐酸反应原理的实验方案进行反思评价，层层推进，培养学生分析问题的能力。通过阅读色度计的相关材料，结合色度计工作原理提出探究碳酸钠与盐酸反应原理的创新实验方案，在提升吸收、整合化学信息能力的同时，培养了严谨的科学态度与创新意识。

碳酸钠与盐酸互滴实验中"异常"现象的探析

安宁中学　李凤

一、使用教材
人教版高中《化学必修1》第三章第二节，授课对象为高一学生。

二、实验器材
仪器：胶头滴管、试管、125mL有刻度的恒压分液漏斗、气球、250mL广口瓶、磁力搅拌器、磁子、朗威压力传感器、数据采集器、数字化实验配套软件、笔记本电脑、升降台。

药品：1mol/L Na_2CO_3 溶液、1mol/L 盐酸、酚酞溶液。

三、实验改进要点
（1）本实验为一个递进式的实验探究过程，从定性角度的"互滴实验"到半定量角度的"气球实验"，最后引入更加精确、完全定量的数字化实验，逐步培养学生的定量意识。设计符合学生的心理发展和认知顺序。

（2）本实验利用磁力搅拌器使溶液时刻充分混合，解决了盐酸局部浓度过大的问题，经多次实验，效果很明显。

（3）在改进实验中用气球的膨胀程度来说明产生气体的量，比用眼睛观察微小气泡要直观得多。且当盐酸的量加到一半时气球突然膨胀起来的瞬间很吸引人，趣味性强。

（4）改进实验装置简单，几乎所有中学实验室都有条件搭建该装置，推广性很强。

（5）在进一步的优化实验中用压强传感器代替气球，通过数据采集器在电脑上显示出体系内的压强变化，让抽象的压强可视化，更具说服力。

四、实验原理
向 Na_2CO_3 溶液中滴加稀盐酸至过量发生分步反应：

①$Na_2CO_3+HCl = NaHCO_3+NaCl$；②$NaHCO_3+HCl = NaCl+H_2O+CO_2\uparrow$

该实验通常是在试管中进行，实验现象不直观，且由于溶液混合不均匀，盐酸局部浓度过大，开始时就会有气泡产生，导致实验失败。这样的操作不宜做课堂演示实验，因此教师在教学中往往只是在理论层面上给学生讲述分步反应的机理，学生难以理解。学生受"盐和酸反应生成新盐和新酸"的定向思维影响，总认为向碳酸钠溶液中滴加稀盐酸就会生成 NaCl 和 CO_2 气体。

故该实验的改进主要解决的是盐酸局部过量问题：采用磁力搅拌器进行搅拌，让溶液充分混合。由于微小的气泡难以观察且磁子在转动过程中会对气泡的观察造成干扰，因此用气球收集气体，根据气球的膨胀程度来判断产生气体的量，实验现象明显且趣味性强。同时在碳酸钠溶液中滴加酚酞，随着反应的进行，溶液颜色变浅且气球几乎没有膨胀，初步说明分步反应的机理。为了更精确更科学地进行探究，用压强传感器代替气球，通过数据采集器在电脑上显示出体系内的压强变化。

五、实验教学目标

（1）通过宏观的实验现象，探析微观粒子世界里发生的反应及其机理，建立现象与本质、宏观与微观之间的联系，形成解决相关问题的思路与方法。

（2）通过实验探究，更好地领悟 Na_2CO_3 与盐酸互滴反应的化学反应原理，理解 Na_2CO_3 与盐酸的分步反应机理，领会化学中从量变到质变的辩证思想。

（3）通过多个实验的探究验证活动，培养基于证据进行分析推理的能力，并初步了解实验研究的基本模型：提出问题—猜想假设—实验探究—结论与解释。

（4）通过数字化实验探究的方式，体会数字化实验仪器在化学实验探究中发挥的重要作用，并学会使用数字化实验解决化学问题。

（5）培养在平时的学习和生活中发现并解决问题的能力，通过实验验证、证据推理的活动体验，培养严谨求实的科学态度和缜密的逻辑思维能力。

六、实验教学内容

本节课是为了让学生充分理解和掌握盐酸与碳酸钠的反应机理而设计的系列递进式实验探究过程，是一个教师引导学生设计实验方案、发现问题、改进及优化的过程。

七、实验教学过程

首先让学生用酚酞快速鉴别出盐酸和碳酸钠溶液，目的是导入课题，且后面的实验中都要用到已经鉴别开的两种溶液，同时也为改进实验中酚酞的使用作了铺垫。

接下来是一系列问题链的驱动教学。

（1）不用其他试剂，如何鉴别盐酸和 Na_2CO_3 溶液？理论依据是什么？

学生刚学习过盐酸与碳酸钠的分步反应机理，经过讨论，他们得到答案：用互滴法进行鉴别，若立即产生气泡，则为碳酸钠滴盐酸；若一开始不产生气泡后面才产生，则为盐酸滴碳酸钠。这个时候我马上让他们用刚才鉴别出来的盐酸与碳酸钠做互滴实验看现象，结果学生发现，不管谁滴谁，都会立即产生气泡，即实验出现了与预期不相符的"异常"现象。

（2）为什么盐酸滴入碳酸钠溶液中也会立即产生气泡呢？

在老师的引导下作出猜想：在盐酸滴入碳酸钠溶液中时，溶液混合不均匀，导致反应点周围盐酸局部浓度过大，才会有气泡产生。

（3）实验改进的关键是什么？

根据刚才的猜想，学生很容易想到：振荡试管，使溶液充分混合。这时我提示：边振荡试管边滴加溶液不好操作，且振荡试管会影响到对微小气泡的观察。然后给学生介绍磁力搅拌器并演示其使用方法。

（4）磁力搅拌器的引入会不会带来什么新的问题？如何解决？

学生想到：虽然溶液混匀了，但磁子在转动过程中同样会影响到对微小气泡的观察。可以在密闭容器中进行反应，借助气球将产生的气体收集起来，通过观察气球的膨胀程度判断产生气体量的多少。我提示大家，用气球的同时还可以借助酚酞观察实验现象，可以将互滴实验的定性实验改为半定量实验。至此，第一代改进实验装置完成了，同学们自己组装仪器进行实验，盐酸和碳酸钠溶液浓度均为1mol/L，且组内都设置了正滴和反滴的对照实验（见图1）。学生实验的结果为：盐酸滴碳酸钠，盐酸加到一半时，气球仍然无明显变化，继续滴加时气球开始膨胀并越来越大。碳酸钠滴盐酸时，一开始气球就膨胀，且越来越大。改进实验的现象很明显且效果很好。

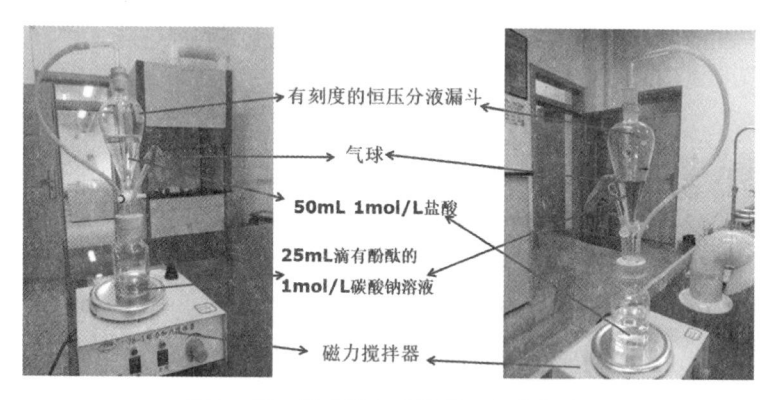

图1 第一代改进实验装置"气球实验"

（5）这个实验还有需要改进或者还有可以优化的地方吗？

学生陷入沉思，经讨论，有同学提出：该改进实验中装置和气球都有一定的空间和体积，盐酸滴碳酸钠一开始气球无明显变化就一定能说明没有产生气体吗？万一产生气体的量比较少呢？能否让生成物也定量？于是我们把改进实验中的气球换成压力传感器，实时测量装置内的压强并通过数据采集器在电脑上显示出来。第二代优化装置产生了，这个实验是一个完全定量实验，更科学、更精确，也更具说服力（见图2）。

图2　第二代改进实验装置

图3是实验的一张压强变化图像，可以非常清晰地看到一开始几乎是一条平滑的直线，说明并没有气体产生，后面压强开始升高，说明第一步反应完成，开始产生气体。

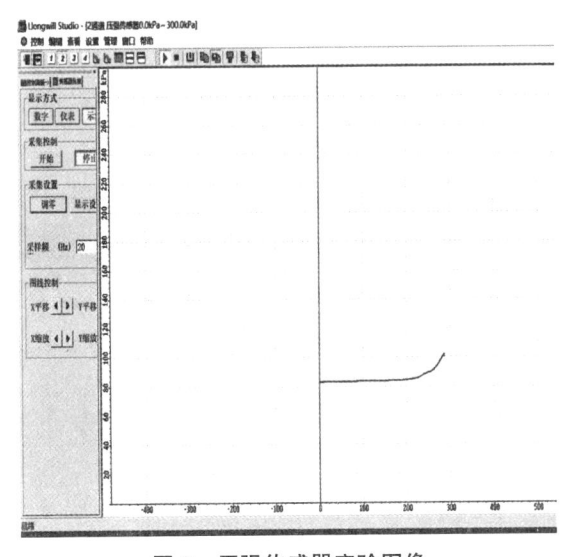

图3　压强传感器实验图像

八、实验效果评价与反思

（一）优点

（1）本节课采用递进式改进实验的方式进行探究，让学生更好地理解和掌握盐酸与碳酸钠的反应机理，克服传统互滴实验中的缺点。实验改进层层递进，学生的思维发展逐步得到提升，从定性到定量，结果一目了然。

（2）传统实验与数字化实验结合，技术和思维相结合。

（3）很好地提升了学生的定量意识、问题意识和逻辑思维等化学学科核心素养。本节实验课取得了较好的实验教学效果。

（4）学生参与度高，体验了发现现象、提出问题、设计实验、得出结论的探究过程，科学探究的热情被激发。

（5）最重要的一点是，通过本节实验课，培养了学生敢于质疑、不唯书论的科学精神。

（二）缺点

用压强传感器做实验时考虑到密封装置的安全性，未将 50mL 盐酸全部滴完，看到明显现象就停止了实验。

探究加热碳酸氢钠溶液 pH 的变化

淮南第二中学　　吕旭东　鹿杰　林森

一、使用教材

人教版高中《化学选修 4　化学反应原理》第三章"水溶液中的离子平衡"。必修 1 已经学习了碳酸氢钠固体的相关性质，选修 4 研究了水溶液中的离子平衡。在此基础上，本节课将深入探究碳酸氢钠溶液在不同温度下 pH 的变化规律。

二、实验器材

（一）常温下，探究 $NaHCO_3(aq)$ 是否分解

实验一：250mL 锥形瓶、气球、磁力搅拌器。

实验二：CO_2 传感器、塑料瓶、采集器、电脑。

实验三：pH 传感器、锥形瓶、磁力搅拌器、采集器、电脑。

（二）加热条件下，$NaHCO_3(aq)$ 的 pH 随温度的变化

实验四：温度传感器、pH 传感器、500mL 烧杯、磁力加热搅拌器、采集器、电脑。

三、实验改进要点

利用气球和 CO_2 传感器、pH 传感器、温度传感器，传统实验和数字化实验相结合。

四、实验设计思路

常温下仔细观察，看不到碳酸氢钠溶液分解的现象；利用气球长时间收集可能产生的 CO_2，短时间现象仍不明显。改用 CO_2 传感器测封闭体系条件下碳酸氢钠溶液上方 CO_2 的含量、利用 pH 传感器测溶液的 pH，效率高、现象直观明显。加热条件下，利用温度和 pH 传感器可以观测到 pH 随温度变化的情况。

五、实验教学目标

（一）科学探究

（1）能设计实验方案，正确组装实验装置并进行实验探究。

（2）能通过实验观察、分析数据得出实验结论。

（二）科学知识

（1）常温下，NaHCO₃(aq)发生分解。

（2）加热条件下，NaHCO₃(aq)的pH随温度变化。

（三）科学态度

大胆猜想，小组合作，如实记录实验数据，面对问题能主动分析原因。

六、实验教学内容

利用温度传感器、pH传感器、CO_2传感器对不同温度下的NaHCO₃(aq)微观离子行为进行探究。

七、实验教学过程

基于对课标、教材和学情的分析，为了更好地达成教学目标，我采用"五线谱"的形式，即"情境线—问题线—活动线—知识线—素养线"这一思路设计了如下教学过程。

（1）引入：碳酸氢钠俗名小苏打，生活中应用广泛，必修1教材中介绍了NaHCO₃固体加热能分解。

（2）问题1：常温下，NaHCO₃(aq)分解吗？

兴趣小组同学预测，可能因分解速率慢而看不到现象。

（3）问题2：如果分解了，用什么方法证明呢？

学生设计实验如下。

实验一：利用气球检测饱和NaHCO₃(aq)可能产生的CO_2（见图1）。

图1 搅拌饱和NaHCO₃(aq)

实验二：利用CO_2传感器测饱和NaHCO₃(aq)可能产生的CO_2（见图2、图3）。

图2 封闭体系下测CO_2含量

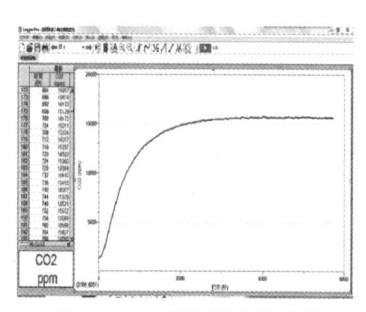

图3 CO_2含量增大的曲线

实验三：利用 pH 传感器测饱和 NaHCO₃(aq) pH 的变化（见图4、图5）。

图4　敞开体系下测溶液 pH

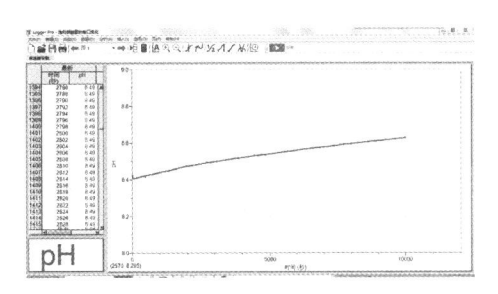

图5　溶液 pH 增大的曲线

现象：在搅拌的条件下，30min 气球鼓胀；曲线表明 CO₂ 含量增大；溶液 pH 增大。

结论：常温下 NaHCO₃(aq) 能发生分解。

（4）问题3：加热条件下，饱和 NaHCO₃(aq) 的 pH 随温度如何变化呢？

实验四：借助温度和 pH 传感器加热饱和 NaHCO₃(aq)（见图6）。

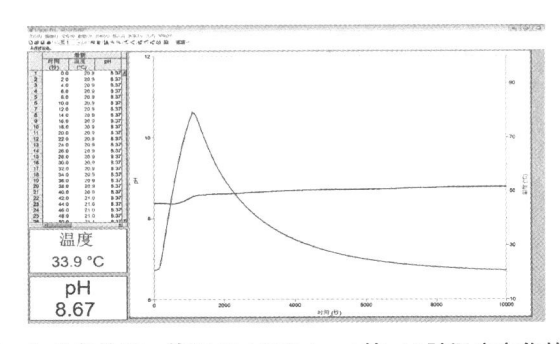

图6　加热条件下，饱和 NaHCO₃(aq) 的 pH 随温度变化的曲线

现象：温度升高，溶液 pH 先基本不变，略有降低；继续升高温度，溶液 pH 增大明显；降温的过程中，溶液 pH 缓慢增大。

（5）问题4：怎样解释图6中溶液 pH 变化趋势呢？

师生共同探析：

①$HCO_3^-(aq) \rightleftharpoons H^+(aq) + CO_3^{2-}(aq)$　　　　　　　　　　　　K_{a2}

②$HCO_3^-(aq) + H_2O(l) \rightleftharpoons H_2CO_3(aq) + OH^-(aq)$　　　　　K_{h2}

③$H_2O(l) \rightleftharpoons H^+(aq) + OH^-(aq)$　　　　　　　　　　　　　　K_w

④$H_2CO_3(aq) \rightleftharpoons H_2O(l) + CO_2(g)$　　　　　　　　　　　　K_1

①+②-③+④整理得：

⑤$2HCO_3^-(aq) \rightleftharpoons CO_3^{2-}(aq) + CO_2(g) + H_2O(l)$　　　$K = K_{a2}K_{h2}K_1/K_w = 3×10^{-3}$

在碳酸氢钠溶液中主要存在以上四个平衡，经整理得到⑤式，⑤反应的平衡常数远远大于 K_{a2} 和 K_{h2}，是该平衡体系中的主反应。起初升高温度，⑤平衡正向移动，导致 OH⁻ 浓度增大，但水的离子积 K_w 也增大，由于 $c(H^+)=K_w/c(OH^-)$，分子和分母增大的幅度相近，所以溶液的 pH 基本不变；继续升高温度，在该温度范围内 CO_2 迅速逸出，导致⑤平衡快速右移，溶液 pH 增大明显；最后降温过程中，碳酸氢钠继续分解，溶液 pH 仍缓慢增大。

八、实验效果评价

（1）学习兴趣的提升：利用数字化实验对传统实验进行改进和创新，最大限度地激发学生的探究兴趣，把看不到的微观现象以曲线的形式表征出来，既直观又形象，增强了学生对理论知识的理解。

（2）对于老师的提升：老师们关注高考，绝不能只是让学生做高考题。要从现行教材中深挖素材，寻找实验资源用于教学，引导学生开展实验探究。

氯化铵受热分解实验的探究与改进

云南师范大学附属中学　梁亚杰　任红雷

一、使用教材

人教版《化学必修1》第四章第四节"氨　硝酸　硫酸"。

二、实验器材

仪器：铁架台、酒精灯、三脚架、药匙、医用输液管2支、医用输液玻璃瓶3个。

药品：氯化铵固体、氧化钙、硫酸氢钠。

三、实验改进要点及优点

（一）要点

（1）氯化氢和氨气一旦遇冷就会马上化合，因此要在氯化铵受热分解时立刻除去其中一种产物，才能顺利得到另一种。

（2）氨气和无水氯化钙生成的八氨合氯化钙受热易分解，该改进实验不能选用无水氯化钙来除去分解产物氨气，可选用硫酸氢钠（见图1）。

（二）优点

（1）该实验操作简单，耗时短，实验现象明显，能更好地证明氯化铵受热会发生分解。

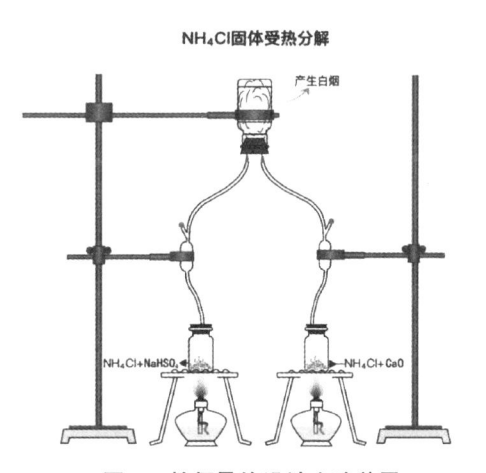

图1　教师最终设计实验装置

（2）对分解的产物氯化氢和氨气进行检验。该实验还同时证明氯化氢和氨气可以化合成氯化铵。

（3）本实验主要仪器均为医疗用具，易获取且适用面广。

（4）整套实验装置为封闭体系，绿色环保。

四、实验原理

（1）氯化铵受热分解生成氨气和氯化氢气体。

（2）氯化氢和氨气遇冷发生化合反应生成氯化铵，反应现象为产生白烟。

因此，借助医疗用具将氯化铵加热使其分解，并立即除去其中一种产物以得到另一种，并对产物进行检验以验证其受热会分解；同时再使两种气体相遇，通过产生大量白烟的现象验证氨气和氯化氢可以发生化合而生成氯化铵。

五、实验教学目标

（1）观察在试管中加热氯化铵的实验现象，预测其可能具有的性质和发生的变化。

（2）通过查阅相关资料，设计合理的实验方案，归纳出本实验的要点及注意事项。

（3）通过改进实验验证氯化铵受热分解，且产物为氯化氢和氨气，同时评价实验方案。

（4）通过本次实验学会科学探究的一般步骤，感受物质分离和检验的核心思路和基本方法，形成绿色化学意识，增强社会责任感。

六、实验教学内容

本节课是学习氨气及铵盐的性质后的拓展探究。不稳定性是铵盐的一个重要性质，借助医疗用具以氯化铵为例探究铵盐的不稳定性。同时验证氨气可以和氯化氢发生化合反应的这一性质。

七、实验教学过程

（1）发现问题。带领学生回忆在试管中加热氯化铵晶体的实验现象，提出疑问：该现象是否能证明氯化铵发生了分解？因此我们要设计新的实验方案去验证氯化铵受热会发生分解。

（2）课前布置各小组查阅相关资料，并通过小组讨论，设计出合理的实验方案（见图2、图3）。

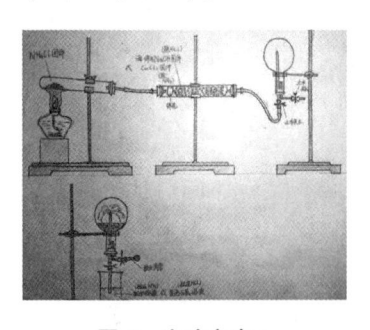

图2　实验方案1 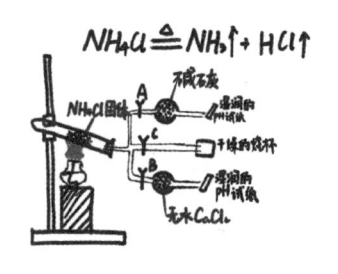　　　　　　　　图3　实验方案2

（3）各小组代表分享设计方案，归纳出本实验的要点。

（4）改进实验，教师分享初步改进装置（见图4）并讲解设计思路。

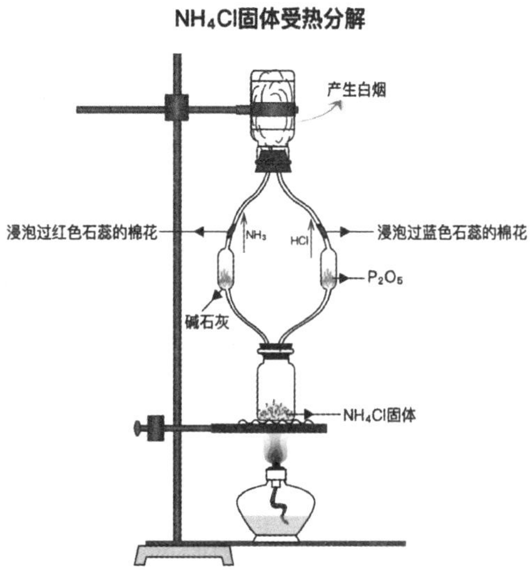

图 4　教师最初设计实验装置

（5）课堂演示实验。

（6）交流与评价。总结出该改进实验的优点，并请学生分享本节课的收获。

八、实验效果评价

实验的选择：查阅了大量的文献资料，发现该实验改进的案例很少，并且该实验确实会让学生和老师都存在一定的疑惑。因此选了氯化铵受热分解的实验作为本次实验课的题材，有一定的现实意义。

实验的效果：本次改进实验最大的亮点在于主要仪器均为医疗用具，可以解决一些偏远地区缺少实验器材的困难。整个装置为封闭体系，绿色环保，体现了绿色化学的思想。实验操作简单，实验现象明显，很好地解决了学生的疑惑，激发了学生的学习兴趣。

教学设计：基于高中化学学科核心素养进行教学设计，和学生一起完成了科学探究，能够培养学生严谨求实的科学态度和探索未知、崇尚真理的意识。

数字化实验破解电化学腐蚀疑惑

长乐第一中学　施志斌

一、使用教材

苏教版高中《化学选修4·化学反应原理》专题一第三单元第一课时"金属的电化学腐蚀"。

二、实验器材

（一）观察铁与氯化钠溶液在不同接触情况时的腐蚀机理

仪器：数字化显微镜、载玻片、试管、胶头滴管。

药品：铁片、铁丝、氯化钠溶液、酚酞试剂、铁氰化钾溶液。

（二）对比铁在不同酸碱性溶液中的腐蚀情况

仪器：数据采集器、溶解氧传感器、烧杯。

药品：1mol/L HCl、1mol/L NaCl、1mol/L NaOH。

（三）观察铁的析氢腐蚀过程

仪器：数字化显微镜、载玻片。

药品：铁片、1mol/L HCl。

三、实验创新要点

（1）用数字化显微镜观察铁片上吸氧腐蚀过程中正负极交界处现象与腐蚀末期现象，观察析氢腐蚀的过程现象，使实验观察进入介观尺度。

（2）用延时摄影技术记录吸氧腐蚀的过程现象，突破时空限制，帮助学生浏览腐蚀的全过程。

（3）借助溶解氧传感器帮助学生发现在析氢条件下是否存在吸氧腐蚀的可能性。

四、实验设计思路

金属的腐蚀，特别是铁的腐蚀是生活中常见的现象。但由于腐蚀现象存在速率慢、变化不显著等特点，故大多数学生并未真正完整、深入地观察过铁的腐蚀，导致他们面对电化学腐蚀过程现象时经常无从下手进行解释。

因此，本节课旨在运用数字化实验技术帮助学生观察腐蚀过程的细节现象，了解腐蚀本质，构建过程模型，解决学习疑惑。同时，通过本节课所建构的均匀腐蚀、不均匀腐蚀认知模型，也为学生认识原电池中的"广义浓差电池"（类似于不均匀腐蚀）打下基础。

五、实验教学目标

（1）了解金属发生电化学腐蚀的本质，知道金属腐蚀的危害。

（2）能根据需要选择合适的模型，建立对金属腐蚀现象的系统分析思路。

（3）提升"科学探究与创新意识""科学态度与社会责任"等核心素养。

六、实验教学内容

实验教学过程内容分三个环节，每个环节都对应着一组实验探究活动。

（一）探究铁与氯化钠溶液在不同接触情况下的腐蚀机理

通过对过程细节现象的观察，探究氧气浓度分布是否均匀与腐蚀现象之间的关系，深入理解氧气对吸氧腐蚀的深刻影响，形成均匀腐蚀、不均匀腐蚀等认知模型。

（二）探究铁在不同酸碱性溶液中的腐蚀情况

将铁浸没在浓度均为1mol/L的HCl、NaCl、NaOH等溶液中，对比观察溶解氧浓度的变化，深入理解"强酸性条件下铁以析氢腐蚀为主"的本质，厘清两种常见电化学腐蚀之间的关系。

（三）探究铁的析氢腐蚀过程

通过观察铁片上滴加盐酸的腐蚀过程现象，了解析氢腐蚀的原理与实质。在应用均匀腐蚀与不均匀腐蚀认知模型分析问题的同时，为原电池认知模型的发展打下基础。

七、实验教学过程

（一）探究铁与氯化钠溶液在不同接触情况下的腐蚀机理

（1）引入：钢管桩在海水中腐蚀背后的原理是什么（见图1）。

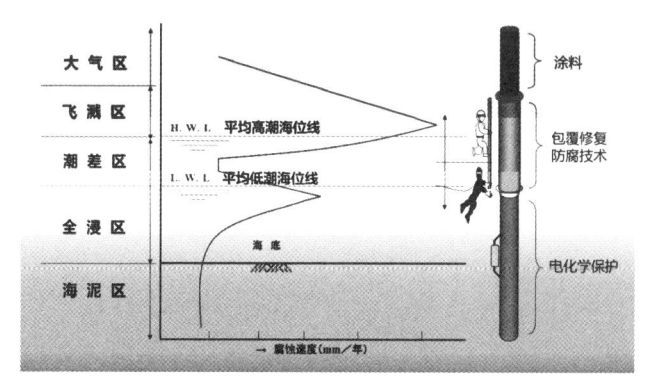

图1 钢管桩在海水中腐蚀的研究模型

分组实验：铁片上滴加 2 滴氯化钠、酚酞和铁氰化钾的混合溶液，观察液滴变化，并讨论现象。

实验现象如图 2 所示。

讨论总结：

1）铁片上，液滴中心区域出现蓝色沉淀，说明铁被氧化为亚铁离子，液滴边缘出现红色，说明生成氢氧根离子，是氧气被还原而得。

图 2　铁片上滴加氯化钠、酚酞和铁氰化钾混合溶液

2）氧化反应、还原反应分别发生在不同位置，具有典型电化学反应特征。

正极 $O_2+4e^-+2H_2O == 4OH^-$；负极 $2Fe-4e^- == 2Fe^{2+}$

3）像铁片一样，当金属不纯或合金接触电解质溶液时，较活泼的金属成分与氧气发生的电化学腐蚀，称为吸氧腐蚀。

（2）分组实验：用数字化显微镜继续观察铁片上的后续现象。

实验现象：红、蓝（正、负极）区域各有悬浮物质移向交界区域，并在交界处形成白色絮状沉淀。白色絮状沉淀区域的边缘，最先由白色转变为棕黄色，如图 3 所示。

图 3　数字化显微镜下的腐蚀中期（左）、末期（右）现象

讨论总结：

1）微粒的移动，进一步说明吸氧腐蚀是一个原电池反应。

2）涉及的反应如下：

$$Fe^{2+}+2OH^- == Fe(OH)_2\downarrow$$

$$4Fe(OH)_2+O_2+2H_2O == 4Fe(OH)_3$$

$$2Fe(OH)_3 == Fe_2O_3 \cdot nH_2O+(3-n)H_2O$$

（3）汇报实验：金属腐蚀研究性学习小组汇报——延时摄影记录铁丝在氯化钠溶液中的腐蚀。

实验现象如图 4 所示。在氯化钠溶液中，滴加酚酞指示剂后，第 1 天，溶液

均匀呈现红色。第 3 天起，红色逐渐褪去，铁丝表面较均匀形成白色沉淀。第 4 天起，白色沉淀逐渐转变为棕黄色，随着时间的推移，颜色越来越深。

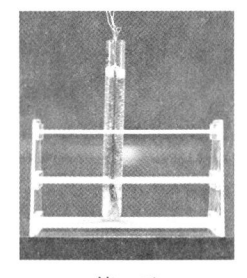

第 1 天　　　　　　　　第 3 天　　　　　　　　第 5 天

图 4　延时摄影下的铁丝浸没在氯化钠溶液中的变化过程

讨论总结：该实验与铁片上滴加氯化钠溶液的异同点（见表1）。

表 1　铁与氯化钠溶液不同接触时腐蚀的异同点

		铁片上滴加氯化钠溶液	铁丝浸没在氯化钠溶液
相同点		均为吸氧腐蚀	
不同点	正负极分布	液滴边缘为正极 中心位置为负极	宏观上无明显正负极
	氢氧化亚铁分布	正负极区交界处	较均匀地出现在铁丝表面
	氧气浓度分布	过程中液滴边缘氧气浓度相对高 中心区域氧气浓度相对低	液面下，大部分铁丝浸没位置 的氧气浓度差异不大
	模型特征	不均匀腐蚀	均匀腐蚀

讨论分析：钢管桩在海水中腐蚀速率变化的原因。

（二）探究铁在不同酸碱溶液中的腐蚀情况

（1）引入：从前面的探究可以发现氧气是吸氧腐蚀的关键，但海水是中性偏弱碱性的。钢铁在强碱性或强酸性条件下是否也会发生吸氧腐蚀呢？

讨论预测：①强酸性条件下，铁能否发生吸氧腐蚀有较大争议；②即使认为强酸性条件下铁能发生吸氧腐蚀的学生中，也普遍认为可能会与铁置换出氢气互相竞争，而使吸氧腐蚀速率减慢；③强碱性条件下，较多学生认为可能发生吸氧腐蚀，但普遍认为腐蚀速率会加快。

（2）演示实验：将 3 根长度相同的铁丝，分别完全浸没在 1 mol/L HCl、NaCl、NaOH 溶液中，并用 3 支溶解氧传感器分别监测溶液中的溶解氧浓度变化，如图 5 所示。

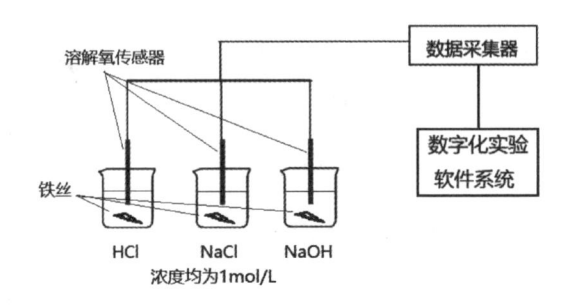

图 5　对比探究铁丝在不同酸碱性溶液中的腐蚀情况

实验现象：3 种溶液中溶解氧浓度均有所下降，下降速率最快的是 HCl，其次是 NaCl，最慢的是 NaOH，见图 6。

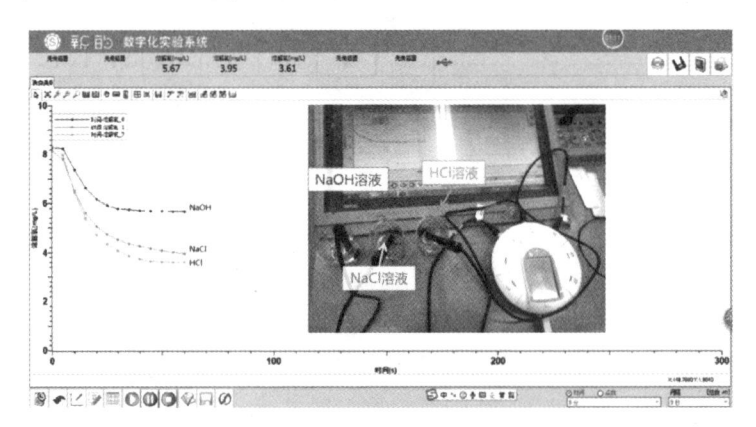

图 6　铁丝在浓度均为 1 mol/L HCl、NaCl、NaOH 溶液中的溶解氧浓度变化情况

讨论总结：

1）溶解氧浓度均有所下降，说明吸氧腐蚀在酸性、中性和碱性环境下均能发生。

2）下降速率说明酸性条件下铁与氢气的反应并未抑制吸氧腐蚀的发生。

3）课外教辅中出现的"强酸性条件下，铁存在微弱的吸氧腐蚀"，仅仅指的是，相比于析氢腐蚀，吸氧腐蚀程度比较弱。

（三）探究铁的析氢腐蚀过程

（1）引入：铁在强酸性条件下的腐蚀过程是如何的呢？讨论预测：①大部分学生所描述的反应与课本相差不大；②普遍认为铁片上滴加盐酸，可能是一种均匀腐蚀。

（2）分组实验：在铁片上滴加盐酸后，用数字化显微镜观察。

实验现象如图 7 所示。铁片表面有气泡均匀冒出；液滴表面周期性出现变黄后褪色，再变黄再褪色的现象。

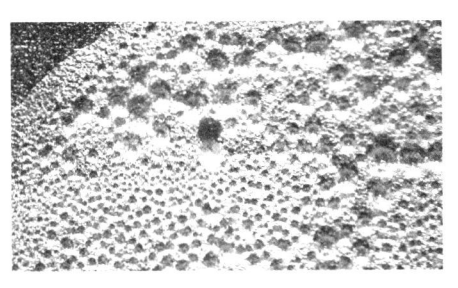

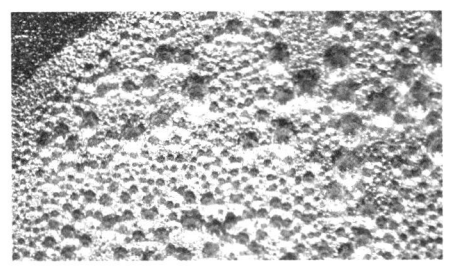

图 7　显微镜下的铁析氢腐蚀

讨论总结：

1）铁片与浓度相同的盐酸接触，因此发生的是均匀腐蚀；

2）溶液变黄可能是腐蚀过程生成的 Fe^{2+} 被氧化为 Fe^{3+}，褪色可能是 Fe^{3+} 被还原为 Fe^{2+}；

3）腐蚀后期，溶液 pH 上升到一定程度时，Fe^{2+} 被氧化后得到 $Fe(OH)_3$，不再还原为 Fe^{2+}，并最终转化为铁锈。

讨论交流：

1）如果铁片接触的盐酸浓度不均匀时，可能会发生怎样的腐蚀？

①H^+是氧化剂，$c(H^+)$ 较高处为正极，$c(H^+)$ 较低处为负极；

②发生不均匀析氢腐蚀。

2）盐浓差腐蚀、广义浓差电池的简介。

八、实验效果评价

（1）实验方案更接近真实腐蚀，学生学完之后能够从均匀腐蚀、不均匀腐蚀的角度来看待金属电化学腐蚀的过程，并根据模型解决实际腐蚀问题，如解释钢管桩在海水中的腐蚀、理解广义浓差电池的原理。

（2）实验过程中数字化显微镜的使用、延时摄影技术的运用，不仅使实验现象更为直观、全面，也为学生了解实验观察技术开阔了视野。在后续的研究性学习中，学生喜欢上用数字化显微镜来观察物质，特别是晶体，欣赏晶体之美，激发学习化学兴趣；也有学生考虑用手机微距摄影、高速摄影等方式来记录实验现象，期待发现一些意外现象或反应之美。

（3）课堂发现了铁的吸氧腐蚀速率为酸性>中性>碱性，学生后续又用溶解氧传感器探究了铁钉在氯化铵等多种不同酸碱性条件下的腐蚀情况，如表 2 所示。根据研究性学习成果，学生推测 pH 可能是通过影响铁钉表面的氢氧化物覆盖层的形成，从而进一步影响氧气与铁的接触，导致速率出现差异。

表2 铁钉在溶液中的腐蚀现象对比

	NH$_4$Cl	(NH$_4$)$_2$SO$_4$	NH$_4$NO$_3$	NaCl	Na$_2$SO$_4$	NaNO$_3$	Na$_2$CO$_3$	NaOH
0 min 时氧气浓度（%）	20.8	20.8	20.8	20.8	20.8	20.8	20.8	20.8
500 min 时氧气浓度（%）	15.8	17.0	17.4	18.6	19.0	19.2	19.5	19.8
实验前溶液 pH	5.31	5.53	5.50	7.19	7.18	7.17	11.40	13.69
实验后溶液 pH	7.37	7.99	8.22	10.51	10.37	9.79	11.83	13.82
铁钉表面锈蚀情况	大量铁锈	大量铁锈	大量铁锈	少量铁锈	少量铁锈	少量铁锈	几乎没有	几乎没有
实验后溶液	浑浊，少量沉淀	较浑浊，较多沉淀	较浑浊，较多沉淀	轻微浑浊，少量沉淀	浑浊，微粒沉淀	轻微浑浊，少量沉淀	清澈，没有沉淀	清澈，没有沉淀

基于数字化实验对金属电化学腐蚀的研究

武汉大学附属中学　李鼎
武汉洪山高级中学　江薇

一、使用教材

（1）教材分析。本节课选自人教版高中《化学选修4》第四章第四节"金属的电化学腐蚀与防护"。教材主要以钢铁在不同条件下的腐蚀为例，讲解了金属的析氢腐蚀和吸氧腐蚀的原理，以及金属电化学腐蚀的防护原理与方法。学生在此之前已经学习了原电池和电解池等知识，这为本节课的学习奠定了知识基础。

（2）课标分析。《普通高中化学课程标准（2017年版）》对本节课的要求是：了解金属发生电化学腐蚀的本质，知道金属腐蚀的危害，了解防止金属腐蚀的措施。同时课程标准中也给出了实验探究的活动建议：吸氧腐蚀；暖贴的设计。

二、实验器材

实验器材如表1所示。

表1　实验器材

实验仪器	朗威数字化实验仪器：氧气传感器、空气湿度传感器、压强传感器、温度传感器 多功能反应容器（自制）、U形管、T形连接管、橡皮管、培养皿、塑料胶头滴管
实验材料	铁粉、炭粉、pH=2盐酸、酚酞、暖宝宝

三、实验创新要点

（1）选取合适的盐酸浓度进行实验，将析氢腐蚀和吸氧腐蚀实验探究装置一体化。利用压强传感器和氧气传感器，将微观变化可视化。与此同时，学生更加清晰地理解弱酸性条件下也可以发生吸氧腐蚀这一知识。

（2）在暖宝宝发热原理探究实验中，引入氧气传感器、空气湿度传感器、温度传感器等数字化实验仪器，注重定量研究，学生能够养成"实验—现象—数据—结论"的科学素养，对今后认知科学实验的思维产生深刻影响，打好实验基础。从宏观辨识实验现象，结合数字化实验对微观粒子的变化进行图像表征，进行微观探析，最后用符号进行表征。

（3）利用家用塑料密封罐自制多功能反应容器，材料易获取，仪器组装方便快捷，气密性好，反应之后易清洗。

四、实验原理

（1）实验探究：析氢腐蚀和吸氧腐蚀。钢铁在 pH = 2～3 的环境，先以析氢腐蚀为主，一段时间后以吸氧腐蚀为主。在密闭容器内（装置见图1）装入一定量的自制钢铁样品（铁粉和炭粉混合物），连接装置，检查装置气密性后将塑料胶头滴管中的盐酸滴入容器内，先发生析氢腐蚀，一段时间后发生吸氧腐蚀。

（2）拓展实验：暖宝宝发热的原理。暖宝宝的主要成分为：铁粉、活性炭、盐、水、吸水树脂、蛭石等。暖宝宝工作发热是由于铁粉和炭粉在电解质溶液中形成原电池，发生吸氧腐蚀，放出热量。密闭容器中放入暖宝宝（装置见图2），容器内由于铁发生吸氧腐蚀，氧气浓度下降。吸水树脂本身吸收的水在工作过程中释放，虽然铁发生吸氧腐蚀消耗水，但不足以抵消吸水树脂释放的水，容器内空气湿度上升。铁发生吸氧腐蚀放出热量，容器内温度升高。

图1　金属的电化学腐蚀实验装置图　　　图2　暖宝宝发热原理的探究装置图

五、实验教学目标

（一）教学目标

（1）通过析氢腐蚀、吸氧腐蚀的实验，增强对金属发生电化学腐蚀微观本质的认识，完善电化学的知识体系。

（2）利用数字化实验仪器，创新教材实验来探究吸氧腐蚀，将微观发生的反应可视化，引导学生从宏观辨识现象，微观探析本质，发展宏观辨识与微观探析、科学探究与创新意识等化学学科素养。

（3）通过对暖宝宝发热原理的探究，学会运用所学化学知识解决生活中简单的化学问题，提升学生的科学态度与化学学科核心素养。

（二）评价目标

（1）通过对析氢和吸氧腐蚀微观本质的讨论和点评，提高学生对金属电化学腐蚀原理本质的认识（物质水平、微粒水平）。

（2）通过利用数字化实验仪器对吸氧腐蚀探究的讨论与交流，提高学生实验探究设计水平（孤立水平、系统水平）。

（3）通过对暖宝宝发热原理的探究，提高学生对化学价值的认识水平（学科价值视角、社会价值视角）。

六、实验教学内容

（一）析氢腐蚀和吸氧腐蚀一体化实验

将铁粉和炭粉混合装入反应容器中，连接好实验仪器（见图1），检查装置气密性。将塑料胶头滴管中的盐酸挤入反应容器中，打开止水夹平衡内外气压，使U形管左右液面保持相平，关闭止水夹；观察并记录现象（见表2）。实验过程先观察到U形管液面左边下降，右边上升，呈左低右高；一会儿，U形管右边液面开始下降，左边液面开始上升，呈左高右低。说明了在酸性条件下主要发生析氢腐蚀，在弱酸性或中性条件下发生吸氧腐蚀。

表2 析氢腐蚀和吸氧腐蚀一体化实验分析

电化学腐蚀	析氢腐蚀	吸氧腐蚀
实验现象	U形管液面左低右高 压强传感器示数上升	U形管液面左高右低 压强传感器示数下降 氧气传感器示数下降
解释	在酸性条件下，实验过程中产生H_2，容器内压强增大	在弱酸性条件下，实验过程中消耗O_2，容器内压强减小
负极	$Fe-2e^-=\!=\!=Fe^{2+}$	$2Fe-4e^-=\!=\!=2Fe^{2+}$
正极	$2H^++2e^-=\!=\!=H_2\uparrow$	$O_2+4e^-+2H_2O=\!=\!=4OH^-$

（二）暖宝宝发热原理的探究

连接好装置（见图2），将暖宝宝打开并装入反应容器中，打开数字化实验系统，观察并记录数据，实验结束，绘制图像（见图3）。

该实验展示了化学知识在生活中的应用，学生可以感受到化学给我们生活带来的巨大便利。

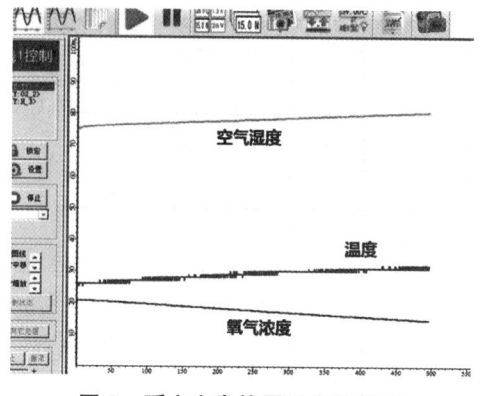

图 3　暖宝宝发热原理实验数据

七、实验教学过程

实验教学过程如表 3 所示。

表 3　实验教学过程

教学环节	教师活动	学生活动	教学评一体化
探索新知	实验室模拟钢铁的腐蚀	(1) 预测实验现象：U 形管液面左低右高 (2) 观察实验现象：开始 U 形管液面左低右高，一段时间后 U 形管液面左高右低 (3) 匹配相应模型：原电池模型	采用"POE"（预测、观察、解释）教学策略，发展学生证据推理与模型认知学科核心素养 通过对析氢腐蚀的微观本质的讨论和点评，诊断并发展学生金属电化学腐蚀原理本质的认识（物质水平、微粒水平）

续表

教学环节	教师活动	学生活动	教学评一体化
析氢腐蚀	演示实验：接通实验1的装置中氧气传感器数据线，观察容器总氧气含量的变化 追问：容器内氧气为什么会减少 引导：$4H_2 \sim 4Fe^{2+} \sim O_2$	(4) 微观解释实验现象：U形管液面下降，说明容器中压强增大，是产生的H_2使容器内压强增大 (5) 符号表征 负极：$Fe-2e^- ══ Fe^{2+}$ 正极：$2H^+ +2e^- ══ H_2\uparrow$ (6) 异常现象分析：一段时间后右边液面上升说明容器内压强减小，容器内气体减少，可能是氧气减少 现象：容器内氧气的浓度下降，压强减小 回答：可能是生成的Fe^{2+}消耗了氧气 回答：从关系式中可以看出，只是Fe^{2+}消耗O_2，容器内气体的减少量不足以使U形管液面左高右低，可能是铁与氧气发生了反应	利用数字化实验仪器对吸氧腐蚀进行探究，发展学生实验探究设计水平
吸氧腐蚀	追问：氧气参加反应生成了什么	(1) 预测产物 预测1：$O_2+4e^-+2H_2O ══ 4OH^-$ 预测2：$O_2+4e^-+4H^+ ══ 2H_2O$ (2) 设计实验验证：取反应后的样品，加入少量蒸馏水，滴入酚酞试剂，发现液体变红 (3) 结论：预测1正确	
拓展应用——暖宝宝发热原理探究	情境：暖宝宝的主要成分是铁粉、活性炭、盐等，它的发热原理是什么 推送资料：吸水树脂的功能作用	(1) 预测原理：暖宝宝主要成分中没有酸性物质，可能是铁发生了吸氧腐蚀 (2) 实验设计并预测实验现象 设计：运用氧气传感器、空气湿度传感器、温度传感器测试该过程中氧气含量、水蒸气含量以及温度的变化 预测：氧气含量减小、水蒸气含量减小、温度升高 (3) 观察实验现象：氧气含量减小、水蒸气含量增大、温度升高 (4) 异常现象分析：吸水树脂能够吸收自身重量几百倍至千倍的水分，该过程中反复释水 (5) 匹配相应模型：原电池中吸氧腐蚀模型 (6) 微观解释实验现象：暖宝宝工作时，发生吸氧腐蚀，吸收空气中的氧气，氧气浓度下降；该过程是放热过程，温度升高 (7) 符号表征 负极：$2Fe-4e^- ══ 2Fe^{2+}$ 正极：$O_2+4e^-+2H_2O ══ 4OH^-$	通过对暖宝宝发热原理的探究，提高学生对化学价值的认识水平（学科价值视角、社会价值视角）

八、实验效果评价

（1）在研究电化学腐蚀的实验中，利用压强传感器和氧气传感器，将微观变化可视化，学生感受到了信息技术带来的便利。与此同时，学生更加清晰地理解弱酸性条件下也可以发生吸氧腐蚀这一知识。

（2）在暖宝宝发热原理探究实验中，引入氧气传感器、空气湿度传感器、温度传感器等数字化实验仪器，注重定量研究，学生初步养成"实验—现象—数据—结论"的科学素养。

（3）通过分析教材及课标，我们提出了发展"证据推理与模型认知"的教学模式（见图4）。教师通过问题情境的创设，引导学生根据已有的知识或证据提出自己的假设，通过设计并实施实验方案证实或证伪自己的假设，建立观点、证据及结论等要素之间的逻辑关系，然后建构或匹配相应的认知模型，最终应用模型解决实际问题。

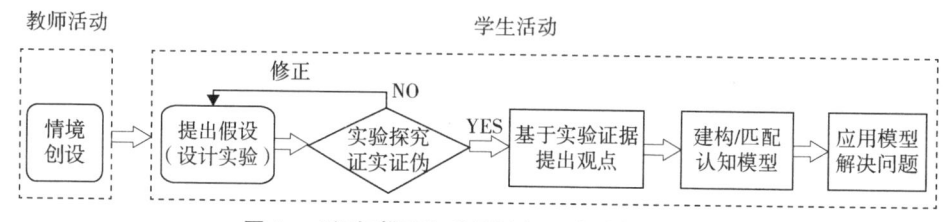

图4 "证据推理与模型认知"实验教学模式

从焰色反应到察"焰"观色

广雅中学　曾显林

一、使用教材

焰色反应来自于人教版高中《化学必修1》第三章第二节实验3-6，它是在学习完钠的重要化合物之后引入的知识。

二、实验器材

（1）改进后的焰色发生装置：胶头滴管、注射器针头、铁夹、本生灯或酒精灯。

（2）自制分光镜：线槽盒、美工刀片、砂纸、502胶水、黑色卡纸、直尺、双面胶。

（3）其他：手机或相机、手机夹子、护目镜。

（4）试剂：5%硝酸锶溶液、5%硝酸锂溶液、5%溴化钾溶液、5%氯化钠溶液、5%硫酸铜溶液、5%氯化钡溶液。

三、实验创新要点

（一）课本实验

在传统教学中，焰色反应实验是这样开展的（见图1）：先用一根干净的铂（铁）丝放在火上灼烧，然后再用铂（铁）丝蘸取少量的盐溶液放在酒精灯的外焰灼烧，观察火焰焰色。灼烧完后，将铂（铁）丝插入盛有浓盐酸的瓶中清洗，并放在酒精灯上灼烧直至与原火焰焰色相同为止，再继续实验。

图1　传统教学中的焰色反应实验

（二）课本实验存在的不足

（1）焰色不持久，无法同时比较不同金属元素的焰色。

（2）焰色不稳定，焰色时有时无，易受原火焰焰色干扰。

(3) 需要反复蘸取待测试剂才能完成观察。

另外，最大的问题是焰色反应呈现出来的火焰颜色是混合光，跟焰色反应的实质缺乏必然的相关性，这使焰色反应的原理成为一个教学难点。由于这个原因，不少老师会在课堂教学中避开这个知识点，使该知识点成为一个教学盲点。学生只能知其然，而不知其所以然。

（三）实验的改进与创新

为了克服课本实验方案存在的不足，更好地推进课堂教学，我设计并制作了原子发射光谱观察及拍摄装置。装置（见图 2）由三个部分组成，分别是：焰色发生装置、分光镜、相机（手机）。

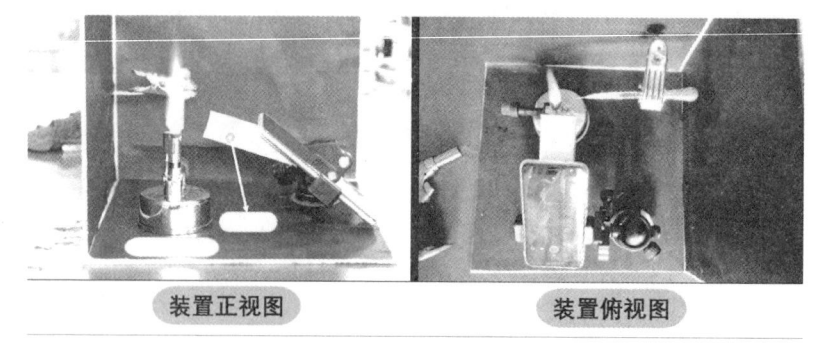

图 2　原子发射光谱观察及拍摄装置

（1）焰色发生装置的创新之处。它主要由一个胶头滴管和一个注射器针头组成：先在胶头开一小孔；实验开始前，胶头滴管平放，里面的待测液体不会流出（见图 3a）；实验开始时，胶头滴管往下倾斜大约 10°，里面的液体在重力作用下会持续缓慢渗出，渗出液被灼烧后形成稳定的带色火焰（见图 3b）。

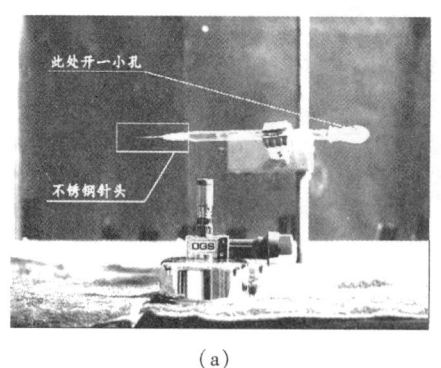

图 3　焰色发生装置

（2）实验操作步骤。

1）用改造后的胶头滴管吸取大约 2mL 待测溶液。

2）把胶头滴管平置于铁架台上，根据本生灯的高度调节胶头滴管的高低。

3）确定本生灯及滴管的位置后，调节自制分光镜的高低，使分光镜的窄缝正对火焰中间位置。

4）将胶头滴管倾斜约 10°，使胶头滴管中的待测溶液缓慢流下，点燃本生灯。

5）灼烧片刻，得到稳定焰色后，点击手机上的拍摄键，摄录待测原子的发射光谱。

（3）创新实验装置的优点。

1）实现了待测试剂的自动添加，能得到持久、稳定的带色火焰。

2）实验操作简单，一次操作即可进行连续观察。

3）不仅能观看到焰色，而且能拍摄到原子的发射光谱。

显然，改进后的实验装置更便于学生寻找证据，找到焰色反应宏观现象与微观实质之间的联系，提高学生的思维品质。

四、实验原理及设计思路

（1）原子发射光谱观察及拍摄实验原理。利用本生灯（或酒精灯）的高温使样品中各元素从液态气化并被激发而发射出各元素的特征波长光线，光线通过窄缝，用光栅分光后，成为按波长排列的"光谱"，得到的"光谱"可以通过眼睛直接观察，也可以利用相机或者手机进行拍摄。

（2）实验设计思路。光谱分析是对焰色反应进行微观探析的重要环节（见图4）。要拍摄原子发射光谱，关键在制作出一个高分辨率的分光镜。分光镜的窄缝越细分辨率越高，但通光量却越低，这是一个技术上的难点。在通光量低的情况下要获取清晰的光谱，就要延长曝光时间，这就要求我们要先设计出一个能产生持久稳定焰色的反应装置。

宏观的焰色反应 ⟷ 光谱分析 ⟷ 焰色的微观实质

图4 实验设计思路

五、实验教学目标及重点难点

新课标给我们构建了新课程体系，发展学生的化学核心素养成为我们课堂教学的重要目标。这节课的教学设计就是以实验探究为载体，让学生动手设计及制作分光镜寻找证据，并利用证据进行推理，从宏观、微观相结合的视角理解焰色反应的微观实质。让学生在解决实际问题的过程中培养创新意识及科学精神。为了充分发挥这套装置的作用，我设计了如下教学目标及重点难点。

（一）教学目标

（1）了解焰色反应的概念，能够说出几种常见金属元素的焰色。

（2）掌握根据焰色检验某种金属元素存在的实验技能，通过实验发现利用焰色检验金属原子的局限性，了解相近的焰色可能是单色光，也可能是多种颜色的复色光。

（3）学生通过查阅文献设计制作分光镜，培养创新精神和设计能力。

（4）观察及拍摄原子的发射光谱，利用光谱进行证据推理，了解焰色反应原理的微观实质。

（二）教学的重点和难点

（1）通过实验发现利用焰色检验金属原子的局限性，经由学生熟悉的色彩混合原理得出猜想：颜色相近的焰色可能是单色光，也可能是多种颜色的复色光。

（2）观察及拍摄原子的发射光谱，利用光谱进行证据推理，了解焰色反应原理的微观实质，体会利用宏观的光谱信息研究微观的不可见的核外电子运动规律这一重要的研究方法。

六、实验教学内容

（1）利用创新的焰色反应装置观察不同金属元素的焰色反应，发现不同元素的焰色会出现焰色接近的情况，启发猜想和质疑。

（2）通过查阅文献，设计并制作分光镜。

（3）利用自制分光镜观察不同元素的原子发射光谱。

（4）通过分析光谱的谱线从微观的角度去理解焰色反应的实验原理。

七、实验教学过程

（一）实验验证，植入概念

引导学生利用创新实验装置进行焰色反应实验，观察几种金属化合物的焰色，获取焰色反应概念。

（二）发现问题，质疑猜想

学生试图应用焰色反应来证实某种金属存在时，发现某些金属元素的焰色非常接近，难以辨别，从而产生了认知冲突（见图5）。为什么会这样呢？

图 5　金属元素的焰色示例

此时引入学生熟悉的混合光原理，启发学生猜想：颜色相近的焰色可能是单色光，也可能是多种颜色的复色光。这一猜想超出了课本知识，培养学生敢于质疑、勇于创新的科学精神。在猜想的基础上，引导学生利用色散系统对焰色反应的光线进行分离。通过查阅文献，学生可以利用一些常见的材料设计并制作分光镜（见图6）。

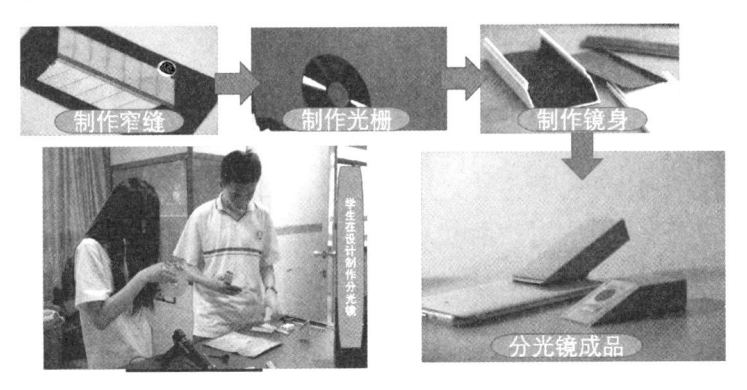

图 6　学生设计制作分光镜

(三) 寻找证据，解决问题

(1) 观察及拍摄原子发射光谱（见图7）。

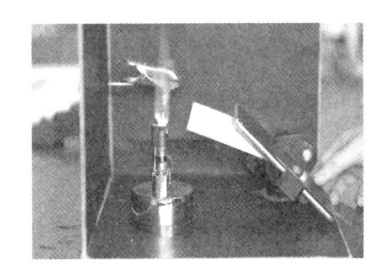

图 7　学生观察及拍摄原子发射光谱

（2）了解光谱的定义及作用，认识到大部分焰色反应发射出来的光线都是复色光（见图8）。

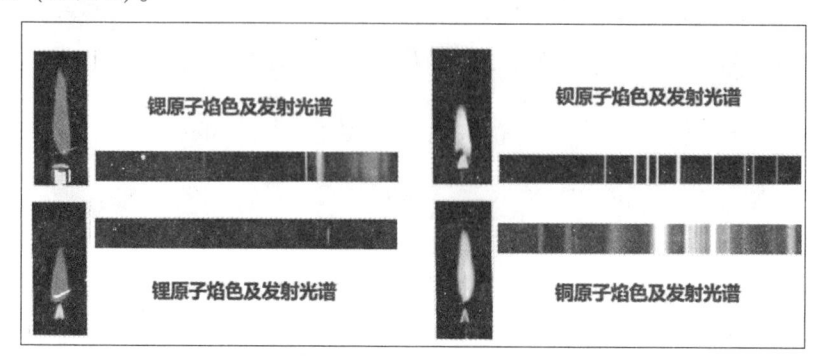

图8 金属原子焰色及发射光谱

（四）宏微结合，揭示本质

以光谱为证据，结合虚拟模型从微观角度认知焰色反应的原理（见图9）。电子在特定半径的轨道上运动时不辐射能量，电子跃迁时会吸收或放出特定的能量，所以原子光谱是线状光谱。焰色反应就是某些金属原子的电子在高温火焰中吸收了能量，使原子外层的电子从基态跃迁到激发态。处于激发态的电子不稳定，在极短的时间内便跃迁到基态或较低的能级上，在跃迁过程中将能量以一定波长（颜色）的光释放出来。由于各种元素的能级是被限定的，因此在向基态跃迁时释放的能量也就不同，不同元素的光谱也不一样。

图9 焰色反应原理

八、实验效果评价

（1）原子发射光谱观察及拍摄装置的可靠性评价。我们知道，常见的日光灯，其实就是汞灯。日光灯的玻璃罩上涂了荧光粉，所以日光灯的光谱保留了汞灯的特征谱线。利用自制的分光镜观察及拍摄日光灯光谱，得到图10所示光谱。经查阅文献，汞的特征谱线在可见光区总共有6条。其中黄光区的两

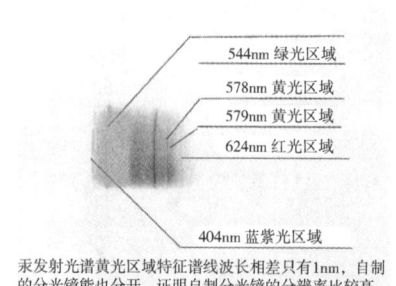

544nm 绿光区域
578nm 黄光区域
579nm 黄光区域
624nm 红光区域
404nm 蓝紫光区域

汞发射光谱黄光区域特征谱线波长相差只有1nm，自制的分光镜能也分开，证明自制分光镜的分辨率比较高

图10 利用自制分光镜拍摄日光灯光谱

根特征谱线波长只相差1nm,自制的分光镜能清晰地将其分开,可见自制分光镜的分辨率很高。

(2)创新实验丰富了教学内容,推动了教学内容的转变。创新主要包括两点:制作了一个能持续产生稳定焰色的反应装置以及一个低成本且具有高分辨率的分光镜。装置非常简单,制作工序也不复杂,但这个装置却是这次教学活动的核心载体。在这样的活动中发展了学生的证据意识,培养了他们证据推理的能力,宏观、微观相结合解决实际问题的能力,使核心素养的教学目标在课堂教学中得到了很好的落实。

(3)教学活动具有STEM教育属性。通过课堂教学与课后活动相结合,实现了"科学-技术-工程-数学"等学科的相互整合,让学生体验装置设计、制作、使用、实验、建构模型的完整过程,因此这次教学活动也是STEM教育的一个典型例子。

3V形玻璃导管在化学实验中的应用

南昌市第二中学　梅颖

一、使用教材

人教版高中《化学必修1》第四章第三节"硫和氮的氧化物"。

二、实验器材

实验装置：自制3V形玻璃导管、试管、乳胶塞、注射器、脱脂棉、漏斗、学生电源。

实验药品：70%浓硫酸、亚硫酸钠固体、蓝色石蕊试纸、品红溶液、酸性高锰酸钾溶液、2mol/L硫化钠溶液、5mol/L氢氧化钠溶液；硫酸亚铁溶液、氢氧化钠溶液、稀硫酸、碳酸氢钠、澄清石灰水；饱和食盐水、石墨电极、淀粉碘化钾试纸。

三、实验创新要点/改进要点

在师生共同研究下自制教具3V形玻璃导管。利用该教具可很好地解决课本实验中存在的问题，完成SO_2的制备及性质检验，同时具备"一体化、绿色化、微型化"等优点。通过学生小组合作进行二次开发创造、交流、评价、再优化，可将该仪器推广应用至其他气体（Cl_2、NH_3、C_2H_4）的制备及其性质检验、无氧环境中物质的制备〔$Fe(OH)_2$〕、电化学实验（电解饱和食盐水）等，真正做到一器多用、多置归一。学生在学习过程中思路更清晰、理解更透彻、兴趣更浓厚，真正发挥了实验教学的作用。

四、实验设计思路

鉴于课本及课外资料中SO_2的制备及性质检验方法仍存在一些不足之处，比如现象不明显、实验装置复杂、药品用量较多、有毒气体排入空气造成污染等，本人通过查阅文献，受到启发，将W形和V形导管整合，自制教具——3V形玻璃导管。利用该教具可很好地完成SO_2的制备及性质检验，同时具备"一体化、绿色化、微型化"等优点。而后，学生通过交流、探讨发现该仪器可推广应用至其他气体的制备及其性质检验，同时适用于无氧环境中物质的制备、电化学实验等，真正做到一器多用、多置归一。

五、实验教学目标

（1）科学探究与创新意识：利用所学知识，对SO_2制备及性质检验实验提出装置改进方案,并进行合理的分析与评价;通过仪器的二次开发利用,锻炼逻辑思维与创新能力,培养学科核心素养,形成善于归纳、类比的思维方式。

(2) 科学精神与社会责任:在实验探究过程中养成严谨求实的科学态度、团结合作的团队精神;通过设计一体化微型实验,提高环保意识和社会责任感。

六、实验教学内容

实验教学内容如图1所示。

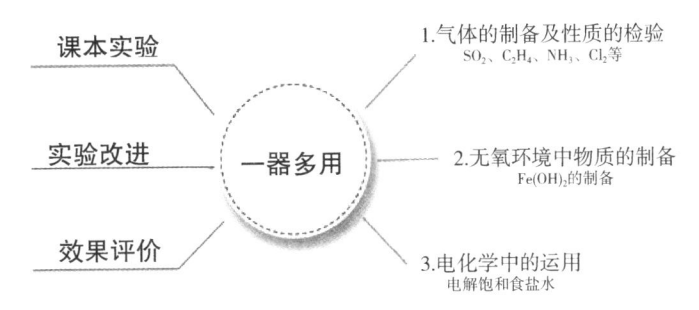

图1 实验教学内容

七、实验教学过程

(一) 装置改进阶段

(1) 设计方案:在复习人教版高中《化学必修1》第四章第三节 SO_2 的制备及性质检验实验时,学生发现"二氧化硫溶于水"的实验方法存在较多问题。在老师的指导下,学生分组设计改进实验,共同分析与评价之后,选取其中一个来实施。在这里我们分别将湿润的品红试纸、Na_2S 试纸、酸性高锰酸钾试纸、蓝色石蕊试纸粘在一张卡片上。

图2 第一代实验装置设计图

(2) 学生动手实验:按照上述实验设计方案连接实验装置并进行实验(见图2)。

(3) 实验结果:学生欣喜地观察到了蓝色石蕊试纸变红、Na_2S 试纸上有淡黄色固体产生、酸性高锰酸钾试纸褪色、品红试纸褪色现象。因此,学生根据现象得出二氧化硫具有酸性、氧化性、还原性、漂白性。

(4) 产生问题:

1) 该实验无法验证二氧化硫漂白性的不稳定、可逆等特点。

2) 滤纸上吸附的硫化钠的量有限,导致二氧化硫与硫化钠反应的实验现象不明显。此时学生的思维陷入了困境，我鼓励学生说：我们应该站在巨人的肩膀上，借鉴别人的成果。

（二）装置的优化阶段

（1）文献检索：通过在百度文库、知网上查找资料，我们从一线教师将 U 形管、V 形管、W 形管应用于化学创新实验中得到启发，设计出双加料口 3V 形（W+V）的导管（见图 3）。

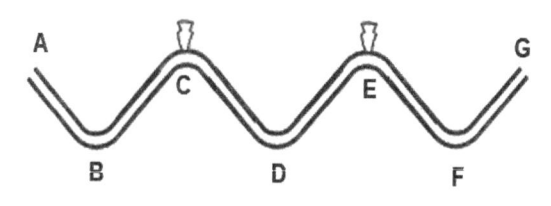

图 3　第二代实验装置设计图

（2）学生动手实验：按照图 4 连接实验装置，加入反应试剂（依次为 70% 浓硫酸、Na_2SO_3 固体、蓝色石蕊试纸、品红溶液、浸有酸性 $KMnO_4$ 溶液的脱脂棉、Na_2S 溶液、浸有 NaOH 溶液的脱脂棉）。

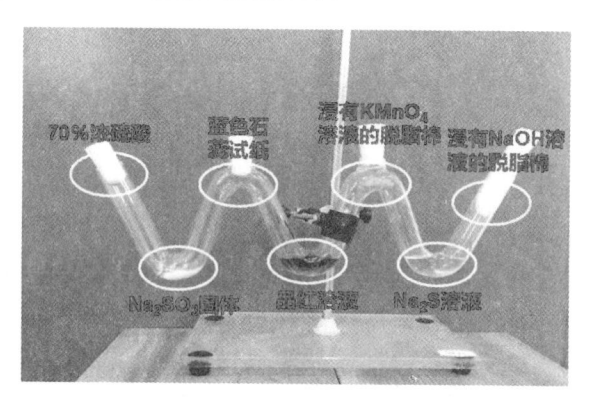

图 4　向 3V 形玻璃导管中添加药品

（3）实验结果：分别观察到蓝色石蕊试纸变为红色、浸有酸性 $KMnO_4$ 溶液的脱脂棉由紫色变为无色、Na_2S 溶液中有淡黄色的固体产生、品红溶液褪色（见图 5）。对褪色的品红溶液进行加热后，品红溶液恢复红色，这表明二氧化硫漂白过程的可逆性、不稳定性等特点。

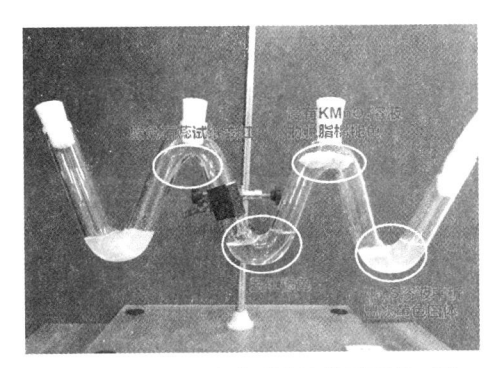

图 5　滴加 70%浓硫酸溶液前后现象对比

（三）一器多用

在老师的引导下，学生进行仪器的二次开发利用，发现只要对弯管底部、弯管顶部（加料口）的试剂进行更换，装置也可以推广到其他气体的制备及性质检验实验中，如 Cl_2、NH_3、C_2H_4 等。

（1）气体的制备及性质检验（见图 6~图 8）。

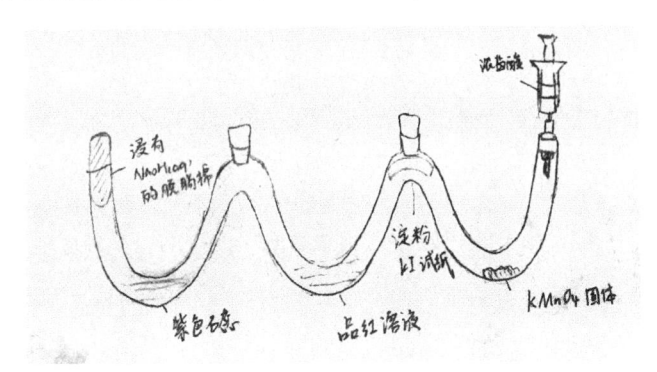

图 6　学生实验设计——Cl_2 的制备及性质检验

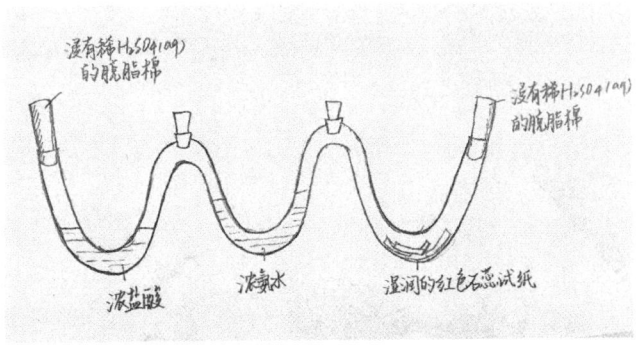

图 7　学生实验设计——NH_3 的制备及性质检验

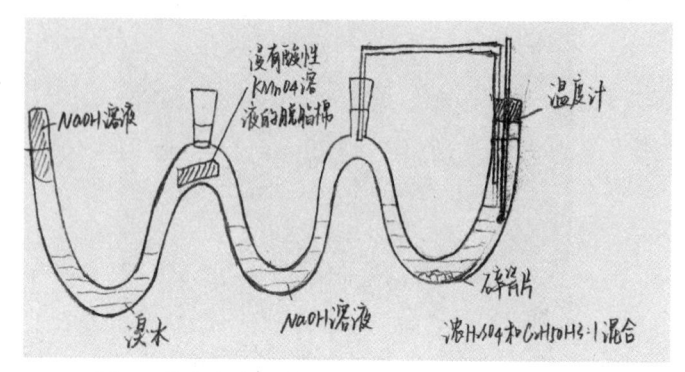

图8 学生实验设计——C_2H_4 的制备及性质检验

（2）隔绝氧气类物质的制备（见图9）。

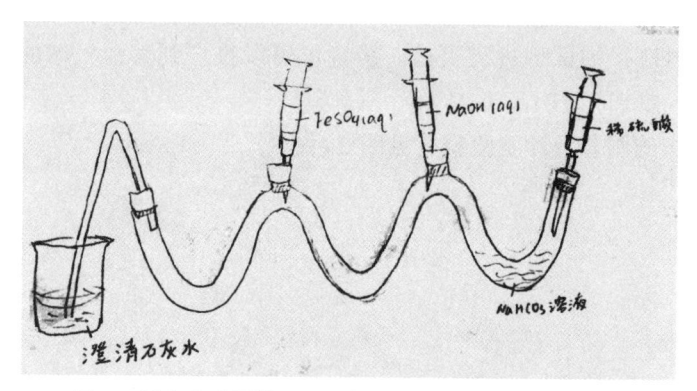

图9 学生实验设计——隔氧环境下 $Fe(OH)_2$ 的制备

（3）电化学中的应用（见图10）。

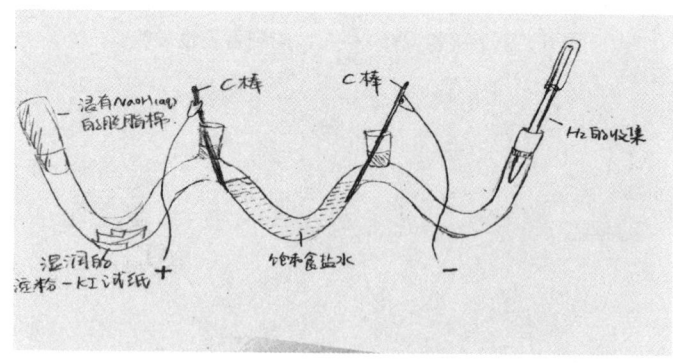

图10 学生实验设计——电解饱和食盐水

八、实验效果评价

本次实验教学中，珍视学生的想法，让学生亲身经历整个实验过程，培养实验设计的能力。也通过这些环节，提升了学生的学习能力和创造性思维能力，这也是 21 世纪培养学生需要具备的核心素养。

回顾本节课的实验教学，有这样几个创新点：

（1）一体化：一般能在 5min 内用这套装置完成二氧化硫的制取及酸性、还原性、氧化性、漂白性等性质的验证。通过观察可比较紫色石蕊试液、酸性高锰酸钾溶液、Na_2S 溶液反应前后颜色的变化，实验效果明显。同时还能验证二氧化硫漂白品红的可逆性、不稳定性。

（2）微型化：在弯管中加入微量的溶液，既减少了溶液的用量，也减少了二氧化硫的用量，实现了装置的微型化和试剂用量的微量化。

（3）绿色化：本实验装置密闭，反应过程中无污染气体产生。反应结束后，向装置内加入少量 NaOH 溶液进行尾气处理，无污染气体排放。

（4）普适性：该装置也可以推广到其他气体的制备及性质实验中，如 Cl_2、NH_3、C_2H_4。该装置成本低廉，有利于推广。

（5）多置归一、一器多用：该装置不仅适用于气体的制备及性质检验，还可用于隔绝氧气类物质的制备，如 $Fe(OH)_2$，甚至可以用于电化学的实验，真正做到了多置归一和一器多用，非常适合推广到中小学化学课堂中。

该实验仪器正在申请专利。目前，我校已提前制作了一批该装置，用于学生进行分组实验，效果良好。本节课只是对学生部分实验方案进行改进，一定有更多更好的实验方案，需要师生共同去创造。

横看成岭侧成峰
——银镜反应的再探究

成都华西中学　吴敏　杨国东

一、使用教材
人教版高中《化学选修5》第三章第二节。

二、实验器材
药品：硝酸银固体、葡萄糖固体、氢氧化钠固体、亚硫酸钠固体、硫化钠固体、30%过氧化氢、碘化钾固体、酒石酸钾钠固体、氯化亚锡固体、硫酸铜固体、甲醛、氨水、蒸馏水。

仪器：试管、150mL圆底烧瓶（带胶塞）、玻璃片、胶头滴管、飞科家用电吹风 FH6232、烧杯、镊子、电子天平、玻璃棒、U 形管、塑料矿泉水瓶、磨砂玻璃瓶、熊猫型玻璃糖罐、洁康超声波清洗仪 CE-5200A、赛得利斯数显恒温磁力搅拌器（79-1A）。

三、实验创新要点/改进要点
对于银镜反应，包括百度百科在内的不少资料均认为形成银镜的核心条件为"水浴加热""静置""含有醛基"。本课鼓励学生"大胆猜想，勇敢质疑，小心求证"，采用"控制变量"的思想，猜想"非玻璃容器、非水浴加热、剧烈振荡、无醛基"等情况下是否可行。又将这些要素与教材所述条件进行对比，还原思维，让学生充分理解教材实验操作的根本用意，最后通过绿色氧化剂回收单质银，培养学生的环保意识。

学生分组，展示探究银镜成功的结果如下所示：

（1）与反应物浓度有关：配制不同浓度的葡萄糖溶液、氨水、硝酸银溶液、氢氧化钠溶液，分别实验。

（2）与反应容器材质有关：分别在塑料矿泉水瓶、磨砂玻璃瓶中制备银镜。

（3）与反应原理有关：用其他还原剂与银氨溶液进行实验；还尝试了铜镜的制备。

（4）与反应条件有关：将原"水浴""静置"条件更换为电吹风加热、剧烈振荡（这一操作尤其颠覆了传统认知，大多数同学都难以置信）、常温静置、水蒸气加热、超声波、磁力搅拌等方式，进行银镜制备。

四、实验原理/实验设计思路

(一) 实验原理

(1) 银镜反应（用葡萄糖作还原剂）。

$$CH_2OH(CHOH)_4CHO + 2[Ag(NH_3)_2]^+ + 3OH^- \xrightarrow{\triangle} CH_2OH(CHOH)_4COO^- + 2Ag\downarrow + 4NH_3 + 2H_2O$$

实际操作中，向新制银氨溶液中加入葡萄糖溶液后，还加入了氢氧化钠溶液，目的是增强葡萄糖的还原能力。这可以借助能斯特方程进行计算：

$$E = E(标准) - \frac{RT}{nF}\ln\frac{[CH_2OH(CHOH)_4COO^-]\cdot[NH_3]^4}{[CH_2OH(CHOH)_4CHO]\cdot[Ag(NH_3)_2^+]^2\cdot[OH^-]}$$

当碱性越强时，该反应的电动势越大，因此反应更容易进行。

(2) 铜镜反应（学生自行探究）。

$$2Cu^{2+} + 3HCHO + 7OH^- \longrightarrow 2Cu\downarrow + 3HCOO^- + H_2\uparrow + 4H_2O$$

(二) 设计思路

(1) 问题引入：制备银镜的要素有哪些？水浴加热、静置、有醛基？

(2) 大胆猜想："非水浴加热、剧烈晃动、无醛基"是否可行？

1) 与反应物浓度（葡萄糖、硝酸银、氨水、氢氧化钠等）有关；

2) 与反应容器材质（塑料、玻璃等）有关；

3) 与反应原理（其他还原剂）有关；

4) 与反应条件（剧烈振荡、超声波、磁力搅拌、水蒸气加热、电吹风加热、常温静置等）有关。

(3) 亲手操作：分组、多方式、同时动手实验，验证猜想，并进行银的回收。

(4) 得出结论：明白教材设计的根本用意；多方式得到不同材质不同形状的银镜。

五、实验教学目标

(一) 知识与技能

(1) 巩固银镜反应的教材操作，巩固常见仪器的使用方法。

(2) 巩固对"氧化还原反应""难溶电解质的溶解平衡"的理解和应用。

(二) 过程与方法

(1) 通过创新实验的设计，研究"反应原理""反应条件"的更换，引导学生发散思维，培养"由此及彼"的分析问题和解决问题的探究能力。

(2) 综合运用已知化学知识、实验技能和方法，强化学生观察能力、操作能力、分析设计实验的能力以及动手实践能力。

（3）通过学生分组实验，多角度（反应物浓度、反应容器材质、反应原理、反应条件等方面）探究银镜成功的要素，体验科学探究实验的一般过程，学会设计、评价实验方案。

（三）情感、态度、价值观

（1）体验探究带来的乐趣及成就感，感受化学在生活中的应用。

（2）通过银单质的回收探究及实践，培养环保意识及社会责任感。

（3）通过分组实验，培养合作精神。

六、实验教学内容

本节课是学习醛的性质之后的拓展探究，通过"控制变量"，多角度、多方式（反应物浓度、反应容器材质、反应原理、反应条件等方面）探究制备银镜的要素，举一反三，提升"科学探究与创新精神"的核心素养。将这些方式与教材所述进行对比，"反三归一"，让学生充分理解教材实验操作的根本用意。通过回收银单质，培养学生的环保意识，同时用生活中常见的仪器（U形管、小酒杯、玻璃片、熊猫形玻璃糖罐等）做出光亮的银镜，使学生非常有成就感。

七、实验教学过程

（一）情境引入

播放学生的思维导图，从学生的问题"其他还原剂、其他条件是否可行"作为出发点，猜测制备银镜的要素。

（二）要素探究

学生设计实验方案，分组验证能否成功制备银镜，并与教材实验进行对比，使学生充分理解教材实验操作的根本用意。通过回收银单质，培养学生的环保意识。

（1）第一大组：成功制备银镜与反应物浓度有关（见表1~表4）。

表1 葡萄糖溶液浓度对银镜反应的影响

实验序号	$AgNO_3$浓度（%）	氨水浓度（%）	葡萄糖溶液浓度（%）	氢氧化钠溶液浓度（%）	温度/℃	银镜出现的时间	银镜质量
1	2	2	5	10	60	4min	一般
2	2	2	10	10	60	2min	银镜最为光亮
3	2	2	15	10	60	83s	一般
4	2	2	20	10	60	54s	银镜光泽度较低

表2 硝酸银溶液浓度对银镜反应的影响

实验序号	AgNO₃浓度(%)	氨水浓度(%)	葡萄糖溶液浓度(%)	氢氧化钠溶液浓度(%)	温度/℃	银镜出现的时间	银镜质量
1	1	2	10	10	60	4min	产生的银镜无光泽,亮白
2	2	2	10	10	60	2min	银镜光泽度最好
3	3	2	10	10	60	1min	银镜表面有点暗,且局部呈现疏松状

表3 氨水浓度对银镜反应的影响

实验序号	AgNO₃浓度(%)	氨水浓度(%)	葡萄糖溶液浓度(%)	氢氧化钠溶液浓度(%)	温度/℃	银镜出现的时间	银镜质量
1	2	1	10	10	60	4min	无光泽,亮白
2	2	2	10	10	60	2min	银镜光泽度最好
3	2	3	10	10	60	1min	银镜光泽度一般
4	2	4	10	10	60	1min	银镜表面有点暗,且局部呈现疏松状

表4 氢氧化钠溶液浓度对银镜反应的影响

实验序号	AgNO₃浓度(%)	氨水浓度(%)	葡萄糖溶液浓度(%)	氢氧化钠溶液浓度(%)	温度/℃	银镜出现的时间	银镜质量
1	2	2	10	3	60	3min	无光泽,亮白
2	2	2	10	5	60	2min	银镜光泽度一般
3	2	2	10	10	60	1min	银镜光泽度最好
4	2	2	10	15	60	1min	银镜表面偏黑

由表1~表4可知,制备银镜的各反应物最佳浓度(以下均为质量分数)为硝酸银2%、氨水2%、葡萄糖10%、氢氧化钠10%。

(2)第二大组:成功制备银镜与反应容器材质有关(见图1、图2)。

图1 用塑料矿泉水瓶进行的银镜制备　　图2 用磨砂玻璃瓶进行的银镜制备

(3) 第三大组：成功制备银镜与反应原理有关。

1) 改变还原剂。银镜反应中，醛基被弱氧化剂银氨溶液氧化为羧基。而学生已有的知识储备中，还知道其他常见还原剂有亚铁离子、碘离子、硫离子、亚硫酸根等，这些还原剂能否还原银氨溶液呢？

银氨溶液显碱性，亚铁离子在酸性条件下才稳定。碘离子、硫离子与银氨溶液反应分别生成浅黄色沉淀、黑色沉淀，结合选修四沉淀溶解平衡的相关知识，学生分析认为，是因为碘化银、硫化银的溶度积很小，碘离子、硫离子与银氨溶液反应形成了极难溶的碘化银、硫化银沉淀，最终确定选用亚硫酸钠制备银镜。查阅资料后，学生进行了如下实验：取新制银氨溶液 2mL，滴加 5 滴 10% Na_2SO_3 溶液，再滴加 5~6 滴 10% NaOH 溶液，振荡试管，生成褐色溶液后迅速放入 60℃ 的恒温水浴中加热。约 3min 产生略偏黑的银镜（见图 3）。

2) 制备铜镜。银与铜处于同一主族，既然能制成银镜，那是否能得到铜镜呢？查阅资料并动手实践后，果然也能得到光亮的铜镜。具体操作如下：

①将 50mL 10% 的氯化亚锡溶液倒入 50mL 小烧杯中，静止 5min 后倒去，用蒸馏水小心冲洗，晾干。

②在该烧杯中进行银镜实验，静置 5min，当反应液呈棕色后倒去，用蒸馏水小心冲洗烧杯内壁，晾干。

③另取一个小烧杯，充分混合等体积（各约 7mL）7% 的硫酸铜溶液、酒石酸钾钠溶液和 37% 甲醛溶液，立即倒入步骤②中的小烧杯中，静置 5min，即可得到光亮的铜镜（见图 4）。

图 3 银镜（左侧为亚硫酸钠制得的银镜，右侧为葡萄糖制得的银镜）

图 4 学生自制的铜镜

(4) 第四大组：成功制备银镜与反应条件有关（课堂重点展示）。

1) 电吹风加热（见图 5）。

实验创新：该方法也可达到使反应液受热均匀且温度可控的目的。

实验反思：该操作需要将吹风方向不断旋转（以便试管均匀受热），并注意电吹风与试管之间的距离（以便控制温度）。

2）剧烈振荡（见图6、图7）。

实验创新：从微观角度分析，持续剧烈的振荡，也可以使银单质均匀附着。

实验反思：需要持续、剧烈的振荡3min（对体力有一定要求）。

3）常温静置（见图8）。

实验创新："常温静置"相当于空气缓慢加热，能达到使反应液受热均匀的目的。

实验反思：操作虽最为简便，但制镜时间较长。

4）水蒸气加热（见图9）。

实验创新：联系初中探究"燃烧的条件"相关知识，用水蒸气加热反应液，也能达到受热均匀的目的。

实验反思：所需水温略高于原水浴加热；转移反应液时应避免洒落。

图5 电吹风加热制备银镜　　图6 剧烈振荡制备银镜　　图7 剧烈振荡制备银镜

图8 常温静置制备银镜　　图9 水蒸气加热制备银镜

（3）学以致用。利用生活中常见的形态各异的容器，如U形管、小酒杯、艺术玻璃瓶、熊猫形玻璃糖罐（见图10）等，做出光亮的银镜，学生非常有成就感。

图10 用熊猫形玻璃糖罐制得的银镜

（四）回收单质银

以往都是用硝酸处理银单质，然而该过程会产生二氧化氮或一氧化氮，污染空气。查阅资料并结合"氧化还原反应"理论，学生们认为选择绿色氧化剂——过氧化氢

更恰当。

具体操作如下：用30%过氧化氢处理做完银镜反应的烧瓶时，烧瓶内壁的银脱落，并形成黑色沉淀。猜想该沉淀可能为氧化银，向沉淀中加入浓氨水，振荡，沉淀完全溶解，得到无色溶液，确认该沉淀为氧化银。再经过一系列处理，可实现银单质的回收。

八、实验效果评价

（一）学生分析能力的提升

（1）通过课前查阅银镜制备的相关资料，培养学生提炼信息的能力。

（2）通过分组讨论、画出实验方案，培养学生运用"控制变量"方法逐一分析问题的能力。

（二）学生操作能力的提升

从每个大组的展示来看，需要学生具备的实验探究能力越来越高，需要考虑的问题越来越复杂，实验所用到的仪器也越来越多，操作步骤更多，创新空间也更大。

（三）学生思维方式的提升

从制备银镜的固有思维"水浴、静置、有醛基"出发，大胆提出与教材操作不同，甚至是完全相反的思路（如剧烈振荡制备银镜），并分组验证，提升了学生的"科学探究与创新精神"的素养；再结合教材的最优条件，强化了学生归纳整合能力。

（四）课堂容量变大

采用学生分组，同时多方式动手实验。鉴于本课学生实验较多，一方面逐一进行时间不够，另一方面逐一进行的方式对学生的固有思维冲击程度不够明显，课前我将学生分为大、小组，组内有多方式制镜，而组间则能平行进行。这样组内有合作、组间有竞争，相比全班都观看教师演示实验或全班都按照一个模板进行实验，学生留下的印象会更为深刻。

基于真实情境和数字技术的平衡移动创新实验设计

陕西师范大学附属中学　曾文静

一、使用教材

本实验选自人教版高中《化学选修4》第二章第三节"化学平衡"第二课时"影响化学平衡的因素"。

二、实验器材

(一) 浓度对化学平衡的影响

实验仪器：试管、烧杯、胶头滴管。

实验药品：黑枸杞、蒸馏水、2mol/L 盐酸、2mol/L NaOH 溶液。

(二) 浓度对化学平衡的影响补充实验

实验仪器：试管、烧杯、胶头滴管、pH 传感器、磁力搅拌器、DISlab 通用软件。

实验药品：黑枸杞、蒸馏水、2mol/L 盐酸。

(三) 温度对化学平衡的影响

实验仪器：试管、烧杯、温度计、pH 传感器、电导率传感器。

实验药品：黑枸杞、蒸馏水（常温、热水）。

(四) 压强对化学平衡的影响

实验仪器：DISlab 数据采集器、压力传感器、DISlab 通用软件。

实验药品：事先制好的 NO_2 装在注射器针筒里。

三、实验原理

（1）黑枸杞简介。黑枸杞中富含花青素，其基本结构如图 1 所示，是一种有机弱酸型酸碱指示剂，显色原理可用图 2 所示简单的平衡表达式来概括，便于学生理解。不同的温度、浓度、加酸、加碱都会对它的平衡造成影响，导致显红色的分子和显蓝色的离子含量的变化，从而呈现肉眼可见的颜色变化，如图 3 所示。因此可以运用它进行化学平衡、电离平衡、电解原理、立体 pH 色柱、项目式学习等部分知识的辅助实验，起到创设真实问题情境的作用。

图1 花青素结构

$$HIn \rightleftharpoons H^+ + In^-$$
（红色）　　　（蓝色）

图2 花青素显色原理

图3 生活中常见水泡出的黑枸杞水溶液

同时，通过数字化实验手段，直观呈现微粒变化的证据素材，帮助学生建构平衡认知模型。

(2) 改进原因。信息化时代的到来，给教育教学带来了巨大的变革，如何能够紧跟时代步伐，实现更加高效和精准的教学是一线教育教学工作者共同追求的目标。以化学平衡为例，这是一节概念课，化学概念抽象而概括，平衡移动微观而又不可见，虽然是高中化学教学的重点，也一直是学生学习的难点。本节课我借助信息化的教学手段探究真实的问题情境，以期实现抽象问题直观化、微观问题可视化、难点问题分层化。

四、实验教学目标

(1) 知识层面：通过分组实验探讨浓度、温度、压强对化学平衡的影响，了解勒夏特列原理。

(2) 实验能力层面：通过提出猜想、设计实验、实验验证、结果分析等环节体会科学探究的一般过程，提高实验探究能力。

(3) 化学思维层面：体会控制变量思想，同时借助数字传感器，进一步实现从定性到定量的思维跃迁。

(4) 学科素养层面：通过本节课培养学生的宏观辨识与微观探析，变化观念与平衡思想，证据推理与模型认知，实验探究与创新意识，科学精神与社会责任素养。

基于真实情境和数字技术的平衡移动创新实验设计

五、实验教学过程

（一）浓度对化学平衡的影响

（1）创设情境，激趣生疑。通过展示用生活中常见水所泡出的黑枸杞水溶液颜色的差异，激发学生学习兴趣。

（2）发现问题，提出猜想。通过展示不同的水溶液 pH 的差异，引导学生发现问题，提出假设：是不是氢离子浓度对其颜色造成了影响？

（3）设计实验，实验验证。通过小组交流，讨论出最优实验方案，体会控制变量思想；通过分组实验，进行验证（见图 4、图 5）。

图 4　完全相同的黑枸杞水溶液　　图 5　加酸/加碱后的变化

（4）资料卡片，文献素材。展示文献素材，解释其中奥秘：黑枸杞中富含花青素，花青素是一种常见的酸碱指示剂，从而建立黑枸杞水溶液中的平衡认知模型。

（5）数字实验，证据素材。通过上述讨论，学生实现了从宏观层面辨识实验现象，从微观层面分析物质变化的思维过程。再顺势提出问题：加酸后体系平衡发生了移动，那么移动的结果相比于原平衡是怎样的？借助于 pH 传感器和磁力搅拌器（见图 6），利用数字化实验系统直观呈现加酸和加碱后体系 pH 的变化（见图 7）。

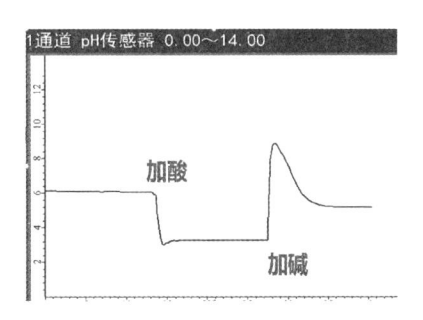

图 6　磁力搅拌器和 pH 传感器　　图 7　向黑枸杞水溶液中加酸/加碱后 pH 的变化

（6）图像表征，模型建构。借助浓度-速率时间图，建构浓度变化对化学平衡影响的理论分析模型，为后续勒夏特列原理的归纳埋下伏笔。

（7）学以致用，知识迁移。通过展示利用手机延时摄影所拍摄的黑枸杞水溶液溶出过程的颜色变化（从浓到稀，颜色从红变蓝，见图8），让学生加以分析和解释。

（二）温度对化学平衡的影响

通过展示不同温度所泡的黑枸杞水溶液颜色差异（见图9），让学生分析微粒浓度变化，进一步分析温度对化学平衡的影响。利用电导率传感器和pH传感器，呈现加热过程中黑枸杞水溶液的电导率增大和pH减小（见图10），提供温度影响的证据素材。

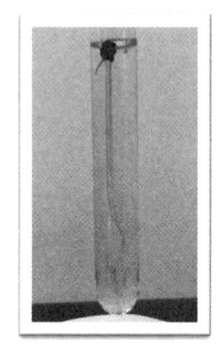

图8 黑枸杞水溶液颜色变化　　图9 热水浴和冷水浴后黑枸杞水溶液颜色对比

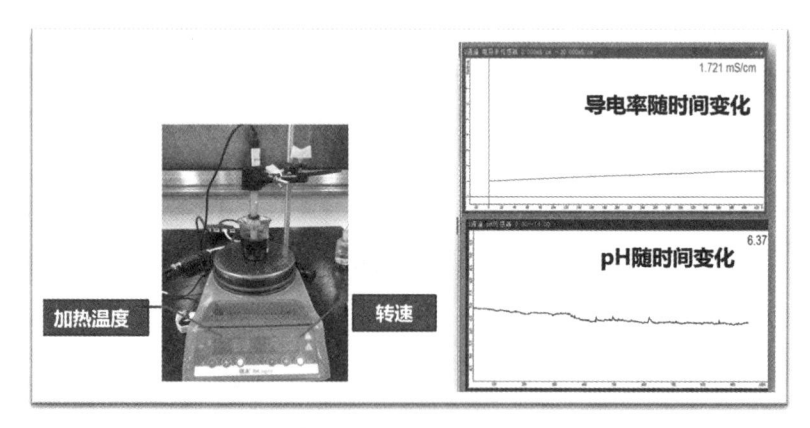

图10 利用磁力加热搅拌器加热后黑枸杞水溶液导电率和pH的变化

（三）压强对化学平衡的影响

借助压强传感器（见图11），直观呈现压强对 $2NO_2 \rightleftharpoons N_2O_4$ 平衡体系的影响（见图 12）：将针筒中气体由 50mL 瞬间压缩到 25mL，体系压强瞬间增大，随之减小，但始终比初始状态大；平衡后，再将针筒瞬间拉回到 50mL，体系压强瞬间减小，随之增大，但始终比初始状态大，直至建立新平衡。

借助数字传感器可直观呈现变化过程，便于学生理解。

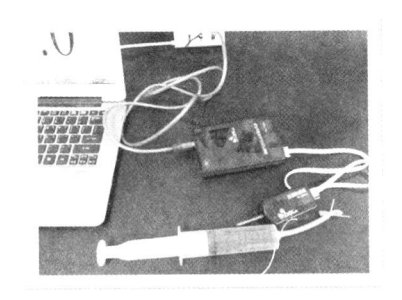

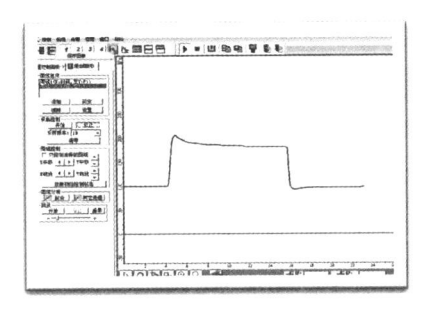

图 11　压强传感器　　　图 12　$2NO_2 \rightleftharpoons N_2O_4$ 体系压强变化

七、实验效果评价

（一）实验改进亮点

本节课通过基于真实问题情境的实验设计，借助数字传感器补充证据素材，补充课本空白实验，诊断并拓展了学生的实验探究水平、平衡认知水平和化学学科核心素养。

（二）实验效果评价

新版课程标准提倡"教—学—评"一体化，因此，本节课基于学生的实验探究有以下四个维度的评价目标：

（1）通过对 $HIn \rightleftharpoons H^+ + In^-$ 平衡体系移动的预测和分析，提高了学生对平衡移动的认识水平（宏观水平、微观水平）。

（2）通过对平衡体系移动影响条件的实验方案的交流和点评，提高了学生实验探究水平（定性水平、定量水平）。

（3）通过数字传感器补充的直观证据素材，提高了学生对平衡影响因素的直观认识（感性水平、理性水平）。

（4）通过学以致用环节，提高了学生运用化学知识解决生活现象的能力（科学态度、社会责任）。

（三）反思

教师要善于发现生活中的教学素材，着力培养学生的高阶思维。只有教师站得更高，学生才能看得更远，也只有打动自己的课堂，才能打动学生。

乙酸乙酯使含酚酞的氢氧化钠溶液褪色原因实验探究

唐山市第一中学　李伟伟　于晖　冯月新

一、使用教材

本实验是苏教版《化学必修2》高一专题三第二单元"酯　油脂"中的酯的碱性水解实验。

二、实验器材

所用仪器：pH 计、梨形分液漏斗、烧杯、试管、100μL 进样针、朗威 pH 传感器 LW—C801、电导率传感器 LW—C802。

所用试剂：乙酸乙酯、醋酸钠、氢氧化钠、酚酞、液态石蜡、甲苯、四氯化碳、正丁醇、环己酮、石油醚、酚红、百里香酚酞、甲基橙、石蕊。

三、实验创新要点

（1）乙酸乙酯能使含酚酞的氢氧化钠溶液褪色，许多同学认为是乙酸乙酯的碱性水解使 OH⁻浓度下降而使水溶液褪色。为探究褪色的真正原因，引导学生设计一系列实验、对照以及理论计算、分析，证明褪色的原因是乙酸乙酯萃取了溶液中的酚酞，使酚酞的平衡逆向移动并趋于完全，最终使水溶液褪色。

（2）除乙酸乙酯外，极性较大的有机溶剂如正丁醇、环己酮也可以萃取 0.01mol/L 氢氧化钠溶液中的酚酞，从而使氢氧化钠溶液褪色。

（3）找到了不被乙酸乙酯萃取、可以存在于水溶液中从而可以指示酯的碱性水解的指示剂。

四、实验原理

酚酞遇碱变红的原理如图1所示。

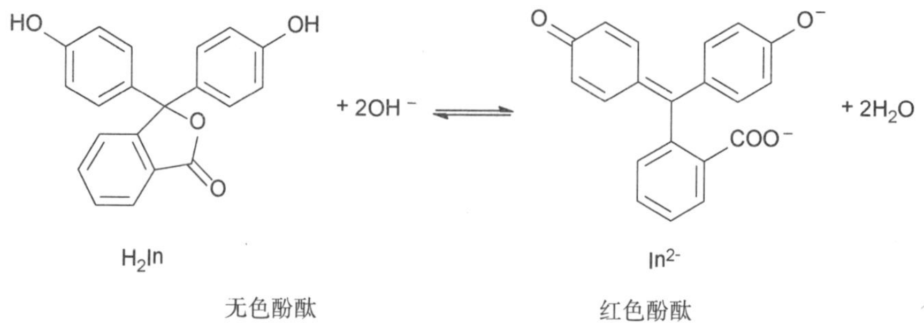

图1　酚酞分子两种结构的转化

无色含内酯结构的酚酞（H_2In）含有酯基，根据相似相溶的原理，在乙酸乙酯中有较大溶解度。离子形式的酚酞（In^{2-}）在水中的溶解性比 H_2In 大。若水溶液中 OH^- 浓度增大，平衡正向移动，水溶液由无色变为红色。反之，若水溶液中 OH^- 浓度减小，平衡逆向移动，In^{2-} 转化为 H_2In，在乙酸乙酯中溶解度增大，可被萃取到乙酸乙酯中，使平衡进一步逆向移动并趋于完全，使水溶液褪色。

五、实验教学目标

（1）知识与技能。

1）运用盐类水解平衡常数计算盐溶液的 pH，并用 pH 计和指示剂加以验证。

2）运用化学平衡移动原理和相似相溶原理对酚酞的变色加以解释。

3）掌握科学探究的一般思路和方法。

（2）过程与方法。本课采用项目式教学法，在教师的指导下，学生以小组为单位自己设计实验、实施实验、分析实验现象，并最终得出结论。在课堂上，小组间交流讨论，大家共同进步。

（3）情感态度与价值观。本节课引导学生设计一系列实验、对照以及理论计算、分析，证实了褪色的真正原因是乙酸乙酯萃取了溶液中的酚酞，培养了学生证据推理、宏观辨识与微观辨析、变化观念与平衡思想、科学探究与创新意识的核心素养。

六、实验教学内容

（1）测定了 0.1 mol/L 的醋酸钠溶液的 pH = 8.9，滴加酚酞，溶液变红。假如 0.1mol/L 的氢氧化钠溶液完全与乙酸乙酯反应，生成的 0.1mol/L 的醋酸钠仍可以使酚酞变红，这说明水相中已经没有酚酞，酚酞已经转移到酯层。

（2）将氢氧化钠溶液和过量乙酸乙酯溶液充分振荡并静置分液，取少量的无色下层水溶液中滴加酚酞，会观察到溶液变红，说明水溶液是碱性的。另取少量无色下层水溶液滴加氢氧化钠溶液，溶液不会变红，这说明原来的酚酞被乙酸乙酯萃取到了酯层。

（3）除了乙酸乙酯之外，寻找了其他可萃取酚酞的有机溶剂。

（4）寻找不被乙酸乙酯萃取、可以存在于水溶液中从而可以指示酯的碱性水解的指示剂。

七、实验教学过程

新的课程标准倡导真实问题情境的创设，主张开展以化学实验探究为主的多种探究活动，激发学生学习化学的兴趣，培养学生的创新精神和实践能力。基于此，我们采用项目式教学法，让学生以小组为单位，独立设计实验，完成实验，分析实验结果，探究了乙酸乙酯使含酚酞的氢氧化钠溶液褪色的本质原因。

（一）创设情境，引入问题

通过教师的演示实验引入问题：取 2mL 0.1mol/L 的氢氧化钠溶液于试管中，滴加几滴酚酞溶液，溶液变红；再向溶液中加入 2mL 乙酸乙酯，溶液分层，轻轻振荡试管，水溶液褪色。做完演示实验，提出问题：水溶液褪色的原因是什么？大部分同学都认为是乙酸乙酯的碱性水解使得水溶液碱性减小，从而使水溶液褪色。也有一少部分认为：水解产生的醋酸钠溶液是碱性的，仍然可以使酚酞变红，水相中可能已经没有酚酞了，酚酞被萃取到乙酸乙酯中了。那么，水溶液褪色的原因到底是什么呢？进入环节二。

（二）科学探究，证据推理

假设 0.1mol/L 氢氧化钠溶液完全参与水解反应，产物是 0.1mol/L 醋酸钠溶液，此时，水溶液的碱性是最小的。那么 0.1mol/L 醋酸钠能否使酚酞变红呢？引导学生从理论和实验两方面展开探究。理论方面，学生利用水解平衡常数计算出 0.1mol/L 醋酸钠溶液的 pH 为 8.8，如图 2 所示。实验方面，学生用 pH 计测其 pH 为 8.9，滴加酚酞后溶液变红。据此推断，乙酸乙酯与氢氧化钠水溶液充分混合后的下层水溶液中是碱性的，而且已经没有酚酞了。我引导学生：如何进行验证呢？学生设计并进行了 NaOH 溶液与乙酸乙酯混合后分液实验：将 0.1mol/L NaOH 溶液和过量乙酸乙酯溶液充分振荡并静置分液，取少量无色下层水溶液中滴加酚酞，观察到溶液变红，说明溶液是碱性的；另取少量无色下层水溶液滴加 NaOH 溶液，溶液不会变红，说明酚酞已不在水相，已经转移到有机相。

$$K_h = \frac{K_w}{K_a} = \frac{10^{-14}}{1.76 \times 10^{-5}} = 5.68 \times 10^{-10}$$

$$c(OH^-) = \sqrt{c_0 K_h} = \sqrt{0.1 \times 5.68 \times 10^{-10}}\ mol/L = 7.5 \times 10^{-6}\ mol/L$$

$$pH = 8.8$$

图 2　0.1mol/L 的醋酸钠溶液 pH 计算过程

（三）深度探究，揭示实质

教师提出问题：酚酞为什么会从水相转移到有机相呢？给出酚酞遇碱变红的原理（见图1）。学生经小组交流讨论后认为：无色的酚酞（H_2In）是中性的有机分子，且含酯基，根据相似相溶的原理，在乙酸乙酯中有较大溶解度；乙酸乙酯水解后，水溶液中 OH^- 浓度减小，平衡逆向移动，In^{2-} 转化为 H_2In；H_2In 被萃取到乙酸乙酯中，平衡进一步逆向移动并趋于完全，最终使水溶液褪色。

此时，学生又提出了问题：乙酸乙酯与氢氧化钠溶液充分混合后，氢氧化钠是否完全参与了反应？学生小组合作，设计了简易的比色实验：分别取 3mL 0.1mol/L NaOH（aq）、0.1 mol/L NaAC（aq）和分液的下层水溶液置于 3 支相同的试管中，各加入 50μL 酚酞指示剂，如图 3 所示。分层后的下层水溶液颜色介于 NaOH 和 NaAC 之间，这说明乙酸乙酯与氢氧化钠溶液混合后，氢氧化钠并没有完全参与反应，还有剩余。这时，我给学生们做了一个演示实验，即用朗威的 pH 传感器测定了乙酸乙酯和 NaOH（aq）混合过程中（磁力搅拌）溶液的 pH 随时间的变化。当水溶液褪色时其 pH 仍然高达 10.7。水溶液褪色后，溶液的 pH 依然在下降，说明褪色后水解反应依然在进行。我又采用朗威的电导率传感器测定了混合过程中电导率的变化，发现当溶液褪色后，电导率依然在下降。

这时，学生提出了问题：如果增大水相溶液中 OH⁻ 浓度，溶液会重新变红吗？学生做了小组实验（见图 4）：将下层水溶液完全放出后，向分液漏斗中重新快速加入 0.1mol/L 的氢氧化钠溶液，水溶液重新变红！这时，氢氧化钠水溶液快速穿过乙酸乙酯层，没有来得及与乙酸乙酯充分反应，水溶液中 OH⁻ 浓度较大，使图 1 中平衡正向移动，酚酞由乙酸乙酯层转移到氢氧化钠溶液中，水溶液重新变红。

图 3　简易的比色实验

图 4　重新向乙酸乙酯中快速加入氢氧化钠溶液

（四）探寻规律，突破创新

既然乙酸乙酯可以萃取氢氧化钠溶液中的酚酞，那有没有其他有机溶剂也可以萃取氢氧化钠溶液中的酚酞呢？开展任务四：让学生小组合作，寻找其他可萃取酚酞的有机溶剂。所用的有机溶剂包括：乙酸乙酯、液态石蜡、甲苯、四氯化碳、正丁醇、环己酮、石油醚。经过实验，学生发现：对于含酚酞的 0.1mol/L 的氢氧化钠，只有乙酸乙酯可使其褪色。分析原因：此时，0.1mol/L 的氢氧化钠溶液中 OH⁻ 浓度较大，只有乙酸乙酯可与氢氧化钠溶液反应，使水溶液中氢氧根浓度下降，使图 1 中的平衡逆向移动，乙酸乙酯萃取了无色酚酞后，使平衡进一步逆向移动并趋于完全。当氢氧化钠溶液浓度下降为 0.01mol/L 时，极性较大的溶剂如环己酮、正丁醇也可以萃取氢氧化钠溶液中的酚酞，从而使水溶液褪色。实验结果如表 1 所示。

表 1 不同有机溶剂萃取氢氧化钠溶液中的酚酞实验结果

溶剂	相对介电常数	NaOH 浓度 0.01mol/L	NaOH 浓度 0.1mol/L
乙酸乙酯	6.0	褪色	褪色
液状石蜡	2.1~2.5	不褪色	不褪色
甲苯	2.4	不褪色	不褪色
四氯化碳	2.2	不褪色	不褪色
正丁醇	17.8	褪色	不褪色
环己酮	3.0	褪色	不褪色
石油醚	1.8	不褪色	不褪色

总结以上实验结果，学生建立了有机溶剂可使氢氧化钠溶液褪色的模型，如图 5 所示，极性有机溶剂萃取了水溶液中的无色酚酞（H_2In），使图 1 中的平衡逆向移动并趋于完全，最终使水溶液褪色。

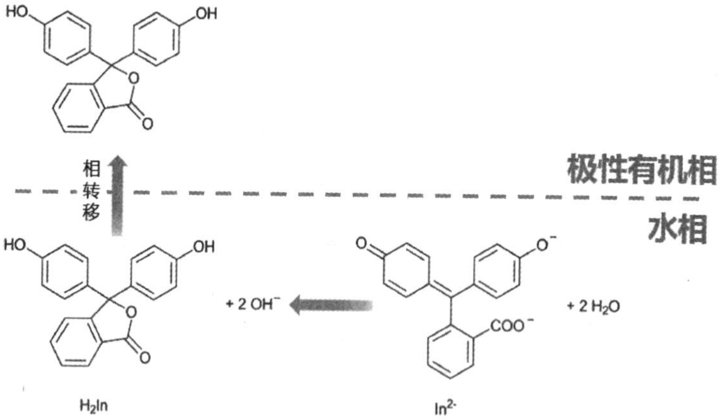

图 5 含酚酞的氢氧化钠溶液褪色的模型

学生还开展了小组实验，寻找不被萃取、始终存在于水溶液中可以指示酯碱性水解过程水相中的 pH 变化的指示剂，结果如表 2 所示。

表2 寻找不被萃取，可以指示碱性水解过程中水溶液的pH变化的指示剂

指示剂	变色范围	0.1mol/L NaOH	0.01mol/L NaOH	是否被萃取
石蕊	红5~8蓝	褪色	褪色	是
甲基橙	红3.1~4.4黄	颜色无变化	颜色无变化	否
酚红	黄6.8~8.2红	红→橙	红→橙	否
百里香酚酞	无9.0~10.2蓝	褪色	褪色	是

由表2可知，向含石蕊的NaOH溶液加入乙酸乙酯，水溶液直接褪色，说明乙酸乙酯可以萃取石蕊。甲基橙虽然不被乙酸乙酯萃取，但在水解前后水溶液变色不明显。百里香酚酞与氢氧化钠溶液混合后，分液，完全弃去下层水溶液，向分液漏斗中反加氢氧化钠溶液，水溶液颜色恢复蓝色，说明乙酸乙酯萃取了百里香酚酞。对于酚红，弃去下层水溶液后，向分液漏斗中反加氢氧化钠，水溶液依然无色，说明分液漏斗内的乙酸乙酯几乎没有萃取酚红，而且水解前后，酚红变色明显，所以酚红适合作酯的碱性水解水相的指示剂。学生还以小组为单位，从结构的角度分析了相关的实验结果，如图6所示。学生们分析：在酯碱性水解前后，酚红始终以阴离子形式存在，在水中的溶解度远大于乙酸乙酯，因而可以存在于水相中，不被乙酸乙酯萃取，从而可以指示乙酸乙酯水解过程中pH的变化。

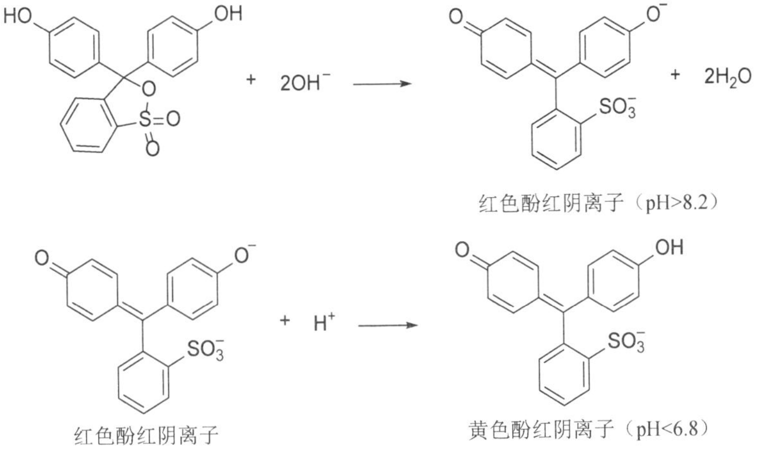

图6 酚红在不同pH条件下可能的变化

八、实验效果评价

本节课所涉及的实验，操作简单，现象明显，容易在课堂教学中实现。从不同角度开展一系列实验、对照以及理论计算、分析，深刻揭示了乙酸乙酯使含酚酞的氢氧化钠溶液褪色的真正原因是乙酸乙酯萃取了水溶液中的酚酞，而不仅是酯的水解。

乙酸乙酯的制备

贵州省铜仁第一中学　代红琼

一、使用教材

人教版高中《化学必修2》第三章第三节"生活中两种常见的有机物",《化学选修5》第三章第三节"羧酸、酯"。教材中实验装置如图1所示。

二、实验器材

自制教具：冷凝回流装置，如图2所示。

仪器：导管3根、止水夹3个、橡皮管3根、干燥管1个、试管1支、具支试管1支、大烧杯1个、量筒（25mL）1支、酒精灯1盏、含铁夹铁架台。

试剂：沸石、$FeCl_3$乙醇溶液、无水乙醇、P_2O_5、冰醋酸、饱和碳酸钠溶液。

图1　教材中的实验装置　　　　图2　改进后的实验装置

三、实验改进要点

（1）$FeCl_3$乙醇溶液与P_2O_5替代试剂的引入，降低了实验的危险性，缩短了反应时间。

（2）自制的冷凝回流装置，提高了原料利用率。

（3）采用干燥管深入到液面以下，既减少了产物的损失也可防倒吸。

（4）将反应后混合液倒入到量筒中，通过读取上层液体体积可计算出产率。

四、实验原理及改进思路

（一）原理

$$RCOOH + R'OH \xrightleftharpoons[\text{加热}]{\text{催化剂}} RCOOR' + H_2O$$

反应历程：

$$RCOOH + H^+ \rightleftharpoons R-\overset{+OH}{\underset{|}{C}}-OH \quad (成质子化)$$

$$R'OH + R-\overset{+OH}{\underset{|}{C}}-OH \rightleftharpoons R-\overset{OH}{\underset{HO-R'}{\overset{|}{C}}}-OH \rightleftharpoons$$

$$R-\overset{+OH}{\underset{O-R'}{\overset{|}{C}}}-OH_2 \xrightarrow{-H_2O} R-\overset{+OH}{\underset{}{C}}-OR' \xrightarrow{-H^+} R-\overset{O}{\underset{}{C}}-OR'$$
(脱质子化)

从反应历程上看，质子是反应中的催化剂。质子活化乙酸中的羰基，被亲核的乙醇进攻发生加成，在酸的作用下脱水成酯，酯化反应为可逆反应。酯化反应过程中的能量图像如图3所示，可以看出，1、2为速率控制步骤，即成质子化和脱质子化速率。

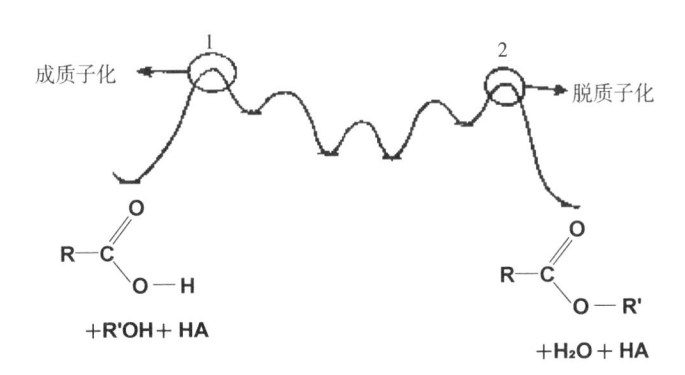

图3 酯化反应过程的能量图像

（二）改进思路

（1）浓硫酸的替代品：从成质子化影响速率这方面思考，指导学生查阅资料，找出的最佳替代试剂为氯化铁；从脱质子化影响速率方面，最佳替代试剂为五氧化二磷。

（2）由于教材中装置温度不易控制，采用水浴加热又较慢，所以兴趣小组选用了具支试管。

（3）教材中空气冷凝回流效果不好，我们通过对冷凝回流的原理分析，设计出了简单易得的冷凝回流装置。

（4）由于反应后温度较高，产物亦会损失较多，经过师生共同讨论，拟用干燥管深入到饱和碳酸钠液面以下顺便防倒吸。

（5）为了考察学生的计算能力及理论与实际相结合的能力，我设计了量筒来测量产物的体积这一步，要求学生计算产率。

五、实验教学目标

（1）通过指导学生查阅文献资料，以及对文献材料进行筛选，培养学生"宏观辨识与微观探析""证据推理与模型认知"的能力。

（2）通过对传统玻璃冷凝回流装置的原理观察，设计出新的易得的冷凝回流装置，培养了学生的"科学探究与创新意识"。

（3）通过对查阅的文献资料进行验证，得到最佳实验条件，培养了学生的合作精神、数据处理能力及对待科学的严谨态度。

六、实验教学内容

本课通过对乙酸乙酯制备实验的改进，使学生更深入地感受知识的生成过程，明白其中的反应机理，让学生体会结构决定性质这一普遍性规律，同时通过对条件的筛选、产率的计算使学生体会科学的严谨性。

七、实验教学过程

（一）课本实验

以课本中的装置进行实验，并指导兴趣小组指出该装置的不足之处。

（二）发现问题，设计实验

（1）针对使用浓硫酸的缺陷，指导学生查阅文献，提出较好的改进方案。

（2）针对反应温度不易控制，鼓励学生积极思考，找出替代方案。

（3）针对空气冷凝回流的不足，与学生共同探讨，设计出较好、易行的装置。

（4）针对产物的损失问题，从收集装置方面指导学生找寻较好的解决方案。

（三）汇总实验方案，分组进行实验

实验过程：按图4组装装置，在发生装置具支试管中依次加入沸石、配制好的氯化铁乙醇溶液1mL、乙醇3mL、乙酸2mL，试管中加入饱和碳酸钠溶液。用酒精灯加热，打开止水夹A关闭止水夹B使其冷凝回流2min，然后关闭A打开B进行蒸馏操作，直至快蒸干为止。关闭B停止加热，将试管中的分层液加入到量筒中，可直接读出上层

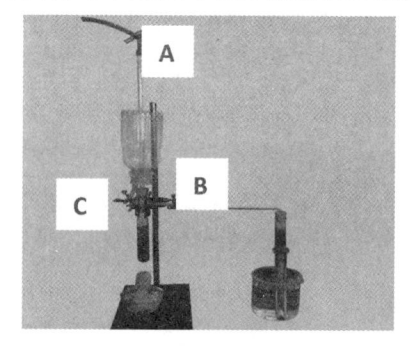

图4 实验装置图

液体体积。接下来更换 FeCl₃ 乙醇溶液、P₂O₅ 的量以及冷凝回流时间，找出最佳实验条件（见表1），FeCl₃ 乙醇溶液 0.5mL、乙醇 3mL、乙酸 2mL、P₂O₅ 1g 冷凝回流 2min 最佳。最后按这一条件用浓硫酸做对比实验（见表2）。

表1 分组实验数据

	沸石	FeCl₃乙醇溶液/mL	乙醇/mL	乙酸/mL	P₂O₅/g	冷凝回流时间/min	产率
1	少许	1	3	2	0	3.5	0
2	少许	1	3	2	0.5	3.5	30%
3	少许	1	3	2	1	3.5	46%
4	少许	1	3	2	1.5	1	46%
5	少许	1	3	2	1	2	61%
6	少许	0	3	2	1	2	46%
7	少许	0.5	3	2	1	2	70%左右

表2 浓硫酸对比实验

	沸石	乙醇/mL	乙酸/mL	浓硫酸/mL	冷凝回流时间/min	产率
改进装置图	少许	3	2	2	2	低于50%

（四）找到最佳实验方案并计算粗产率

（1）指导学生筛选氯化铁、五氧化二磷的用量以及冷凝回流时间，得到最佳实验条件及过程：

沸石+0.4g/mL 0.5mL 氯化铁乙醇溶液+3mL 乙醇+2mL 乙酸+

1g 五氧化二磷 $\xrightarrow{\text{关闭B 打开A}}$ 冷凝回流 2min $\xrightarrow{\text{关闭A 打开B}}$ 蒸馏，收集馏分，计算产率。

（2）产率的计算：

$$CH_3-\overset{O}{\overset{\|}{C}}-OH + H-O-C_2H_5 \xrightleftharpoons[\triangle]{\text{浓流酸}} CH_3-\overset{O}{\overset{\|}{C}}-O-C_2H_5 + H_2O$$

$$\begin{matrix} 60 & & 88 \\ 2\times 1.05 & & V\times 0.9 \end{matrix}$$

$V = 3.42\text{mL}$

实际得到的体积除以 3.42 即为产率。

(五) 对粗产品进行检验

如图 5 所示，分别对纯净的乙酸乙酯、以浓硫酸为催化剂时制备的乙酸乙酯测紫外吸收光谱，通过对比，可以确定该改进方法的主产物就是乙酸乙酯。

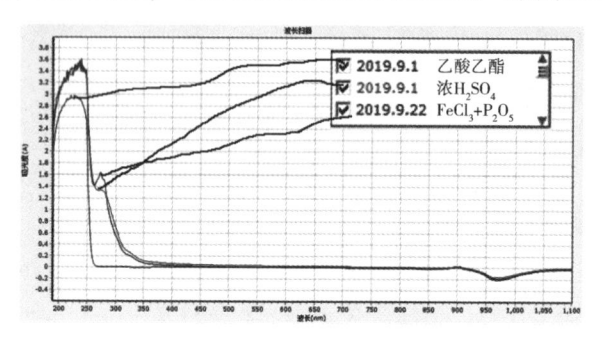

图 5　紫外吸收光谱图

八、实验效果评价

本改进实验通过对传统教材实验的观察引导学生指出教材实验的不足，并在查阅文献后自主探究，设计实验方案，讨论优化实验方案，培养了学生的科学探究与创新意识，符合化学核心素养。实验过程中探究实验最佳条件，培养了学生对控制变量法的运用能力。利用生活中易得物质塑料瓶自制冷暖回流装置，让实验接近生活。通过产率的计算，让学生体会理论与实践相结合的思想。

不足之处是，通过对紫外吸收光谱图的分析可以发现产物中存在的杂质较多，若要得到纯净的产物还需进一步分离提纯。

制乙烯实验装置的创新设计及催化剂探究

南昌市第三中学　熊薇露

一、使用教材
人教版《化学选修5　有机化学基础》第三章第一节实验3-1。

二、实验器材
高温传感器、球形干燥管、酒精灯、点火器、升降台、铁架台（铁夹）、三脚架、蒸发皿、具支试管、试管、烧杯、酒精灯罩、导管、橡胶管、针头、试管架、棉花、白粉笔、滤纸、无水乙醇、蜂窝煤渣、硅胶干燥剂、蒙脱石干燥剂、溴的四氯化碳溶液、高锰酸钾溶液、稀硫酸、蒸馏水。

三、实验创新要点
针对教材传统实验的问题进行改进。本实验的原理是乙醇在浓硫酸的催化作用下脱水生成乙烯。我的改进实验设计思路如下。

（一）实验装置
（1）用两根浸有无水乙醇的白粉笔作为乙醇的供气源，乙醇用量少，汽化速率适中，乙醇利用率高。

（2）球形干燥管作为反应容器，球形部分填充催化剂，位置稳固，不易滑动；受热集中，升温快，节省反应时间。

（3）使用高温传感器探测反应温度，使实验信息化、准确化。

（4）装置尾部增加一个针头，用来点燃气体，可更多角度检验气体性质。

（5）在连有针头的胶管内塞入一小团棉花，平稳气流，保证气体稳定燃烧。

（二）催化剂
对比探究蜂窝煤渣、硅胶干燥剂和蒙脱石干燥剂对乙醇脱水生成乙烯的催化效果，最终选定蒙脱石干燥剂作为反应的催化剂。

（三）温度
选定最佳催化剂后，利用数字化高温传感器探测反应温度，使实验信息化、准确化。

四、实验教学目标
（1）证据推理与模型认知：通过查阅相关文献得到启示，构建实验室制乙烯的模型，提升学生举一反三的能力。

（2）科学探究与创新意识：通过问题探究、小组合作，提升同学们查阅资料的能力、观察能力、探究能力、实践能力。

（3）科学精神与社会责任：通过查阅资料，收集绿色环保、廉价易得的催化剂，提高学生的环保意识。

五、实验教学内容

（1）在课前任务中，让学生自主查阅资料，确定探究方向并选择将要探究的催化剂。

（2）根据催化剂反应所需温度，教师引导学生从液态石蜡的分解实验装置得到启示。学生在分组查阅资料之后设计实验装置，设计结束后展示学生的成果。根据展示的设计，学生讨论交流各小组的优缺点，教师适度点评，最后得出一套最合适的装置并用这套装置开展温度以及各组催化剂的探究。

（3）分小组进行实验，比较各组催化剂的优缺点，选定最佳催化剂。

（4）在选定最佳催化剂后，利用数字化高温传感器探测反应温度。

（5）教师演示同学们的探究成果，并让学生总结改进之后实验的优点。

六、实验教学过程

（一）课前任务

（1）确定探究方向：同学们通过查阅资料，交流讨论，决定从设计装置、催化剂和温度这几个方面进行探究。

（2）收集催化剂：通过查阅文献得知，含铝、硅、磷元素的物质能够催化乙醇脱水生成乙烯，如 Al_2O_3、SiO_2、硅铝酸盐、P_2O_5 等。基于绿色化学的理念，同学们选择了具有丰富孔径结构的蜂窝煤渣、硅胶干燥剂和蒙脱石干燥剂作为催化剂进行探究，如图1、图2、图3所示。

图1 蜂窝煤渣 　　　　　图2 硅胶干燥剂 　　　　　图3 蒙脱石干燥剂

（3）处理催化剂：除去催化剂中的水分以及煤渣中残留的硫、碳等杂质，如图4、图5所示。

图 4　浸泡煤渣　　　　　　　　图 5　干燥催化剂

（二）课堂探究

（1）设计装置。

发现问题：通过查阅文献得知，采用固体催化剂的实验装置多数使用试管或玻璃管作为反应容器，并利用浸有无水乙醇的棉花或直接加热乙醇液体作为乙醇的供气源。对于这一类的装置，同学们发现了两点不足之处：①固体催化剂在试管中容易滑动，导致受热不均匀，操作不方便；②由于乙醇的沸点较低，浸在棉花中或直接受热都会使得乙醇汽化过快，导致乙醇利用率低。

改进设计：①用球形干燥管代替试管作为反应容器，球形部分填充催化剂，位置稳固，不易滑动，且受热集中，升温快，节省反应时间；②用两根浸有无水乙醇的白粉笔作为乙醇的载体，乙醇汽化的速率适中，提高了乙醇的利用率。

师生共同讨论，完成装置设计。除了改进反应容器及乙醇的供气源之外，我们还使用高温传感器探测反应温度，使实验信息化、准确化；在装置尾部增加一个针头，用来点燃气体，可更多角度检验气体的性质。

再次发现问题：气流不稳定，气体一点就灭。

改进设计：在连有针头的胶管内塞入一小团棉花代替缓冲瓶，以平稳气流（见图 6）。

图 6　创新实验装置

（2）催化剂。

分小组进行对比实验探究（见图 7、图 8、图 9），教师适度指点实验操作、实验安全等问题。从各催化剂的反应时间和火焰现象等方面进行对比，认真观察实验现象，记录数据。各小组派代表交流讨论各自实验结果，最后得出结论。实验结果表明：蒙脱石干燥剂作为催化剂具有反应时间短、火焰现象明显、产气量较大、无污染、可重复利用等优点。因此，利用蒙脱石干燥剂作为催化剂的效果最佳。

图7　蜂窝煤渣 　　　图8　硅胶干燥剂 　　　图9　蒙脱石干燥剂

（3）温度。

分小组对蒙脱石干燥剂作为催化剂的反应温度进行探究，教师适度指点实验操作、实验安全等问题。认真记录数据，各小组派代表交流讨论各自实验结果，最后得出结论，如图10所示。实验所得数据与文献中的数据基本一致。含硅铝类的催化剂反应温度在300℃左右，并且随着反应温度的升高，乙醇的转化率和乙烯的选择性均在90%以上。因此，使用蒙脱石干燥剂作催化剂，反应温度范围宽，无须严格控制温度。

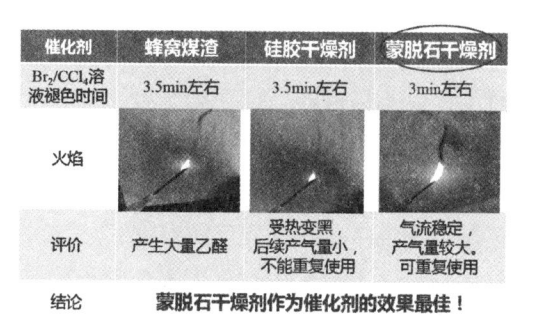

图10　对比实验记录

（三）实验展示

在课堂展示同学们的探究成果。

（四）课后总结

交流讨论，总结改进之后实验的优点。

（1）可多角度检验气体性质。

（2）数字化传感器使实验信息化、准确化。

（3）利用白粉笔作为乙醇的载体，生活废弃物蒙脱石干燥剂作为催化剂，绿色环保，廉价易得，可重复利用。

（4）实验过程安全，耗时短，成功率高。

七、实验效果评价

（1）装置简单，操作方便；仪器易清洗，还可多角度检验气体性质。

（2）反应温度范围宽，无须严格控制。

（3）利用白粉笔作为乙醇的载体，提高了乙醇的利用率。废弃物蒙脱石干燥剂作催化剂，副产物少，无污染，绿色环保，廉价易得，还可重复利用，符合绿色化学的要求。

（4）现象明显，实验过程安全，耗时短，成功率高。

本实验可作为教师演示实验和学生分组实验，并可作为校本实验探究的素材，具有很好的推广价值。

烷烃的性质

河南大学附属中学　杨松林

一、使用教材

人教版高中《化学选修 5　有机化学基础》第二章第一节。

二、实验器材

丁烷气罐、洗洁精、玻璃碗、点火器；打火机（可充气）、石蜡、异构十二烷、保温杯；航空煤油、液溴、浓氨水、氢氧化钠溶液；10mL 进样瓶（硅胶垫）、100μL 微量进样器、10mL 注射器、1mL 注射器、黑纸、小烧杯、手机 LED 灯、护目镜。

三、实验创新要点/改进要点

（1）趣味实验设计，激发学习及探究兴趣。烷烃是学生认识有机物的开始，学生对有机物熟悉又陌生、好奇又恐惧。通过趣味实验设计，让学生感受化学实验的神奇，激发学习兴趣。

（2）丰富实验素材，多角度感受烷烃的性质。通过提供丰富的实验素材，近距离、多角度感受烷烃的性质，拉近学生与化学物质的距离，感受烷烃在生活、生产中的重要作用。

（3）创新实验设计，提高参与度和沉浸感。教材上的烷烃取代反应实验，是气-气混合形式的教师演示实验，操作繁杂，难以控制，现象也不明显。改进后的实验，采用煤油与液溴液-液混合的形式，操作简便，易于控制，现象明显，可用于随堂分组实验。

（4）科学实验探讨，提升问题解决能力。展示科学探究实验"美国莫诺湖'碱蝇潜水的奥秘'"，利用所学知识解决问题，提升问题解决能力。

四、实验原理/实验设计思路

（一）实验多样化

首先，采用丁烷气罐、石蜡、异构十二烷、煤油、正庚烷、液态石蜡等多种烷烃样品，丰富了的实验素材；其次，探索使用了多种创新实验装置，既为有毒物质的化学反应提供了安全、环保的实验装置，也增强了实验现象；最后，为实验现象提供了多样化的呈现方式和丰富的拓展性资源（见图1）。

（二）实验随堂化

装置微型化、试剂微量化、反应绿色化、实验随堂化的设计，让每个学生都能亲身接触实验，缩短了学生与化学的距离（见图2）。

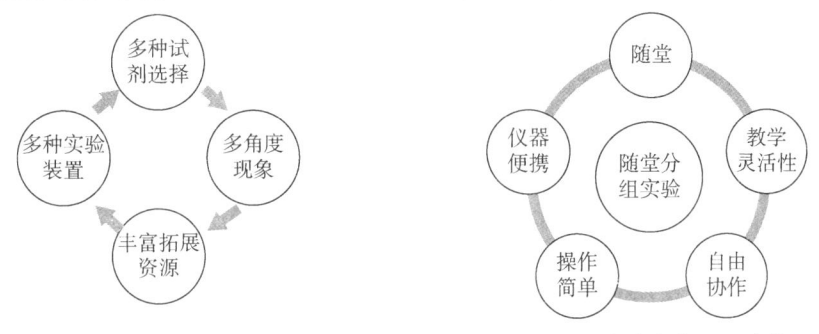

图1 "实验多样化"思路简图

图2 "实验随堂化"思路简图

（三）实验可视化

针对学生观察实验的局限性，结合微距、延时摄影等多种拍摄方式，利用iPad记录实验过程和现象，再通过同屏传送，呈现实验细节，解决遗漏重点现象和表达时言不达意的问题，实现实验的可视化（见图3、图4）。

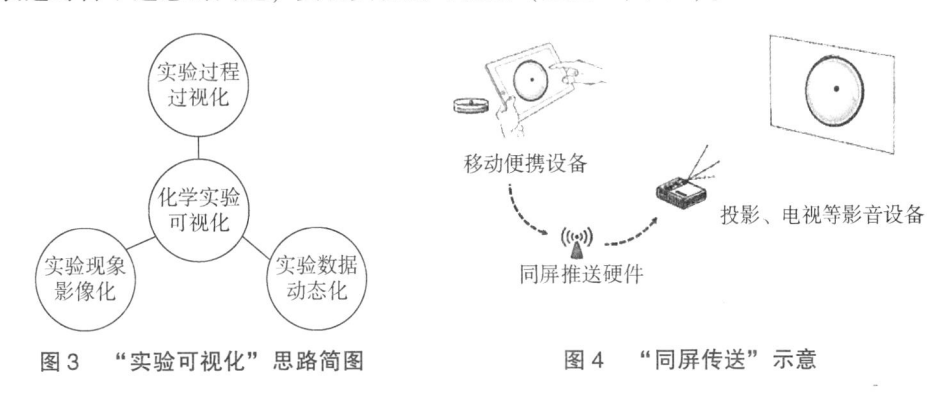

图3 "实验可视化"思路简图

图4 "同屏传送"示意

五、实验学习目标

（1）通过实验感受生活中常见的烷烃的物理性质，体会烷烃在生活、生产中的重要作用。

（2）通过实验探究烷烃的取代反应，初步形成基于物质类别、结构对物质性质进行预测和检验的认识模型。

（3）通过烷烃取代反应的实验探究过程，发展实验探究设计的水平，感悟科学方法在化学研究中的重要作用。

六、实验教学内容

（一）教师演示趣味实验

（1）神奇的"火焰掌"：点燃丁烷气泡，观察丁烷的燃烧。

（2）打火机充气：用丁烷气罐给打火机充气，观察烷烃的汽化与液化。

（二）学生随堂分组实验

（1）多角度感受烷烃的物理特性：分别从密度、溶解性多个方面感受烷烃的物理性质。

（2）实验探究煤油与液溴的取代反应。

（三）科学探究实验拓展

美国莫诺湖"碱蝇潜水的奥秘"科学探究实验。

七、实验教学过程

（一）魔术引入，激发学习兴趣

教师演示趣味实验"火焰掌"（见图5）。

图5 "火焰掌"趣味实验

（二）丰富素材，感受物理特性

（1）教师演示实验：打火机充气（见图6）。

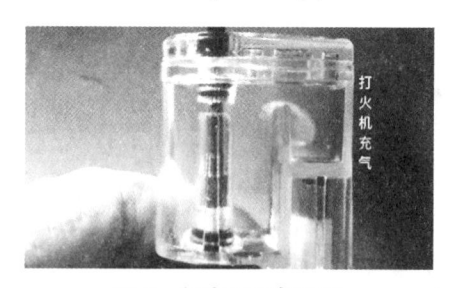

图6 打火机充气实验

（2）学生分组实验：近距离接触烷烃（见图7）。
1）涂抹异构十二烷，感受其滑腻感、挥发性；
2）对比石蜡在水中、异构十二烷中的浮沉现象，分析其密度大小；
3）延时拍摄石蜡在异构十二烷中（热水浴）的溶解状况，观察其溶解性。

图7　多角度感受烷烃物理性质分组实验

（三）分组实验，探究取代反应

（1）讨论教材，设计实验方案。讨论分析教材实验的缺点，提出改进方案，学生完善实验方案。最终确定采用煤油与液溴作为实验反应试剂，采用微量进样器（带预留口和硅胶垫）及微量进样瓶作为实验仪器（见图8）。

图8　煤油、液溴、微量进样瓶（带预留口和硅胶垫）、微量进样器

（2）组内协作，完成取代实验。小组内协作完成煤油与液溴的取代反应实验，使用 iPad 记录实验现象（见图9、图10）。

图9　煤油与液溴反应实验

图 10　学生分组实验过程

（3）分享交流，提升理解建构。小组间交流分享实验成果，分析实验现象，加深对烷烃取代反应的认识。设计实验方案，验证取代反应的产物。图 11 为浓氨水检验取代产物 HBr 实验。

图 11　浓氨水检验取代产物 HBr 实验

（4）实验展示，建立认知模型。教师展示正庚烷、液态石蜡分别与液溴反应的视频（见图 12），体会实验探究的乐趣，发展科学探究素养。同时建立起从类别角度理解烷烃性质的认知模型。

图 12　正庚烷、液态石蜡分别与液溴反应的实验

（四）拓展应用，体验化学价值

展示科学探究实验"美国莫诺湖'蝇潜水的奥秘'"，利用所学知识解决问题。

（1）设计实验，证明碱蝇的烷烃护甲是"不湿身"的关键因素。

（2）这项研究有什么应用前景？

（3）完成作业：

1）调查身边的烷烃，明确它们的来源及用途，谈谈烷烃在生活中的重要作用。

2）设计丁烷气罐储存、使用的安全手册，以海报或视频的形式提交。

八、实验效果评价

（1）分组实验，提升交流协作能力。增加了烷烃物理性质、取代反应的随堂分组实验，需要学生通过组内的分工合作、交流讨论来完成，以此提升学生的交流协作能力。

（2）实验探究，提升科学探究和创新意识。在一系列实验探究中，和学生一起体会实验的乐趣，发展学生的科学探究素养，提高学生的实验探究水平，并通过真实情境下的实验设计，提高学生分析、解决复杂问题的能力。

（3）宏微结合，建立有机物性质的认知模型。通过多种烷烃样品，从宏观上感受烷烃的物理特性，再通过讨论分析，从组成上总结出其性质的相似性与递变性规律，发展了学生宏观辨识与微观探析的核心素养。在烷烃取代反应实验探究过程中，引导学生逐步形成"类别、结构与性质"关系的认知模型。

（4）感受实验之美，体验化学的价值。多种实验现象的呈现，火焰掌、打火机充气、延时拍摄溶解过程，在光影中感受煤油、正庚烷、液态石蜡与液溴的取代反应，再到真实情境下的科学实验展示"美国莫诺湖'碱蝇潜水的奥秘'"，一系列的设计，让学生在色彩变化、光影变幻、白烟生成、固体沉降等化学现象中感受化学之美，感悟科学研究的乐趣，体会化学科学在人类文明和社会进步中的促进作用。

乙醇催化氧化及产物性质的实验探究与改进

日照第三中学　袁清磊

一、使用教材

人教版普通高中《化学必修2》第三章第二节"生活中常见的有机物——乙醇"。

二、实验器材

铁架台、酒精灯、温度计、石棉网、烧杯、胶头滴管、西林瓶、硬质玻璃管、玻璃弯管、气球、100mL注射器、橡胶塞、5%硫酸铜溶液、20%氢氧化钠溶液。

三、实验创新要点

现象明显；体系封闭；趣味性强；快速、安全检验产生的乙醛。

四、实验设计思路

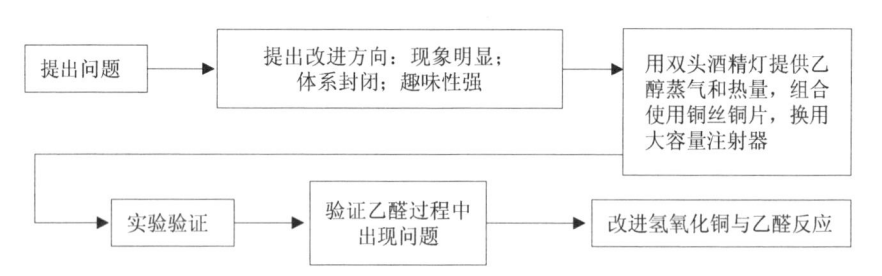

```
提出问题 → 提出改进方向：现象明显； → 用双头酒精灯提供乙
          体系封闭；趣味性强      醇蒸气和热量，组合
                                 使用铜丝铜片，换用
                                 大容量注射器

        实验验证 → 验证乙醛过程中 → 改进氢氧化铜与乙醛反应
                  出现问题
```

五、实验教学目标

（一）知识与技能

（1）掌握乙醇催化氧化反应的原理及验证乙醛性质的方法。

（2）学会在实验探究的过程中发现问题、解决问题。

（二）过程与方法

培养学生实验探究能力、创新能力、观察能力和分析推理能力。

（三）情感态度与价值观

（1）培养学生的绿色化学思想和进行实验基本操作的能力。

（2）培养学生实际操作中面对问题迎难而上的态度。

六、实验教学内容

根据传统实验出现的问题，提出实验改进的目标，设计实验装置，在实际实验过程中发现问题，逐步解决问题，最终形成改进后的实验方法并在此基础上进行实验，提高学生兴趣。在解决乙醛验证问题的过程中，深入探究实验原理，改进实验试剂的浓度和配比，快速、安全得到明显现象。

七、实验教学过程

（一）问题提出

乙醇催化氧化的传统实验方法是将铜丝在酒精灯上灼烧，将红热铜丝插入到乙醇溶液中，观察铜丝颜色变化并闻气味。但该实验方法存在三个方面的不足：一是该实验是敞口体系，会有有毒物质逸出，不符合绿色化学的思想；二是闻乙醛气味时，乙醇的气味会产生干扰；三是实验趣味性不足，不能较好地引导学生进行实验探究。

针对以上问题，能不能设计一个密闭体系，现象明显，还能很好地检验催化氧化产物乙醛气体的实验呢？

（二）实验探究

（1）实验步骤。实验装置如图 1 所示，点燃酒精灯为硬质玻璃管中铜丝加热，使用酒精灯芯提供乙醇蒸气。抽动注射器，乙醇蒸气进入管内，黑色铜丝变红，同时，注射器收集产物；推动注射器，铜丝会变黑。反复推拉，铜丝颜色在黑红间转换。

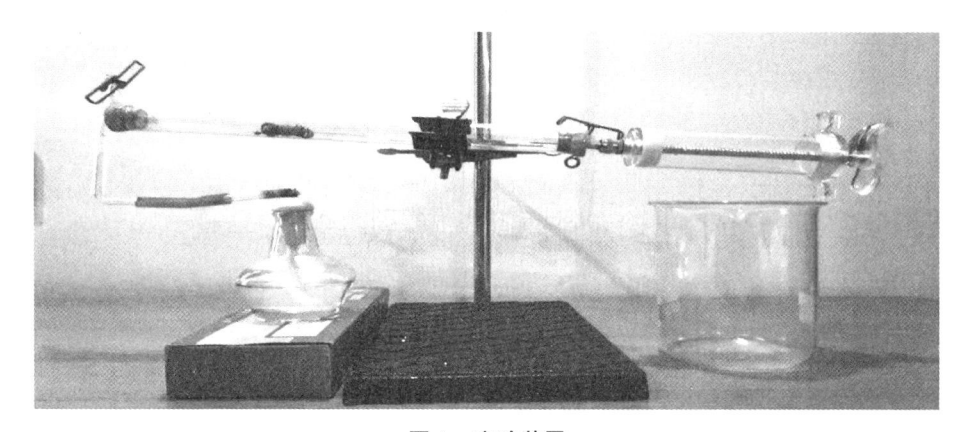

图 1 实验装置

（2）实验问题。推拉注射器，酒精灯火焰大小会随之改变。当抽动注射器时，乙醇蒸气被吸入管内，此时，火焰会明显减小（见图 2、图 3），这时加热温度不够，以至于铜丝并未明显变红。

图2 酒精灯火焰

图3 火焰减小

（3）改进措施。我们首先想到的是使用两个酒精灯，一个提供乙醇蒸气，另外一个加热，但在实验中，两个酒精灯操作不便，而且产生浪费。有没有更好的解决方案呢？经过反复思索和挑选，我们最终选取另外一种方案来解决这个问题——双头酒精灯（见图4）。当酒精灯点燃后，火焰正常，抽动注射器，酒精灯火焰一头变小，但另一头不变（见图5），不影响铜丝持续受热，可以观察到铜丝由黑边红的过程。

此外，由于细铜丝不易于观察，将铜丝换成铜片后黑红变化更加明显。但铜丝也有接触面积更大的优点，可以使反应更充分，现象更明显。最后，我们采取铜丝铜片组合使用的方法（见图6）。同时，我们还换用大容量的注射器，目的是增加乙醇蒸气的流量，使反应更充分，现象更明显。

图4 双头酒精

图5 酒精灯火焰变化

图6 铜丝铜片组合

总结来说，进行了三处改进，弥补了原实验三个方面的不足，最终实验现象明显，分组实验取得了良好效果。

（三）原理探究

如何验证生成的乙醛气体呢？

中学阶段验证乙醛性质有两个特征反应，一是乙醛的银镜反应，二是乙醛与新制氢氧化铜悬浊液的反应。但是，乙醛的银镜反应在具体条件下制约因素很多，而且乙醛要用40%的溶液，使用乙醛气体更是难以得到明显现象。于是，我们选择用乙醛与更易产生现象的新制氢氧化铜悬浊液反应来验证乙醛气体。

但传统实验中，乙醛溶液与氢氧化铜悬浊液反应时，若反应的量控制不好，最后得到的砖红色沉淀颜色发暗，甚至会有黑色沉淀。将乙醛蒸气注入含新制氢氧化铜悬浊液的西林瓶中，大约8min才会产生现象，时间长，现象不明显。

针对以上问题，我们又进一步探究。乙醛与新制氢氧化铜悬浊液反应的实质是：①CH_3CHO在OH^-的作用下产生还原性较强的H^-；②H^-不是与$Cu(OH)_2$反应而是还原$[Cu(OH)_4]^{2-}$得到$CuOH$；若$Cu(OH)_2$存在，加热会生成黑色CuO；③$CuOH$分解产生Cu_2O和H_2O；④温度在67℃以下乙醛会发生羟醛缩合反应，在67℃以上才会生成Cu_2O。

依据原理，关键的问题是要制得$[Cu(OH)_4]^{2-}$取代$Cu(OH)_2$悬浊液。我们从改变氢氧化钠和硫酸铜的浓度以及配比的角度入手，设置浓度梯度，做了50多组对比实验，确定了最佳方案，让其不再生成氢氧化铜悬浊液，而是直接得到四羟基合铜络离子。最后，采取以下措施，在较短时间内得到标准砖红色沉淀：①使用20%的NaOH溶液2mL，加入5滴5%$CuSO_4$溶液，振荡，充分反应，得到绛蓝色的$Na_2[Cu(OH)_4]$溶液；②注入乙醛蒸气，水浴90℃以上。选用90℃水浴加热，综合考虑了水浴加热的安全性和温度的可控性，保证了反应速率。

通过乙醛气体分别与$Na_2[Cu(OH)_4]$溶液和$Cu(OH)_2$悬浊液反应的对比实验，可以观察到乙醛气体与$Na_2[Cu(OH)_4]$溶液的反应，不到1min就可以得到理想中的现象。

八、实验效果评价

乙醇催化氧化及产物性质的实验探究与改进，是在保证基本实验操作规范的基础上，从装置和原理两个角度入手，让实验现象更明显，实验操作更安全，更加符合绿色化学的思想。

本次实验为学生进行实验探究与改进起了很好的引导作用，提高了实验趣味性。理论联系实际，培养学生发现问题解决问题的能力，让学生更能体会到化学的魅力，提高学生学习化学的兴趣与信心。

石油分馏

上海市大同中学 梁晟斌

一、使用教材

"石油分馏"选自上海科学技术出版社的高级中学课本《化学（试用本）》高二第二学期第十一章第一节"碳氢化合物的宝库——石油"。

二、实验器材

仪器：铁架台（铁圈）、酒精灯、石棉网、烧瓶（100mL）、定制分馏柱、冷凝管、双球U形管、红外热成像仪。

试剂：蒸馏水、丙酮、石油原油。

三、实验改进要点

（一）存在问题

教材中设计了石油分馏演示实验（见图1），但实践发现，该实验设计中存在一些问题：

（1）实验安全性低，耗时长，不利于课堂演示；

（2）分馏柱设计问题导致石油馏分无法取出，无法联系工业实际；

（3）实验现象不明显，学生会误认为石油馏分为纯净物。

为解决以上问题，我对本实验进行了改进，主要分为两个方面：一是仪器改进，提高实验安全性和

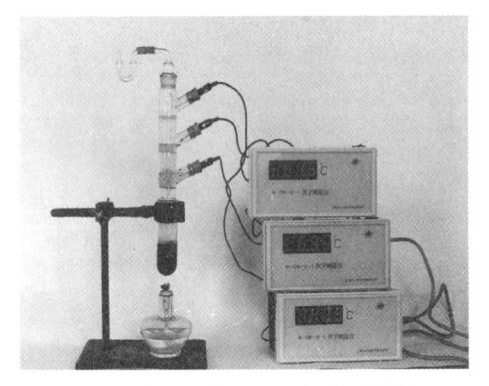

图1 教材中的石油分馏实验装置

功能性；二是检测方法改进，使实验过程可视化、实验结果数字化，便于学生观察。

（二）仪器改进

安全性：参考石油工业中分馏的设计，在分馏柱的上端加上冷凝管，并且在U形管出口处加一个气球，以保证实验在相对密封的条件下进行，提高课堂演示的安全性。

功能性：对原分馏柱结构重新设计，将原来双出口改成单出口；缩小分馏柱的管径，使分馏柱内的石油馏分能更快地达到平衡的回流比（基本可以在 10~15min 完成实验）；取消原有的温度计出口，加入带有活塞的馏分出口，以便实验后安全、便捷地取出馏分（见图 2）。

图 2　教材使用的分馏柱（左），改进后的分馏柱放大图（中）与改进后的分馏装置（右）

（三）检测方法改进

本实验最大的问题在于实验现象不明显。取消了温度计，如何观察石油蒸气成分的变化呢？引入热成像技术，让学生从全新的角度来观察分馏实验。

热成像技术的基本原理：任何物体都会发出热辐射信号（即红外信号），热成像仪是一个将热辐射信号转化成图像的仪器。区别于电偶式温度计，热成像仪能完整直观地呈现整个图像中的温度情况与变化（见图 3）。对于石油分馏实验，由于分馏柱不同位置的蒸气成分不同，可以得出不同的颜色，从而得知馏分的不同沸点，这样就解决了电偶式温度计只能测定几个温度点的局限，可以直接观察到分馏实验的动态过程。

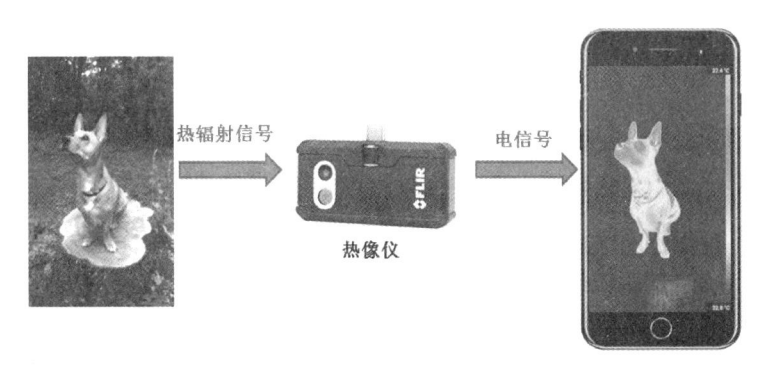

图 3　热成像技术工作原理

四、实验原理

石油分馏是将石油中几种不同沸点的混合物分离的方法（见图4）。工业上先将石油加热，使其变成蒸气后输进分馏塔。分馏塔中位置越高温度越低。石油蒸气在上升途中会逐步液化，冷却并凝结成液体馏分。分子量较小、沸点较低的气态馏分则慢慢地沿塔上升，在塔的高层凝结；分子量较大、沸点较高的液态馏分在塔底凝结。这些分馏产物便是石油化学原料，可再制成许多的化学品。

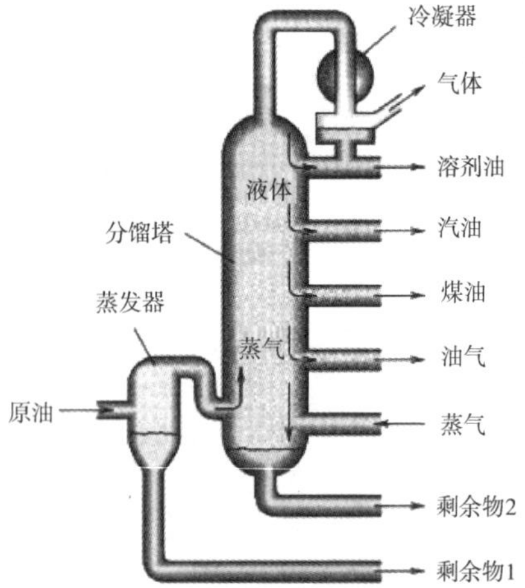

图4 工业上石油分馏加工示意

五、实验教学目标

（1）知道石油的组成与形成过程。

（2）通过蒸馏实验，了解利用物质沸点差异进行分离的基本原理。

（3）通过探究石油分离的过程，说出石油分馏的基本原理，培养证据推理与科学精神。

（4）利用热成像技术观察蒸馏与分馏实验，了解石油的炼制工艺，体会化学、技术与社会的紧密联系，增强社会责任感。

六、实验教学内容

（1）通过热成像技术观察蒸馏过程。

（2）类比探究石油分馏的基本原理。

七、实验教学过程

（一）创设情境引出主题

引入：石油的形成过程、分馏产品的用途与我们的生活。

问题1：如何从石油中分离出不同的产品（汽油、柴油……）？

学生活动：阅读资料，分组讨论，分析石油组成与石油成分的物理性质，得出利用性质差异对混合物进行分离的实验方案。

设计意图：通过了解石油的用途，激发学生的学习兴趣，引导学生体会化学与生活的密切关联。通过资料阅读，夯实利用性质差异对混合物进行分离的基本方法。

(二) 启发诱导观察实验

学生实验：蒸馏实验。通过热成像仪观察混合物蒸馏过程（丙酮与水的比例为 1∶1，见图 5），记录蒸馏装置不同时间、不同区域的温度，并交流、分享实验结果。

设计意图：以问题驱动，通过热成像技术观察蒸馏实验，引导学生初步建立基于沸点差异的混合物分离方法认知模型；同时能够结合新技术，合作完成实验，能对观察记录的实验信息进行加工并获得结论。

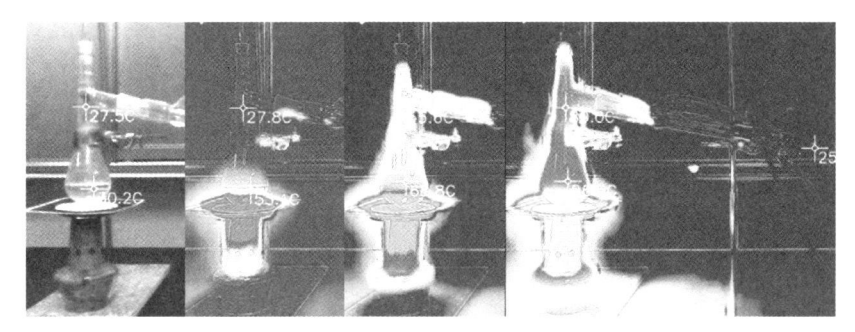

图 5　水和丙酮（1∶1）的混合溶液蒸馏热成像图

(三) 类比迁移完成实验

问题 2：像石油这样复杂的混合物是否也可以利用该原理进行分离呢？是否可以用同样的装置呢？

学生活动：观察简易分馏装置（见图 6）。通过热成像仪重新观察该实验中玻璃管表面的温度变化特点，体会热成像技术测定温度的便捷，尝试说出用长玻璃管从石油中分离不同物质的原理。

问题 3：结合资料库中的信息，如果要得到汽油、煤油、柴油的产品，需要对装置如何改进？说出改进的依据。

学生活动：石油分馏装置设计：交流讨论，改进装置，分享方案。

实物展示：结合工业设计说出石油分馏装置（见图 7）中各部分仪器的名称和作用。

学生实验：石油分馏实验。向分馏装置中加入 50mL 石油原油，再加入沸石，用酒精灯加热，通过热成像仪观察其温度变化（见图 8），直至分馏柱各部分的温度不再发生变化，停止反应，取出馏分。完成实验后描述实验现象，并说出分馏的基本原理。

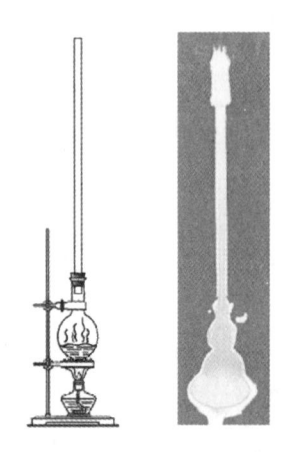

图6 简易石油分馏装置（左）、热成像图（右）

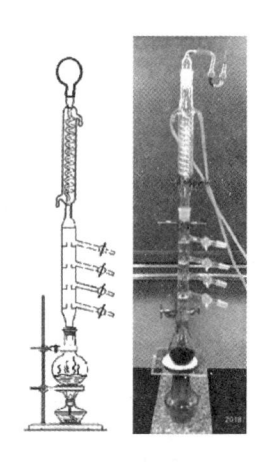

图7 石油分馏装置

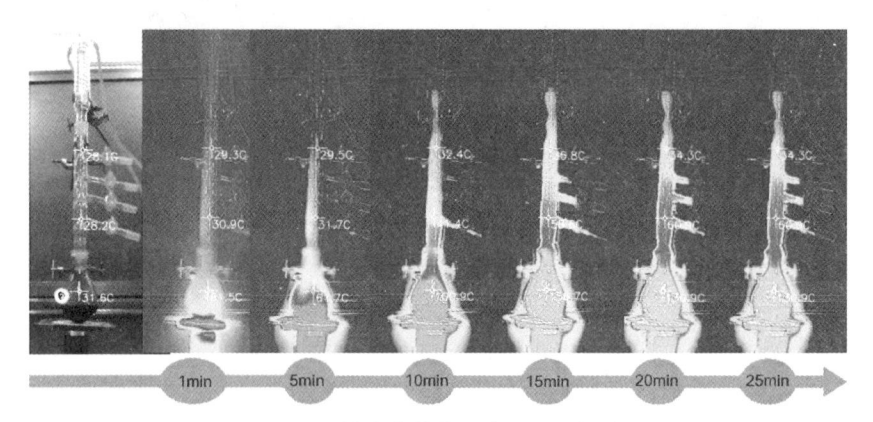

图8 利用热成像技术观察石油分馏过程

课外实践：查阅资料，了解石油的炼制过程，思考热成像技术在其他实验中的应用。

设计意图：通过类比的科学方法，引导学生思考并比较两组分与多组分混合物分离的区别，能依据实验目的设计并优化实验方案，以此增强探究物质性质和变化的兴趣，理解工业上正是利用分馏等技术将石油等自然资源转化为对我们社会生活有重要价值的产品。体现了化学、技术与社会的紧密联系，以及化学对人类发展做出的巨大贡献。

八、实验效果评价

通过对分馏装置进行重新设计，使演示实验与工业实际相结合，提高了该实验在课堂中的可操作性，能安全、便捷地得到馏分。引入热成像技术，从全新的角度观察原来看不到的现象，使石油分馏过程可视化，实验结果数字化。整个实验设计将定性分析实验上升为"定性+定量"的演示实验，能促进学生感受化学、技术与社会的紧密联系，帮助学生全方位、多视角认识物质分离的全过程。

在本节课中，教学的方式从原来的以教师为主的理论分析转化成以学生为主的实验探究，通过直观的图像和数据代替了教师用大量语言解释的抽象概念。学生能通过观察实验现象，类比探究、自主分析得到相应结论，掌握石油的分馏原理，有助于提升学生宏观辨识、变化观念、证据推理、实验探究等化学学科核心素养。

第五部分

中学生物

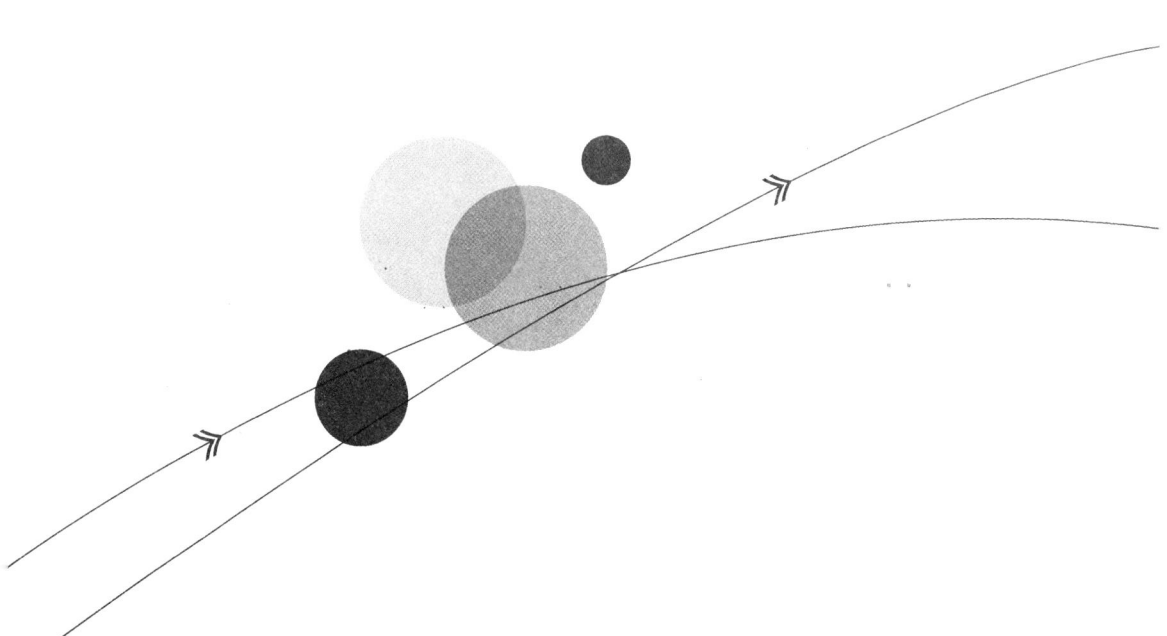

▶ 初中生物

蒸腾作用

无锡外国语学校　尤东胤

一、使用教材

苏科版《生物学》八年级上册第十八章"生态系统的稳定"第一节"绿色植物与生物圈的水循环"。

二、实验器材

（1）测定植物的蒸腾作用：绿色植物、塑料袋、锥形瓶、食用油等。

（2）探究植物叶表面上的气孔：绿色植物、烧杯、热水、显微镜、载玻片、盖玻片。

（3）探究蒸腾作用对叶面温度的影响：朗威DISLab6.5数据采集器、温度传感器（2个）、绿色植物、光源等。

三、实验创新和改进要点

蒸腾作用是植物体内的一项重要生理反应，教材设计了一个教师演示实验和一个学生使用显微镜观察的探究实验。作为一项完整的探究过程，以及考虑到探究中可能出现的问题，对实验作了如下改进：

（1）测定植物蒸腾作用的演示实验改成对比实验，有助于对比不同植物的蒸腾作用，找到最适合的实验材料。

（2）显微镜观察实验前加入叶片泡热水实验，帮助学生循序渐进地认识植物的气孔。

（3）使用传感器测量叶片表面的温度变化。用数字化仪器测量常规仪器无法测量的数据，感受实验仪器及方法的改良对科学探究的巨大影响。

四、实验设计原理和设计思路

（一）测定植物的蒸腾作用

一是该实验设计中出现实验现象所需的时间较长，光照下要3h，需要教师提前准备。二是实验现象受气温和光照条件影响较大，阴天、昼夜温差小的时候实验现象就不明显。三是不同植物出现实验现象的效果不同。教师有意选择蒸腾作用强度不同的植物进行对比实验（见图1），让学生去发现实验效果的不同，懂得实验合理选材的必要性。

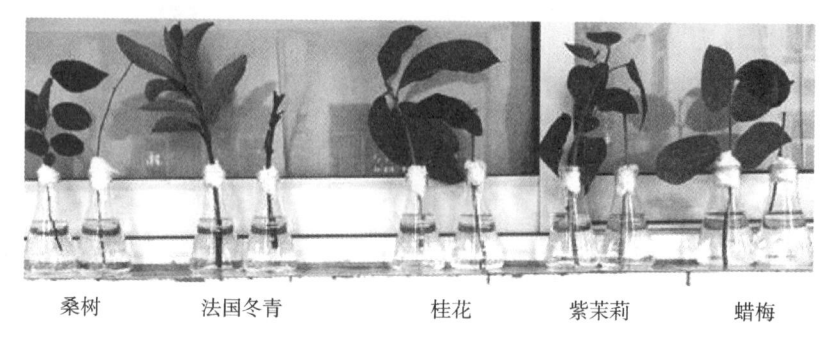

桑树　　法国冬青　　桂花　　紫茉莉　　蜡梅
图1　蒸腾作用强度不同的植物

（二）观察植物叶表皮上的气孔

教材上是直接让学生用显微镜观察气孔，而探究过程讲究循序渐进，先用简便的方法让学生感知到叶片上有气孔的存在，再用显微镜观察。改进实验中增加一个探究实验，将前一实验里用到的植物叶片（见图2），分别浸泡在盛有热水的烧杯或透明瓶子中。通过比较观察，学生能够真切感知到叶片上有气孔，还能进一步明白植物叶片正反面及不同植物叶片上的气孔数量、大小区别明显，对蒸腾作用强度产生影响。再通过显微镜观察气孔的形态，学生能够对植物叶表皮上的气孔有清晰的认知。

桑树　法国冬青　桂花　紫茉莉　蜡梅
图2　植物叶片

（三）探究蒸腾作用对叶面温度的影响

植物通过蒸腾作用散失水分的同时，也为植物吸收水分和向上运输水分及无机盐提供了动力，还可以降低叶表和环境温度，这是教材上给出的结论。其中环境温度我们可以通过身体直观感受或者用温度计测量，但是叶表面的温度是否下降很难用传统的实验仪器测量。设计实验借助先进的数字实验仪器，配合温度传感器可以精确测出叶表面温度的变化。

五、实验教学目标

（1）培养学生因地制宜、合理选择实验材料的能力。

（2）培养学生独立思考、自主完成探究实验的能力。

（3）学会使用数字化采集器，感受科技的进步，培养对科学探究的兴趣。

六、教学过程设计

(一) 测定植物的蒸腾作用

（1）选5种植物，每种各选取两枝粗细、长短及叶片数量和大小相近的枝条，一枝将叶片去掉，另一枝保留叶片，分别插入装有等量清水的相同锥形瓶中。

（2）液面上加适量食用油，在瓶壁上标记当前液面位置。枝条露出瓶外部分用塑料袋罩住、扎紧（见图3）。

（3）将锥形瓶放在阳光充足的室外，每隔一段时间（1h）观察袋内情况并记录当前的液面高度。

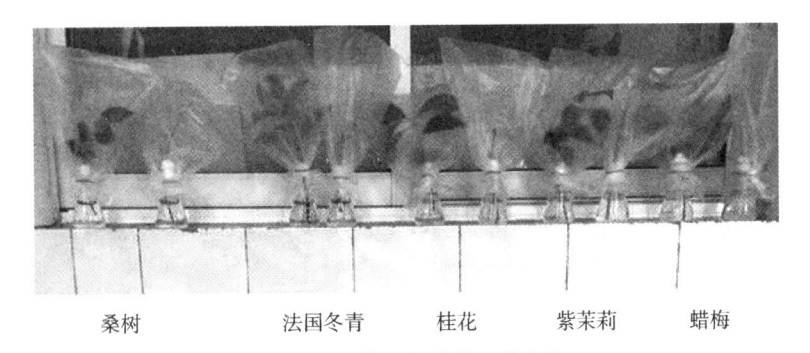

图3 插入锥形瓶中的五种植物

实验记录如表1所示。

表1 实验记录

	桑树	法国冬青	桂花	紫茉莉	蜡梅
1h后	无	无	无	无	无
2h后	无	水雾较多	略有水雾	有水雾	有水雾
3h后	无	有水珠	无	有少量水珠	有少量水珠
4h后	无	水珠很多	无	水珠较多	水珠较多

实验结论：植物主要通过叶片往外蒸腾散失水分，不同植物叶片蒸腾作用强

度也不同。

（二）观察植物叶片表皮的气孔

（1）实验步骤。

1）将前一实验里用的 5 种植物的叶片，各选择长势良好的 1 片摘下，分别浸入装有相同温度热水的烧杯中。观察叶片的正面和背面，对比记录气泡的数量和大小（见图4~图8）。

2）选取一种植物叶片，背面向里折叠，从折断处撕取叶的下表皮制作成临时装片，用显微镜观察叶表皮上保卫细胞组成的气孔。

正面无气泡　　背面无气泡
图 4　浸入烧杯中的桑树叶片

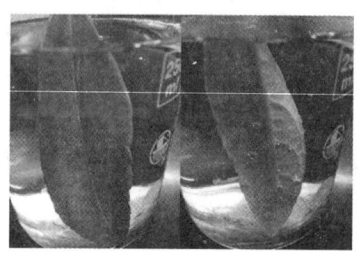

正面无气泡　　背面气泡大而少
图 5　浸入烧杯中的法国冬青叶片

正面无气泡　　背面气泡小而少
图 6　浸入烧杯中的桂花叶片

正面无气泡　　背面气泡大而多
图 7　浸入烧杯中的紫茉莉叶片

正面无气泡　　背面气泡大而多
图 8　浸入烧杯中的蜡梅叶片

(2) 实验结论：植物叶片上有气孔往外蒸腾散失水分，且不同植物蒸腾作用的强弱与叶片上气孔大小和多少有关。

(三) 探究蒸腾作用对叶面温度的影响

(1) 实验步骤。

1) 连接计算机、数据采集器和温度传感器。打开计算机中的实验软件，点击"通用软件"，系统自动识别所接入的传感器，显示当前环境温度（见图9）。

2) 分别用胶布将温度传感器的探针粘在新鲜的植物叶片和被烫过的叶片的背面，计算机显示当前叶片表面温度（见图10）。

图9 环境温度

3) 将两组植物放在阳光下暴晒，或打开烤灯（距离植物约50cm），使环境温度升高（见图11），观察曲线变化（见图12）。由图12可知，新鲜的叶片可进行蒸腾作用，叶片表面温度缓慢降低；叶片被烫过后表皮结构遭到破坏，无法进行蒸腾作用，叶片表面温度随环境温度的升高而缓慢升高。

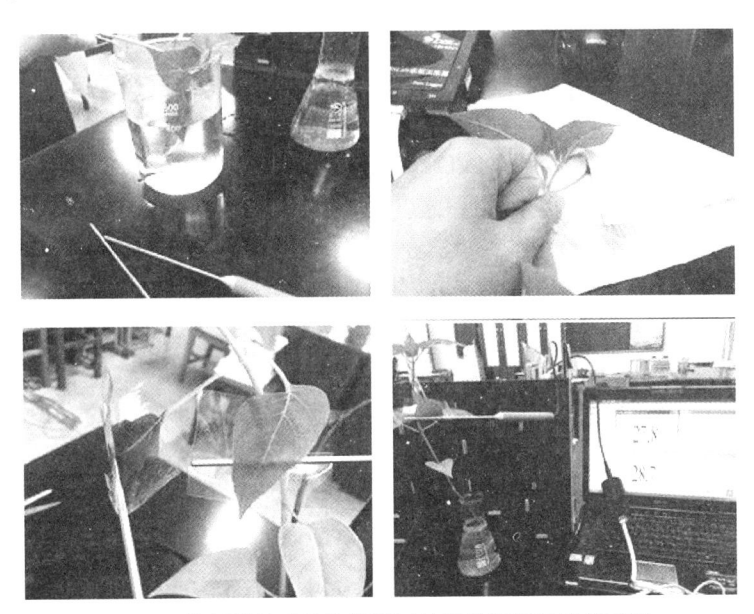

图10 将新鲜的叶片和被烫过的叶片连接温度传感器

图11 烤灯等距离照射两组叶片

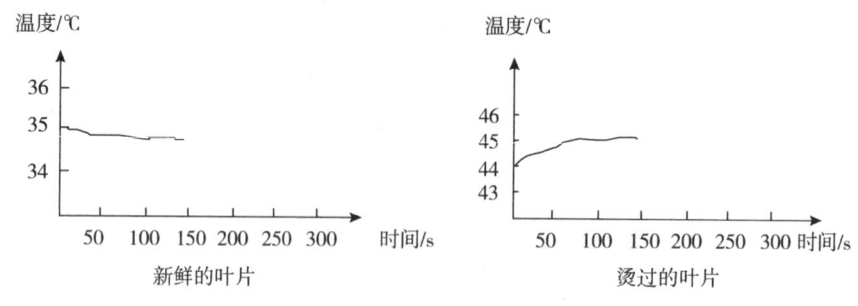

图12 两组叶片的温度传感器数据曲线

（2）实验结论：植物通过蒸腾作用能降低植物叶片表面和环境温度。

七、实验效果与评价

上述三个实验看似独立，但这样的创新设计，可以让实验探究的内容前后衔接，激发学生思考，引领其深入探究，使实验教学自然流畅。但由于课时及仪器设备等条件有限，所以数据信息可能还不够完整、科学，包括实验探究方法和材料选择都还有进一步完善的需要。这也需要广大教师在教学中用心思考，敢于探索尝试新方法、新器材。

绿色植物的呼吸作用实验改进

江门市新会葵城中学　容妙娜

一、使用教材

本实验教学内容选自人教版《生物学》七年级上册第五章"绿色植物与生物圈中的碳–氧平衡"第二节"绿色植物的呼吸作用"中"绿色植物呼吸作用的过程"。

《义务教育生物学课程标准（2011年版）》要求"描述绿色植物的呼吸作用"。"呼吸作用"是生物学中的重要概念，是学生接触的第二个比较复杂的植物生理学实验，对于学生理解绿色植物呼吸作用的实质有着非常重要的意义。

本节中通过3组实验验证绿色植物的呼吸过程，从而让学生理解植物的呼吸作用的概念。因此实验现象的成功展示是本节课圆满完成的关键。

二、实验改进

（一）原实验的不足

呼吸作用原实验的不足之处见图1。

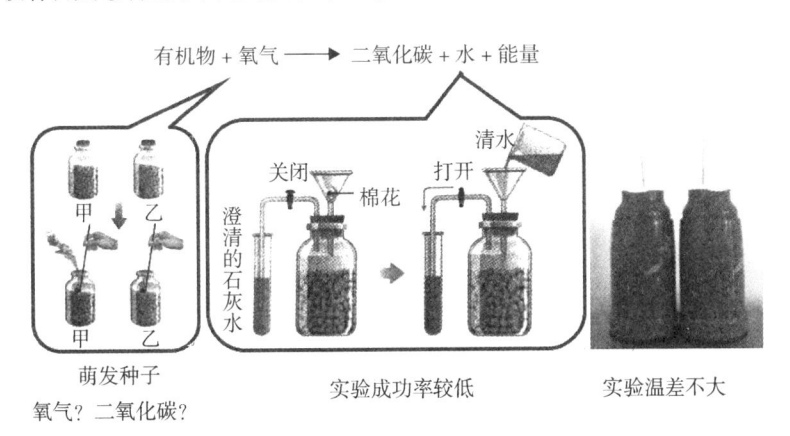

图1　呼吸作用原实验的不足之处

（1）有机物分解需要氧气的参与。

1）学生在理解上存在困惑：蜡烛熄灭的原因是由于萌发种子消耗了氧气，还是由于萌发种子释放了二氧化碳呢？

2）实验改进目标：排除二氧化碳的干扰。

（2）验证种子萌发过程中释放出气体。

1）实验不足之处：①实验用具繁多、较重（见图2）。②实验操作有难度，如难以控制倒水量、加水速度、气密性等。③缺乏对照。④短时间内无法重复再用，消耗种子较多，需大量配备（见图3）。⑤玻璃管弯曲处容易断，存在安全风险（见图4）。

2）实验改进目标：简单、易操作。

图2　器材多，操作难 　　　图3　后备材料多 　　　图4　易断裂

（3）种子萌发过程中产生能量。

1）实验不足之处：①装置密封性不够，容易散失热量，两组实验结果的温差不大。②保温瓶不透明，观察不到内部种子的变化。

2）实验改进目标：替代不足、直观、易操作。

（二）实验改进思路

实验改进思路如图5所示。

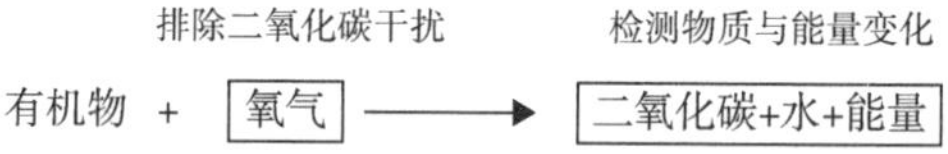

有机物 + 氧气 ——排除二氧化碳干扰 检测物质与能量变化——> 二氧化碳+水+能量

图5　实验改进思路

（三）实验创新设计

创新设计一：探究绿色植物的呼吸作用装置。

（1）实验器材：绿豆种子、水、氢氧化钠溶液、澄清石灰水、电子温度计、单孔胶塞、塑料瓶、玻璃管、橡皮管、竹签或卫生香、打火机、25mL量筒、黑色背景板、试管、可塑性橡皮。

（2）实验改进装置：由"探究呼吸作用消耗氧气"和"探究呼吸作用产生二氧化碳和水、释放能量"两套装置组成。

装置一用于探究呼吸作用消耗氧气（见图6）。

绿色植物的呼吸作用实验改进

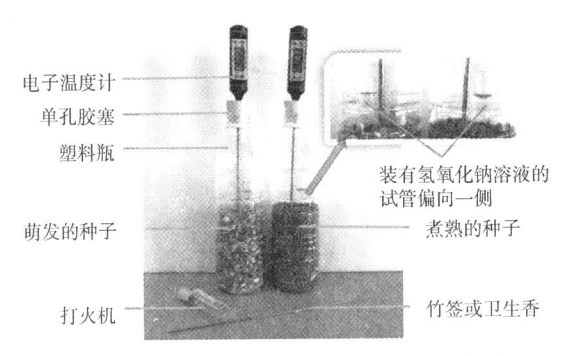

图6 探究呼吸作用消耗氧气装置

1) 实验原理：①利用氢氧化钠溶液吸收二氧化碳，排除二氧化碳的干扰。②氧气有助燃作用，缺氧时物体不能燃烧。

2) 改进要点：①两组种子中分别插入装有氢氧化钠溶液的试管，利用氢氧化钠溶液吸收二氧化碳，排除二氧化碳的干扰。②用竹签或卫生香替代原实验的小蜡烛，利于放到小口的瓶中检测气体。

3) 实验步骤：①绿豆种子分成等重量的两组。②甲组种子浸泡在水中，形成萌发的种子；乙组种子用水煮熟，使种子失去活性，降温备用。③将甲、乙两组种子分别装入塑料瓶甲瓶和乙瓶。④两组种子中分别插入装有氢氧化钠溶液的试管，试管偏向一侧避免温度计接触到液体。⑤先将电子温度计固定在单孔胶塞中，可在孔的四周加上可塑性橡皮增加气密性，再将胶塞固定在瓶口。⑥12h后，点燃竹签或卫生香，以80°倾斜的角度分别插入甲瓶和乙瓶，观察火焰变化。

4) 实验结果：点燃的竹签或卫生香插入瓶中，甲瓶火焰熄灭，乙瓶火焰继续燃烧（见图7）。

5) 实验结论：萌发的种子的呼吸作用消耗氧气。

装置二用于探究呼吸作用产生二氧化碳和水，释放能量（见图8）。

1) 实验原理：二氧化碳使澄清石灰水变浑浊。

图7 探究呼吸作用消耗氧气实验的结果

2) 改进要点：①运用"排气法"将气体导入澄清石灰水中。②使用电子温度计，实现快速读数，确保数据准确。③增加"黑色背景板"，便于观察实验现象。

图8 探究呼吸作用产生二氧化碳和水，释放能量的装置

3）实验步骤：①~⑤同探究呼吸作用消耗氧气实验的步骤。⑥2h后观察并记录瓶壁上水珠和温度变化。⑦向两个量筒分别加入5mL澄清石灰水，先将软管开口置于量筒底部，再更换两个塑料瓶上的胶塞，挤压甲、乙瓶，观察实验现象。⑧将软管提出量筒外，松开塑料瓶，比较石灰水的浑浊程度（见图9、图10）。

图9 "排气法"检验二氧化碳

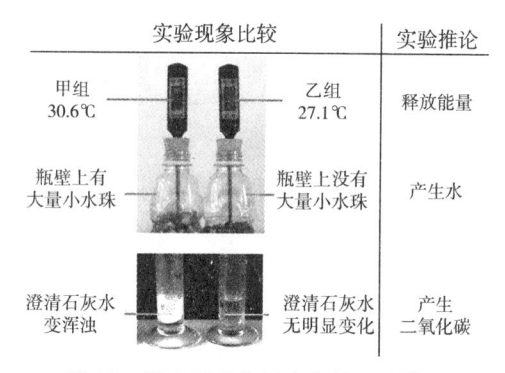

图10 探究呼吸作用产物的实验推论

4）实验结论：萌发种子的呼吸作用产生了二氧化碳和水，释放能量。

（3）创新点：取材方便，直观高效，易操作，易推广，短时间内可重复演示。

创新设计二：探究绿色植物的呼吸作用装置（升级版）。

（1）实验装置如图11所示。

· 638 ·

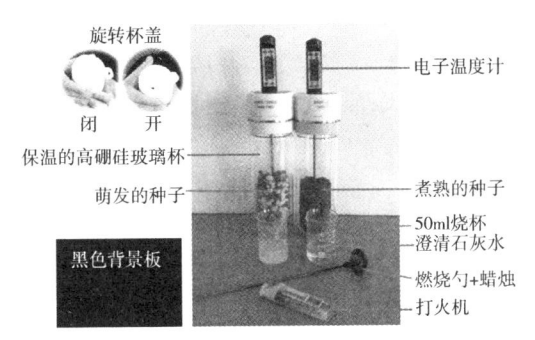

图 11 探究绿色植物的呼吸作用装置

（2）实验器材：保温的高硼硅玻璃杯、萌发的绿豆种子、煮熟的绿豆种子、澄清石灰水、清水、氢氧化钠溶液、电子温度计、50mL烧杯、打火机、燃烧勺、蜡烛、可塑性橡皮。

（3）实验原理。

1）绿色植物分解有机物，释放能量，一部分能量以热能的形式散失。

2）澄清石灰水遇到二氧化碳会变浑浊。

3）利用氢氧化钠溶液吸收二氧化碳，排除二氧化碳的干扰。

（4）改进要点。

1）保温的高硼硅玻璃杯作为保温容器。

2）二氧化碳简易检测法：将装有澄清石灰水的小烧杯放进玻璃杯，密封、摇晃 30s 以上，石灰水变浑浊。

3）实验顺序：释放能量—产生水—检验氧气—检验二氧化碳。

（5）实验步骤。

1）绿豆种子分成等重量的两组：甲组种子浸泡在水中，形成萌发的种子；乙组种子用水煮熟，使种子失去活性，降温备用。

2）两组种子分别入瓶，放于温暖的地方，观察变化（广东地区夏天 4~6h，冬天 8~12h）。

3）比较温度：用可塑性橡皮包绕电子温度计（见图12）。旋转盖子露出小孔，插入温度计比较温度（见图13）。观察后取出电子温度计，关闭小孔（见图14）。

图 12　温度计改进　　图 13　测量温度　　图 14　比较甲、乙瓶的温度

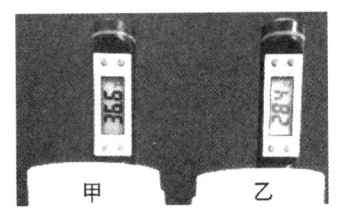

4）比较水珠量：将两组种子装入高硼硅玻璃杯中，放置在温暖的环境下，2h后即可观察比较瓶壁水珠量的不同。

5）检验瓶中是否有氧气：点燃蜡烛分别插入两个杯中观察火焰变化。

6）探究氢氧化钠溶液与清水对萌发的种子的影响：点燃蜡烛分别插入两个杯中观察火焰变化。

7）比较瓶中二氧化碳的量：将两个装有20mL澄清石灰水的烧杯放到高硼硅玻璃杯中，轻轻摇晃30s，取出烧杯，比较石灰水的不同（见图15）。

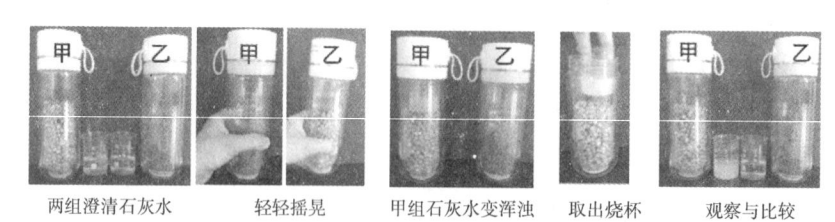

图15 二氧化碳检测流程图

（6）实验结论：萌发的种子的呼吸作用消耗氧气，产生了二氧化碳和水，释放能量（见图16）。

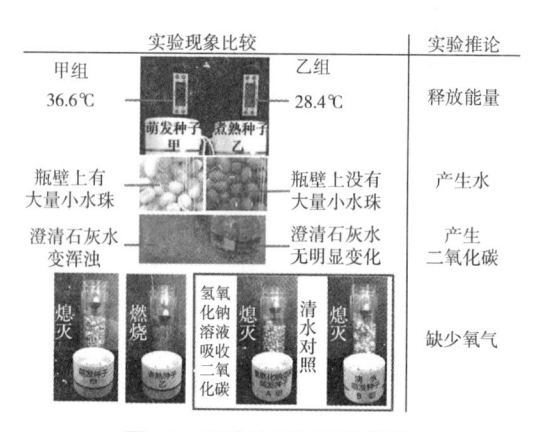

图16 实验结果与实验推论

（7）创新后优点。

1）直观：透明的装置有利于观察实验现象。

2）高效：3~5min完成呼吸作用的验证实验。

3）易操作：各个环节操作简单。

4）成功率高：所有学生都能成功完成实验。

5）主要因素、重要因素形成了"对照实验"。

6) 短时间内可重复演示（30min 后）。

7) 无须准备大量实验材料。

三、实验教学目标

培养学生生物学科学素养。

（一）生命观念

(1) 学生通过多个实验认识绿色植物呼吸作用的生命现象。

(2) 学生通过实验探究和实验改进，探索植物的生命规律。

（二）科学思维

(1) 学生完成原实验操作，掌握科学探究的思路和方法。

(2) 学生能基于实验结果进行分析、推理、归纳出呼吸作用的实质，进而阐述呼吸作用的概念。

(3) 学生通过实践发现原实验的不足，进而运用自己所学的生物学知识对相关实验进行改进，逐步形成解决实际问题的思维习惯与能力。

（三）科学探究

(1) 学生对呼吸作用的实验现象进行观察，发现不足，提出问题，设计实验，实施方案，讨论与交流，并完成实验报告。

(2) 学生在实验探究中，乐于并善于团队合作，勇于创新，逐步形成科学表达的能力。

(3) 学生在课堂上展示自己的实验改进成果，既锻炼了实验操作能力，更大大提升了语言表达能力和自信心。

(4) 学生养成用科学的眼光看问题的习惯，通过资料调查、实验改进，精益求精地完善实验装置的探究过程，不断提升科学探究能力。

（四）社会责任

(1) 部分学生进行了实验拓展，尝试通过实验验证"呼吸作用是生物的共同特征"和"呼吸作用在农业上的应用原理"。

(2) 学生以造福人类的态度进行实验，逐步养成有责任、有担当的科学情怀。

四、实验教学内容

（一）教材分析

(1) "呼吸作用"是生物学中的重要概念。用实验构成问题串，启发学生层层深入认识呼吸作用的过程，从而顺理成章地写出呼吸作用的反应式。

(2) 呼吸作用的过程和实质都比较抽象，而学生通过自己动手做实验，更直观地了解呼吸作用的条件和产物，为理解绿色植物的呼吸作用实质奠定基础。

（二）教学重点与难点

（1）教学重点：学生通过实验理解绿色植物呼吸作用的过程，阐述呼吸作用的概念。

（2）教学难点：

1）学生对呼吸作用三个实验现象的准确分析。

2）实现呼吸作用的实验探究与改进。

（三）学情分析

（1）年龄特征：初一学生好奇心强、对生物实验兴趣浓厚、创新思维活跃。

（2）知识水平：

1）学生已经学习了植物的光合作用，懂得"淀粉是光合作用的产物"。

2）初步学会了探究实验的方法和步骤。

3）懂得"氢氧化钠溶液能够吸收二氧化碳"和"氧气具有助燃作用"的实验原理。

（3）能力水平：具有一定的观察能力、实验能力和思维能力。

（四）教法与学法分析

学生进行小组合作的自主探究式学习。课前，学生利用课余时间在生物实验室内按课本步骤进行实验，部分同学会实验失败。这时，教师就要及时给予指导，让学生掌握实验技巧，重新操作，体验实验成功的快乐。借此，教师进一步引导学生借助各种设备探究实验，鼓励有能力的同学进行实验改进。

教师选取学生优秀的实验改进作品，让学生在课堂上展示。课堂上，师生围绕绿色植物呼吸作用的过程，以实验为依托，从实验现象入手，推测出呼吸作用的原料、产物，以及有机物分解和释放能量的实质，揭示呼吸作用的实质与普适性。学生通过"探究六大器官的呼吸作用"实验，总结出"呼吸作用"是植物的共同特性。

本节课主要采用探究发现法、实验法、演示法、观察法等教学方法。

（五）实验教学模式的改变

过去，我们不管选演示实验还是分组实验都是验证呼吸作用。学生只通过实验现象分析，阐述呼吸作用的概念，但没能培养学生的科学探究能力。例如：为什么实验要这样设计？要成功地完成实验有什么技巧？能否在原实验的基础上进一步探究？能否将原实验装置改得更直观、更容易操作？我希望激发学生的自主学习能力，培养学生科学探究能力；但是生物课堂上的时间不能满足学生进行探究。因此，我改变实验教学模式，让学生在课前进行实验探究与改进，课堂进行成果展示。

五、实验教学过程

（一）教学思路

实验教学思路如图 17 所示。

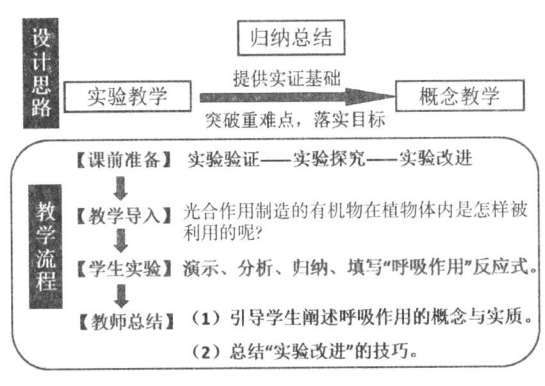

图 17 实验教学思路

（二）课前准备

（1）教师准备：先设计一套直观、有效、易操作的实验改进装置，然后做好实验教学 PPT；同时要指导学生在课余时间进行下列活动，选出优秀的实验改进作品，让相关学生作好实验展示的准备。

（2）学生准备。

1）按照课本尝试完成实验，选取一个自认为不够合理的实验，尝试进行改进。

2）实验改进：①确定一个变量，设计对照实验。②设计实验：实验材料—实验步骤—实验结果与分析—实验结论。

3）可选实验材料。①植物：（选材时要考虑避免光合作用的影响）绿豆、土豆、萝卜、玉米、花等；②测量温度仪器：30cm 温度计、11cm 温度计、电子温度计等；③仪器：恒温干燥箱、微波炉、电池炉等；④容器：保温瓶、集气瓶、标本瓶、塑料瓶、保温杯、保温袋等；⑤工具：各种型号的胶塞、棉花、漏斗、烧杯、燃烧勺、漏斗、火机、竹签等；⑥试剂：水、澄清石灰水、氢氧化钠溶液等。

4）填写"绿色植物的呼吸作用"实验报告表。

5）课前实验探究，教师指导。

（三）课堂教学

（1）教学导入。教师通过图片回顾"绿叶在光下制造有机物。那么到底这些有机物在植物体内是怎样被利用的呢？让同学们通过实验来告诉我们答案。"

（2）学生实验展示。通过改进后的实验装置探究呼吸作用的过程，并通过分析、归纳，把结论关键词填写在"呼吸作用"反应式上。

1）探究有机物分解需要氧气的参与，如图18所示。

萌发种子与煮熟种子的对照实验

燃烧的蜡烛在甲瓶中熄灭　　燃烧的蜡烛在乙瓶中继续燃烧

补充实验：氢氧化钠溶液与清水对萌发种子的影响

原理：氢氧化钠溶液吸收二氧化碳，　原理：清水不能吸收二氧化碳，
燃烧的蜡烛在A瓶中熄灭　　　　　燃烧的蜡烛在B瓶中熄灭

图18　探究有机物分解需要氧气的参与

实验证明：瓶中缺少氧气使火焰熄灭。

2）探究有机物分解成二氧化碳和水，释放能量。

①实验现象（见图19）：萌发的种子的瓶子布满大量的水珠，煮熟的种子的瓶子没看见水珠；萌发的种子的瓶内温度高于煮熟的种子的瓶内温度；将装有澄清石灰水的烧杯放入两个瓶中，轻轻摇动30s后取出，萌发的种子产生气体使澄清石灰水明显变浑浊，而煮熟的种子没有使澄清石灰水发生变化。

甲瓶瓶壁布满水珠——产生水　　甲瓶温度高于乙瓶——释放能量

澄清石灰水检验气体　　　　　　甲瓶的澄清石灰水变浑浊

图19　实验现象

· 644 ·

②实验证明：有机物在分解成二氧化碳和水时，释放能量。

(3) 教师点评。

1) 教师表扬学生对探究呼吸作用的实验装置的改进具有创新性。

2) 教师指出个别实验的不足之处。例如，图 20 的实验设计，温度计固定在瓶壁影响读数的准确性。

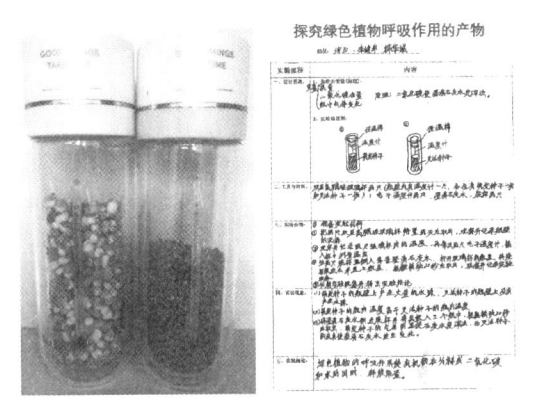

图 20　学生实验设计方案的优点与不足

(4) 头脑风暴，进一步改进装置（见图 21）。

图 21　实验改进

(5) 学生填写反应式：有机物+氧气→二氧化碳+水+能量。

(6) 教师总结：引导学生阐述呼吸作用的概念与实质（见板书）。

(7) 堂上练习：精选题目，检测学习效果。

六、实验教学板书

第二节　绿色植物的呼吸作用

(1) 呼吸作用反应式：有机物+氧气→二氧化碳+水+能量。

(2) 呼吸作用概念：细胞利用氧，将有机物分解成二氧化碳和水，并且将储存在有机物中的能量释放出来，供给生命活动的需要，这个过程叫作呼吸作用。

(3) 呼吸作用的实质：有机物分解，释放能量。

七、实验效果评价

实验效果评价如表 1 所示。

表 1　实验效果评价表

评价内容	评价要点	评价结果 自评	评价结果 小组评价	评价结果 教师评价
生命观念	(1) 学生通过多个实验认识绿色植物呼吸作用的生命现象 (2) 学生通过实验探究和实验改进，探索植物的生命规律	优秀 □ 良好 □ 合格 □	优秀 □ 良好 □ 合格 □	优秀 □ 良好 □ 合格 □
科学思维	(1) 学生按原实验操作，掌握科学探究的思路和方法 (2) 学生能基于实验结果进行分析、推理、归纳出呼吸作用的实质，进而阐述呼吸作用的概念 (3) 学生通过实践发现原实验的不足，进而运用自己所学的生物学知识对相关实验进行改进，逐步形成解决实际问题的思维习惯与能力	优秀 □ 良好 □ 合格 □	优秀 □ 良好 □ 合格 □	优秀 □ 良好 □ 合格 □
科学探究	(1) 学生能提出问题、设计实验、实施方案、讨论与交流，并完成实验报告 (2) 学生在实验探究中，乐于并善于团队合作，勇于创新 (3) 学生在课堂上展示实验改进成果，逐步形成科学表达的能力 (4) 学生养成用科学的眼光看问题的习惯，通过资料调查、实验改进、精益求精地完善实验的探究过程，不断提升科学探究能力	优秀 □ 良好 □ 合格 □	优秀 □ 良好 □ 合格 □	优秀 □ 良好 □ 合格 □
社会责任	(1) 学生通过实验拓展，能总结"呼吸作用是生物的共同特征"，理解"呼吸作用在农业上的应用原理" (2) 学生以造福人类的态度进行实验，逐步养成有责任、有担当的科学情怀	优秀 □ 良好 □ 合格 □	优秀 □ 良好 □ 合格 □	优秀 □ 良好 □ 合格 □
实验总评				

八、实验教学亮点

（1）创新：实验装置直观、简单、易操作。

（2）高效：三实验合一，缩短课时。

（3）整合：由"教教材"改为"用教材"。

（4）落实：落实目标，夯实基础。

（5）提升：学生在"实验验证—实验探究—实验改进"中，实现生物学科学素养的培养。

九、实验教学反思

在课堂上，很多小组展示有价值的科学探究实验。例如图22的"探究六大器官的呼吸作用"实验，学生总结出呼吸作用是植物的共同特性。他们还研究了同种植物不同含水量时保鲜的效果，发现水分少更利于植物的保存。不少学生在本课程结束后，还继续改进自己的实验装置。

学生只有对新奇的问题感兴趣，才会自主学习；在学习中感到快乐，想法被理解，才会逐渐建立起自信。当学生自信地展示自己的研究成果并得到大家的称赞时，将会激发他们进行科学创新的冲动。他们会自主探究更多新的问题，尝试各种新方法。本节课能有效激发学生对生物学的兴趣，较好地培养他们的探究能力与科学思维，落实了培养学生生物学科学素养的教学目标。

比较瓶壁上有否水珠	比较瓶中温度
比较气体变化	植物脱水易于保存

图22 探究六大器官的呼吸作用

探究蚂蚁"出逃"行为

西安市西光中学　崔婧

一、使用教材

人教版《生物学》八年级上册第五单元第二章第二节"先天性行为和学习行为"、八年级上册第五单元第二章第三节"社会行为"、八年级下册第八单元第三章第二节"选择健康的生活方式"。

二、实验器材

（1）观察蚂蚁"出逃"行为：宽结大头蚁（体长 2.5~2.7mm 小型工蚁）、透明笔杆、试管、棉花、毛笔、计时器。

（2）验证蚂蚁用气味标记路线：宽结大头蚁（体长 2.5~2.7mm 小型工蚁）、透明笔杆、试管、棉花、毛笔、计时器、棉签、洁净的纸巾、小电扇、50%酒精。

改进版：宽结大头蚁（体长 2.5~2.7mm 小型工蚁）、透明笔杆（配 2 个笔头）、试管、棉花、毛笔、计时器。

（3）探究酒精对蚂蚁行为的影响：宽结大头蚁（体长 2.5~2.7mm 小型工蚁）、透明笔杆、试管、棉花、毛笔、计时器、25%酒精、75%酒精。

三、实验创新要点/改进要点

（1）建立了动物行为实验模型。以蚂蚁"出逃"模型探究多个主题，使学生体会科学探索永无止境。

（2）数据统计方式改进。舍弃实物投影的传统方式，充分利用多媒体资源，实时而直观地呈现实验结果，并通过建立数学模型，实现多学科交叉的教学理念。

四、实验原理/实验设计思路

（1）观察并比较蚂蚁多次从同一笔杆中逃出的时间变化。

（2）观察并比较气味阻断前后蚂蚁逃出笔杆的时间变化。

（3）观察并比较酒精作用前后蚂蚁逃出笔杆的时间变化。

五、实验教学目标

从生物学科核心素养的四个维度出发，设定了如下教学目标：

（1）生命观念：了解蚂蚁生活习性；阐述酒精对健康的危害，形成健康生活的生命观念。

(2) 科学思维：学会利用实验数据建立数学模型。
(3) 科学探究：通过合作学习，设计实验方案并分析结果。
(4) 社会责任：主动向他人宣传健康知识。

六、实验教学过程

（一）观察蚂蚁"出逃"行为

学生在学习"动物的运动和行为"一章后，对蚂蚁的行为产生了强烈的好奇心，他们为蚂蚁设计了一个"迷宫"——圆规盒，在圆规盒的一端放蚂蚁，另一端放饼干屑。但蚂蚁并未去搬运食物，而是找到出口逃出来，即使更换其他食物也得到同样的结果。我在教参中读到如下案例：将蚂蚁扣入笔盖中，观察其"出逃"的行为。经过师生共同探讨，决定开展课外探究——观察和研究蚂蚁"出逃"行为。

实验方法：观察并比较蚂蚁多次从同一笔杆中逃出的时间。所用器材如图1a所示：其中毛笔用于捕捉蚂蚁，试管用于存放蚂蚁。实验对象为宽结大头蚁，"两后一百工"饲养于试管中（见图1b），本实验选用小型工蚁（见图1c），体长2.5~2.7mm，活动性较强。

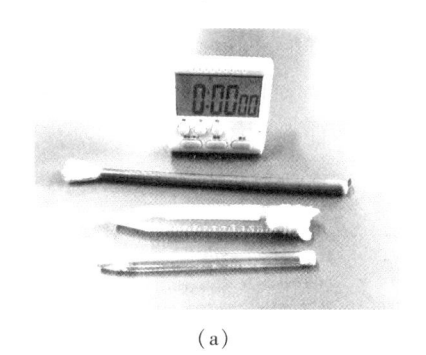

图1 实验一材料用具及实验对象

实验过程：将蚂蚁捕捉入透明笔杆中，并抖落入底部，平放后计时，比较蚂蚁连续5次逃出笔杆的时间变化。学生以四人为一小组，小组成员有明确的分工，培养合作学习的能力。实验过程中，数据结果记录在Excel中。全班共16个小组，每组1只蚂蚁，通过预先设定的公式计算出平均值，并在预设区域实时呈现统计图。得到的数据结果如表1所示，统计图如图2所示。

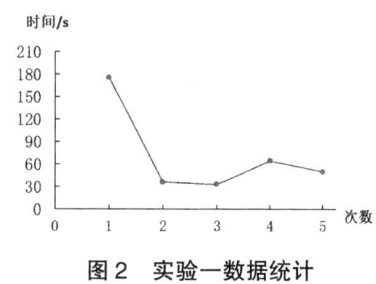

图2 实验一数据统计

表1 实验一数据结果　　　　　　　　　　　　　　　　　　　　　　单位：s

组号	次数				
	第1次	第2次	第3次	第4次	第5次
第1组	320	80	24	76	45
第2组	7	74	8	10	7
第3组	264	87	46	43	56
第4组	10	30	6	60	10
第5组	370	20	40	190	205
第6组	158	40	96	105	13
第7组	141	4	3	6	8
第8组	167	25	17	21	30
第9组	100	19	10	121	29
第10组	461	17	20	26	33
第11组	100	30	23	180	45
第12组	330	13	9	16	63
第13组	10	11	17	28	24
第14组	155	25	42	65	111
第15组	145	76	94	52	67
第16组	70	29	74	32	54
平均值	175.5	36.25	33.06	64.43	50

统计结果引发学生的讨论，蚂蚁从第二次开始，逃出笔杆的时间明显变短，是否说明蚂蚁在第一次逃出时就留下了特殊的标记呢？还有学生观察到，蚂蚁第1次逃出前，在笔头处徘徊的时间比较久，并用触角不断打探，但第2~5次实验时蚂蚁可以直接逃出。结合"社会行为"一课的学习内容，学生猜想：蚂蚁第1次出逃时可能用气味标记了路线。由此引发了下一实验来验证这一猜想。

（二）验证蚂蚁用气味标记路线

提出问题：蚂蚁逃出笔杆时用气味标记了路线吗？作出假设：蚂蚁逃出笔杆时用气味标记了路线。实验二所用器材如图3所示。

将一只蚂蚁连续三次放入同一笔杆中，前两次不做特殊处理，而第三次放入前用棉签蘸取酒精擦拭笔杆，以去除蚂蚁留下的气味，重点擦拭蚂蚁徘徊的笔头处，用洁净的纸巾擦干，然后用小电扇加快酒精挥发，待酒精完全挥发后再将蚂蚁放回笔杆中记录时间。共11个小组参加本实验，每组1只蚂蚁。得到的数据

· 650 ·

结果如表2所示，统计图如图4所示。

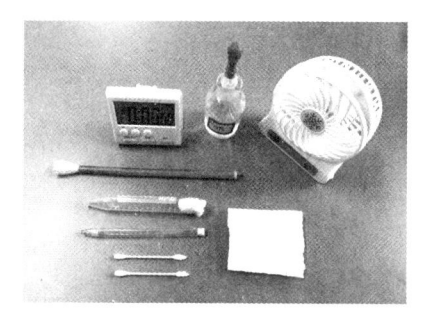

图3 实验二材料用具

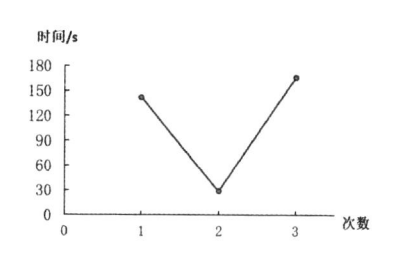

图4 实验二数据统计

表2 实验二数据结果 单位：s

组号	次数		
	第1次	第2次	第3次
第1组	418	120	372
第2组	190	20	396
第3组	154	40	459
第4组	120	28	59
第5组	84	13	165
第6组	233	17	35
第7组	35	8	39
第8组	92	20	28
第9组	50	16	60
第10组	133	13	36
第11组	53	19	179
平均值	142	28.5455	166.182

实验二结果表明，经气味阻断后，蚂蚁逃出的时间变长，并且恢复了在笔头徘徊打探的行为，说明蚂蚁确实通过气味标记了路线。

本实验的一个操作难点是要确保酒精完全挥发，排除残留酒精对实验的干扰。经过师生共同探讨，对实验方案进行了如下改进（见图5）。每组准备一支笔杆和与之相匹配的两个新笔头，分别编号A、B，安装A笔头进行前两次实验，而在第三次实验中换用B笔头。

共10个小组参与改进实验，每组1只蚂蚁。得到的数据结果如表3所示，统计图如图6所示。实验结果表明，蚂蚁在新笔头内由于找不到自己的气味而耽误了逃出的时间。且在新笔头中，蚂蚁同样恢复了徘徊打探的行为。

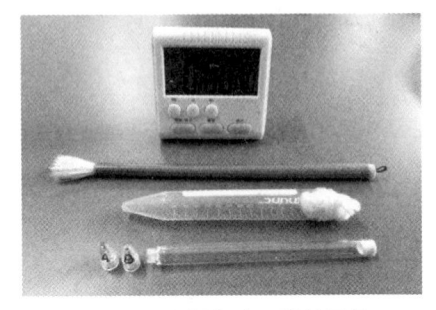

图 5　改进版实验二材料用具

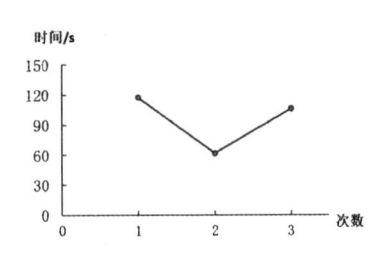

图 6　改进版实验二数据统计

表 3　改进版实验二数据结果　　　　　　　　　　　　单位：s

组号	次数		
	第1次	第2次	第3次
第1组	200	130	166
第2组	210	120	192
第3组	70	31	90
第4组	214	45	147
第5组	73	120	167
第6组	44	10	85
第7组	20	11	8
第8组	185	15	29
第9组	10	8	38
第10组	148	128	139
平均值	117.4	61.8	106.1

（三）探究酒精对蚂蚁行为的影响

随着教学进度的推进，我们进入八年级下册的学习。在"选择健康的生活方式"一课有"探究酒精或烟草浸出液对水蚤心率影响"实验，该实验需在显微镜下对水蚤心率进行计数，实验难度较大，且结果不准确。学生在已有的实验基础上，再一次用蚂蚁模型，探究酒精对蚂蚁行为的影响。仍然将蚂蚁连续三次放入同一笔杆中。前两次不做特殊处理，第一次记录蚂蚁在陌生环境中逃出笔杆的时间，基于蚂蚁会用气味标记路线这一习性，需再次将蚂蚁放入笔杆中，而第三次将蚂蚁用酒精麻醉后放入笔杆，通过数据对比，检测其是否还能够识别自己的气味。实验所用器材见图7。

其中试管除存放蚂蚁外还用于麻醉蚂蚁。将蚂蚁从笔杆抖落入试管中，在试管口的棉花上滴5滴酒精，迅速堵住试管口，麻醉1min。全班共16个小组，分为2个大组，分别做低浓度（25%）和高浓度（75%）酒精实验。这两个浓度是课前经过预实验后确定的，差异明显，且不会造成蚂蚁死亡。得到的数据结果如表4、表5所示，统计图如图8所示。

图7 实验三材料用具

表4 25%酒精组数据结果　　　　　　　　　　　　　　　单位：s

组号	次数		
	第1次	第2次	第3次（25%酒精）
第1组	12	7	15
第2组	9	8	10
第3组	8	9	80
第4组	20	12	11
第5组	120	25	30
第6组	180	124	151
第7组	125	75	55
第8组	40	10	185
平均值	64.3	33.75	67.125

表5 75%酒精组数据结果　　　　　　　　　　　　　　　单位：s

组号	次数		
	第1次	第2次	第3次（75%酒精）
第1组	32	71	420
第2组	23	6	228
第3组	284	198	205
第4组	89	51	360
第5组	48	43	427
第6组	87	45	160

续表

组号	次数		
	第1次	第2次	第3次（75%酒精）
第7组	34	65	335
第8组	38	56	230
平均值	79.38	66.9	295.625

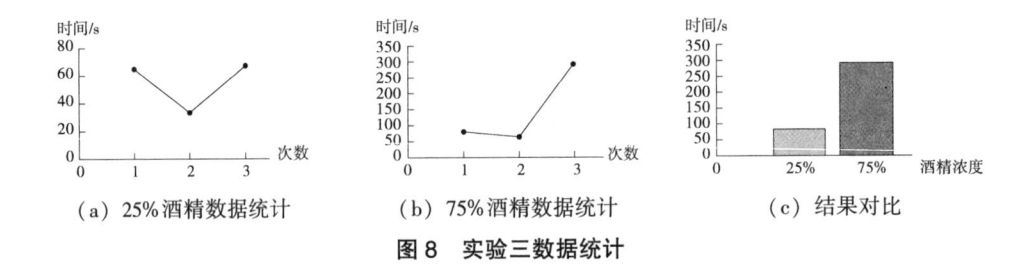

(a) 25%酒精数据统计　　(b) 75%酒精数据统计　　(c) 结果对比

图8　实验三数据统计

实验结果表明，酒精麻醉后蚂蚁逃出笔杆的时间与第二次相比明显变长（见图8a、8b），蚂蚁已经不能识别自己的气味，且在高浓度酒精作用下，蚂蚁逃出时间甚至远长于第一次，说明酒精可能对蚂蚁的神经系统产生了影响，且浓度越高，影响越严重（见图8c）。有些小组还观察到醉酒的蚂蚁在笔杆内迷失方向。通过酒精对蚂蚁行为的不良影响这一结论，推断酗酒对人体的危害。

七、实验效果评价

本实验有以下三个方面的优势：一是建立了动物行为实验模型，用蚂蚁"出逃"模型探究多个主题，使学生体会科学探索永无止境；二是在实验数据处理方面，舍弃实物投影的传统方式，充分利用多媒体资源实时而直观地呈现实验结果，并通过建立数学模型，实现多学科交叉的教学理念；三是实验对象蚂蚁便于饲养与观察，实验器材简单易得，且结果直观。基于上述三个特点，实验能够在课堂中有效开展，并且推广实施不受客观条件（如经费等因素）的影响。

不足之处是实验过程中蚂蚁被反复拨动而容易受到伤害，会间接影响实验结果准确性。

本实验还可进行以下两方面的拓展探究。一方面，有学生发现，当第一只蚂蚁成功逃出笔杆后，将同一蚁巢中其他蚂蚁放入同一笔杆中，后者可以很快地找到出口，这能否作为蚂蚁用气味进行通信的证据呢？另一方面，学生受到实验三的启发，可设计实验进一步探究烟草对蚂蚁行为的影响，与家人共同完成实验，为家人普及健康知识，培养社会责任感。

鱼类的生殖和发育

首都师范大学附属中学大兴南校区　张英欢

一、使用教材及分析

本节课选自北京版《生物学》八年级上册第十章"生物的生殖和发育"第二节"动物的生殖和发育"和第四节"生殖的类型"。

"生物的生殖和发育"是《义务教育生物学课程标准》中提到的重要概念。第十章"生物的生殖和发育"将人、动物、绿色开花植物的生殖和发育及生殖的类型综合在一起，使学生对生物界存在的生殖方式和发育类型的多样性建立了全面、客观的认识。本节课选择斑马鱼作为实验材料来学习鱼类的生殖和发育。斑马鱼具有个体小、繁殖周期短、胚胎透明等优势。

二、实验教学目标

（1）知识与技能。通过实验观察，使学生能够描述受精过程、胚胎发育过程；能够概述生物体的各种组织是由细胞分裂、分化形成的。

（2）过程与方法。通过学生实验观察斑马鱼的交配产卵行为，观察斑马鱼的胚胎发育过程以提升学生的实验操作、观察以及解决问题、合作交流的能力。

（3）情感态度与价值观。认同进化与适应的生命观念。

为达成以上教学目标，本节课主要运用实验教学的教学手段及合作学习的教学策略。

三、实验原理

本节课的实验原理为斑马鱼的受精卵是透明的，在显微镜下可以观察到完整的胚胎发育过程。

四、实验教学内容

本节课的实验教学内容包含两个实验：

（1）观察斑马鱼的生殖行为，目的是使学生形成有性生殖、体外受精等重要概念。此实验是在课堂上完成的。

（2）观察不同阶段的斑马鱼的胚胎发育过程，目的是使学生形成细胞分裂、细胞分化、生物体的结构层次等重要概念。由于这一实验时间较长，实验主要在课下进行。课上全体同学观察了三天前、两天前和授课当天的胚胎。观察过后，实验小组的同学将他们课前拍摄的图片、录制的视频分组汇报，帮助学生构建上述概念。

五、实验教学过程

（一）实验器材

本节课用到的实验器具有：数码显微镜、普通光学显微镜、鱼缸、产卵缸（见图1）、捞鱼网、滴管、烧杯、培养皿、加氧泵、加热棒。

本节课用到的实验材料有：斑马鱼、煮熟的鸡蛋黄、丰年虾。斑马鱼是一种小型热带鱼，因其体色有像斑马一样的纵向条纹而得名。较直观地区分雌、雄斑马鱼（见图2和图3）的方法为观察他们的腹部，雌鱼腹部膨大，各鳍相对较短。我们用煮熟的鸡蛋黄来饲养小鱼，用丰年虾来饲养大鱼。丰年虾（见图4）是一种小型甲壳动物，在高盐的环境下经过一昼夜就可以孵化成无节幼虫，活饵，含有丰富的蛋白质和脂肪酸，是鱼、虾等幼苗的良好饲料。

图1 产卵缸

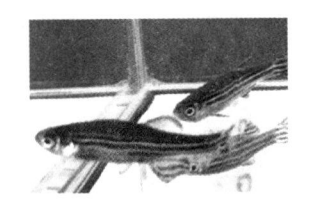

图2 斑马鱼（雄）

图3 斑马鱼（雌）

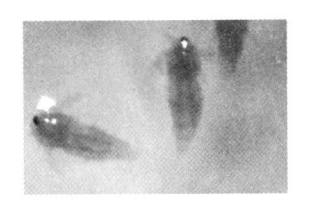

图4 丰年虾

（二）观察斑马鱼的生殖行为

（1）观察斑马鱼生殖行为的方法步骤。

1）喂养斑马鱼（将已达性成熟的雌雄鱼分开养殖），实验记录单见表1。

表1 喂养斑马鱼的实验记录单

实验名称：　　　　　　实验目的：
过程记录：

日期	换水	喂食	数量	健康状况	备注

实验结果：
结果分析：

2）在实验前一晚将雌、雄斑马鱼分别放入产卵缸内，产卵缸的中间以挡板相隔，目的是保证斑马鱼在第二天特定的时间内产卵，实验记录单见表2。

表2 观察斑马鱼的生殖行为的实验记录单

目的要求：观察斑马鱼的交配及产卵行为

方法步骤：产卵前一晚将雌雄鱼用挡板相隔，第二天清晨抽掉挡板，观察斑马鱼的交配及产卵行为

实验现象：

	雄鱼的行为	雌鱼的行为	其他现象
0~5min			
6~10min			
11~15min			

分析思考：通过观察分析可以得出，斑马鱼的生殖方式是_____

3）次日清晨，将挡板抽出，观察斑马鱼的产卵行为（见图5）。

（2）喂养斑马鱼的注意事项。

1）养殖斑马鱼的水需要暴晒或恒温加热一夜（加热棒调制28℃左右）。

2）斑马鱼适宜生长和繁殖的温度为25~31℃，冬天需要使用加热棒将水温控制在28℃左右。

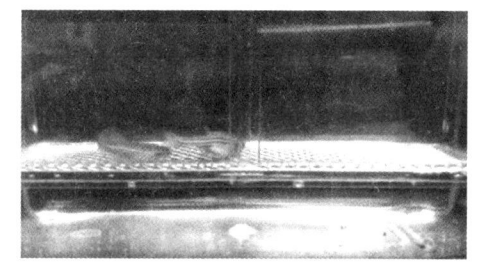

图5 斑马鱼的产卵行为

3）斑马鱼易养殖，通常情况下每天给斑马鱼喂食一次，以喂食丰年虾为主。若想让斑马鱼快速繁殖，可以一天投喂2~3次，每次投喂的量以5min内吃完为宜。

（三）观察斑马鱼的胚胎发育

（1）观察斑马鱼胚胎发育的方法步骤。待斑马鱼产卵后，收集并挑选受精卵置于显微镜下观察。学生在观察时需要填写表3。

（2）筛选受精卵的方法步骤。清晨让斑马鱼产卵，约4h后鱼卵在色泽上有了明显的分化：一类白色的，是未受精的；另一类透明的，是受精后形成的受精卵。此时，需要将未受精的卵剔除，以免污染受精卵，影响受精卵的正常发育。鱼卵对比如图6所示。

表3 观察斑马鱼的胚胎发育实验记录单

实验名称：观察斑马鱼的胚胎发育
实验目的：描述胚胎发育的过程
实验器材：数码显微镜，培养皿，吸管，SD卡
实验步骤：1. 将纯水倒入培养皿中
　　　　　2. 选取成功受精后开始胚胎发育的受精卵置于培养皿中
　　　　　3. 用显微镜（10倍物镜）观察培养皿中斑马鱼的胚胎发育过程并记录，连续观察三天
　　　　　4. 每天为胚胎换水，并剔除不能正常发育的胚胎

实验现象：

	胚胎在数目、形态等方面的变化				
	0~5h	6~10h	11~15h	16~20h	21~24h
第一天					
第二天					
第三天					

实验结果：_____
实验结论：_____

图6　鱼卵对比

（3）实验结果。实验小组的同学经过三个月的实验观察，全面记录了斑马鱼胚胎发育的完整过程，录制了斑马鱼从受精卵到胚胎的连续视频。

图7为细胞分裂的过程。在这一时期，细胞一端的变化极为显著，由2个细胞变成4个、8个、16个、32个……，按 2^n 的数目在增长。我们把这样的变化过程，即一个细胞分成两个细胞，称为细胞分裂。细胞通过分裂产生新细胞，而这些新细胞大部分已失去分裂能力。当细胞数目足够多、堆叠得足够高时，细胞会发生明显的塌陷。塌陷后会朝着三个不同的方向形成不同的胚层，又开启一个新的阶段——细胞分化。

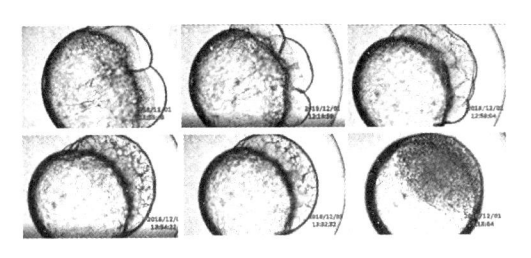

图 7 细胞分裂

图 8 为细胞分化的过程。在 5~10h 的胚胎变化过程中，外包运动继续，形成外胚层；内侧细胞内卷，形成内胚层。追踪不同胚层的细胞，发现这些相同的细胞会发生形态、结构、功能不同的变化，这一过程称为细胞分化。例如，外层细胞会发育成神经细胞，眼的视网膜、虹膜等器官，内层细胞会发育成消化管、消化腺等其他内脏器官。在 10~24h 的胚胎发育中，基本可以看到鱼的形态，如体节发生，尾芽更为显著。

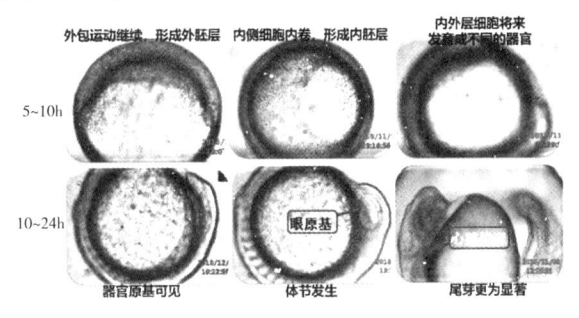

图 8 细胞分化

图 9 中能够清晰地显示出由血液、血管、心脏形成的血液循环系统的形成过程。从最初几乎观察不到心脏的位置，到鱼类心脏的一心房一心室的清晰显示，再到毛细血管、静脉血管的清晰呈现。胚胎经过细胞分化，形成了器官、系统和完整的生物体。

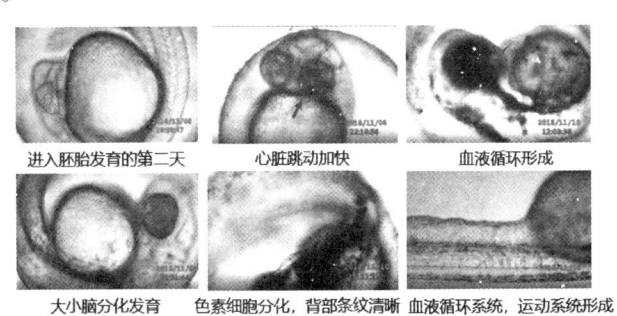

图 9 血液循环系统的形成

六、实验效果评价

（一）实验创新要点

本实验是一个全新的实验，我也在不断探索中。本实验充分利用了斑马鱼的材料优势，尤其是胚胎透明这一主要特征，使学生能观察到胚胎发育的过程，器官、系统的形成过程。

（二）整体效果评价

（1）实验教学与概念教学相结合。通过实验观察斑马鱼的生殖行为、胚胎发育过程，帮助学生形成了有性生殖、生物体的结构层次等重要概念。

（2）丰富了教材的实验内容。教材中安排的实验内容为资料分析"观察人的胚胎发育过程"，学习活动"观察家蚕与蝗虫的生活史标本""青蛙的生活史标本"，以及学习活动"观察鸡卵的结构"，本实验能够观察到从受精卵到胚胎的完整发育过程，丰富了教材中的实验。

（3）有助于学生理解细胞分裂、分化等重要概念。细胞分裂、分化的概念比较抽象，学生不容易理解。本节课通过实验观察，学生能够在显微镜下观察到斑马鱼完整的胚胎发育过程，帮助学生获得感性认识，更好地理解细胞分裂、分化等生物学概念。

本实验也可以在"生物体的结构"的教学中使用。

小鼠寻穴避害学习行为的探究

厦门市集美区乐安中学　黄灵玥　叶培毅

一、使用教材

本实验是人教版《生物学》八年级上册第五单元第二章第二节"先天性行为和学习行为"课后探究关于"小鼠走迷宫获取食物的学习行为"的拓展创新实验。

二、实验器材

仓鼠、长方形水槽、分隔栅板、透明塑料板、计数器、光电传感器、计时器、LED灯、夹子、纸箱、易拉罐、黑色喷漆、5%乙醇溶液等。

三、实验创新要点/改进要点

教材实验安排是利用迷宫让处于饥饿状态的小鼠经历"尝试与错误"的学习过程，最终走出迷宫获得食物，这是一种学习行为。该实验在实施过程中面临诸多困难。例如，实验过程中，小鼠对外部环境要求较高，非常容易受到惊吓；小鼠在获得食物后，食物对小鼠的刺激大大降低，短时间内实验无法重复进行；实验所用的迷宫，内部结构固定，不利于进行拓展实验；仅用小鼠走出迷宫的时间长短作为评价标准，存在一定的偶然性等。

针对以上的问题，师生共同对教材方案进行创新性改进，主要包括以下几点。

（1）实验内容创新：将"走迷宫获取食物"趋利行为，改进为"寻穴躲避强光"避害行为。

（2）实验装置创新：设计能灵活调整开口的小鼠"避难所"。

（3）完善观测指标：在原观测指标基础上增加光电传感器，记录小鼠尝试的次数。

（4）增加实验拓展性：利用改进的装置，开展以动物行为观察为主题的多种拓展实验。

（5）优化教学过程：以任务驱动实验创新，师生共同形成可行性方案。

四、实验原理/实验设计思路

（1）以食物作为刺激因素，小鼠在获得食物后就不愿再活动，短时间内无法进行重复实验。小鼠喜欢黑暗的环境并具有钻洞的习惯，利用强光源刺激可以增强小鼠的躲避欲望，为此，将迷宫改为"避难所"。当遇到强光源刺激时，小鼠会迅速躲入"避难所"中，实验就可以多次重复进行。

（2）可调整的避难所装置（见图1和图2），包括长方形水槽、黑色带盖分隔栅板和数块透明挡板。利用分隔栅板将水槽的一侧区分出几个小隔间，每个隔间（避难所）都有可供通行的圆孔。实验时用透明挡板挡住圆孔，通过开放不同的圆孔来调整相应的避难所位置。

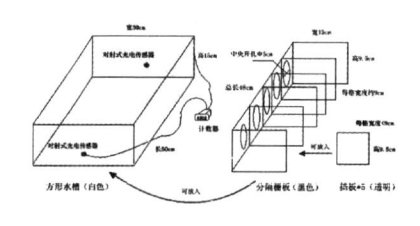

图1 "避难所"设计图　　　　图2 "避难所"装置

"避难所"开孔的高度略高于小鼠肩高，小鼠在寻找避难所时必须在洞口抬头或者攀爬才能尝试钻入小孔。在水槽一定高度增加带计数器的光电传感器，小鼠每次在洞口抬头或攀爬时遮挡住光电传感器的红外线，计数器就计数一次。计数越多，说明小鼠尝试的次数越多。

（3）本装置可多方位拓展应用。例如，改变环境条件的"探究小鼠水中寻岛求生的学习行为"，改变实验动物的"探究鱼类等不同动物寻穴避害的学习行为"，改变刺激条件的"探究高果糖等外界因素对小鼠学习能力的影响"等实验。

五、实验教学目标

（1）观察并归纳出动物学习行为的形成过程，认同"尝试与错误"是常见的学习行为。

（2）设计并实施探究方案，提升对科学探究的理解，提高动手能力。

（3）合作解决问题，增进团体意识、与同伴交流合作的意识。

教学重难点：学习一种研究动物行为的方法；小组合作设计并完成探究活动。

六、实验教学内容

（1）引导学生明确拟研究的问题：学生根据之前做的小鼠走迷宫的实验所出现的问题，寻找新的探究思路，确定研究小鼠的避害学习行为。提出需要解决的具体问题，如经过训练的小鼠在不利刺激下能否迅速进入"避难所"，不同小鼠学习能力是否有差别等。根据提出的问题分别作出假设。

（2）师生共同制订计划：教师提供活动设计的框架，供学生对照和借鉴，并明确设计要求。

1) 设计一个"避难所"装置；
2) 选择状态良好的小鼠；
3) 记录小鼠尝试进入"避难所"的次数和时间；
4) 设计重复实验；
5) 设计观察记录表。

（3）学生设计和实施计划：各小组选择材料，设计实验方案、制作实验装置，开展实验，记录和分析实验数据、分析活动过程中发现的问题，并反思实验装置和实验方案的不足。

（4）小组交流，师生共同归纳，形成可行性方案，制作新装置。根据新装置再次开展实验探索。

（5）指导学生进行数据处理，分析结果，得到结论，进一步理解动物的学习行为。

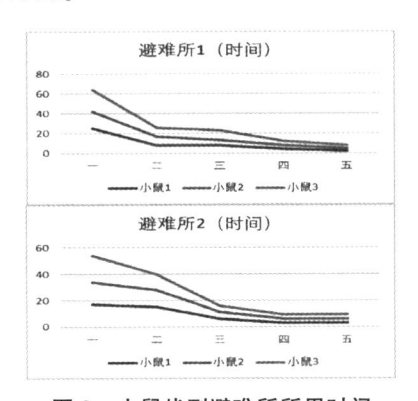

图3 小鼠找到避难所所用时间

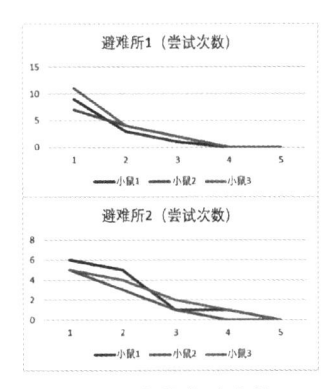

图4 小鼠尝试次数

如图3和图4所示，学生利用Excel将实验数据处理成折线图，通过数据分析可知，随着实验次数的增加，小鼠寻找到正确避难所位置所用的时间越来越短，尝试的次数也越来越少。

（6）反思观察、设计方法，交流合作探究体验。

七、实验教学过程

实验教学过程如表1所示。

表1 实验教学过程

教学环节	教师活动	学生活动	教学意图
一、创设情境，导入新课	复习动物的先天性行为和学习行为，课件展示动物学习行为图片，设问 （1）动物的学习行为多种多样，根据图片，动物可通过哪些方式获得学习行为 （2）在研究这些行为的过程中我们运用的主要科学方法有哪些	观看图片，思考并回答问题	承上启下 激发兴趣 拓展思路 深度学习
二、研究动物行为的方法和意义	过渡：可以通过观察法和实验法来研究动物的行为 介绍法布尔、珍妮·古道尔的科学故事 指导学生总结研究动物行为的意义	了解研究动物行为的方法，体验科学家的研究精神，认识研究动物行为的意义：①更好地了解和保护动物；②更好地利用动物资源	科学素养 感悟生命 社会责任
三、交流"小鼠走迷宫获取食物"实验 （1）发现实验中的不足之处	教师汇总并向学生展示生物兴趣小组学生课外实验"小鼠走迷宫获得食物"，遇到的难题： 设计问题串，采用班级群等方式，引导学生课后讨论寻找解决问题的方案： （1）迷宫能不能简化 （2）如何在短时间内能重复实验 （3）应该选择什么样的小鼠 （4）如何排除小鼠气味对本实验的干扰	生物兴趣小组遇到的难题：①迷宫设计制作较难，花费时间长。②小鼠走出迷宫时间较长，同一只小鼠获取食物后不愿再活动，短时间内实验无法重复进行。③仓鼠晚上比较活跃，做实验的时间有局限性，有的仓鼠比较凶。④该实验不能排除小鼠气味的干扰。⑤仅用小鼠走迷宫时间长短作为评价标准，存在偶然性	培养实事求是的科学态度和科学精神 促进批判性思维
（2）讨论解决问题的思路	归纳学生提出的意见 （1）改趋利为避害 （2）改迷宫为避难所 （3）改食物为有害刺激 （4）排除小鼠气味的影响 （5）记录小鼠尝试的次数	讨论，提出新想法：①小鼠是靠获得空间方位记忆找到迷宫出口的，可以设计稍简单的装置，比如几个小隔间，让小鼠选择进入。②小鼠获取食物后不愿意再活动，能不能不放食物，而是放小鼠害怕的东西。③每次实验前可用酒精先将装置除味。④为了使实验结果更可靠，可以记录小鼠尝试的次数	激发思维的灵活性和开放性 鼓励创新想法

续表

教学环节	教师活动	学生活动	教学意图
四、分组制定探究方案 分组进行探究活动并交流	根据上述思路，组织学生课下分组合作，制定探究方案并设计制作实验装置 为降低难度，教师提供方案框架，提出具体要求 (1) 设计一个"避难所"装置 (2) 选择状态良好的小鼠 (3) 记录小鼠进入"避难所"尝试的次数和时间 (4) 设计重复实验 (5) 设计观察记录表 让学生以小组为单位，小组派代表上台分享本组实验成果	分组就教师提供的框架进行细化设计，形成本组方案 (课外完成：选择材料制作避难所。选择小鼠，进行实验，及时记录和分析实验数据) 各小组展示装置和分享设计思路和实验结果，提出进一步改进设想	提升对科学探究的理解和动手操作能力 增进团队精神，体验合作解决问题的乐趣 锻炼口头表达能力
五、优化实验方案	师生共同总结每组装置的优缺点，最后确定一个可行实验方案 (1) 避难所：包括水槽、分隔栅板、透明挡板。每个隔间有供通行的圆孔，开放不同圆孔可改变避难所位置 (2) 刺激条件：LED 灯板 (3) 实验对象：年幼、攻击力较弱的仓鼠若干只 (4) 观测指标：找到洞穴的时间、尝试的次数 (5) 注意事项：排除气味的干扰 (课外完成装置的定制)		共创最优实验方案 创新设计
六、利用创新实验装置进行探究实验	引导学生开展实验，记录和分析实验结果，讨论获得实验结论	分工合作，完成实验，记录和分析实验数据，绘制曲线图。分析得出结论：随着实验次数的增多，小鼠找到正确避难所所用的时间越来越短，尝试的次数也越来越少 完成实验报告	体验严谨求实的态度 发展科学思维
七、拓展实验	鼓励有兴趣的学生利用本实验创新装置，进一步研究动物行为	开展拓展实验，如探究鱼类等不同动物寻穴避害的学习行为，探究小鼠水中寻岛求生的学习行为等	激发创新精神，拓展创新实践

教学流程：

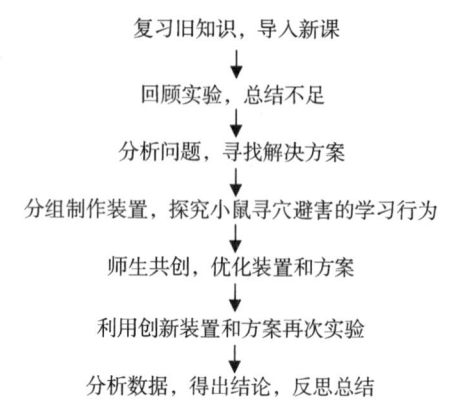

复习旧知识，导入新课
↓
回顾实验，总结不足
↓
分析问题，寻找解决方案
↓
分组制作装置，探究小鼠寻穴避害的学习行为
↓
师生共创，优化装置和方案
↓
利用创新装置和方案再次实验
↓
分析数据，得出结论，反思总结

八、实验效果评价

本实验基于教材提供的"小鼠走迷宫获取食物的学习行为"实验，针对实验存在的问题，师生共同对实验方案进行改进，主要创新点包括以下方面。

（1）创新实验原理：将研究小鼠获取食物的"趋利"学习行为改成研究小鼠寻找洞穴躲避强光的"避害"行为，实验可以在短时间内多次重复进行。

（2）创新教学过程：采用任务驱动的方法，本实验重在让学生亲身经历创新与设计的过程，师生共同创新，形成最优探究方案，使学生的学习过程更具深刻性、建构性。

（3）创新实验装置：师生共同设计的"避难所"装置，可灵活变换避难所位置，相当于变换"迷宫路径"的功能，操作步骤简便，实验过程生动有趣，有效激发学生观察和思考的热情。

（4）完善观测指标：仅用小鼠走出迷宫的时间长短作为评价标准，存在一定的偶然性等。本实验利用带计数器的光电传感器记录小鼠尝试的次数，完善了观察指标。

（5）装置拓展应用：本实验装置创新，还为学生多维度创新拓展实践创造了条件，进一步激发了学生的思维活力和实践能力。

总之，从实验设计到实施，汇聚师生的智慧，分工合作寻求问题的解决方案。学生得以进一步感悟实事求是的科学态度、创新精神；合作意识、批判性思维能力、分析和解决问题的能力得到了锻炼。实验的开放性、拓展性还为学生进一步创新创造了条件。

生物实验"奇兵"

——斑马鱼

合肥一六八中学　颛孙晨灿

一、使用教材

江苏凤凰教育出版社《生物学》七年级下册第十章第二节"人体血液循环"、第十三章第一节"保护生物圈——环境在恶化",八年级上册第十四章第二节"千姿百态的动物世界",八年级下册第二十六章第一节"远离烟酒"。

二、实验器材

斑马鱼、显微镜、智能手机、手机支架、载玻片、棉花、小号弯尖剪刀、不同pH的模拟酸雨溶液、计数器、不同浓度的酒精溶液等。

三、实验创新要点

如图1所示,原实验中使用金鱼、植物种子、鲫鱼及水蚤,实验改进后使用斑马鱼这一种实验材料就可以完成课本中不同章节的多个实验,做到了实验材料的循环利用,节约成本。

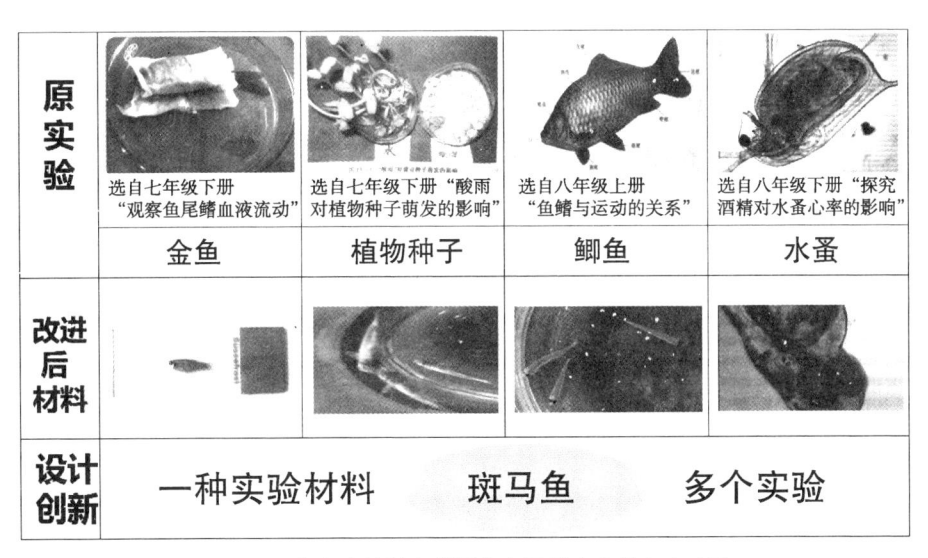

原实验	选自七年级下册"观察鱼尾鳍血液流动"	选自七年级下册"酸雨对植物种子萌发的影响"	选自八年级上册"鱼鳍与运动的关系"	选自八年级下册"探究酒精对水蚤心率的影响"
	金鱼	植物种子	鲫鱼	水蚤
改进后材料				
设计创新	一种实验材料		斑马鱼	多个实验

图1　一种实验材料完成课本中不同章节的多个实验

四、实验设计思路

实验设计思路如图2所示。

图2 实验设计思路

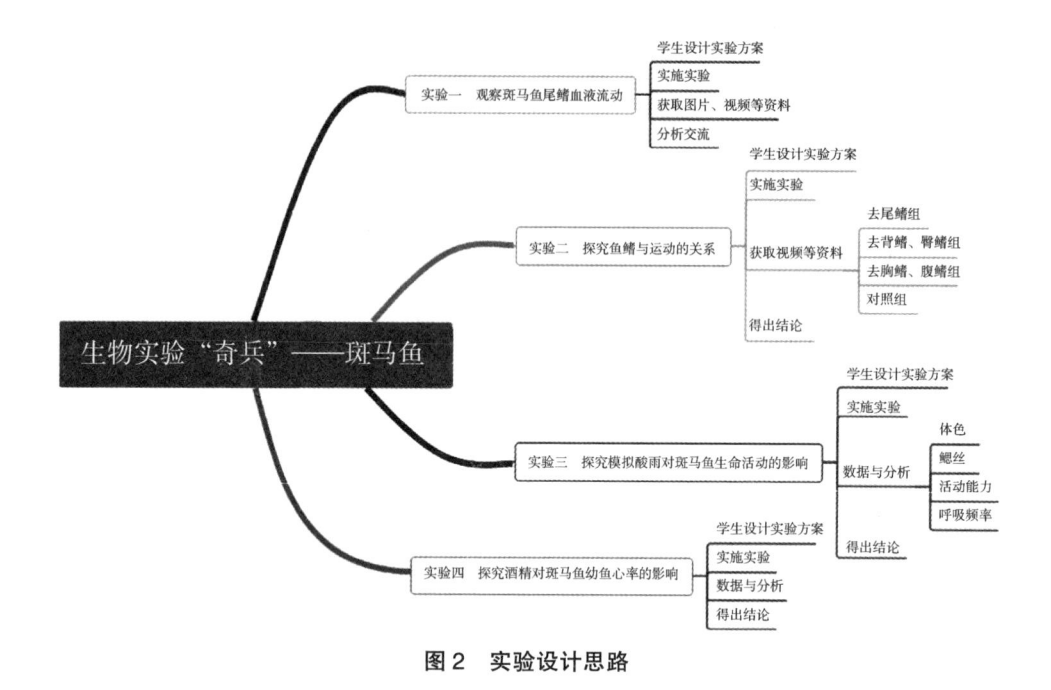

五、实验教学目标

基于教材、学情及课程标准的要求，确定了如下教学目标：

（1）学生发现现实中的生物学问题，针对特定的生物学现象提出问题、做出假设，设计实验并实施，增强科学探究能力。

（2）学生通过"观察斑马鱼尾鳍血液流动"实验，能够基于生物学事实和证据，阐述毛细血管、动脉、静脉及血管内血液流动情况，培养理性思维。

（3）学生利用结构与功能观，完成"探究鱼鳍与运动的关系"实验。了解不同部位鱼鳍在运动中的作用，提升科学探究的能力。

（4）在"探究模拟酸雨对斑马鱼生命活动的影响"实验中，学生通过统计斑马鱼的呼吸频率，学会定量分析实验数据，提升科学思维的能力；通过观察模拟酸雨对斑马鱼生命活动的影响，说明酸雨的危害，形成相应的环保意识，激发保护环境的社会责任感。

（5）通过"探究酒精对斑马鱼幼鱼心率的影响"实验，学生对斑马鱼胚胎心率计数及数据进行分析，了解酗酒对人体健康的危害，树立健康的生活观，激发社会责任感。

六、实验教学内容

本次实验说课以模式生物斑马鱼为实验材料，利用这一种实验材料完成课本中不同章节的四个实验。

七、实验教学过程

（一）观察斑马鱼尾鳍血液流动

学生在实验开始前围绕以下问题展开讨论。

（1）如何限制斑马鱼在显微观察过程中乱动？学生结合渔网捞鱼的生活经验，选用一层薄薄的棉花纤维覆盖在斑马鱼的头部和躯干部，露出尾部。既限制了鱼的乱动，又保证了鱼体湿润和呼吸的氧气（见图3）。

图3 载玻片——棉花纤维覆盖在斑马鱼头部和躯干部

（2）如何获取显微观察的图片、视频等可保存资料？用眼睛观察显微镜，不方便保存最佳实验观察过程中的图片和视频，不便于学生间交流与分析。选用支架固定智能手机实时获取图片、视频，节约实验时间，更方便学生间的交流与分析。

（3）如何快速找到斑马鱼的各种血管？先找到斑马鱼尾鳍的末梢，再找到毛细血管，顺着血液流动方向找到静脉、动脉。

（4）学生参考课本设计如下实验步骤。

1）实验步骤：①用一层湿润的棉花纤维覆盖在斑马鱼的头部和躯干部，露出尾部。②将斑马鱼平放在载玻片上，使鱼鳍平贴在载玻片上。③将载玻片放在载物台上，用低倍镜观察尾鳍血管内血液流动情况。④用手机支架固定好智能手机进行图片及视频的实时拍摄。⑤实验结束后，将斑马鱼放回鱼缸。

2）实验过程：①将湿润棉花覆盖好的斑马鱼平放在载玻片上，使鱼鳍平贴在载玻片上。②显微镜观察：学生在智能手机帮助下，实时拍摄斑马鱼尾鳍血液流动的图片、视频等资料（见图4）。

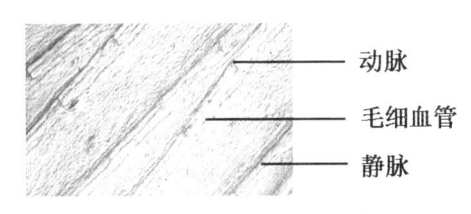

图4 斑马鱼尾鳍血液流动图

3）实验结果：①分辨血管的种类以及血液在不同血管内的流动情况。②让学生根据自己拍摄的视频画出动脉到毛细血管、毛细血管到静脉的示意图。

学生能够基于生物学事实和证据，阐述毛细血管、动脉、静脉及血管内血液流动情况并作图，培养了理性思维。

（二）探究鱼鳍与运动的关系

通过课堂学习，学生了解鳍是鱼的运动器官，但是每种鳍（见图5）与它的运动有什么关系呢？

原实验采用鲫鱼，实验改进后使用斑马鱼的原因有：成本低（见表1）、实验效果更明显。

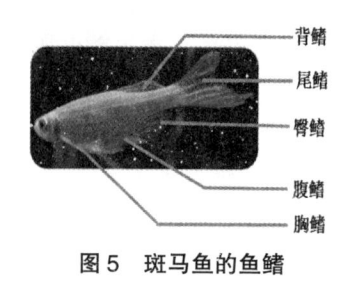

图5 斑马鱼的鱼鳍

表1　鲫鱼、斑马鱼价格比较

鱼的种类	鲫鱼	斑马鱼
鱼的价格/（元/条）	8	0.5

于是学生尝试用控制变量法研究鱼鳍与运动的关系。学生查阅资料，发现斑马鱼的鱼鳍具有再生功能，损失后可在10天左右重新长出。而且学生发现背鳍与臀鳍、胸鳍与腹鳍功能相似。学生设计了三组实验组，每组三个平行组。选用小号弯尖剪刀处理鱼鳍，不易伤到鱼体。

（1）实验步骤。

1）每组分别将四个500mL烧杯标注实验组一、实验组二、实验组三和对照组。

2）每组三只斑马鱼，用一层湿润的棉花包裹鱼体，露出鱼鳍，用小号的弯尖剪刀进行处理，得到实验组一（去尾鳍组）、实验组二（去背鳍、臀鳍组）、实验组三（去胸鳍、腹鳍组）和对照组（全留鳍组）。

3）观察每组斑马鱼的运动情况，实时拍摄视频，并记录现象。

4）每个实验组的平行组之间可共享数据。

5）学生小组讨论、交流，得出实验结论。

（2）实验结论。

1）与对照组相比，去尾鳍组鱼体向前运动变缓，转弯较慢，鱼尾扭动幅度较大。说明尾鳍在游泳时产生推力，控制运动方向。

2）去背鳍和臀鳍组鱼体出现侧偏现象，失去垂直方向的平衡。说明背鳍和臀鳍参与调节鱼体在水中垂直方向的平衡。

3）去胸鳍、腹鳍组鱼体遇到障碍物时，转弯灵活度减小，游速减慢。说明胸鳍和腹鳍能维持身体平衡和改变运动方向。

学生利用结构与功能观,完成了"探究鱼鳍与运动的关系"实验,了解鱼鳍在游泳中的作用,提升了科学探究的能力。

(三) 探究模拟酸雨对斑马鱼生命活动的影响

学生在七年级下册"模拟酸雨对植物种子萌发的影响"课程中发现用植物种子做实验,周期过长。学生联想到能对环境污染快速预警检测的斑马鱼,开始实验三"探究模拟酸雨对斑马鱼生命活动的影响"。

学生在实验开始前,讨论以下问题。

(1) 怎么模拟酸雨?酸雨是指 pH<5.6 的大气降水。我国大部分地区酸雨降水的 pH 为 5,严重地区 pH 达 3 左右。学生查阅资料发现,我国的酸雨主要为硫酸型酸雨,可以用硫酸模拟酸雨,按比例配置成 pH 为 3、4、5、6、7 的溶液,从 5 个梯度模拟酸雨,如图 6 所示。但是这种方法对初中生来说有一定的危险性。于是有学生提出是否可以用生活中常见的白醋来代替硫酸来模拟酸雨呢?

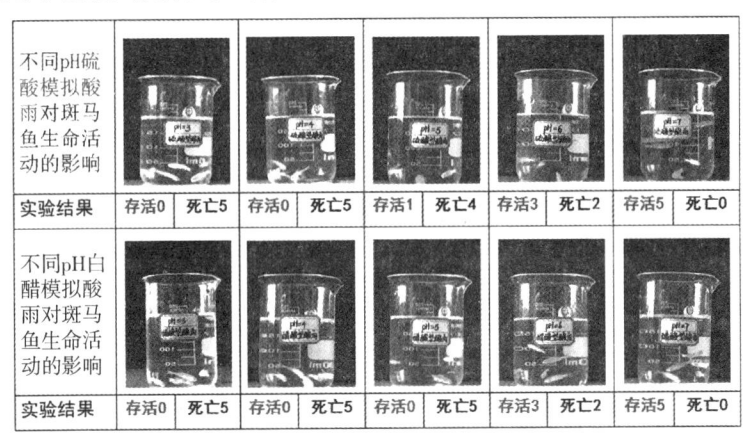

不同pH硫酸模拟酸雨对斑马鱼生命活动的影响										
实验结果	存活0	死亡5	存活0	死亡5	存活1	死亡4	存活3	死亡2	存活5	死亡0
不同pH白醋模拟酸雨对斑马鱼生命活动的影响										
实验结果	存活0	死亡4	存活0	死亡5	存活0	死亡5	存活3	死亡2	存活5	死亡0

图 6 不同 pH 模拟酸雨对斑马鱼生命活动的影响结果统计

通过预实验发现,这两种模拟材料实验效果相似。并且硫酸模拟酸雨存在一定的危险性,且材料不易获得的,所以选择白醋来模拟酸雨相对比较安全,而且材料容易获得。

(2) 如何对斑马鱼呼吸频率计数?如何反映斑马鱼的生命活动受影响情况呢?学生自然联想到斑马鱼呼吸频率,鱼的鳃盖每分钟开合的次数为呼吸频率。由于斑马鱼在水中运动较快,不方便观察计数。所以学生想到用智能手机拍摄 1min 视频,用计数器对呼吸频率进行计数。

(3) 实验步骤。

1) 使用 5% 的白醋配制 pH 为 3、4、5、6、7 的模拟酸雨。

2) 每种 pH 梯度有 3 个平行组,每个平行组准备 5 条体型相近、健康状况相同的斑马鱼。其中pH为3、4、5、6的是实验组，pH为7的是对照组。

3）学生小组分工合作，分别观察斑马鱼体色、鳃丝、活动能力及呼吸频率并记录。

4）完成实验表格的记录。

5）每个梯度的平行组之间可以共享数据，小组讨论、交流，得出实验结论。

（4）实验过程。学生小组分工合作，分别观察斑马鱼体色、鳃丝、活动能力及呼吸频率并记录。

（5）实验结果。实验操作及数据处理，学生用类比法和观察法，获得模拟酸雨对斑马鱼体色、鳃丝、活动能力等几个方面的影响，实验结果如表2所示。

表2　不同pH模拟酸雨对斑马鱼生命活动的影响

pH	记录内容		
	体色	鳃丝	活动能力
7	正常	正常	正常
6	正常	正常	正常
5	缓慢变白	缓慢变白	活动力缓慢下降，少量游动
4	逐渐变白	逐渐变白	活动力逐渐下降，基本不活动
3	迅速变白	迅速变白	活动力迅速下降，甚至死亡

学生观察，发现随着pH的降低，体色鳃丝逐渐变白，斑马鱼活动能力逐渐下降。结论一：酸雨对斑马鱼的生命活动是有害的。

实验后得到的数据如表3所示，根据数据制作了折线图（见图7）。

表3　不同pH模拟酸雨对斑马鱼呼吸频率的影响　　　　　　单位：次

时间、组别		pH				
		pH=3	pH=4	pH=5	pH=6	pH=7
0 min	1	294	282	240	324	306
	2	288	240	241	294	318
	3	318	270	246	294	240
	4	288	276	252	270	276
	5	276	294	246	312	300
	平均值	292.8	272.4	245	298.8	288

续表

时间、组别		pH				
		pH=3	pH=4	pH=5	pH=6	pH=7
2 min	1	0	210	138	318	264
	2	0	204	252	270	288
	3	0	222	246	204	286
	4	0	204	192	276	246
	5	0	192	196	300	276
	平均值	0	206.4	204.8	273.6	272
4 min	1	0	34	144	312	276
	2	0	27	198	240	264
	3	0	30	174	198	268
	4	0	24	192	254	264
	5	0	31	193	180	283
	平均值	0	29.2	180.2	236.8	271
6 min	1	0	0	189	294	306
	2	0	0	192	216	306
	3	0	0	184	168	246
	4	0	0	193	222	228
	5	0	0	206	186	270
	平均值	0	0	192.8	217.2	271.2
8 min	1	0	0	0	114	288
	2	0	0	0	168	276
	3	0	0	0	102	240
	4	0	0	0	120	306
	5	0	0	0	192	276
	平均值	0	0	0	139.2	277.2
10 min	1	0	0	0	0	272
	2	0	0	0	0	281
	3	0	0	0	0	258
	4	0	0	0	0	239
	5	0	0	0	0	260
	平均值	0	0	0	0	262

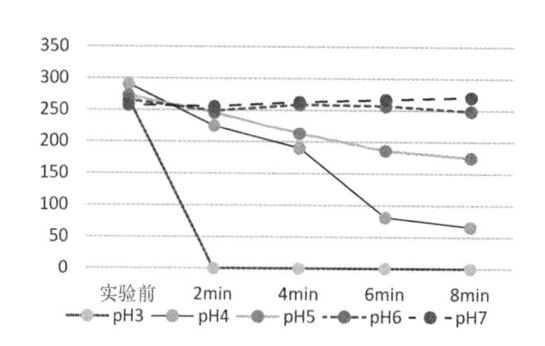

图7 不同 pH 模拟酸雨对斑马鱼呼吸频率的影响

通过对表3和图7的数据分析,得出实验结论二:pH 越小,斑马鱼的呼吸频率下降越明显。

通过实验学生学会了定量分析实验数据,提升了科学思维的能力。

(6)课后拓展。

1)学生从自己家乡(安徽省各地)带不同地区的雨水用来探究酸雨对斑马鱼的生命活动的影响。

2)制作生态鱼缸。

(7)课后延伸。通过对酸雨的探究,学生懂得了酸雨对生物圈带来的广泛危害,从而激发保护环境的社会责任感。

(四)探究酒精对斑马鱼幼鱼心率的影响

学生在斑马鱼的生态缸研究过程中,意外观察到了斑马鱼的胚胎生长和发育的过程,对学生了解鱼类胚胎发育提供了大量的一手资料。并且学生还惊喜地发现,可以观察到斑马鱼幼鱼的心脏跳动。由此,学生联想到是否可以用斑马鱼代替心率较快、不方便计数的水蚤来探究烟酒对动物心率的影响呢?于是,开始实验四"探究酒精对斑马鱼幼鱼心率的影响"。

(1)实验步骤。

1)配置 0%、0.25%、0.5%、0.75%、1% 的低浓度酒精溶液,及 5%、10%、15%、20% 的高浓度酒精,蒸馏水为对照组。每种酒精梯度有 3 个平行组,每个平行组准备 5 条斑马鱼幼鱼。

2)用胶头滴管将斑马鱼幼鱼滴在载玻片上,用吸水纸吸去多余的水分,再滴加 1~2 滴酒精溶液,等待 1min,在显微镜下拍摄斑马鱼幼鱼心率 10s。

3)完成斑马鱼幼鱼的心率的数据记录(见表4、表5)。

4)每个梯度的平行组之间可以共享数据,小组讨论、交流,得出实验结论(见图8、图9)。

表4 低浓度酒精下斑马鱼幼鱼的心率　　　　　　单位：次/min

斑马鱼幼鱼	酒精浓度（%）				
	0	0.25	0.50	0.75	1.00
1	132	105	169	150	152
2	125	129	166	166	151
3	138	130	113	175	178
4	125	133	138	146	150
5	135	147	160	155	174
平均值	131	128.8	149.2	158.4	161

表5 高浓度酒精下斑马鱼幼鱼的心率　　　　　　单位：次/min

斑马鱼幼鱼	酒精浓度（%）				
	0	5.00	10.00	15.00	20.00
1	132	120	78	37	0
2	125	123	100	65	0
3	138	118	67	54	0
4	125	97	83	32	0
5	135	104	113	47	0
平均值	131	112.4	88.2	47	0

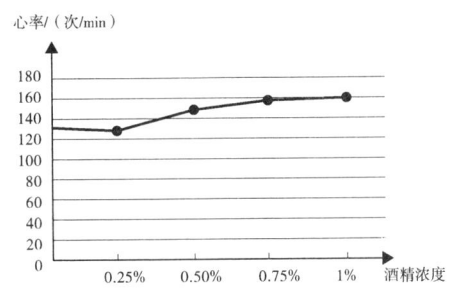

图8　低浓度酒精对斑马鱼幼鱼心率的影响 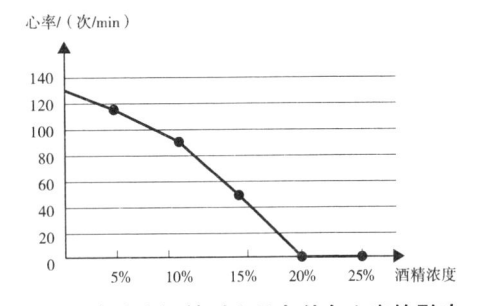　　图9　高浓度酒精对斑马鱼幼鱼心率的影响

学生对表4、图8的实验数据分析可知：低浓度时，斑马鱼幼鱼心率随着酒精浓度增加而逐渐增加；对表5、图9的实验数据分析可知：高浓度时，随着酒精浓度增加而逐渐降低，甚至心跳停止。可得出结论：适量饮酒促进血液循环，大量饮酒甚至酗酒将危及生命。

八、教学效果评价

本次实验说课以模式生物斑马鱼为实验材料，实现了教学过程中的一材多用，既节约成本，又锻炼学生科学思维和科学探究的能力，帮助学生学会定量分析实验数据。同时也达到课本知识的深度学习。

当然，我们团队和学生们对斑马鱼的研究并没有停止，我们还在课外探究烟草烟雾过滤液对斑马鱼幼鱼心率影响的实验，来研究烟草的危害。

在整理资料中发现，斑马鱼是水质检测的有效生物，我们的学生来自全省各地，他们带来了家乡的雨水，准备下一阶段以斑马鱼为材料，对水质进行更深入的探究。我们探究真理的脚步仍在路上，我们将继续前行。

测定某种食物中的能量

吉林市第九中学　单东雪

一、教学分析

（一）教材分析

本节内容选自人教版《生物学》七年级下册第四单元第二章第一节"食物中的营养物质"中第一部分的内容"测定某种食物中的能量"。本次探究活动是在学生已经了解食物中有六大营养物质的基础上设计的。通过实验让学生了解食物中含有能量以及测定能量的方法。该实验还十分重视探究过程的反思，通过反思与改进，能很好地激发学生的学习兴趣和创新意识。因此本实验是七年级生物教学中一个非常重要的探究实验。

（二）实验器材

（1）铁架台、三脚架、石棉网、锡箔纸、50mL 的锥形瓶、打眼的胶塞、温度计、解剖针、燃烧匙、酒精灯、托盘天平、自制教具"热量测定仪"等。

（2）学生自带食品，教师准备花生、饼干、牛肉干、核桃仁。

（三）教学探究

（1）说出探究实验的一般过程，通过实验测定不同食物所含能量不同。

（2）尝试对实验操作进行改进，培养学生发现问题、提出问题、分析问题和解决问题的科学探究能力；培养学生的科学思维能力和动手实践能力。

（3）通过对食物能量的探究，养成学生勇于探索、敢于创新的精神，养成科学严谨的学习态度，从而学会关注生活、热爱生活。

（四）教学的重点和难点

重点：测定某种食物中的能量，对所测的数据进行解读，分析解释误差产生的原因。

难点：运用严谨的实验获得实验数据，并学会基于数据获得科学结论。

二、教学探究

（一）学情分析

学生对探究性实验的一般过程有一定的认识，对生物科学有着浓厚的兴趣，能积极主动参与实验探究，愿意与同学合作开展活动，共同完成探究任务，敢于大胆质疑。但由于学生缺乏实际经验，特别是有些操作存在安全隐患，如酒精灯的正确使用等，应该在教师的强调和指导下完成。

（二）教学方法

（1）直观教学法：利用在线学习平台、多媒体课件等进行直观演示，创设情境，激发学习兴趣。

（2）活动探究法：通过探究活动的形式，以学生为主体，自主学习，合作学习，培养学生的自学能力、思维能力、动手能力、团队协作能力。

（三）学习方法

本节课采用实验探究、分析讨论、归纳总结，由教师指导、学生独立完成实验方案的方法。

三、教学创新

（一）教材实验材料、装置的不足

（1）实验材料不合理：教材中提及的花生、核桃仁等实验材料都是脂肪含量高的食物，不足以说明其他食物中也含有能量，不够贴近生活实际。

（2）实验装置不得当：锥形瓶没有封口；透过石棉网加热，器材吸收热量大；花生暴露在空气中燃烧，热量散失非常多；测出的数据误差很大。

（二）实验改进与创新

（1）实验材料的创新如图1所示，增加了探究的广度。

（2）实验装置的改进：自制教具"热量测定仪"如图2所示，扩展了探究的效率和梯度。

（3）利用Excel计算温差平均值，便于观察分析。

图1 实验材料

图2 自制教具"热量测定仪"

四、教学过程

（一）创设情境，导入新课

正所谓"好的开始是成功的一半"。能量对学生来讲是一个比较抽象的概念，但学生都有过吃零食的经历。于是我提问："零食中含有能量吗？"答案是肯定的。那么含有多少能量呢？细心的同学马上想到了食品包装袋上的营养成分表，包含了"能量"这一栏。我趁机问道："大家知道食物中的能量是怎么测定出来的呢？"

层层设问，目的是通过问题激发学生的学习兴趣，引导学生进入学习状态。

（二）创新实验，探求新知

（1）食物中是否含有能量？

实验原理：化学能转化为热能。

学生燃烧自带食物，如图 3 所示。通过观察实验现象，学生认同食物中是含有能量的。

图 3　实验现象

（2）哪类食物含有能量多？

学生观察老师提供的三种代表脂肪（核桃仁）、糖类（棉花糖）、蛋白质（牛肉干）食物的燃烧效果，如图 4 所示。核桃仁燃烧得最旺盛，燃烧时间最长。那是不是可以说明脂肪类食物含有的能量多呢？开始进行进一步探究。

实验材料：饼干、牛肉干、核桃仁，如图 5 所示。

实验仪器：托盘天平、三脚架、石棉网、50mL 的锥形瓶、瓶口胶塞打眼固定温度计，如图 6 所示。

图 4　食物燃烧效果　　图 5　实验材料　　图 6　实验仪器

（3）学生以小组为单位进行实验操作。

1）实验中不需要计算食物的热量，只需要让学生去测量同质量的三种不同食物燃烧后所释放的热量能够使 30mL 水温度升高多少，通过温差就可以得知不同的食物所含的能量是不同的。

2）用 Excel 表格计算温差平均值，便于观察分析。

根据实验数据学生得出结论：含脂肪多的食物含有的能量多。提醒大家应少吃油炸类和高油脂食品，零食也应该少吃，容易导致肥胖等疾病。

（三）定量实验，深入探究

（1）食物含有多少能量？

四名同学按照教材装置，用花生作为实验材料进行演示实验，实验数据如表1所示。

表1 实验数据

种子质量 m/g	水的体积 V/mL	T_1/℃	T_2/℃
1	30	23	62

$$Q = \frac{4.2 \times V \times (T_2 - T_1)}{m}$$

在教师的帮助指导下计算出1g花生种子燃烧释放的能量是4914J。

实验完毕后，同学发现实验数据和教材中的数据相差很大。四位同学谈了实验体会，大家展开交流讨论，发现实验中还存在一些问题：①食物燃烧不充分；②实验操作不规范；③热量散失过多等。

于是在探究仪器的基础上对实验装置加以改进，给三脚架用锡箔纸简单"穿上一件外衣"，形成一个燃烧室（见图7）。

教师强调注意事项后，学生进行分组实验。实验结果取各小组平均值。经过计算，改进后的装置测得平均每克花生所含能量为6678J。从结果上看，学生发现热能转化率明显提高了，但与书本中的"食物成分表"还是存在较大差异。

紧接着教师利用自制教具"热量测定仪"进行了演示实验，如图8所示。

图7 对实验装置的改进

图8 教师实验演示

自制教具"热量测定仪"有以下优点：具有放置花生的燃烧槽且花生在燃烧室内燃烧的高度可调节；50mL的锥形瓶可用更小的具塞瓶代替，减小受热面积；瓶口胶塞打眼固定温度计；减少热量的散失；稳定性强，坚固耐用，易重复操作。

经过计算，利用热量测定仪测得平均每克花生燃烧所释放的能量为8820J，测定参考值为12470J，这样就和参考值更近一步了。

（四）发散思维，思考原因

通过实验操作学生发现了测量值与参考值确实存在差距。教师质疑、学生思考，积极讨论，踊跃发表自己的看法。

（五）归纳总结，课堂延伸

为了得到更精确的实验数据，实验中要做到以下几点：减少热量的散失、使食物充分燃烧、借助精密的仪器、花生保证干燥、规范操作等。

于是我启发学生大胆推测，继续探究的步伐。学生脑洞大开，在课后提出了多种设计方案、各种改进措施，如图9所示。

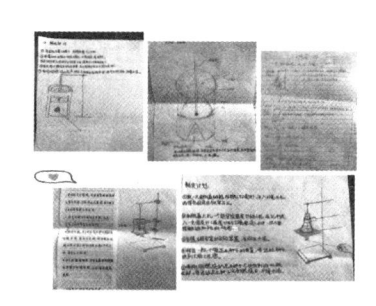

图9 学生设计方案

创新是一个持续的过程，需要不断研究与探索。期待着学生们能带来更多的惊喜。

五、板书设计

探究：测定某种食物中的能量。

（1）食物中是否含有能量？
（2）哪类食物含有的能量多？
（3）食物含有多少能量？

六、感悟收获

在教学的过程中，我发现学生的潜能是无限的。那么在有限的时间内如何挖掘和调动更多学生的潜能、给学生更多的发展空间呢？这需要我在教学中不断地探索和学习。

单细胞生物

哈尔滨市第七中学校　王思懿

一、使用教材

人教版《生物学》七年级上册第二单元第二章第四节。

二、实验器材

（一）观察实验

显微镜、载玻片、盖玻片、滴管、草履虫培养液、酵母菌培养液、小球藻培养液、盐藻培养液。

（二）验证实验

（1）酵母菌实验：酵母菌培养液、蔗糖、点滴瓶、点滴管、注射器、紫甘蓝汁、矿泉水瓶、气球、数字温度计、pH检测仪、葡萄糖、醋、小苏打。

（2）小球藻实验：溶解氧检测仪、离心机、血球计数板、点滴瓶、点滴管、锥形瓶、广口瓶、小木条、超轻黏土、盐、醋。

三、实验创新要点/改进要点

（1）实验设计上的创新。在教材观察草履虫的实验基础上增加了另外三种单细胞生物（小球藻、酵母菌、盐藻），学生可以分组观察不同的单细胞动物、植物和真菌。并且设计了趣味的验证活性的实验，体现了学科的融合。

（2）实验材料和装置上的创新。尽可能选择生活中易获得的材料，如紫甘蓝、超轻黏土、点滴瓶、点滴管、注射器等。同时我也借助了精密仪器帮助完成实验，如溶解氧检测仪、pH检测仪、离心机、数字温度计。

四、实验原理/实验设计思路

（一）设计思路

设计初心源于生活，基于"核心素养"和"创新"。希望可以通过趣味探究实验培养学生的理性思维，提高学生的动手能力和科学探究能力，使学生树立生命观念，认同即使是由一个细胞构成的生物体也可以完成生命活动。

（二）实验原理

（1）酵母菌进行呼吸作用会产生二氧化碳，二氧化碳溶于水形成碳酸，呈酸性，可使酸碱指示剂变色。

(2) 小球藻进行光合作用能产生氧气，用溶解氧检测仪能检测到溶解在水中的氧气含量变化，也可以用带火星小木条的燃烧程度来检测。

五、实验教学目标

(1) 用显微镜观察多种单细胞生物。
(2) 观察并识别单细胞生物草履虫的结构。
(3) 说明单细胞生物可以独立完成生命活动。
(4) 培养学生的科学探究能力。
(5) 使学生树立生命观念。

六、实验教学内容

(1) 分组观察多种单细胞生物。
(2) 验证单细胞生物能独立完成生命活动（包括酵母菌呼吸作用产生二氧化碳和小球藻光合作用产生氧气）。
(3) 拓展探究：影响酵母菌呼吸作用和小球藻光合作用的因素。

七、实验教学过程

(一) 导入

用一段视频"地球上生命的出现"引出了单细胞生物是地球上最原始的生命，自然设疑：单细胞生物是如何完成生命活动的？激发学生的兴趣。

(二) 观察多种单细胞生物

(1) 教师微课演示操作过程；
(2) 学生分组观察；
(3) 希沃投屏助手实时投屏，使分组观察的同学可以看到其他组的结果；
(4) 比较草履虫和盐藻的结构。

通过观察，学生可以看到草履虫和盐藻能够运动，是有活性的。通过观察和比较草履虫和盐藻的外形，可知它们能运动的原因是草履虫有纤毛，盐藻有鞭毛，可以在水中摆动。

(三) 验证单细胞生物可以进行生命活动

另外两种生物如何进行生命活动，就通过下面的验证实验来证明。

(1) 酵母菌呼吸作用产生二氧化碳。
1) 教师讲解实验原理并演示；
2) 学生分组操作，榨取紫甘蓝汁；
3) 配置酵母菌培养液；
4) 将培养液吸入点滴瓶；

5) 连接装置后将气体通入紫甘蓝汁（如图1）。

图1　用紫甘蓝汁检验二氧化碳的存在

6) 拓展探究：影响酵母菌呼吸作用产生二氧化碳的因素。

①设置六种不同的温度，分别为5℃、25℃、35℃、42℃、60℃、80℃（见图2）。

图2　温度对酵母菌呼吸产生二氧化碳的影响

②糖的质量：分别在酵母菌培养液中加入0g、5g、10g、20g、30g、50g蔗糖。

③糖的种类：分别在培养液中加入浓度均为5%的蔗糖溶液和葡萄糖溶液。

④溶液酸碱度：先在酵母菌中加入等质量的醋和小苏打，随后设置了六种pH作对照。

得出的结论是酵母菌在温度为42℃、5%葡萄糖溶液、弱碱性和弱酸性的条件下产生二氧化碳最快，呼吸作用最旺盛。这个结论也可应用于酵母菌发酵吹气球的实验，能够帮助教师在课堂快速演示出实验结果。

(2) 小球藻光合作用产生氧气。

1) 按图3连接装置，并且与前一实验中的酵母菌装置连接。

2) 光照后，用溶解氧检测仪（见图4）检测液体中氧气的含量，或继续通入二氧化碳将氧气顶出装置，用带火星小木条检测，前者实验现象更加直观、实验数据更加准确。

图3 验证小球藻光合作用产生氧气

图4 溶解氧检测仪

3) 拓展探究：影响小球藻光合作用的因素。

①小球藻的浓度：用离心机得到浓缩的小球藻，用血球计数板（见图5）可以观测到浓缩后的倍数，设置六组对照组进行光照，用溶解氧检测仪检测，如图6所示。

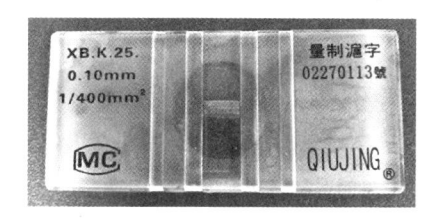

图5 血球计数板

图6 溶解氧检测仪检测氧气含量

②盐溶液的浓度：在100mL液体中分别加入六种不同质量的盐，光照后用溶解氧检测仪检测。

③溶液的pH：用白醋和小苏打调出六种不同pH，用pH检测仪（见图7）精准检测，光照后用溶解氧检测仪检测氧气含量。

结论：高浓度盐溶液会抑制小球藻光合作用，小球藻可以在低盐度水域生活，小球藻在pH为6.5~8的环境下最适宜，并且在pH=8时产生氧气最多。

八、实验效果评价

本节课的设计突破了教材中观察草履虫的实验，让学

图7 pH检测仪

生观察到单细胞植物、动物和真菌，并用科学方法验证了单细胞生物可以进行生命活动，使学生树立生命观念。在实验材料上选取了生活中常见的材料制作装置，增强了学生的动手能力和科学探究能力，提高了学生的生物学科核心素养。同时借助精密仪器获得了准确的实验数据，实验现象直观、效果明显。

单细胞生物
——草履虫的观察实验

重庆巴蜀常春藤学校 周宇阳

一、使用教材

2012 年人教版《生物学》七年级上册第二单元第二章第四节"单细胞生物"。

二、实验器材

(1) 器具：数码显微镜、载玻片、盖玻片、烧杯、锥形瓶、微量移液器、恒温培养箱、擦镜纸、镊子。

(2) 试剂：草履虫培养液、酵母菌培养液、牛奶稀释液、肉汤稀释液、稻草汁。

三、实验创新要点

(一) 草履虫培养方法的探究

(1) 培养草履虫的目的。根据教材编排顺序，每年进行本章节教学时间大约为 11 月初，此时重庆的温度已经较低，在野外较难找到草履虫较密集的池塘水（草履虫密度过低将增大实验难度）。而使用较为合理的方式培养草履虫，不仅可以为第二年的实验提供实验材料，也更易于学生对草履虫的分裂生殖进行观察（见图 1）。

图 1 四种待测草履虫培养液

(2) 评价培养液效果的标准。

1) 制作装片的效果。

2) 25℃下培养 24h 后，培养液中草履虫的密度（每 40μL 培养液中草履虫个数)。

(3) 组织实施方式。由生物社团的学生在社团活动时间完成,做到社团活动与课堂教学的结合。

(4) 探究实验结果(见表1)。

表1 草履虫培养液效果评价

培养液	效果	注意事项	评价
牛奶稀释液	牛奶的乳白色影响观察 易滋生霉菌和细菌	/	不推荐
肉汤稀释液	大颗粒物质较多 易滋生霉菌和细菌	/	不推荐
酵母菌培养液	装片观察效果较好 培养液中平均有12只草履虫(40μL)	保持通风	推荐
稻草汁	装片观察效果较好 培养液中平均有7只草履虫(40μL)	稻草汁完全煮沸	推荐

(二) 用数码显微镜代替机械显微镜

(1) 机械显微镜的缺点。

1) 机械显微镜需要用手移动装片以找到被观察目标,而学生在移动装片时很难做到微调,容易丢失观察目标,需要再次寻找,耗费观察时间。

2) 本实验需要观察食物泡的形成过程,而采用作图方式描述一个过程对初一学生而言难度较大,因而实验的交流分享效果不佳。

(2) 数码显微镜的优点(见图2)。

1) 数码显微镜的载物台位移旋钮可以使装片较为精确地微移,且操作简单,便于学生及时捕捉和跟踪被观察目标,大大提高了有效观察时间。

2) 通过平板同屏显示功能,同组的成员可以同时对草履虫进行观察。并且平板的录像功能可以较好地被用于实验后的交流分享。

图2 数码显微镜

(三) 使用擦镜纸替代棉花纤维

(1) 棉花纤维的缺点。学生撕取棉花纤维时,对撕取的量把握不准确,普遍较难达到纤维空隙大小合适且均匀的要求。这会导致产生较多气泡,且耗费较多时间。

（2）擦镜纸的优点。

1）擦镜纸的纤维空隙大小较为合适（见图3、图4），可以较好地限制草履虫的活动。

2）擦镜纸很薄，吸水性也较好，用其制作装片产生的气泡很少。

3）擦镜纸撕取方便，可节约学生制作装片的时间，以获得更多观察时间。

图3　擦镜纸与棉花纤维对比（学生装片） 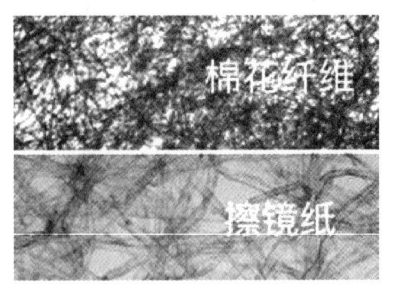　　　图4　显微镜下擦镜纸与棉花纤维

（四）使用微量移液器替代滴管

（1）滴管的缺点。

1）学生常常无法准确控制只滴一滴草履虫培养液在载玻片上，进而需要使用吸水纸吸去多余培养液，以及擦拭载玻片底部，增加了装片制作的时间。

2）使用吸水纸吸去多余培养液的过程中，若留下的液体过多，则会留给草履虫纵向活动的空间，影响观察；留下的液体过少，会造成纤维压裂草履虫细胞的情况，并形成气泡（见图5）。

（2）微量移液器的优点（见图6）。

1）可以精确控制液滴的体积，以20mm规格盖玻片为例，使用40μL的草履虫培养液，实验效果最佳。此方法省去了用吸水纸吸干多余液体的步骤，节约了制作装片的时间。

2）可精确控制液滴量，为评估草履虫的繁殖速率/生长情况（通过草履虫的密度）提供了可能性。

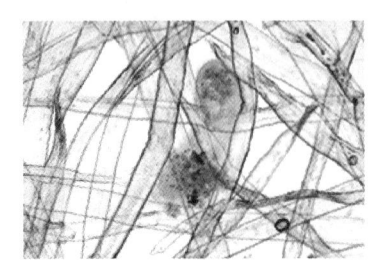

图5　草履虫细胞被纤维压裂 　　　图6　微量移液器

（五）用酵母菌代替墨汁颗粒观察食物泡的形成

（1）墨汁颗粒的缺点。

1）当墨汁颗粒散布于培养液中时，不易观察，导致无法观察到食物泡形成的完整过程。

2）墨汁颗粒无法被消化，无法展现食物泡内的消化过程。

3）墨汁颗粒对草履虫是否有毒性或其他害处，尚无确定结论，不符合实验中尽量不伤害生物和尊重生命的理念。

（2）酵母菌的优点。

1）在显微镜下，无论在培养液中还是在草履虫形成的食物泡内，酵母菌均可被清晰观察到。因而可展现完整的捕食和食物泡的形成过程。

2）在食物泡内，我们可以观察到酵母菌被消化时形成的碎片，更直观地展现食物泡的消化功能（见图7）。

3）酵母菌富含蛋白质等营养元素，对草履虫的生长生活有益。

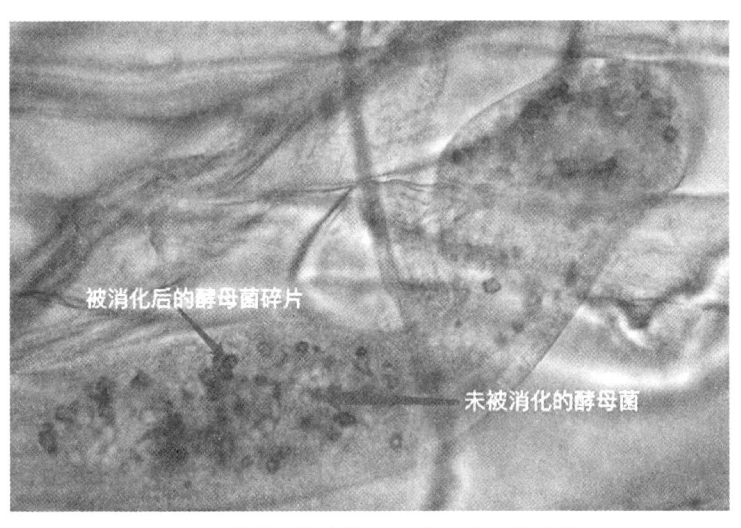

图7 草履虫体内的酵母菌和酵母菌碎片

（六）平板教学系统做到师生间的及时反馈

（1）传统课堂的缺点。教师需在课后通过批改实验报告才可了解本节课学生的学习状况，总结学生出现的问题，并在下一节课才可将解决方法反馈给学生，周期长、效果不佳。

（2）平板教学系统的优点。

1）可做到知识点的逐个突破——动态掌握全班学生的整体情况以及个别学

生出现的单独问题，并及时进行师生间的双向反馈。

2）课堂中同步生成本节课学生学习情况的数据统计，可当堂进行分析总结。

四、实验设计思路

（1）实验内容为知识的学习和核心素养的培养服务。本节实验课对以草履虫为代表的单细胞生物进行观察，讨论和总结为主要内容，其目的是帮助学生更生动直观地理解：单细胞生物具备生物的全部特征，且可以完成全部的生命活动，是一个独立的完整生命体。除此之外，实验过程中需设计合理的探究、讨论和总结交流部分，以提升学生的生物学核心素养。

（2）改进实验材料和仪器以增加观察时间。本实验课设计中，通过改进多种实验材料、仪器和方法，尽可能地减少学生在非观察讨论环节所耗费的时间，如制作装片和寻找目标的时间，以提高课堂时间利用效率。

（3）社团与教学相结合。本实验中需要观察草履虫的分裂过程，因此需要将草履虫培养至分裂旺盛的时期——接种后 8~10h。在本实验中，此项工作由社团成员在课前完成。将草履虫的培养作为社团活动之一，不仅丰富了社团活动，而且使得课堂上的实验效果更为显著，达到社团活动与教学的相辅相成。

（4）高效的互动和及时的反馈。使用实验报告的形式，分板块由简到难、由部分到整体地教授知识点，并从实验报告的完成情况得到教学效果的反馈。而数码显微镜与平板教学系统使得实验结果共享与教学效果反馈变得更为及时和有效。

五、实验教学目标

（一）生命观念

（1）观察草履虫的结构。

（2）通过观察草履虫的生活，认识细胞各个结构的功能，理解细胞的生活。

（二）科学思维

通过对草履虫形态结构、生理等一系列观察、实验和分析，探讨草履虫如何通过一个细胞完成生物体的各种生命活动。

（三）科学探究

（1）设计实验探究草履虫的最佳培养方案。

（2）讨论评价草履虫培养效果的标准。

（四）社会责任

（1）通过单细胞生物顽强的生存能力，传达对生命的敬畏感。

（2）认识到单细胞生物与人类的关系。

六、实验教学内容

(一) 教学难点

(1) 让学生观察到草履虫的各个结构，并了解其相对应的功能。

(2) 让学生观察到草履虫的多种生命活动，并理解草履虫具备生物的所有特征。

(3) 让学生理解草履虫等单细胞生物是一个完整的生命个体。

(二) 难点突破

(1) 在观察中，引导学生观察草履虫的形态、生理结构及其运动。

(2) 再次观察时，引导学生观察草履虫的生理活动，如食物泡的形成等。

(3) 由学生经小组讨论后，完成板书上有关生理结构、生理活动和生物特征的连线，总结得出草履虫等单细胞生物是一个完整的生命个体的结论。

板书设计如图8所示。

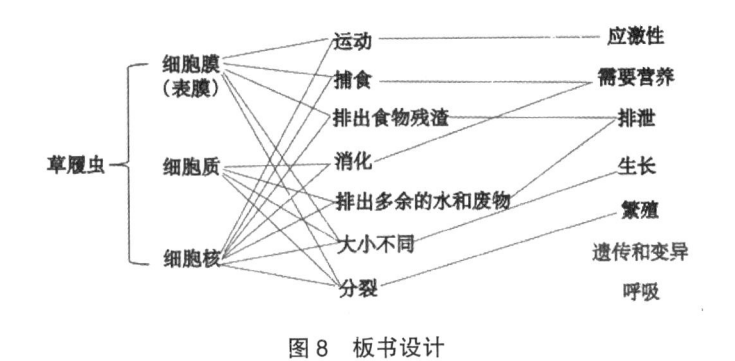

图8 板书设计

七、实验教学过程

实验教学过程如图9所示。

(1) 导入：从生物学的角度看"蛊术"。

(2) 检查实验器材和装片。

(3) 制作装片。

(4) 进行第一次观察，引导学生着重观察草履虫的形态，辨认其结构及其运动。

(5) 分享优秀视频和照片，让学生指出各部分结构。

(6) 讨论总结并完成实验报告。

(7) 进行第二次观察，引导学生观察草履虫捕食、消化、排泄、繁殖等生命活动。

（8）分享优秀视频和照片，让学生说明生命活动与细胞结构的关系。

（9）讨论总结并完成实验报告。

（10）学生在板书上完成细胞结构、功能、生物特征三者关系的连线，并体会细胞是生物体结构和功能的基本单位。

（11）讲解其他单细胞生物，讨论单细胞生物与人类的关系。

（12）清洗玻片，整理实验器材。

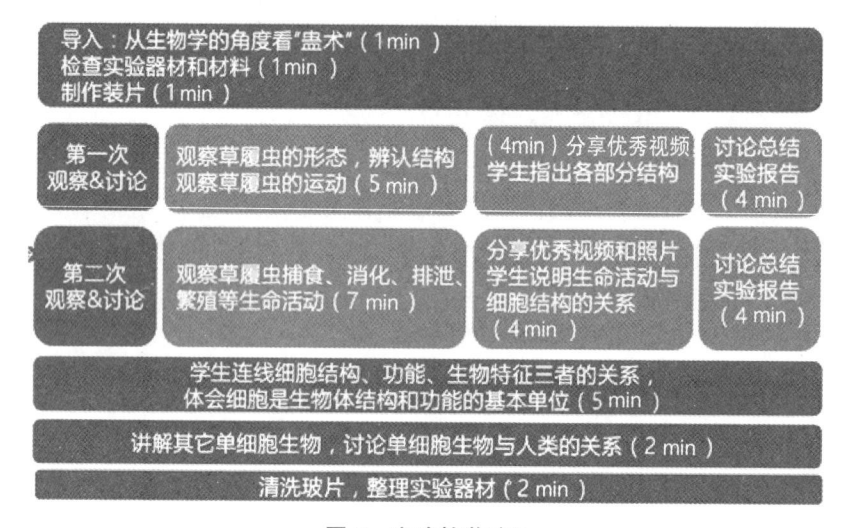

图9 实验教学过程

八、实验效果评价

（1）学生可以迅速制作好装片并在显微镜下找到被观察目标，达到了使用数码显微镜和擦镜纸分别代替机械显微镜和棉花纤维的预期目标。

（2）学生较为直观清晰地观察到了草履虫捕食酵母菌并形成食物泡的过程，以及酵母菌在食物泡内被消化为碎片的现象，达到了使用酵母菌替代墨汁颗粒的预期效果。

（3）充分利用数码显微镜的优势，达到了较好的课堂分享与总结的效果。

（4）整个实验过程中贯穿了小组内的讨论与合作，穿插了组间的分享与讨论。

（5）学生较好地掌握了草履虫的生理结构和功能，理解了单细胞生物是一个独立的生命个体，较好地完成了教学目标。

（6）对教师课堂时间的把控提出了较高要求。

STEM 理念在初中生物实验课堂中的探索
——探究水华现象的成因

石家庄市第四十一中学 杨裴

一、教材分析

（1）提出问题：学生在冀少版《生物学》七年级上册中了解到藻类植物主要生活在水中。在八年级上册的学习中学生又知道了氮、磷、钾这三种无机盐对植物的生长十分重要。学生的认知是生活污水中的含磷、含氮无机盐能促进藻类植物的生长，那么，任意排放对水体有利还是有弊呢？

（2）教材内容：冀少版《生物学》八年级下册最后一节提到，水污染不仅影响植物的发育和生长，还会使动物和人中毒，严重时可形成水华现象。

（3）课程标准：《义务教育生物学课程标准（2011年版）》中明确指出，生物与环境相互依赖，相互影响。理解人与自然和谐发展的意义，增强环境保护意识十分重要。

二、教学目标

（1）科学探究：运用所学知识进行科学探究、设计探究方案并动手实践完成实验。

（2）生命观念：通过实验探究建构生物与环境相互依赖、相互影响的科学概念，形成稳态与平衡观。

（3）科学思维：学生通过质疑提问、主动探究、归纳概括，探究含磷无机盐对藻类植物的影响，理解水华现象的形成。

（4）社会责任：学生参与社会事务讨论，关注环境保护，培养社会责任。

三、实验创新

（一）定量观察

（1）改进前：鼻闻眼看判断水华；改进后：用分光镜和酶标仪对溶液中叶绿素含量进行比较和测定。

（2）改进前：观察动物生长状况，分析水华的危害；改进后：用溶氧仪测定溶液中溶解氧的多少。

（二）模拟实验

学生通过配制三聚磷酸钠溶液和尿素溶液来模拟生活污水，利用活性炭和磷酸盐测试盒对污水进行净化和检测，进行了生物学科与化学学科、生物学科与数学学科以及生物学科与物理学科的融合，从而形成了跨学科的整合。

（三）实验器材

分光镜、酶标仪、溶氧仪、活性炭、磷酸盐测试盒。

四、实验过程

（一）收集资料

学生通过查阅资料了解到水华现象的概念、成因和危害，借助信息化手段发现课题的实际意义，为后续探究奠定理论基础。同时还在文献中查到水华的监测标准（水体中叶绿素含量大于 10μg/L 时可见水华现象）并取样检测。

他们分别在学校池塘、公园池塘和民心河中取水，并将三种水样送至市内的一家污水处理厂进行检测。根据监测标准和检测结果，学生发现学校池塘水符合水华标准，利用该水样中的总含磷量和总含氮量两个数据，学生将配制不同浓度的溶液。学生收集资料，进行数据的分析对比，培养了思维的严密性。

（二）模拟实验

学生原本计划用含磷洗衣粉水代替生活污水，可逛遍大小超市，看到的全部是无磷洗衣粉。传统洗衣粉中的磷盐成分到底是什么呢？原来是作为洗涤助剂的三聚磷酸钠。学生网购了这种药品配制溶液。在配制含氮污水时，学生选择的是尿素，它是目前含氮量最高、应用最广泛的一种氮肥。他们用跨学科整合的眼光去解决问题，通过模拟实验去探究水华现象的本质，培养了科学的探究思维。

学生通过称量药品、溶解药品、配制溶液得到三组不同浓度的溶液，分别是：第一组，不同浓度含磷池塘水溶液；第二组，不同浓度含氮池塘水溶液；第三组，含磷、含氮池塘水溶液。将三组溶液静置一个月后，观察现象，肉眼可见溶液颜色发生了变化。

可是溶液中叶绿素的含量发生变化了吗？同学们想到叶绿素的重要性质——可以吸收红光和蓝紫光。于是用到了分光镜，并将普通池塘水和含磷、含氮池塘水分别制作成临时玻片标本，借助手机和手电筒进行分光实验（见图1），得到两个光谱图（见图2）。看到现象：含磷、含氮池塘水溶液的光谱图中红光和蓝紫光明显减少了。由此得出实验结论：含磷、含氮池塘水溶液中的叶绿素含量高于普通池塘水。那么，如何实现定量观察呢？

图1 分光实验

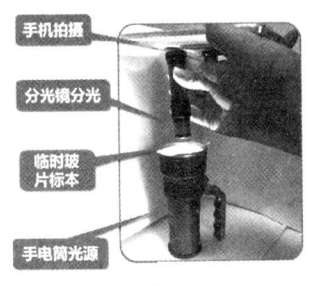

图2 光谱图

同学们将水样送至华药的研发中心，利用酶标仪这种精密度更高的分光光度计对溶液中的叶绿素含量进行测定。通过第一组数据分析（见表1）得出实验结论1：在一定浓度范围内，磷元素含量越多，藻类植物和叶绿素的含量越多，促进水华的形成。

表1 不同浓度含磷池塘水溶液叶绿素含量

项目	普通池塘水	0.2mg/L含磷池塘水溶液	0.3mg/L含磷池塘水溶液	0.4mg/L含磷池塘水溶液	0.5mg/L含磷池塘水溶液
叶绿素/（μg/L）	2.3	3.0	6.8	9.3	21.7

通过第二组数据分析（见表2）得出实验结论2：在一定浓度范围内，氮元素含量越多，藻类植物和叶绿素的含量越多，对水华的影响较大。

表2 不同浓度含氮池塘水溶液叶绿素含量

项目	普通池塘水	0.01mg/含氮池塘水溶液	0.04mg/含氮池塘水溶液	0.07mg/含氮池塘水溶液	0.1mg/L含氮池塘水溶液
叶绿素/（μg/L）	2.3	3.0	4.9	9.3	9.8

通过第三组数据分析（见表3）得出实验结论3：生活污水和工业废水中都含有磷、氮两种元素，能明显促进藻类植物生长。

表3 含磷含氮池塘水溶液叶绿素含量

项目	含磷0.5mg/L，含氮0.1mg/L池塘水溶液
叶绿素/（μg/L）	28.2

学生提出问题：藻类植物过度生长，对其他水生生物有影响吗？

（三）深入探究

学生自然想到用小鱼做实验。他们将实验材料由观赏鱼改为饲料鱼，不仅降低了成本，也有利于培养珍爱生命的生命观念。这一转变也是学生破除定式、培养思维批判性的一个过程。

通过观察实验现象、记录实验结果、绘制折线图（见图3、图4），学生得出实验结论：在一定浓度范围内，磷元素或氮元素含量越多，小鱼的死亡数量越多；磷、氮两种元素同时存在，小鱼死亡的数量明显上升。小鱼死亡的主要原因是什么，是因为水中氧气减少了吗？为证实这一猜测，学生用到了溶氧仪这种仪器，它可以测定溶液中氧气的含量。

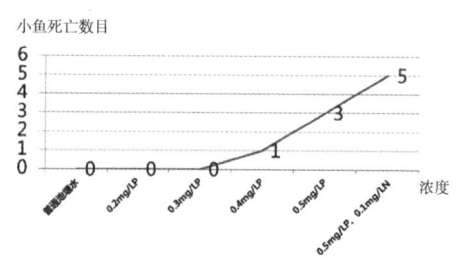

图3　不同浓度含磷池塘水饲养小鱼记录 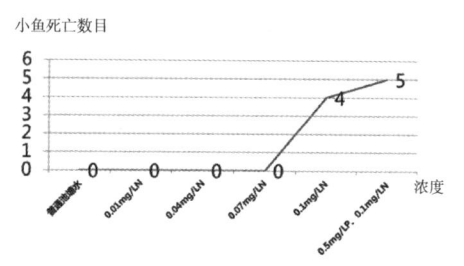　　图4　不同浓度含氮池塘水饲养小鱼记录

通过多次测量，同学们将不同浓度含磷池塘水溶液中溶解氧的多少绘成折线图（见图5），结合前面小鱼实验的记录，得出实验结论1：在一定浓度范围内，磷元素含量越多，溶液中氧气含量越高。但超出此范围，溶液中氧气含量会逐渐降低，对水生生物产生不利影响。

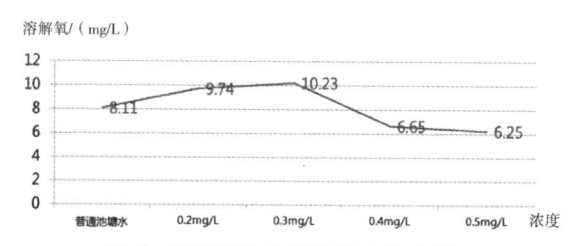

图5　不同浓度含磷溶液中的溶解氧

通过对不同浓度含氮池塘水溶液中溶解氧数据（见图6）进行分析得出实验结论2：在一定浓度范围内，氮元素含量越多，溶液中氧气含量越高。但超出此范围，溶液中氧气含量逐渐降低，对水生生物产生不利影响。

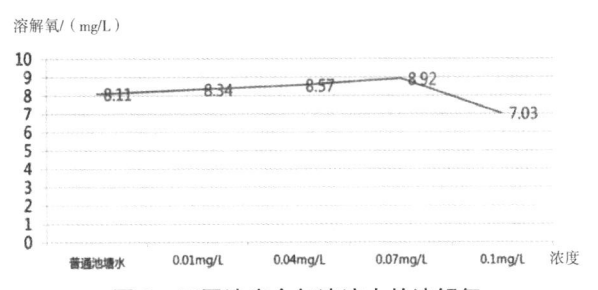

图6 不同浓度含氮溶液中的溶解氧

通过对含磷、含氮池塘水溶液中溶解氧数据（见图7）进行分析得出实验结论3：藻类植物过度繁殖极大地降低淡水中溶解氧的含量，对水生生物十分不利。

学生提问：还有其他因素会促进水华现象的形成吗？

图7 含磷含氮溶液中的溶解氧

（四）实验拓展

使用电热恒温培养箱探究温度对水华的影响。将含磷含氮池塘水溶液平均分成三份，分别在20℃、28℃、35℃下静置，一个月后检测溶液中叶绿素和氧气的含量。

通过对实验数据（见图8）进行分析，学生得出实验结论：28℃为水华发生的适宜温度。

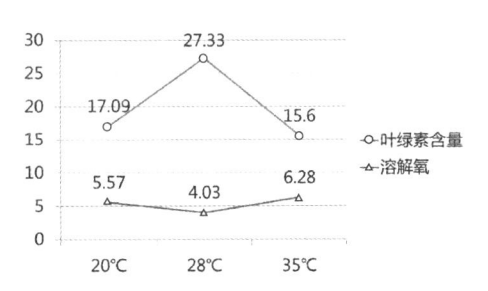

图8 不同温度下含磷含氮溶液的叶绿素和氧气含量

（五）生命观念

回顾上述实验，学生得出了实验结论，从而建构了科学概念"生物与环境相互依赖、相互影响"，形成了"稳态与平衡"的生命观念。学生通过总结规律，培养了思维的敏捷性。本节课围绕实际问题展开实验，通过问题引导学生探究新知，提高解决实际问题的能力，学会用整合的眼光去研究身边有价值的问题。

五、关注生活

新问题：为避免和消除水华现象，应如何处理污水？

（一）动手净水

学生想到生活中常见的水龙头净化器，它的原理就是利用活性炭的强吸附性过滤污水中的有机污染物和无机物。学生用自制的活性炭漏斗过滤水华污水，看到净化前、后水质的明显变化。

这时，有的学生提出质疑：活性炭能吸附肉眼看不到的无机盐吗？大家在网络上又找到了一种叫作磷酸盐测试盒的工具。将净化前、后的污水分别放入测试盒中，按照说明加入1号、2号、3号三种试剂，摇匀静置后观察颜色变化，通过比色发现污水净化后磷酸盐含量明显降低（见图9），从而得出实验结论：活性炭能够吸附污水中的含磷无机盐，对水华现象具有抑制作用。

学生又将简易的漏斗装置进行改进，制作了可循环的净水器（材料用具：旧油桶、矿泉水瓶、旧鱼缸上的抽水泵、活性炭包，见图10）。该装置虽然用时较长，却可以对更多的污水反复过滤。学生向学校提出建议，可将该装置的原理运用到池塘水的净化中去。

图9　净化前后水质中的含磷量

图10　自制可循环净水器

（二）倡导护水

（1）使用无磷洗衣粉。

（2）提倡绿色生活，发展绿色食品。

（3）保护我国建立的湿地公园。

六、课后思考

（1）提高蜕变：实验过程中出现了很多让我们始料未及的情况，学生提问、设计、讨论、思考、尝试、改变，克服了一个个困难。

（2）欠缺不足：由于时间和仪器的限制，我们的实验还有待完善。

（3）继续前行：学生表示将持续关注水与人类、水与生态的关系。

开展 STEAM 融合生物学教学
——模拟探究吸烟的危害

成都市铁路中学校　李佳

一、使用教材

北师大版《生物学》七年级下册第十三章第一节"健康及其条件"。

二、实验器材

（1）创新装置1——负压排水装置，呈现烟气中焦油危害：自制烟嘴、矿泉水瓶、白色卫生纸、吸管、单孔橡皮塞、夹子、香烟、打火机。

（2）创新装置2——注射器抽气装置，呈现烟气中烟碱、一氧化碳的危害：自制烟嘴、注射器、延长管、猪血、高锰酸钾溶液、试管。

（3）创新装置3——抽气泵抽气装置收集烟气浸出液，呈现烟气浸出液对小鱼生命活动的危害：自制烟嘴、抽气泵、带双孔橡皮塞的塑料瓶、小鱼、烧杯。

三、实验创新要点

（一）材料和方案创新

（1）将烟草浸出液改为收集烟气。运用物理、化学、生物知识设计实验，直观呈现烟气中有毒成分的危害。利用白色卫生纸呈现焦油危害，高锰酸钾溶液检测烟碱，动物血液变化呈现一氧化碳的危害。

（2）将水蚤改为小鱼。

（3）制备烟气浸出液，观察烟气浸出液对小鱼生命的直观危害。

（二）装置创新

（1）利用"负压排水法"收集烟气，呈现焦油危害。

（2）利用"注射器"收集烟气，呈现烟碱和一氧化碳的危害。

（3）利用"抽气泵"制备烟气浸出液，观察烟气浸出液对小鱼生命的直观危害。

四、实验设计思路

通过香烟燃烧后烟气的收集和进一步处理，探究烟气中主要有毒成分焦油、烟碱、一氧化碳的危害，以及烟气浸出液对小鱼生命的直观危害。

五、学科核心素养教学目标（STEAM理念融合生物教学）

（1）生命观念：通过三个实验的直观现象，让学生理解吸烟的危害。

（2）科学思维：在 STEAM 融合教学背景下，运用生物、物理、化学等知识设计实验，直观呈现烟气中有毒成分的危害，从而培养学生跨学科思维和逻辑思维能力。

（3）科学探究：设计并创新烟气收集装置，培养学生的科学探究能力和创新能力。

（4）社会责任：树立珍爱生命、"不吸第一口烟"的坚定态度，向社会推广、宣传吸烟有害健康。

六、实验教学内容

（1）三套创新装置收集烟气，并制备烟气浸出液。
（2）探究烟气中主要有毒成分焦油、烟碱、一氧化碳的危害。
（3）探究烟气浸出液对小鱼生命的直观危害。

七、实验教学过程

设疑激趣：都知道吸烟有害健康，烟气有什么危害？如何收集烟气？

如何设计实验直观呈现烟气中有毒成分的危害？如何呈现烟气对个体生命的直观危害？

（一）负压排水法呈现焦油的危害

（1）主要器材：矿泉水瓶、白色卫生纸（见图1）。
（2）原理：负压排水法、烟焦油易吸附（见图2）。

图1　创新装置1

图2　负压排水法

（3）步骤：收集烟气→吹气→观察（见图3、图4）。

图3　吹气排出烟气

图4　卫生纸覆盖瓶口

(4) 注意事项：通风、戴口罩。

(5) 现象和结论。

现象：白色卫生纸变黄（见图5）。

结论：烟气中有焦油。焦油能吸附在人体肺部，危害呼吸系统的正常功能。

提出问题：除了焦油，烟气中主要有害成分还有烟碱和一氧化碳，如何设计实验直观呈现烟气中烟碱、一氧化碳的危害？

图5 呈现焦油

（二）注射器抽气法呈现烟碱、一氧化碳的危害

(1) 主要器材：自制烟嘴、注射器、延长管（见图6）。

(2) 原理：

1) 利用高锰酸钾溶液检测烟碱：烟碱能使紫色高锰酸钾溶液褪色。

2) 利用动物血液变化呈现一氧化碳的危害：一氧化碳与血红蛋白的结合力比氧气高出200多倍，使血红蛋白失去输氧能力，会使血液由含氧丰富的鲜红色变成含氧少的暗红色，且不能恢复。

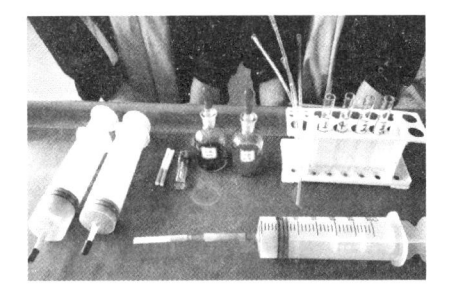

图6 创新装置2

(3) 步骤（见图7~图11）：

1) 在两支试管内分别加入等量高锰酸钾溶液；

2) 用注射器收集烟气；

3) 借助延长管，将注射器中烟气通入高锰酸钾溶液中，观察现象；

4) 用同样的方法将烟气通入两管新鲜血液，观察现象。

图7 用注射器收集烟气　　图8 烟气收集完成

图9 分别准备等量高锰酸钾溶液和血液

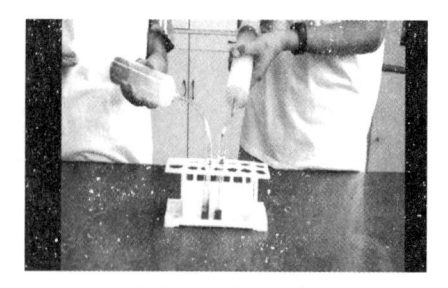

图10 烟气通入高锰酸钾溶液

（4）注意事项：高锰酸钾具有强氧化性，注意使用安全。

（5）现象和结论。

现象：血液由鲜红色变成暗红色且不能恢复，紫色高锰酸钾溶液褪色。

结论：烟气中一氧化碳会危害人体的正常生理功能。

图11 实验结果呈现

提出问题：到此，同学们对烟气中的有害成分有了进一步了解。能否设计实验直观看到烟气对个体生命的危害呢？

解决问题：同学们经过讨论，完成大量预实验，发现需要大量烟气才能对个体生命有影响。同学们提出用抽气泵快速抽气，制备大量烟气浸出液，观察烟气浸出液对小鱼生命的直观危害。

（三）抽气泵抽气装置收集烟气浸出液，观察对烟气浸出液小鱼生命活动的危害

（1）主要器材：抽气泵、带双孔橡皮塞的塑料瓶、自制玻璃烟嘴（可插5支香烟，见图12、图13）。

图12 创新装置3

图13 烟气浸出液

（2）步骤：制备烟气浸出液→放置小鱼→观察记录。

（3）现象（见表1~表3）。

表1　学生实验记录表1

		（对照）A1组	B1组	C1组
处理		清水	3倍浓度烟气浸出液	6倍浓度烟气浸出液
小鱼		8条	8条	8条
2min现象	活动状态	很活跃	一般活跃	不活跃
2min现象	死亡数量	0	0	5条
4min现象	活动状态	很活跃	不活跃	很不活跃
4min现象	死亡数量	0	2条	7条

表2　学生实验记录表2

		（对照）A2组	B2组	C2组
处理		清水	3倍浓度烟气浸出液	6倍浓度烟气浸出液
小鱼		8条	8条	8条
2min现象	活动状态	+++++	+++	+
2min现象	死亡数量	0	1条	6条
4min现象	活动状态	+++++	+	+
4min现象	死亡数量	0	3条	8条

表3　学生实验记录表3

		（对照）A3组	B3组	C3组
处理		清水	3倍浓度烟气浸出液	6倍浓度烟气浸出液
小鱼		8条	8条	8条
2min现象	活动状态	优	良	中
2min现象	死亡数量	0	0	6条
4min现象	活动状态	优	中	差
4min现象	死亡数量	0	1条	7条

（4）结论：烟气浸出液浓度越高，小鱼活动状态越差（见表4）。

表4　结果汇总

实验装置	创新装置1	创新装置2	创新装置3
烟气收集原理	负压排水法	注射器抽气法	利用抽气泵制备烟气浸出液
呈现出有害成分	焦油	烟碱	一氧化碳	焦油、烟碱、一氧化碳

续表

实验装置	创新装置1	创新装置2	创新装置3
检测方法	用白色卫生纸吸附	将烟气通入紫色高锰酸钾溶液	将烟气通入鲜红色动物血液	观察小鱼在不同浓度烟气浸出液中的生命活动状况
实验现象	白纸变黄	紫色高锰酸钾溶液褪色变黄	血液从鲜红色变为暗红色	烟气浸出液浓度越高，小鱼活动状态越差
实验结论	焦油能吸附在人和动物肺部，危害肺正常功能	一氧化碳会危害人和动物正常生理机能	小鱼直接死亡，说明烟气浸出液对个体生命有严重危害，且浓度越高，危害越严重

八、实验效果评价

通过实验创新，学生热情高涨，效果显著。

（1）通过对实验材料、方案、装置的改进，让学生目睹吸烟的危害，课堂生动有趣，培养了学生的生物学科核心素养。

（2）三个创新实验融合了生物、物理、化学知识，在 STEAM 融合教学背景下培养了学生跨学科思维和科学探究能力，课堂丰富多彩。

（3）可将实验过程录制成视频，向学校和社会推广，宣传吸烟有害健康。

单人徒手心肺复苏实践探究

武汉市南湖中学　吴建军

一、使用教材

人教版《生物学》八年级下册第八单元第二章"用药与急救"第二课时（见图1）。

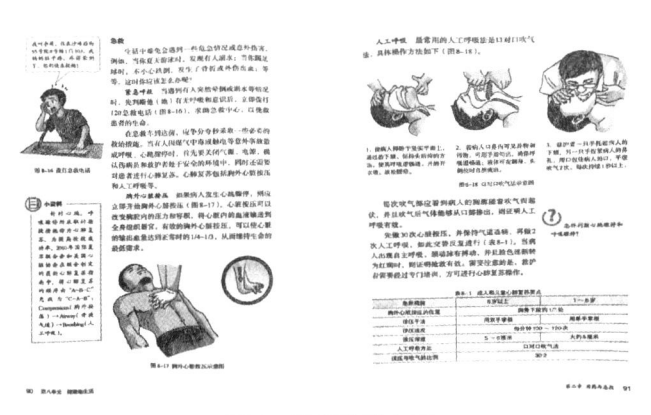

图1　教材教学内容

二、实验器材

普通人体模型、自带传感器人体模型。

三、实验创新要点

引进两款人体模型参与课堂教学，改变教学模式，改进教学方法，提高教学目标的有效达成，真正实现高效课堂，同时实现无界限课堂，最终使学生对学习的意义有更深切的体验和感悟。

（一）普通人体模型（见图2）优点

（1）小巧轻便，便于携带。

（2）价格适中，可以直观反映按压吹气操作的流程，适合大面积学生练习。

（二）普通人体模型缺点

没有反馈装置，无法对各个环节进行有效评价，不能表明操作是否标准，更不能表明操作是否有效。

图2　普通人体模型

（三）自带传感器人体模型（见图3）的优点

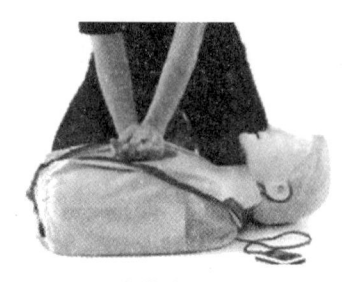

图3 自带传感器人体模型

（1）灵敏度高，有显示器。按压时，中间白块随之起伏，出现向上黄色箭头说明没有完全回弹，出现向下黄色箭头说明按压深度不够，能有效地反馈和评估按压深度。如果通气量不合格会呈现黄色，合格则会呈现绿色，能有效地反馈和评估通气量。指针在绿色区域表示按压频率在 100~120 次/min 范围内，向右表示按压频率过快，向左表示按压频率过慢，能有效反馈和评估按压频率。

学生通过长时间大量反复的胸外按压训练，可以获得正确的手感；通过多次人工呼吸的练习，也能体会到吹气的技巧，慢慢掌握通气量的大小。

（2）有精准的评价体系。能够及时总结评估学生的表现，给出总评分和改进建议。通过反复练习、评估、改进，提高学生的救护能力。

1）实时反馈和总结性反馈（见图4）。

2）同时监测多名学生的操作表现，可以对课堂、小组、个人进行有效评估，也可进行动作分解练习指导和完整的操作实时考核（见图5）。

精确的数据分析、精准的课堂指导，提升了培训效率，改进了培训质量，能快速有效地指导学生提高技能，提升救助质量以提高生存率。而趣味元素的植入、练习模式的多样化，改变了学生的学习方式，提高学生的兴趣和参与度，Classroom 高质量心肺复苏培训质控云平台让生物课堂更具魅力。

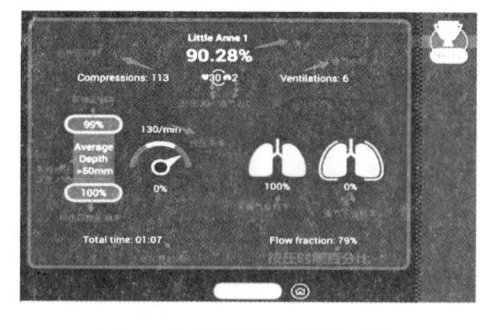

图4 实时反馈及总结性反馈　　图5 课堂操作考核

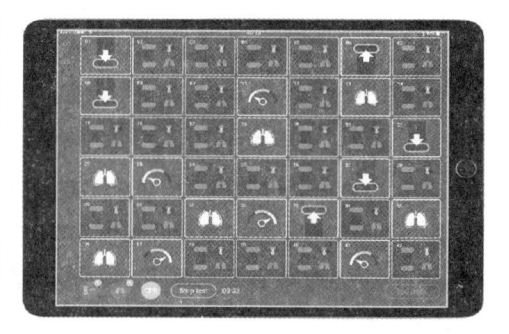

四、实验设计思路

（一）实验教学背景

来自国家心血管病中心的数据显示，我国平均每分钟就有1人死于心脏性猝死。心脏性猝死是指心脏机械活动突然停止，患者对刺激无反应、无脉搏、无自主呼吸等，如不能得到及时有效救治常常导致患者即刻死亡。心脏骤停的严重后果以秒计算：10s——意识丧失，突然倒地；60s——自主呼吸逐渐停止；4min——开始出现脑水肿；8min——脑死亡，植物状态。

研究表明，如果能在4min内实施心肺复苏可有50%的患者被救活。错过最佳抢救时间，即使有幸生还，脑细胞也会不可逆受损。

（二）心肺复苏技能的实质

（1）心肺复苏技能的内涵：心肺复苏技能是指对心跳、呼吸骤停的患者采取紧急抢救措施（人工呼吸、心脏按压等），使其循环系统、呼吸系统和大脑功能得以控制、部分恢复的急救技术。

（2）高质量的心肺复苏技能衡量的五项指标。

1）按压频率100~120次/min。

2）按压深度5~6cm。

3）按压后胸廓完全回复。

4）减少按压的中断。

5）避免过度通气。

（3）实际操作中施救者常会出现的情况。

1）按压过浅，达不到救治效果。

2）按压过深，造成二次伤害。

（三）教学现状

在仅有40min的课堂上，教师对这个环节处理一般是通过观看视频来讲解、运用简易模型人进行操作来了解胸外按压和人工呼吸的操作要点。

五、实验教学目标

在课程标准中（见图6），我们会看到两个关键词——"运用""独立操作水平"。那么，我们如何在教学中体现这两个关键词呢？

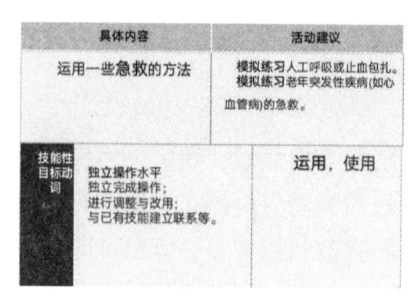

图 6　课程标准相关内容

基于"健康中国行动"的主要指标，本节课的教学目标设定为：能独立、有效地完成单人徒手心肺复苏；拥有"时间就是生命"的急救意识，形成珍爱生命的生活态度，提高勇于担当的社会责任感。

六、实验教学内容

单人徒手心肺复苏实践探究。

七、实验教学过程

采用翻转课堂模式进行教学，包括课前自主学习、课中实践操作、课后走出课堂。

（一）课前

通过"智慧课堂"发布资源，让学生根据老师提供的视频材料、文本材料等学习资源自主学习新知，完成课前自主学习任务单，从而对单人徒手心肺复苏有初步了解。

（二）课中

（1）情景导入。

1）以日常生活场景激活课堂。

2）以抢答形式检验课前学习效果，激发学生学习热情。

（2）感受新知。

通过开展三次层层递进的学生活动来突破教学难点。

1）初次尝试，亲历实践。学生使用普通人体模型练习单人徒手心肺复苏术，使人人动手体验心肺复苏的流程。

2）现场纠错，规范操作。第一步，教师利用教师机的实物展台功能抓拍学生操作的过程，现场形成微课。第二步，学生共同观看，集体纠错。第三步，教师再次指导学生进行集体规范操作、巩固流程。

3）专项突破，有效操作。学生利用自带传感器人体模型的考核功能开展小组合作，通过仪器的评估、反馈，提高操作有效性。

（3）小组竞技。利用小火车竞技模式，让学生体会到正确的、完整的救治流程。当学生的操作是 30 次有效心脏胸外按压、2 次有效人工呼吸时，小火车就会向前走。反之，有效按压次数过多或过少，或者忘记了人工呼吸，小火车会停止不前。

（4）情感升华。牢记操作要点，用一双手学会一项救命技术、挽救一条宝贵的生命，形成珍爱生命的生活态度，提高勇于担当的社会责任感。

（三）课后

（1）走出课堂。南湖中学八年级共有 16 个班级，在本节课教学中 16 个教学班分 A、B 两组，A 组 8 个班用普通人体模型进行教学，B 组 8 个班用自带传感器人体模型进行教学。1 个月后湖北省红十字会专职培训老师对学校八年级学生进行现场操作考核，分别从 A、B 两组中随机抽取 50 名学生。

A 组考核合格人数 4 人，占 A 组考核人数的 8%；B 组考核合格人数 29 人，占 B 组考核人数的 58%。新理念、新技术，推动课堂教学，提高教学实效。

看着学生们从红会老师手中接过一张张"急救培训学员合格证书"，感受着他们的收获和成长。

（2）社会实践活动。组织学生在南湖花园城各个社区进行心肺复苏技能的宣传和指导，服务社区，奉献社会。

八、实验效果评价

（一）理念创新

课堂采用翻转课堂模式教学，重视学生自主学习，关注学生的学习兴趣和体验感悟。

（二）技术创新

将具有"互联网+"思维方式的"智慧课堂"以及先进的人体模型教学工具引入课堂。

（1）在教学策略上实现了教学决策数据化。

（2）在教学评价上实现了反馈即时化。

（3）在教学手段上实现了交流互动立体化。

（4）在教学资源上实现了推送智能化。

探究血管出血时的止血部位

潍坊高新技术产业开发区凤凰学校　薛军

一、使用教材

本节实验选自济南出版社《生物学》七年级下册第三单元"生物圈中的人"第三章"人体内的物质运输"第二节"物质运输的器官"。

二、实验器材

实验器材如表1、图1所示。

表1　实验器材

序号	器材	模拟器官
1	废旧矿泉水瓶	心脏的心室
2	3根直径5mm塑料管	动脉血管
3	5根直径8mm透明塑料管	静脉血管
4	2根直径4mm透明塑料管	毛细血管
5	单向阀	静脉瓣
6	水流调节器	止血部位
7	红、蓝墨水	动脉血和静脉血
8	微型水泵	模拟心脏的动力
9	直通、多通	连接作用
10	PVC板	人体模型

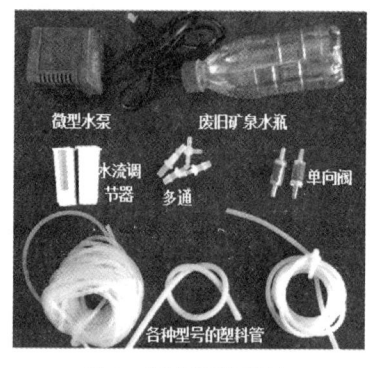

图1　部分实验器材

三、实验创新要点

（1）巧妙利用多通连接头模拟"毛细血管"，直观地呈现了鲜红色的动脉血变成暗红色的静脉血的过程。

（2）利用微型水泵模拟心脏的动力，更明显地模拟了动脉出血时喷射状的特点；利用不同管径的塑料管模拟动脉和静脉的管腔，实现了静脉出血时缓慢流出的特点。

（3）巧妙使用水流调节器，模拟止血部位，准确地判断出动脉出血和静脉出血时的止血位置，形象直观，便于记忆和理解。

（4）巧用单向阀，模拟静脉瓣，解决了血液倒流问题。

（5）实现了废物的再利用，在课堂上渗透环境保护意识和创新意识。

（6）通过构建物理模型，实现了学科的融合，拓展了学生的思维。

（7）巧妙融合"大白"的形象，一是激发学生的学习兴趣，二是便于学生利用"大白"胳膊上的出血点来判断近心端和远心端的位置，三是便于学生操作。

四、实验设计思路

为激发学生的创新潜能和兴趣，提高学生的动手操作能力，利用学生强烈的求知欲和渴望表现的特点，我们设计了如下五个环节，步步为营，实现教学目标（见图2）。模型的制作以兴趣小组为单位在课下完成，模型的展示交流在生物探究实验室进行。

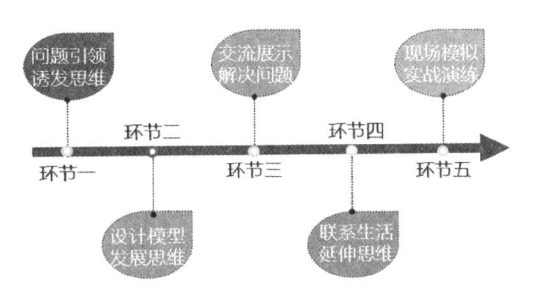

图2 实验设计思路

五、实验教学目标

（1）知识与技能：通过制作实验模型等学习活动，知道血管的特点，说出不同情况下的止血部位。

（2）过程与方法：通过设计实验激发学生的创新潜能，提高学生的观察能力、探究能力、动手操作能力。

（3）情感态度与价值观：通过模型的制作和分析，学生能够运用合理的急救方法，培养珍爱生命、敢于担当的社会责任感。

六、实验教学内容

本节实验选自济南出版社《生物学》七年级下册第三单元第三章第二节"物质运输的器官"。一是教材着重介绍了三种血管的血流特点和毛细血管的功能——物质交换，但是不够形象和直观，尤其是学生不能对物质交换产生形象的记忆和理解。二是教材53页巩固提高第2题，学生对抽血或输液时为什么要捆扎近心端表示不理解。三是在进行教材58页"模拟练习止血急救"的实践活动中，对不同血管出血时的止血部位意见不一。所以，实验教学内容主要有如下三个：

(1) 设计形象直观的"物质交换"过程；

(2) 对教材中动脉和静脉出血的特点和不同情况的止血部位进行模拟；

(3) 进行现场急救模拟。

七、实验教学过程

（一）问题引领，诱发思维

在学习教材中三种血管的特点时，学生知道动脉血管血流速度快，流经毛细血管时发生物质交换，在静脉血管中血流速度变慢。但教材中的文字描述不够形象直观，不便于学生理解记忆。学生提出如下疑问：

(1) 在毛细血管发生物质交换后，血液的形态有何变化？

(2) 因外伤出血时，如何判断是动脉血管还是静脉血管出血？

(3) 当动脉血管和静脉血管出血时，如何快速止血以急救呢？

（二）设计模型，发展思维

(1) 制订计划。

1) 设计方案：在课前组织学生对制作模型的方案进行讨论和设计，最终借助教材54页血液循环途径示意图进行设计，初步制作出图纸（见图3）。

2) 选择材料：以兴趣小组为单位自选材料，在课下完成直观模型的制作，要求材料体现废物利用和环保理念。

(2) 小组合作探究。

1) 实施计划。兴趣小组分别收集资料、制作模型，进行实验、记录结果、得出结论。通过装置，展示实验结果，通过照片，展示实验过程。

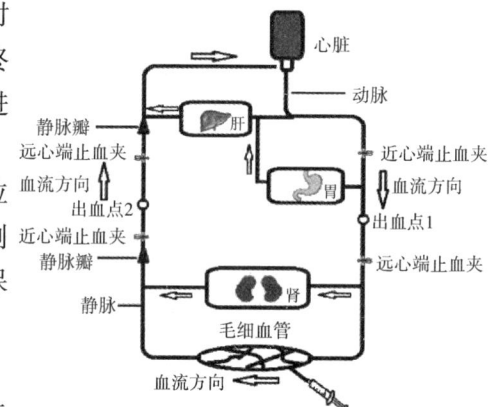

图3 设计方案图纸

2) 直观模型展示。兴趣小组同学们的设计简单、直观（见图4）。一是形象地展示了物质交换后血液形态发生的变化，由鲜红色变成了暗红色，原因是氧气在毛细血管处被利用，氧气与血红蛋白分离；二是直观呈现了动脉出血时鲜红的血液喷出，而静脉出血时暗红色的血液缓慢流出；三是轻松探究出了不同血管流血时的止血部位，便于同学们理解和记忆。

探究血管出血时的止血部位

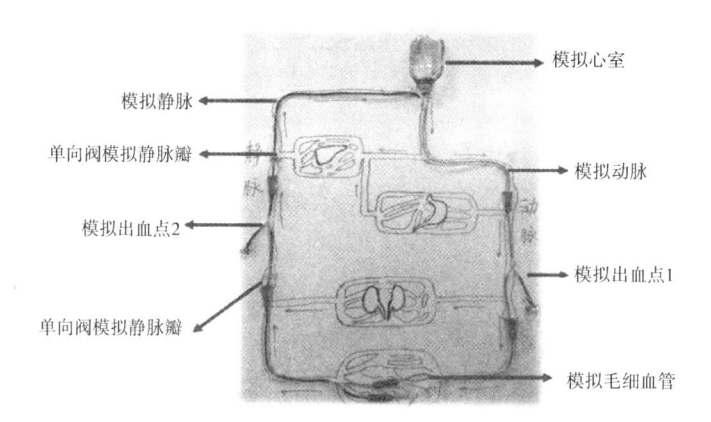

图4 兴趣小组制作的模型一

但是大多数学生认为：①模型相对简陋、欠缺美观；②"心脏"利用了虹吸原理，动力不足；③"毛细血管"太粗；④不易分辨近心端和远心端等。

（3）改进模型。经过上述实验和分析，针对提出的问题，我们再次对实验模型进行改进，确定了新模型（见图5）。

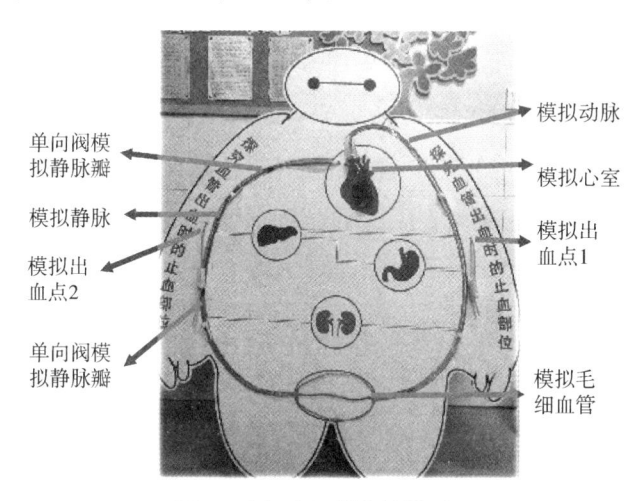

图5 兴趣小组制作的模型二

该模型的创新之处有：

1）利用微型水泵增加"心脏"的动力，更明显地模拟了动脉出血时的喷射状。

2）使用多通连接头巧妙模拟了"毛细血管"，使用推进器实现了物质交换的过程。

3）利用"大白"形象模拟人体手臂不同血管出血时的捆扎部位，更加形

713

象、直观和便于理解。

（三）交流展示，解决问题

利用改进后的模型，我们轻松、直观、形象地解决了学生提出的三个问题，并得出相关结论。

结论一：血液流经毛细血管时，由于发生了物质交换，鲜红色的血液变成暗红色的血液。

结论二：动脉血管出血时，血液从伤口喷出，血流速度快；静脉血管出血时，血液缓慢而连续不断地从伤口流出。

结论三：动脉出血时，需按压近心端止血；静脉出血时，需按压远心端止血。

（四）联系生活，延伸思维

在日常生活中，抽血时应该扎紧什么部位呢？在野外郊游时，如果不小心被毒蛇咬伤，该如何止血急救呢？请同学们利用模型来模拟一下。

结论一：抽血时针刺静脉，应该扎紧近心端。由于静脉瓣的存在，血液不能倒流而隆起，便于发现血管。

结论二：毒蛇咬伤的是静脉，为防止毒素流入心脏，我们应扎紧近心端。

（五）现场模拟，实战演练

"纸上得来终觉浅，绝知此事要躬行"，同学们体验了模型的制作，掌握了止血的急救方法。那么，能否应用于生活实际中呢？下面有请同学们的情景表演（见图6）。

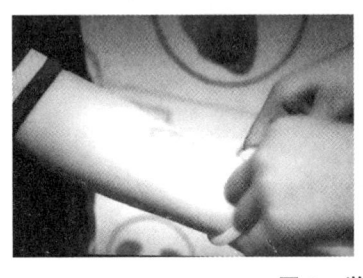

图6 学生现场模拟

八、实验效果评价

（一）实验效果

(1) 通过问题引领设计实验，培养了学生科学探究的能力。

(2) 通过创新实验，设计、制作模型使实验现象更明显，深化了同学们的理解。

（3）通过体验式课堂，增加了同学们的感性认识，打造了思维发展型课堂。

（4）课堂教学体现了实践出真知的理念，实验选材体现了生活化教学的理念。

（二）实验评价

本节实验面向全体学生，既对学生进行自评和互评，又有教师评价和学生评价，通过课堂评价有利于课堂效率的进一步提高。当然，实验还有许多需要改进的地方，如血液流动不明显、单向阀的作用体现不明显等。

血液循环的途径

云南大学附属中学　朱樱桃　赵元蛟

一、教学指导思想

在《义务教育生物学课程标准（2011年版）》中，生物学课程基本理念定位为：面向全体学生、提高生物科学素养和倡导探究性学习。所以，本节课以生物学课标为依据，充分激发学生学习的主动性，启发、引导学生的思维，使本节课设计的实验教学内容面向全体学生。让不同层次的学生都能参与到实验中，训练学生的自主学习能力、动手能力和思维能力，强调并且训练学生的探究性学习能力。在获得知识的同时，提高学生的生物学素养，也让学生体会到实验探究性学习的乐趣。

二、使用教材

本节课选自人教版《生物学》七年级下册第四单元第四章第三节"输送血液的泵——心脏"的第二课时"血液循环的途径"。

三、实验原理

建构主义的教学观强调要把学习者原有的知识经验作为新知识的生长点，引导学习者从原有的知识经验中主动建构新的知识经验。要充分发挥学生自己的主观能动性，在整个学习过程中，要求学生能用讨论、交流、探究、观点争论等不同的方法主动建构知识。在知识的有意义建构过程中，让学生积极参与、主动体验过程，培养学生的动手能力、自主学习探究能力、观察能力、思维能力以及分析、归纳、总结等综合能力。故在本节课中我们将生物学科核心素养的理性思维和科学探究相结合，将实验模型建构与学生探究性学习方式相结合，层层引导，启发学生的思维，在探究性学习中帮助学生建立血液循环的模型，进而探寻血液循环的完整过程。

四、实验教学方法

引导法、实验法、自主学习法、探究实验法，并与交互式电子白板教学相结合，本着以学生为主体、倡导自主学习和合作学习的教学理念，层层引导、逐步探究，构建血液循环模型及演示实验，建立完整的血液循环知识体系。

五、实验教学分析

（一）教学重点

概述人体血液循环的途径。

（二）教学难点

（1）区别动脉血和静脉血。

（2）理解血液循环途径中血液成分的变化。

（三）教学策略

本节内容在学习心脏的结构和功能之后，教材中关于血液循环的途径部分较为抽象，理解起来比较困难。故本课对原来的教学思路进行了大胆改进，选用容易买到且便宜的材料制作模型。通过模拟探究性学习，构建模型实验和两个动态演示实验，设计问题链层层引导学生，应用多种教具使抽象的问题形象直观化，以动手操作、观察体验、思考分析贯穿于整节课的教学，把课堂还给学生。结合教学重难点，通过合作探究的实验教学方法，来突出重点、突破难点。

（四）实验教学遇到的问题以及解决方案（见表1）

表1 实验教学中的问题及解决方案

问题	解决方案
（1）用什么材料模拟心脏和血管	用方形透明塑料蛋糕盒和软水管
（2）如何模拟心脏的收缩和舒张	用比较厚又有弹性的台布制作心脏模型
（3）如何模拟动脉血和静脉血	用红色和蓝色的细电线
（4）如何模拟动脉血和静脉血的动态变化	用红色和蓝色的墨水和染料尝试
（5）如何模拟血液完整持续的血液循环	用红色和蓝色的LED灯装在软水管中尝试
（6）如何解决台布制作的动态模型密封问题	用胶枪和胶布尝试

（五）预实验改进过程和设计目的（见表2）

表2 预实验改进过程和设计目的

预实验改进过程	设计目的
（1）要用1mm薄的台布	比较好地模拟心脏的收缩和舒张
（2）用红色、蓝色墨水的不同浓度比（各4mL）	模拟动脉血和静脉血的动态变化
（3）用较长的LED灯，且有闪烁和常亮模式	更真实的模拟动态持续的血液循环过程
（4）先用胶枪和502胶水，再用红、蓝胶带	密封效果比较好，是实验成功的关键

（六）三个实验的创新改进模型

实验一的模型如图1、图2所示。

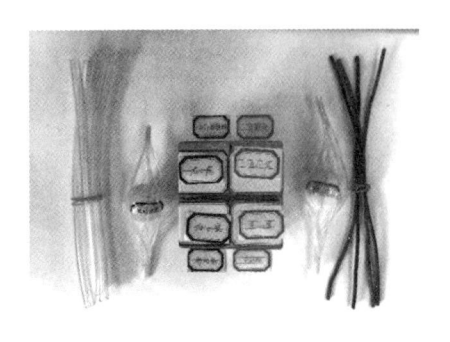

图1　实验一模型（完成前）　　　图2　实验一模型（完成后）

实验二的模型如图3所示。

图3　实验二模型

实验三的模型如图4、图5所示。

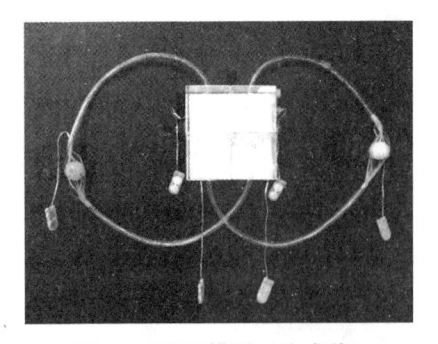

图4　实验三模型（完成前）　　　图5　实验三模型（完成后）

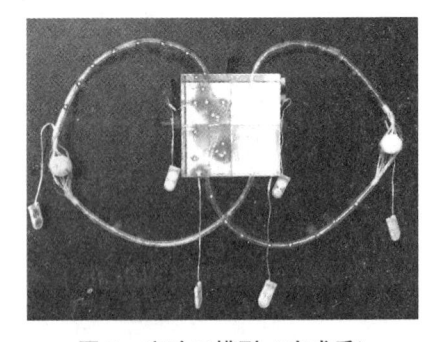

综合以上实验过程的创新和分析改进，本节课的基本思路如图6所示。

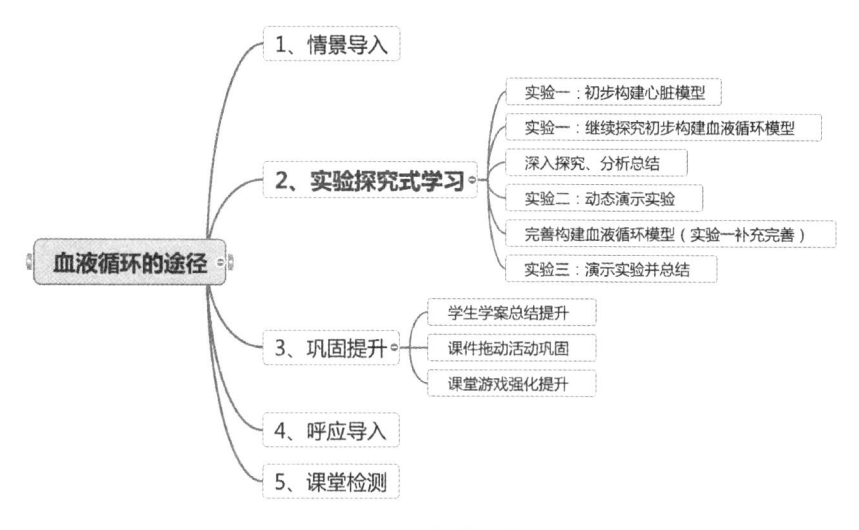

图 6　教学思路

六、实验教学目标

（一）知识目标

（1）概述人体血液循环的途径。

（2）区别动脉血和静脉血。

（3）理解血液循环过程中血液成分的变化。

（二）能力目标

（1）通过探究式学习，培养学生的动手和自主学习探究能力。

（2）通过层层引导，培养学生发现、分析、解决问题和归纳总结的能力。

（三）情感态度与价值观目标

（1）通过对血液循环途径的学习，认识到生命的奇妙。

（2）在实验探究学习中，知道保护心脏的重要性。

七、实验器材

（1）实验一用到的器材：方形塑料透明蛋糕盒、软水管、红色和蓝色电线、玩具细管、纸板、胶带、红色和蓝色的贴纸。

（2）实验二用到的器材：厚度为 1mm 软台布、软水管、黄色和白色的乒乓球、胶枪、胶棒、502 胶水、针管、红色和蓝色的胶带、小烧杯、实验盘、红蓝墨水、白色卡纸。

（3）实验三用到的器材：蛋糕盒、软水管、红蓝色的 LED 灯、胶带、图钉、油画架子、油画板。

八、实验教学过程

(1) 情境导入，激发兴趣（见表3）。

表3　情境导入教学过程

教学内容	教师的组织和引导	学生活动	教学意图
情景导入激发兴趣	老师以生活中的"疑惑"导入：爷爷拉肚子了，要输液才好得快 提出问题：静脉注射的药物怎样去小肠发挥作用呢	思考问题并猜测：静脉注射的药物随着血液循环经过的途径	说出老师的"疑惑"，拉近与学生的距离，创设情境，激发兴趣，引出课题

(2) 初步构建心脏模型（见表4）。

表4　初步建模教学过程

教学内容	教师的组织和引导	学生活动	教学意图
初步构建心脏模型	复习心脏的结构，引出血液循环 (1) 选一位同学到白板上拖动课件完成复习 (2) 请四人小组合作完成复习：老师明确礼物袋里各个模型模拟的结构	(1) 独立完成 (2) 小组合作：在心脏模型和模拟血管上贴上标签	(1) 复习心脏的结构，为探究学习血液循环的途径打下知识基础 (2) 培养学生小组合作的能力

(3) 实验一：探究并初步构建模型（见表5）。

表5　探究初步建模教学过程

教学内容	教师的组织和引导	学生活动	教学意图
实验一：探究并初步构建模型	探究并初步构建血液循环模型以及小组成果展示： (1) 引导学生独立自主学习：自学课本63~64页，并且给出思考问题 (2) 引导学生小组合作：完成血液循环模型初步构建 (3) 组织学生分组展示小组合作完成的血液循环模型，同时通过希沃授课助手视频直播学生展示的过程 (4) 引导其他小组找出问题，分析问题并且解决问题，并且换小组展示 (5) 请学生于学案上总结体循环和肺循环的路径	(1) 自学并且思考老师提出的两个问题 (2) 小组合作完成血液循环模型初步构建 (3) 小组展示初步构建的血液循环模型 (4) 其他同学可以质疑，找出问题，分析问题，解决问题，并且换小组展示 (5) 完成学案并回答问题	(1) 学生通过独立自学，独立思考，建立自己的思维过程 (2) 小组合作时，在思维碰撞中，训练学生表达自己的能力和与他人合作的能力 (3) 培养并且训练学生的表达能力 (4) 培养学生提出问题、发现问题、解决问题的能力 (5) 及时总结强化

(4) 深入探究、分析总结血液循环途径中血液成分的变化（见表6）。

表6 深入探究教学过程

教学内容	教师的组织和引导	学生活动	教学意图
深入探究、分析总结	深入探究并且分析血液循环途径中血液成分的变化 (1) 提出问题，引导学生分析 (2) 引出动脉血和静脉血的概念，明确区别依据 (3) 引导学生通过形象生动的视频理解肺循环中血液流过肺部的毛细血管时血液成分的变化，并分析总结 (4) 引导学生通过形象生动的视频理解体循环中血液流过全身的组织细胞处的毛细血管时血液成分的变化，并分析总结	(1) 学生思考并分析 (2) 学生观察颜色差异并思考分析 (3) 学生观看视频并思考分析总结，完成学案	(1) 提出问题，引发学生的思考 (2) 引导学生观察，动脑分析 (3) 将体循环中血液在流经组织细胞处抽象的变化通过形象生动的视频变得直观而又简单，更易理解

(5) 实验二：动态演示（见表7）。

表7 动态演示教学过程

教学内容	教师的组织和引导	学生活动	教学意图
实验二：动态演示	动态演示血液循环中动脉血和静脉血的变化 请一组同学来讲台上合作演示实验：2位同学演示，1位同学讲解，1位同学通过希沃授课助手视频直播	一个小组合作演示，其他同学观察并总结	通过动态演示实验，直观形象地展示血液循环过程中血液成分的变化

(6) 完善构建实验一的模型（见表8）。

表8 完善建模教学过程

教学内容	教师的组织和引导	学生活动	教学意图
完善构建实验一的模型	完善构建血液循环的模型 (1) 老师明确红电线模拟动脉血，蓝电线模拟静脉血，学生进一步完善血液循环模型构建 (2) 引导小组展示成果并完成学案	(1) 小组合作完成血液循环模型构建 (2) 小组展示成果并完成学案	层层引导，最终完成血液循环模型的构建，掌握血液循环过程中血液成分的变化

（7）实验三：演示并总结（见表9）。

表9 演示总结教学过程

教学内容	教师的组织和引导	学生活动	教学意图
实验三：演示并总结	演示并总结完整的血液循环的途径 （1）请一位同学演示，并总结 （2）通过视频再次理解血液循环的两条途径同时进行	思考总结	模型动态演示效果直观、明显，又令学生感叹惊奇，印象深刻

（8）巩固提升（见表10）。

表10 巩固提升教学过程

教学内容	教师的组织和引导	学生活动	教学意图
巩固提升	课堂巩固提升 （1）引导、完成课件拖动检测 （2）课堂活动的游戏检测	（1）在学案上画出完整的血液循环途径，表明血液成分变化，并且选2位同学完成课件检测 （2）完成游戏检测	（1）通过完成学案和课件拖动检测加深学习效果 （2）在游戏中快乐学习

（9）呼应导入和课堂检测（见表11）。

表11 课堂检测教学过程

教学内容	教师的组织和引导	学生活动	教学意图
呼应导入	前后呼应，解决问题：引导分析，反复训练	思考并回答	使学生体会解决问题的喜悦，并且强化训练
课堂检测	用中考题检测学习效果；统计答对人数，检测探究式教学的效果	完成检测	检测学习效果，分析探究式教学的优势和可行性

九、实验教学效果反思与评价

（1）重视预实验的不断改进：课前的预实验由教师和所带班级的学生共同完成，以便在课前尽可能地发现实验中存在的问题，并尝试用多种方法去解决。同时，参与预实验的同学更加清晰血液循环的途径，在课中可以演示并讲解两个动态实验以及承担小组组长的任务。

（2）重视学生的"学"：在本节生物课堂中主要体现"做中学"，依据建构主义学习理论强调学生在整个学习活动中的主体性。本节课最大的教学特色是通过探究式实验学习血液循环的过程，让学生通过自主学习，在小组合作中构建体循环和肺循环的模型。

（3）提升学生的综合素质和能力：学生亲自参与做实验，加强学生的感性认识，这也符合初中生的认知特点，从而更有利于加强学生的理解和学习，在自主探究学习中培养学生独立思考、发现问题、分析问题、解决问题的能力；在小组合作讨论中培养学生交流和合作的能力，突出创新精神和实践能力的培养，利于学生综合素质的提升。

（4）本课的改进空间：如心房和心室之间瓣膜的作用、肺泡与血液进行的气体交换以及组织细胞与血液进行的物质交换等问题。在本课中我采用了视频来展现这一部分的内容，如何模拟需要专家们的讨论指导，给予我宝贵的建议。

（5）学习效果有明显的提升：本课最后利用2018年昆明市的中考题来进行课堂检测，将本课的模型构建法的学习效果和以前常规课的学习效果进行对比、统计分析，发现学习效果有很大的提升。

血液循环

北京师范大学新余附属学校　甘丽娟

一、使用教材

人教版《生物学》七年级下册第四章第三节第二课时"血液循环的途径"。

二、实验器材

（1）魔术道具：具支试管、泡沫板、硅胶软管、试管架、大注射器。

（2）探究实验：鸭血、分别装有氧气和二氧化碳的输液瓶、注射器、试管架、标签纸。

（3）血液循环动态模型：硅胶管、玻璃胶、热熔胶、洗瓶、塑料接头、红蓝墨水、微型水泵。

（4）小组对抗道具：硅胶软管、洗瓶、泡沫板、标签纸、双面胶、透明胶。

三、实验创新要点

（1）设计魔术导入，自制魔术道具，激发学生兴趣。

（2）设计探究实验，真切感受血液成分变化。

（3）师生共同自制"血液循环动态模型"。

（4）设计小组对抗赛，巩固课堂知识。

四、实验设计思路

本节课是纯理论的知识，传统教学课堂气氛不活跃，课堂教学效果不好。为了调动并活跃课堂气氛设计了魔术。教材没有设计实验，对于动脉血和静脉血的转化原因大部分学生很难理解，为此我设计了实验帮助学生探究转化的原因。

五、实验教学目标

（1）生命观念：概述血液循环的两条途径，认识血液在循环过程中的变化。

（2）科学思维：通过魔术、模型、探究实验，培养学生的观察能力，分析、归纳及总结的科学思维。

（3）科学探究：通过探究实验和制作模型培养学生的科学探究的精神。

（4）社会责任：关注自身及家人血液循环系统的健康。

六、教学过程

（一）魔术导入，激发兴趣

本节课是纯理论的知识，抽象不易理解，传统教学课堂气氛不活跃。

创新点1：自制魔术道具（见图1），设计魔术导入，现场演示血液颜色变化（见图2），活跃课堂气氛，激发学生兴趣。

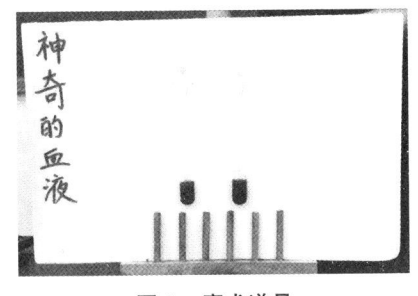

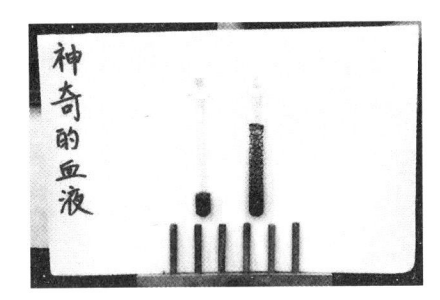

图1　魔术道具　　　　　　图2　魔术变色过程

创新点2：传统教学是先介绍血液循环的途径，再介绍血液的成分变化。改变教授的顺序，由先观察血液变化再探究变化的原因，由表及里，再由两种血液的流动来认识血液循环途径。通过魔术环节，学生可以初步认识血液分为动脉血和静脉血，且二者可以发生相互转化。

（二）探究动脉血与静脉血的相互转化

书本第64页有关血液颜色的图片区别不明显，且变化的原因只有文字介绍，非常抽象。学生不易理解。

创新点3：引导学生在魔术的基础上设计分组实验，探究动脉血与静脉血的相互转化。学生动手操作，真切感受血液成分的变化，有利于学生理解血液循环过程中血液成分变化的原因，引导学生设计实验方案、讨论方案、修改方案。有的学生提出，魔术时向血液中通气体会有许多血泡溢出，且变色时间较长，耗费气体较多。为此师生共同改进，制定最终实验方案如下。

（1）实验目的：区分动脉血和静脉血，认识动脉血和静脉血相互转化的原因。

（2）实验器材：鸭血（加入阿氏液）、分别装有氧气和二氧化碳的输液瓶、注射器、试管架、标签纸。

（3）实验过程。

1）取三支玻璃注射器，分别标上A、B、C。依次抽取2mL血液，在表格中记录颜色。

2）分别向A、B注射器内通入等量的二氧化碳，摇晃1min，使血液与气体充分接触。C不做处理。在表格中记录颜色。

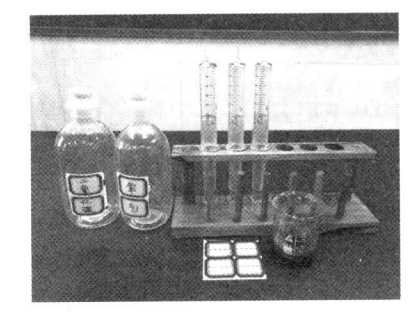

图3　探究实验的实验器材

3）将A注射器内的气体排出，抽取适量的氧气，摇晃1min使其与血液充分接触。B、C不做处理，在表格中记录颜色。

（4）实验结论：动脉血和静脉血可以相互转换。动脉血是含氧多颜色鲜红的血，静脉血是含氧少颜色暗红色的血。

此探究实验的优点是：从无到有，设计了对照；实验器材少易得，可重复使用；实验气体和血液的用量非常少；操作简单耗时短，效果明显；注射器可以调节气体液体的用量；实验成功率高。

（三）创新模型，建构途径

（1）由于血液循环途径较为复杂抽象，学生不能直观感受，传统教学主要采取三种方式。①使用图片，但不能动态展示血液的流动，不够直观。②播放视频，学生看过一遍之后容易忘记，不够深刻。③使用演示仪，只是利用光电效果，不够逼真。为了弥补以上不足，课前我录制了微课安排学生预习，全班分为三个大组，查阅并收集资料，尝试制作模型。每个组都提交了作品，学生们制作的模型都各有特点。最终我们决定采用第三组同学的模型进行改进，使其更动态逼真。师生合作，集思广益，多次改进，最终制成第一代血液循环动态模型。

（2）模型器材：所用材料如图4所示，包括：硅胶管、热熔胶、玻璃胶、洗瓶、塑料接头、红蓝墨水、微型水泵。四个洗瓶分别模拟左右心房、左右心室，上下洗瓶用单向阀连接用于模拟心脏内防止血液倒流的瓣膜。遍布的硅胶管模拟身体的各种血管，红墨水模拟动脉血，蓝墨水模拟静脉血。

图4 制作血液循环动态模型的材料

（3）后来生物兴趣小组的同学提出，这个模型不够形象逼真（见图5），是否可以改进呢？在请教了物理老师、美术老师等之后，我和学生又进行了第二次改进，将四个洗瓶替换为亚克力面板制作的心脏立体模型，内置两个单向阀，其他不变，如图6所示。改进后的装置更加美观、形象。

图5　第一代血液循环动态模型　　　图6　第二代血液循环动态模型

（四）小组对抗，巩固知识

利用创新模型变换为道具，设计小组对抗赛，活跃课题气氛，锻炼学生动手能力。

七、实验效果评价

（1）整个教学过程始终把培养学生的生物核心素养放在首位。

（2）将纯理论的课堂变为有实验、有模型又有竞赛的趣味课堂，极大地调动了学生的积极性，学生参与度高。

（3）探究实验的完成和创新模型的使用解决了教学重难点，课堂效果较好。

（4）创新教具还可以更加完善。

高中生物

探究影响光合作用的因素

上海市闵行第三中学　汪婷婷
上海市闵行区教育学院　戴赟
上海市闵行第三中学　黄建书

一、使用教材

上海科学技术出版社高一《生命科学》第四章第二节实验4.4第一课时"探究影响光合作用的因素"。

二、实验器材

结香植株叶片，自制实验架（含LED灯），煮沸后急速冷却的水和用其配制的0.2% $NaHCO_3$、0.4% $NaHCO_3$、0.6% $NaHCO_3$、0.8% $NaHCO_3$、1.0% $NaHCO_3$溶液，清水，烧杯，注射器（20mL、内径21mm），计时器，内径为4mm的钻孔器，镊子，培养皿，记号笔，圆形标签纸等。

三、实验创新要点/改进要点

（一）实验材料选择

课前选取校园内多种植物叶片（见图1），比较用"真空渗水法"使叶圆片下沉的难易程度，发现结香叶圆片最易下沉。同时，结香植株叶片数量多、叶面积大，是最佳的实验材料（见图2）。

图1　校园内多种植物叶片　　图2　校园内的结香植株叶片

（二）$NaHCO_3$溶液浓度改进

通常使用0% $NaHCO_3$、0.5% $NaHCO_3$、1% $NaHCO_3$、2% $NaHCO_3$、4% $NaHCO_3$来探究CO_2浓度对光合作用的影响，但通过预实验发现结香叶圆片的实验结果如

图 3 所示。为了更好地反映"在一定范围内光合作用强度随 CO_2 浓度升高而增加",我们实验研究发现 0% $NaHCO_3$、0.2% $NaHCO_3$、0.4% $NaHCO_3$、0.6% $NaHCO_3$、0.8% $NaHCO_3$、1.0% $NaHCO_3$ 浓度更为适合。

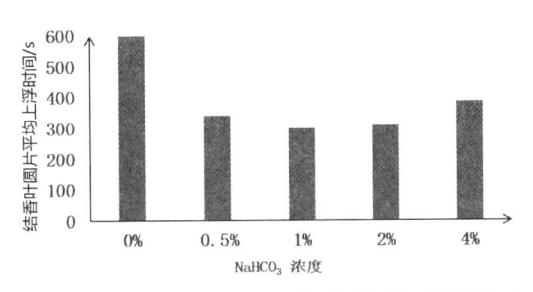

图 3 $NaHCO_3$ 浓度与结香叶圆片上浮时间的关系

(三) 实验装置创新

(1) 实验装置简介。

1) 灯源——LED 灯。通常用白炽灯（见图 4）作为光源,易发热而造成温度干扰。选择使用冷光源 LED 灯（见图 5）,能更好地控制温度变量,使实验结果更有说服力。

图 4 白炽灯　　　　　图 5 LED 灯

2) 容器的归并——注射器。通常使用 10mL 玻璃注射器用"真空渗水法"使叶圆片下沉,使用 100mL 烧杯作为叶圆片光合作用上浮的容器（见图 6）。但在实际操作中,在玻璃注射器内下沉的叶圆片需要倒出后再一个个夹入烧杯,若设计多组实验,这个步骤必然耗时较多。同时,负压抽气时 10mL 玻璃注射器较易破碎,存在一定的安全隐患。

我们的实验装置选取 20mL 塑料注射器,同时兼具 10mL 玻璃注射器和 100mL 烧杯的功能（见图 7）,即用 20mL 塑料注射器使叶圆片下沉后,无须更换容器,直接在该注射器内进行叶圆片光合作用上浮实验。其优势有：①简化操作步骤,缩短实验时间。②成倍减少试剂使用量：相比 100mL 的烧杯倒入 30～40mL 的 $NaHCO_3$ 溶液,20mL 注射器只要使用 15mL 即可。③轻松定量更换溶液：利用注射器的活塞即可轻松排出原溶液并快速定量吸取所需溶液。④安全性更强：相比玻璃注射器，塑料注射器不易碎。⑤成本更低：塑料注射器比玻璃注射器的价格低不少。

图 6　10mL 玻璃注射器和 100mL 烧杯

图 7　20mL 塑料注射器

3）自制实验架（已申请国家专利）。我们设计的自制实验架，既考虑注射器和光源的放置，又考虑能较好地控制温度、光照等实验条件，主要结构包括上圆盘、下圆盘和支撑柱三部分（见图8）。下圆盘半径23cm，圆心处设计了LED灯的灯座，可根据需要更换灯源。3根支撑柱高25cm，正好能确保注射器内放置叶圆片的部分与光源处于同一水平面，且能清晰观察叶圆片上浮情况（见图9）。上圆盘半径与下圆盘半径相等，并在其半径10cm、15cm、20cm的三个同心圆（分别记作内圈、中圈和外圈）上设置3圈放置注射器的小孔，每圈6个共18个孔。小孔孔径2.25cm，正好插入一个20mL注射器。每圈小孔均匀分布，各圈小孔呈镶嵌状排列，不互相遮挡从圆心发出的光（见图10）。

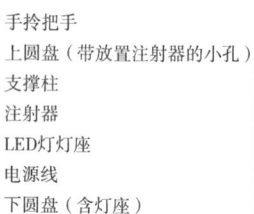

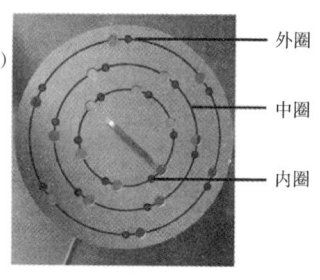

图 8　实验架实物

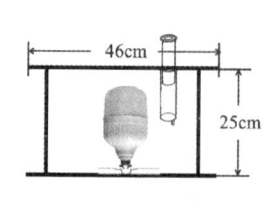

图 9　实验架平视结构

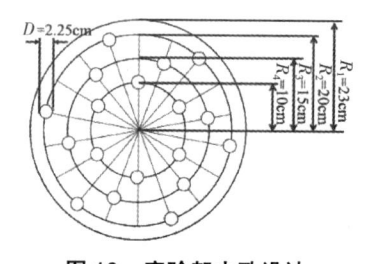

图 10　实验架小孔设计

（2）实验装置在探究光合作用影响因素实验中的运用。

1）单因素变量实验。利用本实验装置可探究多种单因素变量实验，如光照强度（见图11）、CO_2浓度、光质、温度等因素对光合作用的影响。

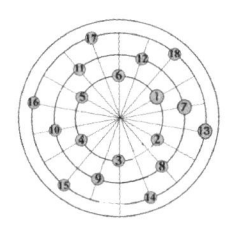

图11 光照强度对光合作用影响的探究实验设计图和实物图

将注射器置于上圆盘的内圈、中圈和外圈以获得3种不同的光照强度（如图11左图中①⑦⑬小孔处）相互对照，同时确保各注射器内放置有等量相同的叶圆片和等量相同浓度的$NaHCO_3$溶液（或煮沸后急速冷却的水）。利用起整个圆盘的小孔，每种光照强度下最多可以获取6个实验数据，取均值以减小误差。

在注射器内吸取等量不同浓度的$NaHCO_3$溶液，分别置于上圆盘的同一圈层中，以确保各组间光照强度和温度一致。本装置最多可进行6种浓度的$NaHCO_3$溶液探究。

2）双因素变量实验。利用本实验装置设计双因素变量实验，可以同时探究光照强度、光质、CO_2浓度、温度以及叶龄等因素中的任意两种因素。以探究光照强度和CO_2浓度对光合作用的综合影响为例，若需要设置3种光照强度和3种CO_2浓度，可以按表1设计9个注射器，分别置于上圆盘①~③、⑦~⑨、⑬~⑮小孔中。若设置6种浓度的$NaHCO_3$溶液，则需要使用起整个上圆盘的18个小孔。

表1 探究光照强度和CO_2浓度对光合作用综合影响的探究实验分组设计表

	光照强度1	光照强度2	光照强度3
第1种浓度的$NaHCO_3$溶液	①	⑦	⑬
第2种浓度的$NaHCO_3$溶液	②	⑧	⑭
第3种浓度的$NaHCO_3$溶液	③	⑨	⑮

（四）实验结果记录表设计

传统真空渗水法的记录表如表2所示，实验时每隔5min记录一次叶圆片上浮数量，持续20min。叶圆片平均上浮时间的计算方法是$(5a+10b+15c+20d)/(a+b+c+d)$。

表2 传统真空渗水法的记录表

杯号	条件			不同时间叶圆片上浮数				叶圆片平均上浮时间/min
	温度	光照	NaHCO$_3$溶液	5min	10min	15min	20min	
1				a	b	c	d	
2								
3								

此次实验课设计了新的真空渗水法记录表（见表3），实验持续10min，记录每个叶圆片的上浮时间。叶圆片平均上浮时间的计算方法是$(e+f+g)/3$，计算简便，误差也小。

表3 新的真空渗水法记录表

注射器号	条件			结香叶圆片上浮时间/s			
	室温	光照强度	NaHCO$_3$浓度	叶圆片1	叶圆片2	叶圆片3	平均值
1				e	f	g	
2							
3							

（五）利用Excel软件记录实验数据和生成图表

利用Excel软件新建工作簿后，定义好输入实验数据的单元格，并利用这些单元格的数据生成折线图，就可以生成各组和汇总后的全班折线图（见图12）。

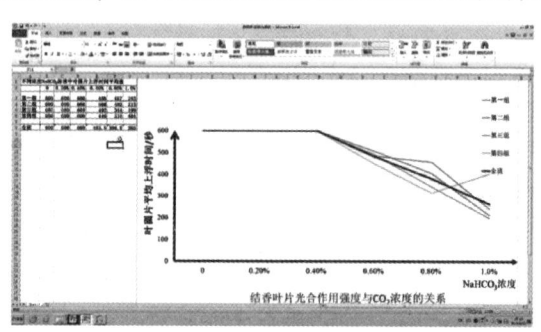

图12 利用Excel软件记录实验数据并生成折线

（六）设计实验探究能力评价表助力学生能力形成

针对学生实验探究过程中涉及的知识、能力和情感等内容，设计知识评价表（见表4）和实验操作评价表（见表5）的各项评价标准，贯穿整个教学过程，有助于学生形成包括探究能力在内的学科核心素养。

表4 知识评价表

评价标准	自评	他评	师评
认识探究实验的基本过程			
明确研究课题			
掌握实验原理			
知道实验需要遵循的原则			
理解 CO_2 浓度对光合作用强度的影响			
设计可行的实验方案			
利用自制装置探究光照强度对光合作用强度的影响			
利用自制装置探究光照强度和 CO_2 浓度对光合作用强度的综合影响			
总结减少实验误差的方法			
能提出新的疑问			
总计			
评语			

表5 实验操作评价表

评价标准	自评	他评	师评
用真空渗水法使叶圆片下沉			
观察到叶圆片上浮的现象			
小组内分工合理、合作高效			
真实记录了实验数据			
会用电脑软件分析实验数据			
实验过程中遵循对照原则			
实验过程中遵循单因素变量原则			
实验过程中遵循平行重复原则			
能分析实验数据，得出实验结论			
在实验过程中收获了小组合作的快乐			
总计			
评语			

注：实验评价分为三个等级：优（5分）；良（3分）；一般（0分）。

四、实验原理/实验设计思路

利用真空渗水法排除叶圆片细胞间隙中的气体，充以水分，使叶圆片沉于水中。在光合作用过程中，叶圆片吸收 CO_2 放出 O_2，由于 O_2 在水中溶解度很小，主要积累在细胞间隙，能够使下沉的叶圆片上浮。因此，根据叶圆片上浮所需时间长短，能比较光合作用的强弱。

五、实验教学目标

（1）参观农业基地，认识光合作用在提高农作物产量中的应用，发现并提出与光合作用有关的问题。

（2）理解真空渗水法的原理，设计"探究 CO_2 浓度对光合作用的影响"的实验方案，深入理解实验的对照原则、平行重复原则和单因素变量原则。

（3）经历科学探究的基本过程，运用分析、推理和综合等思维方法分析实验结果，说明 CO_2 浓度对光合作用影响，提升科学思维和科学探究能力。

（4）通过实证，初步理解提高农作物产量的具体措施，并能用物质与能量观解决实际问题。

六、实验教学内容

本实验主要探究" CO_2 浓度对光合作用的影响"。本课从参观农业基地的视频情境导入，设计实验方案并探究 CO_2 浓度对光合作用的影响，通过数据分析得出实验结论，理解 CO_2 浓度与光合作用强度的关系。并在此基础上能设计光照强度对光合作用的影响、CO_2 浓度与光照强度对光合作用的综合影响的实验方案，体验实验探究的乐趣，提升学生的探究能力。

七、实验教学过程

（一）课前

参观上海交通大学浦江绿谷农业基地，仔细观察植物的生长状态与大棚的相关设施，发现并提出与光合作用有关的问题，使得研究课题聚焦于学生提出的问题。

（二）课中

（1）创设情境，引入新课。首先播放参观视频片段，创设情境，引入课题"探究影响光合作用的因素"。结合光合作用反应式，引导学生分析影响光合作用的外因、内因，并思考测量光合作用强度的指标。

（2）巧设问题，明确原理。思考"叶圆片上浮的原因"和"获得下沉叶圆片的方法"这两个问题，明确真空渗水法的实验原理。

（3）交流讨论，设计方案。结合实验设计原则，分组讨论完成"探究 CO_2

浓度对光合作用的影响"的实验方案设计，并通过全班的交流完善实验方案，使其更加科学合理。

（4）分组合作，实施实验。教师介绍实验注意事项后，指导学生分组实施实验，仔细观察叶圆片上浮的现象，及时记录叶圆片上浮时间并求出平均值。

（5）汇总数据，展现图表。利用 Excel 软件生成各小组和全班的折线图。

（6）分析数据，得出结论。分析实验数据，得出有关 CO_2 浓度与光合作用强度关系的实验结论。

（7）回顾过程，总结实验。结合实验过程，总结在本次实验实施中采取的有效降低实验误差的方法。如在基本相同的叶片位置打孔获取叶圆片、注射器带刻度可快速定量吸取溶液、统一放置实验架内圈可有效控制光照强度和温度等（见图13）。

图 13 装置改进对比图

自制实验架内圈的 6 个小孔与光源距离相同，可以有效地控制光照强度、温度这些无关变量，从而减少实验误差。

（8）拓展研究，交流分享。基于 CO_2 浓度对光合作用影响的探究实验，设计光照强度对光合作用影响、光照强度和 CO_2 浓度双因素对光合作用的综合影响的实验方案，并交流分享。

（三）课后

（1）对照评价表（包括知识评价和实验操作评价）完成学生自评、他评和师评。

（2）光照强度对光合作用影响、光照强度和 CO_2 浓度双因素对光合作用综合影响的方案实施。

（3）运用实验装置进一步探究新的疑问，如结合学校航天特色，探究航天椒的光合作用是否优于普通青椒的课题。

八、实验效果评价

（1）实验试剂和仪器等更经济、安全，操作便捷。使用自制实验装置，实验中无须准备数量众多的烧杯，试剂量也减少，能大大减轻实验人员在实验前后**准备和整理的负担**。

（2）教师能更好地调控学生实验完成的时间。20mL 注射器作为叶圆片光合作用上浮容器、结香叶片的选择、$NaHCO_3$ 溶液浓度比例的缩小、Excel 软件的运用、轻松换用不同功率的 LED 灯等可更好地调控学生实验完成的时间，匀出更多宝贵的时间组织各种深入研讨。

（3）能更好地控制变量，减少实验误差。自制实验装置内、中、外圈的设计能有效地控制温度、光照强度等实验变量。新真空渗水法记录表的使用、叶圆片实验注意事项的介绍等能更好地减少实验误差。

（4）自制实验架的运用使课堂进行多种探究实验成为可能。本次实验学生体验了"CO_2 浓度对光合作用的影响"的完整实验探究，同时还设计了光照强度对光合作用影响、光照强度和 CO_2 浓度双因素对光合作用综合影响的实验方案。且部分学生还完成了光照强度和 CO_2 浓度对光合作用综合影响的实验初探。

（5）课内外资源的整合，凸显了学科价值。课前参观农业基地，观察大棚蔬菜和无土栽培植物，认识光合作用在提高农作物产量中的作用；课后结合学校航天特色，运用实验装置进一步探究航天椒的光合作用是否优于普通青椒的课题等，都使学生体会到生命科学的学科价值。

（6）评价促进学生实验探究能力的提升。基于实验探究能力评价表（包括知识评价和实验操作评价）完成自评、他评和师评。立足过程、立足发展的全面评价，有利于学生反思过程发现不足，从而有效提高自己的探究能力，也能帮助教师更充分了解学生，有利于针对性地促进学生能力的发展。

探究环境因素对光合作用的影响

山南市第三高级中学　次仁拉姆

一、使用教材

人教版高中《生物必修1　分子与细胞》第五章"细胞的能量供应和利用"第四节"能量之源——光和光合作用二：光合作用的原理和应用"中的"探究环境因素对光合作用的影响"实验。

二、实验器材

（一）实验材料

新鲜水绵。

（二）实验药品

1%碳酸氢钠溶液、2%碳酸氢钠溶液。

（三）实验器具

（1）规定器材：量筒、烧杯、天平、玻璃棒、吸管、水槽等。

（2）自制教具：自制纸箱（7个）、自制光源（功率为95W的灯泡两个，40W、25W灯泡各一个，颜色分别为白、红、蓝的15W功率灯泡各一个，连线插座三个）。

三、实验改进要点

（1）自制实验器材来源于生活，实验装置简单实用。

（2）用水绵代替菠菜叶，将水绵提前暗处理，无须再准备打孔器与注射器，使实验操作变得简单便捷。

（3）用不同浓度的 $NaHCO_3$ 溶液代替富含 CO_2 的清水，能够为绿色植物光合作用持续提供浓度相对稳定的 CO_2。

（4）改进后的实验装置可以同时探究多种外界因素对光合作用强度的影响。

（5）实验时间短、现象明显，可以在一个课时内完成，有利于学生快速得到相应的实验结论。

（6）由单因素探究拓展为多因素探究，能够在短时间内有效提升学生的生物学科核心素养。

四、实验原理

（1）水绵在缺少光照的条件下，往往沉入水底；在光照充足的条件下，由于光合作用产生的氧气附着在植株表面而上浮。光合作用的强度可以通过产生的氧气量来测量，在不同条件下植物单位时间内产生的氧气量不同。本实验中实验材料水绵产生的氧气会使水绵从水底上浮，不同自变量情况下水绵上升的幅度不同，据此探究光合作用的强度与各种环境因素的关系。

（2）碳酸氢钠溶液是生物学实验普遍使用的 CO_2 缓冲液，可以在一定时间内为实验持续提供浓度相对稳定的 CO_2。

（3）光合作用过程利用光能吸收 CO_2 并释放 O_2。不同的环境因素，如二氧化碳浓度、水分、光照的强弱、光的波长（光质）以及温度的高低等，都会影响光合作用的强度。

五、实验教学目标

（1）生命观念：通过实验探究过程理解光合作用需要原料二氧化碳、需要光照作为能量来源，在知识构建中，形成物质与能量观；

（2）科学思维：通过自主探究得到生物学事实和证据，培养学生归纳与概括的科学方法；通过利用与教材不同的实验材料和实验方案获得科学探究的结果和结论，培养学生的创造性思维；

（3）科学探究：通过开展光照强度、二氧化碳浓度、不同光质对光合作用强度影响的探究，培养学生设计实验、操作实验、分析结果得出结论等科学探究核心素养。

（4）社会责任：利用光合作用的基础知识，根据探究过程得到的实验现象作出理性解释和判断，培养学生在未来的工作中解决生产生活问题的基本能力。

六、实验教学内容

（1）探究不同光照强度对光合作用强度的影响。

（2）探究不同 CO_2 浓度对光合作用强度的影响。

（3）探究不同光质对光合作用强度的影响。

七、实验教学过程

（一）复习引入

教师提问：请大家回顾所学，光合作用的强度会受哪些因素的影响？

（二）课堂探究

教师：课前，我们已经分组布置了设计实验方案的任务，请各小组组长汇报你们的成果。

（1）三个小组依次分享本组实验设计方案。

（2）不同小组互相借鉴其他小组好的做法，讨论完善本小组的方案，并确定方案。

（3）各组按确定后的方案开展实验探究。

（4）各小组依次分享展示实验结果并得出结论。

（三）课堂总结

就学生实验中出现的问题，教师组织学生讨论、完善。

（四）思维拓展

"如果我们再探究其他因素对光合作用强度的影响，你将怎样设计实验方案？"以问题的形式，引导学生的思维、行为在课后拓展延伸。

八、实验效果评价

（一）实验效果明显，且优于教材建议的探究方案

（1）在预备实验阶段，用教材建议的实验材料进行实验，效果不明显且用时很长；改进后的实验方案使用水绵和自制实验设备对不同自变量展开探究，用时短、效果明显，实现了对教材现有探究方案的突破。同时，实验材料水绵和自制实验设备易得，成本低、经济环保，有利于推广应用。

（2）教材探究方案建议，课堂中只探究光照强度一种环境因素对光合作用强度的影响；改进后的方案可以同时探究多种环境因素对光合作用强度的影响，有效提高了科学探究的效率。

（二）创新实验方案，对学生能力的培养较全面

（1）设计和操作能力的提升。"纸上得来终觉浅，绝知此事要躬行。"局限于学生的知识基础及学校的条件，实验开设情况不乐观，学生设计实验并亲自操作的机会不多，能力有限。本次实验探究通过课前的知识铺垫、学习小组自主设计实验方案，课中汇报、讨论和完善实验方案，课内亲自动手操作、记录、分析等过程，有效地提升了学生的实验设计、实验操作能力。

（2）归纳与概括能力的提升。探究过程中，要求学生用表格的形式呈现实验数据、用简洁精确的科学语言加以阐述、用规范的生物学语言表达科学结论，有效提升了学生的归纳与概括能力。

（3）创造性思维的提升。在本次实验创新的过程中，师生共同探究不同实验材料和药品的实验效果，找到了最佳实验材料水绵，利用不同浓度的 CO_2 缓冲液进行实验，同时探究多种环境因素对光合作用强度的影响等，这些都能有效提升学生的创造性思维。

九、实验总结

实验的改进与创新中难免会遇到很多不如意的地方，比如本次实验创新中，虽前人做过很多的实验，包括课本实验、我们当地老师的创新实验、网络上的实验范例等。但这些实验对建校不到三年的我校来说，由于实验室的建设不成熟，设备紧缺，很多教材实验所需的仪器设备都供应不足，因而开展实验已成为我校面临的最大难题。

本次创新时，在材料的选择上进行了多种尝试，从最初课本建议的菠菜叶到本地油菜嫩叶，从专家推荐的黑藻到柳树叶等。但我们发现用这些材料来做实验，存在成本高、时间长、过程烦琐、结果不明显等问题。在我校生物教研组的共同努力下，最终发现用水绵作为实验的材料，材料易得、用时短、效果明显，是非常理想的材料。用水绵作为实验材料时也出现了很多插曲，比如最初实验效果明显，到第二、三天实验效果不明显，与预期结果出现反差等，在不断的探索中最终突破了水绵养护难题，调整了暗处理的时间，确定了合适的碳酸氢钠溶液浓度。

创新是敢于不断探索的结晶，也是我们能够站在巨人的肩膀上的原因。从实际出发，让学生能动手操作、参与探究过程、享受成功的喜悦；期待学生学以致用，用科学结论解释实际生产、生活中的现象，我想这真正实现了教育的最终目的。

绿叶中色素的提取和吸光性探究

青海湟川中学　李智芹

一、使用教材

人教版高中《生物必修1　分子与细胞》第五章"细胞的能量供应和利用"第四节"能量之源——光与光合作用"中的"绿叶中色素的提取和分离"实验。

二、实验原理

（1）色素的提取。色素易溶于有机溶剂，可以用无水乙醇提取，用便携式榨汁机破坏细胞结构，便于色素释放。

（2）色素的分离。不同的色素在层析液中的溶解度不同，在介质上（滤纸、薄层层析板）的扩散速度不同，利用此特性分离色素。

（3）色素的吸光特性。绿叶中的色素主要吸收红光和蓝紫光，对绿光的吸收较少，其中叶绿素主要吸收红光和蓝紫光，类胡萝卜素主要吸收蓝紫光。可以通过色散实验、分光实验观察，或者通过分光光度计直接测量色素在不同波长的吸收值。

（4）叶绿素含量的估算。叶绿素在红光区和蓝紫光区有两个强吸收带，可以通过用分光光度计测量630~660nm处的吸收值或420~450nm处的吸收值来衡量色素的含量，两者是正相关的。

三、实验器材

（一）色素的提取

剪刀、电子天平、称量纸、便携式榨汁机、过滤装置（漏斗、尼龙布、离心管）。

（二）色素的分离

自制悬挂式层析装置（见图1、图2）。

图1　自制悬挂式纸层析装置　　图2　自制悬挂式薄层层析装置

(三) 色素的吸光性研究

自制色散装置（见图3）、衍射分光装置（见图4）、拍摄装置（手机和支架）、分光光度计。

图3 自制色散装置（内部图）

图4 衍射分光装置

(四) 主要试剂

无水乙醇、碳酸钙、纸层析液（石油醚、丙酮、苯的体积比为20：2：1）、薄层层析液（石油醚、乙酸乙酯的体积比为2.5：1）。

四、基于核心素养的实验教学目标

(一) 生命观念

通过对色素种类和色素吸光性的实证研究，说明色素可以从太阳光中捕获能量，是植物能够进行光合作用的重要物质条件。含有各种光合色素的绿色植物是地球生物圈的能量之源，帮助学生建立结构和功能相联系的观念。

(二) 科学探究

以学习小组的形式规范实验操作，合理分析实验结果，理性评价实验过程。实验过程中能思考如何有效控制无关变量，培养科学、严谨的实验探究能力。

(三) 科学思维

实验过程中能够真实记录实验数据，培养学生求真的科学思维；能够同步分析定性实验和定量实验，养成严谨的科学思维。

（四）社会责任

通过对蒙尘叶片的探究，引导学生关注大气污染，树立环保理念和绿色发展理念。

五、实验教学内容

（一）色素的提取

分四个实验组别：菠菜组、娃娃菜组、正常盆栽植物、蒙尘盆栽植物，剪取5g叶片，利用便携式榨汁机进行色素的提取。

（二）色素的分离

利用薄层层析板进行色素的分离实验，其中一组同学用纸层析法分离。各组同学相互对比层析结果。利用医用毛细吸管进行取样画线，确保层析板上色素含量一致。

（三）色素的吸光性研究

通过色散实验，将自然光分成色谱带，放置提取液，观察色谱带的变化（定性分析）。通过分光装置，将自然光分成红橙光、绿光、蓝紫光，放置提取液，观察变化（定性分析）。利用分光光度计测量吸收值，定量分析色素含量。

六、实验主要改进点

（一）实验教学侧重点改进

传统的"绿叶中色素的提取和分离"实验，侧重于培养学生对实验原理的理解和动手操作能力。本节实验课程的设计，在此基础上强调科学设计实验、严谨实施实验、辩证分析实验的科学探究能力。实验过程中教师强调对变量的分析和控制，对实验中出现的问题要理性看待和科学分析，以问题为契机来优化实验过程，尝试二次实验探究，在实验教学中更好地渗透和体现了科学探究和科学思维的核心素养。

在实验教学的过程中，以学生操作不完美的地方为切入点，培养学生理性地分析问题、合理地解决问题的能力。这样既可以提高学生的学习能力，也可以提高教师的专业素养。

（二）实验器材的改进

通过对实验器材进行优化组合，确保更加显著的实验效果和更为高效的实验进程。

单色光吸收实验采用衍射分光装置，可以将自然光分成红橙光、绿光和蓝紫光，且三束极细的光束之间有间隔，提高了色素吸光特性的实验效果和实验效率。

用离心管代替试管棉塞，有效避免挥发问题；自制悬挂式层析装置，解决贴壁影响和挥发问题；离心机使得滤液更为澄清，有效避免分光测量的误差；薄层层析板的使用让层析现象更加显著。

（三）在学生的合作学习中渗透"互联网+教学"

实验探究一般都是以小组的形式进行的，在学生学习的过程中，信息技术资源为学生的探究活动奠定基础，如微课形式的翻转教学、虚拟仿真实验平台的模拟演练等，丰富的学习资源为学生带来多样化的学习体验。在实验探究中鼓励学生使用电脑、手机等设备辅助学习，如利用 Excel 进行图表制作、录制实验视频、用 PPT 等形式进行实验成果汇报等。

（四）通过实验突出学生社会责任的养成

引导学生思考环境问题对光合作用和光合色素可能的影响，进而引导学生探究长期蒙尘叶片和正常叶片中叶绿素含量的差异，让学生关注到空气质量和雾霾对植物、人类以及整个生态系统的影响，帮助学生建立环保观念和绿色发展理念。

（五）定性实验探究和定量实验探究相辅，更好地培养学生严谨的科学思维

对色素含量的探究和对色素吸光性的探究，不仅设计了清晰直观的定性实验，还设计了严谨有序的定量实验，定性实验和定量实验相辅相成，有利于学生严谨科学思维和科学探究能力的形成。

七、实验效果评价

本节实验课程的改进是为了优化实验过程和结果，更好地达成实验教学目标。通过实验教学发现，指导学生组装衍射分光装置做吸光性探究实验、用薄层层析板做分离实验、用分光光度计测量吸光度实验效果显著。在此基础上，探究式的实验教学和任务驱动模式的教学带来了更好的教学效果，学生的知识和能力得到了培养，定性实验和定量实验的相互结合保证了学生科学探究能力和科学思维的养成。

实验不足之处是周期较长，需要同学们多次实验，因而不可能照顾到所有的同学，拓展实验只能安排有兴趣的学生在课余进行。叶绿素保健品实验也因试剂购买问题未能进行探究，只进行了浅层的理论探讨。

自制光谱仪观察叶绿素、类胡萝卜素的吸收光谱

恩施土家族苗族自治州高级中学　金岚

一、使用教材

本实验是人教版高中《生物必修1　分子与细胞》第五章第四节"能量之源——光与光合作用"第一部分"捕获光能的色素和结构"的拓展实验。

二、实验器材

自制教具：光谱仪（光盘、黑卡纸）。

其他：菠菜、石油醚、体积分数为95%的乙醇、5mL注射器、输液装置、粉笔、比色皿、保温杯（或烧杯）、保鲜膜、滴管、研钵、药匙等。

三、实验创新要点/改进要点

（1）教材上的色素吸收光能的曲线不能直接看到光被吸收，而通过层析柱分离类胡萝卜素和叶绿素，并分开收集这两类色素，可以单独观察它们的吸收光谱。

（2）资料中用光盘制作的光谱仪没办法投影展示，三棱镜雨天很难观察，兴趣小组改进后，用光盘制作了可投影的光谱仪。

（3）沸水浴法提取色素，不需要加碳酸钙和二氧化硅，得到的滤液颜色深，对色素破坏较小。

（4）粉笔层析速度快，条带清晰，且便于制作成层析柱。

四、实验原理/实验设计思路

用沸水浴法提取色素，用粉笔制成层析柱，输液装置不断滴加层析液进行层析。在层析液中，溶解度高的色素随层析液扩散得快，所以可以分开收集，得到类胡萝卜素和叶绿素。实验装置如图1所示。

图1　实验装置图

五、实验教学目标

（1）科学探究：能够根据教材实验步骤分离得到色素带，且能在此基础上提出获得类胡萝卜素和叶绿素的方法。

（2）科学思维：通过兴趣小组探究的方式，探讨更好的分光方法和分离色素的方法，逐步形成勇于批判和创新的科学精神。

(3) 社会责任：通过观察绿叶中色素的吸收光谱，能为大棚补光提出合理的建议。

六、实验教学内容

本节课是学生学习了绿叶中色素种类、颜色，以及吸收光能的曲线后的拓展探究。班级组建兴趣小组尝试用自制光谱仪观察叶绿素、类胡萝卜素的吸收光谱，然后查阅资料《"绿叶中色素的提取和分离"实验的拓展设计》（李维军，2016），并设计实验器材、改进实验步骤之后进行推广。通过这个实验，学生能够更加直观地看到类胡萝卜素和叶绿素分别吸收什么光，加深印象，可以为大棚补光提出合理的建议。

七、实验教学过程

（一）引导兴趣小组制定实验方案

（1）分离类胡萝卜素和叶绿素。

1）实验思路。

问题1：要分别观察类胡萝卜素和叶绿素的吸收光谱，就必须分别获得这两种色素，该怎么做呢？兴趣小组经过讨论得到三个方案：一是利用韭黄提取类胡萝卜素，二是不加碳酸钙让叶绿素被破坏，三是能否让色素从滤纸条上层析出来然后收集。方案一和方案二只能得到类胡萝卜素，不能分别观察到类胡萝卜素和叶绿素吸收什么光，方案三则可以继续探究。

问题2：要收集层析出来的色素，就需要将层析装置倒置，然后不断从上往下滴层析液，什么装置可以做到这一点？

问题3：层析材料制作成什么形状便于层析液滴到上面进行层析呢？

问题4：怎样的层析材料便于制作成柱状呢？结合上节课得到的改进方法，学生想到了粉笔。上节课用粉笔进行层析时，发现粉笔层析速度快、条带清晰。所以，用粉笔制作了层析柱。

问题5：这个装置要求色素量大，用什么方法来提取更好呢？学生想到了上节课用到的沸水浴法。沸水浴法是用1g新鲜菠菜叶与4mL体积分数为95%的乙醇在试管中混合后，放到装有沸水的保温杯（或烧杯）中保温约4min得到，且不需加碳酸钙和二氧化硅，得到的滤液颜色很深，对色素的破坏较小，故可用沸水浴法来提取。

据此学生制定了如下实验步骤。

2）实验步骤。

①提取：4g新鲜菠菜叶，16mL体积分数为95%的乙醇沸水浴提取色素，按照滤液、石油醚、水的体积比为1∶2∶3的比例进行萃取。

②浓缩：通风橱保温，浓缩至1mL左右，浓缩装置如图2所示。

③制备层析柱：用粉笔粉末制备层析柱（注意粉笔粉末装均匀），然后加样，并连接成如图1所示的装置，利用输液瓶不断滴石油醚进行层析。

④分离。类胡萝卜素：看到有黄色液体出现时，收集。叶绿素：用石油醚洗涤，然后静置分层，吸出上清液。

3）实验结果。分离得到了叶绿素和类胡萝卜素溶液。

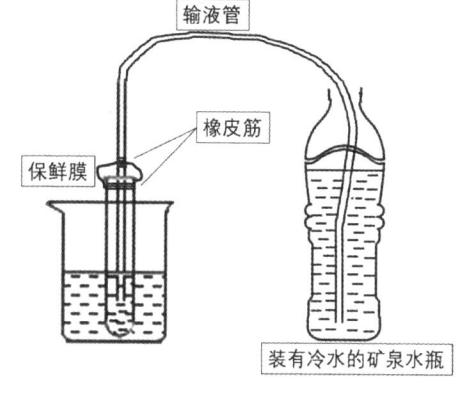

图2 浓缩装置图

（2）制作光谱仪。

问题6：要观察吸收光谱，就必须把白光分成单色光，用什么仪器可以分光呢？学生首先想到了三棱镜，但是三棱镜在雨天很难观察。

问题7：有没有常见的物品可以分光呢？学生查阅资料后发现，光盘可以分光，装置如图3所示。但是兴趣小组发现这样的装置他们无法在班上投影展示。

问题8：能否利用光盘制作一个可以投影的光谱仪？学生利用黑卡纸、光盘制作了如图4所示的光谱仪。

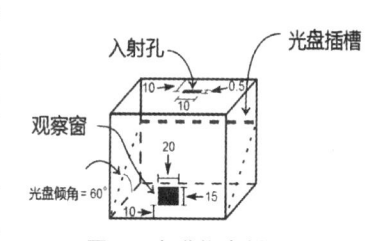

图3 光谱仪资料图

（a）正面图　　　（b）侧面图1　　　（c）侧面图2

图4 自制光谱仪

问题9：用什么容器盛待测样品？怎么保证待测样品的位置刚好在通光孔处？据此，学生制作了图5所示支架，既能固定比色皿，又能保证样品位置刚好在通光孔处。

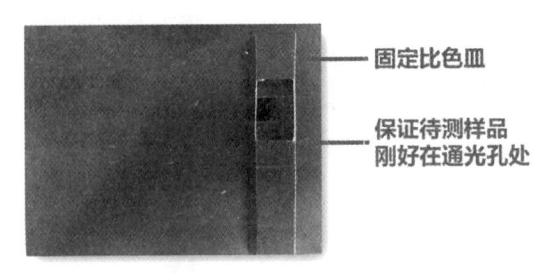

图5 自制支架

自制光谱仪和支架展开图如图6、图7所示。

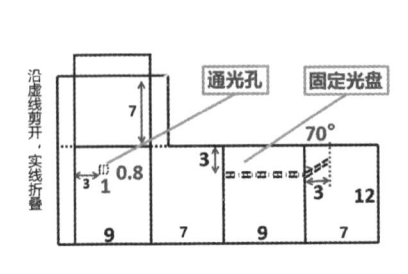

图6 自制光谱仪展开图

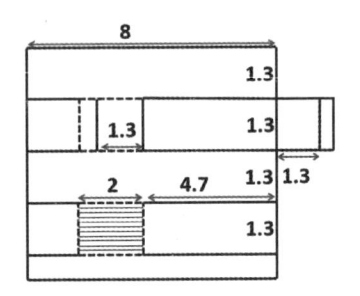

图7 自制支架展开图

使用时将装有待测样品的比色皿放入支架，然后用手电筒作为光源，光线依次通过待测样品、通光孔到达光盘，经过光盘的作用，透过色素溶液的光被分成单色光投影到光屏上，就可以观察了。光谱仪光路图如图8所示。

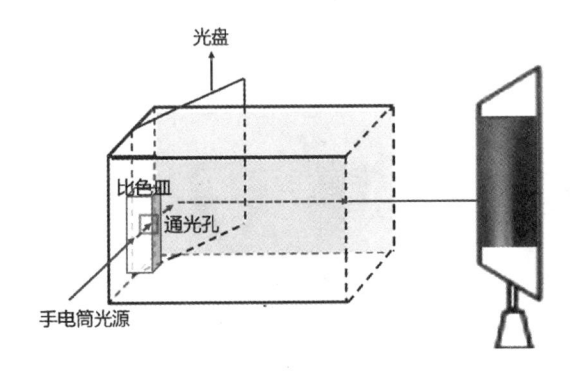

图8 光谱仪光路图

（3）观察光谱。

1）光谱观察。实验完成后，兴趣小组去班上作了演示，结果如图9和图10所示。因为色素是溶解在石油醚中的，故与石油醚的吸收光谱做比较。绿叶中色素主要吸收蓝紫光和红光。

图 9 石油醚吸收光谱

图 10 绿叶中色素吸收光谱

问题 10：其中的类胡萝卜素和叶绿素分别吸收什么光呢？结果如图 11 和图 12 所示，类胡萝卜素主要吸收蓝紫光，叶绿素主要吸收蓝紫光和红光。

图 11 类胡萝卜素吸收光谱

图 12 叶绿素吸收光谱

2）单色光观察。基于此现象，兴趣小组补充做了叶绿素和类胡萝卜素对单色光的吸收实验。

（4）进一步探究（荧光现象）。

在实验的过程中，有学生偶然发现绿叶中色素显红色，经过查阅资料发现，叶绿素在反射光下为红色，在透色光下为绿色，这是叶绿素分子吸收光以后发出的荧光，进一步帮助学生理解了光合色素吸收光能。

课下我让学生整理了实验报告，便于推广。

（二）班级实验

（1）引入：兴趣小组实验后，在班上展示实验结果，激发了大家实验的兴趣。

（2）光谱仪制作：学生在讲台上讲解光谱仪的制作方法，教师利用 PPT 简单介绍光谱仪的原理，然后学生开始制作光谱仪，并检验自己动手做的光谱仪能否成功将白光分成单色光。

（3）分离类胡萝卜素和叶绿素。

1）提取色素：由于在上节课的实验中，学生已经用过沸水浴法了，并考虑到课堂时间的限制，由教师提前制备好色素提取液，分发给学生，学生直接进行萃取即可。

2）浓缩：浓缩的过程在通风橱进行，每小组一至两名学生操作，操作时教师密切关注，确保安全。

3）制备层析柱、连接装置：一部分学生浓缩时，另一部分学生就可以开始制作层析柱、连接装置，合理利用时间，保证课堂的高效性（也可以光谱仪制作与提取色素、浓缩、制备层析柱、连接装置同时进行，更节省时间）。

4）分离：输液装置不断滴加层析液进行分离并收集得到类胡萝卜素溶液，用石油醚洗涤层析柱中绿色部分得到叶绿素溶液。

（4）观察光谱。

1）观察光谱：分别观察绿叶中色素、叶绿素、类胡萝卜素、石油醚的吸收光谱，比较光谱差异，得到各种色素分别吸收什么光。

学生观察到叶绿素没有把红光吸收完以后，再次看课本图片，发现叶绿素对蓝紫光吸收比对红光吸收更多，加深了理解。

2）单色光验证：用蓝紫光和红光进一步验证结论。

（5）学以致用。学完本节内容后，学生可以为大棚补光提出合理的建议。

八、实验效果评价

（一）优点

（1）科学探究、科学思维。在这个实验中，教师通过问题串的引导，让学生自己动手去设计实验器材、步骤，帮助学生提高了科学探究和科学思维的能力。学生能够正确使用实验仪器，成功分离得到类胡萝卜素和叶绿素，且能够根据光谱仪的制作图制作简单的光谱仪，操作能力得到了提升。

（2）敢于创新的精神。通过这节课的学习，学生体会到看起来很复杂的东西，只要愿意去思考、去发现身边的材料、勇于尝试，就一定可以成功。在以后的学习和生活中，便会敢于创新。比如，设计制作光谱仪看起来很难，但是学生去尝试以后，就取得了成功。

（3）从实验结果来看，学生观察到了明显的实验现象，直观看到了类胡萝卜素和叶绿素的吸收光谱，加深了理解。

（二）不足

（1）没有完全滴出类胡萝卜素。滴出黄色液体后，层析柱中会再次出现黄色。资料显示，可以更换层析液滴出剩下的黄色部分。但是，实验目的是观察类胡萝卜素和叶绿素的吸收光谱，只需得到一部分类胡萝卜素即可观察，并且只使用一种层析液更便于高中生操作。

（2）叶绿素中混有类胡萝卜素。因为无法准确判断层析柱中剩下的类胡萝卜素和叶绿素是否完全分离，会造成叶绿素中混有类胡萝卜素。

（3）实验中石油醚（微毒）的用量较多，更适合以兴趣小组的形式进行课外探究。

注意：实验过程中一定要通风，能在通风橱操作的步骤尽量在通风橱操作。

果醋的制作

天津市静海区独流中学　吴玉婷

一、使用教材
人教版高二年级《生物选修1　生物技术实践》专题一第一节"果酒与果醋的制作"。

二、实验器材
发酵器材：发酵瓶、酵母菌、醋酸菌、医用纱布、70%酒精、保鲜膜、保鲜袋、榨汁机、一次性手套、高压蒸汽灭菌锅、恒温培养箱、托盘天平、连接管。

通气设备：鱼缸增氧泵、气体分流管、氧气传感器、继电器、呼吸回路、Arduino uno r3电路板、亚克力底板、面包板、杜邦线若干。

检测器材：酒精检测计、pH试纸、酸碱滴定指示剂。

三、实验创新要点

（一）通气泵的创新
课本中并未对气泵做任何说明，为了保证接入的是无菌空气，需要对空气进行过滤。同学们集思广益，提出呼吸机上有一个过滤装置叫呼吸回路，可以过滤细菌病毒。我们将鱼缸增氧泵、呼吸回路、止逆阀、连接管和发酵瓶组装成通气装置，然后应用Arduino uno r3电路板实现了定时通气。进一步改进，通过氧气传感器检测氧气浓度，当发酵瓶中氧气浓度低于定值时自动启动通气泵的工作，氧气浓度恢复正常后停止工作。利用气体分流管可同时给多组装置通气，减少设备投入，提高实验效率。

（二）实验方法的改进
发酵是一个长期实验，为了尽可能减少学生的操作时间、提高效率，我们改进了一些实验方法，具体如下：

（1）在保鲜袋底部剪口，能快速高效装入发酵液且不易污染瓶口。

（2）四月的天津温度较低，学生利用烘干箱缩短葡萄沥干的时间。

（3）采用小型热的快煮沸发酵液，沸腾充分用时短，通过测试同样体积的水，热的快是酒精灯加热速度的10倍左右。

（三）产物检测手段的改进
每天检测酒精量的变化可掌握酒精发酵进程，课本提供的是用重铬酸钾检测观察颜色变化，但需在酸性条件下进行，存在安全隐患，且过程复杂耗时，不便每天检测。同时重铬酸钾检测只能定性无法定量，不利于实验分析。因此，学生利用网络找到方便快捷检测酒精含量的酒精检测计，定量检测酒精含量变化。

醋酸检测，我们起初选用电子 pH 检测计，但电子设备受环境影响，数值波动较大且发酵液浪费严重，学生们商讨选用最简捷的方式——pH 试纸。通过咨询醋厂相关工作人员得知 pH 只能代表酸度变化趋势，不能说明产酸量。因此在醋酸发酵结束后我们采用酸碱滴定的方式定量检测酸度，培养学生严谨求实的科学探究精神。

四、实验原理

利用酵母菌、醋酸菌等微生物，在适宜的条件下将葡萄糖等有机物通过微生物的代谢转化为酒精和醋酸。

$$C_6H_{12}O_6 \longrightarrow 2C_2H_5OH+2CO_2+能量$$

$$C_6H_{12}O_6 \longrightarrow 2CH_3COOH+2H_2O+2CO_2+能量$$

$$C_2H_5OH+O_2 \longrightarrow CH_3COOH+H_2O+能量$$

因为醋酸菌是好氧菌，需要在有氧条件下进行发酵，但传统装置去瓶盖、盖纱布容易造成杂菌污染。因此引入通气装置，提供有氧环境，但持续的通气造成发酵液散失过快，很多发酵液未完成发酵就已经干涸。对此，学生积极引入 AI 技术，通过与计算机的跨学科协作，应用 Arduino uno r3 电路板实现了定时通气。但醋酸菌的数量在发酵过程中是变化的，耗氧速率也随之改变。因此学生继续改进，通过氧气传感器检测氧气浓度，当发酵瓶中氧气浓度低于定值时自动启动通气泵工作，氧气浓度恢复正常后停止工作。通过对比氧气传感器控制的通气和定时通气的效果，得出醋酸发酵所需时间相差不多，但 pH 更低一些，说明利用氧气传感器控制通气醋酸发酵效果更好。同时学生提出通过气体分流管可将气体分流，同时给多组装置通气，减少设备投入，提高实验效率。

五、实验教学目标

（一）生命观念

（1）认识发酵是利用微生物代谢产生特定产物的过程。

（2）能说出不同微生物发酵所需的条件和代谢产物。

（二）科学思维

（1）审视实验操作中存在的问题并提出解决策略。

（2）科学设计实验，进一步探究其他发酵问题。

（三）科学探究

（1）正确使用实验器具。

（2）汇总实验数据并进行分析。

（3）在实验过程中发现问题，并及时调整改进实验方案。

（四）社会责任

（1）以严谨求实的科学探究精神进行科学研究。

（2）参观家乡产业，热爱家乡，热爱传统文化。

六、实验教学内容

（1）通过预习掌握实验原理。主要利用酵母菌和醋酸菌两类菌种，在适宜条件下将葡萄糖等有机物通过微生物的代谢转化为酒精和醋酸。

（2）查阅相关资料，小组讨论制定实验方案。

（3）进行实验操作，在操作过程中深入学习发酵原理，发现并尝试解决问题。学生们发现由于未及时通气会造成爆瓶现象，醋酸发酵未通气造成的杂菌污染现象，有些装置在酒精发酵阶段存在气密性不好的现象等，并及时想办法解决这些问题。

（4）实验数据的汇总、分析并得出结论。学生将每天的实验数据汇总制成表格或者曲线图，使之更直观清晰，便于分析。

（5）制作大白报，实现对酿醋流程的总结提升。制作流程图的过程有利于学生区分事实与概括，将酿醋过程绘制成流程图能使学生更直观地认识果醋酿制相关内容。

（6）走进醋厂参观，培养工程思维。通过参观引导学生思考进行工业化生产时需要解决的问题，尝试提出初步的工程学设计构想。

七、实验教学过程

（一）导入

活动：学生品尝教师制作的果醋和买到的成品，讨论自己制作的果醋与日常售卖的果醋口感的区别。

提问：怎样把我们制作的果醋包装成产品？

学生讨论实验室酿制的果醋与成品果醋的区别，如何将产物变为产品，如调味、灭菌、包装等，培养发散性思维。

教师从醋的成因、饮食习惯的传承和健康方面介绍醋文化，提问食醋对于保健养生的好处，学生说出醋的多种优点。通过了解醋的相关知识明确酿醋是我国古老的智慧体现。进一步设问，既然醋有这么多好处，醋从何而来？怎样酿制呢？

（二）课前文本预习掌握实验原理

通过 QQ 班级群提前布置任务，预习果醋制作的文本。果醋制作过程主要涉及酵母菌和醋酸菌两种微生物，学生学习过酵母菌和醋酸菌的生物类型和增殖方式，果醋制作过程中的酒精发酵阶段以酵母菌的细胞呼吸为知识基础，掌握发酵原理。

（三）小组合作制定实验方案

任务：根据果酒、果醋发酵原理，以小组为单位设计果酒、果醋制作流程方案。

提供的材料、用具：葡萄、发酵瓶、榨汁机、恒温箱、纱布、洗洁精、沥干架、酒精，学生依据发酵原理和提供的材料用具设计制作果酒、果醋的流程方案。

活动：不同小组交换设计方案，观察不同小组的设计方案，提出问题进行组间交流。如能不能用洗洁精清洗葡萄，到底是先清洗还是先去枝梗，酒精发酵结束需不需要过滤，酒精能否既用于消毒又稀释后直接做果醋制作的底物等。

学生比较他组方案与本组的不同之处，取长补短。对于一些不明确的问题在组间交流讨论，课堂气氛活跃。每组选定一个自变量进行实验探究。

（四）果醋制作之酒精发酵阶段

（1）清洗、沥干葡萄（课前）。

提问：是否需要洗洁精？

学生答：不用，葡萄皮上有野生的酵母菌，要避免过度清洗。

遇到难题：沥干非常耗时。

解决对策：利用烘干箱快速沥干葡萄（温度不能过高，避免野生菌死亡）。

（2）榨汁。

提问：榨汁装瓶前需要做哪些工作避免杂菌污染？

学生答：70%的酒精消毒。

（3）装瓶：将发酵液装入发酵瓶，占发酵瓶的 1/3，不能装得过满。

发现问题：直接倒容易污染瓶口（见图 1）；用漏斗由于发酵液太稠，容易堵住漏斗管（见图 2）。

解决对策：将发酵液装入保鲜袋，下部剪口（见图 3），获取发酵液，效率高且不易污染瓶口。

图1　直接倒入 　　　图2　漏斗灌装 　　　图3　保鲜袋下部剪口

（4）加入酵母菌。

提问：为什么葡萄皮上有天然酵母还要额外添加酵母菌？

学生答：为了提高发酵效率，缩短酒精发酵时间。

（5）适宜条件培养。

提问：酵母菌适合生存在什么样的环境中？

学生答：应该在18~25℃环境中培养，先通气让酵母菌大量繁殖，在密闭环境中进行酒精发酵，但是要定期放气，否则容易爆瓶，发酵液溢出（见图4）。

（6）培养过程中，每天检测酒精含量、温度、pH，以便掌握酒精发酵进程。当不再产生气泡、酒精含量不再增加的时候，酒精发酵结束。

图4　未定时排气发酵液溢出

（五）果醋制作之醋酸发酵阶段

（1）取出发酵瓶加入醋酸菌。

提问：如果不添加醋酸菌，传统发酵工艺中野生醋酸菌从何而来？

学生回答：传统发酵工艺来源于空气中的醋酸菌。但空气中醋酸菌含量少，额外补充醋酸菌，实验的成功率高。

（2）瓶口盖纱布（见图5），放入33℃恒温培养箱培养。多数醋酸菌的适宜生长温度为30~35℃，因此我们设定33℃的温度进行醋酸发酵。

提问：为什么要换纱布？

学生答：醋酸菌为好氧菌，在有氧的条件下醋酸菌会将乙醇氧化为醋酸。

发现问题：纱布盖瓶口不足以满足醋酸菌的有氧环境，发酵过程出现杂菌污染的现象（见图6）。

解决对策：用气泵进行通气，保证醋酸菌的有氧环境。空气中有杂菌，为避免空气中的杂菌污染发酵液，需要对空气过滤。用呼吸机上的过滤装置呼吸回路（见图7）过滤细菌和病毒。

发现问题：连续通气发酵液很快干涸。

解决对策：用 Arduino uno r3 电路板和杜邦线连接，组成定时通气装置（见图8）。

图5　瓶口盖纱布提供有氧环境　　　　　图6　杂菌污染

图7　呼吸回路　　　　　图8　定时通气装置

发现问题：在发酵过程中醋酸菌的数目不是一成不变的，如何更好地为醋酸菌提供需氧环境呢？

解决对策：利用氧气传感器（见图9）实时监测发酵瓶中氧气浓度的变化，当低于一定值时自动启动通气泵工作。

发现问题：呼吸回路和氧气传感器都需要一定的成本，怎样能减少设备投入提高实验效率呢？

解决对策：利用气体分流管实现对过滤气体的分流（见图10），同时给多组装置通气。

（3）培养过程中，每天检测酒精含量（见图11）、温度、pH（见图12），观察菌膜了解醋酸菌的增值情况、当 pH 不再降低或略有升高的时候，醋酸发酵结束。

（4）醋酸发酵结束后，将发酵液加热煮沸，并进行酸碱滴定，定量检测酸度（见图13）。

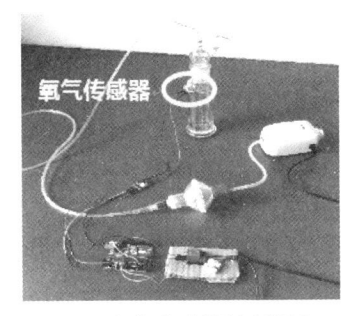

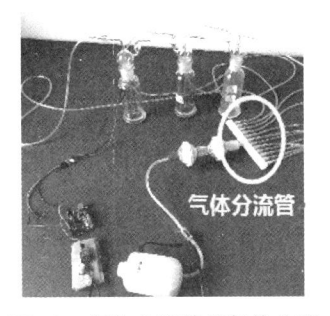

图 9　氧气传感器控制通气　　　　图 10　气体分流管将气体分流

图 11　检测酒精含量　　图 12　检测 pH　　图 13　定量检测酸度

（六）实验数据汇总，小组讨论得出结论，小组间展示交流（见图 14）

图 14　小组间的展示交流

（七）小组配合制作大白报，实现对酿醋流程的总结提升（见图 15）

图 15　小组制作大白报

（八）走进天立独流老醋股份有限公司

独流老醋被认定为天津市非物质文化遗产。让学生近距离感受醋厂的内涵和文化底蕴，了解实验室酿制的果醋与工业化生产的区别，培养工程思维。通过参观，学生们认识到独流老醋富含较高蛋白质和有机酸、醇、醛类物质，维生素e、a、b_1、b_2及镁、铜、锰等微量元素，产物不止醋酸一种，引导学生对醋酸制作的原理再认识，深入理解生物反应式中"→"的含义。

八、实验效果评价

本实验历时1个多月，在实验中学生们能够及时发现问题并集思广益解决问题，多次对通气泵进行改进创新，同时改进了一些实验方法和检测手段，这些改进展示出集体的智慧。通过实验他们还总结出了一些酿醋的经验，如酒精发酵结束后最好不要过滤，因为醋酸发酵需要有氧的环境，果渣空隙大，可以为醋酸菌提供有氧环境（类似于工业化生产时拌入高粱壳和麦麸的醋醅）；醋酸发酵形成菌膜后一定要搅拌将菌膜打散，虽然菌膜的出现能说明醋酸菌大量繁殖，但是上部菌膜能隔绝氧气，如果不打散的话下部的醋酸菌无法生存，使得醋酸发酵受到一定的影响。通过本实验学生多方面能力得到了锻炼，体现了他们勇于纠错、勤于思考、善于分析、实事求是、坚持不懈的科学探究精神。

酵母细胞的固定化

石家庄市第一中学　王万雷

一、使用教材
人教版高中《生物选修1　生物技术实践》专题四课题三"酵母细胞的固定化"。

二、实验器材
酒精灯、烧杯、玻璃棒、试管、锥形瓶、蠕动泵、铁架台、一次性注射器、一次性输液器、酒精检测仪、培养皿、刀片。

三、实验原理
固定化细胞技术是将细胞固定于不溶于水的载体上，使细胞既能与反应物接触，又能与产物分离。同时，固定于载体上的细胞还可以反复利用。成本低，操作简单，广泛应用于工业生产中。

海藻酸钠是一种无毒的亲水性物质，呈粉末状，遇水会形成黏性团块，通过加热可形成黏稠性胶状物质。溶化的海藻酸钠中的钠离子可迅速被钙离子置换，交联后形成多孔的、不溶于水的海藻酸钙结构，能够将细胞固定并有一定的机械强度。

固定化酵母细胞以葡萄糖作为底物进行酒精发酵，产生 CO_2 及酒精，反应式如下所示：

$$C_6H_{12}O_6 \xrightarrow{\text{酶}} 2C_2H_5OH + 2CO_2 + 能量$$

四、实验教学目标
（1）生命观念：认同酶是由活细胞产生的；理解细胞固定化原理。

（2）科学思维：通过对原有实验的改进培养创造性思维、批判性思维。

（3）科学探究：培养科学探究精神；领悟"设计实验、交流讨论"等科学探究方法。

（4）社会责任：致力于改善工业生产体系，设计工业生产装置。

五、实验教学过程
（1）课前探究。小组预实验，体验固定化酵母细胞的制备流程并利用固定化酵母细胞进行酒精发酵。在预实验中发现问题并合作探究，对实验加以改进。整个过程以学生为主体，教师仅推送相关拓展资料、提供完善的实验器材，在必要的时候加以引导，使学生们真正达到了自主、合作、探究式的学习。

1）预实验，发现问题（见表1）。

表1 问题列表

教材做法	出现问题
小火或间断加热促使海藻酸钠溶解	时间长、易焦糊
蒸馏水活化酵母细胞	活化效果差
注射器制备凝胶珠	可控性差，制备的凝胶珠拖尾严重
锥形瓶作发酵装置	发酵时间长，产物少，难以收集并检测气体
观察气泡、闻酒味检测发酵产物	检测结果缺乏说服力

2）合作探究，提出改进方案。

①直接加热改进为水浴加热（见图1、图2）。

图1 直接加热 　　　　　图2 水浴加热

②蒸馏水活化酵母细胞改进为用5%葡萄糖溶液活化（见图3、图4）。

图3 蒸馏水活化酵母细胞 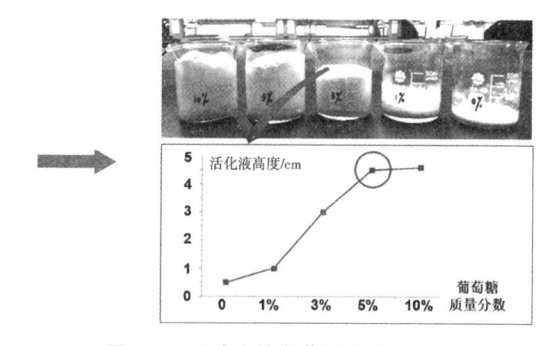　　　　　图4 不同浓度的葡萄糖溶液活化酵母细胞

③用小型蠕动泵制作凝胶珠，实现了自动化、标准化（见图5~图8）。

酵母细胞的固定化

图5 注射器制备凝胶珠

图6 蠕动泵制备凝胶珠

图7 注射器制备的凝胶珠

图8 蠕动泵制备的凝胶珠

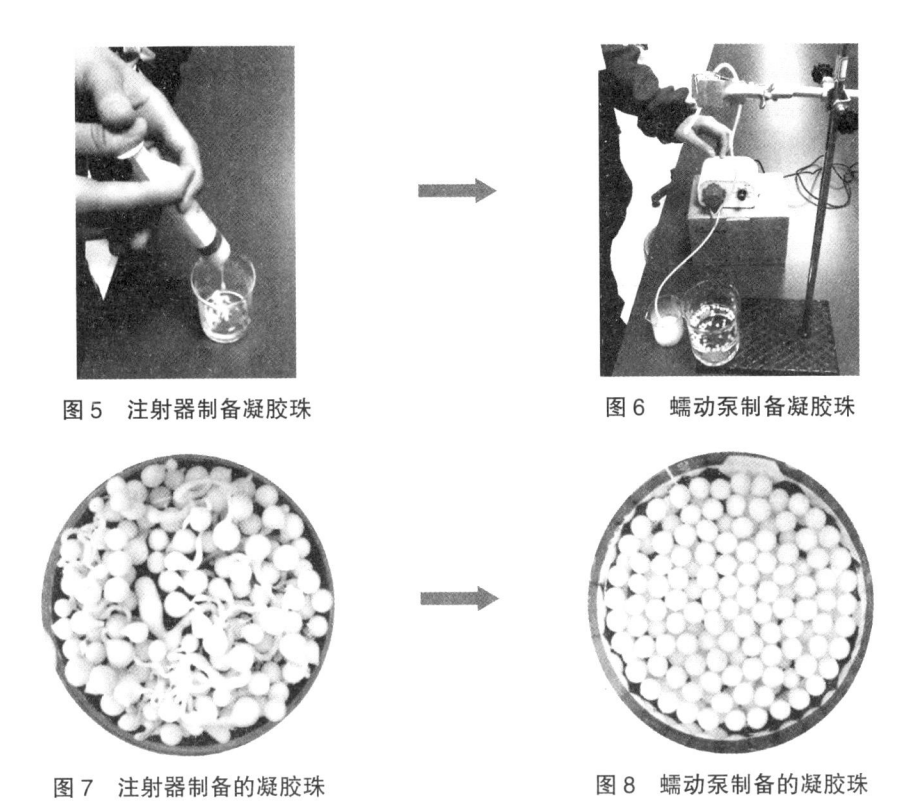

④锥形瓶发酵装置改进为"注射器+输液器"发酵装置，将发酵时间由24h缩减至15min（见图9、图10）。

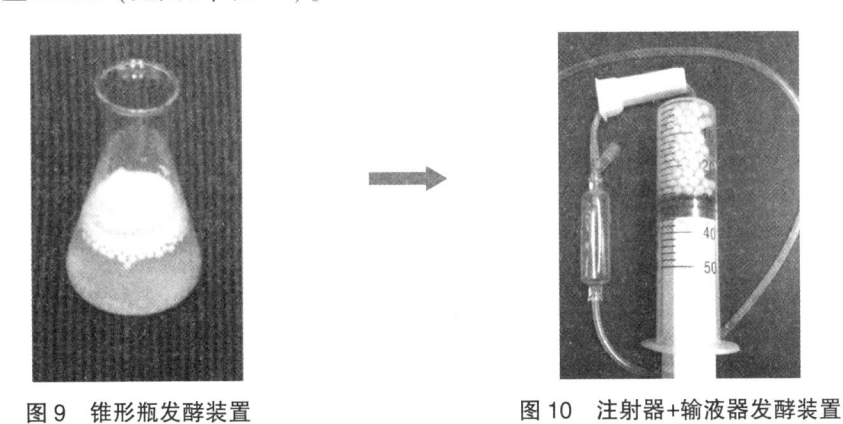

图9 锥形瓶发酵装置

图10 注射器+输液器发酵装置

⑤对发酵产物的检测由观察气泡、闻酒味改进为用溴麝香草酚蓝水溶液检测CO_2、用酸性重铬酸钾溶液检测酒精（见图11、图12）。

· 761 ·

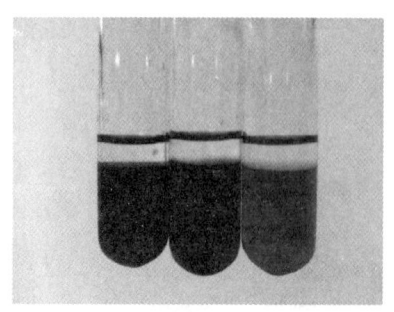

图 11　溴麝香草酚蓝水溶液检测 CO_2

（由蓝变绿再变黄）

图 12　酸性重铬酸钾溶液检测酒精

（由橙色变灰绿色）

（2）课堂展示。在积极探索后，每个小组都收获了丰硕的成果，品尝到了探索的喜悦，在课堂上迫不及待地展示自己的成果。成果展示后教师组织小组自评、互评，充分论证每个改进方案的优缺点，提出优化的实验体系（见图 13）。

图 13　改进后实验方案

（3）课后延伸。一堂课结束，同学们意犹未尽。我不失时机地鼓励大家，继续对本实验进行探索。

1）比较未固定酵母与固定化酵母的发酵效果。使用等量的酵母菌设置了一组对比实验：一组固定酵母，另一组未固定酵母，其他条件完全一致。发酵 24h 后，未固定酵母发酵产生了更多的气泡，使用酒精检测仪检测，发现其酒精含量为 0.255mg/L。相比之下，固定化酵母气泡少，酒精含量仅为 0.16 mg/L（见图 14）。结果表明未固定酵母发酵效果更好，固定化酵母不易与反应物接触，导致发酵效率下降。同时，同学们也观察到固定化酵母发酵液更为澄清，且固定化酵母便于回收、可重复利用，这正是固定化技术的优势所在。该实验使学生辩证地认识了固定化技术的优劣。

图14 未固定酵母与固定化酵母发酵对比实验

2）探究拖尾状的异形凝胶珠是否会影响发酵效率。使用包埋等量酵母菌的异形和圆形凝胶珠同时进行发酵实验。发酵相同时间后，圆形凝胶珠组推动注射器活塞运动了更长的距离，表明发酵产生了更多的气体（见图15），因此圆形凝胶珠发酵效率更高。圆形凝胶珠表面积更大，与底物接触面积大，有利于发酵。

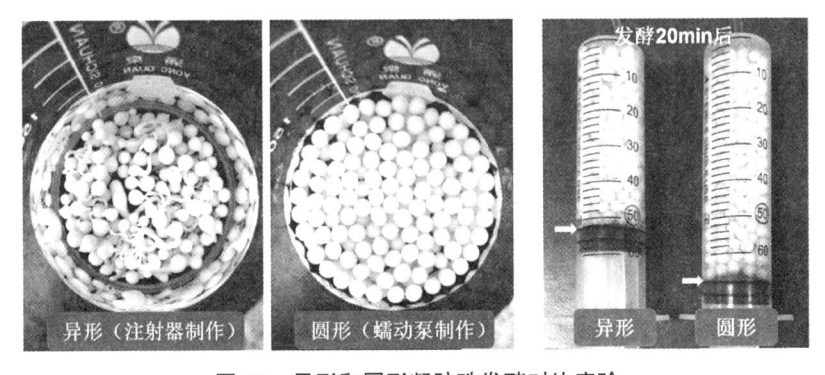

图15 异形和圆形凝胶珠发酵对比实验

3）使用琼脂糖固定酵母细胞。海藻酸钠固定酵母细胞受海藻酸钠浓度、钙离子浓度、交联时间、凝胶珠形状等多种因素的影响，有小组大胆提出更换包埋材料。经过查阅资料确定使用低熔点琼脂糖进行包埋，然而文献资料中对如何使用琼脂糖进行包埋鲜有报道。于是小组设置一系列浓度的琼脂糖溶液，融化后降至室温，与酵母细胞混合，静置凝固。观察发现，1%的琼脂糖无法凝固（见图16）。用刀片将凝固的琼脂糖切成1cm大小的方块，发现1%~2%琼脂糖包埋的凝胶块难以成形，无法使用（见图17）。使用3%~6%的琼脂糖凝胶块进行酒精发酵实验，每组中包埋的酵母菌数量相等，但其发酵速度并不相同，这是因为琼脂糖的浓度决定凝胶块的孔隙大小，进而影响酵母菌与底物的接触。以到达反应终点所需时间为指标，对比发现，5%琼脂糖包埋的酵母菌到达反应终点所需时间最短，发酵速率最快（见图18）。

利用琼脂糖和海藻酸钠各固定1g酵母菌进行酒精发酵实验，发现其到达反应终点所需时间相当（见图19），说明琼脂糖同海藻酸钠一样均可作为良好的包埋材料。

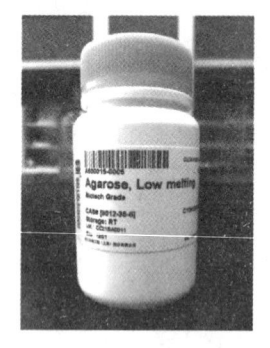

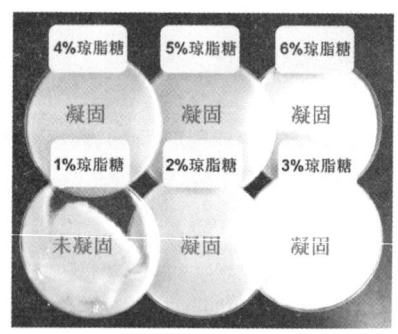

图16　1%~6%的琼脂糖包埋实验

图17　凝胶块的制备

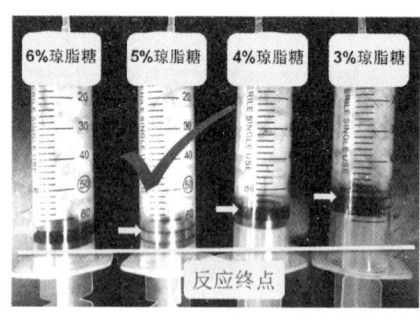

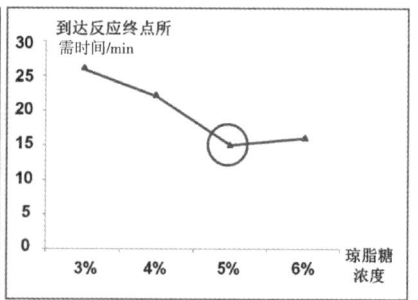

图18　3%~6%的凝胶块发酵实验

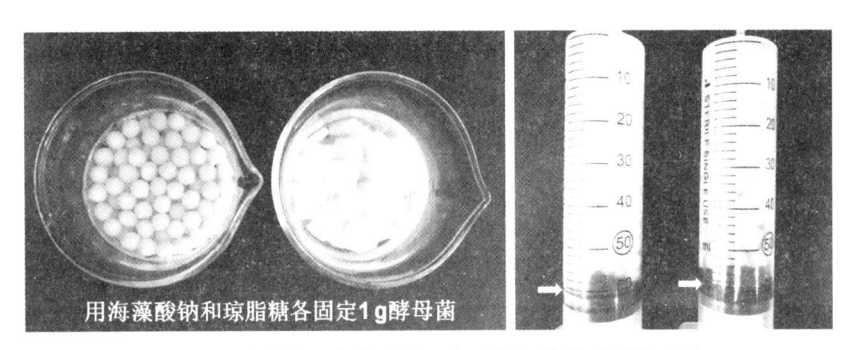

图19 琼脂糖和海藻酸钠固定酵母细胞发酵对比实验

六、实验效果评价

实验教学是生物学教学的灵魂，更是培养学生生物学科核心素养的重要法宝。整个教学过程以学生为主体，教师在一旁引导、追问，使学生们真正达到自主、合作、探究式的学习。在本次实验探究中，同学们大胆假设、小心求证，在探索中优化了教材中的实验体系。蠕动泵的应用实现了凝胶珠制备的自动化、标准化，"注射器+输液器"发酵装置将发酵时间由24h缩短至15min。此外，还辩证地认识了固定化细胞技术的优劣，创造性地提出了使用琼脂糖固定酵母细胞的完整方法。更重要的是培养了学生主动探索、勇于创新的能力，在同学们心中埋下了一颗科学创新的种子。科学探索永无止境，我将不忘初心，继续带领学生探索生物的奥秘。

酵母细胞的固定化及其应用

重庆市巴蜀中学校　张瑶

一、使用教材

人教版高中《生物选修1　生物技术实践》专题四课题三。

二、实验器材

药品：干酵母粉、小球藻种、光合细菌、活性炭、海藻酸钠、琼脂、冰粉、卡拉胶、亚甲基蓝、亚硝酸盐试剂盒、枸橼酸钠。

仪器：分光光度计、数码显微镜、电子天平、水浴锅。

三、实验创新要点/改进要点

（一）实验改进要点

降低海藻酸钠浓度，以提高固定化酵母细胞发酵效果和反复发酵次数。

（二）实验创新要点

(1) 自主创新建立凝胶珠质量量化评价标准。
(2) 制作凝胶珠临时切片，观察固定化细胞生长状况。
(3) 利用活性炭吸附，将物理吸附法与包埋法结合固定原核细胞。
(4) 利用固定化细胞技术对养鱼废水进行处理。

四、实验原理/实验设计思路

通过预实验探索能够反复使用的固定化酵母细胞，并测定固定化酵母细胞连续使用的时间应用于废水处理，同时探究几种不同的固定化细胞对养鱼废水处理的效果。

五、实验教学目标

(1) 在预实验中培养观察提问、实验设计的能力，在正式实验中培养方案实施、合作交流等科学探究能力。

(2) 通过设定并实施酒精发酵实验方案，体验固定化细胞技术反复使用的优点。

(3) 尝试使用"建模和模型"的科学思维方法，构建酵母菌海藻酸钠混合溶液配比模型，为后续实验提供简化方案。

(4) 探索固定化细胞技术对家庭养鱼废水的处理效果，培养环境保护的社会责任与稳态和平衡的生命观念，体会固定化细胞技术易于固液分离的优点。

（5）通过自主学习、自主探究，使用"批判与创造"的科学思维优化实验步骤，解决生活中的真实问题。

六、实验教学内容

本节课通过预实验发现教材实验中的问题，拟定探究课题在课上进行探究，从而改进方案制备固定化酵母细胞。再比较几种固定化细胞对养鱼废水中亚硝酸盐的去除效果，选择合适的凝胶珠处理废水。

七、实验教学过程

（1）引入：教师按照教材步骤和配方制备的固定化酵母细胞酒精发酵后，凝胶珠易碎、松散。给学生布置任务进行预实验，发现问题，从而改进实验。

（2）探究：各小组学生按照本组探究课题进行实验。

（3）解释：各组汇报交流结果，优化固定化酵母细胞制备的操作，改进海藻酸钠溶液的浓度。

（4）迁移：通过比较固定化酵母菌、小球藻、光合细菌等凝胶珠处理养鱼废水的效果，选择恰当的材料应用于生活中，并讨论完善使用的方法和注意事项。

（5）评价：学生进行自我评价、小组互评，推选创新能手。

八、实验效果评价

（1）科学探究与科学思维：本课将教材实验改为预实验，让学生在操作中发现问题、提出问题，并设计实验进行探究。鼓励学生对凝胶珠质量和凝胶珠中细胞数目的改变进行定量测定。在固定化细胞技术的应用中，学生根据已有的固定化细胞技术，发现生活中养鱼废水的真实问题，开展探究，并完善了利用固定化小球藻处理废水的方案。

（2）生命观念与社会责任：通过废水处理，加强学生对"稳态和平衡"生命观念的认识，不但增强了环境保护的社会责任，还能够引导学生学以致用，用知识和实际行动保护环境。

探究酵母菌呼吸作用的方法

罗山县高级中学　韩婧娴

一、使用教材

人教版高中《生物必修1　分子与细胞》第五章第三节。

二、实验器材

干酵母粉（改进点：干酵母粉活化后活性高，可节省实验时间）；注射器与透明塑料导管（创新点：简化实验装置，易于学生操作）；凡士林、滤纸条或纱布（创新点：利用凡士林不透水不透气的特点创造无氧环境）；质量分数为10%葡萄糖溶液（改进点：适当提高浓度，增加产物量，使实验现象明显，利于观察）；质量分数为10%氢氧化钠溶液（创新点：为有氧呼吸实验组提供无CO_2的空气）；烧杯、滴管、试管、胶管、溴麝香草酚蓝水溶液、酸性重铬酸钾溶液、澄清石灰水、剪刀、棉线、标签纸、蒸馏水等。

三、实验创新要点/改进要点

（1）简化实验装置、实验步骤、器材，便于实验操作。教材中使用多个锥形瓶及玻璃导管，在实验前需用酒精喷灯将玻璃导管灼烧后弯曲成一定角度，因酒精喷灯燃烧温度高，具一定的危险性。而且由于高温，橡皮管黏在玻璃导管上难以去除。本创新实验使用注射器和透明塑料导管。注射器上有活塞和刻度，便于实验操作和定量取液。透明塑料导管易弯曲，易与注射器针筒连接，简化学生操作。创新器材来源于人教版《生物必修1　分子与细胞》第五章中探究光照对光合作用影响的实验中的器材。

（2）实验器材创新。使用干酵母粉、注射器与透明塑料导管、凡士林、葡萄糖溶液及氢氧化钠溶液等。

（3）对实验顺序进行改进。先探究无氧呼吸再探究有氧呼吸，符合生物进化的规律和学生对事物的认知。

（4）增设对照组，检测二氧化碳的来源。教材设置的是对比实验，在本节创新实验中，学生可以依据单一变量原则、对照原则、科学性原则和可行性原则设置对照组，体会对比实验与对照实验的区别与联系。

四、实验原理/实验设计思路

（一）实验原理

（1）酵母菌是一种单细胞真菌，在有氧和无氧的条件下都能生存，属于兼性厌氧菌，因此便于用来研究细胞呼吸的不同方式。

（2）CO_2可使澄清石灰水变浑浊，也可使溴麝香草酚蓝水溶液由蓝变绿再变黄。

（3）乙醇在酸性条件下可以与橙色的重铬酸钾溶液发生化学反应，变成灰绿色。

（二）实验设计思路

在学生已做过教材实验的基础上对探究酵母菌呼吸作用的实验作出改进和创新。学生在做教材实验的过程中发现四个问题，在课下通过小组合作的方式进行讨论和实验预设，在课堂上利用生活中常见的实验装置，实现"用小器材，做大实验"。由于实验装置的改进和创新，材料和用具也在学生的思考和探究下进行了调整，以缩短反应时间，使实验现象更加直观明显。在使用创新器材的过程中，学生发现新的问题，合作讨论后继续对实验进行创新与改进。小组在班内进行交流汇报时又引发了新一轮的头脑风暴，提出更多的新问题，持续对实验进行创新与改进，在探究真理的路上永不停歇！

五、实验教学目标

（一）知识与技能

（1）探究酵母菌呼吸作用的实验原理。

（2）掌握实验材料、实验步骤，分析总结实验结果，能比较生物进行有氧呼吸与无氧呼吸的条件和产物，掌握对比实验的设计方法。

（3）掌握相关物质鉴定的一般方法。

（二）过程与方法

（1）学生掌握检测酒精、二氧化碳等细胞呼吸产物的方法。

（2）学会控制自变量，观察和检测因变量的变化，提高学生合作、交流及自主学习的能力。

（三）情感态度与价值观

（1）通过联系生产、生活等实际，激发学生学习生物学的兴趣，增强学生理论联系实际的意识。

（2）体验生物科学的价值，关注生产生活实践；乐于学习生物学，养成质疑、求实、创新及勇于实践的科学精神和科学态度。

六、实验教学内容

（一）针对学生做完教材实验后提出的问题作出改进和创新

学生做完教材实验之后，提出以下四个问题。小组合作讨论及预实验后，针对问题作出相应的改进。

（1）产物量少。改进与创新：提高反应物浓度，将质量分数为 5% 的葡萄糖溶液改为质量分数为 10% 的葡萄糖溶液。

（2）反应时间太长。改进与创新：将酵母菌悬液改为干酵母粉。预实验结果：明显缩短反应所需的时间，由约 30min 缩短至约 8min。

（3）玻璃导管难以弯曲，橡皮管难以去除。改进与创新：使用注射器和透明塑料导管。

（4）对比实验与对照实验的区别。改进与创新：在对比实验中增设对照组。

（二）小组合作，完成创新实验

根据课前实验预设，班内同学根据不同实验目的和实验任务分成四个有氧呼吸组（只探究有氧呼吸）和四个无氧呼吸组（只探究无氧呼吸）。通过自制创新实验装置锻炼学生的动手能力，培养学生的创新精神，使学生认识到有氧呼吸和无氧呼吸的条件、生成的产物不同，掌握物质鉴定的方法，观察颜色反应的区别。同时，也要求学生必须有严谨的科学态度，设置对照组要遵循实验的单一变量原则、科学性原则、可行性原则和对照原则。

（三）在实验过程中发现新的问题，继续进行创新和改进

在实验过程中发现多个新的问题，小组合作进行创新与改进。

（1）无氧呼吸组怎么创设无氧环境？创新与改进：使用凡士林和纱布或滤纸条隔绝空气。

（2）有氧呼吸组怎么提供无 CO_2 的空气？创新与改进：注射器 A 中抽取 5mL 质量分数为 10% 的氢氧化钠溶液，将活塞移动至刻度为 20mL 的位置，可生成无 CO_2 的空气。使用透明塑料导管将无 CO_2 的空气注入注射器 B 中。注射器 B 中含高活性酵母菌及葡萄糖溶液，为进行有氧呼吸反应的注射器。

（3）如果探究两种呼吸作用，探究顺序是什么？建议：先探究无氧呼吸，再探究有氧呼吸，符合生物进化的规律和学生对事物的认知。

（四）展示结果，汇报结论

小组展示实验结果，汇报交流实验结论，并开展头脑风暴，激发学生探究的兴趣和热情，持续探究。如：

（1）气体能不能收集起来？使用小气球套在注射器的针筒上，气球的膨大可以代表气态产物的生成。

（2）怎么验证酵母菌呼吸作用产生热量？需要提供新的实验用具温度计。

（3）怎么验证产生水？

（4）如果在塑料导管中加入有色液滴，注射器上有刻度，可以通过活塞的移动指示气体产生的多少，有色液滴移动的距离也可以指示气体产生量，这样就

可以将定性实验变成定量实验。

七、实验教学过程

（一）情境引入

展示面包切开之后松软的蜂窝状组织图片和面团在发酵过程中产生大量气泡的图片。描述生活中常见的这两种现象，提出问题：

（1）面粉、酵母粉和水在适宜的环境中产生了大量的气体。这些气体是什么？

（2）产生气体的过程需要氧气吗？酵母菌进行了哪种呼吸作用？

学生回答问题：

（1）二氧化碳。

（2）回答不一致。

引导学生从生活走向生物课堂，认识生物科学与生产生活的密切联系，激发兴趣与学习热情。

（二）创新和改进思考

从情景引入和做完教材实验后学生提出的问题入手，经学生讨论思考，提出对教材实验的四个创新和改进，效果如图1~图4所示。

图1 提高反应物浓度后颜色变化

图2 选用干酵母粉

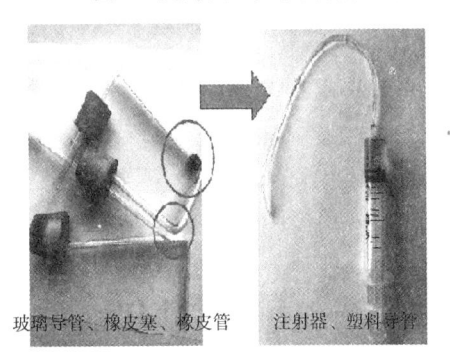

图3 创新实验器材

图4 对比实验中设置对照实验

（三）学以致用

根据课前分组（见表1），班内同学根据不同实验目的和实验任务分成四个有氧呼吸组（只探究有氧呼吸）、四个无氧呼吸组（只探究无氧呼吸）。利用创新装置进行实验，在实验的过程中提出新的三个问题，继续进行创新和改进（见图5、图6），在对比实验中设置对照实验，体会生物进化的方向，充分培养学生的科学探究能力和实验创新精神，指导学生在实验的过程中填写实验记录表。实验小组代表在全班交流实验结论，进行实验总结，用严谨的科学态度完成实验。

表1 课前小组分工及任务

内容	组别	
	无氧呼吸组	有氧呼吸组
小组成员	2或3人	
小组分工	课前：讨论设计实验，预设实验的科学性和可行性 课中：组装实验装置，进行实验；小组长负责记录及实验报告 课后：反思与持续研究	
小组任务	气态产物、酒精鉴定 完成实验报告，交流总结 继续思考探究与拓展迁移	气态产物鉴定 完成实验报告，交流总结 继续思考探究与拓展迁移

图5 使用凡士林和纱布或滤纸条隔绝空气

图6 使用10%氢氧化钠溶液提供无CO_2的空气

（四）总结成功的经验、汲取失败的教训

学生以小组的形式进行结果展示（见图7），总结交流，分享成功的喜悦，师生共同查找失败的原因。

图7 实验结果展示

由一个小组失败的教训引发头脑风暴,学生们纷纷提出对本实验新的思考,引发新的讨论及创新思路(见图8)。

图8 头脑风暴,持续探究

八、实验效果评价

(一)学生自我评价

让学生在课堂上总结,进行自我评价,认为实验成功的小组,交流成功的经验;而认为失败的小组,查找失败的原因,总结失败的教训。

教师指导学生正确看待实验的成功与失败。其实学生的评价标准比较单一,大都以是否取得预期的实验效果而论。但是教师在学生实验的过程中,发现有些学生操作不规范、对照组设置的不科学、不严谨等问题,需要在课堂上指出,让学生们正视并在下次实验中避免再次出现这样的情况。

(二)教师评价

上完这节课,自我感觉成功之处是在教学过程中以学生为主体,引导学生先联系酵母菌与人类生活的密切关系,如发面等生物学原理,思考为什么有蜂窝状的空隙，气体是什么。接着让学生分小组进行实验，用注射器和透明塑料导管进行酵母菌细胞呼吸的创新实验，增加感性认识，体验生物实验乐趣，这样让学生动手操作，掌握物质鉴定的原理和操作步骤，在实验的过程中让学生充分探讨、交流，激发学生的发散思维。师生共同积累经验、发现实验问题，活跃课堂气氛，并且鼓励实验失败的小组查找问题后重新进行探究，成功取得预期实验结果。在课堂最后，引发学生思考，使用其他创新实验器材继续实验，在探究真理的路上永不止步。

在课后反思中，我认为在教学中存在一些不足：可以采用朗威数字化信息采集系统中的二氧化碳传感器检测 CO_2 的含量，这样可以更加直观地看到 CO_2 含量变化，绘制成曲线。但是目前学校实验室教学条件不能实现，只能使用溴麝香草酚蓝水溶液和澄清石灰水进行 CO_2 的鉴定。

探究酵母菌细胞呼吸的方式

萍乡中学　徐佳

一、使用教材

人教版高中《生物必修1　分子与细胞》第五章第三节"ATP的主要来源——细胞呼吸"中"探究酵母菌细胞呼吸的方式"。

二、实验器材

根据四个创新实验，分为四组器材。

（1）集气瓶，分液漏斗，上嘴抽滤瓶，导管，具支试管，止水夹，20mL注射器，橡胶管，H_2O_2，$FeCl_3$，澄清石灰水，酸性重铬酸钾溶液等。

（2）20mL注射器，输液管，EP管，水浴锅，H_2O_2，$FeCl_3$，酵母菌培养液（酵母菌液与葡萄糖溶液体积比为1∶1），溴麝香草酚蓝水溶液。

（3）锥形瓶，CO_2传感器，数据采集器，电脑（电子白板），酵母菌培养液（酵母菌液与葡萄糖溶液体积比为1∶1），植物油。

（4）血糖仪，注射器，输液管，葡萄糖，酵母菌，H_2O_2，$FeCl_3$。

三、教材实验分析

教材实验方案设计合理、科学完整（见图1和图2）。图3和图4为学生参考教材中操作的有氧装置和无氧装置。

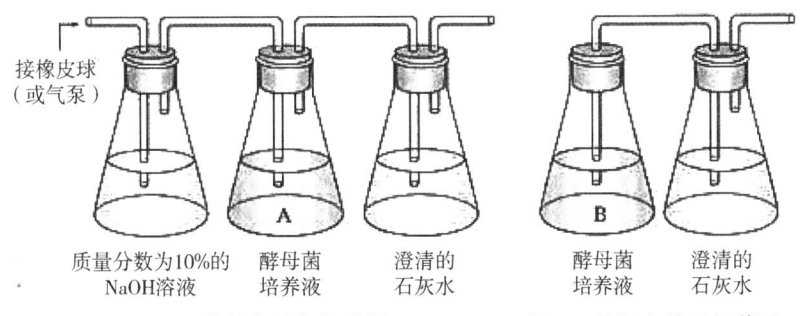

图1　教材中的有氧装置　　　　图2　教材中的无氧装置

学生经过多次实验，发现实验时间较长，难以在一节课上完成，分析原因有如下几点：

（1）制氧慢，图1有氧装置中的氧气来源于橡皮球鼓气，需50min。

（2）反应物量比较多，在500mL锥形瓶中加入240mL酵母菌培养液。

（3）无氧条件不好控制，图2的B瓶放置一段时间消耗瓶中的氧气来制造无氧条件。

（4）不能定量比较有氧和无氧条件下二氧化碳的产生量，酒精不便于检测。

（5）实验时间比较长，要培养8~10h，课堂上难以完成实验。

图3　学生操作的有氧装置　　　　图4　学生操作的无氧装置

四、实验原理和创新设计思路

（1）实验原理：酵母菌在有氧条件和无氧条件下都能呼吸，有氧条件产生二氧化碳和水，无氧条件下产生二氧化碳和酒精；二氧化碳使澄清石灰水变浑浊，也使溴麝香草酚蓝水溶液由蓝变绿再变黄；橙色的酸性重铬酸钾溶液与酒精反应会变成灰绿色；用CO_2传感器连接电脑采集绘制二氧化碳浓度变化曲线；用血糖仪测定葡萄糖（稀释10倍）。

（2）创新实验设计思路：利用H_2O_2和$FeCl_3$快速制氧，缩短反应时间；利用注射器作为反应器，有效创造酵母菌细胞呼吸的有氧和无氧条件，减少反应物的量，缩短反应时间；利用CO_2数字传感器，可以实时定量检测产物CO_2的变化量，定量比较酵母菌有氧条件和无氧条件下产生CO_2的量；用血糖仪测定酵母菌在有氧和无氧条件下分解葡萄糖的量，计算呼吸速率。

五、实验改进

（一）实验方案改进

教材上需要8~10h才能完成的实验，通过改进实验方案，使用不同的实验器材，在1节课内完成，观察到实验现象，得出实验结论。在完成课本实验中酒精检测、CO_2的两种定性检测的同时，在课堂上增加了CO_2定量检测，还延伸了检测两种条件下葡萄糖的消耗量来计算呼吸速率。

（二）实验装置改进

（1）快速制氧的同时方便产物的检测。

1）装置简介。有氧装置（见图5）中，借助分液漏斗和集气瓶这套装置，利用$FeCl_3$和H_2O_2制氧，既可以为酵母菌细胞呼吸提供充足的氧气，又可以省

去去除 CO_2 的实验装置；用上嘴抽滤瓶替代锥形瓶，并在瓶塞上安装导管，用橡胶管连接注射器，用于随时提取酵母菌培养液进行酒精检测。用装有澄清石灰水的具支试管代替教材中的锥形瓶，用于检测 CO_2 的产生情况，既节约了试剂的用量，也缩短了出现实验结果的时间。无氧装置（见图6）中，上嘴抽滤瓶放置一定时间消耗完氧气制成无氧条件。

图5 改进实验一中的有氧装置    图6 改进实验一中的无氧装置

15min 后可以观察到澄清石灰水变浑浊的现象（见图7和图8），用酸性重铬酸钾溶液检测两组装置中是否产生了酒精（见图9）。结果显示，有氧组和无氧组都出现了灰绿色。分析其原因，发现酸性重铬酸钾变成灰绿色是一个氧化还原反应，酒精充当的是还原剂。而随时提取酵母菌培养液进行检测，里面还有葡萄糖，也具有还原性，也会使酸性重铬酸钾变成灰绿色，所以在反应完成后对酒精检测才更准确。

图7 15min 后的有氧装置    图8 15min 后的无氧装置    图9 酒精检测结果

2）装置优缺点。

优点：①培养液较少；②制氧快，缩短时间；③方便酒精和二氧化碳的检测。

缺点：①只能定性比较有氧和无氧条件下二氧化碳的量；②在反应完成后对酒精检测才更准确。

（2）用注射器探究酵母菌细胞呼吸的方式。

1）装置简介：将高活性干酵母与37℃左右的温水以质量比1∶10混合，搅拌均匀后可制得酵母菌液。

有氧装置（见图 10）：用注射器吸取 2mL 体积分数为 10% 的 H_2O_2 溶液，再吸取 1mL $FeCl_3$ 溶液，轻轻晃动注射器，连上输液管，关闭调节器，开始制造并储存氧气。再使用 20mL 注射器吸取 1mL 酵母菌培养液（酵母菌液与葡萄糖液的体积比为 1∶1），连上制氧装置中的输液管，打开调节器，推入 15mL 的氧气。

无氧装置（见图 11）：利用 20mL 注射器作为无氧呼吸的反应容器，注射器直接吸取配置好的酵母菌培养液 1mL，然后将一定长度的输液管安装在针筒头上，密封针口，关闭调节器，隔绝空气，为酵母菌提供真正的无氧环境。

图 10　改进实验二中的有氧装置 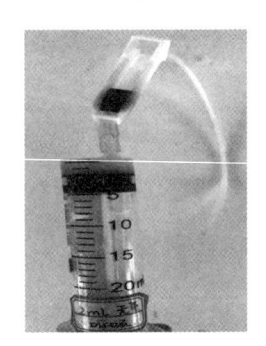　　图 11　改进实验二中的无氧装置

两个装置置于 35℃ 水浴锅中加热，3~5min 就能明显看到气泡产生，5~10min 就能收集到一定体积的气体（见图 12 和图 13）。

将输液管的一端浸入盛有 2mL 溴麝香草酚蓝水溶液的 EP 管检测 CO_2（见图 14）。

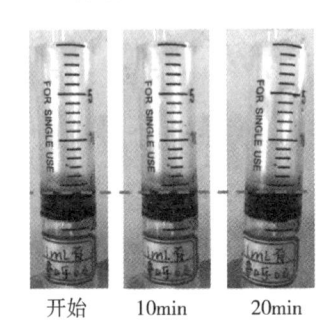

图 12　20min 后的有氧装置　　图 13　20min 后的无氧装置　　图 14　用溴麝香草酚蓝水溶液检测

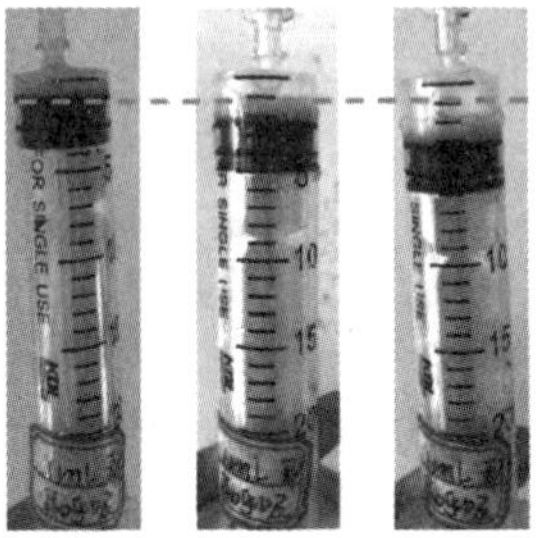

无氧组密闭，有氧组通入 15mL 的氧气，35℃ 水浴锅培养，10min 与 20min 后注射器内示数变化如表 1 所示。经过多次实验发现，有氧组和无氧组吸入 1mL 酵母菌培养液更适宜。

表1　注射器内示数变化记录数据表　　　　　单位：mL

酵母菌培养液的量	有氧组（10min后）	无氧组（10min后）	有氧组（20min后）	无氧组（20min后）
1	不变	+1	不变	+2
2	+1	+3	+4	+5
3	+3.5	+4	+8	+7
4	+6	+6	活塞喷出	+9.5
5	+8	+8	活塞喷出	+13

2）装置优缺点。

优点：①培养液减少，大大缩短反应时间；②严格控制有氧和无氧条件；③现象明显，产物易检测。

缺点：①有氧装置长时间密闭容易无氧呼吸；②不适合大量酵母菌呼吸作用的观察。

（3）利用 CO_2 传感器定量检测酵母菌有氧呼吸和无氧呼吸中的 CO_2 浓度。

1）装置简介。将两个锥形瓶中各倒入酵母菌培养液100mL，无氧装置中滴加少量的植物油。将 CO_2 传感器套上胶塞，然后用胶塞将锥形瓶塞紧，CO_2 传感器通过数据采集器连接到电脑上（见图15）。采集数据，绘制 CO_2 的浓度变化曲线图。从图16中可以很直观地看出酵母菌在有氧条件下释放的 CO_2 更多。

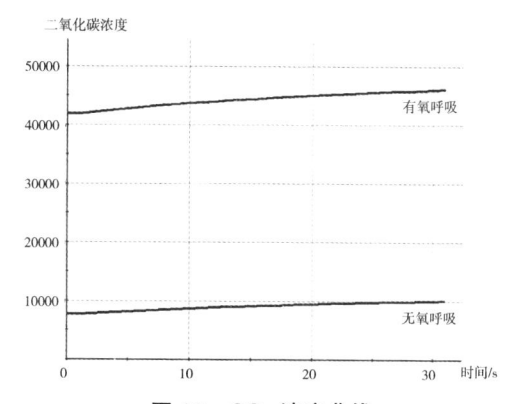

图15　连接装置　　　　　图16　CO_2 浓度曲线

2）装置优缺点。

优点：①实时定量检测 CO_2 浓度的变化；②采集数据精准、实验曲线直观。

缺点：长时间有氧条件会不足。

(4) 用血糖仪测定酵母菌在有氧和无氧条件下分解葡萄糖的量。

1）实验步骤。①100mL 10%葡萄糖预热5min。②在预热后的葡萄糖中加入10g酵母菌活化20min制成酵母培养液。③用血糖仪测定初始葡萄糖浓度（稀释10倍）为32.1mmol/L。④用注射器吸取1mL酵母菌培养液，有氧组通氧气，无氧组密闭，35℃下培养。⑤用血糖仪检测两组中的葡萄糖，记录数据（见表2）。由呼吸速率计算公式可以计算出呼吸速率，结果如表3所示。

表2 血糖仪检测葡萄糖的数据

序号	时间/min	稀释10倍葡萄糖摩尔浓度/(mmol/L)	
1	0	初始	32.1
2	10	有氧组1	28.6
		无氧组1	30.1
3	20	有氧组2	22.3
		有氧组2	25.6

表3 葡萄糖消耗速率

时间/min	呼吸方式	葡萄糖消耗速率/[mmol/(L·min)]
0~10	有氧呼吸1	3.5
	无氧呼吸1	2.0
10~20	有氧呼吸2	6.3
	无氧呼吸2	4.5

2）装置优缺点。

优点：①检测快速高效；②操作简单。

缺点：不适合长时间（20min以上）酵母菌细胞呼吸作用的检测。

六、实验教学目标

基于科学思维和科学探究的生物学科核心素养，通过小组合作探究实验达成知识、能力、情感态度与价值观的三维目标。

（1）知识目标：酵母菌细胞有氧呼吸和无氧呼吸的方式、条件、产物；探究实验的流程。

（2）能力目标：理性思维，实验设计，操作动手的能力。

（3）情感态度与价值观：实事求是，热爱生活，积极探究，合作精神。

七、实验教学内容

（1）探究酵母菌在有氧条件和无氧条件下呼吸的产物：有氧条件下产生二氧化碳和水，无氧条件下产生二氧化碳和酒精。

（2）分析理解掌握教材实验原理、实验方法以及实验装置。

（3）分三组利用新的仪器和药品设计实验方案，重点设计对比实验（有氧组和无氧组），实施实验方案并进行结果分析和讨论。

（4）课后延伸改进四：用血糖仪检测酵母菌在有氧和无氧条件下葡萄糖的

消耗量，并计算呼吸速率。

八、实验教学过程

（一）课前准备

（1）准备好实验器材。

（2）提前布置学案，预习思考，让学生了解实验基本原理，思考探究活动的实验设计。

（3）培训小组组长，让其了解实验基本过程及注意事项。

（二）课堂实施

（1）新课引入：介绍酵母菌。酵母菌是一种单细胞真菌，平常生活中可以加入到面粉中做馒头、酿酒。

（2）开展探究活动。

1）提出问题。展示老师在家做的小实验：加酵母菌和不加酵母菌的面团变化情况（见图17），引发学生思考。由此提出问题：酵母菌产生气体是在有氧条件还是无氧条件下产生的？还有其他产物吗？

图18 加酵母菌与不加酵母菌的面团变化

2）作出假设。酵母菌在有氧和无氧条件下都能产生二氧化碳，酵母菌在无氧条件下还会产生酒精。

3）设计实验。

①分析教材中的实验设计：学生看教材3min后，由学生介绍有氧呼吸装置和无氧呼吸装置，以及CO_2和酒精的检测方法。

②学生分成三大组，每组根据所提供的器材进行实验设计，分组讨论3min，由组长汇报实验方案。

4）学生进行实验5min，老师指导，通过热点拍照传至多媒体。由三组组长分别汇报实验情况，师生间交流。

5）结果和结论。

①CO_2分别用澄清石灰水和溴麝香草酚蓝水溶液检测（借助白板直播）；

②酒精用酸性重铬酸钾溶液检测；

③连接白板用 CO_2 传感器定量检测 CO_2 浓度，现场绘制曲线图。

学生由实验结果得出结论：酵母菌在有氧和无氧的条件下都能进行细胞呼吸。在有氧和无氧条件下，酵母菌通过细胞呼吸产生 CO_2，在有氧条件下产生的 CO_2 更多；在无氧条件下，酵母菌通过细胞呼吸还产生酒精。

(3) 老师小结。

(三) 课后提升

老师向学生提问：如何检测酵母菌在有氧和无氧条件下葡萄糖消耗量？如何计算呼吸速率？

师生共同设计出实验方案：利用血糖仪探究酵母菌在有氧和无氧呼吸过程中葡萄糖的消耗量。并根据实验数据计算呼吸速率。

九、实验教学反思

将课本实验改进后，能让学生在课堂上完成这种复杂实验过程并亲自体验，检测到实验结果，大大提高了学生学习兴趣，提高了学生动脑动手操作能力。将常规实验与现代化技术相结合，定性检测与定量探究协调统一。特别是先进的数字化实验设备的使用，使得数据准确直观，让学生对先进仪器调配充满好奇，对数学模型有了更深的理解。在强化规范操作的同时要注意时间的控制。

通过本创新实验也让学生明白，科学需要创新，创新可以让不可能变为可能；科学需要坚持，我们要不断克服困难，要坚信办法总比困难多。不畏惧，不放弃，总会找到更好的解决办法，得到更好的结果。

植物细胞的吸水与失水实验

上海市格致中学　鲍晓云

一、使用教材

沪教版《生命科学》第一册第三章第一节。

二、实验器材

Motic 数码显微镜、平板；载玻片、盖玻片、镊子、滴管；清水，10%、20%、30%、40%、50%蔗糖溶液，5% NaCl 溶液，5% KNO$_3$ 溶液，5%尿素溶液；紫色洋葱鳞片叶外表皮。

三、实验创新和改进要点

（一）结合现代信息技术

使用 Motic 数码显微镜（见图 1）及安装有配套 Moticonnect 软件（见图 2）的平板，将现代信息化技术与显微实验相结合，使显微拍照、录像、测量、统计等功能更便捷，开拓显微结构定量测量的新思路。

图 1　Motic 数码显微镜和配套平板　　图 2　Moticonnect 软件界面

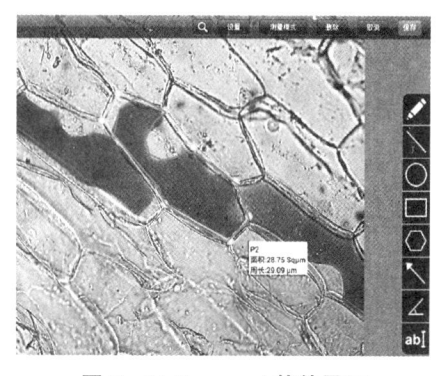

（二）增加探究内容

在教材观察 30%的蔗糖溶液对植物吸水和失水影响的基础上，增加配制了 5% NaCl、5% KNO$_3$、5%尿素三种不同溶质的溶液，进一步探究不同小分子溶液中植物细胞的吸水和失水情况，从而更深刻地认识细胞膜的选择透过性，加深对核心概念的理解，初步建立结构功能观。

（三）改进测量方法

用测量原生质层围成的紫色部分的截面积与细胞壁围成的截面积的比值，来替代教材中的原生质层长度与细胞长度比值（见图3），增加显微定量测量实验的可操作性、精确性和高效性。

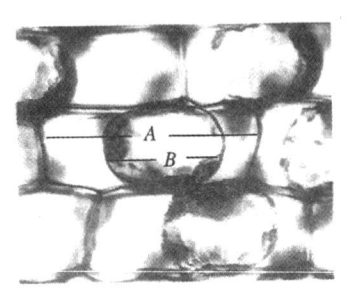

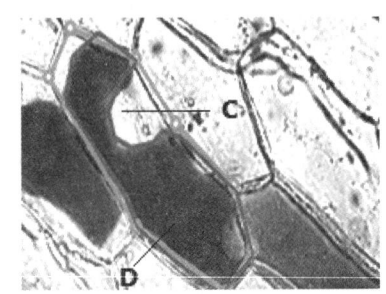

图3　改进测试方法

四、实验原理、实验设计思路

（一）实验原理

（1）水分子进出原生质层的方式是被动运输，即从溶液浓度低流向溶液浓度高。当细胞液浓度小于外界溶液浓度时，细胞液中的水分子流出细胞，由于原生质层的伸缩性大于细胞壁，出现质壁分离现象；当细胞液浓度大于外界溶液浓度时，水分子从外界流入细胞，则出现质壁分离复原现象。

（2）原生质层对物质进出细胞具有选择透过性：大分子物质（如蔗糖分子）和部分离子（如 Na^+、Cl^-）不被吸收，而水分子、部分离子（如 K^+、NO_3^-）和小分子物质（如尿素分子）则被选择性吸收。

（二）实验设计思路（见图4）

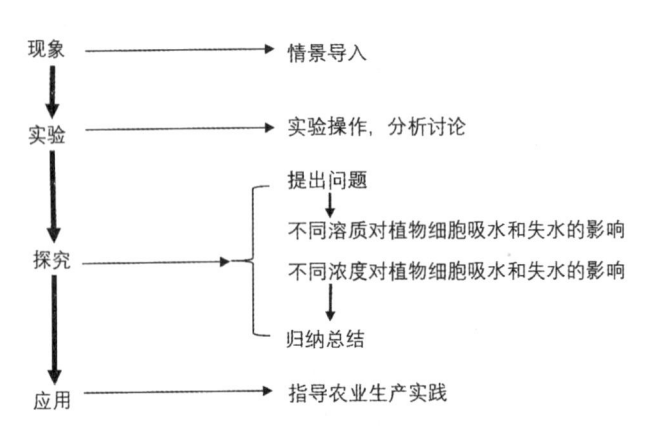

图4　实验设计思路

五、实验教学目标

（1）通过实验现象，结合已有知识，归纳总结细胞膜的结构与功能特点，初步形成结构与功能相适应的观念。

（2）经历探究细胞膜的选择透过性实验，运用现代信息技术结合显微镜的使用，初步掌握科学探究的基本思路和实验方法，提高实践能力。

（3）学会基于实验现象和实验数据，构建植物细胞质壁分离程度与外界溶液浓度之间的数学模型，运用归纳与概括等科学思维方法，阐释渗透作用原理。

（4）体会细胞膜的选择性对生命的意义，并能在生产实践中加以应用。

六、教学内容

（一）教材实验

观察30%蔗糖溶液下的紫色洋葱鳞片叶外表皮的吸水和失水现象。

（二）创新实验

（1）探究不同外界溶液（5% NaCl、5% KNO_3、5%尿素）对紫色洋葱鳞片叶外表皮的吸水和失水影响。

（2）探究不同浓度蔗糖溶液（10%、20%、30%、40%、50%）对紫色洋葱鳞片叶外表皮的吸水和失水影响。

七、教学过程

（一）课堂引入

出示植物叶片的正常状态和缺水时萎蔫状态的图片，引出本节课的主题——植物细胞的吸水和失水。

（二）观察实验

（1）学生动手完成紫色洋葱鳞片叶外表皮细胞临时装片的制作，通过引流，观察置于清水和30%的蔗糖溶液植物细胞形态的变化，描述实验现象：在30%蔗糖溶液中出现质壁分离现象，表示水分子流出细胞；而在清水中出现质壁分离复原现象，表示水分子流进细胞。

（2）分析得出水分子进出细胞的条件以及结构基础，初步感悟结构与功能相适应。

（三）探究实验

通过上述实验现象，鼓励学生提出进一步想要研究的内容。有学生提出用其他小分子溶液替代蔗糖溶液，探究在不同溶质溶液下的植物细胞的吸水和失水情况；还有学生提出改变蔗糖溶液的浓度，探究植物细胞质壁分离程度（细胞失水的程度）与外界溶液浓度呈怎样的关系。接下来开展探究。

(1) 探究不同溶质溶液下植物细胞的吸水和失水现象。

1) 配制 5% NaCl、5% KNO$_3$、5% 尿素三种不同溶质的溶液，在课前由实验小组进行探究，用与显微镜配套的 Moticonnect 软件中带有的录像功能，持续录制 15min 录像，在课堂上以 100 倍的速度快速播放。

2) 学生观察到在 5% NaCl 溶液中，植物细胞持续发生质壁分离现象，而在 5% KNO$_3$ 和 5% 尿素溶液中，植物细胞先发生质壁分离现象，随后自动复原。

3) 学生结合之前的 30% 蔗糖溶液中的实验现象，通过比较植物细胞在不同小分子溶质溶液中的质壁分离及自动复原现象的差异，进一步分析归纳得出：原生质层对小分子物质的吸收具有选择性。

这一探究环节符合学生对细胞膜选择透过性的认知过程，拓展了学生的思维深度和广度，加深对核心概念的理解，初步建立结构功能观。

(2) 探究不同浓度蔗糖溶液下植物细胞的吸水和失水现象。

1) 配制 5 种不同浓度（10%~50%）蔗糖溶液，全班分五组完成其中某一浓度下紫色洋葱鳞片叶外表皮细胞的质壁分离现象观察。

2) 学生指出在蔗糖溶液中紫色洋葱鳞片叶外表皮细胞的收缩不规则，依据课本上的方法测量其长度值会导致误差较大，因此利用 Moticonnect 软件中的测量功能，通过测量原生质层面积（D）与细胞面积（C）（见图 5）的比值替代原直径（B/A），使得到的数据更为准确、科学。

3) 五组实验小组各自拍照测量，填表计算 D/C 比值（见表 1），并汇总各组数据，合作完成该探究实验。

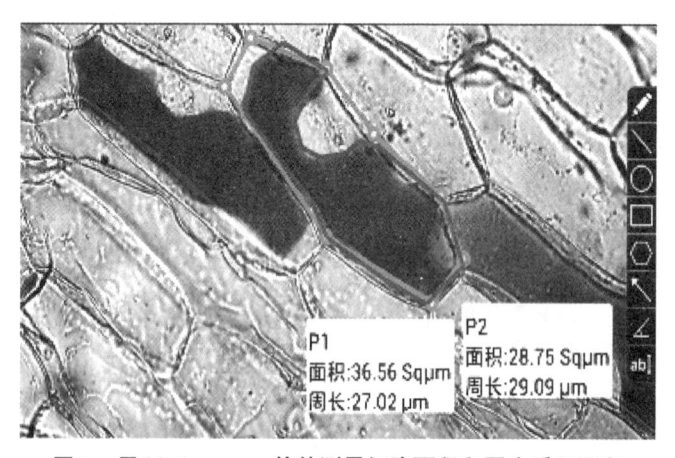

图 5 用 Moticonnect 软件测量细胞面积和原生质层面积

表1 不同蔗糖溶液浓度对植物细胞质壁分离程度影响实验记录表

细胞	原生质层面积（D）/μm²	细胞的面积（C）/μm²	D/C
1			
2			
3			
平均值	—	—	

4）学生根据实验数据绘制植物细胞质壁分离程度与外界溶液浓度的关系图（见图6），并构建植物细胞质壁分离程度与外界溶液浓度之间的数学模型。运用归纳与概括等科学思维方法，得出以下结论：在一定溶液浓度范围内，伴随着外界溶液浓度升高，植物细胞质壁分离程度越明显，超过一定浓度范围则细胞不能出现质壁分离自动复原现象。这是因为急剧失水，导致细胞膜结构破坏，失去选择透过性功能，细胞死亡。

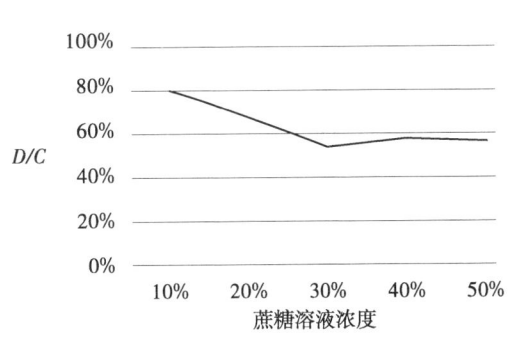

图6 植物细胞质壁分离程度与蔗糖溶液浓度关系曲线

这一测量方法的改进增加了实验的可操作性、精确性和高效性。学生可以快速测量面积、分小组统计数据、完成数学模型的构建，并充分交流讨论。最终认识细胞膜的选择透过性及其对生命的意义，很好地完成探究任务。

（四）课堂小结

总结植物细胞吸水和失水对生命的意义，体会生命与环境的关系，感悟生命的意义。

（五）学以致用

与课堂引入相呼应，运用所学知识解答农业生产中的实际问题，培养学生知识迁移与运用的能力。

八、实验效果评价

（1）实验技能的提升。本节实验课与现代信息技术相结合，学生学会运用与数码显微镜相配套的应用软件，学会对显微镜下微观结构进行拍照、录像、测量等功能，改变了显微镜只能对细胞形态作定性观察的局限性，开拓了显微细胞定量测量探究的新思路。

（2）科学探究能力的提升。通过让学生提出新的问题，开展探究活动，很好地体验科学探究的过程。在这一过程中学生学会基于实验现象和实验数据，进行分析、归纳、概括、绘图、构建数学模型等，培养了学生的问题意识，提高了学生的科学思维和科学探究能力。

（3）合作交流能力的提升。分小组进行实验探究，最终汇总各小组数据，通过合作、交流、分享结果，提升学生合作探究的能力。

探究植物细胞的吸水和失水

济南第一中学　毕晓静

一、使用教材

本节是人教版《生物必修1　分子与细胞》第四章"细胞的物质输入和输出"中第一节"物质跨膜运输的实例"的探究性实验。探究是学生认识生命世界、学习生物课程最有效的方法之一。此实验作为高中生物学习中第一个探究实验,学生在本节课中积极主动地获取植物细胞吸水和失水的知识,领悟科学研究的一般方法,为后期的探究性思维习惯的养成打下良好的基础。

二、实验器材

紫色的洋葱鳞片叶外表皮、无色的洋葱鳞片叶内表皮、紫甘蓝、金鱼藻;刀子、镊子、移液枪、载玻片、盖玻片、试管、滴管、吸水纸、数字化显微镜;清水,0.1g/mL、0.2g/mL、0.3g/mL、0.4g/mL、0.5g/mL 蔗糖溶液,葡萄皮紫色素。

三、实验创新要点

(一) 材料方面

不局限于课本实验提供的紫色洋葱鳞片叶外表皮细胞,添加了无色洋葱鳞片叶内表皮细胞、紫甘蓝叶肉细胞、金鱼藻叶肉细胞。材料从同种生物不同部位的细胞,到不同生物的同种细胞,从陆生植物细胞到水生植物细胞,多角度的选材丰富了学生们的探究体验。

在器具方面,移液枪的使用使滴加试剂的量更为准确,更好地避免了试剂的浪费以及对显微镜、操作台的污染。数字化显微镜和师生互动展台使探究过程及结果的展示更及时。

(二) 教学模式方面

(1) 项目式教学法。项目式教学法是根据教学目标和内容,由教师创设教学情境,以项目问题的生成、探究、解决、应用来培养学生的创新精神和实践能力,以学生发展为本,注重核心素养全面提升的一种探究式教学模式。区别于传统的验证式实验只是对教材内容和原理的验证与再现,本节课所实施的探究式实验更突出学生主动获取知识的过程,通过观察、设计、实验以及对结果的总结与归纳来建构自己的知识体系。从课前的探究初体验到课上两个探究活动的完成,再到课后的拓展探究，环环相扣，层层深入，各个环节全部交由学生完成，为全面提升学生的科学思维品质及学科核心素养奠定了基础。这是本节课最大的创新之处。

（2）概念教学。本节课所有问题的设置以及探究活动全都围绕着渗透现象、半透膜、浓度差三个概念展开。问题中蕴含着概念，概念支撑问题的解决和探究的开展，得出结果后又深化了对概念的理解。聚焦概念也符合新课标中的要求。

四、实验设计思路

在该实验之前，教材以"问题探讨"的形式出现的渗透现象以及渗透现象发生的两个条件为学生的自主探究奠定了知识基础，整个实验思路设计如下。

先将学生带入课前探究"金鱼藻叶片在 0.3g/mL 的蔗糖溶液里吸水或失水状况"现场实验情境中，从宏观到微观、从物理装置到成熟植物细胞，按照科学探究的一般程序，本着先设计后操作、先定性后定量、先分工后合作、先学习后应用的原则先后组织了两个难度逐级进阶的课上探究项目。在探究出"成熟植物细胞是一个渗透系统"后，进而探究"不同植物细胞的细胞液浓度"，根据得出的实验结果继续分析、比较不同植物细胞细胞液浓度存在差异的原因和意义，最后用问题引领同学们开展课下探究。整堂课教师通过合理地创设问题情境，活化实验方式，趣化实验内容以及实施多元化的评价来提高实验课的教学效果。

五、实验教学目标

2017 年颁布的《普通高中生物学课程标准》将学科核心素养与课程目标有效地结合在一起。根据课程内容及我校高一学生的实际情况，将教学目标设定如下。

（1）生命观念——利用渗透作用的发生条件，解释质壁分离及复原现象，促进结构与功能观的形成。

（2）科学思维——通过小组自主设计、实施实验方案并分析实验结果，养成科学的思维习惯和严谨、务实的求知态度。

（3）科学探究——小组通过探究成熟植物细胞是否为一个渗透系统，初步掌握科学探究的基本思想和方法，在探究中乐于并善于团队合作，勇于创新。

（4）社会责任——借助分析耐旱植物细胞的细胞液浓度，关心农业发展，尝试用所学知识来解决现实问题。

六、实验教学内容

课前探究：金鱼藻叶片在 0.3g/mL 的蔗糖溶液里吸水或失水状况。

探究活动一：成熟植物细胞是一个渗透系统吗？

探究活动二：不同植物细胞的细胞液浓度（紫甘蓝叶肉细胞、金鱼藻叶肉细胞)。

课后探究：不具有大液泡的植物细胞如何吸水和失水？

七、实验教学过程

(一) 课前准备

为了提高课堂效率及可控性，课前我作了以下准备：①编制实验报告；②准备实验材料、仪器和试剂；③针对不同材料、不同浓度的蔗糖溶液以及课前的探究活动做预实验。

学生的准备：完成实验报告的课前部分、复习临时装片的制作过程及显微镜的使用方法，为实验的顺利开展奠定知识和技能基础。

(二) 授课过程

(1) 创设情境，生成项目问题（导入环节）。课前设置的探究情境"金鱼藻叶片在0.3g/mL的蔗糖溶液里吸水或失水状况"给同学们带来了探究初体验（见图1），当课上现场实施实验并出现了明显的结果后，课堂气氛一下子活跃起来，探究的热情瞬间被点燃。接着通过回顾渗透现象发生的两个条件，从物理装置迁移到成熟植物细胞，创设了问题情境"成熟植物细胞是一个渗透系统吗"。至此，项目问题生成。

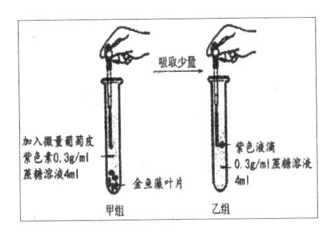

图1 课前探究活动

(2) 分组合作，完成项目探究（探究活动一）。本部分是突破教学重难点的关键环节。教师引导学生按照科学探究的一般程序，根据提出的问题，小组讨论做出假设，选择实验材料和试剂后由小组代表上台展示各组设计的实验方案（见表1），随即开展实验。

在这个过程中，教师勤观察、多指导，及时纠正学生操作中的错误，但对于假设是否合理、材料和试剂的选择是否恰当、方案的设计是否严谨等问题全部放手交给学生。让学生在质疑与讨论中总结、成长，比直接获得成功更有意义。

表1 四个小组的实验设计方案

组	对半透膜的假设	材料（洋葱鳞片叶）	试剂（蔗糖溶液）	实验方案
1	液泡膜	紫色外表皮	0.3g/mL	先滴加蔗糖溶液，吸干后滴加清水观察
2	细胞膜	无色内表皮	0.3g/mL（含色素）	一个装片滴加蔗糖溶液，再制作一个装片滴加清水后观察
3	细胞膜	无色内表皮	0.5g/mL（含色素）	先滴加蔗糖溶液，吸干后滴加清水观察
4	液泡膜	紫色外表皮	0.5g/mL（含色素）	先滴加蔗糖溶液，吸干后滴加清水观察

展示就有思维的碰撞，交流中必然有认同有质疑。第二组展示时叙述做了两个临时装片，滴加清水后的临时装片实验结果不明显。教师便引导第二组同学在第一组的实验方案中体会"同一材料先后滴加不同试剂后出现不同结果"的巧妙之处以及四个小组实验方案之间形成的两两对照。这既让学生学会了在交流中取人之长补己之短，进一步强化了对实验设计中控制单一变量和设置对照两大原则的认识，又让学生感受到组间的分工，极大地丰富了我们的探究课堂。

第三、四组的展示则体现了小组间合作的重要性。第三组无色洋葱鳞片叶内表皮细胞在0.5g/mL蔗糖溶液的实验结果显示了细胞膜具有选择透过性，而第四组紫色洋葱鳞片叶外表皮细胞在含色素的0.5g/mL蔗糖溶液中的实验结果则显示出液泡膜具有选择透过性。虽然选择了不同的材料和试剂，两组的结果却一同验证了"原生质层相当于一层半透膜"的假设。学生在分析色素、水分子及蔗糖分子进出原生质层的情况时，借助自己的实验结果再次加深了对"半透膜"概念的理解。

以上环节，从选材到设计方案、从操作到展示、从交流到得出结论全部由学生完成，让学生充分体会到探究学习的方法和乐趣，提高了独立解决问题的能力，塑造了团队合作、勇于创新的科研精神。这部分真正体现了项目式教学法中合作、探究这一灵魂。

（3）实际应用，深化项目理解（探究活动二）。第二个探究活动的设置旨在让同学对实验操作的方法进一步熟练，运用渗透作用的原理来探究不同植物细胞的细胞液浓度。在小组共同提出了实验思路后，组内成员分工用0.1~0.5g/mL五种不同浓度的蔗糖溶液开展实验。

同学们分组探究出陆地旱生的紫甘蓝叶肉细胞的细胞液浓度相当于0.4~

0.5 g/mL 的蔗糖溶液，水生的金鱼藻叶肉细胞的细胞液浓度相当于 0.1~0.2 g/mL 的蔗糖溶液，既呼应了初始演示实验的结果，又通过设计问题比较了二者细胞液浓度不同的原因与意义，强调了"浓度差"是植物细胞吸水和失水的动力。不同植物其细胞液浓度的差别是为了更好地适应环境，将结构与功能观、适应与进化观渗透其中，也唤起了同学们对保护水资源及关心农业发展的意识和责任。

随后设置拓展探究"不具有大液泡的植物细胞如何吸水和失水"来开拓同学们的视野，将探究延续到课堂之外。第二组同学利用大叶黄杨的叶表皮细胞探究出不具有大液泡的保卫细胞也可以通过渗透作用吸水和失水，保卫细胞的吸水和失水导致了气孔的开放程度不同；第四组同学查阅资料利用大豆干种子测得了萌发过程中通过吸胀吸水导致的鲜重增加。这份课后探究作业的完成着实给了我很大的惊喜！

八、实验效果评价

本次实验的评价量表除常规项目外，我特别设置了"思维拓展"一栏。因为当我们课上探究出耐旱植物的细胞液浓度范围后，有小组提出想探究生长在盐碱地的植物的细胞液浓度，探究污染水域中的植物的细胞液浓度；当探究出较高浓度的外界溶液会让细胞失水过多而死亡时，有学生提到生活中腌咸菜就是利用了这一点。这都是利用本节所学而进行的思考与拓展。使用评价量表，通过学生自我评价、生生互评及教师评价来帮助学生认识自我，改进学习方式。

九、实验反思

教学中我在思考，怎样上好一节实验课？首先，实验课是中学生物教学的一种课型，而非只是实验操作。原理的体验、概念的聚焦以及对教学内容的挖掘与创造都需要渗透在课堂建设中，强化实验课的教学功能，让实验成为知识呈现的良好载体，能力养成的有效途径。其次，实验课应该是面向全体同学的，可操作性强。我们的实验课堂不应追求用复杂的仪器和罕见的实验材料刻意地求新求异，而应该用尽可能简单的仪器和常见的材料，创设合理而生动的情境，采用合适的素材和方法帮助同学们在知识技能上有所收获，在核心素养上有所提高，感受生物科学的魅力与活力。今后，我将一直为此而努力！

探究 pH 对酶活性影响的实验创新与实践

绵阳市开元中学　潘婷婷

一、使用教材

本实验选自人教版高中《生物必修 1　分子与细胞》第五章"细胞的能量供应和利用"第一节"降低化学反应活化能的酶"，酶的特性中"探究影响酶活性的条件"的创新实验。

二、实验器材

(1) 实验材料：新鲜土豆切成 1mm 厚的薄片，用打孔器制成 16mm 的小圆片。

(2) 实验器具：切片器，打孔器；电子天平，烧杯，量筒，容量瓶，镊子，钥匙；pH 测试计，计时器（可利用手机秒表功能）；电脑及 Excel 软件。

(3) 试剂：蒸馏水，0.2mol/L 磷酸氢二钠、0.1mol/L 枸橼酸、0.1mol/L 碳酸氢钠、0.1mol/L 碳酸钠（配制成缓冲溶液母液，再配制成不同 pH 缓冲溶液），5%过氧化氢溶液。

三、实验创新要点

(一) 实验创新

(1) 定量实验：变教材定性实验为定量实验，通过测量在不同 pH 条件下处理后的土豆小圆片在一定浓度过氧化氢溶液中上浮所需的时间（表示酶的活性），用描点连线法做出曲线，让学生亲自构建 pH 与酶促反应速度的关系曲线，为酶相关特性知识的学习奠定基础。

(2) 可推广性：取材容易，操作简便，现象明显，绿色环保，成本低，不需要借助其他复杂器材便可完成，分组实验既可在教室开展，也可在实验室完成，利于推广。

(3) 材料创新：选择取材容易且操作简便、安全的土豆。

(二) 教学组织策略

实验可在实验室开展，也可在教室开展，实验分组策略为：

(1) 学生两人一小组、十人一大组，每位同学都可亲自动手操作参与实验。每组同学只测在一组 pH 的缓冲溶液中处理的土豆片上浮所需时间，多次重复实验，求平均值，保证实验结果准确可信，让学生体会重复实验的重要意义。

(2) 每组十位同学，共同完成 pH 为 3、5、7、9、11 条件下的数据整合，再汇总全班各大组数据。

（三）实验拓展创新

（1）在探究过程中，发现并验证了过氧化氢会在碱性条件下分解。因此，在本实验中应只处理土豆片（只调节酶的 pH），可为相关教学提供参考。

（2）拓展实验：班级分组实验前，让部分学生参与不同 pH 缓冲溶液的配制，体验配制系列浓度溶液的过程和方法，这是高中学生非常难得的实验拓展机会。

（四）整合创新

（1）利用 Excel 软件进行数据处理，快捷、准确，体验利用信息技术构建生物数学模型。

（2）整个实验中通过学生参与大小厚薄适宜土豆片的制作、缓冲液的配制、材料处理、方案的设计与实施等一系列活动，让学生体会科学探究的一般过程，落实高中生物新课标"教学过程重实践"这一基本理念。培养学生的动手能力、模型构建能力，提高学习生物学的兴趣，培养学生实事求是、批判性、创新性等科学思维品质。

四、实验原理和实验设计思路

（一）实验原理

（1）酶的活性受 pH 影响，在最适 pH 下酶活性最高，高于或低于最适 pH 酶活性都会降低。新鲜土豆片中含有的过氧化氢酶能催化过氧化氢分解为氧气和水。酶活性越大，产生氧气速度越快，土豆片因附着氧气泡，受氧气泡的浮力而上浮所需时间越短。测量在不同 pH 条件下处理后的土豆小圆片在一定浓度过氧化氢溶液中上浮所需时间（表示酶的活性），用描点连线法作出曲线，从而构建 pH 与反应速度的关系曲线（见图 1 和图 2）。

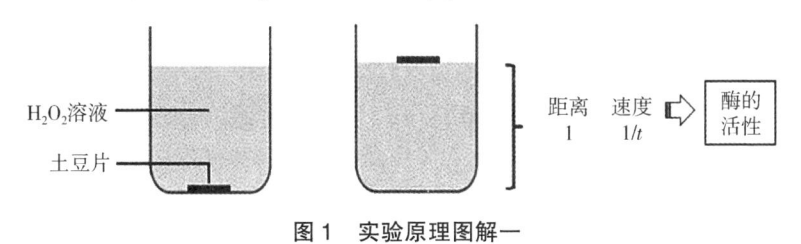

图 1 实验原理图解一

pH	...	3	5	7	9	11	...
时间	...	t_1	t_2	t_3	t_4	t_5	...
速度	...	$1/t_1$	$1/t_2$	$1/t_3$	$1/t_4$	$1/t_5$	...

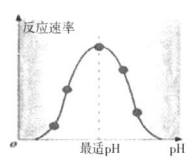

图 2 实验原理图解二

（2）过氧化氢会在碱性条件下分解，本实验中应只处理土豆片（即只调节酶的pH）。

（二）实验设计思路

（1）制作合适的土豆片。生物兴趣小组用切片器和打孔器，制作了大小、厚薄各不相同的土豆小圆片，通过反复实验，确定直径16mm、厚度1mm比较适合班级分组实验（见图3、图4和图5）。

图3 用切片器切片 　　图4 用打孔器制作小圆片 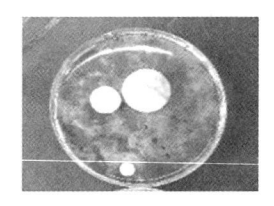　　图5 大小、厚度不同的小圆片

（2）控制自变量。

1）同学们首先想到的是用教材提示的HCl、NaOH尝试配制不同pH的缓冲溶液，但难度较大。通过上网查阅大量资料，尝试了许多配制不同pH缓冲溶液的配方，最终确定采用枸橼酸系列和碳酸钠系列，成功配制了pH为3、5、7、9、11的缓冲溶液。为了更好地控制自变量，用不同pH的缓冲溶液分别处理土豆片和过氧化氢之后，再混合反应，结果发现一个奇特的现象，碱性条件下的土豆小圆片先浮上来。在查阅相关资料后得知：过氧化氢是一种弱酸，碱性条件会加速其分解，因此他们认为在这个实验中应该只对土豆片做处理（见图6、图7）。

图6　H_2O_2在碱性条件自动分解 　　图7　土豆片在碱性H_2O_2溶液中先浮上来

2）利用手机秒表可连续记录多组数据的功能进行计时记录，用Excel软件进行数据处理。

3）除此之外，还探究了土豆片在不同pH缓冲溶液中的浸泡时间和过氧化氢的浓度等变量。通过多次实验证明，为了作出比较科学的曲线，土豆片应浸泡12h以上。为了在有限的时间内设置更多的重复实验，5%的过氧化氢溶液更适合班级分组实验。

（3）利用生物数字化设备对该实验进行科学性验证。利用氧气传感器实时测定不同 pH 缓冲溶液浸泡的土豆小圆片产生氧气的量，计算出速率，绘制出的曲线与土豆上浮实验曲线大致相同。证明土豆片上浮实验是科学的，具备可操作性和推广性（见图 8 和图 9）。

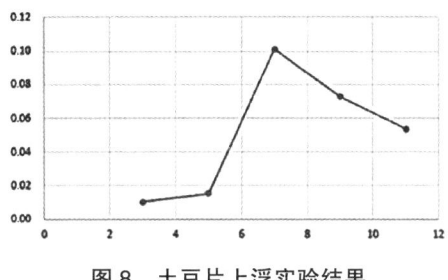

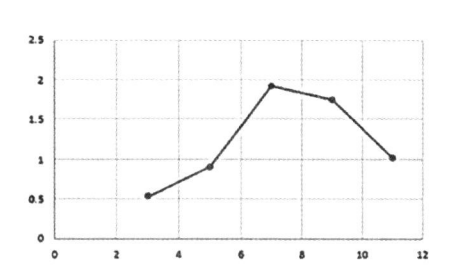

图 8　土豆片上浮实验结果　　　图 9　用氧气传感器检测氧气量实验结果

（4）开展预实验和班级分组实验。班级分组实验开展前进行预实验，进一步探究实验条件以及实验中可能存在的问题。在三个班级进行了分组实验，采取了不同的分组策略，实验场所一个班在教室，两个班在实验室。

五、实验教学目标

（一）生命观念

通过对实验现象的观察，感受过氧化氢酶普遍存在于动植物细胞，达成生物具有统一性这一生命观念。

（二）科学思维

(1) 实验中记录、分析和处理数据后做出曲线，培养学生构建数学模型的能力。

(2) 通过对教材实验进行改进探究，培养学生创新性、批判性等科学思维品质。

（三）科学探究

通过提出问题、做出假设、设计实验方案、实施实验、处理实验结果和得出相应结论等环节，培养学生初步的科学探究能力。

（四）社会责任

课后延伸，通过对有关酵素资料分析，提出"减肥酵素能否用于减肥"等问题，让学生体会利用生物学知识能够解决生活中的问题，培养学生社会责任感。

六、实验教学内容

（一）课前准备

利用科技活动课，实验兴趣小组作好分组实验准备。

（1）配制不同 pH 的缓冲溶液。

（2）制作大小厚薄适宜的土豆片，并用不同 pH 缓冲溶液处理土豆片 12h 以上。

（3）预实验：培训实验助手，准备实验器材和相关试剂，实验中带领小组顺利开展实验。

（二）实验教学

（1）分析本实验实验变量，能根据给出的实验材料设计实验方案，并在交流中改进和完善方案，体会科学探究一般步骤。

（2）小组合作利用土豆小圆片定量探究 pH 对酶活性影响，构建 pH 与反应速度的关系曲线。

（3）各组汇集数据，全班交流，评价总结。

七、实验教学过程

（一）新课导入

准备好导学案，让学生提前预习实验，了解实验原理，思考实验变量和实验步骤。

（二）课堂教学

（1）创设情境，激发探究欲望。出示两份资料，引导学生提出问题、作出假设，使学生明确探究目的，主动参与探究过程。根据资料一信息，当胃蛋白酶流入小肠时便失去功能，体会结构与功能相适应。

（2）展示实验器材，分析实验变量。通过引导学生分析实验器材，学生心中对实验设计有大致框架，从而突破实验设计这一教学难点。分析完实验器具，紧接着引导学生分析实验变量，加深学生对实验设计中控制变量法的理解，突出教学重点，同时通过这一系列的问题设置，有助于学生科学思维的培养。

（3）小组合作讨论实验步骤。学生以小组为单位，根据实验设计的等量、对照、单一变量、科学性、可行性等实验原则完成实验设计，并派小组代表讲解本组的实验方案，培养学生语言表达能力、交流能力和评价能力。收集学生的实验设计方案，引导学生分析比较各方案的差异，指出不足和改进措施。

（4）进行实验，记录结果。教师查看学生实验进行情况，及时发现问题，注重过程评价。学生通过对实验结果的分析和数据处理，采用描点连线法绘出

pH 与反应速率的关系曲线图，培养学生的数据处理能力和数学模型构建能力。

（5）分析结果，得出结论，全班交流。小组发言人利用展台展示本组实验结果及得出的实验结论，目的是创造生生交流的氛围，让学生获得科学探究的经验，加深 pH 对酶活性影响的认识（见图10）。

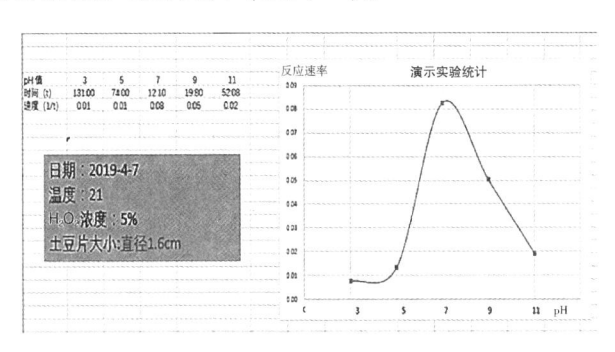

图 10　班级实验数据总汇做出曲线

（6）课堂小结。让学生总结本节课的收获和操作中的注意事项，找出实验过程中的不足之处。

（7）课后延伸。出示资料三，通过减肥酵素相关信息让学生体会利用生物学知识能够解决实际生活中的问题，从而提高学生社会责任感。

八、教学效果评价

（一）学生的探究与评价

（1）兴趣小组同学通过实验探究，学会了配置不同 pH 的缓冲溶液；学会了控制自变量；通过观察和检测因变量，体会到设置重复实验的重要意义。

（2）通过对实验用合适的土豆片大小、厚薄的探究，提高了动手能力、观察能力，感受了无关变量对实验效果影响非常大。

（3）通过班级分组实验，体会了科学探究一般过程，学会了分析实验变量，设计实验步骤，并在小组交流中完善实验方案。通过小组合作完成实验，得出实验结果，再根据实验结果采用描点连线绘出 pH 与反应速度的关系曲线，汇报各组实验结果及结论。有的小组实验数据相差较大，尝试自己分析原因，主要因为土豆片厚薄可能不完全一致，体会到无关变量对实验的影响。最后总结出"酶的活性受 pH 影响，最适 pH 下酶的活性最高，高于或低于最适 pH 酶的活性都会降低"这一实验结论。

（二）教师评价

带领学生创新实验，为班级分组实验开展打下基础。在先期三个班的教学实践中，各小组通过合作均能完成实验探究内容，提高了动手操作能力、合作能力和科学探究能力；均能对实验结果数据进行正确处理，提高了数据分析能力；能用描点连线法做出pH与反应速度的曲线图，提高了数学模型构建能力，达到了教学目标，本实验创新是成功的。

在以后的教学中我还将完善实验评价量表，以便于更有效地评价学生学习效果；将本实验与探究温度对酶活性的实验相结合，进一步优化教学模式，是我下一阶段的目标。探索之路永无止境，为提高学生的创新能力和实践精神，我会一直走在实验探究教学之路上。

STEM 理念下酶的高效性实验的创新与改进

武威第一中学　杨江

一、使用教材

本节内容选自人教版高中《生物必修1　分子与细胞》第五章"细胞的能量供应和利用"第一节"降低化学反应活化能的酶"第一课时"酶的作用和本质",实验标题为"比较过氧化氢在不同条件下的分解"。

二、实验背景

（一）STEM 教学理念

STEM 是科学（Science）、技术（Technology）、工程（Engineering）、数学（Mathematics）四门学科英文首字母的缩写,STEM 课程的重点是加强对学生四个方面的教育:一是科学素养,即运用科学知识（如物理、化学、生物和地球空间科学）理解自然界并参与影响自然界的过程；二是技术素养,也就是使用、管理、理解和评价技术的能力；三是工程素养,即对技术工程设计与开发过程的理解；四是数学素养,也就是学生发现、表达、解释和解决多种情境下的数学问题的能力。

本节课程旨在通过酶的特性的实验研究,向学生传递酶的功能和性质的相关规律,让学生认识到自然界的生物正常生活需要一定的条件,而酶在其中发挥了重要作用。通过大胆质疑、启发鼓励学生,小组合作设计实验方案,应用物理中浮力、压强和化学实验中气体排水、装置连接等跨学科知识,最终应用 Excel 软件绘制曲线,建立数学模型,自主探究解决生物学科问题,带领学生认识、解释自然界客观规律。

（二）课题背景

细胞中每时每刻都进行着许多代谢反应,这些代谢反应是细胞生命活动的基础,但细胞代谢过程中会产生一些对细胞有害的物质,如过氧化氢。作为强氧化剂,过氧化氢产生的自由基能损伤 DNA、生物膜及细胞内重要的结构蛋白和功能蛋白,进而导致细胞衰老,引起早衰。2017 年 10 月 27 日,世界卫生组织国际癌症研究机构公布了常见致癌物清单,过氧化氢位列其中。可见,及时清除细胞内产生的过氧化氢,是维持细胞及生物体正常生命活动的基础。自然状态下,过氧化氢虽能自动分解,产生水和氧气（见反应式一）,但反应速率非常慢。无机催化剂三氯化铁可以加速过氧化氢的分解,反应中过氧化氢还原了三价铁但同时又氧化了二价铁（见反应式二、三），结果相当于三价铁未变。此法可以促进过氧化氢的分解，但不适用于细胞。

反应式一：$2H_2O_2 = 2H_2O + O_2$

反应式二：$2Fe^{3+} + H_2O_2 = O_2 + 2Fe^{2+} + 2H^+$

反应式三：$2Fe^{2+} + H_2O_2 + 2H^+ = 2H_2O + 2Fe^{3+}$

酶是一种生物体活细胞产生的具有催化作用的有机物，其中绝大多数是高分子蛋白质，能使化学反应加速进行，并具有传递电子、原子和化学基团的作用。酶具有专一性，即一种酶只能催化一种或一类化学反应，如过氧化氢只能被过氧化氢酶分解，而不能被其他酶催化分解。

过氧化氢酶，又叫触酶（catalase），简写为 CAT，其分子结构如图 1 所示。它于 1811 年被过氧化氢的发现者泰纳尔首次发现，普遍存在于所有能呼吸的生物体内，如植物的各种组织、动物的肝脏和红细胞等，尤其在肝脏中含量居多。细胞中的 CAT 主要分布于过氧化物酶体这种细胞器中，它能及时结合代谢产生的过氧化氢，快速彻底催化其分解为无害的水和氧气，使得过氧化氢不至于与氧气在铁螯合物作用下反应生成有害的羟基类化合物，为机体提供了抗氧化防御机理。CAT 在 pH = 7 左右、温度为 30~40℃时活性最强，它是以现代发酵工艺生产的高浓度液体酶，被广泛用于医药、食品、纺织、造纸等领域。

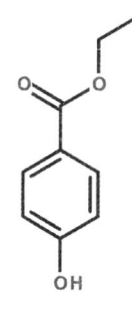

图 1　CAT 分子结构

三、实验器材

（1）材料（见图 2）：新鲜猪肝脏、蔬菜（土豆、西红柿、胡萝卜、香菇）、校园植物（丁香、蒲公英）、本地新鲜水果（人参果、葡萄）。

（2）试剂（见图 3）：3%过氧化氢溶液、3.5%三氯化铁溶液、清水。

（3）仪器（见图 4）：烧杯、量筒、试管架、电子天平、打孔器、秒表、菜刀、砧板、滤纸、镊子、标签纸、反应瓶、单孔橡胶塞、导气管、水槽、铁架台、纱布、榨汁机、胶头滴管等。

图 2　实验材料 　　　图 3　实验试剂 　　　图 4　实验仪器

四、实验改进要点

(一) 实验材料的创新

(1) 教材实验中的安排。教材中以质量分数为20%的新鲜猪肝（或鸡肝）研磨液为材料，虽然可以达到预期效果，得出相应的结论，但存在以下缺点：

1) 新鲜猪肝不易获取，成本较高，且腥味较重，用后清洗困难。

2) 猪肝研磨液易变质、难保存，酶容易钝化失去活性。

3) 以20%新鲜猪肝研磨液为材料，实验反应速率过快过猛，实验现象来不及观察已经消失，不便捕捉。

4) 少数民族同学拒绝用猪肝作为实验材料。

(2) 创新与改进。在以蔬菜（土豆、西红柿、胡萝卜、香菇）、校园植物（丁香、蒲公英）、本地新鲜水果（人参果、葡萄）分别为材料进行实验后，发现这些材料均含有CAT，均可用于实验。CAT含量从多到少依次为西红柿、香菇、胡萝卜、土豆、丁香、人参果、蒲公英、葡萄。综合考虑，本实验以人参果作为CAT的来源。原因如下：

1) 武威地区素有"人参果之乡"的美誉，这里四季都有鲜人参果出售，价格便宜，容易获取，保存容易，不易变质。

2) 人参果中CAT含量适中，实验过程便于控制，反应速率适宜，现象明显。

3) 以植物材料人参果代替教材中的动物材料猪肝，能加深学生对于"CAT是普遍存在的"这一事实的认知。

4) 以人参果这一本地水果为材料进行实验，可增强学生的自豪感，更加热爱自己的家乡。

5) 以人参果这一大街小巷随处可见的水果为材料，可降低科研的神秘感，培养学生的科研兴趣，提升科研热情。

(二) 实验方案的创新——定性

(1) 教材实验中的安排。教材中本节实验方案如图5所示，该实验虽能证明酶具有催化作用且催化效率比较高（即具有高效性），但整个实验存在以下不足：

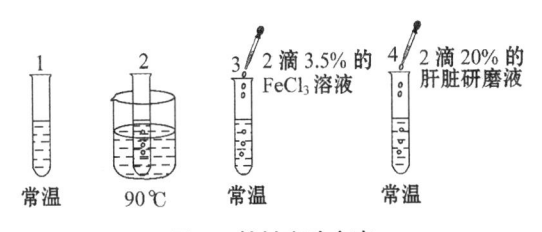

图5 教材实验方案

1）加热处理组中水汽蒸发产生的气泡易被误判为氧气气泡，致使实验误差太大，降低了结论的可信度。

2）猪肝研磨液一组由于反应过快，产生气体量较大，致使水汽被气泡带出，易导致香熄灭。且开放的试管使气体逃逸，难以存储，致使实验现象不稳定。

3）采用香复燃作为氧气产生情况的判断指标，存在安全隐患，且不够环保。

4）实验结果的判断指标，即气泡的大小、多少、产生快慢及带火星的香复燃程度等，都是实验者肉眼观察的结果，存在个人主观因素的影响。也就是说，不同实验者对同一气泡产生情况或带火星的香复燃程度的判断可能并不相同，存在误差。

（2）创新与改进：将被CAT溶液、三氯化铁溶液、清水浸泡过的滤纸圆片置于过氧化氢溶液中，观察记录各组滤纸圆片从浸入溶液到重新上浮至液面所用时间，比较时间长短，即可证明酶的功能及催化效率的高低（见图6）。此法称之为"滤纸上浮法"，其优点为：

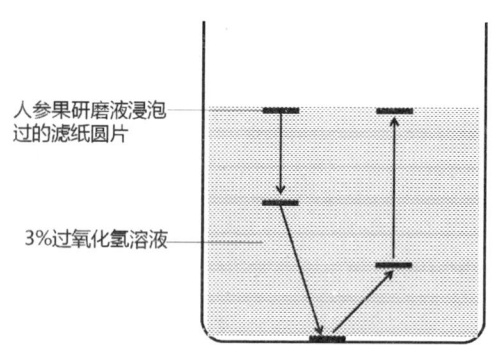

图6 滤纸上浮法装置

1）以滤纸圆片重新上浮至液面的时间作为比较各组反应速率的依据，更具有说服力。因为数据能客观反映真实情况，结果稳定，弥补了教材实验对于现象的判断不够客观的缺陷。

2）实验中在滤纸圆片表面会产生气泡，气泡多到一定程度可致使滤纸圆片上浮，出现了与教材中实验相同的现象，即大量气泡，方便且直观。

（三）实验方案的创新——定量

（1）教材实验中的安排：教材中没有底物过氧化氢的分解量或氧气产生量的定量检测过程。

（2）创新与改进：上述实验方案虽然简单直观地证明了酶是一种催化剂且具有高效性，但无法定量分析。若能收集到反应时段内底物过氧化氢的分解量或氧气产生量的相关数据，就能更准确地说明酶催化效率的高低。基于此，设计出如图7所示的"排水集气法装置"，记录特定时段内量筒内液面数据，得出氧气产生量，即可计算出底物过氧化氢的分解量，定量地证明酶的催化效率的高低。

利用排水集气法将教材定性实验改变为定量实验，能更好地向学生传递酶的相关规律，且该方法所用器材简单，在每个实验中均可完成，便于推广。

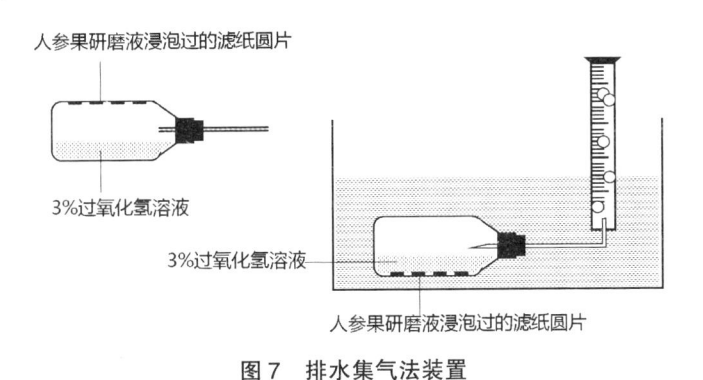

图7 排水集气法装置

五、实验原理

新鲜猪肝脏、人参果、西红柿、胡萝卜、香菇、土豆、丁香、蒲公英、葡萄等材料中均含有CAT，一滴质量分数为3.5%的三氯化铁溶液中的三价铁离子数是等体积的质量分数为20%的新鲜猪肝研磨液中CAT分子数的25倍，这一催化剂分子数量的差异能充分说明酶具有高效性。

（一）过氧化氢分解速率的定性分析原理

被CAT溶液、三氯化铁溶液、清水浸泡过的滤纸圆片表面黏附有酶、三氯化铁等物质，在接触到过氧化氢溶液时可催化其分解。反应刚开始产生氧气量较少，滤纸圆片会逐渐下沉；当纸片上氧气气泡达到一定程度时，纸片会上浮；反应速率越快，特定时段内产生的氧气越多，上浮速率就越快，重新上浮至液面所需时间就越短。观察记录各组滤纸圆片从浸入溶液到重新上浮至液面所用时间，比较CAT溶液和清水组时间耗时长短，即可证明酶的功能，即酶具有催化作用；比较CAT溶液和三氯化铁溶液组所用时间，即可证明酶催化效率的高低。

（二）过氧化氢分解速率的定量检测原理

在排水集气法装置中，当反应瓶旋转180°后，黏附有CAT溶液的滤纸圆片接触到过氧化氢溶液开始反应，产生的氧气通过导气管进入装满水的量筒内，排出相应体积的水。记录数据，即可知道在特定时段内底物过氧化氢的分解量，进而定量地证明酶的催化效率的高低。

六、实验教学目标

（一）生命观念

（1）通过比较过氧化氢在不同条件下分解的速率，了解酶的作用和意义。

（2）认识酶在生物生命活动中的重要作用，渗透物质与能量生命观。

（二）科学思维

（1）学会控制变量、设置对照等实验设计方法，通过分析设计实验方案、构建数学模型，培养学生的理性思维。

（2）通过对教材实验进行分析、评价，培养学生大胆质疑、敢于批判和勇于创新的品质。

（三）科学探究

（1）通过自主设计方案、实施实验、分析结论，培养学生崇尚科学的态度和实事求是的精神。

（2）通过小组合作、师生互动，提升学习共同体的学习力。

（四）社会责任

通过普及酶存在的普遍性和重要性及相关环保知识，提升社会责任感。

七、实验教学内容

（一）过氧化氢分解速率的定性分析

以新鲜猪肝研磨液、人参果研磨液、西红柿研磨液、胡萝卜研磨液、香菇研磨液、土豆研磨液、丁香研磨液、蒲公英研磨液、葡萄研磨液、三氯化铁溶液、清水分别作为实验材料对滤纸圆片进行浸泡，将浸泡好的滤纸圆片置于过氧化氢溶液中，记录滤纸圆片从进入过氧化氢溶液到重新上浮至液面所用时间。对数据进行处理比较，以此定性探究酶的功能及催化效率的高低，同时筛选出 CAT 的理想材料来源。

（二）过氧化氢分解速率的定量检测

将分别用人参果研磨液、三氯化铁溶液、清水浸泡过的滤纸圆片贴于反应瓶内部，加入过氧化氢溶液，塞紧瓶口置于水槽中，用排水集气法测得特定时段内氧气的产生量，将所得数据在 Excel 软件中处理并绘制成曲线，以此定量探究酶的功能及催化效率的高低。

八、实验教学过程

（一）过氧化氢分解速率的定性分析

（1）用打孔器打出直径约为 2cm 的滤纸圆片若干（至少 40 片），待用（见图 8）。

（2）取 22 支 100mL 烧杯，分为 A、B 两组，A 组依次编号 1A、2A、3A……11A，用于配置 20% 的研磨液，B 组依次编号为 1B、2B、3B……11B，用于盛放过氧化氢溶液（见表 1）。

图 8 制备滤纸圆片

表 1 实验组别清单

实验材料	A 组烧杯	B 组烧杯	时间
20%猪肝研磨液	1A	1B	
20%人参果研磨液	2A	2B	
20%西红柿研磨液	3A	3B	
20%胡萝卜研磨液	4A	4B	
20%香菇研磨液	5A	5B	
20%土豆研磨液	6A	6B	
20%丁香研磨液	7A	7B	
20%蒲公英研磨液	8A	8B	
20%葡萄研磨液	9A	9B	
3.5%三氯化铁溶液	10A	10B	
清水	11A	11B	

（3）称取 20g 新鲜猪肝脏，切成小块，加入榨汁机中研磨（见图 9），用双层纱布对磨好的猪肝研磨液进行过滤（见图 10）。用量筒量取 5mL 滤液（见图 11），将其加入 1A 烧杯中，再量取 20mL 清水（滤液与清水的体积比为 1∶4），加入 1A 烧杯中，与肝脏滤液混匀，待用。

（4）分别称取 20g 人参果、西红柿、胡萝卜、香菇、土豆、丁香、蒲公英、葡萄，按上述步骤依次制备上述滤液。再量取 25mL 三氯化铁溶液、25mL 清水，分别加入 10A、11A 烧杯中，待用（见图 12）。在 B 组每支烧杯中加入 10mL 过氧化氢溶液。

图9 榨汁

图10 过滤

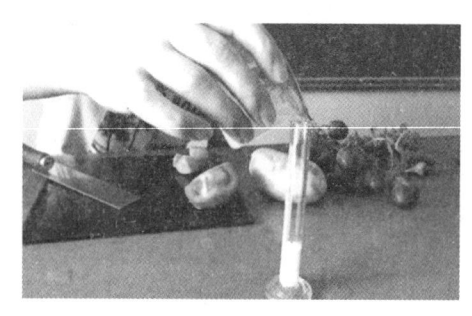

图11 量取滤液

图12 制备好的滤液

（5）取制备好的滤纸圆片，在 A 组每个烧杯中各加入 2 片，浸泡 2min（见图 13）。

图13 捞出被三氯化铁溶液浸泡过的滤纸圆片

（6）将浸泡好的滤纸圆片依次置于 B 组相应编号的过氧化氢溶液中，观察气泡产生情况和滤纸圆片漂浮情况，记录下沉纸片上浮至液面所用时间。

（7）分析整理数据，得出结论。

（二）过氧化氢分解速率的定量检测

（1）按前述方法制备被人参果研磨液浸泡过的滤纸圆片，然后取 4 片一字排开，黏附于反应瓶内壁上侧（见图 14）。

（2）将黏好滤纸圆片的反应瓶水平放置，向反应瓶内加入 10mL 3% 过氧化氢溶液，注意将黏有滤纸圆片的一侧朝上，确保过氧化氢溶液无法接触到滤纸片。用单孔瓶塞塞紧反应瓶并插入导气管。

（3）取 20mL 的量筒，装满水，倒置悬挂于铁架台上，下端浸入盛满水的水槽中。

图 14　反应瓶内黏附滤纸圆片

（4）整个装置连接好以后，将反应瓶置于水槽中，导气管另一端插入量筒内，然后将反应瓶旋转 180°，使滤纸圆片与过氧化氢溶液接触，反应开始进行。每隔 30s 读取并记录一次量筒中液面刻度，直至不再有气泡产生为止（见图 15、16）。

图 15　排水集气　　　　　　　　图 16　反应瓶内产生的气泡

（5）用三氯化铁溶液、清水浸泡过的滤纸圆片作为实验材料重复实验，记录量筒读数。

（6）以时间为横轴，记录的量筒读数为纵轴，将记录的实验数据在 Excel 中绘制曲线，分析数据，总结结论。

九、实验结论及评价

（一）实验结论

实验数据处理结果如图 17、图 18 所示，据此可得出以下结论：

（1）酶具有催化作用。

（2）与无机催化剂相比，酶具有高效性。

（3）CAT 在真核细胞中分布较为普遍。

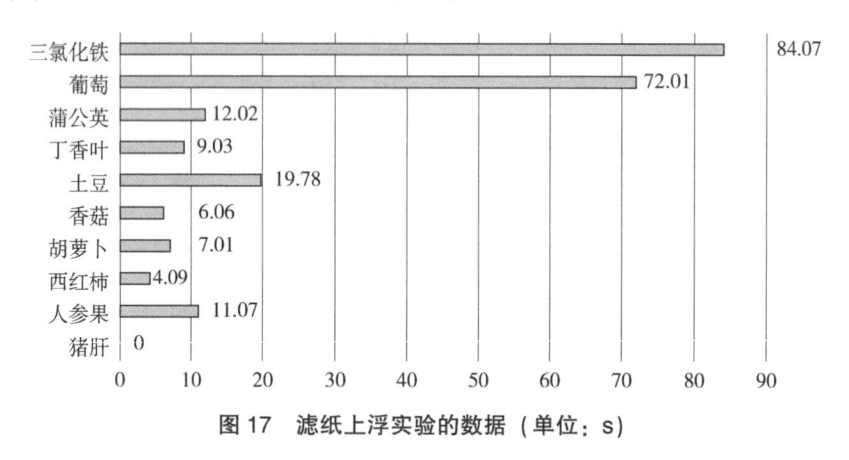

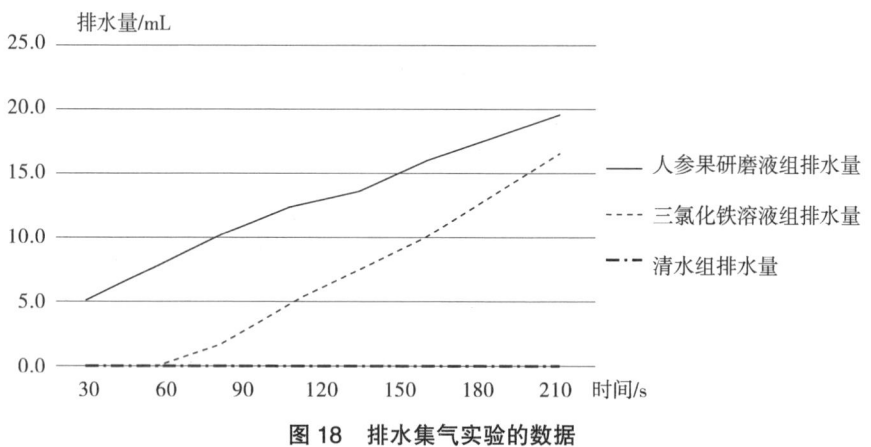

样品	时间(s)
三氯化铁	84.07
葡萄	72.01
蒲公英	12.02
丁香叶	9.03
土豆	19.78
香菇	6.06
胡萝卜	7.01
西红柿	4.09
人参果	11.07
猪肝	0

图17　滤纸上浮实验的数据（单位：s）

图18　排水集气实验的数据

实验过程中，学生参与积极，热情高涨，达到了探究实验的设计意图。

（二）实验反思

（1）为什么20%猪肝研磨液组滤纸片未下沉？这一结果是否可信？

实验中发现1B组用20%猪肝研磨液浸泡过的滤纸片并未下沉，整个实验时段内都漂浮在液面上。分析原因，20%猪肝研磨液中 CAT 量过高，酶与底物接触的瞬间，产生的气泡已达到滤纸片漂浮在液面所需浮力。为排除非测试因素的影响，用10%的猪肝研磨液重新实验后，发现其先下沉后上浮，并补充了相关的实验数据（耗时10.76s）。

（2）某小组的8B组两块用葡萄研磨液浸泡过的滤纸片上浮时间差距较大，

这是为什么？如何解决？

8B组两块滤纸片先后上浮，且时间差距较大。分析原因，可能是过滤不彻底导致研磨液中含有葡萄碎屑，滤纸片上黏附的酶量不同。为解决这一问题，有同学结合"绿叶中色素的提取与分离"实验，提出可加入少量二氧化硅，使研磨更充分；还有同学建议加入适量纤维素酶或果胶酶分解细胞壁，彻底破坏细胞，使CAT充分释放；还有同学觉得可以增加离心操作，去除质量较小的固体残留物，以确保无关变量保持一致。

（3）在肝脏动物细胞、人参果植物细胞、香菇真菌细胞等真核细胞中都检测到了CAT，那么在原核细胞中有无CAT分布呢？反应速率的快慢除受到CAT量的影响，与CAT活性等因素是否有关呢？

同学们分组查阅相关文献资料，结果显示：

1）CAT在动物、植物、真菌等真核细胞和枯草杆菌等原核细胞中都有分布。

2）CAT包含一大类酶，目前已发现且序列已知的有300多种。

3）不同生物细胞、同一生物不同细胞、同一细胞在不同发育时期CAT的种类、含量、活性等均有差异（见图19）。

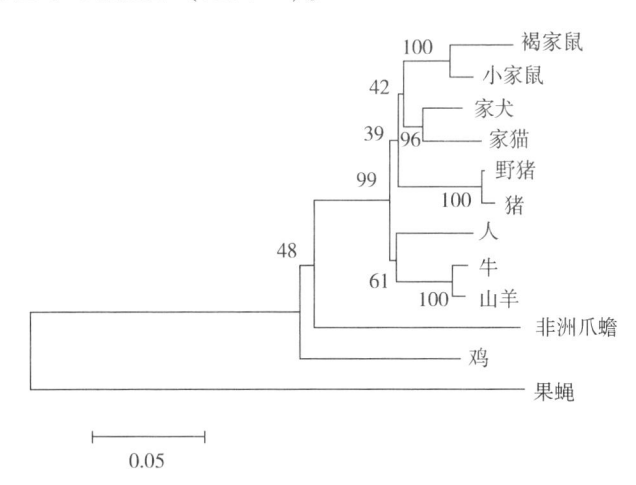

图19 不同动物体内CAT系统进化树

十、实验拓展延伸

（一）课堂内拓展

滤纸上浮法和排水集气法除用于酶的功能（催化作用）、酶的特性（高效性）的验证，还可用于酶的其他特性实验的验证，如验证酶的专一性。两组装置中都加入等量过氧化氢溶液，一组加入用人参果研磨液浸泡过的滤纸圆片，另一组加入被其他酶（如淀粉酶）浸泡过的圆片，观察两组气泡产生情况并记录滤纸圆片上浮时间即可。再比如验证 pH 对酶活性的影响，只需将各组所用人参果研磨液和过氧化氢溶液事先用 HCl 或 NaOH 处理，调节 pH，观察各组气泡产生情况并记录滤纸圆片上浮时间，分析数据，即可验证这一问题。由于过氧化氢的分解本身会受到温度的影响，因此该方法不适用于温度对酶活性的影响这一问题的研究。

此外，鼓励学生在课外尝试探究细菌等原核生物中有无 CAT 的分布，了解 CAT 活性的测定方法，并尝试用高锰酸钾滴定法或紫外吸收法对 CAT 的活性进行实践测定，对于当下 CAT 研究领域的热点"如何利用共价法等方法实现 CAT 的高效固定"作以探究。

（二）课堂外延伸

引导学生进行课外探究，调查酶在生活中的应用，如果胶酶可以提高果汁提取率，加酶洗衣粉的洗涤效果优于普通洗衣粉等，更好地了解酶、认识酶。

利用PCR和电泳技术检测食品中的动物源性成分

北京市第十三中学　周祯婷

一、使用教材

本实验选自人教版高中《生物选修1　生物技术实践》专题五"DNA与蛋白质技术"课题二"多聚酶链式反应扩增DNA片段"和课题三"血红蛋白的提取和分离"。

二、实验器材

仪器：离心机、水浴锅、PCR仪、电泳仪、微波炉、凝胶成像仪、微量可调移液器、冰箱。

耗材：1.5mL小指管、PCR管、枪头。

试剂：组织DNA提取试剂盒、无水乙醇、引物、PCR Mix（包含DNA复制的原料、Taq酶、缓冲液等）、DNA Marker、SYBR核酸染料、琼脂糖、TAE电泳缓冲液。

三、实验创新要点/实验改进

（一）材料改进

（1）选取肉类做实验材料，可选择的种类丰富、容易获取且易于提取DNA（即使是高温加工过的熟肉都能提取得到完整的DNA）。

（2）本实验所选取的5对引物特异性较好，扩增效果稳定。

（二）方案改进

（1）将PCR实验与DNA电泳实验整合到一起，PCR结果更加准确和直观。

（2）本实验以问题串的形式提出各种可能的实验结果，引导学生分析如何设置对照来解决实验过程中遇到的问题，从而明白设置阴性、阳性和空白对照的必要性，排除假阳性和假阴性的干扰，让实验结果更加准确有说服力。

（3）实验最初设想来自于学生，学生亲历"发现问题→提出假说→设计实验→实施实验→得出结论"的整个过程，体验并学会用生物学原理解决实际生活问题。

四、实验原理

利用引物与模板特异性结合的原理，通过设计特异性引物可以对特定的 DNA 片段进行扩增。生物大分子带负电，在电场中会迁移，在琼脂糖凝胶中迁移的速度与分子量成正相关，所以可以将不同大小的 DNA 片段进行区分，再与标准 DNA 进行比对，大致估测出待测 DNA 的片段长度。

五、实验教学目标

（1）学生结合生物体中 DNA 复制过程以及生物大分子的特性说出 PCR 技术和电泳技术的基本原理，进一步加深结构与功能密切联系的生命观念。

（2）学生从引物与模板的特异性结合角度分析，得出利用 PCR 和电泳技术对生活中未知来源肉类进行分子鉴定的机理，培养科学思维。

（3）学生在教师的引导下设计科学合理的实验流程（特别注意对照组设置的意义）并实施实验，能够对实验结果进行准确分析并得出结论，体会并学会科学探究的一般过程。

（4）学生积极关注社会热点问题，对相关消息做出理性解释和判断；主动向他人宣传食品安全相关知识，培养社会责任。

六、实验教学内容

本节课是学习选修知识之后的拓展探究，从解决学生关心的食品安全问题出发，依据已经学习的 PCR 实验及 DNA 电泳的原理来设计实验方案。并在此过程中体会设置空白对照、阴性对照和阳性对照的必要性，在教师的指导下完成实验，根据实验结果分析得出结论。

七、实验教学过程

（一）前期准备

（1）提出问题。在讲选修知识的时候，有学生提出：路边摊 3 元一串的"羊肉串"不是羊肉，很有可能是最近新闻经常报道的假羊肉——鸭肉。学生想能否通过 PCR 技术鉴定肉类来源。

（2）合成引物。查阅相关文献，从相关科研论文中获取食品原料中常见物种的特异性引物序列（猪、牛、羊、鸡、鸭，见表1）。

表1 本实验所用物种的特异性引物序列及扩增片段长度

引物名称	序列（5′ to 3′）	片段长度
猪1	ATGAAACATTGGAGTAGTCCTACTATTTACC	149bp
猪2	CTACGAGGTCTGTTCCGATATAAGG	

续表

引物名称	序列（5' to 3'）	片段长度
牛 1	GCCATATACTCTCCTTGGTGACA	271bp
牛 2	GTAGGCTTGGGAATAGTACGA	
羊 1	ATGCTGTGGCTATTGTC	274bp
羊 2	CCTAGGCATTTGCTTAATTTTA	
鸡 1	GGGACACCCTCCCCCTTAATGACA	266bp
鸡 2	GGAGGGCTGGAAGAAGGAGTG	
鸭 1	CTCATCTATCCTGCTAGCCGC	220bp
鸭 2	TACCAACCCCCGAACTAGGC	

（3）样品采集。受到第一位同学的启发，很多学生对于身边的肉制品的鉴定充满兴趣，经过广泛征集学生意见，确定调查样品如下：

1）街边烧烤摊 3 元一串的"羊肉串"和 69 元自助烧烤中"羊肉"都是羊肉吗？

2）10 元一片的"牛排"和 100 元一片的"牛排"都是牛肉吗？

3）某同学家里的"哈尔滨红肠"到底是什么肉？

分小组收集上述待测样品以及用于对照实验的已知来源猪肉、牛肉、羊肉、鸡肉、鸭肉。

（二）实验操作

（1）DNA 提取及电泳检测。

第一课时：3 人一组分组处理待测样品，用剪刀和镊子将一小块肉（0.1g）剪碎，装入小指管备用，注意样品之间不要相互污染。向小指管中加入 SDS 使细胞裂解，加入蛋白酶分解蛋白质，消化过夜。

第二课时：利用组织 DNA 提取试剂盒进行 DNA 的提取实验。

第三课时：配置 1% 的琼脂糖凝胶，将提取好的 DNA 取 5mL 进行电泳检测并用凝胶成像仪观察拍照。

由电泳检测结果可知所提取的 DNA 片段均保存较完整，有利于后续 PCR 的扩增（见图 1）。

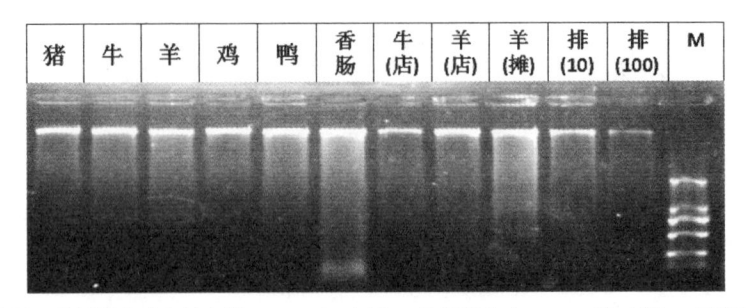

香肠：某同学家哈尔滨红肠　　　牛（店）：烧烤店牛肉　　　羊（店）：烧烤店羊肉
羊（摊）：街边烧烤摊羊肉　　　排（100）：100元/片牛排　　排（10）：10元/片牛排

图 1　基因组 DNA 电泳检测结果（M 为标准 DNA 电泳结果）

（2）PCR 扩增及电泳检测。

1）采取问题引导式教学，引发学生思考，师生共同完成实验的设计。

教师提出问题：桌面上有 5 对特异性引物，请设计实验，对你们上节课所提取的 DNA 样品进行鉴定。

学生的想法：用 5 对引物分别扩增待测 DNA，哪对引物能够扩增就是哪种肉。

教师追问：如果 5 种引物都无法完成扩增，是否说明该样品中一定不含这 5 种肉类呢？

学生推测：引物合成问题、酶的活性问题及 PCR 程序设定问题等无关变量影响了实验结果。

教师提问：如何排除这些无关变量对结果的干扰？

学生回答：设置对照组。例如需要用猪的特异性引物扩增确定来源的猪肉，如果扩增出目标 DNA 则可排除干扰（阳性对照）。

教师继续追问：如果不止一对引物能够扩增某种待测 DNA，是不是就说明该样品中有多种肉类呢？还有可能出现什么情况？

学生推测：可能这对引物并不能特异性扩增，而会与多种动物 DNA 相关区域结合完成扩增。

教师提问：如何排除引物非特异性扩增对结果的干扰？

学生回答：设计对照实验。例如，用猪的特异性引物扩增确定来源的牛肉、羊肉、鸡肉、鸭肉，如果都没有扩增产物则证明引物特异性较好。

基于以上结论，师生共同完成实验结果记录单（见表 2）。

表2 实验记录单（全班汇总）

	蒸馏水	猪	牛	羊	鸡	鸭	香肠	羊肉（店）	羊肉（摊）	牛排（100）	牛排（10）
猪引物	空白对照	阳性对照	阴性对照	阴性对照	阴性对照	阴性对照					
牛引物	空白对照	阴性对照	阳性对照	阴性对照	阴性对照	阴性对照					
羊引物	空白对照	阴性对照	阴性对照	阳性对照	阴性对照	阴性对照					
鸡引物	空白对照	阴性对照	阴性对照	阴性对照	阳性对照	阴性对照					
鸭引物	空白对照	阴性对照	阴性对照	阴性对照	阴性对照	阳性对照					

2）PCR具体实验操作及电泳检测。

第一课时：每组学生分别利用5对引物对该组上一课时所提取样品DNA进行PCR加样，加样体系如表3所示。加样完成后放入PCR仪完成扩增程序。

表3 PCR反应体系

试剂	用量/μL
PCR Mix（包含DNA复制的原料、Taq酶、缓冲液等）	5
引物1	0.3
引物2	0.3
模板DNA	1
蒸馏水	3.4

第二课时：配置1%的琼脂糖凝胶，将PCR扩增产物取5μL进行电泳检测并用凝胶成像仪观察拍照。

如图2所示，利用羊引物扩增的DNA片段长度应为274bp，利用鸭引物扩增的DNA片段长度应为220bp。实验结果显示出街边摊位上的羊肉串用羊（猪牛鸡同上）引物无法扩增但是用鸭引物可以成功扩增，证明其来源鸭肉。而烧烤店的羊肉用羊引物可以扩增，用鸭等其他物种引物无法扩增，证明其来源为羊肉。

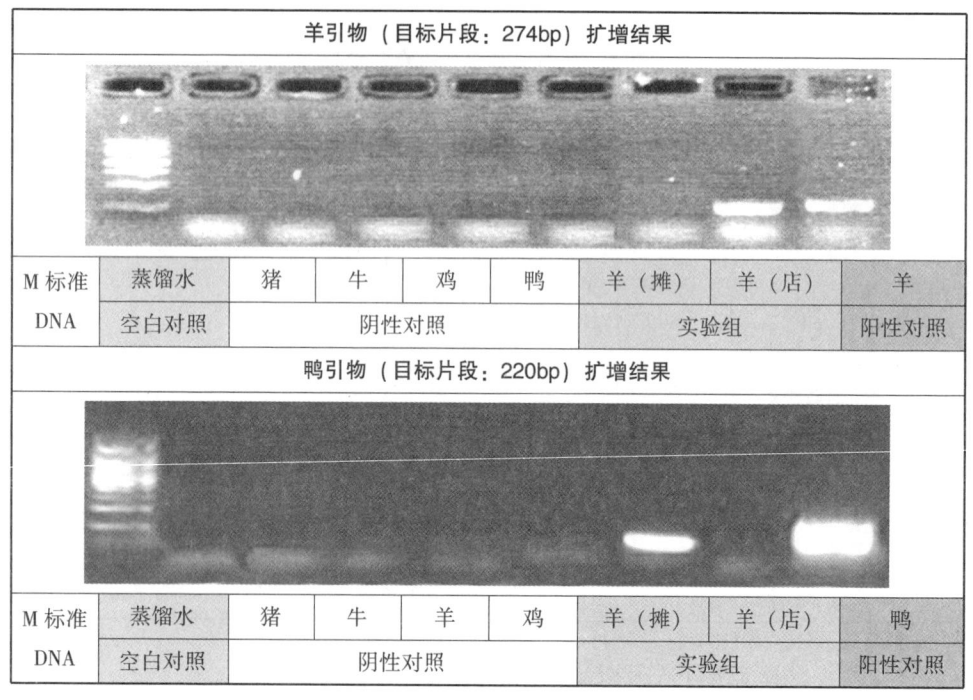

羊引物（目标片段：274bp）扩增结果									
M 标准 DNA	蒸馏水	猪	牛	鸡	鸭	羊（摊）	羊（店）	羊	
	空白对照	阴性对照				实验组		阳性对照
鸭引物（目标片段：220bp）扩增结果									
M 标准 DNA	蒸馏水	猪	牛	羊	鸡	羊（摊）	羊（店）	鸭	
	空白对照	阴性对照				实验组		阳性对照

图 2 真假羊肉相关电泳图

如图 3 所示，利用牛引物扩增的 DNA 片段长度应为271bp。实验结果显示两种价格的牛排均能用牛的特异性引物扩增出目的片段而不能用其他物种引物进行扩增，证明其均由牛肉制成，且无其他动物源性成分。

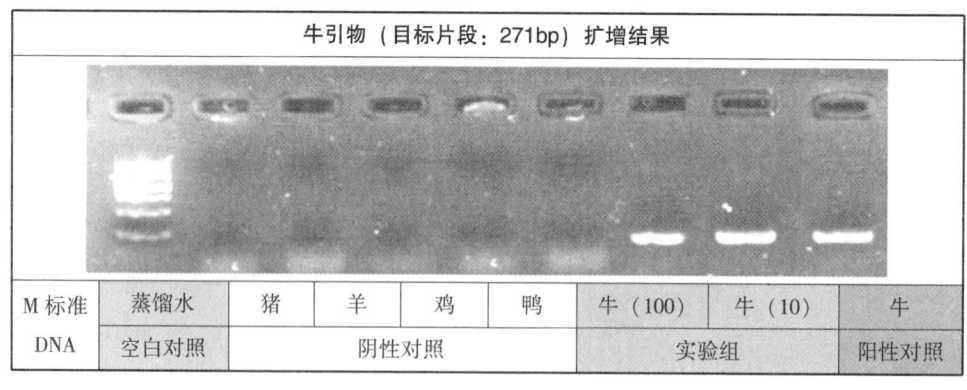

牛引物（目标片段：271bp）扩增结果								
M 标准 DNA	蒸馏水	猪	羊	鸡	鸭	牛（100）	牛（10）	牛
	空白对照	阴性对照				实验组		阳性对照

图 3 牛排检测结果电泳图

如图 4 所示，利用猪引物扩增的 DNA 片段长度应为149bp，利用鸡引物扩增的 DNA 片段长度应为266bp。实验结果显示出此香肠用猪（牛羊鸭同上）引物无法扩增但是用鸡引物可以成功扩增，证明其来源鸡肉。

利用PCR和电泳技术检测食品中的动物源性成分

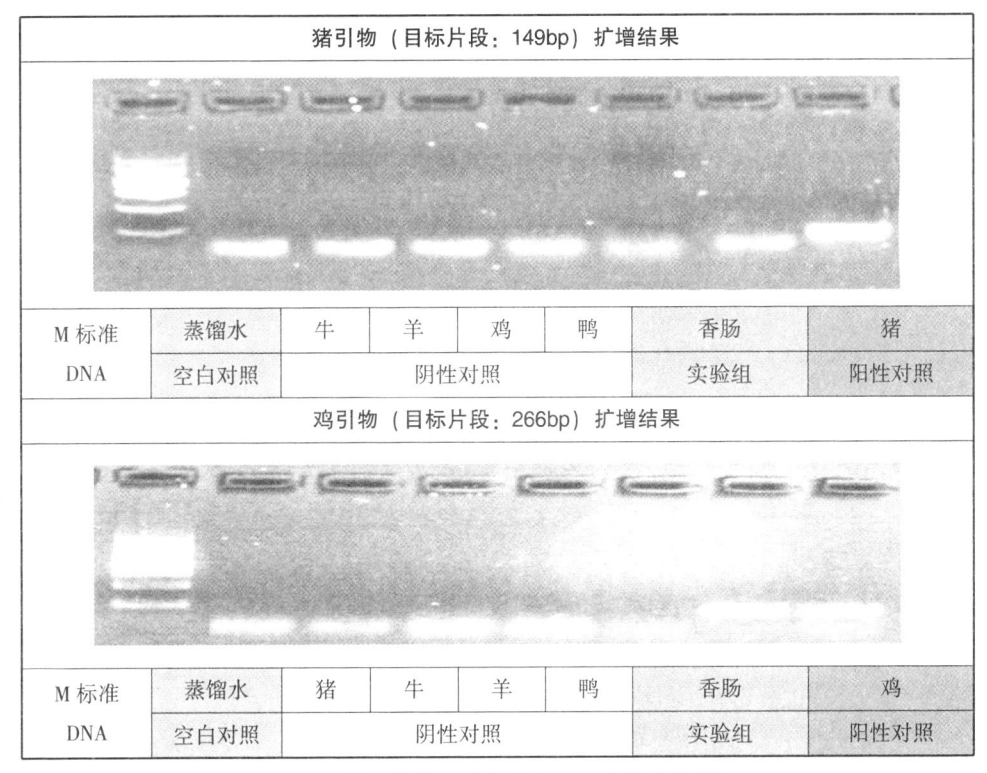

猪引物（目标片段：149bp）扩增结果

M 标准 DNA	蒸馏水	牛	羊	鸡	鸭	香肠	猪
	空白对照	阴性对照					实验组	阳性对照

鸡引物（目标片段：266bp）扩增结果

M 标准 DNA	蒸馏水	猪	牛	羊	鸭	香肠	鸡
	空白对照	阴性对照					实验组	阳性对照

图4 某同学家"哈尔滨红肠"相关电泳图

综上所述，对实验样品的鉴定结果如表4所示。

表4 肉类鉴定结果汇总

	羊肉（店）	羊肉（摊）	牛排（100）	牛排（10）	香肠
来源	自助烧烤店的羊肉	街边烧烤摊的羊肉	100元一片的牛排	10元一片的牛排	某同学家"哈尔滨红肠"
鉴定结果	羊源	鸭源	牛源	牛源	鸡源

八、实验效果评价

学生对于本次实验充满兴趣，主动准备实验材料，积极参与课堂讨论。对PCR实验和电泳实验有了全新的认识，可以想到很多与之相关的应用。例如，利用PCR和电泳实验进一步鉴定不同品牌的"哈尔滨红肠"的动物源性成分、不同餐馆和小吃中的动物源性成分以及果汁是不是真实水果制成等新的问题。学生亲历"发现问题→提出假说→设计实验→实施实验→得出结论"的过程，体验并学会用生物学原理解决实际生活问题，逐步提升了生物学科核心素养。

PCR获取并扩增目的基因及电泳检测

天津市第一〇二中学 李嘉玮

一、使用教材

人教版高中《生物选修1》专题五课题二"多聚酶链式反应扩增DNA片段"以及《生物选修3》专题一课题二"基因工程的基本操作程序"。

三、实验器材

PCR仪、电泳仪、紫外观察箱、微量移液枪等。

三、实验创新要点

（1）利用剪纸构建PCR反应模型。

（2）学生自主探究实验最佳条件并设计实验验证假说。

（3）在我校已有生命科学小组的基础上，选用更易实验的材料和更安全的染料。

（4）检测手段的创新：利用电泳半定量展示PCR中DNA数量随循环数增加而增加。

（5）学习运用NCBI数据库和Primer软件设计引物。

四、实验原理

（一）PCR技术的原理

PCR技术的基本原理类似于DNA的天然复制过程，其特异性依赖于与靶序列两端互补的寡核苷酸引物。PCR由"变性—退火—延伸"三个基本反应步骤构成：①模板DNA的变性：模板DNA经加热至95℃左右一定时间后，使模板DNA双链或经PCR扩增形成的双链DNA解离，使之成为单链，以便它与引物结合，为下轮反应作准备；②模板DNA与引物的退火（复性）：模板DNA经加热变性成单链后，温度降至55℃左右，引物与模板DNA单链的互补序列配对结合；③引物的延伸：DNA模板——引物结合物在72℃、DNA聚合酶（如Taq酶）的作用下，以dNTP为反应原料，以靶序列为模板，按碱基互补配对与半保留复制原理，合成一条新的与模板DNA链互补的半保留复制链。重复循环"变性—退火—延伸"这一过程就可获得更多的半保留复制链，而且这种新链又可成为下次循环的模板。每完成一个循环需2~4min，2~3h就能将待扩增目的基因扩增放大几百万倍。

（二）琼脂糖凝胶电泳的原理

琼脂糖凝胶电泳是用琼脂糖作支持介质的一种电泳方法。其分析原理与其他支持物电泳最主要区别是：它兼有"分子筛"和"电泳"的双重作用。DNA 分子在琼脂糖凝胶中泳动时有电荷效应和分子筛效应。DNA 分子在高于等电点的 pH 溶液中带负电荷，在电场中向正极移动。同时因为琼脂糖凝胶具有网络结构，物质分子通过时会受到阻力，大分子物质在泳动时受到的阻力大。因此在凝胶电泳中，带电颗粒的分离不仅取决于净电荷的性质和数量，而且还取决于分子大小，这就大大提高了分辨能力。常用 1% 的琼脂糖作为电泳支持物。琼脂糖凝胶约可区分相差 100bp 的 DNA 片段，其分辨率虽比聚丙烯酰胺凝胶低，但它制备容易，分离范围广。普通琼脂糖凝胶分离 DNA 的范围为 0.2~20kb，利用脉冲电泳，可分离高达 10^7bp 的 DNA 片段。

五、实验教学目标

（1）利用纸片粘贴的形式构建 PCR 反应模型，学生通过类比推理的方法，更好地理解 PCR 技术，形成基本的结构与功能观。

（2）运用归纳与概括、批判性思维等科学思维对实验过程和实验数据进行分析整理。

（3）在实验过程中能够以小组为单位针对特定的实验现象进行观察、提问、设计实验，并最终进行实验来验证假说，在此过程中体验科学探究过程。

（4）通过本课题实验的探究，使学生具有利用 PCR 技术解决生活中实际问题的能力，引入相关疾病基因的设计方法，为学生的职业发展提供指引和方向。

六、实验教学内容

利用纸片的粘贴帮助学生理解 PCR 的原理，利用 PCR 获取并扩增人类 SRY 基因以及 GAPDH 基因，进行电泳检测的实验，帮助学生更深刻地理解 PCR 技术，同时指导学生进行创新型实验设计。

七、实验教学过程

（一）模型构建

我们利用剪纸构建 PCR 反应的物理模型，长条形纸代表模板，短条形纸代表引物，小方块纸代表 dNTP，胶棒代表 Taq 酶（见图 1）。通过学生粘贴模拟 PCR 反应的第一个循环，以此来突破 PCR 原理理解的难点。

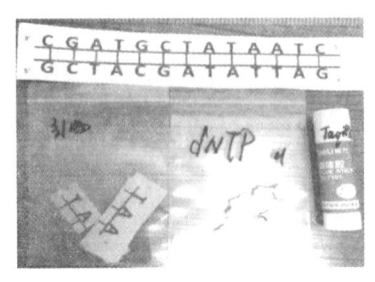

图1 学生利用剪纸构建 PCR 反应模型

（二）实验探究

我们的实验分为以下三个方面：教师预实验初步建立反应体系；学生分组实验探究最佳反应体系；学生通过实验对问题进一步的验证。

首先教师根据课本、教参以及学生的兴趣所在确定扩增人类毛囊样本中的 SRY 基因和 GADPH 基因，接着利用 NCBI 数据库和查阅文献，确定引物的序列并送至生物公司合成相关的 SRY 基因和 GAPDH 基因的引物，同时制备相关的试剂（见图2）。接着教师通过预实验，建立 PCR 初步反应的体系（见图3）。

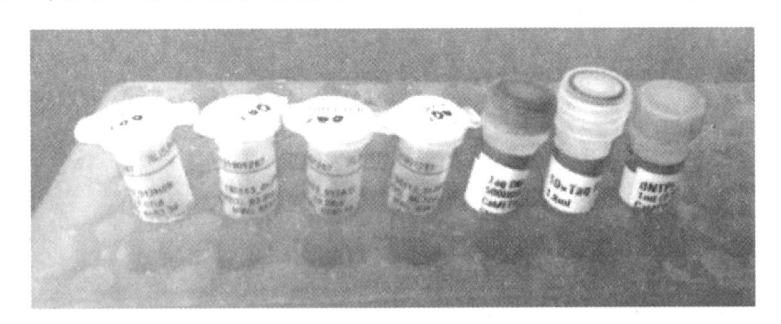

图2 制备的相关试剂

图3 根据课本中 PCR 反应体系的配方初步建立本实验的反应体系

接下来就是让学生通过自主实验来探究反应的最佳体系（见图4），同时在探究的过程当中得出相应的结论。

图 4　学生进行 PCR 实验以及电泳检测

第 1 组同学探究不同性别对实验的影响。如图 5 所示，第 2 组是女性 SRY 基因，没有特异性条带；第 3 组是男性 SRY 基因，有特异性条带；而第 5 组和第 6 组是女性和男性的 GAPDH 基因，都是有结果的。这正符合我们的实验预期，因为 SRY 基因是男性所特有的基因，而 GAPDH 基因是男性和女性共同具有的内参基因。

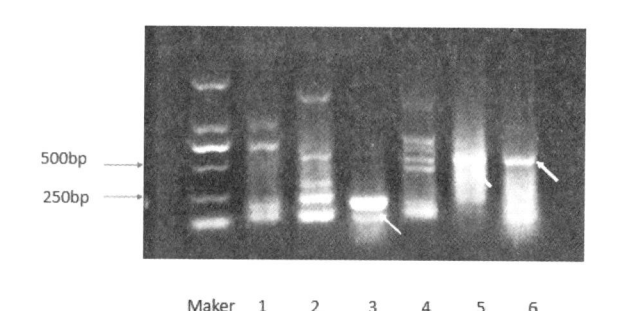

图 5　不同性别对实验的影响

第 2 组同学探究不同的毛囊获取方式对实验结果的影响。有三组新拔的毛发；另外三组是从衣服上捡到的，这三根毛发毛囊含量较少。如图 6 所示，结果发现新拔的毛发实验效果较好。

第 3 组同学探究不同退火温度对实验的影响。我们探究的是 GAPDH 基因，在 55℃、57℃、59℃ 和 61℃ 的退火温度下，对实验结果的影响。如图 7 所示，59℃ 是这个基因最适的退火

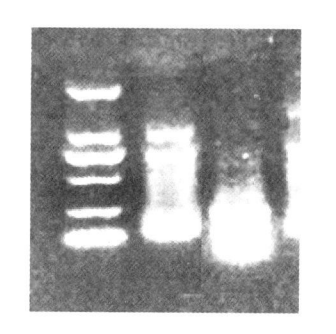

图 6　不同的毛囊获取方式对实验结果的影响

温度。

第 4 组同学探究引物的添加量对实验结果的影响。如图 8 所示，引物添加过多容易形成二聚体。

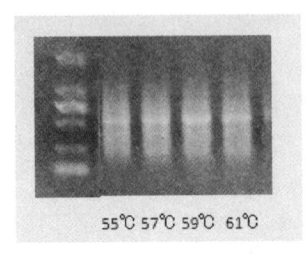

图 7　不同退火温度对实验的影响

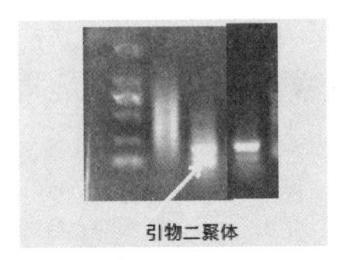

图 8　引物的添加量对实验结果的影响

第 5 组是老师和同学共同探究的一个问题。我们的 PCR 过程，是对 DNA 的扩增，随着循环数的增加，DNA 数目在逐渐增大。我们在生物学上可以检测不同循环数，其中比较精确的技术是荧光实时定量 PCR 技术，但高中阶段完成此实验难度较大，没有相关的仪器设备。另一种方法是利用紫外分光光度计来测量 DNA 中的吸光值，当然这个实验是可行的，但我们想在实验当中利用现有的实验条件和材料，也就是 PCR 仪和电泳仪，更加简便并且直观地观察数量的变化。因此我们设计了利用电泳进行半定量观察，在 PCR 过程，在 5、10、15、20、25、30 循环处分别取样，再利用电泳进行检测。如图 9 所示，我们可以很直观地看出，随着循环数增多，条带的亮度在加大，也就是 DNA 的数目增多。

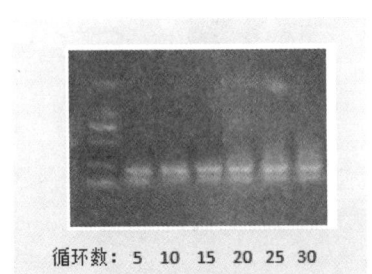

图 9　PCR 过程中在不同循环数时 DNA 的数目变化

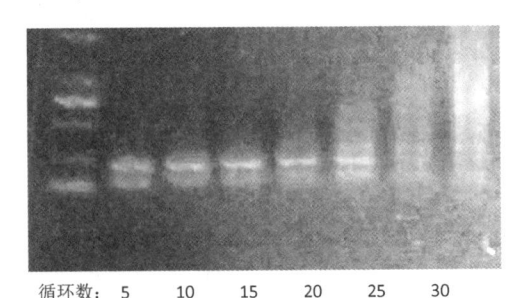

图 10　验证拖尾现象的原因

通过整个实验过程，结合各组同学的探究过程，完成了最佳体系的探究。

同学们在实验过程中也发现了各种各样的问题。比如有同学发现，在扩增的条带附近会有拖尾。同学们通过查阅资料发现，循环数过多可能会导致拖尾现象的出现。同学设计了实验来验证假说，即通过不同的循环数来观察哪一个循环可能出现拖尾现象。如图 10 所示，当循环数大于 30 之后，条带就容易出现拖尾现象。

（三）课题延伸

PCR 只是一项技术，更重要的是技术的应用。学生通过查阅资料发现，PCR 可以用于产前检查、亲子鉴定、遗传疾病的诊断等方面。

对于感兴趣并且学有余力的同学来说，我们可以提供进一步的学习资料。比如想检测某一遗传疾病，那么可以通过 NCBI 查找这一相关疾病的序列，同时利用 Primer 软件来设计这个序列的引物，最后利用现有的实验平台来完成实验的操作（见图11~图13）。当然这属于设想，我们计划请感兴趣的同学在假期完成。

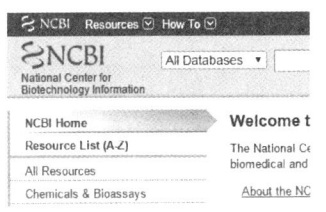

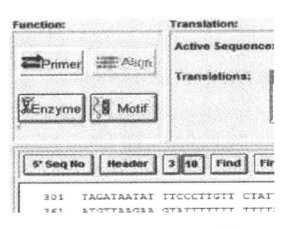

图 11　NCBI 数据库　　　图 12　Primer 软件　　　图 13　我校实验室

八、实验效果评价

通过学生分组实验，自主设计探究内容，同时在出现问题时由学生自主对问题进行假设和验证，达到了预期效果。通过本系列课程的内容，让学生们充分理解 PCR 的原理，熟悉 PCR 实验的操作，同时具备利用 PCR 过程解决实际问题的能力，在实验过程中培养了学生的创新思维能力以及设计实验的能力。

用基因工程技术进行环境监测的实验设计

浙江省萧山中学　郭婷

一、使用教材

浙科版高中《生物（选修三）》第一章"基因工程"活动：提出生活中的疑难问题，设计用基因工程技术解决的方案。

二、实验器材与试剂

（一）稀释、涂布培养部分

培养皿、玻璃刮刀、恒温培养箱、摇床、酒精灯和超净台、一次性手套、装有酒精棉球的广口瓶、镊子、2.5mL 试管、移液器、枪头、LB 液体培养基、LB 固体培养基、IPTG、X-Gal、尼古丁。

（二）荧光观察、强度测定部分

荧光显微镜、酶标仪。

三、实验创新要点/改进要点

（一）材料、方法创新

（1）引入两个表达调控模型。

一个是经典的乳糖操纵子表达模型，这个模型是 1960 年由两个法国学者提出的。这个模型可以让学生更多地接触科学史实，对表达调控也能有更深入的了解。其调控模式如图 1 所示，含有 Lac 调控区域、LacZ 基因。一般情况下，lacZ 基因不表达，但是在含有 X-Gal 的培养基中，且存在诱导物 IPTG 时，会使 Lac 调节基因活化，从而使 LacZ 表达出 β 半乳糖苷酶，将 X-Gal 降解成蓝色物质。

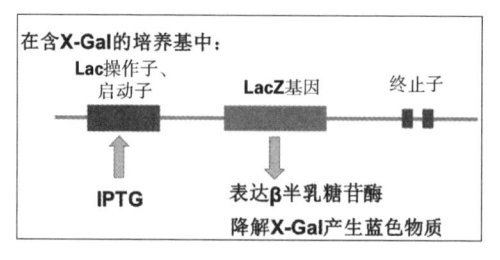

图 1　乳糖操纵子表达模型

另一个表达模型是尼古丁诱导表达模型，这个模型是由我们学校 iGEM2018

（2018 年国际基因工程机器大赛）的比赛团队建立的，如图 2 所示。在这个模型中，尼古丁脱氢酶基因的启动子后面接了一个绿色荧光蛋白，只要有尼古丁刺激，绿色荧光蛋白就会得到表达。利用这个模型可以进行尼古丁的检测。

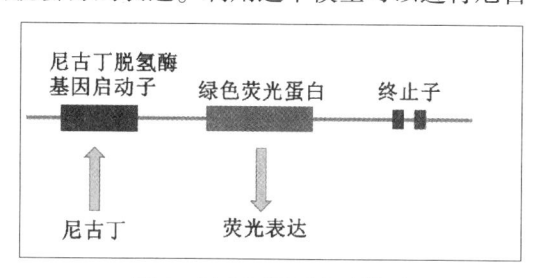

图 2 尼古丁诱导表达模型

（2）引入两个质粒。

一个是包含乳糖操纵子的商业化质粒 pMD19-T。这个质粒的设计已经相当成熟，主要用于 T 载体克隆。但是当质粒没有接入任何目的基因时，乳糖操纵子是完整的，在 IPTG 的诱导下，可以呈现出蓝色。

另一个是尼古丁诱导表达质粒。这个质粒包含尼古丁诱导模型，由学校 iGEM2018 比赛团队提供。

（3）两种定性观察方法。

IPTG 诱导的乳糖操纵子表达模型中，可以用肉眼直接对菌落进行观察。当有 IPTG 诱导时菌落呈现蓝色，无 IPTG 诱导时菌落为白色。这种直接观察的方法非常方便，因此这个实验在大部分学校里都是可行的。

在尼古丁诱导表达模型中，需要用荧光显微镜进行观察。在观察中，菌液涂板观察现象较弱，但是对菌落观察就更加容易信号也更强。不过观察菌落时由于无法聚焦到一个平面，拍摄到的照片稍显模糊。

（4）一种定量观察方法。不管是荧光显微镜观察菌液涂板还是菌落，终归是定性观察。若要更科学地对荧光强度进行描述，必须使用定量观察的方法。这里需要用到酶标仪，这个仪器在很多高中都不具备，只能向周边大学借取。在操作过程中学生通常也只能在技术员的带领下完成整个过程，无法完全由自己来操作，但能够有这样的感性体验，对每个同学来说都是宝贵的。

（二）教法、学法创新

（1）探究式教学，发现问题做出假设，尝试解决问题。在这个实验中，学生先提出生活中的疑难问题，希望通过基因工程的手段进行解决，但是能力有限无法独立进行实验设计。教师利用现有的条件引导学生利用模型完成设计，解决生活中的问题，有效提升了学生的"科学探究"素养。

（2）模型教学，先获得感性认知，再归纳本质模型。学生先学习两个表达调控模型，进行实验获得感性认识，再归纳出模型并对其进行应用，提升了学生的"科学思维"素养。

（3）合作式教学，让学生明白团队合作的重要性。在活动开始前我对学生进行了分组。所有的活动，除了最后的反思，都是以小组的形式完成，让学生明白团队合作的重要性。

（4）常规教学与学生比赛相结合，课内课外相互促进。2018年我带学生参加了iGEM，本活动内容正好和比赛内容相吻合。因此我大胆地把比赛的内容引进课堂教学，促进学生学习。

四、实验原理/实验设计思路

本课程是浙科版高中《生物（选修三）》的一个活动：提出生活中的疑难问题，设计用基因工程技术解决的方案。学生能提出生活中的问题，却不知道如何设计实验解决。因此我挑选了诸多问题中的一个：用基因工程技术进行环境监测，因为这用一个相对简单的表达调控模型即可解决。基本原理如图3所示：当存在X物质时，调控序列便可活化，使报告基因表达，从而得知环境中存在X物质。报告基因可以是某种显色物质、绿色荧光蛋白等。现象可以通过肉眼直接观察或者通过仪器观察。

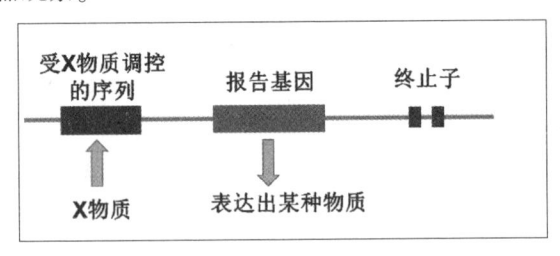

图3　表达调控模型

然而直接将这个模型告知学生又失去了探索的意义。所以我先让学生接触两个已有的表达调控模型，然后总结归纳出通用模型，最后迁移到实验设计中。具体设计思路如图4所示。

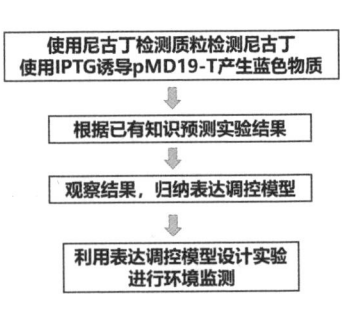

图4　实验设计思路

五、实验教学目标

（一）科学探究

通过实验，掌握微生物培养相关操作技能，如稀释平板涂布法，熟练、规范地进行无菌操作，成功培养微生物。学会用荧光显微镜进行观察，学会对所得数据进行分析。针对日常生活中的真实情境提出可探究的生命科学问题，提出假设，设计实验方案进行实验，根据结果得出结论并进行交流和讨论。

（二）科学思维

基于实验事实，运用归纳的方法概括出表达调控模型，并用文字或图示方式正确表达，并将此模型运用于新的问题情境中。

（三）社会责任

通过环境中尼古丁监测的实验，加强环境保护意识。关注生物学技术在生产生活中的应用，运用生物学技术解决生活中的问题。

（四）生命观念

观察生活中的现象，提炼出生物问题，更好地理解现象解决问题。

六、实验教学内容

在正式实验前，我先向学生介绍了两个质粒的构成，然后让他们自愿分成IPTG诱导组和尼古丁诱导组。实验流程如图5所示，由于完成整个流程耗时很长，所以学生主要是做最后两个步骤（转接培养和第二天的观察），其他部分则是由老师和几个学有余力的同学帮忙完成。在第一天完成转接培养后，我还让学生进行了实验结果预测。第二天观察完实验后，我引导学生总结表达调控模型，尝试设计实验。

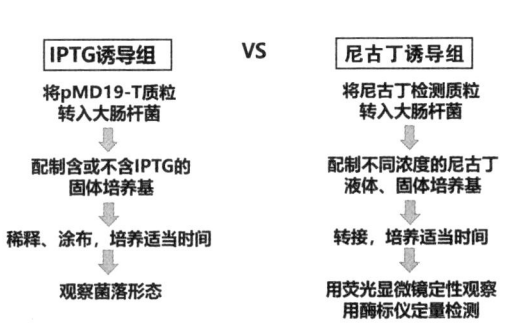

图5 两个小组的实验内容

七、实验教学过程

（1）教师介绍两个质粒的构造，学生分组。

（2）教师对学生的实验技能进行简单培训，如如何使用移液器、如何使用玻璃刮刀在培养皿上进行涂布等（见图6~图8）。

图6 介绍移液器使用

图7 学生学习使用移液器

图8 教学生用玻璃刮刀在培养皿上进行涂布

（3）学生操作实验（见图9~图14）。

图9 学生稀释菌液，旁边的同学指导

图10 学生用移液器吸取菌液

图11 将菌液滴到培养皿上

图12 涂布分离

图 13　写标记　　　　　图 14　放入恒温培养箱（其实这是个转速为 0 的摇床）

（4）课后：预测实验结果（见图 15~图 17）。

图 15　IPTG 诱导组预测实验结果 1

图 16　IPTG 诱导组预测实验结果 2

图 17　尼古丁诱导组预测实验结果

（5）第一天完成转接培养后，第二天观察实验结果，并分析实验结果。实验结果与学生预测的完全一致，有 IPTG 的菌落为蓝色，且随着稀释倍数的增加，菌落数减少（见图 18）。尼古丁诱导组则在尼古丁的刺激下看到了较强的荧光，用酶标仪对荧光强度进行定量测定后，得到了更可靠的数据（见图 19）。

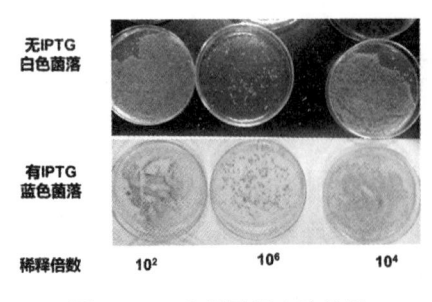

图18　IPTG诱导组实验结果 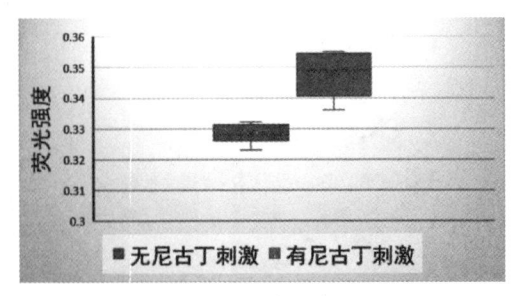　　　　图19　利用酶标仪定量测定荧光强度结果

（6）归纳模型，尝试设计。在两个实验的基础上，学生基本都总结出了表达调控模型，如图20所示。学生根据这个模型进行了实验设计：学生联系了选修一的脲酶，将脲酶连接在调节基因的后面，并将尿素和酚红加在培养基中，当调节基因活化后脲酶便可以促使尿素分解，从而使菌落周围出现红圈（见图21）。也有同学查阅了资料，找到了 Pbac 启动子，蛋白 Arac 结合在启动子上，当 L-阿拉伯糖加入后，则会与蛋白 Arac 结合，从而使其脱落，启动子活化，使与启动子相连的基因活化（见图22）。还有同学希望检测二氧化硫，但是否有二氧化硫调控的启动子还需要查阅文献进行考证（见图23）。虽然学生设计的质粒在科学性上还有些欠缺，但是至少他们迈出了设计的一步，还迈得有模有样。这就是本次实验课的价值。

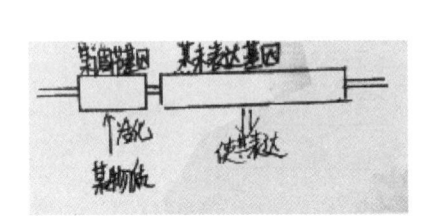

图20　学生总结的表达调控模型 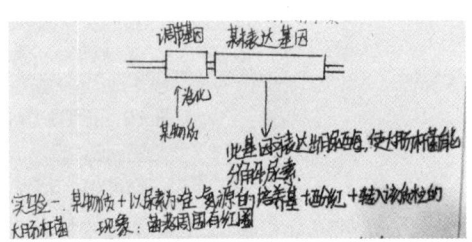　　　　图21　学生利用表达调控模型设计质粒1

图22　学生利用表达调控模型设计质粒2 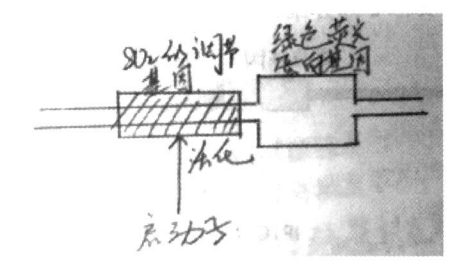　　　　图23　学生利用表达调控模型设计质粒3

八、实验效果评价

（一）IPTG 诱导组效果明显，简单易观察

添加 IPTG 的实验组能观察到蓝色菌落，肉眼即可看到。

（二）尼古丁诱导组能定性/定量检测到荧光强度的变化，但需要借助仪器

加入尼古丁后，荧光强度发生改变，但学校需要配备荧光显微镜才能让学生进行观察。酶标仪定量测定的要求较高，但更科学、更具说服力。该组实验与 IPTG 组原理一致，但更具现实应用价值。

（三）学生实验能力提升，并能将理论应用于生活中

通过两组实验，学生的微生物相关实验能力有了很大提升，学生对表达调控模型有了初步认识，并能自己总结出模型，应用于生活中的其他方面。

（四）学生学科素养提升

通过实验，学生的科学探究、科学思维能力得到了提升，社会责任意识得到了加强，对生物学科的学习兴趣也得到了提升。

DNA 的提取与鉴定实验的改进与探究

中山市实验中学　刘付香

一、使用教材

"DNA 的粗提取与鉴定"实验是人教版高中《生物选修 1　生物技术实践》专题五中的一个重要实验，也是新课程标准中要求学生掌握的一个重要内容。

二、实验器材

自制凝胶电泳装置：塑料饭盒、串联电池、鳄鱼夹导线、铝箔、硬纸板（或塑料板）。

自制凝胶显影装置：不透光板材、254nm 紫外灯灯管、摄像头。

其他：一次性塑料杯、量筒、玻璃棒、1mL 一次性注射器、1mL EP 管、琼脂糖、溴酚蓝、EB、氯化钠、洗手液、95% 冷乙醇、蒸馏水、人口腔上皮细胞样液。

三、实验创新要点

（1）结合前面所学知识，改进实验材料。用人口腔上皮细胞代替教材中提供的洋葱、菜花、鸡血。

（2）简化提纯过程，提高实验成功率。简化为只需要添加 DNA 提取液和冷乙醇就可以提取 DNA，提高实验的成功率。

（3）利用生活中常见的材料，自制凝胶电泳装置鉴定 DNA。本实验采用分子生物学中常用的琼脂糖凝胶电泳来鉴定 DNA，用生活中常见的材料结合工程学原理自制了一套凝胶电泳装置。

（4）利用生活中常见的材料，自制凝胶显影装置观察 DNA。学生结合工程学的原理利用废弃物品及生活中的廉价材料自制了一套凝胶显影装置，用以观察凝胶中的 DNA 分子，对 DNA 分子有更直观的了解。

四、实验设计思路

教材中以植物或鸡血为实验材料进行 DNA 的粗提取，并用二苯胺试剂鉴定 DNA。但研究发现，课本中给出的实验方案有很多缺点和不足：①鸡血不易采集保存、费用较高；②实验步骤烦琐；③实验耗时较长且成功率低，学生一堂课很难完成，严重影响实验在课堂上的开展。为此，教师引导学生思考、讨论、查阅文献，让学生通过自主探究改进实验，增加实验的可操作性，提高实验的成功率，并将实验时间缩短为 35min。同时让学生有机会亲手操作大部分中学实验室不能开展的 DNA 凝胶电泳实验，真正理解并掌握凝胶电泳鉴定 DNA 这一技术，加深对 DNA 分子的全面认识。

五、教学目标

（1）知识目标：了解 DNA 提取与鉴定的原理与方法。

（2）能力目标：掌握提取 DNA 和鉴定 DNA 的方法；通过实验方案的讨论、实施等环节提高学生实验操作、实验设计和实验探究的能力。

（3）情感态度与价值观：培养学生利用综合学科知识解决实际问题的能力，提高学生的科学探究、科学思维，落实生物学核心素养。

六、实验教学内容

本节课是学生学习完 DNA 分子的结构与功能、蛋白质的结构与功能之后的拓展探究实验。课前对教材中的实验方案进行改进，依托改进后的实验方案和装置进行课堂实验，并对实验中存在的问题进行课后探究。

七、实验教学过程

（一）课前探究，改进实验方案

（1）结合前面所学知识，改进实验材料。合理选择实验材料可以起到简化实验操作步骤、降低实验成本等作用。教材中提供的洋葱、菜花等材料的提取过程存在研磨困难、操作烦琐等缺点；鸡血则存在取材不便、不易保存等缺点。故用人口腔上皮细胞代替，材料方便易得，同时免去了研磨、过滤等步骤。且学生已经做过观察 DNA 在人口腔上皮细胞中的分布实验，在显微镜下清

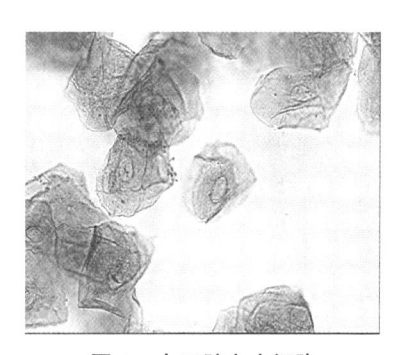

图 1 人口腔上皮细胞

晰地看到被染成绿色的细胞核（见图1）。因此，从自己的口腔上皮细胞中提取 DNA 更加有说服力，也更容易建立细胞核、染色体和 DNA 之间的联系。

（2）简化提纯过程，提高实验成功率。教材中用不同浓度的氯化钠和冷乙醇去除杂质，整个操作过程烦琐，耗时长，提取率低。学生查阅文献资料并运用所学的化学知识配制了提取液，将提纯 DNA 的诸多因素都综合起来，将原本需要多种试剂多个步骤的实验操作，简化为只需要添加 DNA 提取液就可以达到目的，有助于提高实验的成功率。

具体操作步骤为：①取 10mL 人口腔上皮细胞样液，加入 1mL 提取液，搅拌

均匀；②加入20mL 95%的冷乙醇，静止几十秒后用玻璃棒缠绕取出DNA分子。

（3）利用生活中常见的材料，自制凝胶电泳装置鉴定DNA。教材中用二苯胺试剂通过加热煮沸的方法来鉴定DNA，然而学生用此种方法进行实验时多以失败告终。故本实验采用分子生物学中常用的琼脂糖凝胶电泳来鉴定DNA。但考虑到电泳仪及配套装置价格昂贵，教师激发学生通过思考、讨论、查阅文献，用生活中常见的材料结合工程学原理自制了一套凝胶电泳装置，如图2所示。

图2　自制凝胶电泳装置

（4）利用生活中常见的材料，自制凝胶显影装置观察DNA。分子生物学中常用凝胶成像系统观察凝胶中的DNA分子。为此，学生结合工程学的原理利用废弃物品及生活中的廉价材料自制了一套凝胶显影装置用于观察凝胶中的DNA分子（见图3），对DNA分子有更直观的了解。

图3　自制凝胶显影装置

（二）课堂实验：利用改进后的实验装置进行DNA的提取与鉴定实验

（1）温故知新，引入新课。

（2）兴趣小组的同学演示课前改进后的DNA粗提方法，班级同学分组完成实验（5min内完成）。

（3）兴趣小组的同学演示用自制凝胶电泳装置分离、鉴定DNA，班级同学分组完成实验（20min内完成）。

（4）结果分析与讨论。从图4、图5中可以看出，用改进后的方法和装置能较好地达到提取DNA和鉴定DNA的目的。

塑料杯中析出的 DNA 絮状沉淀 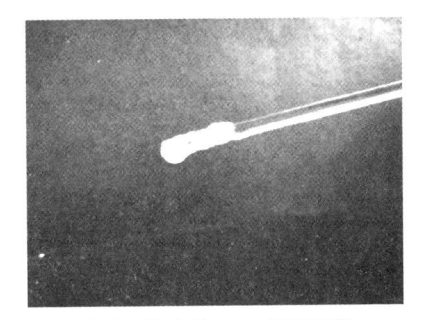　　　　玻璃棒挑出的 DNA 絮状沉淀

图 4　用人口腔上皮细胞提取的 DNA

1~4 为各小组提取的 DNA

图 5　紫外显影下 DNA 凝胶电泳图

(三) 提出问题，课后进一步探究

(1) 构建数学模型，定量分析 DNA 条带的迁移速率。

方法：用直尺测量并记录每个 DNA 条带的迁移距离并借助 Excel 探究 DNA 片段长度与迁移距离的关系。

学生得出结论：迁移距离与 DNA 分子量的对数成反比。

学生构建完模型后，便能轻而易举地解决 DNA 电泳有关的相应考题。

(2) 进一步缩短凝胶电泳鉴定 DNA 时间的方法。

方法：适当降低凝胶的浓度并提高电压。

八、实验效果评价

(一) 亮点

(1) 实验效果明显，成本低，耗时短，改进后的提取 DNA 方法取材方便、样品用量少、操作简单。

(2) 自制凝胶电泳装置、自制凝胶显影装置材料廉价易得，成本较专业设备大幅度降低，让学生有机会亲手操作大部分中学实验室不能开展的 DNA 凝胶电泳实验，真正理解并掌握凝胶电泳鉴定 DNA 这一技术，加深对 DNA 分子的全面认识。

（3）本次实验采用自主、合作、探究的学习方式，提高了学生的科学探究、科学思维能力，较好地落实了生物学科核心素养。

（4）推广性强：由于材料廉价易得，既可在城镇学校开展亦可在乡村学校开展，让看起来高大上的分子生物学实验变得更接地气。

（二）不足

在设计实验环节中，改进和创新传统实验对学生的思辨能力要求较高，学生有些手忙脚乱。

不同生物组织中DNA粗提取与鉴定方法比较

青岛第五十八中学　李艳秀

一、使用教材及创新目的

（1）教材分析：本节课是综合人教版高中《生物选修1　生物技术实践》第五章第一节和第三节基础上的创新实验。课程开设在高二上半学期，面向选课走班后的高二学生。

（2）学情分析：高二学生选课走班后，对于自己的职业去向有了初步规划，其中不乏一些志向于科研工作的学生。本实验是分子生物学水平上与大学教材衔接最紧密的一个实验。本次实验创新地使用了大学实验室中常用的紫外分光光度计（见图1）测定DNA纯度，为学生发展兴趣和继续深造打下基础。

图1　紫外分光光度计

（3）创新目的：本实验采用了紫外分光光度计测定DNA纯度，目的是让学生体会到不同实验方法对DNA纯度有影响，而且DNA纯度在科研中具有重要意义。因为这些DNA可能用于PCR、凝胶电泳等实验，如果方法或者操作不当导致纯度太低则影响实验结果。

二、实验器材

（一）植物组织

（1）材料：草莓、猕猴桃、菜花。

（2）用具：试管、试管夹、大烧杯、小烧杯、玻璃棒、铁丝网（替代纱布）、铁架台、石棉网、酒精灯、紫外分光光度计。

（3）试剂：洗涤剂、95%酒精、二苯胺试剂、3mol/L NaCl 溶液、植物组织提取 DNA 的试剂盒。

（二）动物组织

（1）材料：鸡血、鱼白、肝脏。

（2）用具：试管、试管夹、大烧杯、小烧杯、玻璃棒、铁丝网（替代纱布）、铁架台、石棉网、酒精灯、紫外分光光度计。

（3）试剂：枸橼酸钠、95%酒精、二苯胺试剂、3mol/L NaCl 溶液、0.015mol/L NaCl 溶液。

三、实验创新要点

（一）课题创新

根据课程标准对探究教学的要求，教师需要为探究性学习创设情境。教师提供了多种实验材料，指导学生探究不同组织中 DNA 提取方法；比较同一组织用不同提取方法提取到的 DNA 的纯度。

（二）方法创新

（1）过滤方法：由于纱布能够吸附 DNA，且滤液比较黏稠，利用漏斗过滤时很多 DNA 吸附在纱布上。改用铁丝网过滤不会吸附 DNA，且有利于清洗和重复利用。符合新课标"加强和完善生物学实验教学"中提出的"可采用比较规范的实验仪器设备设计实验，也可以设计低成本、低消耗、低污染的教学实验"。

（2）鉴定方法：用紫外分光光度计来定量检测用不同方法所提取的 DNA 的纯度。符合新课标"加强和完善生物学实验教学"中提出的"在重视定性实验的同时，也应重视定量实验，让学生在量的变化中了解事物的本质。"

（3）数据处理方法：将测得的数据记录下来，填写到 Excel 中生成柱状图，让学生对实验结果进行进一步评价，更加直观。符合新课标中对"核心素养 3 科学探究水平 4"的要求，"运用多种方法如实记录，并创造性地运用数学方法，分析实验结果"。

四、实验原理

（1）DNA 和蛋白质等成分在不同浓度的 NaCl 溶液中溶解度不同，可用于提纯 DNA。

（2）在沸水浴的条件下 DNA 与二苯胺反应呈蓝色，可以用来鉴定 DNA 的存在。

（3）纯净的 DNA A260/A280 的比值约为 1.8，大于 1.8 表明样品中 RNA 污染严重，小于 1.6 说明有蛋白质污染。可用于鉴定 DNA 的纯度。

五、核心素养目标

（1）学生通过查阅资料，根据不同的实验材料选择不同的方法，进行 DNA 提取和鉴定，发展了创造性思维的科学思维素养。

（2）学生结合课本和给定的材料用具，自主选择、设计并实施探究实验，体现了自主合作的科学探究素养。

（3）学生通过比较和分析不同提取方法对 DNA 纯度的影响，让学生体会实验的科学性和严谨性，培养科学探究素养。

（4）通过本节课的学习，学生能够认识到生物组织中含有丰富的 DNA，冷静对待一些核酸保健品，并将核酸保健品的知识与身边人分享，培养社会责任素养。

六、教学内容

（1）自制微视频导入：介绍"厨房里的生物学"——如何在自家厨房中提取草莓 DNA。

（2）根据导入的视频提出问题，确定实验课题，回顾实验原理。

（3）根据给出的材料用具分小组进行实验设计。

（4）根据实验设计的原则讨论完善实验步骤。

（5）进行实验，鉴定结果，记录结果。

（6）讨论分享实验结果。

（7）展示某种核酸制品。

（8）评价核酸保健品，理性对待。

七、教学过程

（一）创设情境、提出问题——驱动思维活跃起来

教师活动：展示厨房中提取草莓 DNA 的视频，提出问题："该学生提取的是真正的 DNA 吗？如何进行鉴定？该实验中有哪些不科学的地方？"

学生活动：观看视频，找出不科学之处，并思考老师的问题。

设计目的：提高学生的参与热情，从视频中发现问题并作出原理解释，为后续实验作好铺垫。

（二）问题引领、合作探究——驱动课堂探究活跃起来

（1）教师活动 1：课前布置探究活动，不同实验小组选择不同的实验材料，提取材料中的 DNA。

提供的材料试剂如下：动物实验材料（鸡血、鱼白、肝脏）和植物实验材料（草莓、猕猴桃、菜花）；实验试剂：洗涤剂、酒精、3mol/L 的 NaCl 溶液、

纤维素酶、果胶酶、蛋白酶。

提出问题：如何提取材料中的DNA？

学生活动1：课前根据教师给出的材料用具，在实验单上写出实验步骤，组内讨论完善实验步骤，并进行课堂展示。

设计目的：

1）通过设计不同的实验材料和提供不同的实验试剂，拓展学生的思维；

2）通过完善实验步骤，学会应用实验设计原则来设计实验；

3）学会根据不同实验材料选择不同的方法；

4）比较不同方法对提取的DNA纯度的影响。

（2）教师活动2：给出参考的实验步骤，强调实验操作要点。

学生活动2：总结整理实验步骤，根据实验步骤完成实验，将数据同时记录在实验报告单和Excel中。

设计目的：通过动手实验，提高学生的实验操作能力与团队合作能力，并学会使用不同的鉴定方法来比较实验结果，同时学会记录整理数据。

（三）成果展示、多元评价——驱动小组交流活跃起来

教师活动：鼓励学生说出实验结论，比较不同实验材料和提取方法对DNA纯度的影响。

学生活动：运用生物学术语精确阐明实验结果，并展开交流和展示。针对实验中出现的误差进行分析。

设计目的：学会根据实验结果总结实验结论，进行交流和展示，通过误差分析，懂得实验规范操作的重要性。

（四）联系生活、学以致用——驱动学科素养达成

教师活动：展示课外兴趣小组对于核酸保健品的调查报告。提出问题：核酸类保健品核酸含量多吗？有必要补充核酸类保健品吗？

学生活动：基于本节课实验结果和已有生物学观念，发表观点，识别身边的虚假宣传，理性对待核酸保健品。

设计目的：学会根据实验结果总结实验结论，懂得实验规范操作的重要性，并敢于尝试将实验结果应用于生活。

八、实验效果评价

（1）制定了指向核心素养发展的评价量表（见表1）。评价项目多样化，评价形式多样化，评价内容具体可操作，使整个实验探究高效、效果明显、整洁有序。

表1 实验评价量表

"DNA 的粗提取与鉴定"实验评价量表

班级_____ 姓名_____ 日期_____

评价项目	评价细则	综合得分
实验准备（3分）	能否对实验原理进行准确的分析（1分）	
	能否简述该实验的步骤（1分）	
	能否在实验前认真检查材料及用具（1分）	
实验操作（4分）	能否正确选择和处理实验材料和试剂（1分）	
	破碎细胞是否合理，并收集到滤液（1分）	
	去除杂质的操作是否正确（1分）	
	能否合理设置对照，准确进行 DNA 的鉴定（1分）	
实验结果（4分）	是否有白色絮状物出现（1分）	
	能否用玻璃棒卷起丝状物（1分）	
	经鉴定是否出现蓝色（1分）	
	能否对结果中出现的异常进行合理分析（1分）	
实验规范（3分）	实验台面是否清理洁净（1分）	
	实验用具是否摆放整齐（1分）	
	实验器材是否清洗干净（1分）	

（2）学生能够根据实验数据进行理性分析，对于实验中出现的误差能进行分析总结，这对将来的科研工作非常有意义。

（3）学生能够利用实验手段对市场上的核酸保健品进行理性分析和实验验证。

本节课通过师生互动、自主选材、同伴合作，把神秘的 DNA 分子从微小的细胞中提取出来，并进行了鉴定和检验，使学生的科学思维、科学探究、社会责任素养落地生根，正可谓"千淘万漉虽辛苦，吹尽黄沙始到金"。

利用自制实验装置模拟探究膜的透性

厦门实验中学　林芳

一、使用教材

人教版《生物必修1　分子与细胞》第四章第一节"物质跨膜运输的实例",开课年级为高一年级,实验内容为第一课时的教学内容。

二、实验器材

实验器具:自制渗透装置、玻璃纸(赛璐玢)、保鲜膜、纱布、滤纸、烧杯、玻璃棒、量筒、滴管等。

实验试剂:蒸馏水、红糖溶液、蛋白质溶液、淀粉溶液、葡萄糖溶液、稀盐酸、碳酸钙、溴麝香草酚蓝水溶液。

三、实验创新要点/改进要点

(一)半透膜选材的改进

在传统教学中,很多老师以"讲实验"的方式开展本节内容的教学,学生不容易理解。有一些老师提出利用生物材料,如卵壳膜、肠衣、肝肾包膜等作为半透膜,但是制备这些材料的操作难度较大。经过多次实验,比较卵壳膜、肠衣和玻璃纸,发现玻璃纸组的实验现象最明显,确定使用玻璃纸作为材料。对玻璃纸进行活化处理,即水浴加热10min,既可以使玻璃纸容易固定,还能保证实验现象明显。

(二)渗透实验装置的改进

教材实验装置涉及器具较多,进行探究实验操作比较烦琐,且实验装置需要占用较大空间。师生共同分析,提出一些改进思路。经过反复探讨,确定并定制实验装置(见图1、图2)。装置主体为长方体,在两个槽之间放置半透膜和防漏胶圈,用螺钉和螺母固定,装液槽可以随实验方案增加或减少。为方便学生在短时间内观察现象,将装置比例进行调整(见图3),并且可以用长尾夹替代螺钉和螺母,更加便于操作。

图1　实验装置设计图　　　　图2　实验装置组件

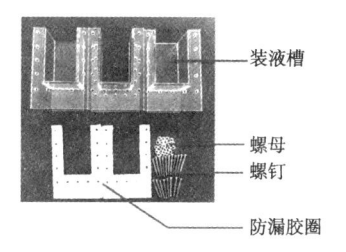

图3　演示实验装置（左）和学生探究实验装置（右）

（三）实验方案的改进

本实验最重要的目的是帮助学生理解渗透作用的原理和条件。教材实验方案只演示渗透现象，原理和条件需要学生通过联想、思考从而归纳得出，感性认识不足。改进后，将演示实验改为探究实验，利用自制实验装置，通过设计对照实验、实施实验、分析结果等过程，引导学生在感性认识的基础上通过理性分析最终得出结论，既有利于学生理解知识，也能培养学生的科学思维和科学探究。实验方案有：探究渗透作用的发生需要半透膜；探究渗透作用的发生需要浓度差；探究葡萄糖分子、淀粉分子、蛋白质分子等物质的跨膜情况。

（四）实验试剂的改进

在教材中，半透膜内外的溶液分别是无色的蔗糖溶液和蒸馏水，通过观察液面变化反映渗透作用的发生，进行演示实验时现象不够明显。用红糖溶液代替无色的蔗糖溶液，相比于无色蔗糖溶液中滴加红墨水，除了实验现象明显，还可以减少无关变量的干扰。

四、实验原理/实验设计思路

一个完整的渗透系统由两个溶液体系以及两者之间的半透膜组成。渗透作用指两种不同浓度的溶液隔以半透膜（允许溶剂分子通过、不允许溶质分子通过的膜），水分子或其他溶剂分子从低浓度的溶液通过半透膜进入高浓度溶液中的现象。

还原糖与斐林试剂发生作用，生成砖红色沉淀；淀粉遇碘变蓝色；蛋白质与双缩脲试剂发生作用，产生紫色反应。

五、实验教学目标

（1）通过模拟实验探究渗透作用、分析渗透现象，说出渗透作用的原理和条件，形成结构和功能观。

（2）通过探究实验分析实验结果，总结渗透作用的原理和条件，构建渗透作用的物理模型。

（3）通过模拟实验探究其他物质的跨膜情况，结合实例分析细胞中其他物质跨膜运输的特点，参与讨论并作出理性解释，形成"细胞膜和其他生物膜都是选择透过性膜"的生命观念。

（4）通过提出问题、获取信息、设计实验、实施实验等过程，解决问题，体验和领悟科学探究方法，提高科学探究的实践能力。

（5）学会运用生物学的知识解决现实生活问题。

六、实验教学内容

（一）探究渗透作用的发生需要半透膜

用三个装液槽组装实验装置（见图4），红色为红糖溶液，透明部分为蒸馏水，左侧连接处放保鲜膜，右侧连接处放玻璃纸。实验结果如图5所示，左侧红糖溶液保持初始液面不变，右侧红糖溶液液面上升，蒸馏水液面下降，水分子从蒸馏水一侧通过玻璃纸进入红糖溶液。用两个装液槽加纱布进行实验，红糖溶液通过纱布与蒸馏水混合，结果不出现液面差（见图6）。这些结果说明渗透作用的发生需要半透膜。

图4 探究渗透作用的发生需要半透膜装置　　图5 保鲜膜和玻璃纸组的实验结果

图6 纱布组的实验结果

（二）探究渗透作用的发生需要浓度差

用两个装液槽组装实验装置，两个槽的连接处都放玻璃纸，在玻璃纸两侧装不同溶度的蔗糖溶液（见图7、图8），实验结果如图9、图10所示。有浓度差的组别出现两侧液面高度差，说明渗透作用的发生需要浓度差。

图7 两侧为不同浓度的蔗糖溶液

图8 两侧为等浓度的红糖溶液

图9 两侧出现高度差

图10 两侧液面始终平齐

（三）探究其他物质的跨膜情况

引导学生利用渗透装置和物质检测的方法探究葡萄糖分子、淀粉分子、蛋白质分子等物质的跨膜情况，分析实验结果，总结其他物质的跨膜情况，理解半透膜透过物质具有选择性。

图11为探究二氧化碳的跨膜情况。玻璃纸袋内装溴麝香草酚蓝水溶液（左，蓝色），广口瓶内装稀盐酸和碳酸钙。一段时间后溴麝香草酚蓝水溶液由蓝色变绿色再变黄色（右），结果说明二氧化碳可以通过玻璃纸。

图11 探究二氧化碳的跨膜情况（左为初始状态，右为实验结果）

图12为探究葡萄糖的跨膜情况。两侧分别装蒸馏水和葡萄糖溶液，两个槽之间都放玻璃纸。一段时间后用斐林试剂检测①和②的液体，两支试管都出现砖红色沉淀（见图13），说明葡萄糖分子可以通过玻璃纸。

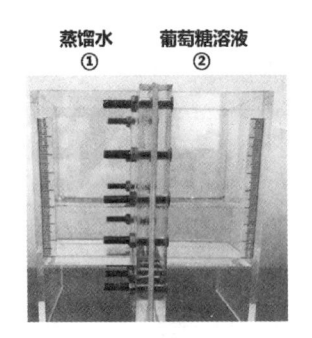

图12 探究葡萄糖的跨膜情况　　图13 两支试管均出现砖红色沉淀

图14为探究淀粉分子和碘离子的跨膜情况。两个槽内分别装淀粉溶液和碘液，两个槽之间都放玻璃纸。一段时间后观察两侧颜色变化，淀粉溶液变蓝，碘液不变色（见图15），说明碘离子可以通过玻璃纸，而淀粉分子不能通过玻璃纸。

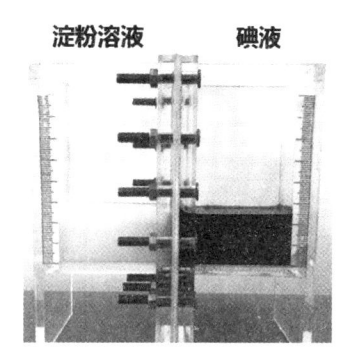

图14 探究淀粉分子和碘离子的跨膜情况

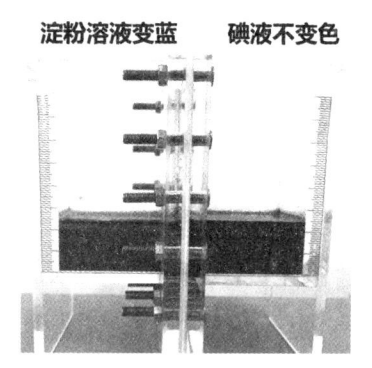

图15 淀粉溶液变蓝,碘液不变色

图16为探究蛋白质的跨膜情况。两侧分别装蒸馏水、蛋白质溶液,两个槽之间都放玻璃纸。一段时间后用双缩脲试剂检测①和②的液体,①中液体不变紫色,②中液体变为紫色(见图17),说明蛋白质分子不能通过玻璃纸。

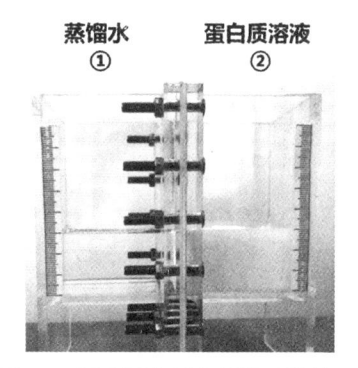

图16 探究蛋白质分子的跨膜情况

图17 左侧未变紫色,右侧变紫色

利用教材资料分析的实例,引导学生分析细胞的物质跨膜的特点,总结出物质跨膜运输并不都是顺相对含量梯度的,细胞对于物质的进出有选择性。可以说细胞膜和其他生物膜都是选择透过性膜。

七、实验教学过程

(一)创设情境

教师讲述:为什么萝卜条放在蒸馏水和盐水中,形态、重量都发生变化(见图18)?我们知道细胞膜可以控制物质进出,怎样控制水分的出入呢?需要通过本节课的学习来解决这些问题。

图18 萝卜条吸水和失水实验

（二）探究渗透作用的原理和条件

教师讲述：请同学们阅读教材60页"问题探讨"中的资料。

学生活动：阅读教材60页"问题探讨"中的资料。

教师讲述：在课前，老师和几位同学对实验装置进行了改进，这是我们设计的实验装置。透明部分为装液槽，连接处放置玻璃纸和防漏胶圈，从上方开口分别倒入不同浓度的液体，红色的是红糖溶液，透明的是蒸馏水。实验初始的时候液面是平齐的，这个是老师课前做的，请大家观察现在的液面变化。

学生活动：观看演示实验。思考并讨论如下问题：

（1）为什么两侧液体有高度差，红糖溶液液面升高？

（2）此现象的发生需要满足什么条件？

（3）与哪些实验步骤有关？

（4）资料中提示玻璃纸作为一种半透膜有什么特点？

（5）如果想要探究半透膜在这个实验的作用，可以怎么设计实验？

（6）替换半透膜的材料应该满足什么条件？

（7）你能想到什么材料可以满足这样的条件？

（8）只要有半透膜就能发生渗透现象吗？对溶液有没有要求？

（9）两侧都用蔗糖溶液可以吗？

（10）渗透现象的发生还需要膜两侧溶液有浓度差。怎么通过实验验证渗透现象的发生需要浓度差？

教师讲述：老师为大家准备了自制实验装置、蒸馏水、红糖溶液、量筒、玻璃纸、纱布和保鲜膜，请你们先确定探究实验目的，梳理一下实验操作步骤，然后进行实验。

学生活动：在学案上填写实验方案，实施实验。

教师讲述：请探究半透膜作用的小组选代表简单说一下实验方案和实验结果。

学生汇报：我们组用两个装液槽进行实验。组装了三个装置：一个放置纱布、另一个放置保鲜膜、还有一个放置玻璃纸。从结果可以看出，只有放置玻璃纸的实验装置出现两侧液面的高度差，说明这个实验现象的出现需要玻璃纸。

教师总结：他们的实验结果证明了渗透作用的发生需要半透膜，并且在实验中只有水分子可以通过半透膜。

教师讲述：下面请探究浓度差的小组选代表说说实验方案和实验结果。

学生汇报：我们组用两个装液槽的实验装置进行探究，设置三个实验组：第一组在玻璃纸两侧都装等量相同浓度的红糖溶液，第二组是两侧分别为 0.5g/mL 的红糖溶液和 0.1g/mL 的红糖溶液，第三组两侧分别为 0.5g/mL 的红糖溶液和 0.3 g/mL 的红糖溶液。第二组和第三组浓度高的一侧液面升高。结果说明渗透现象的出现需要半透膜两侧的溶液具有浓度差，水分子运动的方向是从浓度低的一侧向浓度高的一侧。

教师总结：我们在初中学习扩散的知识，扩散的方向一般从浓度较高的区域向较低的区域进行扩散。在这个实验中要注意，通过半透膜的分子是水分子，所以我们的表述可以是水分子的运动方向是从水的相对含量高的一侧向相对含量低的一侧扩散。

经过大家的自主探究和分析，我们可以总结出渗透作用是水分子或者其他溶剂分子通过半透膜的扩散。如果半透膜两侧的溶液存在浓度差，渗透的方向就是水分子或者其他溶剂分子从水的相对含量高的一侧向相对含量低的一侧渗透。

过渡：水分子通过细胞膜进出细胞也是同样的原理吗？细胞的什么结构相当于一层半透膜？

（三）动物细胞的吸水和失水

教师提问：动物细胞的最外面就是细胞膜。我们如何观察动物细胞是否有水分进出？

学生讨论。

教师讲述：我们在制备细胞膜的实验中选用哺乳动物的成熟红细胞作为材料。红细胞是两面凹的圆饼状，能不能通过观察细胞形态变化，判断水分的进出情况？请大家观察教材 60 页图 4-1，思考并讨论以下问题。

（1）红细胞的细胞膜是不是相当于上述实验中的半透膜？
（2）当外界溶液的浓度低，红细胞一定会吸水而涨破吗？
（3）联系渗透作用的原理，分析动物细胞吸水和失水的原理。

(4) 为什么制作人口腔上皮细胞临时装片时要用 0.9% 的生理盐水？

(5) 吃比较咸的食物，如腌制的咸菜，或者连续嗑带盐的瓜子等，口腔和唇的黏膜有什么感觉？为什么？

(6) 生产高浓度饮料的厂家能够宣传他们的产品很解渴吗？

学生讨论并回答。

（四）物质跨膜运输的其他实例

教师讲述：前面我们探究了水分子的跨膜运输情况，细胞的吸水和失水是水分子顺相对含量的梯度跨膜运输的过程。其他物质的跨膜运输情况是怎样的呢？请同学们利用已经学习过的物质检测的方法设计实验方案，探究一些常见物质如葡萄糖、蛋白质、淀粉、碘离子等通过玻璃纸（半透膜）的情况。请小组汇报实验方案和实验结果。

学生小组汇报：这是探究葡萄糖和蛋白质的跨膜情况，我们用学习过的物质检测的方法，用斐林试剂和双缩脲试剂分别检测，实验结果说明葡萄糖可以通过玻璃纸，蛋白质不能。用碘液和淀粉溶液进行实验，说明淀粉分子不能通过，碘离子可以通过。

教师讲述：因为物质的分子大小不同，它们通过玻璃纸这种半透膜的情况是不一样的。半透膜透过物质具有选择性，主要是半透膜的孔隙大小对物质进行选择。细胞对其他物质的进出也有选择吗？请同学们阅读教材 63~64 页的资料分析，讨论教材中的以下四个问题。

(1) 水稻培养液里的 Ca^{2+} 和 Mg^{2+} 浓度为什么会增高？番茄、水稻对这两种离子的吸收与对水分子的吸收有关系吗？

(2) 不同作物对无机盐的吸收有差异吗？

(3) 水分子跨膜运输是顺相对含量梯度的，其他物质的跨膜运输也是这样的吗？

(4) 细胞对物质的吸收有选择吗？如果有，这种选择性有普遍性吗？

学生讨论并回答：

(1) 在培养过程中，水稻吸收水分及其他离子较多，吸收 Ca^{2+}、Mg^{2+} 较少，结果导致水稻培养液里的 Ca^{2+}、Mg^{2+} 浓度增高。

(2) 不同作物对无机盐的吸收是有差异的。

(3) 水分子跨膜运输是顺相对含量梯度的，其他物质的跨膜运输并不都是这样，这取决于细胞生命活动的需要。

(4) 细胞对物质的吸收是有选择的，这种选择性具有普遍性。

教师总结：通过讨论可以看出，物质运输并不都是顺相对含量梯度的，细胞对于物质的进出有选择性，可以说细胞膜和其他生物膜都是选择透过性膜，一般可以让水分子自由通过，一些离子和小分子也可以通过，其他的离子、小分子和大分子则不能通过。生物膜的这一特性，与细胞的生命活动密切相关，是活细胞的一个重要特征。

八、实验效果评价

教学过程包括课外研究性学习活动和课堂实验教学活动，实验改进过程和教学过程取得了一定效果，师生均获得提升。

（1）师生共同参与实验改进和创新，学生主动参与学习，亲历提出问题、获取信息、设计方案、实验检验、总结结论等过程，应用生物、物理、化学和通用技术等学科的知识解决问题，有利于激发学生的问题意识和创新思维，培养学生的科学思维，发展学生的创新创造能力。

（2）课外研究性学习活动的成果转化为课堂实验教学的方法和资源，促进实验教学顺利开展，提高实验教学的效果。

（3）改进后的实验方案取材方便、操作性强，方便学生开展探究实验，利于推广。

附录

第七届全国中小学实验教学说课活动优秀作品名单

说课题目	学科	说课教师	工作单位
制作简易地震报警系统	综合	裴晓丽	石家庄高新区想象国际小学
我来做灯泡	综合	殷素红	高阳县西街小学
绿化真的能降温吗	综合	高 鹰	齐齐哈尔市龙沙区新明小学校
改变物体内能的两种途径	综合	吕淑君	宁波市海曙区段塘学校
电生磁——电磁铁的趣味实验	综合	石丁伟	诸暨市大唐镇初级中学
不同截面形状构件的强度测试实验	综合	张俊杰	天津市海河中学
太阳能超级电容小车	综合	于旭珩	北京师范大学天津附属中学
血压高低成因研究及调节	综合	崔 欣	复旦大学附属中学
热力环流探究实验	综合	李 磊	蚌埠第二中学
基于数字继电器模块的智能家居设计——番茄时钟台灯	综合	刘 颖	南昌市第二十三中学
简单结构的设计与制作——逆风车项目	综合	李 欣	西安交通大学附属中学
光和影——童趣光影仪的设计与应用	小学科学	杨晓娟	中国人民大学附属中学实验小学
光和影	小学科学	郭 薇	辽源市龙山区谦宁街小学校
探究太阳光包含有不同颜色的光	小学科学	赵 茜	北京市和平里第一小学
光的强弱与温度	小学科学	章俐鑫	绍兴市上虞区道墟街道中心小学
光的反射现象	小学科学	张剑杰	中山市三乡镇新圩小学
声音的传播	小学科学	李亭亭	合肥市育新小学
声音的传播	小学科学	李 铁	鹤岗市红军小学
观察比较声音的强弱变化	小学科学	颜涵瑜	乌鲁木齐市第八十二中学
能量的控制	小学科学	吕婉明	石家庄外国语小学
传热比赛——热传导实验模型创新	小学科学	王 珅	石家庄市中山西路小学
探究热在水中的传递	小学科学	纪建明	上海市杨浦区杭州路第一小学
探究减小摩擦力的方法	小学科学	王珊珊	大连经济技术开发区金湾小学
钟摆的秘密	小学科学	张 超	郑州市教育局实验教学装备管理中心

附录 第七届全国中小学实验教学说课活动优秀作品名单

续表

说课题目	学科	说课教师	工作单位
浮力	小学科学	徐莉莎	湖州市吴兴区太湖小学
浮力与沉浮	小学科学	刘郑辰	怀宁县实验小学
"小磁针"的奥秘	小学科学	张晓文	上海市闵行区实验小学
电磁铁的磁力	小学科学	林　凯	南宁市民族大道中段小学
常见的发电方式	小学科学	鲁　兵	贞丰县长田镇长田中心小学
电磁铁	小学科学	袁　皓	楚雄师范学院附属小学
风力的利用	小学科学	张　晶	襄阳市襄州区双沟镇中心小学
蚕茧缫丝——蚕变了新模样实验改进	小学科学	马洁盈	广州市黄埔区萝峰小学
骨骼、关节和肌肉	小学科学	范俊弟	天津市河西区天津小学
池塘——一个特殊的栖息地	小学科学	陈琳悦	上海市静安区闸北实验小学
观察水中的微生物	小学科学	朱　珠	重庆市合川巴蜀小学
玩转小水轮	小学科学	王　煜	铜陵市开源小学
玩转小水轮	小学科学	许亚椿	厦门市前埔北区小学
小苏打和白醋的变化	小学科学	张文娅	武汉市光谷第一小学
雨水对土地的侵蚀	小学科学	鲍佳音	天津市南开区川府里小学
四季变化	小学科学	王建交	北京第二实验小学平谷分校
证明地球在自转	小学科学	马　莹	长春市双阳区齐家镇中心小学
地球在公转吗	小学科学	彭祯雅	泉州市晋光小学
日食和月食	小学科学	刘奕君	南宁市秀田小学
月相变化	小学科学	江成辉	成都市站东小学校
探究光的反射规律	初中物理	迟鸿贞	北京市三帆中学
看得见的规律——光的反射	初中物理	郑亮亮	上海市向明初级中学
光的折射	初中物理	白　杨	石家庄市桥西区第十九中学
探究水的凝固和冰的熔化特点	初中物理	殷德丽	自贡市蜀光绿盛实验学校
大气压强	初中物理	张洛宁	北京市东直门中学
液体压强实验改进——实践性课堂初探	初中物理	王　赟	克拉玛依市第三中学
流体压强与流速的关系	初中物理	刘俊彪	根河市金河中学
探究杠杆的平衡条件	初中物理	陈约虎	十堰市郧阳区城关镇第一初级中学
动能和势能	初中物理	王五一	焦作市第十七中学
比热容	初中物理	王世锋	孟津县麻屯镇第一初级中学

续表

说课题目	学科	说课教师	工作单位
焦耳定律	初中物理	江耀基	安福中学
科学探究：电流的热效应	初中物理	高桂长	南平剑津中学
电能的输送	初中物理	王亚	重庆市徐悲鸿中学
利用自制手机 APP 改进探究加速度与力和质量的关系实验	高中物理	何剑	昆明市第十中学
利用自制教具多功能持续性抛体运动实验仪研究平抛运动	高中物理	余登炯	贵阳市第八中学
摩擦力	高中物理	彭小珊	南充高级中学
外力作用下的振动	高中物理	张漾尹	宁波市效实中学
油膜法估测油酸分子直径	高中物理	周生海	海北州第二高级中学
探究双缝干涉实验相邻亮（或暗）条纹中心间距的表达式	高中物理	李晓彤	北京市第十三中学
光的衍射	高中物理	王涛	淄博第五中学
热力学第一定律	高中物理	李艳	新疆生产建设兵团第二中学
机械能守恒定律	高中物理	赵曰峰	大连市第八中学
验证机械能守恒定律	高中物理	霍启刚	青海油田第一中学
验证动量守恒定律	高中物理	柳燕	西安市铁一中学
用智能手机测声速	高中物理	朱兆升	宿城第一中学
探究静电力	高中物理	林育波	中山市龙山中学
用 DIS 描绘电场的等势线	高中物理	茅艳婷	上海市杨浦高级中学
电容器的电容	高中物理	张学华	天津市实验中学
电容电感实验组合教具的开发及应用	高中物理	沈维权	安顺市第二高级中学
探究影响平行板电容器电容的因素	高中物理	何艳君	湖南师范大学附属中学
磁感应强度表达式的实验探究	高中物理	武进科	阳城县第二中学校
通电导线所受安培力与磁场和导线夹角的关系	高中物理	王洋	合肥一六八中学
楞次定律实验	高中物理	罗许绎	信丰中学
通电导线在磁场中受到的力	高中物理	余梦瑶	南昌市第一中学
涡流、电磁阻尼和电磁驱动	高中物理	淳敬松	西藏昌都市第三高级中学
光电效应的实验规律	高中物理	汤可钦	福建师范大学附属中学
对人体吸入空气和呼出气体的探究	初中化学	陈新苗	昌黎县第五中学
影响二氧化碳溶解因素的实验探究	初中化学	卞阳阳	合肥市第四十八中学

续表

说课题目	学科	说课教师	工作单位
神奇的魔法师——氧气	初中化学	华　珍	赣州市第七中学
氧气的性质	初中化学	王海生	石家庄第二外国语学校
物质在氧气中燃烧实验改进	初中化学	晏光明	思南第三中学
氢气性质的实验探究	初中化学	薛　菲	沈阳市第一三四中学
自创固液气体发生装置	初中化学	王　举	哈尔滨市阿城区交界中心学校
一氧化碳还原氧化铜	初中化学	王　权	西南大学附属中学校
项目化学习——粉尘爆炸实验装置的改进	初中化学	周　兵	安顺市实验学校
探究铁制品锈蚀的条件	初中化学	陈桑尼	长沙市湘一芙蓉中学
探究物质是否反应的依据——以二氧化碳与氢氧化钠的反应为例	初中化学	陈智红	海南中学
氢氧化钠化学性质的实验创新研究	初中化学	袁　敏	武汉市武珞路中学
家庭实验——补钙剂中含钙量的测定	初中化学	王媛媛	上海市民办万源城协和双语学校
研究性学习——海水制碱再探	初中化学	范亚男	山东大学附属中学
神奇的鸡蛋——用鸡蛋实验完成的化学知识复习	初中化学	钟红英	自贡市蜀光绿盛实验学校
幻彩实验——项目式合作学习之电解原理的探究	高中化学	王　倩	白云区第一高级中学
电解池的微型实验设计——从电解食盐水到氯碱工业	高中化学	赵雅萍	北京市昌平区教师进修学校
双液原电池盐桥的实验改进	高中化学	杜爱萍	浙江大学附属中学
铁与水蒸气反应的创新实验	高中化学	伍　强	天门中学
数码成像比色法测定补血剂中铁元素含量的实验研究	高中化学	韩晶晶	黑龙江省实验中学
探究过氧化钠与二氧化硫的反应	高中化学	马　超	合肥市第六中学
基于色度计探究碳酸钠与盐酸反应机理	高中化学	许　可	重庆十八中两江实验中学校
碳酸钠与盐酸互滴实验中"异常"现象的探析	高中化学	李　凤	安宁中学
探究加热碳酸氢钠溶液pH的变化	高中化学	吕旭东	淮南第二中学
氯化铵受热分解实验的探究与改进	高中化学	梁亚杰	云南师范大学附属中学
数字化实验破解电化腐蚀疑惑	高中化学	施志斌	长乐第一中学

说课题目	学科	说课教师	工作单位
基于数字化实验对金属电化学腐蚀的研究	高中化学	李 鼎	武汉大学附属中学
从焰色反应到察"焰"观色	高中化学	曾显林	广雅中学
3V形玻璃导管在化学实验中的应用	高中化学	梅 颖	南昌市第二中学
横看成岭侧成峰——银镜反应的再探究	高中化学	吴 敏	成都华西中学
基于真实情境和数字技术的平衡移动创新实验设计	高中化学	曾文静	陕西师范大学附属中学
乙酸乙酯使含酚酞的氢氧化钠溶液褪色原因实验探究	高中化学	李伟伟	唐山市第一中学
乙酸乙酯的制备	高中化学	代红琼	贵州省铜仁第一中学
制乙烯实验装置的创新设计及催化剂探究	高中化学	熊薇露	南昌市第三中学
烷烃的性质	高中化学	杨松林	河南大学附属中学
乙醇催化氧化及产物性质的实验探究与改进	高中化学	袁清磊	日照第三中学
石油分馏	高中化学	梁晟斌	上海市大同中学
蒸腾作用	初中生物	尤东胤	无锡外国语学校
绿色植物的呼吸作用实验改进	初中生物	容妙娜	江门市新会葵城中学
探究蚂蚁"出逃"行为	初中生物	崔 婧	西安市西光中学
鱼类的生殖和发育	初中生物	张英欢	首都师范大学附属中学大兴南校区
小鼠寻穴避害学习行为的探究	初中生物	黄灵玥	厦门市集美区乐安中学
生物实验"奇兵"——斑马鱼	初中生物	颛孙晨灿	合肥一六八中学
测定某种食物中的能量	初中生物	单东雪	吉林市第九中学
单细胞生物	初中生物	王思懿	哈尔滨市第七中学校
单细胞生物——草履虫的观察实验	初中生物	周宇阳	重庆巴蜀常春藤学校
STEM理念在初中生物实验课堂中的探索——探究水华现象的成因	初中生物	杨 裴	石家庄市第四十一中学
开展STEAM融合生物学教学——模拟探究吸烟的危害	初中生物	李 佳	成都市铁路中学校
单人徒手心肺复苏实践探究	初中生物	吴建军	武汉市南湖中学
探究血管出血时的止血部位	初中生物	薛 军	潍坊高新技术产业开发区凤凰学校

续表

说课题目	学科	说课教师	工作单位
血液循环的途径	初中生物	赵元蛟	云南大学附属中学
血液循环	初中生物	甘丽娟	北京师范大学新余附属学校
探究影响光合作用的因素	高中生物	汪婷婷	上海市闵行第三中学
探究环境因素对光合作用的影响	高中生物	次仁拉姆	山南市第三高级中学
绿叶中色素的提取和吸光性探究	高中生物	李智芹	青海湟川中学
自制光谱仪观察叶绿素、类胡萝卜素的吸收光谱	高中生物	金 岚	恩施土家族苗族自治州高级中学
果醋的制作	高中生物	吴玉婷	天津市静海区独流中学
酵母细胞的固定化	高中生物	王万雷	石家庄市第一中学
酵母细胞的固定化及其应用	高中生物	张 瑶	重庆市巴蜀中学校
探究酵母菌呼吸作用的方法	高中生物	韩婧娴	罗山县高级中学
探究酵母菌细胞呼吸的方式	高中生物	徐 佳	萍乡中学
植物细胞的吸水与失水实验	高中生物	鲍晓云	上海市格致中学
探究植物细胞的吸水和失水	高中生物	毕晓静	济南第一中学
探究 pH 对酶活性影响的实验创新与实践	高中生物	潘婷婷	绵阳市开元中学
STEM 理念下酶的高效性实验的创新与改进	高中生物	杨 江	武威第一中学
利用 PCR 和电泳技术检测食品中的动物源性成分	高中生物	周祯婷	北京市第十三中学
PCR 获取并扩增目的基因及电泳检测	高中生物	李嘉玮	天津市第一〇二中学
用基因工程技术进行环境监测的实验设计	高中生物	郭 婷	浙江省萧山中学
DNA 的提取与鉴定实验的改进与探究	高中生物	刘付香	中山市实验中学
不同生物组织中 DNA 粗提取与鉴定方法比较	高中生物	李艳秀	青岛第五十八中学
利用自制实验装置模拟探究膜的透性	高中生物	林 芳	厦门实验中学

859